Le TRUFFAUT des Terrasses & balcons

LAROUSSE

21 rue du Montparnasse 75283 Paris cedex 06

Ouvrage collectif placé sous la direction de
Patrick Mioulane

Rédacteurs :
Alain Delavie : 28-29, 40 à 43, 52 à 55, 58 à 67, 102-103, 250 à 266, 306 à 352, 435 à 456, 466 à 475.
Catherine Delvaux : 202 à 219, 224 à 248, 266 à 305, 353 à 435, 457 à 466.
Patrick Mioulane : 3, 8 à 13, 22-23, 44 à 49, 68 à 71, 76 à 79, 94 à 199, 222-223, 354-355, 476 à 491.
Michel Rocher : 14 à 21, 24 à 27, 30 à 39, 50-51, 56-57, 72 à 75, 80 à 93.

Illustrations :
Photos : © Agence MAP/Mise Au Point
Stylisme des photos d'intérieur : Anne Valéry
Dessins : Nicole Colin

TRUFFAUT
Conseiller de la rédaction et relecture : Marc Gueguen

LAROUSSE
Conception et coordination éditoriales

Direction éditoriale : Catherine Delprat

Édition et coordination : Agnès Dumoussaud assistée de Laurent Séguret
avec la collaboration de Catherine Maillet

Direction artistique : Emmanuel Chaspoul assisté de Cynthia Savage et Jacqueline Bloch

Mise en pages : Jean-Yves Grall

Conception graphique : Marie-Astrid Bailly-Maitre

Index : Catherine Maillet

Conception couverture : Véronique Laporte

Photographies de couverture : © MAP/F. Strauss.

Relecture-correction : service lecture correction de Larousse

Fabrication : Annie Botrel

Photogravure : Nord Compo, Villeneuve d'Ascq

Titre original : *Balcons fenêtres et terrasses - Encyclopédie Truffaut*

ISBN 978-2-03-584057-8
Dépôt légal : avril 2005
Imprimé en Italie par Canale, Turin
301936/01 – 11006802 – janvier 2008

Garnir avec des plantes et des fleurs l'espace nu et rigide que constituent les balcons, les rebords de fenêtres, les terrasses, les rez-de-jardin et les cours et patios est un acte capital pour l'embellissement de notre cadre de vie. Transformer un univers de pierre et de béton en jardin, c'est privilégier le vivant sur l'inerte, exprimer la beauté et la pureté. Si les 74 millions d'espaces fleurissables recensés aujourd'hui officiellement se paraient soudain d'une seule plante, même de la plus modeste des fleurs, l'environnement quotidien de la ville prendrait un air de fête. « Une plante, un arbre, une fleur, ça embellit la vie. » Ce slogan est vrai. Mais cela va encore plus loin. Fleurir une poterie, un bac, une jardinière, entretenir des plantes, les soigner, les faire prospérer, c'est adopter un comportement proche de la nature. Les innombrables exemples illustrés et les conseils pratiques des pages suivantes se veulent votre guide dans cette quête d'authenticité. Ils ont pour but de vous faire passer des moments délicieux de détente et de plaisir avec les plantes, vos plantes...

S o m m

a i r e

2

3

4

1 Jardiner en pots et en jardinières

STRUCTURER ET AMÉNAGER L'ESPACE

Un jardin suspendu ne révèle pas sa personnalité à travers ses seules plantations. Le végétal est une présence indispensable, presque normale. On ne s'étonne pas de sa profusion sur le balcon, elle est même nécessaire. Mais, sans la mise en place de structures bien construites, une abondance de plantes est inutile car elle crée vite le désordre. Un jardin sur le balcon ou sur la terrasse se comporte comme une parure. Il faut commencer par habiller l'architecture, lui donner une certaine unité, pour ensuite la décorer de plantes et de fleurs. Les plus petits détails ont de l'importance, car ils contribuent à donner une impression d'unité qui aboutit à l'harmonie. C'est ainsi que tous les éléments de structure gagneront à être choisis dans le même matériau. On utilise de plus en plus le bois, matière vivante, chaude, élégante, raffinée, souple d'emploi et d'une longévité très satisfaisante lorsqu'un traitement à cœur a été effectué. Le bois peut se retrouver dans les palissades, les brise-vent et brise-vue, en couverture du sol, dans les pergolas, les rambardes et le mobilier de jardin. Tous ces éléments transforment vraiment le balcon en jardin, car ils le construisent, en définissent les lignes et jouent sur les volumes. Même sur les toutes petites surfaces, il faut prévoir un minimum de structures solides, ne serait-ce que pour masquer l'appartement voisin, se mettre à l'abri du vent, ou tout simplement accrocher un panier fleuri. Sur une terrasse, l'aménagement structurel prend des proportions souvent importantes qui entraînent un investissement non négligeable. Mais dans tous les cas, il ne faut jamais traiter cet élément primordial à la légère, quitte à réaliser les travaux par étapes successives. Prenez votre temps, soyez exigeant sur la qualité des matériaux et optez pour une mise en œuvre impeccable. Il en va de votre bien-être futur et du plaisir que vous éprouverez à passer du temps dans un univers fleuri et confortable.

Occuper l'espace

La décoration végétale du balcon ou de la terrasse se conçoit comme un véritable puzzle, où toutes les pièces, en apparence disparates, s'imbriquent les unes dans les autres pour finir par composer un ensemble homogène et harmonieux. Des notions subtiles, mais essentielles...

ASTUCE TRUFFAUT

Quelques maigres potées éparses, même joliment plantées, ne peuvent garantir une bonne impression visuelle. Il suffit de les regrouper pour créer un effet de masse. Si vous n'avez pas les moyens de décorer l'ensemble du balcon, limitez-vous à la partie la plus visible depuis votre intérieur.

Décorer avec des plantes un balcon, une terrasse ou même une simple fenêtre, c'est composer un tableau en trois dimensions : largeur, hauteur et profondeur. Cette notion doit, en permanence, rester présente dans toutes vos interventions, parce qu'elle conditionne le résultat final et l'impression visuelle. Trop souvent, les balcons sont plantés de façon linéaire et ils donnent une impression de grande banalité.

Le volume avant tout

En tenant compte à la fois de la hauteur et de la profondeur, vous allez générer une impression de volume dans vos plantations. La solution pratique passe par la disposition des potées, des bacs et des jardinières sur plusieurs niveaux, avec le souci d'éviter les alignements monotones.

Cela conduit à utiliser des contenants de formes et de dimensions différentes et à les répartir, non sur une ligne, mais sur une surface. Ce conseil vaut également pour la décoration des rambardes. A priori, cet espace linéaire risque de conduire à une succession de jardinières réparties de manière très régulière, avec des plantations bien rangées de la plus grande banalité.

Il suffit de considérer chaque contenant comme un jardin à part entière avec son décor propre pour que tout change. Si, en plus, vous intercalez une poterie ronde ici, un bac carré là, vous animez le concept. Et pour couronner le tout, ajoutez une plante grimpante (même une annuelle comme la cobée ou le pois de senteur) pour apporter l'indispensable note de fantaisie. Des bacs plantés d'arbustes viendront rythmer la plantation et casser la ligne uniforme de la rambarde.

Dans une même jardinière, pensez à créer un dégradé de hauteurs, en mélangeant différentes plantes. Le principe de base de la réussite consiste à jouer sur les associations qui vont éviter une impression d'uniformité. Mais, attention, tout est affaire de dosage et il faut en permanence tenir compte de l'harmonie. Elle se trouve rarement dans le fouillis, aussi, recherchez une certaine homogénéité, par le choix des couleurs et par la répétition éventuelle des motifs dans les jardinières.

La mise en scène

C'est l'art de disposer les différents éléments du décor et les plantations dans un ensemble harmonieux. La première des choses consiste souvent à surélever les contenants, surtout si vous manquez de recul pour regarder les plantations. Le regard du haut vers le bas (en plongée) a un effet écrasant. Les pots et les jardinières ayant tendance à exprimer une certaine exiguïté, l'impression de petitesse est accentuée. Il suffit de les surélever de quelques dizaines de centimètres avec une colonnade, une étagère, voire un pot renversé, pour que le décor prenne une certaine ampleur. Dans le même esprit, penser à accrocher des pots sur les murs aveugles, les palissades, les claustras. Disposés sur différents niveaux, ils vont créer un effet de cascade du meilleur effet. Pour l'accentuer, vous utiliserez des plantes à port retombant comme les géraniums-lierres, les bidens et certains hybrides de pétunias, par exemple.

▲ Installez des plantes sur plusieurs niveaux.

Dans la création d'un effet de volume, pensez au côté aérien des suspensions. Une pergola paraît bien raide jusqu'à ce qu'elle serve de support à un joli panier fleuri. Ce dernier vient occuper un espace d'ordinaire laissé libre, ce qui garantit un effet de générosité, sans oublier le mouvement dû au balancement sous le souffle du vent. Vous pouvez jouez aussi avec les plantes formées en topiaires qui donnent une structure à l'espace.

Idée déco

FAIRE PARAÎTRE LE BALCON PLUS GRAND

Un décor de balcon trop touffu peut paraître oppressant à la longue. Si vous disposez d'une vue agréable sur l'extérieur, il serait dommage de vous en priver. Par certains artifices, en orientant le regard vers un point situé au-delà des limites du balcon, vous faites oublier le cloisonnement de la structure et ses frontières.

Il suffit pour cela de laisser une brèche ouverte parmi des plantations très abondantes, ou d'encadrer le balcon avec une pergola ou un arceau dont le centre constitue un point de fuite naturel pour l'œil. Le revêtement du sol peut aussi créer une perspective par son dessin aux lignes directrices (des chevrons par exemple). Il suffit aussi de renforcer les plantations sur les côtés et de dégager le centre pour que le regard glisse vers le lointain.

Les effets de volume avec des plantations verticales et des paniers donnent aussi une impression de grandeur, sans oublier les très jolis treillages en trompe-l'œil.

Des plantations denses et spectaculaires

On a l'habitude de dire que « la nature à horreur du vide », ce qui est vrai aussi pour le jardin sur terrasse et le décor des balcons. Vous devez ménager des espaces libres, notamment pour dégager l'accès à la maison et prendre un certain recul qui permettra d'apprécier la plantation dans sa totalité. En revanche, donnez une impression d'abondance en rapprochant les pots. Utilisez de grandes plantes pour créer un fond de verdure qui vous fera oublier l'environnement hostile de la ville, tout en mettant en valeur les fleurs du premier plan.

Créer l'intimité

Véritables jardins secrets, la terrasse et le balcon s'ouvrent sur l'extérieur par de discrètes trouées subtilement aménagées dans les fleurs et la verdure. Ce sont des promontoires où l'on cherche à voir sans être vu, protégé des regards indiscrets et des vents frais par des palissades ou des claustras joliment décorés.

ASTUCE TRUFFAUT

Les écrans totaux sont à éviter, en raison de l'impression oppressante qu'ils génèrent, mais aussi de leur mauvais effet brise-vent. La brise passe au-dessus des panneaux imperméables à l'air, tandis qu'elle est ralentie quand elle passe au travers de mailles fines ou dans une végétation épaisse.

« Pour vivre heureux, vivons cachés », dit le proverbe. Si l'on donne le moindre crédit à ce principe, les propriétaires de balcons et de terrasses doivent être des gens heureux. En effet, il est rare que l'on ouvre largement vers l'extérieur les jardins suspendus. Ils servent plutôt de petits coins intimes, où l'on aime se détendre, à l'abri des regards indiscrets.

La disposition particulière du balcon et de la terrasse conduit à une occultation partielle ou totale. Cela est dû en premier lieu à la présence indispensable, pour des raisons de sécurité, de la rambarde ou du parapet. Mesurant au moins 1 m de haut pour éviter que l'on puisse basculer par-dessus bord en se penchant, ces protections jouent un rôle d'encadrement et de délimitation du jardin suspendu.

▲ Un paillon posé verticalement cloisonne bien.

Idée déco

HABILLER LES MURS

Sur un balcon ou une terrasse, on recherche avant tout à obtenir une ambiance de jardin. Il est donc important de faire disparaître les murs alentour sous la végétation. Ainsi, la construction devient moins pesante et fait alors partie intégrante du décor végétal.

Sur le balcon, les murs étant très présents, il est le plus souvent nécessaire de mettre en place une armature en treillage afin que les plantes puissent trouver un support pour s'accrocher. Ce treillage doit être décoratif, car il sera visible en hiver. Utilisez des modèles à mailles carrées de 10 cm de côté. Ils sont standards mais élégants.

Si vous avez la possibilité d'effectuer une plantation en pleine terre sur la terrasse, optez pour les plantes grimpantes les plus vigoureuses et qui s'accrochent seules à leur support comme la vigne vierge, l'hortensia grimpant *(Hydrangea petiolaris)* ou même le lierre. Le couvert végétal des murs personnalise la maison et lui donne du cachet. Il suffit simplement de veiller à ce que les longues branches ne soulèvent pas les tuiles du toit ou ne viennent pas boucher les gouttières. Taillez durant l'hiver pour égaliser les rameaux.

Les brise-vue

Se cacher n'est pas toujours l'obsession première. Quand l'environnement est peu avenant ou oppressant (présence de grands immeubles, par exemple), on a d'abord envie que le jardin sur balcon nous coupe du tumulte de la ville. On cherche à créer un coin de nature en se repliant sur soi-même dans un écrin de fleurs et de verdure. Il faut alors utiliser des écrans totaux. Paillassons, paillons, canisses, brandes, claies en osier ou en bambous vous rendront ce service, tout en évitant la lourdeur. Les éléments d'occultation en plastique sont efficaces et de longue durée car ils sont insensibles à la pollution et aux intempéries. Mais sur le plan esthétique, ils laissent plutôt à désirer habillez-les de fleurs.

Les écrans partiels

Ces modèles laissent passer la lumière et permettent au regard de les traverser. De loin, ils donnent l'impression d'une occultation quasi totale alors qu'il est possible, en s'approchant, de voir au travers. Cette particularité est le fait des claustras et des treillages dont les mailles ajourées servent de supports aux plantes grimpantes. Utilisez-les en priorité, car ils sont décoratifs sans lourdeur. Les modèles en bois naturel traité par imprégnation sous pression sont à préférer, car ils ne nécessitent aucun entretien, contrairement au bois peint.

Une profusion de plantes

Tout élément d'occultation visuelle doit se compléter d'un habillage végétal. Les plantes grimpantes et sarmenteuses sont les compléments logiques des palissades, treillages et claustras, mais pensez à accrocher des pots ou des jardinières sur ces supports. Les modèles assez solides peuvent recevoir une potence pour accrocher un panier fleuri en suspension.

Pour un bel effet visuel, les parties construites ne doivent jamais être dominantes dans le décor. Attention aussi à ne pas trop vous enfermer. Un effet d'écrin trop dense est vite étouffant. Il faut absolument que le soleil puisse pénétrer votre petit domaine afin de l'éclairer, de le réchauffer et d'y créer une ambiance conviviale. Tenez compte de l'orientation dans la disposition de vos protections. Enfin, n'oubliez pas de vous préserver obligatoirement un point de vue fuyant vers l'extérieur, si possible dans l'axe du regard quand vous êtes installé dans l'endroit que vous préférez.

▲ Un muret doublé d'une haie isole bien cette terrasse.

Revêtements de sol

L'impression générale que l'on ressent à la vue d'un balcon ou d'une terrasse est due à l'harmonie de tous les éléments dont ils sont constitués. À cet égard, le sol joue un rôle bien plus important qu'il n'y paraît, intervenant dans la mise en valeur des plantations et dans l'aspect esthétique du décor.

ASTUCE TRUFFAUT

Utilisez des matériaux légers pour le sol d'un balcon ou d'une terrasse de toiture. En effet, il serait dommage d'être obligé de réduire les plantations à cause du poids excessif d'un dallage, par exemple. Il suffit souvent de peindre la dalle de béton en brun ou en vert pour obtenir un résultat satisfaisant.

Les revêtements de sol assurent l'étanchéité, contribuent à la décoration et à la finition, tout en permettant une circulation aisée sur le balcon ou la terrasse. Les matériaux utilisés seront faciles d'entretien, non glissants et résistants aux intempéries. Le choix s'effectue en fonction de vos goûts, de l'harmonie d'ensemble et bien sûr du budget dont vous disposez.

Le bois, moderne, vivant et chaleureux

Dans certaines régions, les balcons sont réalisés en lattes de bois, ce qui ne manque pas d'élégance. La durée de vie peut être supérieure à 20 ans pour certains bois exotiques ou pour le pin traité à cœur par imprégnation. Attention, celui-ci devient glissant par temps de pluie. Nous vous conseillons d'utiliser des dalles de bois (caillebotis) : carrées ou hexagonales, elles mesurent 40 ou 50 cm de large. Le caillebotis se pose sur la chape de béton ou se visse sur des poutres de soutènement. Le bois est très esthétique, toutefois son prix de revient au mètre carré est assez élevé.

La pierre, inusable, chic, mais lourde

Ce superbe matériau naturel prend un aspect raffiné en se patinant avec le temps. Pour une terrasse, la pose se fait toujours sur une dalle de béton. Une épaisseur des dalles de 15 à 20 mm sera suffisante. En raison de son poids, la pierre est réservée au dallage des rez-de-jardin. Préférez la présentation en opus romain (morceaux carrés ou rectangulaires) qui, une fois appareillée, est beaucoup plus élégante que l'opus incertum (blocs très irréguliers).

Le béton, un prix attractif

Vous pouvez vous contenter de laisser le béton d'origine, brut de décoffrage. Mais il se désagrège rapidement, absorbe la poussière et manque d'esthétique, à moins d'être peint. Les dalles de béton, d'un bon rapport qualité/prix, représentent une alternative intéressante. À l'état brut, elles sont de couleur grise et se patinent au fil des ans, prenant l'aspect de la pierre.

La brique, rustique, durable et chaleureuse

La plus utilisée, dite « de Vaugirard », mesure 11 x 22,5 x 5,5 cm et présente une jolie finition flammée. La brique est uniquement utilisée pour les terrasses de plain-pied. Pour éviter l'uniformité, vous pouvez la marier avec d'autres matériaux. Sa couleur chaude s'harmonise avec le bois ou la pierre, mettant en valeur les végétaux. La brique se couvre de mousse dans les régions humides, ce qui la rend glissante. Un nettoyage régulier, à l'eau sous pression, est à prévoir.

Les matériaux artificiels

Plus légères que les caillebotis en bois, les dalles de plastique se montrent insensibles aux intempéries. Leur mise en œuvre est très aisée, leur découpe s'effectuant à la scie à métaux. Légères et bon marché, les dalles en plastique sont en général de couleur verte. Elles ne posent aucun problème de surcharge pour les balcons.

Il existe des moquettes imitant la pelouse. Leur intérêt est la facilité de pose puisqu'elles se découpent aux ciseaux et peuvent épouser n'importe quelle forme. Leur aspect reste artificiel, mais il n'y a pas d'entretien.

La pierre reconstituée est obtenue à partir de petits fragments de pierre agglomérés par de la résine ou du ciment. Les nuances, aspects et structures de la pierre naturelle ou de la brique sont fidèlement reproduits. La régularité de l'épaisseur en facilite nettement la pose. Leur prix est assez attractif par rapport à la qualité.

LE BON GESTE

L'ENTRETIEN DES CARRELAGES

Hormis le gazon synthétique, tous les revêtements de sol utilisés sur le balcon ou la terrasse se nettoient de préférence au jet d'eau. Vous pouvez utiliser un nettoyeur haute pression qui va extraire les impuretés des moindres irrégularités du dallage. Évitez dans la mesure du possible d'employer des détergents, ce sont des produits très mal acceptés par les plantes.

En revanche, il peut être utile d'appliquer de temps en temps un produit contre les mousses et les lichens, car ces plantes rendent les carrelages glissants. Les caillebotis doivent être démontés une fois par an, de préférence au début du printemps, afin de nettoyer tout ce qui se trouve dessous (feuilles mortes, terreau, impuretés diverses).

▲ Le gazon synthétique est facile d'entretien.

▲ Les dalles de béton se patinent.

▲ Le grès convient au style rustique.

Claustras et treillages

Destinées à créer des séparations ou posées en habillage sur les murs, ces constructions ajourées jouent un rôle décoratif de premier plan sur un balcon ou sur une terrasse. Il en existe de nombreux modèles qui se marient avec tous les styles et font d'excellents supports pour les plantes grimpantes.

ASTUCE TRUFFAUT

Profitez des montants en bois d'une pergola pour les habiller de plantes grimpantes. Enroulez tout autour les branches souples du végétal et maintenez-les en place par des attaches qui ne seront pas trop serrées.

Les claustras sont des éléments plats à parois ajourées qui forment une clôture dont le but est surtout décoratif. Cette cloison sert également de brise-vent et de brise-vue. À l'origine, les claustras étaient construits en céramique, en brique, en béton ou en poterie. Pour qu'ils restent esthétiques, leur largeur ne doit pas dépasser 10 à 15 cm de côté, d'où une charge au m^2 concentrée sur une petite surface, ce qui est difficilement supportable sur une terrasse ou un balcon. Il est donc préférable de réserver les modèles en dur aux terrasses de plain-pied ou aux rez-de-jardins.

Le problème de poids a été résolu par les claustras en éléments modulables, en

▲ Un trompe-l'œil donne de la profondeur.

bois ou en plastique. Il s'agit de panneaux qui peuvent être posés comme des cloisons indépendantes, avec fixation au sol, ou s'assembler avec d'autres éléments, notamment des pergolas. Certains modèles sont assortis d'une jardinière à la base. Cela permet une bonne assise et la possibilité d'intégrer des plantations. Les catalogues de mobilier en bois emploient peu le terme de claustras, parlant de panneaux ou de brise-vent.

Les treillages

Il s'agit d'un assemblage de lattes imitant les mailles d'un filet. Les treillages peuvent être réalisés en différents matériaux : bois naturel ou lasuré, sapin ou essences exotiques, bambou, plastique. Une large gamme de coloris est disponible pour s'harmoniser avec l'environnement. Vous pouvez utiliser les treillages pour la fabrication de claustras. Posez-les sur des plateaux solides.

Les treillages sont proposés en panneaux fixes à mailles en carré ou en losange. Leurs dimensions varient de 0,30 m à 2 m de large et de haut. Il existe aussi des frontons en arc de cercle, des trompe-l'œil, des formes rondes du type œil-de-bœuf ou des triangles. Mariez-les à votre guise, tous les modèles industrialisés étant compatibles entre eux.

Présentés sous une forme extensible, les treillages prennent le nom de croisillons. Ils peuvent se déplier à volonté, pour réaliser des mailles en losange ou en carré. L'avantage des croisillons est de pouvoir s'adapter à la largeur du mur à décorer. Solidité plutôt moyenne.

La pose des treillages

On peut adosser directement le treillage sur le support, à l'aide de vis chevillées, ce qui rend le panneau solidaire de la construction, ou l'accrocher avec des pattes de fixation. Cette dernière solution permet de décrocher le treillage pour son entretien. C'est la solution la plus souple, elle permet de modifier le décor sans risquer d'abîmer le mur. Le treillage gagne à être séparé du mur de quelques centimètres, à l'aide d'entretoises de 5 cm d'épaisseur, vissées directement dans le mur. Ce système facilite la pousse des plantes grimpantes dont les branches souples peuvent s'enrouler autour des mailles. Côté entretien, il faut prévoir le ponçage et la peinture des panneaux de treillage tous les 10 ans. Les modèles en bois exotique naturel durent davantage.

LE BON GESTE

L'ÉCLAIRAGE, UN POINT FORT

Prolongez vos séjours sur le balcon ou la terrasse en installant un éclairage extérieur. L'endroit demande une luminosité forte qui ne peut être obtenue qu'avec un courant de 230 V. Cela implique certaines précautions. Sur le tableau électrique, placez un différentiel réservé à l'extérieur. Posez un interrupteur général avec témoin lumineux. Choisissez des luminaires aux normes NF ou CE, parfaitement protégés contre les infiltrations d'eau. Ils portent un ou deux triangles avec une goutte d'eau.

Idée déco

DES MODÈLES POUR TOUS LES GOÛTS

1 et 2. Claustras et treillages peuvent être réalisés sur mesure, à la demande, mais il existe aussi des panneaux prêts à poser. Vous avez le choix entre des assemblages de lattes espacées d'environ 10 cm chacune et pouvant être positionnées en carré ou en losange. Ce type de dessin convient parfaitement pour installer une plante grimpante car les tiges sarmenteuses ou volubiles peuvent se glisser entre les mailles.

3 et 4. Vous pouvez également opter pour des panneaux en matériaux naturels : brandes, canisses, lattis de bois, bambou, tresses d'osier ou de rotin, etc. Il existe aussi des treillages à mailles plastiques. Leur intérêt réside dans leur facilité de mise en place et leur légèreté. La créativité n'a pas de limite dans ce domaine et vous pouvez faire appel à un paysagiste si vous cherchez l'originalité.

Le mobilier

Un balcon ou une terrasse invite au farniente et à la rêverie parmi les plantes. Pour profiter de votre environnement fleuri, il existe une gamme très étendue de meubles d'extérieur, dans tous les styles et à tous les prix, esthétiques, confortables, adaptés à ces surfaces réduites.

ASTUCE TRUFFAUT

Avant l'achat d'un salon de jardin, il faut résoudre le problème du rangement. En effet, on n'utilise guère ces meubles plus de quatre mois par an. Le reste du temps, il est préférable de laisser le balcon dégagé afin de profiter au mieux du décor floral. Pour une solution gain de place, adoptez des meubles pliants ou empilables.

Côté meubles d'extérieur, d'innombrables formes et divers types de matériaux pourront satisfaire votre goût. La tendance va vers un mobilier qui, par son style élégant, puisse être utilisé aussi bien à l'extérieur qu'à l'intérieur.

En général, la terrasse est suffisamment grande et dégagée pour accueillir un salon de jardin classique. Sur le balcon, optez pour des articles pliants, faciles à ranger. Pensez aussi à l'entretien. Le bois exotique se traite à l'huile de teck. La résine peut être ravivée grâce à des produits en aérosol, ou par un nettoyage à l'eau savonneuse. Quant au métal, il nécessite, tous les 4 ou 5 ans, un bon ponçage suivi d'une nouvelle couche de peinture. Les meubles pliants seront soigneusement huilés aux charnières avant l'hiver.

▲ Un fauteuil en rotin doit être rentré l'hiver.

▲ Les salons de jardin en résine sont bon marché.

▲ Les parasols en toile de lin sont tendance.

▲ Le métal permet de créer des motifs décoratifs.

À condition d'être choisis de bonne qualité et d'être bien entretenus ensuite, ces meubles vous serviront longtemps. Seules les plus grandes marques garantissent un suivi de leurs modèles dans le temps.

Le bois, élégance et douceur

C'est le matériau noble par excellence, qui s'intègre bien parmi les végétaux. Les fabrications se font dans différentes essences : pin, sapin, hêtre, bois exotiques comme l'iroko ou l'asobé et le teck des forêts asiatiques. Ce dernier est toujours proposé en finition naturelle, de couleur ambrée. Au fil des ans, il acquiert une teinte grise qui n'altère en rien son imputrescibilité. Pour conserver sa couleur d'origine, appliquez chaque année une huile protectrice avec un chiffon doux. Côté qualité, un meuble chevillé est plus solide qu'un assemblage collé ; un bois sans nœuds présente un fil serré dont les bords ne risquent pas d'éclater.

Les bois d'essences européennes sont proposés en finition naturelle ou peinte. Ces derniers nécessitent, tous les 2 ou 3 ans, un sérieux ponçage suivi de deux bonnes couches de peinture.

La résine, entretien facile

Les grandes marques réalisent un travail qualitatif qui permet d'obtenir un mobilier durable. Optez pour des modèles lourds pour obtenir une bonne assise. Appuyez fortement sur la partie plane du siège. Si les pieds s'écartent sous votre pression, sa durée de vie risque de ne pas dépasser une saison. Les meubles en résine présentent deux avantages : la légèreté, qui s'adapte bien aux balcons, et l'absence quasi totale d'entretien.

Le métal, créativité

Le mobilier en fonte ou en fer forgé revient à la mode. Les prix sont souvent plus élevés que ceux des meubles en bois ou en résine mais le choix des styles est vaste. L'entretien se résume à une nouvelle couche de peinture tous les 5 ou 6 ans sur les meubles en fer. Ceux en fonte ou en aluminium ne demandent pas de soins particuliers. De nombreux modèles sont pliants, comme les anciennes chaises de square. Vous trouverez des fauteuils où métal et bois sont associés, le piétement étant réalisé en acier ou en fer, les accoudoirs et le dossier en bois noble.

Les parasols

En l'absence d'un store sur votre balcon ou sur votre terrasse, vous aurez recours à un parasol. Celui-ci doit être suffisamment large pour être efficace, mais aussi stable et bien ancré sur son socle. La puissance du vent dans les étages ou sur un toit requiert des précautions plus importantes que dans un jardin. Les modèles à mât décentré présentent l'avantage de dégager une surface plus grande et de pouvoir s'accrocher au mur. Il existe aussi un parasol à fixation murale, dont la toile se rabat contre le mur, une fois repliée. Les mâts sont le plus souvent en bois exotique. Des armatures en aluminium sont intéressantes pour leur solidité, leur légèreté et leur grande facilité d'ouverture.

Idée Déco

OSER LA COULEUR

Sur le balcon, il est possible de privilégier le côté décoration du mobilier, car il est aisé de rentrer celui-ci après chaque utilisation pour le soustraire aux intempéries. Vous pouvez, comme sur notre exemple, opter pour des meubles en rotin que vous peindrez vous-même. Il existe aussi des modèles déjà colorés qui personnalisent bien l'environnement. Cette option couleur peut aussi être réalisée avec les meubles métalliques, disponibles aujourd'hui dans une large palette. Les couleurs vives sont gaies et inattendues. Il ne faut toutefois pas en abuser. Limitez donc les effets de couleur à un seul meuble.

Les pergolas

Éléments de décor qui donnent du volume et de la prestance au balcon ou à la terrasse, les pergolas servent aussi à fournir un ombrage agréable en été. Ce sont des constructions légères, mais qui structurent agréablement l'endroit, car elles s'intègrent aisément à tous les types d'architecture et s'habillent de plantes.

ASTUCE TRUFFAUT

Sur une pergola en bois, appliquez une lasure tous les 3 à 5 ans pour prolonger sa durée de vie. Si vous l'avez peinte, un ponçage et deux nouvelles couches de peinture seront indispensables tous les 5 ans environ, selon le climat. Les parties métalliques demandent à être poncées et repeintes tous les 10 ans.

Les pergolas se caractérisent par leur légèreté au niveau visuel car elles sont ajourées. Ce sont des petites constructions dont la charpente, composée de poutres horizontales ou en arc de cercle, repose sur des piliers. La pergola peut se résumer à une arche simple ou être associée à des treillages et à des claustras pour former un ensemble plus complexe. Elle se distingue de la tonnelle par une structure moins arrondie et une fabrication le plus souvent en bois.

De multiples utilisations

La pergola se veut accueillante. Son architecture élancée crée une envolée dans un espace le plus souvent réduit et compense les formes trop horizontales du balcon ou de la terrasse, en équilibrant les volumes. La pergola sert de support aux plantes grimpantes, dont les branches volubiles s'enroulent autour des poteaux pour former un jardin vertical qui donne une nouvelle dimension à la terrasse. Ainsi couverte, elle devient protectrice, vous garantissant du vent ou du soleil trop chaud. La pergola contribue aussi à créer un coin repos ou repas. Dans son intimité, vous pourrez bénéficier de la chaleur estivale sans subir les assauts des rayons d'un soleil trop direct. La pergola vous procure un havre de tranquillité et de confort, que vous

▲ Sur un petit balcon, la pergola sert d'encadrement et de support au décor.

▲ Une réalisation en bois très contemporaine, avec pergola d'angle en étoile.

▲ La pergola vendue en éléments à monter soi-même permet toutes les fantaisies.

apprécierez pour vous prémunir du vent dominant, toujours plus agressif en hauteur qu'en rez-de-jardin.

La pergola contribue à agrémenter le profil d'une terrasse, en jouant sur les volumes et les formes. Pour couper un rectangle aux angles trop droits, des chevrons disposés en biais modifieront la perspective. La pergola permet aussi de masquer un mur aveugle ou abîmé en s'adossant dessus, avec la complicité d'un treillage ou d'un claustra, qui recevront aussi une couverture végétale.

Vous pouvez créer un décor au gré de votre fantaisie, les éléments de construction étant vendus en kit et pouvant s'assembler entre eux sans problème. Tout dépend de la place dont vous disposez. Ne chargez pas trop votre terrasse ou votre balcon en les faisant disparaître sous un amoncellement de poutres et de poteaux. La pergola doit rester sobre, élancée, ce qui ne l'empêchera pas d'être solide et bien ancrée, pour résister aux vents violents dans les étages élevés. Les poutres verticales peuvent être doublées ou disposées en carré afin de servir de support de base à des bacs à fleurs.

Idée déco

LE MONTAGE D'UNE PERGOLA

Ne pouvant pas creuser un trou dans le sol pour y enfoncer les éléments verticaux, vous aurez recours à des pièces métalliques de fixation permettant une parfaite adhérence.

1. Si la pergola est adossée à un mur, des pattes à scellement en L ou en U seront vissées ou scellées dans le béton ou la pierre, à égales distances. Pour une construction sans appui, il existe des platines carrées en métal, supports creux dans lesquels vient s'encastrer le poteau. Ces platines doivent être solidement ancrées dans le sol. Veillez à la bonne verticalité des éléments et à la solidité des scellements de la visserie.

2. Optez pour de la visserie galvanisée, qui aura une meilleure résistance aux intempéries.

La pergola ne doit pas dépasser la hauteur de l'étage qui l'accueille et s'harmoniser avec les ouvertures, les portes et les fenêtres, donnant sur le balcon ou encore sur la terrasse. Les traverses horizontales reliant les poteaux ont une longueur de 2,10 m à 2,20 m, ce qui permet d'assurer une assise suffisante pour résister aux vents. Les poteaux auront un diamètre de 7 à 10 cm, les traverses se contentant d'une largeur de 5 cm.

3. Travaillez à deux, c'est plus facile.

1

2

3

Les matériaux

Une pergola peut être réalisée en bois, en fer ou en aluminium. Les montants verticaux sont parfois construits en pierre, en colonnes rondes ou carrées. Il faut les réserver aux terrasses de plain-pied, en raison de leur poids. Dans le même esprit, mais pour un résultat plus rustique, on peut aussi bâtir des montants en brique.

Les modèles en bois sont les plus courants. Leur installation ne demande pas de compétence particulière, leur poids n'est pas excessif. Ces pergolas sont proposées en kits modulables prêts à monter qui permettent de nombreuses combinaisons.

Les éléments en bois compatibles s'assemblent entre eux au moyen d'encoches prétaillées. Ils sont fixés par des vis inoxydables. Vous pouvez leur associer des éléments de treillage ou de claustra. Respectez certaines dimensions, notamment une hauteur de 2,10 m à 2,70 m, car au-delà, l'équilibre ne serait plus respecté par rapport aux constructions environnantes. Il est bien sûr indispensable de dessiner un plan précis avant d'acheter les éléments.

Bien disposer les pots

Si le choix des plantes influe sur l'impression d'ensemble qu'offre la décoration du balcon ou de la terrasse, il ne faut pas oublier le rôle des contenants, dont le matériau, les formes, les dimensions et les coloris définissent un style bien mis en valeur par la répartition de chaque élément dans le décor.

ASTUCE TRUFFAUT

Pour éviter la monotonie dans l'aspect général du balcon ou de la terrasse, répartissez les bacs et les pots de manière irrégulière, un peu comme si le sol était le massif, et chaque contenant, une plante à mettre en place.

Vous pouvez disposer des plus belles plantes de la création, vous ne parviendrez jamais à donner une impression d'élégance et d'harmonie à votre balcon ou à votre terrasse si vous alignez les pots en rang d'oignons, sans chercher à les réunir dans un ensemble élégant et rythmé.

Des formes et des volumes

Pots, bacs, vasques, jardinières faisant partie intégrante du décor, il faut appliquer à la disposition des récipients les mêmes règles que l'on impose aux végétaux, c'est-à-dire la variété des formes, des dimensions et des couleurs, mouvement et fantaisie.

Le rythme s'obtient en évitant de disposer côte à côte des contenants identiques, hormis pour obtenir un effet volontaire de symétrie.

Le mouvement se révèle en utilisant des pots de volumes variés, dont les hauteurs diffèrent sensiblement.

La fantaisie est liée à la variété des formes, des finitions et des matériaux utilisés. Sans aller vers l'extrême qui consisterait à collectionner tous les styles de récipients, il est bon de varier les aspects en associant des poteries en bois et en plastique, tout en utilisant plusieurs sortes de terre cuite, dont le grain et la couleur vont varier, et en jouant aussi sur les motifs ornementaux. Pensez aussi

▲ Un ensemble de poteries habille l'angle d'une terrasse.

à créer des effets de couleurs en intégrant dans l'ensemble quelques poteries vernissées. Ces dernières nécessitent le plus souvent de passer l'hiver sous abri.

La disposition sur le sol

C'est la plus courante, la plus banale aussi. Il faut l'éviter sur le balcon, car l'absence de recul va vous faire observer toutes les potées par-dessus. Les récipients de moins de 30 cm de hauteur sont écrasés par le regard et le décor perd de sa superbe.

En revanche, sur une terrasse, la disposition des potées sur le sol permet d'obtenir un lien esthétique entre le matériau du dallage et les plantations.

Les poteries disposées au sol doivent être plus ou moins espacées selon leurs dimensions, les plus petites étant rapprochées les unes des autres. Pensez à créer un rythme en disposant de plus petits récipients dans l'intervalle entre deux grands. N'alignez pas les contenants, mais disposez-les en quinconce en veillant à la possibilité de les apprécier individuellement, les uns après les autres. Pour cela, une disposition en dégradé de hauteurs est idéale.

L'utilisation de supports

Colonnes, cubes, piédestaux, voire même pierres plates, constituent autant de moyens pour surélever les plantes en pots. Une telle position est indispensable pour mettre en valeur les végétaux à port retombant. Il est aussi utile d'employer ces artifices pour donner du volume. D'une manière générale, tous les récipients plats comme les coupes, les jarres ou les terrines gagnent à être surélevés. Attention, la hauteur du support doit présenter des proportions harmonieuses avec le contenant et ses plantations. Ainsi, une coupe ronde de 20 cm de hauteur, contenant des fleurs à port souple de 20 à 30 cm de hauteur, sera soutenue par un socle de 30 à 50 cm de hauteur. Si la coupe contient un arbuste de 50 à 60 cm de haut, il faudra limiter la hauteur du support à 20 cm environ. Faites des essais, c'est avant tout une question de coup d'œil et de sens des proportions. Il paraît incongru d'installer une toute petite coupe en haut d'un grand piédestal. À l'inverse, une plante fastigiée ne doit pas non plus être trop surélevée. La disposition étagée est aussi une solution gain de place, puisqu'elle permet d'utiliser des plantes dans le plan vertical.

▲ Surélevez les grosses poteries par des supports décoratifs assortis.

Tous les types de pots

À la diversité des formes et des dimensions des contenants correspondent des appellations assez précises. Il est bon de les connaître afin de pouvoir discuter en toute connaissance de cause avec les vendeurs, dans les magasins, ou de mieux choisir ce qu'il vous faut sur les catalogues…

ASTUCE TRUFFAUT

La plupart des modèles de contenants se déclinent dans une gamme complète qui utilise le même motif et des couleurs similaires sur des articles de dimensions et de formes différentes. C'est une bonne idée pour composer un décor à la fois varié et homogène.

Le choix d'un contenant est fonction de son aspect décoratif propre, mais aussi de l'emplacement qu'il va occuper, du style général du balcon ou de la terrasse et bien sûr du végétal qu'il doit accueillir. Le modèle en sera différent pour une plante retombante, un conifère droit, une espèce à petit ou à grand développement. La masse des racines étant presque toujours proportionnelle au volume du feuillage, tenez-en compte pour déterminer les dimensions du pot, et donc le volume de terre doit servir de réserve de nourriture pour la plante. Vous placerez des plantes annuelles dans de petites jardinières puisqu'elles n'y resteront qu'un été.

Les jardinières, allongées

La jardinière est un contenant de forme rectangulaire dont la longueur est au moins le double de la hauteur. On en trouve dans tous les matériaux.

▲ Potées, bacs et jardinières, un bel ensemble.

▲ Les potées florentines existent en grand.

▲ La corbeille entre pot et jardinière.

▲ Jardinières en bois et en plastique.

Les plus petits modèles que l'on peut accrocher sur des supports prennent le nom de « balconnières ». Elles sont les compagnes des appuis de fenêtre, et des balustrades de balcon. En général, la balconnière ne présente pas de motifs décoratifs sur ses côtés.

Les dimensions doivent respecter un certain équilibre : la longueur ne dépassera pas plus de 3 fois la largeur. La profondeur est au minimum de 15 cm. Une largeur de 15 cm permet d'installer une rangée de plantes placées côte à côte. Pour planter sur deux rangs en quinconce, 20 cm sont nécessaires. La longueur n'est pas limitée mais tenez compte du poids de l'ensemble une fois installé. Optez pour des contenants de 1 m de long maximum.

Les bacs, une certaine aisance pour les cultures

Le plus souvent carrés, les bacs peuvent aussi être ronds ou à pans coupés (hexagonaux ou octogonaux). Ils s'harmonisent bien avec les jardinières rectangulaires et trouvent une place de choix dans les angles d'une terrasse ou d'un balcon. Les modèles plus hauts que larges conviennent aux arbustes ou aux plantes grimpantes. La forme carrée permet une stabilité et un bon équilibre. Les bacs d'orangerie allient souvent un piètement en métal à des côtés et un fond en bois. Il en existe également en aluminium, la légèreté faisant bon ménage avec la solidité et une quasi-absence d'entretien. Les bacs ronds se distinguent des coupes ou des vasques par leur hauteur pratiquement identique à leur diamètre. Leur silhouette est élégante, mais ils prennent plus de place que les autres. Vous les utiliserez pour des sujets isolés, de préférence installés au centre de la terrasse. Les bacs ronds mettent bien en valeur les rosiers, les azalées ou les conifères à la silhouette arrondie, ainsi que les plantes retombantes comme les pélargoniums ou les scaévolas.

Les corbeilles, pour les petites fleurs

Plus évasée qu'un pot, moins large qu'une jardinière, et de profondeur assez réduite, la corbeille est souvent en poterie ou en plastique. On y plante des fleurs saisonnières. C'est un bon contenant pour mettre en valeur tulipes, narcisses et crocus.

LE BON GESTE

LES JARDINIÈRES À RÉSERVE D'EAU

1. Même si les modèles sont assez limités pour les utilisations à l'extérieur, les jardinières à réserve d'eau ne manquent pas d'intérêt, surtout dans les régions peu pluvieuses. Utilisez un terreau bien aéré (en mélange avec des billes d'argile) et cultivez dans ces contenants des végétaux avides d'eau comme les annuelles à port souple (pétunia, scaévola), les plantes à texture molle (impatiens, coléus) ou certaines plantes condimentaires.

2. Munissez les bacs en bois de roulettes. Vous les déplacerez plus facilement pour abriter les plantes fragiles quand le froid arrive, pour les pousser à l'ombre quand le soleil tape trop fort en plein été, au moment de nettoyer la terrasse ou pour faire bouger le décor.

▲ Certaines jarres anciennes, à la patine subtile et aux formes sculpturales, restent décoratives, même vides.

Les vasques et les coupes

Ces contenants ronds, de forme sphérique ou évasée, comportent souvent un pied qui les rehausse et en affine la silhouette. Les plus ouvragés d'entre eux ont fait les beaux jours des jardins à la française, marquant les croisements des allées, habillant le pied des escaliers monumentaux, ponctuant la perspective de leurs formes élégantes et structurant les bassins. Garnissez-les de plantes annuelles (pétunias, impatiens, bidens, dahlias nains, chrysanthèmes), ou de bisannuelles (pensées, myosotis) ou encore de bulbes hâtifs à floraison printanière (crocus, muscaris, tulipes botaniques). Leur fond étant rarement percé en raison de la présence du pied, n'oubliez pas de ménager un bon drainage avec une couche de 10 cm de gravier grossier, que vous recouvrirez d'un morceau de feutre horticole, pour empêcher les racines de pénétrer. Vérifiez bien la stabilité de ces contenants décoratifs. Plus hauts que larges, ils offrent une grande prise au vent. Les plus lourds, comme les modèles en fonte, seront difficilement déstabilisés. Les autres verseront au premier orage. Pour pallier cet inconvénient, accrochez le pied à une attache discrète en fil de fer, fixée sur un piton chevillé dans le sol. Il n'est pas souhaitable d'accoler une vasque ou une coupe à d'autres contenants ou de les placer contre un mur. Elles donneront le meilleur d'elles-mêmes en isolé, sur un côté du balcon, au centre de la terrasse ou sur des pilastres. Des modèles en pierre reconstituée imitent parfaitement les vasques anciennes. Décoratifs, ils risquent toutefois d'alourdir le décor et ne conviennent qu'à de grandes terrasses.

▲ Les paniers permettent de jolies compositions.

Les jarres, des formes élégantes et galbées

Plus hautes que larges, les jarres sont copiées sur les récipients romains ou grecs qui servaient à conserver l'huile et les grains, au frais et à l'abri de la lumière. Les jarres étaient en général à demi enterrées dans le sable des caves, ce qui explique leur forme originelle, ventrue et resserrée à la base. Certaines ne sont pas très stables. Pour éviter qu'elles ne chutent, vous pouvez les installer dans un angle entre deux murs, enterrer leur base sur une dizaine de centimètres, ou leur offrir un support en fer forgé, dans lequel le fond viendra se loger. Les jarres contiennent en général un volume de terre important. Leur orifice supérieur restreint limite le nombre des végétaux à y installer. Une plante retombante, un surfinia ou un lotier par exemple, s'y trouvera à l'aise. Un modèle contemporain est percé d'orifices latéraux dans lesquels vous pourrez placer de petites plantes. C'est la jarre à oreilles dont l'utilisation première est la culture des fraisiers d'où son nom de « pot à fraisiers ». Ce contenant très décoratif accepte toutes sortes de plantes : verveine, agératum, coléus, bégonia ou des aromatiques, à condition que leur développement ne soit pas trop important.

Les vases, de l'élégance

L'origine de ces récipients classiques en forme évasée remonte à la nuit des temps. Ils présentent une surface lisse ou bien ouvragée, ornée de motifs en bas-relief. La solidité des vases en terre cuite dépend notamment de l'épaisseur de leur paroi. Leurs dimensions couvrent un large éventail, leur diamètre allant jusqu'à 70 cm, voire plus pour les vases en plastique. Les plus petits modèles servent au démarrage des jeunes plantules, à la culture des cactus nains, au repiquage des boutures. Vous n'en trouverez pas en bois. En revanche, il en existe en verre, copiés sur les vases à fleurs d'intérieur. Considérez-les comme des objets décoratifs fragiles, car ils ne supportent pas le gel et cassent au moindre choc. Les formes classiques des vases leur permettent de s'intégrer discrètement partout. À l'évidence, ils se font même oublier pour mieux mettre en valeur les plantes qu'ils abritent.

▲ Les auges mettent en valeur les fleurs.

Les suspensions et les paniers

Ces modèles permettent de présenter des fleurs dans un espace inattendu et d'habiller des murs nus ou des piliers inesthétiques. Sur un balcon, paniers et suspensions peuvent s'accrocher un peu partout. Vérifiez qu'ils ne gênent pas le passage. Ces récipients doivent être légers, d'où une fabrication fréquente en matière plastique, rarement en terre cuite, quelquefois en vannerie ou en treillage. Si l'endroit choisi pour les accrocher ne supporte pas les retombées d'eau, prévoyez un film plastique qui tapissera le fond de la suspension. Mais sachez que l'arrosage sera délicat. L'eau en excès ne pouvant s'évacuer, les racines risquent de s'asphyxier. Nos voisins d'outre-Manche vouent un véritable culte aux suspensions. Comme eux, jouez sur les hauteurs d'accrochage pour utiliser le maximum d'espace et n'oubliez pas que ces contenants doivent être accessibles pour permettre l'arrosage.

Les appliques, à accrocher

Variante fixe des suspensions, les appliques permettent de décorer un mur, une rambarde ou un claustra, voire de s'accrocher à un treillage. Les plantes seront choisies en fonction du peu de terre que peuvent recevoir ces appliques : plantes de rocailles, annuelles au développement limité ou petits bulbes. Arrosage fréquent nécessaire.

Les auges, la pierre dans toute sa rusticité

Royaume des plantes de rocaille par excellence, les auges traditionnelles sont en pierre. Il existe d'excellentes reproductions en pierre reconstituée, moins chères que les auges anciennes. Laissez les mousses s'installer à la surface du matériau, elles créent la patine qui manque à tout contenant neuf et participent, avec le temps, au décor lui-même. Le seul défaut est leur poids très élevé.

▲ La mousse cache la coque qui retient la terre.

▲ Les appliques habillent les rambardes.

▲ Les fleurs laissent la vedette au vase.

À chaque plante son pot

Quel que soit l'espace dont vous disposez, vous trouverez toujours les pots, les suspensions ou les jardinières qui conviennent pour faire pousser vos plantes dans les meilleures conditions et pour réaliser un décor de charme, modulable et transformable au fil des saisons ou de votre inspiration.

ASTUCE TRUFFAUT

Les pots, les jardinières ou les suspensions à réserve d'eau sont très utiles si vous devez vous absenter souvent, pour de petites périodes de huit à dix jours. Ces bacs, qui limitent les arrosages, doivent être installés à l'abri des intempéries, pour éviter que la réserve ne se trouve remplie en permanence.

Pour choisir un contenant, prenez en compte les besoins des végétaux que vous souhaitez cultiver. Une grande plante doit être installée dans un bac profond pour assurer une belle croissance et pour être stabilisée quand il y a du vent. Vous n'avez que l'embarras du choix pour acheter vos potées ou vos jardinières, proposées dans de nombreux matériaux et comportant diverses formes ou coloris. Choisissez des contenants solides, pratiques mais esthétiques, en créant une unité, avec des tons et des proportions harmonieuses. Pensez à assortir les bacs et les soucoupes au style général de la région ou à celui de la maison.

▲ Harmonisez la forme du pot avec les plantes.

Les pots en terre cuite

Le charme des contenants en terre cuite demeure inégalable. Assez onéreux, ils sont disponibles dans toutes les tailles et à tous les prix. La terre cuite étant très poreuse, elle permet une bonne aération du substrat et du système racinaire. Mais le sol a tendance à se dessécher très vite par temps chaud et sec, d'où l'obligation d'arrosages fréquents et abondants. Tous ces pots présentent malheureusement une faible résistance au gel et aux chocs. En hiver, vérifiez que l'eau s'écoule bien par le trou de drainage et protégez vos contenants en les recouvrant d'un film de plastique alvéolé pour éviter qu'ils n'éclatent sous l'effet des fortes gelées.

Les bacs en plastique

Ils sont très légers, maniables, faciles à entretenir et souvent peu onéreux. Ils s'entretiennent aisément, d'un simple coup d'éponge imbibée de détergent. Imperméables, ils permettent de limiter le dessèchement trop rapide du substrat. Ces contenants ont malheureusement une faible durée de vie car ils se déforment facilement. Depuis quelques années, leur qualité esthétique a été considérablement améliorée de par une plus grande ressemblance avec les poteries en terre cuite ou en bois, qu'ils imitent fort bien. Les coloris vifs et brillants laissent peu à peu la place à des couleurs mates plus naturelles (argile, pierre grise ou rose, blanc cassé ou gris foncé). Attention, le plastique blanc a tendance à jaunir assez rapidement. Les jardinières et les pots de petite taille ont un poids peu important et une faible résistance au vent qui les renverse souvent.

Les bacs en béton

Ce sont des contenants souvent très lourds, peu esthétiques et d'un coût élevé. Limitez leur utilisation aux terrasses de plain-pied.

Le bois

Ce matériau est très utilisé pour des contenants haut de gamme, lourds et chics. Le châtaignier et le chêne résistent le mieux aux intempéries mais on utilise aussi du pin traité ou des essences exotiques (teck). Le bois offre l'avantage de s'harmoniser avec tous les autres matériaux. Élégant, il nécessite un entretien régulier pour conserver son bel aspect et être protégé des dégradations dues au contact avec l'humidité. Il est préférable d'utiliser des bacs en bois sur un balcon ou une terrasse protégés des intempéries. Évitez les jardinières trop longues, dont les planches du fond ont tendance à se déformer.

▲ Des bacs lourds pour les grandes plantes.

▲ Un bac cubique pour un conifère élancé.

▲ Un pot large convient aux végétaux trapus.

La pierre reconstituée

Elle a remplacé la vraie pierre, devenue rare. Les contenants, solides et résistants, ont un grain fin et prennent une belle patine avec le temps, mais ils ont tendance à se couvrir de mousses et de lichens quand ils sont exposés aux intempéries et à l'ombre. La pierre est trop lourde pour la grande majorité des balcons. Réservez-la aux terrasses de jardin, en rez-de-chaussée.

Faites le bon choix

Les formes évasées sont moins sensibles au gel que les récipients à ventre arrondi et à col étroit. Pour des végétaux à port trapu ou retombant, choisissez des pots larges. Les formes cubiques et cylindriques conviennent aux conifères pyramidaux ou coniques, ainsi qu'aux arbustes sur tige. Avant la plantation définitive, prévoyez des accessoires (roulettes, poignées amovibles) pour déplacer les très grands bacs. Attention, plus un contenant est petit, plus les soins à prodiguer aux plantes doivent être fréquents et réguliers. Un minimum de 30 à 50 cm de diamètre et de profondeur est nécessaire pour des plantes grimpantes, des arbustes et de grandes touffes de vivaces ou d'annuelles. Et surtout ne confondez pas pot avec cache-pot. Ce dernier, uniquement décoratif, se distingue par l'absence de trou de drainage au fond.

Les différents matériaux

La grande variété de matériaux, de formes, de couleurs et de textures des contenants autorise un peu de fantaisie pour les associer. Mais attention de ne pas surcharger le décor pour éviter une impression de lourdeur et d'encombrement. Jouez surtout sur les formes et les dimensions.

ASTUCE TRUFFAUT

L'épaisseur d'un pot joue sur sa tenue au gel et sa résistance aux chocs. C'est aussi souvent ce qui en justifie le prix. Une poterie artisanale se montre souvent plus durable qu'un pot industriel mais, plus chère.

Les végétaux sont les éléments dominants de toute décoration sur le balcon ou la terrasse. Les contenants ont pour rôle de favoriser le développement des cultures. Ils doivent participer à la qualité esthétique de l'ensemble, mais ne pas attirer l'attention de façon trop voyante. Les formes géométriques simples : rondes, ovales, carrées, rectangulaires sont les plus faciles à utiliser. Proscrivez les couleurs criardes sous peine d'être taxé de mauvais goût. Le choix entre les matériaux et les formes est suffisamment large pour que chacun y trouve son compte et puisse personnaliser son espace. Tout en restant dans une gamme de produits de même origine, associez bacs, jardinières, vasques, jarres ou vases et variez les niveaux de présentation.

▲ Les jarres chinoises sont à la mode.

▲ Un demi-tonneau fait un beau contenant.

▲ Les pots s'accrochent sur la façade en pierre.

▲ Les poteries traditionnelles, irremplaçables.

La poterie, élément de base

La terre cuite se prête à une infinité de formes. C'est le matériau le plus classique, le plus adaptable. Il permet d'assurer un bon équilibre entre le substrat, l'air, l'eau et la plante. Sa porosité laisse passer l'air utile aux racines et les maintient à une température agréable. L'arrosage doit être plus fréquent, car, la terre cuite s'imbibant d'eau, elle offre une large surface à l'évaporation. Le surplus d'engrais non consommé est évacué au travers des parois, d'où les plaques blanchâtres que vous constatez quelquefois. Ce sont les sels minéraux qui sèchent au contact de l'air. Pour retrouver une couleur naturelle, frottez le pot avec de l'eau vinaigrée.

Le principal inconvénient de la terre cuite est sa faible résistance au gel. Elle souffre du gonflement de l'eau dont elle est imbibée et se casse facilement. Pour éviter cela, rentrez vos poteries pour l'hiver sous la véranda ou protégez-les avec plusieurs épaisseurs de voile d'hivernage. La résistance au gel dépend toutefois de la qualité de la terre et de sa cuisson. Un peu plus résistantes, les poteries émaillées ou vernissées sont recouvertes de substances minérales vitrifiées à 1 000 °C. Les poteries recouvertes d'une couche de peinture époxy à base de plastique deviennent alors insensibles aux chocs et au gel.

L'inconvénient de la terre cuite concerne son poids. Les pots de grandes dimensions, à réserver aux terrasses en rez-de-jardin, deviennent intransportables une fois remplis. Les prix des poteries artisanales sont assez élevés, mais certaines sont des œuvres d'art.

Le bois, un style rustique

Les bacs et jardinières en bois sont souvent de grandes dimensions. Ils peuvent être fabriqués en chêne, en châtaignier ou en bois exotique imputrescible comme le teck. On trouve aujourd'hui de grandes jardinières en pin traité à cœur par imprégnation. Elles peuvent résister plus de dix ans aux intempéries, sans le moindre traitement. Les tonneaux coupés en deux font d'excellents contenants, mais ils sont étanches.

Art de vivre

COMMENT VIEILLIR UN POT

Les pots en terre cuite brute peuvent vous paraître un peu trop parfaits sur le plan de la texture et d'une couleur trop vive. Pour leur donner rapidement une jolie patine, plongez-les pendant quelques semaines dans un seau empli d'une pâte de terre de jardin et de tourbe blonde, malaxée avec de l'eau. Vous pouvez aussi les frotter avec ce mélange, doucement pour ne pas les rayer. Plus simplement, badigeonnez le pot d'une épaisse couche de yaourt (de 3 à 5 mm) et laissez-le sécher pendant une semaine en plein air. Des mousses et des lichens viendront rapidement le recouvrir.

▲ Superbes, les pots décorés de guirlandes.

▲ Une jardinière en plastique avec réserve d'eau : économique et fonctionnelle.

Le plastique, bon marché

Les contenants en plastique sont de qualité très variable selon le procédé de fabrication, la matière première employée et la finition du moule. Leur durée de vie et leur aspect esthétique s'en ressentent. Trop peu épais, ils se déforment rapidement sous le poids de la terre et les couleurs passent au soleil en une ou deux saisons. Les contenants en plastique sont fabriqués en PVC (polychlorure de vinyle), en polyéthylène ou en résine de synthèse, un mélange de plusieurs matières plastiques, qui garantit souvent une meilleure qualité.

Deux modes de fabrication sont actuellement utilisés. L'injection fournit une finition brillante et lisse, l'aspect classique du plastique. Le rotomoulage est une technique plus récente qui permet d'obtenir des produits teintés dans la masse dont les formes et les coloris imitent à s'y méprendre les autres matériaux, notamment la terre cuite et la pierre reconstituée. Le principal avantage du plastique est sa légèreté qui permet de l'utiliser n'importe où, sans risque de surcharge. En revanche, les petits contenants manquent de stabilité. Le matériau ne demande aucun entretien, une éponge humide étant suffisante pour le dépoussiérer.

Les bacs et jardinières en plastique se montrent insensibles aux variations de température ou de climat : les bacs rotomoulés résistent à des écarts de -65 °C à + 85 °C, les modèles injectés se limitent à -20 °C. Les parois n'étant pas poreuses, l'évaporation est moindre en été, le terreau reste humide plus longtemps.

La palette de coloris est large mais le blanc domine, brillant ou mat. La couleur terre cuite est fortement représentée parmi les modèles rotomoulés.

Les contenants en plastique sont rarement fabriqués en grandes dimensions, quoique les récents modèles rotomoulés permettent des diamètres jusqu'à 110 cm pour les arbres.

La pierre, grande longévité

Hormis les modèles anciens creusés dans de la pierre naturelle et inaccessibles du point de vue prix, les bacs et jardinières que l'on dit « en pierre » sont fabriqués en pierre reconstituée, un mélange de ciment ou de résine avec des débris de marbre ou de quartz. Les formes inspirées de modèles anciens sont obtenues par moulage. Le prix des belles fabrications est assez élevé, mais la longévité bonne et l'entretien nul.

▲ Les contenants en béton imitent bien la pierre.

▲ Les jarres en céramique se rentrent l'hiver.

En raison de son poids très élevé, la pierre reconstituée est à déconseiller sur les balcons et les terrasses surélevées. En revanche, elle a beaucoup de chic dans les rez-de-jardin et les patios de style rustique ou ancien, surtout quand elle parvient à se patiner et à s'incruster de mousses et de lichens.

Le grès industriel vernissé

Ce matériau est obtenu par vitrification du kaolin dans des fours à plus de 1 200 °C. Il peut être émaillé au plomb pour une meilleure résistance au gel. Sa solidité est supérieure à celle de la terre cuite et ses coloris très variés à dominante marron. Son prix est plus élevé, mais le grès peut s'utiliser aussi bien à l'extérieur qu'à l'intérieur. Son aspect se rapproche des poteries vernissées. On trouve surtout en grès des pots et des jardinières de petites dimensions.

La fonte, beaucoup de chic

Ce matériau a fait les beaux jours des jardins de l'époque victorienne où trônaient d'énormes jarres aux décors très travaillés. Le seul véritable avantage de la fonte vient de ses possibilités décoratives quasi illimitées. Étant coulée dans un moule, on peut lui donner les formes les plus complexes. Les vasques et vases en fonte sont considérés comme des objets d'art, fabriqués à l'unité par des artisans spécialisés. Attention, la fonte est très lourde.

Les pots de récupération

Pour apporter une touche personnelle un peu humoristique à vos plantations, vous pouvez recycler divers ustensiles, au gré de votre fantaisie. Un vieux chaudron en fonte, un broc en métal, un vieil évier, une bassine en aluminium ou un arrosoir en zinc font très bien l'affaire. Vérifiez que l'écoulement de l'eau peut se faire au fond de la cuve pour éviter le pourrissement des racines. Si ce n'est pas le cas, perforez le fond d'un ou deux trous avec une mèche à métaux. Des plantes retombantes ou à faible développement s'y trouveront à leur aise. Un tonneau hors d'usage fera également un excellent contenant, si vous le sciez en deux, en renforçant son cerclage pour éviter l'écartement des lattes. Doublé à l'intérieur d'un film plastique et rempli d'eau, il pourra accueillir des plantes aquatiques. Vous le placerez sur trois ou quatre briques pour l'isoler du sol.

▲ La pierre reconstituée se patine joliment.

▲ Les contenants en zinc reviennent en force.

Le zinc, une certaine classe

Ce métal blanc bleuâtre que l'on avait quasiment abandonné dans les années 1980 fait un retour en force, surtout pour sa facilité d'intégration à tous les styles, et son adaptabilité aux matériaux contemporains (plastique et métal). Peu altérable, le zinc se patine joliment, son seul défaut étant une résistance assez moyenne au grand froid (il devient alors cassant).

LE BON GESTE

LES BACS À RÉSERVE D'EAU

Ces contenants sont dotés d'un système qui humidifie en permanence le substrat par capillarité. Le mélange terreux repose sur une grille qui le sépare d'un compartiment contenant l'eau de réserve. Ce dernier est rempli par une goulotte. Une ou plusieurs mèches trempent dans l'eau et pompent la quantité nécessaire à la plante. Une couche d'air intermédiaire entre l'eau et la grille assure la ventilation, grâce à une cheminée d'aération. Cette technique permet d'espacer les arrosages et autorise des absences d'une à deux semaines selon la saison. En extérieur, l'inconvénient des bacs de ce type réside dans l'apport incontrôlé des eaux de pluies qui saturent vite la terre. Il faut les placer sous un auvent en hiver. Attendez que la réserve soit vide et laissez passer quelques jours avant de la remplir à nouveau, pour permettre l'assèchement et l'aération des racines.

Les qualités d'un contenant

Il existe un grand choix de contenants dont les formes, les dimensions, les matériaux, les couleurs et les prix varient de façon importante. Votre choix va s'effectuer en fonction des plantes à cultiver, sans oublier que le style, les couleurs et les proportions doivent s'harmoniser.

ASTUCE TRUFFAUT

Si vous devez déplacer un gros contenant qui n'est pas équipé de roulettes, placez une planche sur des rondins de bois, posez le pot ou la jarre dessus et faites rouler l'ensemble jusqu'au nouvel emplacement. Vous pouvez aussi utiliser un diable.

La première qualité d'un contenant destiné aux balcons ou aux terrasses est la stabilité. Exposé au vent et aux courants d'air, surtout dans les étages supérieurs, il doit pouvoir rester en place et ne pas risquer de tomber, provoquant des dégâts dont vous seriez responsable. Les gros pots accueillent souvent des plantes au développement important, dont la prise au vent est accrue. Le problème est moindre pour les matériaux lourds. Les jardinières et les bacs en matière plastique, beaucoup plus légers, demandent à être solidement fixés. Vérifiez leur ancrage au moins une fois l'an.

Les conifères, les arbustes et les plantes vivaces sont destinés à séjourner

▲ Même vides, les grandes jarres sont belles.

▲ Vasque chinoise pour olivier centenaire.

ART DE VIVRE

LES ÉTAGÈRES

Supports en dégradés de hauteurs, les étagères permettent d'installer de nombreux pots dans un espace restreint. Les plantes bénéficient d'un meilleur ensoleillement et peuvent contribuer à couvrir un mur disgracieux ou à masquer la vue. Aux modèles en bois, demandant un entretien suivi et s'alourdissant avec l'humidité, préférez les étagères en fer, copiées sur celles des fleuristes. Les jardineries proposent des modèles en fer forgé recouvert de peinture époxy. La mode est au métal rouillé verni mais peintes avec une peinture antirouille noire ou verte, ces étagères s'intégreront bien partout. Lorsque vous placez vos pots dessus, veillez à la stabilité. Ne choisissez pas des contenants trop larges qui, dépassant du support, risqueraient de tomber. Disposez les plantes en tenant compte de leur développement futur, les espèces retombantes ne devant pas venir cacher les végétaux des étages inférieurs. Évitez les sujets trop grands, qui se montreront plus à leur aise posés sur le sol. À défaut d'étagère, un escabeau ou une échelle en bois peuvent devenir un présentoir pour des petites plantes grimpantes ou des bacs de semis.

longtemps dans leur contenant. Pour ne pas avoir à les transplanter si le pot venait à être cassé, veillez à sa solidité, gage d'une longévité souhaitable. Ne vous laissez pas séduire par un prix attractif qui cache souvent une qualité médiocre. Préférez un matériau solide que vous pourrez conserver plus longtemps, vous y gagnerez en entretien.

À chaque matériau ses avantages et ses qualités

Les matières utilisées sont très diverses, elles présentent chacune des avantages et des inconvénients. Pour une même matière, la qualité dépend de la fabrication et de la finition. Une terre cuite faite à la main a souvent un aspect plus chaleureux qu'un récipient moulé industriellement. Les finitions des poteries sont différentes. Chaque type correspond à une utilisation spécifique, tant sur le plan de la décoration que de la résistance. Certaines fabrications colorées se ternissent rapidement et sont vite envahies par la mousse. La décoration disparaît souvent au nettoyage. Les matières plastiques modernes imitent bien les autres matériaux, le poids en moins. À qualité égale, l'aspect esthétique dictera votre choix.

Si vous ne pouvez pas placer vos contenants à l'abri en hiver, renseignez-vous sur leur résistance au gel. Bois et matières plastiques ne posent pas de problèmes. La terre cuite de qualité n'est pas gélive. Mais, par précaution, veillez à ce qu'elle ne reste pas trop humide par grand froid et entourez votre pot de papier journal ou d'un voile non tissé.

Les dimensions d'un contenant sont fonction de la plante qu'il doit héberger, le volume de terreau devant être suffisant pour que les racines puissent se développer aisément. Les plantes courantes, annuelles, aromatiques ou vivaces se contentent d'une profondeur de 15 à 20 cm. Les conifères, les rosiers, les grimpantes exigent de 30 à 50 cm. La largeur ou le diamètre sont en principe égaux à la profondeur. La longueur dépend de la place disponible et du nombre de plantes à installer.

N'oubliez pas qu'un pot doit être percé d'un ou plusieurs trous pour le drainage. N'acceptez pas les pots qui ne présentent que des traces pour le perçage, il y a toujours un risque de les casser.

▲ Les formes, les dimensions et les couleurs des pots se déclinent à l'infini.

Les accessoires utiles

Il suffit parfois d'un petit rien pour mettre en valeur un pot, une vasque ou une jardinière. Joignez l'utile à l'agréable en jouant sur l'aspect décoratif de votre présentation, tout en vous facilitant l'entretien ou la mise en scène. C'est ce que nous vous proposons de découvrir ici, avec quelques objets fort intéressants.

ASTUCE TRUFFAUT

Chaque pot devant avoir un fond percé pour l'évacuation de l'eau en excès, une soucoupe placée dessous est indispensable pour éviter tout ruissellement sur le sol ou chez les voisins. Videz-la souvent.

La présence d'un objet décoratif sur le balcon ou sur la terrasse se justifie par la mise en valeur des plantations qu'il accompagne. Mais il sera plus apprécié s'il peut rendre quelques services, notamment décoratifs.
Par exemple un panier fleuri s'accroche sur une potence. Cette dernière peut s'égayer d'une silhouette d'oiseau, de fleur ou de papillon, pour sortir de son cadre strictement utilitaire.

Les cache-pot

Les contenants qui ne présentent pas d'intérêt ornemental particulier gagnent à être glissés dans un cache-pot décoratif, le plus souvent vernissé

▲ Symbole de bienvenue, la pomme de pin en terre cuite est simple et discrète.

▲ Une manière élégante de surélever les pots.

▲ La colonne met une vasque en valeur.

▲ Les étiquettes sont des objets de décoration.

ou émaillé. Un cache-pot n'étant jamais percé à sa base, vérifiez de temps en temps que le fond du pot ne trempe pas dans l'eau, ce serait mauvais pour les racines.

Les soucoupes ou plateaux

Les soucoupes résolvent mieux ce problème, puisque le niveau de l'eau en excès est visible sans manipulation. La matière et les couleurs des soucoupes seront similaires à celles du contenant, le panachage n'étant pas du tout esthétique. Pour éviter le moindre débordement d'eau, bien que restant dans des proportions équilibrées, elles doivent offrir un diamètre supérieur de un cinquième à celui du pot. Si vous rassemblez plusieurs pots de petite taille, un plateau rectangulaire sera plus pratique.

Les colonnes

Un piédestal ou une colonne mettent en valeur un vase ou une coupe. Attention à leur stabilité et à celle du contenant. La présence de ce support est aussi l'occasion de donner du volume à la décoration. Évitez les modèles aux décorations trop chargées qui frisent souvent le mauvais goût, à moins d'utiliser un exemplaire exceptionnel acheté chez un antiquaire et de le laisser seul dans le décor. En matière d'accessoires, la simplicité est toujours payante et révèle la vraie classe.

Pour assurer une bonne aération sous un pot, les coins surélévateurs stylisés ou représentant un animal se placent à trois sous un contenant rond, et à quatre sous un bac carré. Certains modèles en poterie, très finement ciselés, sont de véritables objets de luxe, mais ils optimisent le décor.

Les objets décoratifs

Les cadrans solaires, les appliques, les statuettes ou les lampes peuvent devenir des éléments décoratifs, tout comme les guéridons ou les dessertes. L'important est d'assurer une certaine unité dans le style, un ensemble hétéroclite n'apportant que la confusion.

LE BON GESTE

LES SUPPORTS DE JARDINIÈRES, DES ACCESSOIRES INDISPENSABLES

La pose de jardinières à l'extérieur d'une balustrade est souvent interdite. Installez vos contenants en les fixant à l'intérieur. Vous avez le choix entre différents types de fixations métalliques, fixes ou réglables. Il existe aussi un modèle de balconnière en plastique doté d'accroches intégrées au contenant. Il possède une cale pour se maintenir droit une fois posé sur le support.

Commencez par mesurer vos jardinières, les trois dimensions étant importantes. En cas d'hésitation, optez pour une fixation réglable en largeur et en hauteur. Les longueurs varient de 45 à 100 cm. Vérifiez aussi le poids que peut supporter la fixation, surtout pour les balconnières en terre cuite. Il existe sur certains modèles un système de sécurité constitué de bras métalliques pivotants qui s'enfoncent dans la terre du pot pour le maintenir en place.

Les pots ronds sont soutenus dans des porte-pots en fer ronds. Ils se fixent contre un mur, s'accrochent aux lattes d'un volet, sur un treillage ou contre un appui de fenêtre. Changez-les chaque année.

Les accessoires décoratifs

Il suffit souvent d'un petit rien pour donner de la personnalité ou pour créer une ambiance sur un balcon ou sur une terrasse. Beaucoup d'objets décoratifs d'origine diverse peuvent être utilisés. Choisissez-les avec soin et placez-les à bon escient, pour qu'ils restent discrets et jamais incongrus.

ASTUCE TRUFFAUT

À moins de vouloir créer un effet spectaculaire défini à l'avance, mieux vaut laisser découvrir les objets décoratifs au dernier moment pour ménager un effet de surprise. Nichez, par exemple, une statuette au milieu des pots. C'est superbe !

Les accessoires décoratifs restent présents toute l'année, contribuant à la personnalisation de votre espace. Évitez les articles en acier mal traité contre l'oxydation, les bois trop tendres, les matières gélives.
Ne surchargez pas le décor et préférez l'originalité, la qualité et la simplicité à la quantité. C'est votre image de marque, le reflet de votre caractère et de votre comportement.

Les objets décoratifs

Ils commencent avec les coussins posés sur le mobilier. Les coordonnés sont à la mode et du plus grand chic: un dessin botanique sur la vaisselle, par exemple, se retrouvera sur tous les éléments, y compris sur la nappe et les sets de table.

Accrochés au mur, thermomètre, baromètre et hygromètre vous fourni-

▲ Originales, des chouettes en terre cuite.

ront, en plus de l'aspect décoratif, des indications précieuses sur la température ou la prévision du temps. Si votre terrasse est bien exposée, un cadran solaire en pierre reconstituée ou en métal est un élément de choix. Assurez-vous qu'il est bien exposé plein sud et laissez-le libre de toute végétation, pour que le soleil l'atteigne correctement, à toute heure de la journée.

◀ Les formes d'animaux sont très à la mode.

Paniers, corbeilles en osier et autres objets de vannerie ont une bonne tenue en plein air (en moyenne deux ans). Ils font également de jolis décors.
Attirez les oiseaux du voisinage en disposant une mangeoire, accrochée au mur. Vous aurez soin de renouveler les graines, surtout en période hivernale.
Pour présenter des pots de petite taille, choisissez des étagères en fer, comme celles que l'on trouvait jadis dans les boulangeries. Vous en découvrirez dans les brocantes ou chez certains fabricants qui copient des modèles anciens.

Parmi les autres accessoires décoratifs, pensez aux innombrables statuettes qui sont proposées par les jardineries. La mode est aux modèles en pierre ou en fonte qui représentent des animaux de toutes sortes.

Le coin des enfants

Sur un balcon, il faut veiller à la sécurité des enfants d'une façon plus attentive que sur un rez-de-jardin. Vous éviterez les risques de chute de jouets ou d'objets en occultant les rambardes avec des canisses ou un écran total. Sur 1 m², vous pouvez installer, pour les plus jeunes, un petit bac à sable décoratif de 20 cm de profondeur. Posez-le sur une large feuille de plastique, afin de pouvoir récupérer les grains de sable projetés à l'extérieur du bac.

Décorez le coin réservé aux enfants en le délimitant par des bacs de fleurs ou de conifères ou par un claustra. L'occultation ainsi réalisée leur permettra d'avoir un petit univers bien à eux, mais sa hauteur ne devra pas vous empêcher de pouvoir les surveiller. Offrez-leur des jeux solides et que vous pourrez ranger facilement.

L'aire de repos

Des sièges, une table basse, une desserte roulante vous incitent à la détente et à la contemplation des plantes. Ces objets font partie du décor général du balcon ou de la terrasse et ils influencent son style. Ils doivent s'y intégrer avec discrétion. Pour un plaisir total, pensez au hamac que vous pouvez accrocher aux poteaux de la pergola ou fixer sur des supports métalliques indépendants. Il apportera une note d'exotisme sympathique à votre décor.

Les miniserres

Si vous ne disposez pas d'une véranda pour abriter les plantes frileuses en hiver, pensez à installer une miniserre sur le balcon. Certains modèles en bois, en verre et en métal sont assez esthétiques et surtout pratiques. Pour les semis, il existe aussi de très jolies petites serres inspirées de modèles anciens, à poser sur une table. Vous y ferez démarrer vos plants dès la fin de l'hiver pour les espèces de croissance lente.

▲ Le cadran solaire est très élégant sur une terrasse.

▲ Une statue au milieu des pots.

Idée déco

L'EAU DANS LE DÉCOR

Une petite fontaine, un contenant servant de bassin donnent de la vie. Un robinet d'arrêt avec un purgeur servira à vidanger le circuit pour le mettre hors gel. Une pompe électrique immergée permettra le recyclage de l'eau en circuit fermé et alimentera un petit jet d'eau qui attirera les oiseaux. Copiées sur des moules anciens, des fontaines en fonte avec robinet de style habillent le mur à l'emplacement de l'arrivée d'eau. Vous pouvez créer un bassin en coupant en deux un tonneau dans le sens de la largeur. Renforcez les cercles de métal sur la partie haute pour mieux maintenir les lattes de bois que vous protégerez avec un produit hydrofuge.

Le choix des couleurs

La beauté d'un balcon ou d'une terrasse dépend beaucoup de l'art de marier les couleurs entre elles, en créant des harmonies apaisantes, des mélanges ou des contrastes stimulants. En choisissant vos coloris préférés ainsi que la façon de les associer, vous personnaliserez bien votre jardin en pots.

ASTUCE TRUFFAUT

Évitez les mélanges de nombreux coloris qui donnent une impression de cacophonie, peu esthétique sur un petit espace vu de près. Pour une potée ou une jardinière, choisissez au maximum deux couleurs, auxquelles vous pouvez ajouter la proportion de vert et de blanc que vous souhaitez.

Les fleurs et les feuilles vous en font voir de toutes les couleurs. Mais il n'est pas plus aisé de déterminer les combinaisons judicieuses de coloris qui habilleront votre balcon ou votre terrasse, que de réaliser le tracé de la structure. Apprenez à connaître l'expression de chaque couleur avant de les associer entre elles pour éviter tout impair.

Le vert, neutre et apaisant

Souvent très abondant mais rarement dominant, le vert est une couleur à part dans le décor : neutre et apaisante. Il se décline du vert le plus tendre des jeunes pousses et des feuilles naissantes au vert le plus sombre, presque

▲ Formes et textures monochromes.

noir, du feuillage de certains conifères. Pour mettre en valeur la grande diversité des dégradés et des nuances de cette couleur, associez des tons clairs à des nuances plus foncées.

Jouez aussi sur les textures des feuilles en faisant voisiner des feuillages mats et brillants. Le vert s'associe délicatement à toutes les couleurs, froides ou chaudes. Il permet d'atténuer des coloris trop vifs ou criards.

Il forme de belles harmonies avec les jaunes et les bleus. À l'inverse, il contraste vivement avec le rouge, sa couleur complémentaire. Le vert n'est pas l'apanage des feuillages. Certaines fleurs peuvent présenter, mais rarement, ce coloris. Les alchémilles, les hellébores, certains tabacs d'ornement (*Nicotiana* x 'Lime Green' ou *Nicotiana langsdorffii*), des euphorbes vivaces (*Euphorbia polychroma, characias* ou *amygdaloides* var. *robbiae*), la molucelle et le zinnia géant à fleur de dahlia 'Envy' sont des plantes charmantes aux fleurs vertes. Elles s'intègrent facilement dans les compositions où elles permettent de créer une transition entre des couleurs plus contrastées.

Le vert est aussi beaucoup utilisé pour le mobilier et les accessoires (pots, supports, arrosoirs, etc.), dont on souhaite la présence discrète. Ils se fondent ainsi plus facilement dans le décor végétal environnant.

Le blanc, douceur et lumière

Autre couleur neutre, le blanc apporte une note de détente et de douceur. Inerte, il n'affecte pas les couleurs environnantes. Au contraire, il s'associe facilement avec n'importe quelle teinte soulignant son intensité ou sa délicatesse. Il apporte une luminosité et une brillance aux compositions florales, en particulier le soir quand les couleurs plus sombres s'estompent peu à peu pour devenir noires. Le blanc est très précieux pour les zones d'ombre qu'il éclaire en douceur. La blancheur des fleurs est vite écrasée quand l'ensoleillement est fort. Pour leur redonner un peu de texture et de matière, mettez les fleurs blanches en valeur avec un simple fond de feuillage vert. Elles se marient aussi très bien avec des feuillages argentés ou panachés de blanc. La teinte blanche se décline en une infinité de nuances, du blanc le plus pur au blanc crème. Il est possible de réaliser un décor monochrome. Pour cela, utilisez une large gamme de nuances et jouez sur les formes, les dimensions et les textures des végétaux pour éviter une certaine monotonie. Attention, vous risquez de vous lasser vite de cette ambiance monochrome et cette belle composition au charme raffiné exige des soins très réguliers. Vous devez absolument ôter les fleurs fanées qui prennent une vilaine teinte marron et qui altèrent très vite l'effet de pureté qui se dégage de l'ensemble. Le blanc est une couleur assez classique pour le mobilier, les treillages, les structures permanentes tels que les murs ou les contenants. Mais son éclat peut parfois monopoliser toute l'attention. Modérez son utilisation, surtout au soleil.

Idée déco

L'IMPORTANCE DES FEUILLAGES

Pour colorer fenêtre, balcon ou terrasse, les fleurs ne sont pas indispensables. Les feuillages, par leur variété de formes, de textures, de dimensions et de coloris, sont attrayants pendant des mois, parfois toute l'année. Les grandes feuilles apportent une touche d'exubérance et d'exotisme. Les feuilles droites et rubanées, graphiques, donnent une dimension verticale alors que les feuillages fins et découpés accentuent l'impression de légèreté. De nombreux feuillages naissent teintés de rose, de pourpre, de jaune, ou panachés mais ils perdent souvent ces marques en cours de saison. Au printemps, les jeunes pousses sont vert tendre, puis elles prennent des couleurs plus soutenues en été. Beaucoup de végétaux se colorent à l'automne. Tenez compte de ces évolutions quand vous réalisez potées et jardinières. Les feuillages persistants sont utiles pour constituer un décor de fond permanent ou pour masquer de façon durable les imperfections de l'architecture. Faciles à entretenir, ils s'apprécient plus en hiver, quand ils deviennent le principal centre d'intérêt.

▲ Une composition à la douceur monochrome.

▲ Le blanc renforce la luminosité de la terrasse.

▲ Le jaune est l'ami du soleil, il apporte un sentiment de gaieté et réchauffe les autres teintes.

Le jaune, chaleur et lumière

Perçu immédiatement par l'œil avant toutes les autres couleurs, le jaune est la plus lumineuse des teintes. Tonique et chaud, il est parfois violent, sans être agressif. C'est une couleur fréquente en hiver et au printemps, avec le renouveau de la végétation.

Utilisé pour créer un bel effet de lumière dans une composition, le jaune s'emploie en situation ensoleillée, contrairement au blanc trop aveuglant.

Les fleurs et les feuillages jaunes s'harmonisent avec les verts plus atténués, les gris argentés et avec les brun-gris surtout à l'ombre.

Évitez les associations de jaune et de rose pâle, altéré et écrasé par la force de l'or. Vous obtiendrez d'excellents résultats en mariant des couleurs complémentaires à du jaune, du bleu ou du violet. Le contraste obtenu est très harmonieux, à condition de faire dominer le jaune dans une proportion de 2/3 à 3/4 pour éviter une impression trop terne.

L'orangé, chaleureux et tonique

Ce coloris chaud et voyant résulte du mélange de deux couleurs primaires : le jaune et le rouge. Riche et intense, l'orangé s'associe difficilement aux autres teintes avec lesquelles il réagit souvent violemment.

Les coloris orangé vif sont parfaits pour la fin de l'été et l'automne. Associez-les à des feuillages cuivrés et à des floraisons chaudes dans les tons de violet, de jaune ou de rouge.

Vous pouvez atténuer la vivacité d'un orangé, en le mariant à des plantes aux feuilles et aux floraisons crème ou bronze. Les tonalités pastel de l'orangé gagnent en subtilité et en douceur, tout en conservant un aspect chaud, agréable. Le crème ou le bronze réveille les endroits un peu sombres mieux que ne le feraient des teintes blanches. Difficiles à mélanger, les diverses nuances d'orangé s'accordent très bien avec les jaunes tendres, les roses lavés de jaune, ou les feuillages dorés.

Le rose, douceur et féminité

Cette couleur résulte d'un mélange de rouge et de blanc. De ce fait, on distingue deux grandes familles de tons roses, suivant que le rouge d'origine contient du bleu (cela donne des roses frais ou des rose lilacé) ou du jaune (pour des roses saumonés plus chauds). Teinte de charme évoquant la douceur, la délicatesse et la tendresse, le rose est apaisant. Il existe une infinité de nuances, pas toujours faciles à distinguer au premier coup d'œil et ce, d'autant plus que le coloris évolue en fonction des variations de l'environnement. Le rose s'associe au mieux avec le blanc et le mauve. Ces teintes claires et assorties s'entremêlent dans un ensemble pastel charmant. Quelques fleurs roses plus sombres renforceront la composition que le soleil trop ardent pourrait rendre insipide. Les fleurs roses ressortent peu sur un feuillage vert qui atténue leur éclat. Mais vous pouvez les mettre en valeur avec des feuilles pourpre foncé, grises ou blanc argenté. Le mariage avec les rouges est beaucoup plus difficile.

▲ Les tons roses s'accordent bien avec les coins repos.

▲ Dynamique, le rouge s'utilise surtout en été.

Le rouge, éclatant et agressif

C'est souvent la couleur qui ressort le plus dans une association végétale. Cru et provocant, le rouge domine et attire l'œil. Utilisées par petite touche, les fleurs rouges, vibrantes, relèvent une composition sans attrait. Il existe deux grands groupes de rouges. Les écarlates et les vermillons, aux nuances chaudes, contiennent une part de jaune, tandis que les carmins, aux nuances plus froides teintées de bleu, tendent vers le violet. Dans une jardinière de fleurs rouges, il est préférable de marier des teintes saturées, choisies dans l'un ou l'autre groupe uniquement, car l'association de carmin et de vermillon est du plus mauvais effet. Complétez le décor avec des feuillages gris, bronze ou rouge sombre, ces derniers devant être éclairés et adoucis par des verts francs. Les tonalités prune, bordeaux et grenat ont un aspect plus éteint que le rouge vif. Elles font bon ménage avec les fleurs roses, les feuillages argent ou vert vif et elles s'intègrent facilement dans des compositions multicolores. Essayez de les marier avec des feuillages panachés vert pâle et jaune ou gris, c'est superbe. Pensez à jouer avec les textures des feuilles, veloutées, brillantes ou mates pour un plus grand raffinement.

Le bleu et le violet, subtils

Ces couleurs froides mais reposantes manquent souvent de luminosité et d'éclat, surtout quand elles sont associées à du vert. Pour donner un peu plus de gaieté à ces teintes, mariez-les à des couleurs chaudes et toniques tel que le jaune. Les floraisons bleues ressortent mieux sur des feuillages dorés ou gris argent. Attention, le bleu est vite écrasé par un excès de lumière en été. Le violet est, avec le pourpre, la teinte la plus foncée qui soit. Cette nuance assez effacée assombrit beaucoup les compositions où elle est insérée, donnant le meilleur d'elle-même quand elle se trouve isolée. Recherchez un effet de masse dans une potée ou dans une jardinière. L'association de violet foncé et de rouge vif est très tonique. Réservez-la pour les potées décoratives en été ou en automne. Une masse de fleurs bleu foncé peut être éclairée par une ou deux plantes à la floraison orange chaud. Pour créer une harmonie plus douce, groupez le violet avec des tons lilas ou lavande, du bleu et des roses bleutés, mais attention aux subtilités des différents niveaux de bleu. Deux teintes voisines mais différentes peuvent se nuire. En général, les violets doux passent inaperçus. Il faut les placer avec d'autres teintes non agressives. Si vous souhaitez introduire du bleu sur le balcon ou la terrasse de façon durable, pensez au mobilier et aux accessoires. Un treillage, une tonnelle, une pergola, un banc ou un salon de jardin peints en bleu peuvent devenir des décors somptueux. Faites des essais de tonalités à la lumière du jour, sur un grand morceau de carton, avant de peindre le mobilier.

▲ Il existe une infinie variété de bleus et violets.

ART DE VIVRE

ASSOCIER LES COULEURS

La palette des couleurs est riche, mais la retenue est de mise sur un petit espace. Même si vous mélangez plusieurs couleurs, donnez une dominante à vos compositions. Il est préférable qu'une même teinte couvre la moitié ou le tiers de la surface totale de la potée ou de la jardinière. Les mélanges où dominent les teintes pastel donnent une impression de calme, à rechercher pour un coin repos. Au fil des saisons, variez et changez les dominantes de couleurs de votre décor, il sera plus agréable. En hiver et au printemps, jouez avec les bleus, les roses, les blancs et les jaunes. En été, privilégiez les rouges, les jaunes, les roses riches ou les orangés. L'automne est l'époque des violets, des rouges chauds, des orangés, des cuivrés et des dorés, que vous trouverez en abondance parmi les chrysanthèmes, les bruyères, et les arbustes caducs, au feuillage souvent éclatant en cette saison.

Les balcons en toute sécurité

Si votre jardin suspendu vous apparaît comme un petit paradis, il ne doit pas gêner votre entourage. La vie en société nous impose certaines règles de bienséance qui commencent par le respect de la tranquillité et de la sécurité du voisinage. Respectez-les et vivez heureux parmi les fleurs...

ASTUCE TRUFFAUT

Si votre jardinière est plantée très serré, inutile de l'arroser par-dessus. L'eau va ruisseler sur les feuillages, ne jamais pénétrer jusqu'aux racines et inonder les étages inférieurs. Préférez la solution du trempage qui consiste à immerger le contenant sur les deux tiers de sa hauteur pendant 1/2 h.

Même dans une maison individuelle, la culture sur balcons présente quelques risques du fait de la situation surélevée de l'endroit. La première précaution à prendre est évidemment la pose d'une balustrade. Cette dernière doit être fixée de façon suffisamment solide pour qu'il soit possible de s'appuyer dessus et d'y accrocher des plantations. Une fixation tous les 30 à 50 cm est une précaution élémentaire.

Les balustrades en bois devront être vérifiées plus souvent que les autres en raison du caractère putrescible du matériau (même s'il s'agit de bois traité à cœur par imprégnation).

▲ L'étanchéité du sol doit être parfaite.

LE SAVIEZ-VOUS ?

LÉGISLATION

Pour tout ce qui concerne la décoration des balcons et des terrasses, la législation reste encore assez floue et se limite souvent aux règlements de la copropriété. Vérifiez bien qu'il n'existe pas de restrictions fondamentales concernant le fleurissement. Sachez toutefois que vous êtes civilement responsable des dégâts que vous pouvez occasionner, par exemple des infiltrations d'eau liées à une mauvaise étanchéité, des salissures de la façade du fait du débordement des bacs et, bien sûr, des chutes d'objets. L'accrochage des bacs et jardinières doit être réalisé de manière à ce que les contenants se trouvent à l'intérieur des balcons. Ne posez jamais un pot sur une fenêtre sans vérifier qu'il est bien accroché.

La grande majorité des balcons et des terrasses se trouvant en habitat collectif, il est indispensable de se comporter en « personne civilisée » et de veiller à ce que le fleurissement ne devienne pas une gêne (même involontaire) pour les autres, mais un plaisir.

L'étanchéité, problème majeur à ne pas négliger

Qu'on le veuille ou non, la présence de cultures sur le balcon va entraîner tôt ou tard un ruissellement d'eau. Il sera provoqué par un arrosage trop généreux, par un temps très pluvieux qui fait déborder les soucoupes, etc. L'eau provenant des potées est généralement chargée de particules de terre qui, en s'écoulant, risquent de souiller la façade. Une bonne mesure de protection pour éviter tout problème avec le voisinage serait de construire sur le pourtour du balcon un rebord étanche afin d'éviter toute coulure à l'extérieur. Dans ce cas, l'eau sera tout naturellement récupérée par le système d'évacuation vers les gouttières, qui est forcément prévu sur chaque balcon au moment de la construction.

Dans le cas d'un jardin en terrasse planté directement sur dalle, il faut obligatoirement renforcer l'étanchéité et prévoir des systèmes très efficaces d'évacuation de l'excédent d'eau.

Si vous habitez en copropriété (que vous soyez locataire ou propriétaire), mieux vaut toujours informer le syndic de votre intention de créer un jardin suspendu. En général, on ne peut vous refuser le droit de fleurir votre balcon. Ce dernier fait partie intégrante de l'appartement et, légalement, vous disposez du droit d'en jouir librement. Toutefois, il suffit d'une plainte d'un des colocataires ou des copropriétaires pour que tout soit remis en question.

Les problèmes de poids

Ce sont les plus importants sur le plan technique, surtout pour ce qui concerne les terrasses. Pour réaliser un jardin sur dalle, il faut disposer d'une résistance utile, d'au moins 500 kg/m^2. Sur les balcons, la résistance est en général de 300 kg/m^2, une donnée qui peut s'amenuiser au niveau de la balustrade pour atteindre seulement 100 kg/m linéaire. Dans ce dernier cas, vous devez vous limiter à l'accrochage de balconnières en plastique, contenant uniquement des fleurs. En revanche, vous pourrez installer des bacs plus importants à proximité du mur de façade de l'appartement.

La chute d'objets

Un pot, même en plastique, qui tombe du balcon, constitue un projectile dangereux. Les risques de chute ne sont pas limités à la rupture du support. Le vent constitue un danger permanent, de même que les maladresses lors de l'entretien des balconnières.

À ce sujet, décrochez-les lorsque vous procédez à leur entretien. Un rameau d'arbuste venant d'être taillé, qui tombe du 6e étage, peut blesser sérieusement un passant.

Utilisez de préférence des supports de balconnières en fer plat, ils sont plus solides que ceux en fer rond. Par souci de sécurité, ces derniers gagnent à ne pas être réutilisés d'une année sur l'autre. Changez aussi de support quand les vis et les autres systèmes de réglage sont rouillés. Sur une fenêtre, vous maintiendrez les jardinières ou les pots par une latte de bois épaisse, maintenue de chaque côté de la fenêtre par des équerres fixées dans le mur (avec des vis et des chevilles).

Par correction, respectez les voisins. Par exemple, n'effectuez pas un traitement phytosanitaire ou un arrosage quand ils se trouvent sur leur balcon.

▲ Attention à la prise au vent des grosses structures. Il faut bien les sceller.

Les fleurs les plus exotiques

Hibiscus rosa-sinensis
Un enchantement estival teinté d'un brin d'érotisme.
Voir page 342.

Thunbergia grandiflora
Une liane florifère pour les balcons les moins frileux.
Voir page 459.

Grevillea 'Robin Gordon'
Une étonnante australienne aux fleurs sans pétales.
Voir page 334.

Cycas circinalis
Une plante primitive, un peu fougère, pas vraiment palmier.
Voir page 293.

Grevillea rosmarinifolia
Des boucles de corail ciselées comme des bijoux délicats.
Voir page 334.

Hibiscus schizopetalus
Une lanterne de dentelle qui se balance au gré du vent.
Voir page 342.

Metrosideros carminea 'Ferris Wheel'
Un très spectaculaire bouquet d'étamines écarlates pointées d'or.
Voir page 377.

Tibouchina granulosa
Des filaments en forme de longues pattes d'araignées.
Voir page 461.

LES SECRETS DE LA PLANTATION

Les cultures en pot se renouvelant avec une fréquence plus régulière que celles du jardin, et présentant généralement une longévité moindre, même si certains arbustes peuvent passer plusieurs décennies en bac, vous allez être amené à réaliser assez souvent les gestes de la plantation. C'est un moment de plaisir intense, car il vous conduit à bâtir un décor qui prend forme au gré de votre fantaisie. C'est aussi l'occasion de ressentir le contact intime et sensuel avec la terre et le végétal que l'on saisit à pleines mains. La technique de mise en place d'une plante est identique en pleine terre ou dans un contenant. L'important, c'est que les racines se trouvent bien en contact avec le substrat et qu'il ne se forme pas de poches d'air qui provoqueraient un dessèchement des radicelles, nuisible à la reprise. Dans les récipients galbés, ce n'est pas toujours facile, car il est rarement possible de glisser les mains entre la motte et la paroi du pot afin de tasser convenablement. L'astuce consiste à utiliser de fines baguettes de bambou qui, par des mouvements de va-et-vient, vont faire pénétrer la terre dans les moindres interstices. Dans les bacs, la plantation se trouve souvent gênée par les végétaux déjà en place, qui ont développé un enchevêtrement de racines que l'on répugne d'instinct à couper. N'ayez aucune hésitation et dégagez bien, en tranchant dans le vif, l'emplacement dévolu à votre nouveau pensionnaire. En apportant de la terre toute neuve, vous stimulerez le redémarrage des plantes un peu malmenées dans l'instant précédent. C'est toute l'année l'époque des plantations sur le balcon, car le décor peut changer à chaque saison et la moindre plante abîmée gagne à être immédiatement remplacée. La diversité, le changement, les infinies possibilités font la particularité de cette activité et procurent un plaisir rare.

Où acheter ?

L'offre en matière de plantes et d'articles de jardin est très large et répartie en différents circuits de distribution. Pour choisir en toute connaissance de cause et faire le bon achat, rien ne vaut les magasins spécialisés qui seuls vous garantissent un assortiment large et varié, ainsi que des possibilités de conseils.

ASTUCE TRUFFAUT

Pour profiter au mieux des conseils avisés d'un vendeur spécialisé, visitez de préférence les magasins en semaine. Le personnel sera plus disponible et il pourra consacrer plus de temps pour vous conseiller. Le milieu de la journée est plus favorable que la soirée ou le début de matinée.

Vous avez le choix pour effectuer vos achats entre des magasins spécialisés, (graineteries, jardineries, horticulteurs), des boutiques de décoration, le département jardinage des magasins de bricolage ou le rayon « végétaux » des grandes surfaces non spécialisées, sans oublier les catalogues de vente par correspondance. Le premier conseil à respecter est de ne pas céder à l'attrait d'une promotion épisodique, mais de réfléchir à vos acquisitions en fonction de vos besoins, de votre goût, du climat, de la période de plantation et de l'espace que vous allez fleurir. Si vous le pouvez, planifiez vos achats en réalisant un plan de plantation par saison.

▲ L'achat par correspondance : une surprise.

LE BON GESTE

LE TRANSPORT ET LA LIVRAISON

Pour un achat par correspondance, les délais de livraison doivent être les plus courts possible et les expéditions effectuées par temps doux. Déballez les plantes dès leur réception, pour constater leur état. Vérifiez si les poteries ne sont pas cassées. Refusez le colis s'il présente un aspect extérieur défectueux (cabossé, écrasé). Pour un transport de plantes achetées dans un point de vente, placez les pots dans votre coffre en les maintenant droits. Disposez-les dans une barquette en carton ou en bois que vous calerez pour éviter la chute. La proximité d'huile ou de produits détergents ne convient pas, même pour un petit parcours.

Pour un végétal de grande taille, entourez le feuillage d'un film plastique ou de papier d'emballage et couchez-le sur le siège passager, en rabattant le dossier. Ne transportez pas de végétaux, surtout à racines nues, sur le toit de la voiture, sauf très bien emballés. Ils ne supporteraient pas le vent, le froid et le soleil. Ne placez pas de plantes sur la plage arrière de la voiture.

La VPC, la facilité

La vente par correspondance permet de choisir à domicile, à tête reposée, et de comparer les prix. Les coloris des photos ne sont pas toujours respectueux de la réalité. L'emballage peut aussi laisser à désirer. À limiter aux petits végétaux.

Les magasins de bricolage

Ils disposent souvent d'un bon département « jardin », surtout côté outillage, produits et accessoires standards. Leurs tarifs ne sont pas toujours les moins chers. Le choix végétal est limité.

Les jardineries, le choix

Vous y trouverez conseil, choix, qualité et suivi des marchandises. Ce dernier point est important. Rien de plus frustrant que de ne pas pouvoir réassortir une garniture de jardinière, sous prétexte que la saison se termine ou que la promotion est finie. Dans ce type de point de vente, les responsables doivent répondre à la demande, quelle qu'elle soit. De même, l'éventail des produits proposés est le plus large possible, sans se limiter aux articles de saison. Vous allez y trouver une vaste gamme d'espèces et de variétés. Les jardineries bien organisées emploient des vendeurs spécialisés, titulaires de brevets horticoles, et donc susceptibles de bien vous conseiller sur le choix et la culture.

Les horticulteurs, la qualité

Ces producteurs vendent directement les végétaux qu'ils cultivent. Ils ont donc à cœur de proposer de la qualité. Très souvent, ce sont des passionnés de plantes qui cultivent des espèces originales et peuvent vous offrir un assortiment inattendu, même si la gamme est souvent saisonnière et limitée.

Les marchés, le coup de cœur du moment

Souvent banale, l'offre des plantes sur les marchés peut, de temps en temps, réserver des surprises étonnantes, à saisir de suite lorsque que l'occasion ou une bonne affaire se présente.

Les grandes surfaces, les prix

Le premier atout est un prix attractif, mais le séjour en magasin est néfaste aux végétaux, l'entretien y étant réduit. Profitez du premier jour de promotion et ne vous attendez pas à des miracles quant au choix et à la qualité.

▲ Il y a toujours de bonnes idées et beaucoup de choix dans les fêtes des plantes.

La terre

La terre est à la fois le support et la source principale d'éléments nutritifs pour toutes les plantes cultivées en pots ou en jardinières. Le choix du mélange terreux est fondamental pour obtenir un développement idéal des végétaux, qu'ils soient en place le temps d'un été ou pour plusieurs années.

ASTUCE TRUFFAUT

Le sol des pots et des jardinières constitue le garde-manger des plantes. Mais, très vite, il s'appauvrit et perd tous ses éléments nutritifs, lessivés ou absorbés par les racines. Il faut reconstituer cette réserve en apportant de la matière organique et des engrais.

Il n'existe pas de mélange terreux universel, chaque type de plante ayant ses propres exigences. Dès le départ, prévoyez un substrat suffisamment riche et équilibré pour vous éviter des corvées de rempotage trop fréquentes.

L'apport nutritif

Les plantes doivent se contenter d'un faible volume de substrat dans les bacs, les suspensions et les jardinières, d'où l'utilité d'avoir un sol renfermant tous les éléments nutritifs indispensables à la croissance des plantes cultivées. Les principales substances nutritives présentes dans le sol sont l'azote (N), qui favorise surtout la croissance du feuillage ; les phosphates (P), qui régulent la croissance et la nutrition des végétaux et la potasse (K), qui agit sur le développement des fleurs et des fruits.

À côté de ces trois éléments principaux, le sol contient aussi des oligoéléments, présents en très faibles quantités mais indispensables pour la survie et la croissance des plantes. Il s'agit du fer, du manganèse, du soufre, du bore, de l'iode, etc.

Pour que la terre de vos contenants reste toujours bien équilibrée, il faut lui apporter, au moment de la plantation puis au moins une fois par an par la suite, de l'humus (contenu en proportions importantes dans les terreaux du commerce), des composts ou des fumiers animaux bien décomposés.

Les qualités physico-chimiques

Comme la terre de jardin, le substrat employé dans un bac réagit sur le plan chimique. La mesure de cette réaction est définie par le pH, ou potentiel hydrogène, qui peut être neutre (7 sur l'échelle de mesure), acide (en dessous de 6,5) ou basique (valeur supérieure à 7,5). Il est préférable de connaître le pH de votre terre pour pouvoir choisir et cultiver des plantes bien adaptées. Beaucoup de végétaux apprécient un sol au pH compris entre 6 et 7. Des kits d'analyse de terre comprenant des réactifs colorés permettent de déterminer avec une bonne précision le pH de votre substrat. La nature physique du sol employé est importante aussi. Une terre trop légère, avec une faible cohésion, ne peut fixer solidement les racines des végétaux soumis à des vents violents. À l'opposé, un sol lourd et compact pose des problèmes de poids sur un balcon où la capacité en charge est limitée. Pour améliorer la capacité de rétention en eau d'une terre et l'alléger, incorporez à votre mélange terreux de la tourbe ou des matériaux inertes tels que le sable de rivière, la perlite, la vermiculite, de la pouzzolane.

LE BON GESTE

LES TERREAUX VENDUS DANS LE COMMERCE

Vous trouverez une large gamme de substrats de culture prêts à l'emploi dans le commerce. Vous avez à votre disposition des « terreaux universels », passe-partout, des « terreaux pour géraniums » (qui conviennent pour les autres plantes annuelles), des « terreaux de rempotage », des « terreaux pour boutures » ou des « terreaux pour semis ». Ce sont en général des mélanges de tourbe brune, de terreau, de fumier décomposé, d'éléments fibreux et de matières organiques. Certaines spécialités contiennent en plus des rétenteurs d'eau ou des billes expansées d'argiles (« terreaux pour bacs à réserve d'eau »). Ces mélanges préparés sont une solution de facilité, pratiques pour réaliser des jardinières qui ne dureront qu'une ou deux saisons. Pour des plantations qui doivent perdurer, réalisez vous-même votre terre. Un bon substrat résulte de la combinaison de composants assurant un apport nutritif suffisant pour compenser le faible volume de terre, un bon drainage mais aussi une bonne rétention d'eau et une cohésion du sol permettant un bon ancrage des végétaux, souvent soumis à des vents violents. Il n'y a pas de recette universelle, chaque type de plante ayant des exigences particulières.

Le drainage

L'eau d'arrosage ou de pluie doit pouvoir circuler à travers le substrat de culture, sans stagner au niveau des racines des plantes. La terre a tendance à se tasser sous l'effet des arrosages successifs. Avant la plantation, posez une couche drainante (billes d'argile expansée, tessons d'argile) de 2 à 3 cm d'épaisseur sur le fond du contenant. Puis recouvrez-la avec un feutre horticole qui retiendra les éléments les plus fins du sol, susceptibles de colmater les orifices d'évacuation de l'eau du bac. Évitez l'emploi d'un substrat trop lourd et trop compact, qui provoque souvent l'asphyxie des racines.

▲ Les matériaux de base pour les substrats sont nombreux et variés.

Les matériaux de base

De nombreux substrats sont disponibles dans le commerce, sous forme de mélanges de différents matériaux ou à l'état pur. Chacun présente des avantages et des inconvénients que vous devez connaître pour assurer le bien-être et la pérennité de vos cultures en pots.

ASTUCE TRUFFAUT

Si vous composez votre substrat vous-même, ce qui permet souvent de bien s'adapter aux exigences particulières de certaines plantes, mélangez des matériaux de différentes granulométries. Le défaut de nombreux terreaux du commerce vient de leur aspect très fin qui certes, est flatteur au regard et au toucher, mais ne permet pas à l'air de circuler et à l'eau de bien s'évacuer.

Pour réaliser un mélange bien adapté à vos plantes, reportez-vous aux pages du « Dictionnaire des plantes », où sont indiquées les compositions idéales.

La terre de jardin

Elle est constituée d'un mélange d'argile, de sable, de calcaire et d'humus, en proportions très variables selon son origine. Avant de l'incorporer à votre mélange terreux, faites-la analyser. Vous pourrez ainsi l'amender correctement. Attention, elle contient souvent des graines de mauvaises herbes.

Les terreaux

Ils contiennent une part importante d'humus, résultant de la décomposition

▲ Terre de jardin

▲ Fumier.

▲ Pouzzolane.

▲ Sable de rivière.

▲ Fibres de coco.

de matières organiques animales ou végétales. Cet humus retient une grande quantité d'eau et d'azote. Il favorise l'assimilation par les plantes de nombreux éléments fertilisants contenus dans le sol. Un bon terreau, qu'il soit de feuilles ou de fumier, doit encore contenir une partie de débris végétaux non décomposés. Employé pur, il se tasse et colmate les petits orifices d'évacuation de l'eau du contenant. Incorporé à un substrat lourd, il le rend moins compact et plus perméable. Mélangé à du sable, il augmente la cohésion de ce dernier.

Les tourbes

La tourbe blonde est un substrat fibreux acide, pauvre en éléments nutritifs. Elle se gorge facilement d'eau tout en restant bien aérée. On l'utilise pour alléger un mélange terreux et lui conférer une meilleure rétention en eau. La tourbe brune est un substrat très léger, qui, une fois desséché, se réhydrate mal. Elle entre dans la composition de la plupart des mélanges du commerce, vendus prêts à l'emploi.

Le sable de rivière

Ce matériau résulte de la désagrégation de roches siliceuses. Il est formé de petites particules cristallines qui ne s'agglutinent pas entre elles. Très perméable et inerte, le sable retient mal les éléments fertilisants solubles. Il s'emploie pour alléger et augmenter la perméabilité d'un substrat lourd et compact.

La perlite

Ce matériau inerte qui sert à alléger est un sable expansé, qui ne pèse que 60 à 100 g par litre. On l'emploie à la place du sable pour décompacter et aérer un substrat de culture trop lourd dans les grandes potées. Dans un mélange terreux, ne mettez pas plus de 20 % de perlite pour conserver une bonne cohésion du sol.

La vermiculite

Cet autre matériau inerte allégeant est formé de minéraux lamellaires. Léger, il pèse environ 90 à 100 g par litre. Dépourvu d'éléments nutritifs, il s'utilise comme la perlite.

L'agrosil

À base de silice (45 %), d'azote uréique (2 %) et d'anhydride phosphorique (20 %), ce produit augmente la capacité de rétention en eau du substrat. Il fixe les sels et les métaux lourds, ce qui permet d'éviter des risques d'intoxication pour les plantes. Il a une action longue durée, avec une efficacité de six à neuf mois minimum. Incorporez-le à chaque plantation ou en complément de fertilisation au printemps ou à l'automne.

La pouzzolane

Cette roche d'origine volcanique, poreuse et relativement légère, s'incorpore dans un mélange terreux pour l'aérer et le rendre plus perméable. Mélangée à du terreau, la pouzzolane limite le tassement du sol.

Les écorces

Celles de pin maritime sont les plus employées. On trouve deux catégories d'écorces : celles sans liber, propres, régulières et durables, et celles avec liber, régulières et sans poussière. En se décomposant, elles donnent de l'humus. Les gros calibres servent uniquement pour le paillage ou la décoration.

Les fibres de coco

Cette autre matière première d'origine végétale est utilisée comme les écorces pour réaliser un substrat léger, perméable et aéré.

Les coques de cacao

Formé par les enveloppes semi-ligneuses des fèves de cacao, ce matériau entre dans la composition d'amendements ou de supports de culture. Les granulométries les plus grosses sont utilisées en paillis, comme les écorces.

Les fumiers

Obtenus à partir des litières et des déjections des animaux d'élevage, ils contiennent de 28 à 30 % de matières organiques. Ils renferment des éléments nutritifs en faible quantité. De plus, ils apportent de l'humus et améliorent la qualité physique du substrat dans lequel ils ont été incorporés.

On trouve dans le commerce des fumiers sous forme de poudre ou de granulés déshydratés. Sans odeur, faciles à doser et à épandre, ils sont facilement utilisables sur un balcon.

▲ Coques de cacao.

▲ Tourbe blonde.

▲ Tourbe noire.

▲ Vermiculite.

Tous les terreaux

Certaines plantes nécessitent des substrats spécifiques, correspondant à leurs besoins en air et en eau, et adaptés à une structure particulière. Vous pouvez composer vous-même ces mélanges mais vous trouverez certainement dans le commerce une réponse toute prête répondant à votre attente.

ASTUCE TRUFFAUT

Le support de culture aura tendance à se tasser au fur et à mesure des arrosages et il pourra se couvrir d'une pellicule blanchâtre. Pour rénover la structure de la terre, grattez-la avec une griffe sur 2 ou 3 cm de profondeur, selon le volume du pot, enlevez cette couche inerte et remplacez-la par une même quantité d'un terreau identique à celui utilisé lors de la mise en place (surfaçage).

Les appellations commerciales précisent la destination du terreau proposé en fonction de la culture à réaliser ou de la plante à cultiver. Diversifiez votre approvisionnement quitte à acheter de plus petites quantités pour ne pas avoir à les stocker. Un sac ouvert doit être utilisé rapidement pour éviter au produit de perdre ses qualités au contact de l'air.

▲ Terreau universel.

Terreau universel

Un terreau « universel » est, en principe, bon pour tous les usages. C'est sans compter avec les besoins spécifiques de chaque plante. Cette appellation cache en fait le plus souvent une composition courante, passe-partout, qui entre dans le cadre d'une promotion ou sert de produit d'appel. Ce ter-

▲ Terre de bruyère.

▲ Terreau pour semis.

▲ Terreau pour balcons et terrasses.

▲ Terreau pour géraniums.

reau risque de se tasser très vite à cause de sa faible granulométrie et de créer une croûte en surface qui empêche les échanges eau et air et l'absorption des matières fertilisantes.

Terre de bruyère

C'est à l'origine un produit issu de la décomposition, en forêt, des bruyères. Sa raréfaction, conséquence d'une trop grande utilisation, a entraîné un contrôle très sévère de son ramassage. Elle est maintenant le plus souvent remplacée par une « terre dite de bruyère ». C'est un mélange de tourbe acide et de sable, additionné parfois d'écorces de pin compostées. Ce terreau assez léger est peu nutritif et demande des arrosages fréquents. Son acidité le rend indispensable pour les plantes acidophiles, azalées, rhododendrons, camélias, fougères.

Terreau pour semis

Son principal intérêt réside dans sa légèreté et sa bonne aération. Composé de tourbe fibreuse à laquelle est ajouté selon la composition, de la vermiculite ou un autre élément inerte, il vous servira à favoriser la levée de vos semis ou le démarrage de vos repiquages en aidant l'enracinement des jeunes plantules.

Terreau pour rempotage

Il convient lors du changement de contenant des plantes vertes ou fleuries dont il favorise la reprise et l'enracinement. La tourbe blonde est accompagnée par des supports inertes, pouzzolane, vermiculite ou écorces de pin. Lors de cette opération, à effectuer en fin d'hiver, n'oubliez pas de rétablir une couche drainante au fond du nouveau pot sur 2 à 3 cm. Vous pratiquerez un rempotage lorsque votre plante accusera des signes de fatigue : croissance ralentie, diminution de la floraison ou abondance excessive des racines qui dépassent du pot.

Terreau pour balcons et terrasses

Sa composition privilégie la rétention d'eau sans négliger le drainage. À base de tourbe blonde, il contient également de la terre végétale, du sable et du fumier composté. Certaines spécialités lui associent des silicates sous forme de granulés connus à l'origine sous le nom de « grains d'eau ». Ceux-ci se gonflent d'eau lors des arrosages, et ils la restituent au fur et à mesure des besoins de la plante, ce qui limite les apports.

Terreau pour bacs à réserve d'eau

Il est étudié pour assurer une bonne capillarité permettant la remontée du liquide le long des mèches, de la réserve jusqu'au support de culture. À la tourbe blonde habituelle (la brune se colmate trop vite et se réhumecte très difficilement lorsqu'elle a été asséchée), il est adjoint des écorces de pin compostées, des billes d'argile expansée ou de la vermiculite.

Terreau pour géraniums

Il contient de 10 à 20 % de terre de jardin argileuse pour maintenir au maximum l'humidité du substrat. Cette présence de terre permet d'espacer les arrosages pour une plante qui le supporte très bien. Laissez sécher la terre quatre à cinq jours entre deux apports d'eau, la floraison n'en sera que plus belle. Surtout si vous lui apportez un engrais tous les deux arrosages. Le mélange est complété de tourbe blonde et souvent d'écorces de pin compostées ou de pouzzolane.

Écorces de pin

Elles se présentent sous différentes granulométries, selon qu'elles sont utilisées en mélange à l'intérieur du contenant pour assurer une bonne aération et plus de légèreté à l'ensemble, ou qu'elles le sont en surfaçage. Dans ce cas, leur rôle consiste à diminuer les chocs thermiques et à maintenir une certaine humidification en surface. On les composte aussi.

Terreaux spéciaux

Terreau pour cactées et plantes grasses, enrichi en sable pour obtenir un mélange très poreux, la stagnation de l'eau étant l'ennemi de ces plantes. Terreau pour orchidées, avec écorces, mousses, billes de polystyrène. Tourbe émiettée privilégiant la légèreté, pour les suspensions. Terre à bonsaïs, à base de terre végétale, tourbe, terreau de feuilles et gravier.

▲ Terreau pour rempotage.

▲ Terreau pour bacs à réserve d'eau.

▲ Écorces compostées.

Bien préparer la plantation

La mise en scène de vos cultures en pots ou en jardinières passe obligatoirement par les préparatifs de la plantation. Elle est somme toute assez simple, mais primordiale. Ne bâclez pas le travail. Prenez votre temps pour bien réaliser toutes les étapes les unes après les autres, car le résultat de vos potées en dépend.

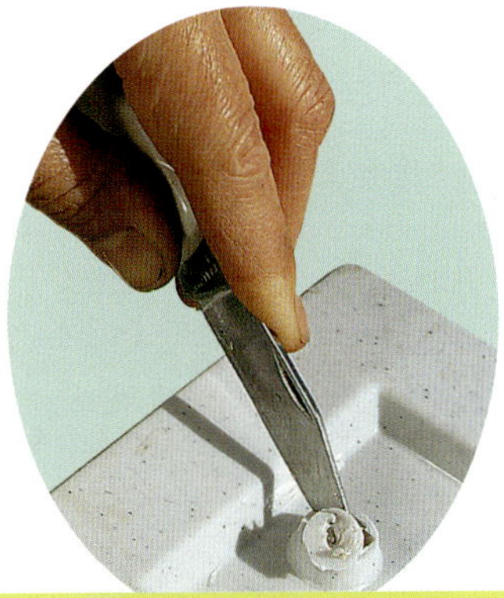

ASTUCE TRUFFAUT

Les bacs en plastique sont prépercés. Ouvrez les trous avec un couteau solide. Ceux-ci sont indispensables pour permettre l'élimination de l'eau d'arrosage en excès.

Procurez-vous tout le matériel nécessaire : contenants, terreau, végétaux, mais aussi billes d'argile pour le drainage, plantoir et transplantoir, arrosoir, ciseaux, étiquettes, etc.

Percer un trou de drainage

La première étape concerne le drainage du contenant. S'il ne présente pas de trou d'évacuation pour l'eau, il faut impérativement en percer le fond.

Les pots en terre cuite demandent une grande prudence pour ne pas les briser. Forez à la perceuse un seul trou au centre du fond du contenant. Un orifice de 1 cm suffit pour un pot de 14 cm de diamètre. Une perceuse avec variateur de vitesses est indispensable pour une bonne précision et pour obtenir un perçage progressif qui évitera l'éclatement de la poterie. Commencez à vitesse lente, puis percez à plein régime dès que l'avant-trou a été foré. Pour éviter les dégâts, disposez un tesson de terre cuite sur le trou de drainage.

Les contenants vernissés posent des difficultés supplémentaires car la mèche ripe souvent sur le revêtement bien lisse et dur. La meilleure technique consiste à faire tourner la perceuse à pleine vitesse et à approcher lentement un foret (neuf de préférence) de plus petite taille que celle prévue pour le trou afin de faire éclater une petite partie de l'émail.

▲ Posez les bulbes à bon écartement, sur un lit de terreau sableux, puis recouvrez-les de terre.

Remplir le bac

L'étape suivante concerne le remplissage du bac, en commençant par la mise en place d'une couche de matériau drainant au fond du pot. Une épaisseur correspondant à 1/10 de la profondeur du contenant est idéale. Utilisez des billes d'argile expansée, des tessons de poterie en terre cuite, des gravillons ou du sable de forte granulométrie. Posez ensuite un morceau de feutre jardin (géotextile) sur la couche drainante. Cette feuille imputrescible, perméable à l'eau, mais pas à la terre, va retenir les éléments fins du substrat qui pourraient être entraînés par l'eau d'arrosage. Sans cette précaution, l'eau chargée de particules de terreau risque de salir le sol de la terrasse ou du balcon et à la longue de colmater les orifices d'évacuation du pot.

Remplissez ensuite votre contenant aux 2/3 de sa hauteur avec le substrat. Il est alors prêt à planter.

Planter des bulbes en étages

Pour obtenir une potée de bulbes de printemps très fournie, il est conseillé de planter plusieurs espèces dans un même contenant. Vous obtiendrez ainsi une composition fleurie pendant près de trois à quatre semaines.

Choisissez un pot de 30 cm de profondeur et de même diamètre. Disposez une épaisse couche de drainage (au minimum 5 cm) sur le fond, constituée de billes d'argile ou de gravillons non calcaires.

Remplissez le pot avec un substrat souple, léger et poreux, contenant de 20 à 30 % de sable de rivière.

Disposez les gros bulbes à 5-10 cm d'intervalle, les petits à 3-5 cm. Veillez à ce qu'ils ne touchent pas les parois du contenant. Installez un premier étage de jacinthes ou de narcisses (à 20 cm de profondeur), couvrez avec le substrat. Ensuite, disposez une couche de bulbes tulipes (à une profondeur de 15 cm), en les alternant par rapport aux narcisses ou aux jacinthes. Après avoir recouvert ce nouvel étage avec du terreau, plantez les plus petits bulbes (crocus, anémones, iris, scilles, etc.). Dans un pot de 20 à 25 cm de diamètre 20 crocus, 10 narcisses et 16 tulipes assurent un festival printanier.

▲ Il faut éviter l'obstruction du trou.

▲ Versez une couche drainante de billes d'argile.

▲ Une feuille de feutre retient la terre.

Planter les végétaux

C'est souvent sur un coup de cœur que l'on achète les plantes qui vont décorer le rebord de la fenêtre, le balcon ou la terrasse. Mais pour obtenir un jardin suspendu original et harmonieux, qui évolue en beauté au fil des saisons comme vous le souhaitez, il faut soigneusement penser la plantation, comme au jardin.

ASTUCE TRUFFAUT

La réussite de votre décor dépend de la diversité des plantes utilisées. Évitez la monotonie en variant les silhouettes, les textures, les formes et les couleurs.

Le printemps (plus particulièrement la période couvrant les mois d'avril et de mai) est le moment idéal pour installer de nombreuses plantes vivaces, les légumes d'été, les plantes condimentaires et, bien sûr, toutes les plantes annuelles, trop frileuses pour résister au moindre gel. Les bulbes d'été, qui s'épanouissent entre juin et novembre, se plantent en avril et en mai, après les dernières gelées. Certaines plantes exotiques (hibiscus, datura, solanum...) ou méditerranéennes (laurier-rose, anthémis, agave, aloès...) peuvent être installées sur une terrasse ou un balcon, pendant la belle saison. Non rustiques, elles sont plantées quand il n'y a plus

▲ Dans une jarre, plantez toutes les herbes.

aucun risque de gel, vers la mi-mai. Les plantes bulbeuses à floraison automnale (colchiques, certains crocus, sternbergia, etc.) sont empotées dès la fin de l'été pour une floraison dans les mois qui suivent. En général, les plantes bisannuelles sont vendues en godets ou en minimottes à la fin de l'été et à l'automne. Plantées avant les premiers grands froids, elles fleurissent de bonne heure au printemps, parfois dès la fin de l'hiver, au moindre redoux. Les plantes bulbeuses à floraison printanière doivent être installées le plus tôt possible à l'automne. Évitez des problèmes de conservation en les rempotant dès l'achat. Plantez-les en septembre ou en octobre de préférence. Attention, les couronnes impériales doivent être mises en pot dès le mois d'août. Tous les arbustes et les arbres à racines nues sont mis en place en octobre ou en novembre. Effectuez cette opération par temps doux, quand il ne gèle pas. Ces mêmes plantes, cultivées en conteneurs, peuvent être plantées toute l'année, sans problème de reprise.

▲ Plantez très tôt vos bulbes pour le printemps.

Des associations réussies

Les plantes les plus diverses peuvent trouver refuge sur un balcon ou une terrasse. Mais, pour obtenir un décor harmonieux, il faut réaliser de bonnes associations et savoir bien intégrer les petites nouvelles, au fil des saisons. Dans une jardinerie ou à la lecture d'un catalogue de vente par correspondance, il est souvent difficile de résister à l'achat de nouveaux végétaux. Évitez le côté « collection », avec une accumulation de plantes différentes les unes des autres. Achetez par lot d'au moins trois exemplaires. L'unité de ton est beaucoup plus spectaculaire et l'effet obtenu, plus joli. Pour mieux planifier vos achats et vos plantations, réalisez un plan de votre balcon ou de votre terrasse, en indiquant soigneusement l'emplacement des pots et des jardinières, ainsi que les espèces végétales à planter. Dans un pot ou dans une jardinière, associez des plantes ayant les mêmes exigences culturales (terre, engrais, lumière, arrosage, etc.). Il est également préférable de planter des végétaux ayant une croissance à peu près similaire ou complémentaire, pour éviter que l'un d'entre eux n'envahisse toute la potée et étouffe ses voisins, plus lents à se développer. Associez les plantes ayant un même cycle de vie, tels, par exemple, les bisannuelles et les bulbes à floraison printanière d'une part ou des salades, des tomates et des œillets d'Inde, d'autre part. Respectez les distances de plantation indiquées.

LE BON GESTE

ACHAT : FAITES LE BON CHOIX

Inspectez l'état du système racinaire de vos arbres et arbustes à racines nues. Celles-ci ne doivent pas être desséchées, ni cassées. Les végétaux cultivés en conteneurs ou en godets doivent avoir un bon enracinement, qui se caractérise par une répartition homogène des racines et radicelles tout autour de la motte de substrat. Évitez les plantes ayant un chignon dense de racines plus ou moins abîmées au fond du pot. Cultivées depuis trop longtemps dans le même conteneur, leur reprise est souvent plus difficile. Les plants proposés en mini mottes évitent les longues étapes du semis et des repiquages. Achetez des plants au feuillage sain, bien vigoureux, avec une motte humide. Pour les vivaces et les annuelles, la tentation est forte de n'acheter que des plantes déjà bien fleuries. Mais, hormis la garantie d'avoir la variété et les coloris que l'on souhaite, la reprise après la plantation est bien meilleure avec des plants « en vert », ne présentant que des jeunes boutons floraux. Soyez vigilant lors de l'achat de vos bulbes à fleurs. Choisissez ceux qui présentent un aspect impeccable, sans trace de choc, sans déformation quelconque et sans moisissure. Rejetez tous les bulbes flétris, de même que ceux ayant déjà une pousse verte bien développée. Les plus gros calibres vous garantissent une végétation plus importante et une floraison plus abondante (par la taille des fleurs ou par le nombre, selon les espèces).

▲ N'enterrez pas le point de greffe.

Les gestes de la plantation

Tout est prêt, vous pouvez procéder à l'étape finale de la plantation, moment décisif pour la réussite future de vos cultures. Attention, il ne suffit pas de mettre en terre vos plantes pour qu'elles poussent. Voici quelques conseils pratiques très précieux qui vous éviteront bien des erreurs et des maladresses.

ASTUCE TRUFFAUT

Pour réussir vos plantations, évitez les jours de plein soleil. Préférez un temps gris, doux et chargé d'humidité atmosphérique.

Avant la mise en place définitive des végétaux, faites tremper les mottes dans une bassine d'eau claire pour humidifier les racines. Sortez les plantes quand il n'y a plus de bulles d'air qui se dégagent de la motte. Laissez s'évacuer l'excédent d'eau. Dépotez-les en les sortant délicatement des contenants sans briser la motte. Pour cela, tapez d'un coup sec le bord du pot en maintenant la plante vers le bas. Éventuellement, quand les racines forment un chignon trop dense à la base du godet, démêlez-les délicatement avec une fourchette et supprimez celles qui sont trop longues, nécrosées ou sèches. Pralinez les racines des végétaux à « racines nues » avec un « pralin » du

▲ Dépotez la plante sans briser la motte.

▲ Faites tremper les mottes.

▲ Arrosez la base de la motte pour l'humidifier.

commerce, facile d'emploi. Cette opération stimule le développement rapide de nouvelles radicelles. Pour diminuer les pertes en eau par évaporation et faciliter la reprise, vous pouvez réduire les plus grandes feuilles, en supprimant environ le tiers terminal du limbe. Faites une coupe franche pour favoriser la cicatrisation. Cette opération, appelée « habillage », s'effectue avec des espèces légumières. Pour les végétaux fleuris, ôtez les fleurs épanouies, qui ralentissent la reprise. La plante sera plus vigoureuse et la nouvelle floraison plus généreuse. L'idéal étant d'acheter des jeunes plants en boutons.

La bonne profondeur

Seuls les bulbes doivent être totalement enfouis dans le terreau. Quand vous les enfoncez, tournez-les un peu sur eux-mêmes pour qu'ils adhèrent bien au substrat. Pour les plants cultivés en mottes, veillez à couvrir complètement ces dernières avec la terre jusqu'au niveau du collet. La hauteur de terre qui doit couvrir le bulbe dépend de l'espèce. Comptez 4 cm pour les renoncules et les anémones ; 6 cm pour les éranthis et les chionodoxas ; 8 cm pour les crocus, les oxalis, les érythrones, les perce-neige, les alliums d'ornement, les érémurus et les scilles ; environ 10 à 12 cm pour les jacinthes, les tulipes et les narcisses ; 16 cm pour les lis et 18 cm pour un bulbe de couronne impériale. Lors de la plantation de végétaux ligneux, n'enfouissez pas le point de greffe des rosiers et des arbres greffés près du sol. Les plantes à racines nues sont enfouies jusqu'à la zone de séparation entre les racines souterraines et les tiges aériennes, dite « collet ». Par contre, les tomates, les poivrons et les clématites préfèrent avoir une bonne partie de la base de la tige aérienne enfouie dans le sol. Plantez les végétaux saisonniers assez serrés, pour un effet décoratif maximal sur une courte période. Les plantes vivaces, les petits fruits, les arbres fruitiers et les arbustes demandent un espacement plus important pour permettre un développement optimal et des productions abondantes.

▲ Coupez les racines sortant du pot.

▲ Démêlez le chignon de racines.

▲ Supprimez les racines compactées.

LE BON GESTE

LES DISTANCES DE PLANTATION «À RESPECTER

Les indications qui suivent concernent des végétaux un peu plus hauts que larges. Adaptez les distances de plantation au volume particulier des plantes. Réduisez-les pour les formes élancées et étroites de certains conifères. Augmentez l'espace pour des plantes tapissantes et couvre-sol qui s'étalent beaucoup.

Hauteur des plantes	*Distance de plantation*
Plantes annuelles	
Moins de 30 cm	10 cm
De 30 à 50 cm	20 cm
De 50 à 80 cm	30 cm
Plus de 80 cm	40 cm
Plantes vivaces	
Moins de 20 cm	15 cm
De 20 à 40 cm	20 cm
De 40 à 60 cm	35 cm
De 60 à 100 cm	45 cm
Plus de 100 cm	60 cm

Hauteur des plantes	*Distance de plantation*
Arbustes	
Moins de 60 cm	40 cm
De 60 à 100 cm	50 cm
Plus de 100 cm	100 cm
Arbres fruitiers	
Moins de 200 cm	100 cm
Plus de 200 cm	150 cm
Bulbes à fleurs	
Moins de 20 cm	1 à 2 cm
De 20 à 40 cm	3 à 5 cm
Plus de 40 cm	7 à 10 cm

Sachez bien planter

Les racines ne doivent jamais être comprimées dans un trou trop étroit, être enroulées ensemble ou retroussées vers le haut. Avec un plantoir, faites un trou suffisamment grand pour contenir toute la motte du plant élevé en godet ou pour permettre d'étaler bien à plat les racines lorsqu'il s'agit d'un plant à racines nues. Comblez les vides entre les racines avec le substrat en tassant légèrement. Terminez en remplissant le bac (jusqu'à 2 cm du bord).

Tassage et arrosage

Une bonne reprise des plantes est assurée par un contact très étroit entre le chevelu racinaire et le substrat. Quand vous terminez le remplissage du bac, tassez soigneusement la terre tout autour des plants installés pour ne pas laisser de poches d'air dans le sol et pour bien stabiliser les végétaux.

Arrosez copieusement mais doucement, pour tasser le substrat et permettre une bonne adhérence du sol aux racines des plantes.

Quand l'eau s'est écoulée, vérifiez le bon état de vos plantations et redressez les plants affaissés. Si le niveau de la terre a trop baissé, rajoutez du substrat jusqu'au niveau initial.

▲ Pralinez les plantes à racines nues.

▲ Réduisez le limbe des feuilles (habillage).

Tuteurage et palissage

Certaines plantes à grand développement ou de constitution un peu fragile ont besoin d'un support pour éviter qu'elles ne s'effondrent sur leurs voisines ou que les branches se cassent sous l'effet du vent et des courants d'air. C'est vrai en particulier pour tous les végétaux cultivés sur tige, surtout pendant les premières années de culture où la tige principale est encore frêle et très cassante par rapport à la masse imposante de feuillage et de fleurs qui la surmonte. Au moment de la plantation, prévoyez un tuteurage efficace, mais discret. Pour les plantes bulbeuses, il est préférable d'installer les tuteurs en même temps que les bulbes, pour ne pas les abîmer ensuite en plantant au hasard les supports dans le substrat. Fixez solidement la plante contre son tuteur, mais ne serrez pas trop les liens qui ne doivent pas empêcher la croissance ultérieure des tiges. Par mesure de précaution, entourez la partie supérieure pointue de chaque tuteur avec un embout protecteur. Dès la plantation, il faut palisser les plantes grimpantes et volubiles, pour les diriger là où vous le souhaitez. Laissez toujours un peu d'espace entre la tige et le lien, qui n'a pas besoin d'être trop serré.

Mise en place définitive de la jardinière

La plantation terminée, il est souvent utile de procéder à un petit nettoyage du contenant pour enlever les traces de terre sur les rebords et les parois extérieures. Un simple lavage avec une éponge humidifiée permet de venir à bout de ces marques peu esthétiques, qui donnent un aspect négligé à la potée. Si besoin est, mettez en place une soucoupe pour recueillir les eaux d'arrosage. Le contenant, une fois rempli, peut peser très lourd. Son transport est alors difficile et peu pratique. Pour l'installation définitive, faites-vous aider, surtout quand il faut accrocher la jardinière à l'extérieur de la rambarde du balcon, au-dessus du vide. Attendez quelques semaines que la végétation montre des signes évidents de reprise avant d'effectuer les premiers apports d'engrais, toujours sur une terre bien humide.

☞ LE BON GESTE

RENOUVELER UNE JARDINIÈRE

Pour varier le décor au fil des saisons et de vos envies, vous pouvez changer quelques-unes ou toutes les plantes de votre jardinière. Dans un premier temps, séparez les feuillages qui se sont enchevêtrés. Puis arrachez délicatement le plant à renouveler, en tranchant ses racines avec un plantoir pour éviter d'arracher une motte de terre trop importante, ainsi que de blesser les racines des végétaux à proximité. Attention, quand vous installez des plantes nouvelles, dans un contenant déjà rempli, il ne faut pas abîmer les racines des voisines en place. Si vous coupez par mégarde quelques racines d'un végétal, réduisez en conséquence son feuillage et supprimez la floraison.

Dans le cadre d'un renouvellement partiel des végétaux, veillez à acheter des plants suffisamment développés pour qu'ils s'intègrent bien dans le décor déjà existant. Terminez la plantation par un arrosage copieux.

▲ Rempotez dans un pot plus grand

▲ Réajustez le niveau du terreau.

▲ Tuteurez les plantes sur tige.

▲ Arrosez bien.

Le rempotage

Les plantes en pots qui entrent dans la composition d'un décor permanent épuisent rapidement toutes les réserves nutritives contenues dans le sol. Les moins voraces se contentent d'apports d'engrais au printemps et pendant toute la belle saison. Les plus vigoureuses ont tôt fait de remplir le contenant de racines et d'atteindre des dimensions disproportionnées par rapport au support de culture. Il faut alors procéder au rempotage, quand la potée n'est pas trop volumineuse et encombrante. Cette opération doit être faite chaque année pour les végétaux à croissance rapide (daturas, pélargoniums, plantes vivaces, etc.). La meilleure époque est le printemps, juste avant le départ de la végétation. La tentation est forte de repiquer la plante dans un pot beaucoup plus gros que celui où elle végétait, pour éviter une corvée de rempotage trop souvent répétée. Pourtant, prendre un pot trop grand ne serait pas une bonne idée, car un volume de terre trop important retient l'eau en excès et les racines risquent de ne pas supporter cette ambiance trop humide. En fait, l'idéal est de prévoir un contenant d'un diamètre de deux ou trois centimètres plus grand par rapport à l'ancien pot. C'est amplement suffisant pour obtenir une nouvelle croissance et une belle floraison. Procédez comme pour la plantation d'une jardinière, en disposant d'abord une couche de drainage au fond du nouveau contenant, puis un peu de substrat en recouvrant les parois. Disposez la plante dans son nouveau pot en la maintenant bien droite et en veillant à laisser de tous les côtés de la motte un espace régulier pour ajouter la terre. Complétez les vides avec le substrat, en faisant bien attention de ne pas laisser de poches d'air. Attention, il ne faut pas remplir le nouveau contenant à ras bord. Laissez au moins un rebord de deux centimètres pour faciliter les apports d'eau ultérieurs. Tassez le terreau tout autour de la motte de racines, avec un bâton, ou en tapotant doucement le fond du pot contre le rebord de la table. Remettez la plante à sa place définitive. Puis arrosez abondamment.

▲ Ouvrez un trou de plantation assez grand.

▲ Tassez la terre contre les racines.

Le surfaçage

Cette opération est employée pour les potées trop lourdes et volumineuses, qui ne peuvent plus faire l'objet d'un rempotage. Elle s'effectue chaque année, avant le départ de la végétation (fin d'hiver ou début du printemps). Elle consiste simplement à ôter la couche superficielle de substrat sur quelques centimètres tout autour de la tige de la plante, en essayant de ne pas trop abîmer les racines. Éliminez le « vieux » terreau et remplacez-le par un substrat riche. Vous pouvez également y ajouter un peu d'engrais organique, pour stimuler une nouvelle croissance. Le mieux est d'ôter le vieux substrat à la main, ou en grattant doucement avec une fourchette ou un petit râteau à main. Attention à ne pas briser trop de racines. Terminez par un arrosage copieux. Il existe depuis peu des substrats spéciaux appelés « régénérants de surface », spécialement étudiés pour le remplacement de la terre superficielle des jardinières. Ils contiennent du terreau neuf additionné d'amendement organique et d'engrais à assimilation rapide, qui donneront un coup de fouet immédiat aux plantes.

Bien composer une jardinière

Une potée ou une jardinière n'est pas une simple accumulation de végétaux disposés n'importe comment les uns à côté des autres. Bien au contraire, comme pour un massif, il faut marier harmonieusement les formes, les textures, les couleurs. Voici les tours de main et quelques idées à réaliser vous-même.

ASTUCE TRUFFAUT

Associez des plantes saisonnières avec des espèces permanentes (vivaces et arbustes) afin d'obtenir avec la même jardinière des motifs décoratifs qui évoluent au fil des ans.

Vous pouvez donner libre cours à votre imagination, en associant savamment les végétaux dans vos plus belles poteries ou jardinières. Mais avant d'acquérir vos plants, songez à leur développement futur et à l'encombrement qu'ils vont occuper très vite.

Pour un rebord de fenêtre, éliminez les espèces qui dépassent 50 cm de hauteur et celles qui s'étalent exagérément en tous sens. De même, évitez les sujets un peu grêles et fragiles, qui deviennent trop hauts sur un balcon ou une terrasse balayés par les vents. Attention, songez que les plantes ont tendance à pousser vers la lumière, prenant une position inclinée inesthétique.

▲ Annuelles et vivaces au pied d'un arbuste.

▲ Privilégiez les ports trapus et compacts.

▲ Plantez serré pour obtenir un effet de masse.

▲ Évitez trop de symétrie, source de monotonie.

N'installez pas trop de végétaux retombants sur un balcon car vous n'en profiteriez guère de l'intérieur (par contre, vos voisins, eux, seront ravis !). Jouez sur l'étalement des périodes de floraison dans le temps. Une plantation en jardinière se doit d'être dense, pour créer très vite un effet de profusion et d'abondance. En débordant généreusement de leur contenant, les plantes donnent l'impression que le balcon ou la terrasse croulent sous les feuillages et les fleurs. En revanche, pour mettre en valeur la silhouette particulière ou le port original d'une plante, augmentez les distances avec ses voisines et réduisez le nombre de plantes associées. Comme dans un jardin, placez les plantes les plus petites au premier plan, devant les grandes espèces. Il n'est pas recommandé d'associer des végétaux trop disparates par la taille. Respectez une certaine harmonie dans les proportions. Il n'est pas utile d'avoir toujours une grande diversité de végétaux. Une jardinière monospécifique donne aussi d'excellents résultats.

Le choix d'un type d'arrangement décoratif doit aussi tenir compte de l'environnement où sera installée la jardinière. Si, souvent, l'aspect visuel de la composition prime, n'oubliez pas les feuillages et les fleurs parfumés, qui apportent un charme supplémentaire à votre jardin, qu'ils embaument en le personnalisant. Évitez cependant des mélanges de diverses senteurs fortes. Préférez la subtilité et la discrétion.

Occuper tout l'espace

Quand vous achetez vos plants, prenez un assortiment où se mêlent des végétaux à ports très différents. Ceux ayant un aspect étalé ou retombant sont utiles pour recouvrir le bord et les côtés des contenants ou le pied des autres plantes, plus hautes et moins touffues à la base. Sur un balcon ou une fenêtre, ils assurent essentiellement une décoration vers l'extérieur, dont vous ne profiterez malheureusement guère. Les plantes trapues et compactes, en touffe dense ou en coussin, conviennent parfaitement pour les bordures et les premiers plans. Quelques végétaux érigés, plus hauts, sont réservés pour le centre de la composition et pour les arrière-plans. Ils donnent un aspect moins tassé à la composition. Quand l'espace est réduit, plantez quelques végétaux cultivés sur tige (anthémis, hibiscus, fuchsia, etc.). Leur base dégarnie laisse la place pour quelques plantes annuelles ou vivaces peu encombrantes. Vous obtiendrez ainsi plusieurs niveaux de floraison.

Plantation « en mont »

Le centre de la jardinière est planté avec les espèces végétales présentant le plus grand développement en hauteur. De part et d'autre, installez des plantes de moins en moins hautes, en essayant de garder un dégradé progressif de hauteur du centre vers l'extérieur. Évitez cette disposition régulière devant une fenêtre, car la végétation occulte très vite la vision sur l'extérieur et empêche la lumière de rentrer dans la maison. Quand les végétaux ont atteint leur développement maximal, songez à la difficulté éventuelle pour parvenir à fermer les volets. Sur un balcon, cette disposition simple peut être répétée à volonté, en fonction de la place disponible. Elle permet de créer un écran protecteur discret contre le voisinage, de varier les perspectives et les angles de vision.

Disposition « en creux »

Cette implantation est à l'opposé de celle décrite précédemment. Les plantes les plus petites occupent le centre de la jardinière. De part et d'autre, plantez des végétaux de plus en plus hauts, les plus grands se trouvant aux extrémités du contenant. Cette implantation convient bien pour un rebord de fenêtre.

Décor rythmé

Cette disposition s'obtient en plantant une première fois quelques végétaux dans un ordre et un arrangement donnés, qu'il suffit ensuite de renouveler à l'identique plusieurs fois de suite tout au long de la jardinière. Ce décor rythmé n'est réussi que dans un contenant de plus de 80 cm de longueur. En effet, il faut répéter au moins deux fois le motif végétal pour obtenir l'effet attendu. Ne cherchez pas la difficulté, les motifs les plus simples composés seulement de deux ou trois plantes différentes permettent d'obtenir une très jolie jardinière.

Les fleurs les plus étranges

Primula auriculata 'Cyril Haysom'
Parsemée d'une neige poudreuse, une fleur aux couleurs inédites.
Voir page 418.

Impatiens niamniamensis
Des fleurs en forme de bec de perroquet aux couleurs vives.
Voir page 348.

Salpiglossis sinuata
Un cœur précieux délicatement ciselé d'une gravure à l'or fin.
Voir page 437.

Celosia argentea
Une crête hérissée et veloutée qui est portée en panache.
Voir page 269.

Fuchsia procumbens
Un vase d'albâtre translucide garni d'un bouquet de violettes.
Voir page 324.

Lotus maculatus
Entre flammes et griffes, des fleurs qui défendent leur vertu.
Voir page 369.

Passiflora quadrangularis
La fascinante beauté animale d'une corolle aux tentacules séduisants et menaçants.
Voir page 392.

Celosia cristata 'Fire Glow'
Des circonvolutions complexes qui font penser à un cerveau.
Voir page 269.

L'ENTRETIEN AU QUOTIDIEN

Transformer fenêtre, balcon ou terrasse en un petit paradis de fleurs et de plantes est assurément plus facile que dans un jardin. Cela vient d'abord du contexte, avec ses dimensions réduites, qui limitent les efforts et concentrent les interventions. La proximité de la maison crée un microclimat plus favorable à l'épanouissement précoce et généreux de toutes les plantes. Les cultures étant réalisées hors sol, c'est-à-dire dans des pots, des bacs ou des jardinières, il n'y a pas de lourdes interventions à effectuer, comme les labours, les amendements ou le drainage. Autre avantage, les éléments de décor sont le plus souvent surélevés, ce qui permet d'intervenir dans des positions beaucoup plus confortables. Dans un jardin suspendu, on ne souffre pas du fait que la « terre est basse ». L'outillage est limité à une panoplie de base, très simple d'emploi. Il est même possible d'utiliser, en dépannage, quelques ustensiles de cuisine, comme la fourchette, qui fait une très bonne binette pour aérer le sol à la surface des pots, ou un couteau, qui peut remplacer ponctuellement un sécateur pour supprimer des fleurs fanées. Ne croyez pas pour autant que tout va pousser comme par magie. Les cultures sur balcon sont beaucoup plus exigeantes en eau que celles du jardin. Le faible volume de terre dont elles disposent les fait se dessécher plus vite. Pour la même raison, la fertilisation est primordiale, car le substrat contenu dans le pot ne peut nourrir longtemps les végétaux. Les attaques parasitaires sont souvent plus virulentes chez les plantes en pot, dont la vigueur est toujours moindre que celle de leurs sœurs cultivées en pleine terre. La fine paroi des bacs constitue une protection insuffisante contre la morsure du gel que craignent les plantes. Enfin, les cultures sur balcon sont souvent plus éphémères que dans le jardin, mais c'est aussi ce qui fait leur charme.

Climats et microclimats

L'orientation du balcon est déterminante pour le choix des végétaux, puisqu'elle allie l'ensoleillement et les vents dominants. L'environnement, la proximité des autres constructions ou de grands arbres jouent également un rôle, en créant un microclimat qu'il faut connaître pour pouvoir en tirer un meilleur parti.

ASTUCE TRUFFAUT

Profitez de l'effet de serre dont bénéficient les cloches, châssis, miniserres et serres de balcon, pour créer des microclimats favorables à l'acclimatation de plantes fragiles ou de cultures délicates comme les boutures. L'important consiste à soulever ou à ouvrir la protection dès que le soleil brille afin de ne pas risquer une montée en température trop importante et des brûlures.

Selon la région où il est situé et son orientation, le balcon est soumis à un climat bien particulier. Il doit vous influencer dans votre choix de végétaux.

Ne tentez pas l'impossible. Acclimater des plantes méditerranéennes dans le Nord reste une gageure et vous risquez bien des déboires. Personnalisez plutôt votre décor avec des plantes bien adaptées à la région où vous vivez.

Nord, la fraîcheur

A priori, le nord est la plus mauvaise des expositions. Les plantes ont besoin de lumière pour se développer. Sans luminosité, pas de belle végétation, la plante s'étiole et manque de couleurs. Plein nord, recherchez des plantes d'ombre comme les impatiens, les fougères et les

▲ Au nord, utilisez des plantes d'ombre.

▲ L'ensoleillement est moins intense en raison des grands bâtiments.

saxifrages. Vous pouvez garnir un balcon mal orienté, avec des conifères, des arbustes persistants comme les aucubas, mahonias et cotonéasters et des plantes dont le feuillage prédomine sur la floraison. Vous pourrez jouer astucieusement sur les panachures ou les couleurs de feuillages, les tons dorés notamment se plaisant bien à l'ombre.

Sud, la chaleur

Dans la moitié septentrionale de la France, l'exposition sud donne les meilleurs résultats puisqu'elle reçoit un maximum d'ensoleillement, sans en subir les excès. C'est le domaine des géraniums et, pour les suspensions ou les appuis de fenêtres, celui des surfinias, ces pétunias en cascade, ou encore des verveines retombantes. Sauges ou anthémis s'y plairont également, de même que la plupart des végétaux d'origine méditerranéenne (solanum, anisodontéa, etc.).

Un bon conseil toutefois, éloignez les jardinières des murs exposés au sud: ils réverbèrent trop de chaleur. Dans les régions méditerranéennes, le soleil se montre très agressif au sud. Il faut en modérer les ardeurs, en installant ombrière, store ou claies. La gamme des plantes tropicales est alors recommandée, ainsi que les cactées et les plantes grasses (succulentes).

Est, la douceur

C'est une bonne exposition qui bénéficie du soleil levant, dont la chaleur est plus douce que celle du midi. Il faut la privilégier dans les régions aux étés chauds et celles situées en bord de mer. Dans les zones à climat continental (au centre et à l'est du pays), un balcon orienté est/ouest est souvent très froid, ce qui entraîne du retard dans la végétation et la nécessité de mettre en place des protections hivernales.

Ouest, le vent

Cette orientation subit de plein fouet le vent dominant, celui qui apporte la pluie. Soyez attentif aux fixations et méfiez-vous des plantes de grande taille et des espèces touffues qui offrent une forte résistance et risquent de verser ou de se briser. La fixation solide de palissades ou de canisses est indispensable. Les floraisons peinent.

Idée déco

CRÉER UNE OMBRE BIENFAISANTE

Pour se protéger d'un soleil trop ardent, les stores présentent l'avantage de se positionner à volonté, ouverts ou fermés, selon le moment de la journée ou de l'année. Ils sont en toile et se déploient à l'horizontale, grâce à un treuil ou à un cordon *(voir photo ci-contre)*. Leur installation doit être opérée avec soin car les stores offrent une forte prise au vent et doivent pouvoir résister à une tempête. Il est préférable de recourir aux services d'un spécialiste pour leur mise en place. L'ombre peut être également apportée par le feuillage de plantes à croissance rapide comme les bambous, à installer dans une jardinière profonde de 50 cm. Leur feuillage persistant est décoratif toute l'année.

Une pergola sur une terrasse suffisamment grande sera couverte par un paillon *(voir photo)* ou par une plante grimpante à développement rapide et aimant le soleil, telle une cobée qui peut atteindre 5 m dans la saison ou un houblon doré. Sur un treillage, des haricots d'Espagne sont très appréciés. Ils produisent une ombre diffuse, agréable. Utilisez le campsis (bignone), l'aristoloche, le chèvrefeuille et dans le Midi la bougainvillée et la passiflore.

L'environnement

Ensoleillement et température varient d'un espace à un autre mais aussi en fonction des heures de la journée ou de l'époque de l'année. Comme il n'est pas possible de changer l'orientation du balcon ou de la terrasse, tentez néanmoins de tirer parti de cet environnement et de faire du climat un allié.

ASTUCE TRUFFAUT

Sur les balcons ou les terrasses en ville, plantez des plantes à feuillage vernissé ou lustré, qui sont les mieux armées contre la pollution. Houx, mahonia, osmanthus, aucuba fusain, laurier font partie des espèces les plus tolérantes aux fumées et à l'air pollué.

Jouer avec la lumière

Le soleil se trouve au plus haut à l'horizon en juin, au plus bas en décembre. Entre ces deux périodes, il évolue sans se lever ni se coucher exactement au même endroit chaque jour. Certaines zones du balcon seront bien ensoleillées l'été, mais manqueront de lumière dès octobre. Pour les réchauffer, vous pouvez utiliser des contenants de couleur claire, qui conservent plus longtemps la chaleur, ou installer un grand miroir ou un panneau réfléchissant sur l'un des côtés et l'orienter pour qu'il renvoie la clarté vers la zone d'ombre. Si vous souhaitez atténuer les effets du soleil sur un balcon plein sud, créez un écran avec un treillage agrémenté de plantes grimpantes ou des conifères en bordure.

Couper le vent

Le vent est souvent cause de déboires. Il dessèche le terreau, casse les fleurs, courbe les plantes érigées, ralentit la végétation. Plus l'étage est élevé, plus les végétaux sont exposés, surtout à l'ouest où souffle généralement le vent dominant. Pour atténuer ces effets néfastes, disposez des écrans le long de la rambarde ou sur les côtés. Les meilleurs brise-vent sont ceux qui laissent passer un peu d'air. Un treillage à petites mailles ou une haie d'arbustes à feuillage persistant sont également conseillés.

▲ Il existe des parasols très sophistiqués.

▲ Treillages et plantations brise-vent.

La chaleur

Les rayons solaires apportent des calories qui vont être stockées par les matériaux clairs et provoquer une sensation d'étouffement si l'aération n'est pas suffisante. La liste des plantes pouvant résister aux espaces exposés plein sud sans griller est très réduite. Pour atténuer cet effet de serre, la meilleure solution consiste à installer un store enroulable, descendu vers midi et remonté aux heures fraîches de la soirée ou de la nuit.

La pollution

En ville, la proximité d'usines, de cheminées, d'une rue passante ou d'un carrefour très fréquenté, peuvent engendrer une pollution atmosphérique contre laquelle il n'y a pas de remède direct. Le meilleur moyen consiste à doucher le feuillage des plantes aussi régulièrement que possible, pour le dépoussiérer.

Le voisinage

Qui n'a jamais été gêné par les arbres du voisin ? Ils occultent les rayons du soleil, leurs feuilles bouchent les gouttières, rendent la terrasse glissante par temps de pluie. En principe, un végétal de plus de 2 m doit être planté à cette même distance du mur mitoyen. Mais, en réalité, l'exiguïté des surfaces urbaines fait qu'une dérogation générale existe. Entendez-vous à l'amiable avec votre voisin pour que ses arbres atteignent une taille raisonnable. Ne vous avisez pas d'effectuer vous-même une coupe, vous seriez dans votre tort.

LE BON GESTE

OCCULTATION ET DÉCORATION

Les balcons ou la terrasse sont des endroits à vivre. Pour vous protéger des indiscrétions du voisinage, il existe de nombreux matériaux d'occultation naturels ou artificiels proposés par les jardineries. Les produits en polyéthylène doivent être traités anti-UV.

1. L'écran total se compose d'une armature rigide en polyéthylène qui soutient un non-tissé opaque et imputrescible. Il met le balcon à l'abri des regards, mais manque un peu d'esthétique.

2. Le croisillon extensible s'adapte à toutes les dimensions en jouant sur la largeur des mailles. Ce modèle en plastique est d'un vert mat teinté dans la masse. Il ne demande aucun entretien.

3. La palissade en osier naturel apporte une note rustique, tout en offrant une occultation de 95 % et un effet brise-vent. Ce type de matériau résiste une dizaine d'années à l'extérieur sans entretien.

4. Le treillage extensible en bois est souvent proposé en bois exotique, ou en teck. Il est déconseillé de le peindre, car l'entretien devient alors très contraignant. Il peut tenir une quinzaine d'années.

5. La brande de bruyères permet de réaliser une occultation totale qui s'intègre bien avec les plantations alentour. L'irrégularité du matériau facilite l'accrochage des plantes grimpantes.

6. Le croisillon extensible en bambous est décoratif, il supporte des plantes grimpantes avec une plus grande rigidité que les lattes. Il complète les arbustes plantés en brise-vent sur le balcon.

Les produits en polyéthylène ne sont pas décoratifs, même s'ils cherchent à imiter les canisses, les claies en lattis reliées ou les roseaux. Les éléments totalement hermétiques sont moins efficaces comme brise-vent que les matériaux à claire-voie. L'important consiste à ralentir le déplacement du vent et non à lui présenter des obstacles fermés qu'il contourne aisément. Des kits de fixation permettent une accroche rapide et sûre sur les rambardes des balcons ou sur une armature solide.

1

2

3

4

5

6

Le suivi au jour le jour

Bien moins accaparant qu'un jardin, le balcon ou la terrasse nécessite une attention de chaque jour pour que les plantations se maintiennent à leur meilleur niveau. C'est l'affaire de quelques instants, de gestes simples qui deviennent naturels dès lors que vous aimez observer le comportement des plantes.

ASTUCE TRUFFAUT

Pour que l'entretien des plantes en bacs et jardinières ne vous paraisse jamais une corvée, profitez de la pause-café ou de l'apéritif pour prendre l'air quelques instants sur le balcon. Vous allez admirer vos plantations et leur offrir à l'occasion les quelques soins qu'elles semblent vous demander.

Une fois planté, le décor du balcon va prospérer s'il est bien arrosé et fertilisé. Les plantations saisonnières demandent peu d'interventions. C'est plutôt une surveillance quotidienne, avec des petits gestes simples qui font plus appel au bon sens qu'à des techniques de jardinage sophistiquées.

Le nettoyage

Plus une surface décorée est petite et moins elle souffre de négligence et d'à-peu-près. Un peu de terreau qui tache une poterie au moment de l'arrosage disparaîtra d'un coup d'éponge. Même chose pour l'eau d'arrosage qui peut déborder de la soucoupe.

▲ Ne laissez pas fleurir les plantes à feuillage.

Les contenants jouent un rôle décoratif par leur matière et leur couleur. Celle-ci ternit vite en ville, sous l'effet de la pollution. C'est plus évident par temps de pluie. Les couleurs retrouveront leur éclat d'un coup de chiffon humide. Inutile d'utiliser le moindre produit, il serait mal accepté par les plantes.

▲ Bien nettoyé, l'hibiscus fleurit plus longtemps.

▲ Décroûtez le sol par temps chaud et sec.

Supprimer les fleurs fanées

Côté plantes, le nettoyage courant consiste à éliminer les fleurs fanées. C'est très important sur le plan esthétique, mais également pour le comportement de certaines espèces. Par exemple l'hibiscus porte des fleurs très éphémères qui se referment en bouchon une fois passées. Si vous ne prenez pas garde à les éliminer de façon systématique, ces fleurs vont logiquement évoluer en fruits et le cycle végétatif sera terminé. Résultat : au lieu de profiter d'une floraison continuelle tout l'été, vous réduirez à quelques semaines seulement l'épanouissement de votre arbuste. En éliminant les fleurs tout juste fanées, vous obligez la plante à en produire d'autres. Elle est « programmée » pour se reproduire et tant que les conditions sont favorables, elle fleurit et refleurit jusqu'à ce que ses graines soient enfin prêtes, bien protégées par l'enveloppe des fructifications.

Vous pouvez supprimer les fleurs fanées de manières différentes. La plus simple consiste à prélever la fleur en la pinçant avec les doigts. Cette méthode convient fort bien pour les plantes dont le pédoncule floral semble comme articulé sur une base fragile (hibiscus, par exemple), ou dont les fleurs s'échappent aisément de leur calice (pétunia). Pour ces derniers, il est toutefois préférable d'utiliser des ciseaux, car la fanaison s'accompagne le plus souvent d'un flétrissement de l'extrémité de certains rameaux qu'il faut donc couper. Chez les pétunias retombants, vous constaterez souvent que les tiges sont collantes. C'est un phénomène normal, mais peu agréable au toucher, alors mieux vaut utiliser un outil bien affûté.

Chez les dahlias, la plupart des vivaces et les géraniums zonales, les hampes florales sont assez rigides. Il n'est guère possible de les éliminer à la main. Le sécateur se montre alors le meilleur des outils, un modèle à enclume convenant parfaitement. Vous coupez au niveau de la première feuille située à la base de la hampe florale.

Pour les rosiers, il faut également utiliser un sécateur, mais coupez plus bas, à trois feuilles au moins sous la fleur. Ce « nettoyage-taille » va stimuler l'apparition de nouvelles fleurs.

☞ LE BON GESTE

L'ENTRETIEN DES POTS

Les contenants ayant des plantes annuelles peuvent être réutilisés mais il faut bien les nettoyer. Plongez-les une demi-journée dans une solution d'eau de Javel (1 litre pour 10 litres d'eau). Frottez ensuite avec une brosse en chiendent et lavez à l'eau claire. En aucun cas, il ne faut utiliser de détergents ni de produits agressifs (soude, acide).

Le désherbage

Si la lutte contre les mauvaises herbes prend souvent une allure de corvée au jardin, c'est presque une partie de plaisir avec les cultures en pots. Les terreaux du commerce sont normalement indemnes de tout germe de plante sauvage. L'invasion par les adventices est donc limitée aux seules graines apportées par le vent ou les oiseaux. Il s'agit de plantes annuelles en grande majorité, espèces qui, pour la plupart, développent un système racinaire assez faible. Il suffit donc de tirer dessus dès qu'elles apparaissent et leur élimination est radicale. Attention, on assiste en septembre à une recrudescence des levées de mauvaises herbes, soyez vigilant au retour des vacances. Bien sûr, il n'est pas possible d'utiliser le moindre produit herbicide sur les cultures hors sol.

Émietter et aérer la terre

Les arrosages fréquents ont tendance à compacter progressivement la terre des jardinières. Ce phénomène de tassement est accentué par le passage rapide du substrat de l'humidité à la sécheresse. Il suffit d'une demi-journée en plein été pour que toute l'eau soit absorbée (notamment dans les paniers suspendus). La terre se rétracte et se compacte. Les racines sont mal aérées et les plantes en souffrent. Le décroûtage du sol avec une petite griffe ou la langue d'une serfouette va permettre à l'air de pénétrer en profondeur. Il va aussi aider l'eau d'arrosage à s'infiltrer jusqu'aux racines sans ruisseler en surface.

Le paillage économise l'eau

Couche homogène de produit d'origine naturelle que l'on épand sur le sol, le paillis a pour but d'éviter l'évaporation de l'eau, la germination des mauvaises herbes et la salissure des bacs due au débordement du terreau au moment de l'arrosage. Si le paillage est de plus en plus populaire au jardin, il n'a pas encore conquis les adeptes de la culture sur balcon et c'est dommage, car on peut économiser jusqu'à 25 % d'eau en été, tout en réduisant la fréquence des arrosages de 30 %.

Il suffit, quand la plantation des jardinières est terminée, de couvrir la surface des bacs avec un des matériaux présentés dans l'encadré de la page suivante. Les paillis sont le plus souvent des produits inertes qui n'interfèrent pas sur les cultures. Font exception les composts que l'on peut aussi utiliser comme améliorants en les incorporant par griffage. Ils n'ont certes pas l'aspect esthétique des autres matériaux.

Pour les amateurs de fantaisie, il faut signaler la diffusion récente d'écorces et de copeaux de bois débarrassés de leurs tanins, stabilisés pour qu'ils ne se décomposent pas et colorés avec des pigments naturels ou inertes. C'est un concept original qui va demander un certain temps pour s'imposer, mais qui s'intègre bien dans l'esprit décoratif du balcon. Les tons bleus ou jaune vif sont ceux qui, à notre avis, offrent le plus d'intérêt sur le plan esthétique, car ils se marient très bien avec les nuances des poteries et contrastent sans heurts avec les plantes.

Le seul problème des paillis en jardinière est la nécessité de les retirer plus souvent que dans le jardin, puisque les plantes sont renouvelées avec une plus grande fréquence. Par souci de simplicité, mieux vaut gratter la couche superficielle avec un peu de terreau et l'éliminer. Ensuite, vous procéderez à un surfaçage avec du terreau neuf, ce qui sera bénéfique aux plantations, puis vous replacerez un nouveau paillis par dessus comme une décoration.

LE BON GESTE

LE REMPLACEMENT SAISONNIER

Les cultures en bacs et jardinières évoluent au fil des saisons, c'est ce qui fait leur charme. Dès qu'une plante perd de son intérêt ornemental, vous pouvez la remplacer par une autre. Cela vous permet de disposer d'un décor qui change en permanence et se renouvelle rapidement. La plantation a beau occuper un espace réduit, elle n'est jamais ennuyeuse. Cette technique de remplacement rapide vous permet de mettre en place à la fin du printemps des annuelles de courte durée comme les mufliers, les mimulus, les godétias, les schizanthus, etc. pour les remplacer courant août par des reines-marguerites, des célosies ou des amarantes, plantes qui céderont la place en automne aux chrysanthèmes, cinéraires maritimes et choux décoratifs.

Ce remplacement doit être ponctuel et ne concerner qu'un tiers au maximum de la plantation, afin de conserver une certaine impression d'unité et de structure dans le décor. Pensez aussi aux espèces à feuillage.

Le pincement, une fausse taille pour anticiper

En théorie, pincer consiste à éliminer un fragment de jeune pousse, en la saisissant entre le pouce et le majeur et en la coupant avec les ongles. On pourrait assimiler le pincement à une taille,

▲ Paillis coloré en copeaux de bois inerte.

▲ Pincez les tiges pour qu'elles fleurissent.

▲ Supprimez les fleurs fanées.

mais la finalité n'est pas tout à fait la même. Le pincement se pratique pendant la période de croissance. Il provoque la naissance de ramifications que l'on nomme pousses anticipées, car sans cette intervention, elles n'auraient jamais vu le jour. Ces pousses anticipées vont porter des fleurs ou créer des ramifications pour que la plante prenne une silhouette plus étoffée. Les pincements se pratiquent aussi beaucoup sur les plantes à feuillage pour éviter qu'elles ne forment des fleurs. C'est le cas notamment des coléus, rue, santoline, cinéraire maritime, oreille-d'ours, etc. Cela leur permet de conserver une forme plus touffue, car, une fois fleuries, ces plantes ont tendance à se dégarnir un peu.

On pince aussi les plantes vivaces et les chrysanthèmes pour qu'ils développent un nombre important de boutons floraux. Vous pouvez effectuer ce travail sur les pélargoniums et les anthémis trop vigoureux, sur les pétunias qui partent trop en longueur et sur les impatiens qui s'allongent démesurément.

Les pincements concernent uniquement les parties herbacées des plantes. Lorsqu'on réalise une intervention similaire sur un arbuste, on parle d'étêtage ou d'épointage.

Attacher, palisser

Toutes les plantes dont les tiges sont trop faibles pour se tenir seules bien droites doivent être attachées à un support (palissées en langage jardinier). Les plantes grimpantes qui ne disposent pas d'artifices pour s'accrocher doivent aussi être maintenues par un lien. Les différents tuteurs qui vous sont présentés *page 95* sont les supports les plus communément utilisés. Les supports en forme de croisillons ou les différents treillages conviennent également.

Côté liens, on trouve un large échantillonnage dans le commerce depuis le raphia (naturel ou synthétique), qui convient aux petites tiges souples et fragiles, jusqu'aux attaches capitonnées de mousse, destinées aux arbres, en passant par les fils de fer plastifiés, les liens plastique armés et les divers colliers à fixation rapide ou bandeaux de tuteurage qui servent à maintenir en position verticale les plantations nouvelles.

Sur le balcon, il y a toujours une plante à attacher. Pensez à disposer en permanence d'un assortiment de liens de longueur et de diamètre différents.

L'important consiste à fixer la plante dans la position adéquate, tout en lui offrant la possibilité de grossir sans s'étrangler. Une des méthodes les plus simples consiste à faire un nœud en forme de 8 avec le lien, afin que la partie où se croisent les brins, se trouve entre la tige et le tuteur. Elle sert ainsi d'amortisseur et permet de maintenir en permanence une certaine souplesse, tout en obtenant un bon soutien.

Dans les zones ventées, les liens doivent être plus serrés, car il ne faut pas que les plantes se balancent, ce qui rendrait inefficace le tuteurage.

▲ La tige d'anthémis est attachée avec un lien plastique, mais sans serrer.

LE BON GESTE

LES PAILLIS

Une couche homogène de 3 cm vous garantit un résultat efficace.

1 et 2. La paille et la tourbe seront surtout utilisées en hiver, car elles présentent un effet protecteur contre le froid. Ces matériaux étant très légers, il est préférable de les recouvrir avec un voile d'hivernage pour qu'ils ne soient pas soufflés par le vent.

3, 4 et 5. Sur le plan esthétique, les coques de cacao, l'écorce de pin et la paille de lin sont à préférer pour leur finesse et leur aspect homogène. Les écorces de pin sont proposées dans différents calibres. Choisissez le plus fin pour les jardinières contenant des plantes saisonnières. Pour les bacs d'arbustes, vous pouvez utiliser des écorces de gros calibre.

6. Quant au compost ou au fertilisant organique à base de fumier décomposé, il doit être tamisé et utilisé en premier lieu pour le surfaçage des contenants dont le niveau de terre a sensiblement diminué. Ce matériau enrichit la terre et stimule efficacement son activité microbienne.

1

2

3

4

5

6

L'arrosage manuel

L'eau représente 90 % du poids des plantes et sert à véhiculer, à travers les tissus, les sels minéraux puisés dans la terre dont les végétaux se nourrissent. Limitées par les dimensions du pot, les plantes ne peuvent lancer leurs racines à la recherche de l'eau comme dans un jardin. Il faut donc les arroser régulièrement.

ASTUCE TRUFFAUT

Utilisez du matériel d'arrosage pratique et de qualité, en privilégiant les raccords automatiques qui permettent de coupler les tuyaux, les arroseurs et les accessoires de façon instantanée. Les modèles en laiton sont plus onéreux que ceux en plastique, mais ils durent plus longtemps.

L'arrosage est plus fréquent sur un balcon ou une terrasse qu'au jardin. La plante en pot ne peut espérer trouver l'eau dans les profondeurs du sol, ni profiter de la rosée matinale, très faible sur cet espace. En revanche, elle est soumise au dessèchement par le vent et les courants d'air, qui forment une croûte à la surface des pots. Les apports d'eau doivent être réguliers, voire quotidiens, selon les espèces et la chaleur ambiante. Mais attention aux excès : pas d'eau stagnante sous le pot, dans la soucoupe.

Le moment opportun

La fréquence des arrosages varie avec la saison. En hiver, la plupart des plantes

▲ Un arrosoir à long bec est plus précis.

restées en place ne demandent qu'un apport toutes les quinzaines, hors période de gel. Au printemps, la croissance est à son maximum, en été, transpiration et évaporation sont plus intenses, les besoins sont donc accrus, avec une fréquence quasi journalière. L'aspect du terreau est une bonne indication : quand il devient sec et granuleux, c'est qu'il manque d'eau. Certaines plantes très sensibles, comme les impatiens, s'étiolent rapidement. Elles peuvent se ressaisir, à condition de ne pas avoir attendu plus d'une journée. En revanche les anthémis fanés ne retrouvent pas leur turgescence. Méfiez-vous…

La bonne quantité d'eau

En moyenne, un arrosage efficace doit apporter 1 l d'eau pour 10 l de substrat. Arrosez de préférence le soir, surtout l'été, pour éviter une trop grande perte par évaporation. La fraîcheur de la nuit permettra aux plantes de tirer le meilleur profit de cet apport.

Les bacs à réserve d'eau échappent à la règle générale. Il faut attendre que la jauge se trouve au niveau minimum et que la surface du pot soit sèche depuis 3 ou 4 jours avant de remplir de nouveau la réserve. Ce laps de temps permet aux racines de s'aérer.

La qualité de l'eau

L'eau de pluie est idéale pour arroser les potées. Il n'est pas toujours facile d'en obtenir, sauf si l'on place un grand récipient à l'extérieur et pour y récolter l'eau des gouttières. En principe, les plantes de balcons acceptent l'eau du robinet, excepté les espèces de terre de bruyère, qui craignent le calcaire. Pour ces dernières, diluez quelques gouttes de produit décalcairisant (Truffaut) dans l'eau pour en corriger le pH.

Attention, l'eau provenant des adoucisseurs n'est pas très bien acceptée par les plantes en pots. En effet, elle contient des sels qui se trouvent vite en concentration excessive dans le substrat. À éviter en usage régulier.

▲ Les arrosoirs anciens sont devenus des objets de décoration très recherchés.

L'indispensable arrosoir

Les arrosoirs font partie des outils de base du jardinage. Ne choisissez pas le vôtre trop grand, afin de ne pas vous fatiguer en le portant à bout de bras lors d'un arrosage en hauteur. Une contenance de 3 à 6 l est amplement suffisante. Préférez les modèles munis d'un long bec, qui offrent la possibilité d'y adjoindre une pomme pour les interventions délicates, comme l'arrosage des jeunes semis, par exemple. Le long bec permet de déverser l'eau directement sur le terreau, car il se glisse aisément entre les feuilles des plantes. On évite ainsi de mouiller le feuillage, ce qui évite l'apparition des maladies cryptogamiques. Les modèles en plastique offrent l'avantage d'être plus légers et de pouvoir rester dehors sans s'oxyder. Les arrosoirs métalliques, plus esthétiques, sont très recherchés.

☞ LE BON GESTE

LES RACCORDS

Ils font la liaison entre le tuyau d'arrivée d'eau et le terminal, lance, pistolet ou pomme d'arrosoir, car il est peu courant d'installer un arroseur sur une terrasse ou un balcon. Les raccords doivent pouvoir se désolidariser facilement du terminal tout en présentant une parfaite étanchéité au niveau du tuyau. Les raccords rapides, très pratiques, sont souvent en plastique, quelquefois en laiton. Rentrez-les à l'abri l'hiver pour éviter qu'ils n'éclatent sous l'effet du gel.

Même s'ils sont différents en apparence, les raccords de la quasi-totalité des marques sont compatibles. Le réassortiment ne pose donc pas de problème. Les plus pratiques sont équipés d'un système qui coupe l'arrivée d'eau dès que le terminal est déconnecté. Pensez aussi à acquérir un nez de robinet. C'est un raccord mâle qui se visse sur le robinet et permet le couplage rapide du tuyau. Une arrivée d'eau est également indispensable pour un entretien pratique du balcon ou de la terrasse.

Il est dommage que les architectes ne le prévoient pas au moment de la construction.

▲ L'arrosage est une tâche ludique, une bonne initiation au jardinage pour les enfants.

Tuyaux et terminaux

Sur un balcon ou une terrasse, vous pouvez installer un robinet d'arrivée d'eau pour brancher un tuyau et arroser toutes les cultures avec la lance, un pistolet ou la pomme. Ces terminaux doivent se régler pour obtenir une douche plus ou moins fine ou un jet peu puissant. L'important c'est qu'ils arrosent en douceur. Le fusil arrosoir avec sa rallonge est pratique pour alimenter les bacs situés en hauteur ou les suspensions, sans avoir à les descendre à chaque fois. Un modèle est spécialement prévu pour cet usage. Il offre un faible débit. Il existe également des pistolets arrosoirs avec diffuseur d'engrais : une petite boîte se visse près de la poignée et reçoit un engrais en pastille ou en poudre. Le débit de l'eau qui traverse ce récipient dissout les éléments fertilisants et permet un dosage continu.

▲ Le bassinage est une fine vaporisation.

Pour les tuyaux, vous avez le choix entre plusieurs diamètres intérieurs, les plus courants étant 13, 15 et 19 mm. Tenez compte de votre installation lors de vos achats d'accessoires (notamment les raccords). Le robinet peut être doté d'un bec lisse ou fileté. Vous trouverez des adaptateurs permettant de se brancher sur les becs ronds (robinets d'éviers) en tournant à la main une vis serrant un collier. Vérifiez bien le diamètre du robinet avant votre achat. En général, il est de 20 ou 27 mm.

Choisissez un tuyau léger et souple, mais qui ne se torde pas à l'usage et soit résistant au gel et aux rayons UV. Vous pouvez acheter le tuyau seul et l'équiper selon vos besoins, avec raccords et terminaux, mais il existe des batteries tout équipées. Dans la plupart des cas, les tuyaux sont trop longs pour le simple usage sur balcon, avec des couronnes de 15, 25 ou 50 m. N'hésitez pas à les couper à longueur, ou utilisez un dévidoir que vous pouvez fixer sur un mur, près du robinet.

Le problème du tuyau est toujours son rangement après usage. Il existe des cassettes équipées d'un tuyau textile plat de 12,5 m ou 20 m de longueur, qui s'enroule à l'instar des bobines de fil électrique pour ne prendre que peu de place. Les modèles à enrouleur automatique sont particulièrement pratiques sur le balcon.

L'arrosage par trempage

Une plante venant d'être transplantée ou rempotée doit être abondamment arrosée. Cela permet aux racines de trouver un milieu favorable à la reprise et au terreau de se tasser, ce qui va éviter la formation de poches d'air au niveau des racines. Le trempage est souvent un bon moyen pour imbiber complètement un pot ou une jardinière, à condition que le récipient dispose d'au moins un trou de drainage.

Au moment de la plantation, il est souvent nécessaire d'immerger complètement le plant pendant quelques minutes dans un seau d'eau avant le dépotage. Vous le retirerez lorsque les bulles d'air ne monteront plus à la surface. C'est important pour les jeunes plants cultivés industriellement dans la tourbe blonde, matériau assez difficile à réhumecter. Sans cette précaution, il arrive que des plantes nouvellement mises en place se dessèchent, bien que la jardinière ait pourtant été copieusement et régulièrement arrosée !

Le trempage permet également de réhumidifier un pot après un oubli accidentel d'arrosage. Dans ce cas, immergez le contenant jusqu'à la moitié de sa hauteur, dans une bassine d'eau et retirez-le lorsque le dessus du terreau commence à s'humidifier. Ceci ne peut être pratiqué, qu'avec les petits récipients facilement transportables.

Vaporisation et bassinage

L'hygrométrie d'un balcon, surtout exposé plein sud, est souvent insuffisante pour la plupart des plantes. Il peut être utile, à la fin des chaudes

▲ Il faut vider les jardinières sans drainage.

▲ Arrosage par trempage des jeunes plants.

▲ Douche du feuillage après la canicule.

journées d'été, d'apporter de l'eau par voie aérienne. L'humidité sera absorbée directement par les feuilles, ce qui donnera aux plantes une sensation de fraîcheur et de bien-être. Pour les arbustes et les plantes solides, une douche du feuillage (bassinage) avec une lance ou un pistolet, convient bien. Pour les plantes fragiles, effectuez une vaporisation en utilisant un pulvérisateur ou un brumisateur (modèle à gâchette). Diffusez un fin brouillard sur le dessus du feuillage, sans négliger son envers. C'est la méthode utilisée efficacement pour humidifier les terrines de semis, sans déranger les graines.

Vaporisation et bassinage ne doivent pas être employés pour les végétaux à feuillage duveteux (hélichrysum) ou les plantes sensibles aux maladies cryptogamiques (rosier, tomate).

Vous pouvez également vous servir d'un pistolet arrosoir réglé en pluie fine, en dirigeant le jet en hauteur pour qu'il retombe doucement sur les plantes. Cette dernière technique est à réserver aux plantes grimpantes et aux arbustes.

Quelques bons conseils

Les plantes fleuries demandent un arrosage sur le dessus du terreau, en passant sous la végétation, sans toucher aux fleurs pour éviter la propagation de maladies, ne pas les alourdir et risquer de les faire tomber. Pour réussir cette opération sans problème, rien de tel qu'un arrosoir à long bec dont la précision est optimale. Il vous permet d'atteindre facilement tous les endroits à arroser, sans risque de les abîmer et sans déborder hors des limites du contenant. Vérifiez que la soucoupe, indispensable pour protéger le revêtement du sol, ne se remplit pas d'eau. Si c'est le cas, arrêtez aussitôt l'apport d'eau et attendez que le niveau baisse grâce à l'absorption par capillarité. N'oubliez jamais qu'un pot ou une jardinière ne doit pas se gorger d'eau et videz par temps pluvieux les modèles qui ne disposent pas de système fiable d'évacuation du trop-plein. Il en va de l'aération des racines, donc de la santé des plantes.

▲ Arrosez en pluie fine, de préférence le soir, pendant l'été.

L'arrosage automatique

Pendant les périodes de fortes chaleurs, l'arrosage quotidien devient vite une corvée. Pour l'éviter, divers systèmes d'arrosage automatique effectuent un travail précis et fiable qui sera aussi très apprécié pendant les vacances. L'installation, qui doit être réalisée avec le plus grand soin, est aujourd'hui à la portée de tous.

ASTUCE TRUFFAUT

Au début de l'hiver, vidangez l'arrivée d'eau installée sur le mur extérieur pour la garantir contre le gel. Prévoyez à l'intérieur de la maison un robinet d'arrêt avec vidange. Dès l'annonce des premiers froids, coupez le circuit et videz-le complètement. Ouvrez aussi le robinet extérieur. Cette opération rapide et simple vous évitera tout problème d'éclatement dû au grand froid.

Pour éviter de retrouver vos plantations en piteux état après une absence ou quelques jours de vacances : installez un arrosage intégré ; goutte-à-goutte, tuyau poreux ou micro-asperseur. Programmé, il fera le travail automatiquement avec précision.

Le goutte-à-goutte

C'est, à notre avis, la technique qui convient le mieux à l'arrosage des plantes sur un balcon, une terrasse et même sur des fenêtres si elles se trouvent côte à côte. Le principe consiste à alimenter les plantes par l'intermédiaire de goutteurs très discrets (ils mesurent de 2 à 3 cm de long) qui déli-

▲ Le micro-asperseur rafraîchit les plantes, le soir.

vrent entre 2 et 4 l d'eau à l'heure. Les goutteurs sont alimentés et raccordés par un tuyau de faible diamètre, facile à dissimuler, le long des récipients à arroser et à masquer par la végétation. Le goutte-à-goutte fonctionne en basse pression, par l'intermédiaire d'une centrale d'irrigation réduisant le débit à 1,5 bars. Elle est munie d'un filtre pour éviter le bouchage des goutteurs par des impuretés. Au niveau de chaque contenant, une dérivation aboutit à un ou plusieurs goutteurs. Il est possible de varier l'apport d'eau selon la plante à arroser, en jouant sur le réglage de chaque goutteur. Ce système, précis et régulier, permet d'économiser jusqu'à 50 % d'eau, car il n'y a pratiquement pas d'évaporation. Il existe des kits d'arrosage au goutte-à-goutte.

Le tuyau poreux

C'est un tuyau qui laisse suinter l'eau sur toute sa longueur, pour un apport en douceur. Alimenté par un robinet, il fonctionne sous une pression réduite à 0,5 bar. Son débit est d'environ 9 l/m et par heure. Ce système est intéressant pour les longues jardinières ou les grands bacs de terrasse. On peut varier la position du tuyau dans chaque contenant. Entre chaque potée ou jardinière, on utilise un tuyau normal qui se branche par un raccord. Cela permet de n'intervenir que sur le végétal à humidifier, sans risque d'épandre de l'eau sur le sol.

Goutte-à-goutte et tuyau poreux présentent l'avantage d'apporter l'eau au pied du végétal, sans mouiller le feuillage.

L'arroseur automatique

Un transformateur basse tension de 16 V, avec minuterie incorporée, fait fonctionner une pompe immergée dans un récipient empli d'eau. Tous les jours pendant un laps de temps déterminé, un arrosage sera déclenché. L'eau est envoyée à des répartiteurs alimentant des petits tuyaux positionnés dans les bacs et les pots à irriguer. Ces tuyaux sont fixés au moyen de cavaliers en plastiques piqués dans la terre.

La micro-aspersion

Des tout petits arroseurs, distribuant de l'eau sous forme de très fines gouttelettes, peuvent être installés à la place ou en complément des goutteurs. Ils arrosent en pluie fine une surface circulaire ou une fraction de cercle. Pour les plantes les plus fragiles, un débit très bas est obtenu par l'emploi de brumisateurs qui dispersent un fin brouillard, idéal pour rafraîchir les plantes les soirs de canicule. Vous devez privilégier ce système pour toutes les jardinières accueillant des plantes annuelles, car il n'abîme pas les fleurs.

LE BON GESTE

L'INSTALLATION ET LA PROGRAMMATION D'UN GOUTTE-À-GOUTTE

Établissez le plan exact du système d'arrosage que vous désirez installer. Calculez le nombre de jardinières, le volume de terre à arroser et la longueur de tuyau nécessaire.

1

2

3

4

Répartissez sur ce plan les coudes et les bifurcations souhaitables pour tout alimenter. Les kits d'installation pour balconnières comprennent :

1. un réducteur de pression ;
2. un tuyau de petit diamètre avec un bouchon pour l'extrémité du réseau ;
3. un certain nombre de goutteurs, des accessoires dont des supports de tuyaux ;
4. il vous suffira de visser un programmateur électronique sur le nez du robinet.

Disposez tous les éléments nécessaires à chaque jardinière et vérifiez que tous les contenants sont bien équipés et raccordés. Le matériel peut être dissimulé dans les bacs sous une mince couche d'écorces décoratives.
L'installation terminée, faites-la fonctionner tout de suite pour vérifier le réglage de tous les goutteurs et leur bonne mise en place. Attention aussi aux fuites, rarement graves, mais coûteuses à la longue.
Goutte-à-goutte et tuyau poreux vous déchargeront de tout souci, si vous installez un programmateur sur le robinet d'arrivée d'eau. Cet accessoire est aujourd'hui très simple à mettre en place et à régler. Vissé au filetage du robinet ouvert, le programmateur permet de déclencher de un à six arrosages par jour, avec une durée réglable, et des intervalles prévus au départ.

▲ Débouchez les goutteurs avec un outil effilé.

Principes de la fertilisation

Le volume de terre d'un bac étant restreint, sa réserve d'éléments nutritifs est vite épuisée. Il est donc nécessaire de la renouveler sous forme d'apports d'engrais, une nourriture équilibrée pour les plantes. Les compositions d'engrais et les présentations sont nombreuses, sous forme organique ou minérale.

ASTUCE TRUFFAUT

Au printemps, versez un bouchon d'engrais liquide dans un arrosoir de 10 l et utilisez cette solution très faiblement concentrée en arrosage permanent. C'est le meilleur moyen pour provoquer un développement rapide des plantes, sans aucun risque de brûlure des racines.

Les engrais prêts à l'emploi qui vous sont proposés dans le commerce comportent les trois éléments de base que sont l'azote (symbole N), l'acide phosphorique (P), et la potasse (K). Ils sont toujours présentés dans cet ordre et exprimés en pourcentage dans le produit. Ainsi un engrais 10.10.10 contient 10 % de chaque élément de base NPK. Ces engrais « complets » sont souvent enrichis d'oligoéléments.

L'azote, pour la croissance

L'azote (N) est l'un des éléments fondamentaux de la matière vivante. Il permet la croissance du végétal et l'élaboration de la chlorophylle. Sa carence se traduit par des feuilles vert pâle et une croissance faible. Seul l'azote nitrique,

▲ Une fertilisation régulière est indispensable lorsque les plantations sont denses.

soluble mais instable, peut être utilisé directement par les végétaux. On l'apporte surtout au printemps.

L'acide phosphorique, pour la floraison

Le phosphore (P) stimule la nutrition des plantes. Il présente une action sur le développement du système racinaire et la rigidité des tissus. Il active la floraison et accentue la résistance aux maladies. Son insuffisance se traduit par un jaunissement du limbe des feuilles et par un retard dans la croissance avec une faible floraison.

La potasse, pour la résistance et la qualité

Le potassium (K) complète l'action de l'azote pour la croissance. Il agit sur les racines et les tissus qu'il endurcit. Cet élément accentue la résistance au froid et à la sécheresse. Il agit sur la coloration et la longévité des fleurs et sur la qualité gustative et le grossissement des fruits.

Les éléments secondaires

En plus des trois « aliments majeurs » NPK, un engrais complet doit comporter d'autres éléments dits « secondaires ». Le soufre (S) conjugue son action avec celle de l'azote. Le calcium (Ca) améliore la physiologie de la plante. La magnésie (MgO) entre dans la composition de la chlorophylle. Elle est particulièrement appréciée des fleurs et des rosiers.

Vient ensuite une longue liste d'oligoéléments qui interviennent de façon complexe, mais importante dans le développement des végétaux.

Les apports d'engrais

La fréquence dépend de la formulation et de la présentation des produits. Un engrais de fond riche en P et K sera apporté à la plantation ou lors du rempotage. Les engrais azotés, à action rapide (engrais coup de fouet), devront être renouvelés souvent puisqu'ils sont rapidement assimilés ou lessivés par l'eau d'arrosage (peu conseillé).

La tendance aujourd'hui est à l'engrais à libération lente qui se diffuse progressivement au fur et à mesure des besoins de la plante. Sur le balcon, on utilise ce type de fertilisant sous forme de bâtonnets, de billes ou de dés formés de granules agglomérées.

▲ Engrais foliaire « prêt à l'emploi ».

L'arrosage automatique peut être assorti d'un diffuseur d'engrais soluble qui permettra une alimentation régulière et sans votre intervention, d'où un gain de temps et la certitude de ne pas oublier l'indispensable fertilisation.

Sur le balcon utilisez essentiellement de l'engrais « géraniums » pour les fleurs, de l'engrais « tomates » ou « fraisiers » pour les légumes et les fruits et de l'engrais « rosiers » pour la grande majorité des arbustes à fleurs.

Les engrais organiques

Ces produits sont fournis par des êtres vivants végétaux ou animaux. Ils peuvent être simples (un seul élément fertilisant) : corne torréfiée ou broyée, sang desséché, déchets de plumes de volailles, de cuir de bovins, arêtes de poissons, etc., ou composés (plusieurs éléments fertilisants) : tourteaux de ricin, guano, vinasse de betteraves, etc.

L'action des engrais organiques est lente, car ceux-ci ne peuvent être assimilés qu'après transformation par les micro-organismes du sol.

Les engrais de synthèse

Appelés « engrais chimiques », ce sont les plus courants, car faciles d'utilisation. Ils sont bien équilibrés adaptés à des besoins spécifiques des cultures et parfois associés à des insecticides. La libération de l'azote peut être rapide ou retardée.

LE SAVIEZ-VOUS ?

LES OLIGOÉLÉMENTS ▼

Ce sont des éléments chimiques : fer, cuivre, manganèse, zinc, bore, etc., contenus en faible quantité dans le sol. Ils assurent aux plantes un développement harmonieux. Leur absence est synonyme de carence et de décoloration *(chlorose voir photo)*. Ils complètent les engrais en doses infinitésimales.

UNE RÈGLE D'OR ▲

Ne jamais apporter d'engrais, même sous la forme d'une solution liquide, sur un terreau desséché, pour ne pas brûler les racines. Arrosez d'abord à l'eau claire pour réhumidifier le substrat. Vous donnerez l'engrais quelques minutes plus tard, lorsque la terre sera redevenue souple et fraîche.

Les différents engrais

Les jardineries proposent un échantillonnage complet d'engrais pour plantes en pots, sous de nombreuses présentations. Si les engrais liquides paraissent les plus faciles d'emploi, les autres formules offrent des avantages. Choisissez un assortiment d'engrais assez large pour couvrir les besoins de tous les végétaux.

ASTUCE TRUFFAUT

Respectez bien les doses indiquées par le fabricant sur l'emballage. Un surplus d'engrais ne sera pas profitable à votre plante mais peut, au contraire, lui être fatal. Lorsque vous préparez une solution à partir d'une poudre ou d'un liquide, utilisez-la dans les 8 ou 10 jours maximum.

Les engrais liquides

Pour les bacs à réserve d'eau, il vous suffit de verser le produit dans l'ouverture prévue pour le remplissage de l'eau. L'engrais va couler dans la réserve et se mélanger à l'eau sans autre intervention. Pour les cultures plus classiques, les engrais liquides peuvent être utilisés dilués dans un arrosoir et répartis sur le terreau, ou vaporisés sur les feuilles avec un pulvérisateur s'il s'agit d'engrais foliaires.

La dose dépend de la formule et de la marque, mais elle est comprise en général entre un et deux bouchons pour un arrosoir de 5 l. La fréquence conseillée est hebdomadaire.

Les engrais solubles

Ils se présentent sous forme de poudre ou de cristaux à diluer dans l'eau et sont en principe plus concentrés que les précé-

▲ La pastille d'engrais soluble se visse sur le pistolet.

▲ L'engrais soluble se présente sous forme de poudre.

▲ Le sang desséché est un engrais naturel très azoté.

▲ Un fertilisant complet minéral de synthèse : l'engrais « géraniums » en poudre.

dents. Ces engrais sont utilisés en arrosage au pied des végétaux ou en application foliaire. Ils demandent à être bien agités avant l'emploi. Une variante consiste en une pastille placée dans le capuchon d'un vaporisateur ou dans le réceptacle d'un pistolet arroseur. Elle peut également être effervescente et se diluer dans l'eau de l'arrosoir. La fréquence d'emploi est sensiblement la même que celle des engrais liquides. Vous les appliquerez de manière progressive pendant toute la période de végétation, de mars à octobre. Mais attention aux brûlures.

Les engrais en bâtonnets

Leur utilisation est encore plus simple, puisqu'il suffit de les piquer dans la terre du pot, pour une efficacité d'environ deux mois. Leur défaut est de concentrer l'engrais dans un faible rayon et de ne pas se déliter suffisamment si les arrosages sont trop espacés. Nombreux sont les bâtonnets à la fois nutritifs et insecticides, permettant en une seule opération de lutter préventivement contre les parasites. Le nombre de bâtonnets à enfoncer dans le terreau est fonction de l'importance du contenant (en général un tous les 15 cm). Ces engrais seront réservés aux rempotages récents et aux pots de faible volume pour éviter d'en placer un nombre trop important. Pour les jardinières on utilise des bâtons plus durs et de gros volume.

Les dés agglomérés

Depuis longtemps utilisés par les professionnels, ces engrais sont maintenant disponibles pour les plantes en bacs. Ce sont de petits dés composés de billes d'engrais durcies et agglomérées sous forme d'un tronc de cône. Ils s'enfoncent dans la terre du pot comme les bâtonnets et diffusent leurs éléments nutritifs au fur et à mesure des besoins de la plante.

Ne soyez pas inquiets de constater que leur aspect extérieur ne change pas au fil des mois. Les dés restent compacts mais n'en distribuent pas moins l'engrais très efficacement.

Les engrais en granulés

Très employés au jardin, ils sont économiques mais à réserver aux bacs ou aux jardinières de grande contenance. Ils s'épandent sur la terre humide du contenant et doivent être aussitôt arrosés et enfouis par un griffage pour permettre leur délitage. Leur conservation est moins pratique que celle des engrais liquides. Un emballage devra être utilisé dans les deux à trois mois suivant son ouverture, pour conserver toutes les propriétés du produit.

Les engrais minéraux

Ce sont des substances minérales extraites du sol, comme la potasse ou les phosphates naturels. Leur utilisation en jardinière ne présente pas d'intérêt particulier, puisqu'il est préférable de retrouver ces éléments sous forme associée dans les formules d'engrais complets, prêts à l'emploi.

LE BON GESTE

LES ENGRAIS LONGUE DURÉE

Sous cette appellation sont regroupées des formules à libération lente ou retardée de l'azote qu'il s'agisse de granulés (1) ou de bâtonnets (2) Cette technique permet de fournir les éléments nutritifs à la plante au fur et à mesure de ses besoins, sans risque de brûlures. La minéralisation se produisant progressivement, la perte par lessivage est très réduite. Les anciens engrais dits « retard » sont devenus « à libération progressive » par adjonction de plusieurs formes d'azote se minéralisant successivement. Leur utilisation est intéressante, puisqu'elle limite les apports. La durée d'alimentation de la plante varie selon la formule choisie mais peut aller de 3 à 6 mois. Ces engrais sont employés à la plantation ou au printemps. Ils ne demandent, dans ce cas, qu'un renouvellement en automne pour les végétaux vivaces, les arbustes et tous ceux restant en place. Ce sont des produits complets, équilibrés, avec souvent des ajouts d'oligoéléments.

1

2

Les outils

La panoplie du parfait jardinier de balcon ou de terrasse ne consiste pas en un vaste assortiment de matériels sophistiqués. La culture et l'entretien se pratiquent le plus souvent à hauteur d'homme. Vous avez donc besoin d'articles de format réduit, ce qui en facilite l'emploi et le rangement.

ASTUCE TRUFFAUT

Une prise électrique extérieure semble indispensable sur le balcon ou la terrasse. Elle servira pour l'éclairage mais également pour brancher quelques outils électriques comme un petit taille-haies, voire un aspirateur. Choisissez-la étanche avec une prise de terre.

Une dizaine d'outils à main sont suffisants pour aménager et entretenir l'espace restreint d'un balcon ou d'une terrasse. Dans le cas des balconnières sur un appui de fenêtre, la panoplie se réduit de moitié. Les prix de ces outils à main sont suffisamment attractifs pour éviter l'emploi de fourchettes ou de couteaux de cuisine.

Le transplantoir

Il se présente sous la forme d'une petite pelle en creux pour retourner la terre, dépoter et planter. Utilisez-le pour déplacer les petits végétaux sans abîmer leur motte ni les déraciner. En fin de saison, il servira à vider le tereau de la jardinière, sans avoir besoin d'effectuer des manipulations fastidieuses. Pour la plantation, tenez l'outil verticalement, la partie creuse dirigée vers vous. Plantez-le jusqu'à la garde, tirez sur le manche dans un mouvement horizontal, glissez la plante dans le trou, repoussez la terre, tassez avec les doigts et le tour est joué ! Les modèles les plus solides en acier forgé sont maintenant concurrencés par des articles en résine de synthèse ou en fibre de verre, très résistants, plus légers et plus simples d'entretien. Un passage sous le robinet après usage suffit. Ceci est valable pour tous les petits outils à main.

▲ Le transplantoir, pour les jeunes plants.

▲ Le plantoir à bulbes, pour les gros oignons.

▲ Le plantoir droit est utile pour les bulbes.

Le plantoir

C'est un outil en forme de cône allongé qui sert au repiquage des jeunes plantes à racines nues ou à la mise en place des grosses graines à semer. Pour les bulbes, utilisez un plantoir plat afin de ne pas former dans le terreau une cavité en cône, qui laisserait la base de l'oignon dans le vide, sans contact direct avec la terre.

Le plantoir à bulbes

De forme cylindrique, sa base est crantée pour mieux pénétrer dans la terre. Il permet de creuser un trou rond à fond plat en prélevant le terreau qui reste à l'intérieur de l'outil. Le bulbe mis en place, secouez le plantoir à bulbes pour faire tomber la terre sur l'oignon et reboucher le trou. Un modèle très pratique est articulé : il s'ouvre sur simple pression du pouce sur la poignée pour libérer la terre.

La binette et la griffe

La binette se présente sous la forme d'un fer carré, perpendiculaire au manche. Elle s'utilise en raclant la terre vers soi pour l'ameublir en surface. La griffe est munie de 3 à 5 dents recourbées pour décroûter le terreau, l'aérer et déraciner les herbes indésirables. En fin d'année, ces outils vous permettront d'enlever la couche morte de terreau ainsi que les sels minéraux qui donnent un aspect blanchâtre à la terre. Certains modèles combinent les deux fonctions, avec un élément à chaque bout d'un manche. Il vous suffira de retourner l'objet pour utiliser l'un ou l'autre des outils. Binette et griffe peuvent prendre le nom de « serfouette » avec d'un côté deux ou trois dents, de l'autre, une panne rectangulaire ou une langue pointue.

Le sécateur

C'est l'outil de base du jardinier. Il sert à tailler les branches, les tiges abîmées, en surnombre ou mal placées. Il coupe les liens, égalise les tuteurs, etc. Choisissez un modèle souple et léger, mais dont les lames ne font pas partie intégrante de l'outil. Les sécateurs monoblocs sont tous de qualité très quelconque. Il existe aujourd'hui des sécateurs disposant d'un système de démultiplication de l'effort à conseiller à tous les amateurs. Les dames apprécieront la souplesse des sécateurs à enclume, qui sont aussi moins puissants.

▲ Le sécateur doit être bien adapté à la longueur de votre main.

LE BON GESTE

LES ACCESSOIRES UTILES

1. Ayez toujours à portée de main un paquet de liens pour attacher une branche tombante ou tuteurer un rameau. Des étiquettes en bois ou en plastique avec le crayon correspondant vous permettent de vous souvenir de vos semis ou des variétés plantées.

2. Notez sur un carnet les dates et les caractéristiques de vos plantations mais aussi celles de vos apports d'engrais, de vos traitements ainsi que vos projets pour la saison suivante.

1

2

▲ Les ciseaux à bonsaïs, à utiliser pour les coupes précises ou ponctuelles.

Les ciseaux de jardin

Moins fins, mais plus puissants que des ciseaux de ménage, ce sont un peu des coupe-tout. Ils viennent en complément du sécateur pour trancher tout ce qui est souple ou pas assez dur pour ce dernier. Certains modèles disposent d'un système qui permet de couper du fil de fer. C'est très utile sur le balcon lors de la pose ou de la réparation des palissades ou des grillages brise-vent. Les ciseaux de jardin ne doivent jamais quitter votre poche car vous en aurez besoin à tout instant, y compris pour couper des fleurs fanées.

▲ Les ciseaux de jardin pour couper les fleurs.

Vous pouvez aussi utiliser des ciseaux à bonsaïs qui offrent l'avantage de permettre des coupes très nettes et précises en raison de leurs lames très courtes et pointues. Ces ciseaux dotés de branches qui entourent les doigts, sont d'un maniement très agréable. Il en existe aussi des plus petits modèles qui peuvent être utilisés pour les interventions de taille sur des petites branches très serrées. Choisissez des modèles venus du Japon, les seuls à offrir une grande qualité.

Le râteau à main

De petite taille, il permet d'égaliser la terre, de ramasser les débris végétaux, les feuilles, les fleurs fanées. Ne le choisissez pas trop large, 5 dents suffisent, pour pouvoir passer entre les plantes sans les endommager. Comme la griffe, il ameublit la terre, mais en surface, sur 1 ou 2 cm, pas plus.

Pour une terrasse, vous pourrez vous servir d'un modèle habituel, à 13 dents, les surfaces étant importantes.

Le râteau peut être appelé « balai » s'il présente des dents plates et souples. Son usage est alors orienté vers le dégagement et le ramassage des déchets, surtout des feuilles mortes.

Le pulvérisateur

Il va vous servir pour les brumisations mais aussi pour les traitements. Comme le désherbage avec des produits chimiques est pratiquement inexistant sur un balcon ou une terrasse, vous pouvez vous contenter d'un seul et même appareil pour arroser et traiter. Vous le choisirez en fonction de la grandeur du lieu et de l'importance des végétaux. Sur une fenêtre, un vaporisateur de 0,5 à 1 l suffit à condition qu'il dispose d'une tête de qualité suffisante pour assurer la distribution des bouillies antiparasitaires. Sinon, optez pour un pulvérisateur à pression préalable de 2 ou 3 l. Et pourquoi pas un des nouveaux modèles électriques qui évitent la corvée de pompage...

Art de vivre

BIEN RANGER LES OUTILS

Même s'ils ne prennent pas beaucoup de place, les outils à main doivent être bien rangés à l'abri et à portée de main. Utilisez un petit meuble, une ancienne malle ou un coffre traités pour résister aux intempéries. Vous le dissimulerez dans un coin du balcon aisément accessible ou dans la maison, à proximité de la porte-fenêtre servant de passage le plus fréquent. Ce meuble de rangement vous permettra également de stocker au sec vos produits de traitement, les engrais et le reliquat de terreau. C'est pourquoi il n'est jamais assez grand.

▲ Un petit pulvérisateur est indispensable.

▲ Le râteau sert à émietter le sol.

▲ Le couteau à désherber sert aussi à ameublir.

▲ La cisaille à gazon, pour rabattre les vivaces.

Les tuteurs

Ils se présentent sous forme d'échelles ou d'arceaux en plastique à ficher dans la terre de la jardinière, pour soutenir les plantes grimpantes. Pour les vivaces, vous avez le choix entre des tuteurs en bambou de sections et de hauteurs variables, ou en plastique généralement vert, d'un diamètre de 8 à 16 mm et d'une longueur de 50 à 200 cm. Certains modèles sont emboîtables et peuvent « grandir » avec la plante. D'autres sont doublés de fibres de coco pour retenir l'eau par capillarité et humidifier les plantes par temps très chaud.

Les autres outils

D'une utilisation moins fréquente, ils répondent à des besoins spécifiques et ont leur place dans cette panoplie.

La cisaille à haies vous permettra de tailler les conifères et les lavandes, de rabattre les grosses plantes vivaces ou de diminuer la vigueur des plantes grimpantes. Elle doit être légère, souple et munie d'un butoir pour éviter de se blesser lors de sa fermeture parfois brutale. Si vous avez besoin d'une scie, choisissez une égoïne à dents pointues et repliable pour un rangement plus aisé.

▲ Les ciseaux de jardin, à lames fortes.

Le greffoir permettra aux plus avertis de bouturer et de greffer, et aux autres de couper facilement ficelles, liens ou de supprimer les fleurs fanées. Pour cette opération, il est préférable d'employer des ciseaux cueille-roses qui permettent de couper la fleur, tout en la maintenant, puis d'enlever les épines et d'écraser l'extrémité des tiges pour une meilleure tenue en vase.

Les cisailles à gazon sont très utiles pour tailler en forme les topiaires de buis (cônes ou boules). Vous les utiliserez aussi pour rabattre les lavandes, les santolines et les vivaces trop rigides. Les modèles à lames traitées avec un produit contre la corrosion sont à préférer.

LE SAVIEZ-VOUS ?

MANCHE INTERCHANGEABLE

Plusieurs marques proposent des outils à manche interchangeable couvrant l'ensemble des travaux de jardinage pour une utilisation sur de petits espaces. Il s'agit d'une panoplie d'outils aux fonctions diverses, serfouette, balai, griffe, râteau, transplantoir ou même scie, qui s'adaptent sur un manche unique, d'où un rangement simplifié. Ce manche peut avoir, selon les outils, une longueur de 20 à 30 cm, de 80 cm ou encore 100 à 170 cm. Un modèle spécial est équipé d'un manche télescopique réglable en continu de 45 à 75 cm, un autre d'une rallonge pouvant aller de 58 à 98 cm.

Les systèmes d'ancrage diffèrent d'une marque à l'autre. C'est une partie liée à l'outil, plate et munie d'un trou qui s'engage dans le manche et s'y fixe selon le principe de la ceinture de sécurité des voitures, avec un bouton pressoir. Ou bien l'embout de l'outil possède un méplat arrondi qui s'engage dans le trou du manche et y reste bloqué grâce à un bouton moleté facile à serrer. Enfin, le système peut combiner les deux principes, méplat avec trou.

Votre choix se fera en essayant les différents modèles et en se portant sur celui qui vous semble le plus pratique. Mais sachez que, désormais, tous sont solides.

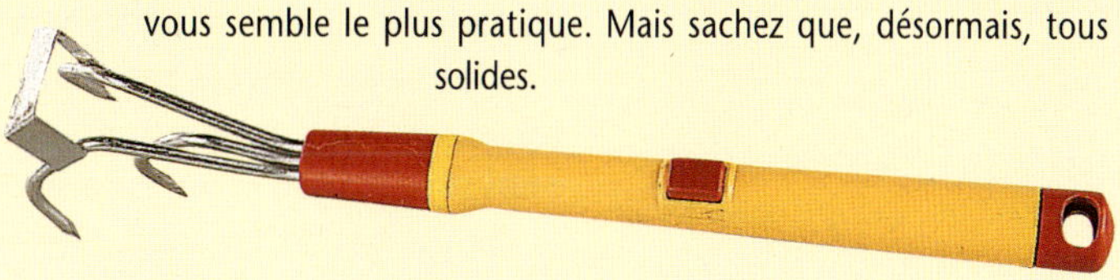

La taille

La taille est une intervention fréquente dans le jardinage sur balcon. Il y a toujours une tige, une pousse, une feuille, une fleur à éliminer. Taille de nettoyage, taille d'équilibrage, mais aussi taille de formation ou de mise à fleur, ayez toujours un bon sécateur à portée de la main...

ASTUCE TRUFFAUT

La position de l'œil au-dessus duquel vous taillez indique l'orientation du futur rameau. Si vous coupez sur un bourgeon dirigé vers la droite, la branche va pousser dans cette direction. Indispensable pour former l'arbuste.

Pour le non-jardinier, tailler peut ressembler à une mutilation inutile. Après tout, les plantes ne subissent pas de taille dans la nature... Il faut peu de temps pour qu'un arbuste se dégarnisse de la base, présente une forme dissymétrique et se charge de bois mort. Au jardin, et a fortiori sur le balcon, la recherche esthétique prime. La plante doit se présenter sous ses plus beaux atours. La taille va consister à éliminer les parties malades, mortes ou abîmées, à limiter le développement des rameaux à des proportions raisonnables, mais aussi et surtout à stimuler la floraison ou la formation de jeunes pousses colorées chez certains arbustes.

▲ Rabattez sévèrement les tiges de la bougainvillée après la floraison.

Les principes de base

Tailler provoque une réaction stimulante chez la plante, qui, le plus souvent, réagit en poussant plus vigoureusement. On peut même dire qu'un élagage sévère accentue la force de la repousse. On va, par conséquent, couper plus court les plantes les moins vigoureuses. Ceci pouvant sembler paradoxal, il importe de bien le noter. La taille intervient souvent après la période de floraison, sinon, elle risque d'éliminer une partie importante des fleurs. Pour les coupes sévères, il est souvent préférable de procéder en période hivernale, quand la plante se trouve en repos végétatif.

La coupe s'effectue toujours au-dessus d'un œil (bourgeon). Chez les plantes à feuilles opposées, comme le lilas, tranchez horizontalement au-dessus de la paire d'yeux. Chez les plantes à feuilles alternes, les plus nombreuses, comme le rosier ou les fruitiers par exemple, taillez en biseau à l'opposé d'un œil, la partie supérieure du biseau dirigée dans le même sens que l'œil. Ceci permet à l'eau de pluie de s'écouler sans risquer de noyer le bourgeon. La portion de bois restant entre l'œil et la coupe doit mesurer environ 5 mm.

Utilisez toujours des outils bien affûtés, dont la lame est régulièrement

▲ Taillez toutes les pousses de l'*Hibiscus syriacus*, très court, à la fin de l'été.

LE BON GESTE

1

2

LES SUPPORTS ET TUTEURS

1. Complément logique de la taille dans la volonté de conduire et de former les plantes, le palissage consiste à orienter les branches et à les maintenir sur une armature. Sur le balcon, treillages, pergolas, claustras font partie intégrante du décor. Les plantes volubiles s'enroulent tout autour, les plus rigides sont attachées dessus. La balustrade, les éléments brise-vent (cannisses) constituent aussi de bons supports.

2. Le tuteurage nécessite sur le balcon l'emploi d'éléments très discrets ou décoratifs. Il existe une foule de tuteurs dans le commerce depuis le bambou standard jusqu'aux architectures les plus compliquées. L'important est la solidité, la résistance aux intempéries et l'harmonie avec le décor. Attention, les tuteurs trop fins ont du mal à bien tenir droit dans les pots.

désinfectée. Cette précaution en apparence banale est un des meilleurs moyens pour éviter la propagation des maladies les plus graves comme les chancres, par exemple.

Les tailles sur le balcon

La plus fréquente des interventions de taille sur le balcon ou sur terrasse consiste à limiter le développement d'une plante. L'espace étant limité, chaque espèce doit se contenter de l'emplacement qui lui est imparti. Des velléités de conquête de l'espace ou du terrain seront enrayées par la suppression des rameaux trop aventureux. Ces interventions s'effectuant sur des jeunes pousses d'extrémité, il est possible de les réaliser à tout moment. C'est le cas surtout sur les plantes grimpantes les plus vigoureuses comme les bougainvillées, le chèvrefeuille, voire la passiflore.

Vous allez aussi tailler pour supprimer toutes les parties fanées ou abîmées afin que la plantation conserve une belle esthétique. Une trop forte quantité de bois mort doit vous indiquer la nécessité de changer la plante de pot ou de la transplanter en pleine terre, car elle ne supporte plus de se trouver à l'étroit dans son contenant.

La taille doit être systématique pour tous les arbustes qui fleurissent sur des pousses de l'année, comme les rosiers buissons, le buddléia, l'hibiscus, le caryoptéris, le fuchsia et même le géranium *(Pelargonium)*. Elle se pratique à la fin de l'été, sa vocation étant de laisser un minimum de vieux bois pour que la plante reste compacte.

Taillez aussi pour équilibrer la silhouette des plantes, en respectant leur port naturel et une certaine symétrie. Ce type d'intervention s'effectue dès le plus jeune âge du sujet, afin de l'orienter vers une forme équilibrée. On profite de ce travail pour dégager le centre de la touffe, afin que le soleil puisse y pénétrer. Cela favorise la formation et l'épanouissement des boutons floraux. La taille provoquant des ramifications, elle joue un rôle stimulant sur la floraison.

La taille d'entretien

Il s'agit d'une des interventions les plus importantes pour assurer le succès de toutes les cultures en pots. Elle consiste à limiter le développement anarchique des plantes, afin qu'elles restent toujours équilibrées dans leur contenant. La taille d'entretien a aussi pour but d'éliminer les parties mortes ou malades des plantes, par exemple les chapelets de pucerons qui s'agglutinent au printemps sur les jeunes pousses. Elle sert également à maintenir chaque espèce dans des proportions raisonnables à l'intérieur d'une jardinière, qu'il s'agisse d'une plantation monospécifique (une seule espèce représentée par plusieurs sujets dans le même contenant) ou de l'association de différents végétaux. C'est enfin une opération de nettoyage, avec l'élimination systématique des fleurs fanées et des pousses inutiles ou en surnombre.

La taille d'entretien se pratique à n'importe quelle époque de l'année. On pourrait dire pour simplifier: quand les plantes en ont besoin. Il s'agit rarement d'une intervention sévère, plutôt d'un pincement assez conséquent, puisque l'on coupe essentiellement les extrémités des rameaux. Vous devez conserver en permanence un sécateur à portée de main, car la taille d'entretien n'est pas une action délibérée, mais une réaction à une situation précise.

C'est en observant vos cultures, en les arrosant, ou en les fertilisant qu'il vous apparaît nécessaire de tailler. Une décision tout à fait personnelle qui responsabilise le jardinier et fait que deux plantes ne sont jamais semblables. Chaque jardinière doit être considérée comme un jardin à part entière que vous pouvez ciseler selon votre bon vouloir. C'est aussi ce qui fait de ce type de culture un véritable plaisir.

Une cure de jouvence

La taille permet aussi le rajeunissement des arbustes, en éliminant le vieux bois (écorce grise ou marron foncé, souvent crevassée), au profit de plus jeunes pousses (écorce verte ou marron clair, en général lisse). Il s'agit dans ce cas d'une coupe plus sévère que l'on pratique de préférence en hiver sur les espèces à feuillage caduc, car il est plus facile d'apprécier la silhouette de la plante dans son ensemble et de repérer les différents types de rameaux.

Les plantes cultivées en pots ou en bacs vieillissent souvent moins bien que celles du jardin. C'est pourquoi vous avez intérêt à éliminer tous les rameaux de plus de trois ans, qui ne constituent pas la structure même de la plante (tronc ou tige principale et branches charpentières).

Le recépage est la taille la plus sévère qui soit, puisqu'elle consiste à couper toute la partie aérienne juste au-dessus du sol. On le pratique beaucoup plus fréquemment sur le balcon que dans le jardin, notamment avec les arbustes qui émettent facilement des rejets (groseilliers, forsythias, spirées) et les plantes vivaces. Il peut arriver que le recépage entraîne l'absence de floraison pendant un an, mais c'est souvent le seul moyen de conserver l'aspect esthétique de certains végétaux qui tendent trop vite à se dégarnir de la base, ou bien qui poussent tout en hauteur.

Le recépage épuisant les plantes, il ne doit pas être pratiqué de manière systématique chaque année, mais tous les deux ou trois ans seulement. Les plantes à feuillage persistant sont rarement recépées, les branches étant taillées ou éliminées au fur et à mesure qu'elles se dégarnissent.

Stimuler la floraison

Un des principes importants de la taille consiste à entraîner la ramification des branches. Les plantes supérieures du

LE SAVIEZ-VOUS ?

LES TOPIAIRES

L'art topiaire est l'ensemble des techniques et des interventions de taille qui conduisent à la création de plantes à la silhouette évoquant diverses formes connues. Pour les plus simples ce sont des boules, des cônes, des spirales. Mais on crée aussi des silhouettes d'animaux, des pièces d'échiquiers ou n'importe quel motif structuré. Sur le balcon, les topiaires apportent une note d'élégance, tout en jouant comme éléments de structure. N'abusez pas de leur présence, mais ponctuez les points stratégiques : entrée, sortie, décrochement, etc. Le buis et l'if sont les plantes les plus utilisées. Il faut compter deux tailles par an (avril et octobre).

▲ La taille d'entretien d'un laurier en boule.

▲ Taillez les pousses envahies de pucerons.

▲ Taillez les géraniums pour qu'ils se ramifient bien et ne se dégarnissent pas trop de la base en vieillissant.

groupe des dicotylédones (la quasi-totalité des arbustes d'ornement et des plantes vivaces) présentent un mode de croissance dichotomique. Cela signifie que les pousses vont par paires. En pratique, la taille d'un rameau entraîne l'apparition de deux pousses latérales (une à droite, une à gauche) émises par les deux yeux situés immédiatement sous la coupe. Ces derniers se trouvent à l'aisselle des feuilles, ce qui les rend seulement apparents en hiver sur les espèces caduques.

Les pousses latérales sont presque toujours celles qui portent les fleurs (et par conséquent les fruits), car elles sont moins vigoureuses du fait de leur position oblique. Provoquer des ramifications est souvent le seul moyen efficace pour parvenir à faire fleurir une plante trop vigoureuse. Avec les cultures sur balcon, on est plutôt moins ennuyé avec ce phénomène qu'au jardin; toutefois, les fertilisations régulières et la richesse du substrat en humus ont tendance à créer une suralimentation en azote. Cet élément fertilisant stimule le développement des feuilles et des tiges, au détriment de la floraison. Une intervention de taille systématique au printemps est donc conseillée sur toutes les espèces qui fleurissent sur des pousses de l'année. En revanche, celles qui forment leurs boutons floraux en plein milieu de la saison, comme les rhododendrons, ne sont quasiment jamais taillées.

Former une plante sur tige

La taille joue un rôle primordial dans la formation des plantes. Pour obtenir une tige, il y a deux solutions : la taille ou la greffe. Ce dernier cas est surtout employé pour les rosiers et les arbres fruitiers. La taille qui conduit à l'obtention d'une tige consiste à privilégier chez un jeune sujet le bourgeon terminal, qui assure la croissance en hauteur de la plante. Vous éliminez toutes les pousses latérales jusqu'à parvenir à la hauteur souhaitée. Quand la tige est formée, il suffit de pincer l'extrémité pour provoquer des ramifications. Chez les anthémis ou les chrysanthèmes, les pincements sont répétés plusieurs fois, pour qu'il se forme une ramure très diversifiée qui portera de nombreuses fleurs. Offrez un fertilisant riche en potasse pour rigidifier la tige.

▲ Un bel anthémis sur tige.

Multiplier les plantes

Même s'il est beaucoup plus facile de laisser le soin aux professionnels d'élever les plantes que nous accueillons sur nos balcons, il est bien difficile de résister à l'envie de jouer aux apprentis sorciers, pour donner la vie à quelques spécimens que l'on montrera ensuite avec fierté à tout notre entourage.

ASTUCE TRUFFAUT

Profitez des interventions de taille pour utiliser comme boutures les jeunes rameaux tout juste coupés. Vous évitez ainsi de mutiler inutilement vos jardinières et vous disposez d'une abondance de matière première qui vous donnera toute satisfaction. Bouturez le fuchsia dans l'eau.

Multiplier les plantes est un des plus grands plaisirs du jardinage, car on peut suivre pas à pas l'évolution de la culture et l'on ressent toujours un sentiment agréable de succès quand cela pousse !

Les végétaux supérieurs se propagent de manière sexuée après fécondation des fleurs et formation des graines. C'est le semis. Ils présentent la faculté de pouvoir se régénérer spontanément par le développement de racines sur certains fragments de la plante (bouturage ou marcottage), par division de la souche ou par greffage. C'est la multiplication végétative. Elle présente l'avantage de transmettre chez les nouvelles plantes les caractéristiques

▲ La transplantation des boutures est un moment délicat.

exactes de la plante mère et par conséquent de ne pas vous réserver les surprises hétérogènes du semis.

Les boutures de rameaux

Le bouturage consiste à détacher de la plante mère des fragments de tissus (cellules, tiges, racines, feuilles) qui vont être placés dans des conditions particulières pour qu'ils développent des racines, ce qui va générer une nouvelle plante autonome.

Les boutures de rameaux sont les plus courantes pour les plantes du balcon. Elles sont toujours constituées de parties jeunes, prélevées par conséquent à l'extrémité des tiges. Il est préférable que les pousses utilisées comme boutures n'aient pas fleuri. Elles doivent être bien droites, respecter les caractéristiques de la plante mère (forme et couleur des feuilles) et, bien sûr, ne pas présenter de symptômes de maladies. Selon les plantes, les boutures de rameaux mesurent entre 10 et 20 cm de longueur.

En pratique, vous pouvez provoquer l'enracinement des boutures dans un sol léger et poreux (un mélange de sable et de tourbe blonde par moitié est idéal) ou directement dans l'eau. Peu de plantes d'extérieur réussissent avec cette technique. Essayez avec les : coléus, impatiens, fuchsia, pélargonium, plectranthus et laurier-rose. Vous obtiendrez un meilleur résultat en ajoutant deux ou trois gouttes d'engrais organique dans l'équivalent d'un verre d'eau. Ne laissez pas les racines se développer trop longtemps dans l'eau, leur structure est différente des racines qui se forment en terre (les premières sont plus ténues, translucides, plus sensibles à la pourriture).

Les boutures sont repiquées après la reprise dans un substrat léger (un terreau de semis ou un mélange par tiers de terreau classique, sable de rivière et tourbe blonde). Il faut les maintenir sous abri le temps qu'elles développent de nouvelles pousses, signe que la végétation est désormais bien répartie.

LE BON GESTE

BOUTURAGE DE PRINTEMPS

Les plantes à tiges tendres comme les anthémis, les dahlias, les chrysanthèmes, etc. reprennent assez facilement au printemps (de mars à mai). On appelle souvent cette technique : bouturage herbacé, car les rameaux ont une texture assez souple.

1

2

3

1. Les boutures sont prélevées sur des pieds mères qui ont été mis en végétation dans la maison ou la véranda (température ambiante moyenne de 15 °C, lumière et arrosage régulier).
Ce sont les jeunes pousses nouvellement émises qui servent de boutures. Coupées sous une feuille, elles mesurent entre 6 et 10 cm de long.
Les boutures sont d'abord débarrassées de leur feuillage sur les 3/4 de leur longueur. C'est l'habillage. N'arrachez pas les feuilles, mais coupez-les proprement avec des petits ciseaux ou un greffoir. Il faut également éliminer un tiers environ du limbe des feuilles conservées. C'est important pour que les boutures très charnues ne fanent pas.
2. Piquez ensuite chaque bouture dans un substrat très léger (terreau de semis ou mélange de sable et de tourbe blonde), en l'enterrant jusqu'aux premières feuilles. Dans une terrine, les boutures doivent être espacées de 10 cm afin qu'elles ne se touchent pas.
3. Arrosez, puis couvrez avec une miniserre.

LE BOUTURAGE D'ÉTÉ

Appelé par les jardiniers « bouturage demi-aoûté », c'est, comme son nom l'indique, une technique pratiquée à partir de la mi-août et jusqu'à fin septembre. Cette période correspond à l'aoûtement, c'est-à-dire au durcissement des jeunes tissus qui se lignifient avant l'hiver. Le bouturage d'été concerne surtout les arbustes et les conifères. On le pratique aussi avec beaucoup de plantes de balcon : pélargonium, fuchsia, lantana, héliotrope, anisodontéa, etc.
Les boutures sont prélevées sur les jeunes tiges, coupées sous une feuille et dénudées sur les deux tiers aux trois quarts de leur longueur. Le limbe est aussi habillé (réduit d'un bon tiers).
1. La base des boutures est enduite de poudre d'hormones qui va stimuler la formation des racines. L'emploi de ce produit conditionne souvent la réussite, surtout chez les arbustes.
2. Piquez les boutures dans un terreau de semis sableux. Contenant au moins 30 % de sable.
3. Enterrez les boutures de la moitié de leur longueur. Arrosez et mettez-les à l'étouffée sous une feuille de plastique.

1

2

3

▲ Sélectionnez la branche à marcotter.

▲ Maintenez la marcotte avec un cavalier.

▲ Éliminez les feuilles sur la partie à enterrer.

▲ Tuteurez l'extrémité de la tige marcottée.

LE BON GESTE

LE MARCOTTAGE AÉRIEN

Cette technique se pratique surtout sur les philodendrons. Elle donne aussi de bons résultats avec les lilas. C'est une manière de rajeunir cet arbuste qui a vite tendance à pousser trop haut et à se dégarnir. Incisez l'écorce obliquement sur une branche dénudée, sans entamer le bois de plus de 1/3 de son diamètre. Saupoudrez l'entaille de poudre d'hormones et enveloppez le tout dans un manchon de mousse humide.

LA DIVISION DES TOUFFES

Cette opération de multiplication est aussi assimilée à un rajeunissement des cultures. Elle doit être souvent réalisée avec toutes les plantes vivaces cultivées en bacs ou en jardinières. Dès que la touffe commence à déborder de l'emplacement qui lui a été dévolu, il faut diviser soit au printemps soit en automne. Commencez par arracher la plante avec sa motte de terre complète. Si les racines sont fibreuses et se détachent facilement, séparez les touffettes à la main. Dans la plupart des cas, il est nécessaire de trancher dans la souche, comme si vous découpiez un gâteau. Seules les parties les plus jeunes sont conservées, les éléments ligneux (durs) ou secs devant être éliminés. Vous replantez ensuite chaque morceau comme s'il s'agissait d'un nouvel individu. Utilisez bien sûr du terreau tout neuf.

Les boutures de feuilles et de racines

Les boutures de feuilles concernent assez peu les cultures d'extérieur. Parmi les plantes de balcon, seuls certains bégonias et le tolmiéa acceptent de se propager ainsi. C'est une technique assez délicate qui doit être obligatoirement réalisée dans une miniserre, à la maison. Les fragments de feuilles étant très sensibles à la pourriture, le secret du succès réside dans le juste dosage de l'humidité (sol et ambiance).

Les boutures de racines concernent certaines plantes vivaces notamment les pavots et les lupins dont il est facile de prélever des fragments de 6 à 7 cm de longueur, au moment de la transplantation des grosses touffes ou de leur éclatement. Les boutures s'enracinent dans du sable de rivière pur.

Les marcottages

Ce sont des techniques de multiplication végétative consistant à provoquer l'enracinement d'une partie d'un rameau, sans que ce dernier ait été séparé de la plante mère. C'est ce qui distingue, dans le principe, le marcottage du bouturage. La partie à multiplier étant toujours alimentée en sève, il est bien évident qu'une marcotte est souvent plus facile à réussir. En revanche, on ne peut pas le pratiquer sur toutes les plantes et surtout, on n'obtient qu'un nombre assez limité de nouvelles plantes.

Le marcottage s'effectuant essentiellement par couchage, il s'adresse aux plantes grimpantes ou aux espèces dont les tiges sont très souples. Les professionnels pratiquent le marcottage par buttage des cognassiers, des noisetiers et des porte-greffes de pommiers et de poiriers, mais c'est une technique très contraignante pour la plante, que nous déconseillons à l'amateur.

Sur le balcon, toutes les marcottes vont être réalisées en pot ou en jardinière, mais les mêmes techniques peuvent être appliquées en pleine terre avec les plantes du jardin.

Le marcottage par couchage simple est le plus pratiqué. Il suffit tout simplement de courber une tige dans le sol, la partie enterrée émettant des racines après quelques mois. En pratique, la portion de tige qui va se trouver au contact de la terre est débarrassée de toutes ses feuilles (comptez une longueur de 30 cm). Il ne doit jamais s'agir de l'extrémité de la pousse, cette dernière devant se trouver à l'air libre pour agir comme « tire-sève ».

Avec une lame de rasoir ou un greffoir parfaitement affûté, incisez l'écorce superficiellement au niveau des feuilles qui ont été éliminées. Creusez la terre du pot ou de la jardinière sur une dizaine de centimètres de profondeur et enterrez la marcotte. Maintenez-la en place avec un cavalier métallique (une épingle à cheveu fait très bien l'affaire). Recouvrez avec le substrat (un bon terreau sableux est idéal).

L'extrémité de la tige est redressée, puis attachée le long d'un tuteur, sans être serrée. Terminez par un arrosage copieux (au moins 5 l).

Le marcottage en serpenteau est une variante de la technique précédente, que l'on utilise pour les très longues tiges. Il doit être pratiqué dans une jardinière, car le principe consiste à coucher plusieurs fois la tige dans le sol en la faisant onduler « comme un serpent de mer », chaque partie enterrée fournissant une nouvelle plante. Marcottez au printemps et séparez les marcottes de la plante mère en automne.

▲ Semis de graines enrobées dans une terrine.

▲ Une feuille de papier pliée sert de semoir.

▲ Le semis en pastille de tourbe (grosses graines).

▲ Repiquez les plantules le plus tôt possible.

Les semis

On pense rarement au semis pour les cultures sur balcon et pourtant, c'est le moyen le plus économique pour obtenir une grande quantité de plantes *(voir aussi pages 102-103)*. Certaines espèces (cosmos, clarkia, lin, nigelle, capucine, cobée, pois de senteur, etc.) n'appréciant pas le repiquage, elles sont semées directement dans les pots ou les jardinières.

Le semis est une technique facile et productive. On l'utilise aussi beaucoup sur les balcons potagers, car c'est le seul mode de multiplication courant pour la plupart des légumes.

Pour réussir, il ne faut pas semer trop dru et ne pas hésiter à éclaircir les jeunes plantules afin que celles qui sont conservées se développent sans se gêner. Pour les radis, par exemple, c'est le vrai secret de la réussite. Il suffit que les plantules soient trop serrées pour que les racines ne grossissent pas (on dit qu'elles filent ou ne tournent pas).

Côté fleurs, beaucoup exigent un semis suivi d'un repiquage. La meilleure solution consiste à éparpiller les graines dans une terrine remplie d'un terreau pour semis et de couvrir cette dernière avec une cloche plastique. Nous vous conseillons fortement de faire l'acquisition d'une miniserre en plastique rigide, un accessoire bon marché et très pratique. Dès que les plantules ont développé deux vraies feuilles (les premières qui apparaissent sont les cotylédons), procédez au repiquage en terrine.

Soulevez les jeunes plantes avec un petit morceau de bois fourchu (il ne faut pas les tenir avec les doigts), faites un trou avec un crayon bien pointu et enterrez la plante des deux tiers de sa longueur. Le substrat doit être un mélange de sable, tourbe blonde et terreau pour géraniums.

Et pourquoi pas semer ?

Même si les plants fleuris que l'on propose dans le commerce sont pratiques et souvent irrésistibles, n'oubliez pas le semis. Il vous procurera la joie de faire naître des jeunes plantes, de les voir pousser et se développer à tous les stades de leur croissance. Voici quelques conseils et méthodes simples.

ASTUCE TRUFFAUT

Les jeunes plants qui ont levé dans cette « pouponnière » qu'est une miniserre, puis qui ont été repiqués à la maison, ont pris des habitudes de confort qui ne leur permettent pas de supporter d'emblée la vie en extérieur. Il faut donc les « endurcir », en les plaçant sous un châssis qui sera progressivement retiré.

Le semis est le meilleur moyen d'obtenir une grande quantité de plantes à moindres frais. De plus, le nombre des espèces et variétés disponibles en graines est plus important que celui des végétaux proposés en plants. À vous les tabacs décoratifs géants, les impatiens aux coloris rares, les cosmos aux teintes inhabituelles.

Les conditions pour réussir

Dans un sachet de graines, vous pouvez avoir entre une dizaine et plusieurs centaines de semences. Mais vous n'avez pas besoin d'une telle quantité de plantes. Quand les graines sont suffisamment grosses pour les tenir à la

▲ Faites tremper la tourbe pressée.

▲ Tassez légèrement la surface.

main, semez-les une à une en godets ou dans des pastilles de tourbe, ce qui vous fait gagner une étape de repiquage.

Procurez-vous des terrines, des pots ou des matériaux de récupération. Les miniserres avec un couvercle en plastique transparent donnent d'excellents résultats. Quel que soit le contenant choisi, il doit être propre. Prévoyez des étiquettes, un crayon, une batte pour tasser le sol, un tamis, du terreau spécial pour semis et un pulvérisateur.

Une plante qui germe vite est de meilleure qualité. Selon les espèces, la germination est obtenue avec des températures supérieures à 12 ou 15 °C. Si vous effectuez vos semis sur votre balcon, attendez qu'il n'y ait plus de gelée. Pour les semis hâtifs, prévoyez une miniserre avec une terrine chauffante ou disposez les caissettes sur un radiateur dans la maison. Utilisez un substrat poreux, pour éviter la fonte des semis. Un mélange à parts égales de tourbe blonde et de sable de rivière convient. Dès que les plantules sortent de terre, elles ont besoin d'une forte lumière pour ne pas s'étioler. Prévoyez un éclairage artificiel pour les semis à l'intérieur.

LE BON GESTE

LES PLANTES À SEMER

L'avènement des plants fleuris a fait tomber dans l'oubli un grand nombre d'espèces de fleurs qui se multiplient uniquement par semis. Certaines méritent les honneurs de vos jardinières. C'est le cas des physalis aux fruits en forme de lanternes japonaises, des gazanias dont les fleurs se ferment en fin de journée, des lavatères naines en coupes blanches ou roses, du pourpier à fleurs doubles, des soucis aux couleurs vives, des nigelles de Damas aux fleurs très finement dentelées, des némophiles en coupes bleues, des gomphrénas, des sanvitalias, de la gaillarde annuelle très colorée, etc.
C'est aussi par semis que se multiplient toutes les plantes grimpantes annuelles, idéales pour habiller un claustra ou un pilier de pergola. Les capucines « poussent toutes seules », la cobée montre une vigueur étonnante, tandis que le pois de senteur fleurit pendant plusieurs mois. Pensez aussi au haricot d'Espagne dont les gousses sont tout à fait comestibles. Pour les légumes, vous sèmerez en pot les espèces qui ne se repiquent pas, notamment les radis, les navets et les betteraves (variétés rondes).

La technique du semis

Vérifiez que la terrine ou le pot ont des trous de drainage. Disposez une fine couche de drainage (un à deux centimètre) sur le fond du contenant. Remplissez-le en faisant déborder le terreau de semis. Répartissez-le avec une réglette pour obtenir une surface homogène et plane. La surface du sol doit arriver à environ un demi-centimètre du bord du contenant. Semez clair. À l'exception des graines les plus fines, recouvrez les semences avec une mince couche de terreau. Tassez légèrement, puis brumisez. Couvrez votre semis avec un couvercle transparent.

Les soins après le semis

Dès que les plantules apparaissent, aérez le semis sous abri en soulevant le couvercle et donnez le maximum de lumière. Si la culture est placée derrière une fenêtre, retournez-la tous les jours, pour que les plants ne poussent pas tous dans la même direction. Arrosez régulièrement, sans détremper le sol. Repiquez les jeunes plants au stade de deux feuilles dans des petits pots remplis d'un mélange de terreau, de sable et de tourbe par tiers, ou dans des pastilles de tourbe. Arrachez délicatement chaque plant, sans tirer sur les racines. Ne repiquez que les plus vigoureux. Enterrez profondément les plantules, jusqu'au niveau des cotylédons. Arrosez par trempage et couvrez vos cultures les plus fragiles jusqu'aux premiers signes de reprise.

▲ Couvrez les graines avec du terreau.

▲ Dès que les plantules ont levé, retirez la plaque de verre.

▲ Repiquez le plant dans son pot.

Les ennemis des plantes

Les êtres appelés « ravageurs » par les scientifiques sont le plus souvent des insectes, mais aussi tous les petits animaux qui se nourrissent de nos plantes. Sur le balcon, les attaques prennent toujours une grande ampleur. Alors soyez vigilant et intervenez dès les premiers symptômes alarmants.

ASTUCE TRUFFAUT

Placez une jardinière plus haut que les autres, afin que l'œil se pose naturellement sur la face inférieure des plantes. C'est là en effet que sévissent la plupart des insectes. À la première attaque, soignez l'ensemble des bacs et potées. Coupez les grappes de pucerons qui s'agglutinent au bout des tiges.

Les pucerons

Ces petits insectes verts, noirs, gris ou bruns pullulent sur toutes les plantes. Ils s'agglutinent en colonies à l'extrémité des tiges ou sous les feuilles. Les pucerons piquent l'épiderme tendre et pompent la sève. La plante réagit par des crispations et ralentit sa croissance. Les dégâts sont rarement graves, mais les pucerons doivent être combattus car ils transmettent des maladies à virus et la fumagine se développe sur leurs déjections sucrées (miellat).

• **Méthode de lutte :** commencez par éliminer les pousses abritant les colonies, puis traitez quatre fois à six jours d'intervalle, avec un insecticide.

Les araignées rouges

C'est le terme le plus employé pour désigner divers acariens de couleur rouge, jaune ou brune. Ces minuscules (moins de 0,5 cm), animaux à huit

▲ Une colonie de pucerons sur un abutilon.

pattes se nourrissent de l'épiderme des feuilles. Les morsures répétées provoquent la décoloration des feuilles, qui prennent un aspect plombé. De fines toiles entre les rameaux complètent les symptômes. Conifères, rosiers, magnolias, palmiers sont les plus sensibles.

• **Méthode de lutte**: les acariens détestant l'humidité, vaporisez généreusement le feuillage des plantes par temps chaud et sec. Dès les premières attaques, pulvérisez sur le feuillage un acaricide spécifique à base de dicofol. Renouvelez l'intervention tous les huit jours si la chaleur se maintient.

▲ Des cochenilles farineuses sur un érable.

▲ Les aleurodes sont communs sur les fuchsias.

▲ Ces feuilles sont trouées par des chenilles.

▲ Les piqûres de thrips ont décoloré la feuille.

Les aleurodes

Souvent appelés mouches blanches, ce sont des insectes ailés de 3 mm de long, dont les femelles piquent la face inférieure des feuilles pour y coller leurs œufs. En remuant le feuillage, on assiste à une envolée neigeuse. On observe un ralentissement de la croissance et une texture collante. La fumagine (sorte de suie) apparaît souvent. Les attaques sont plus fréquentes sur les balcons abrités, les légumes constituant des cibles privilégiées.

• **Méthode de lutte**: ces petits insectes sont réfractaires à la plupart des insecticides. Piégez-les avec des plaques jaune vif imbibées de glu, qui les attirent.

Les cochenilles

Ces insectes, protégés par une carapace cireuse ou farineuse, attaquent de préférence: agrumes, palmiers, lauriers roses, camélias, hortensias et plantes grasses. Les cochenilles prolifèrent le long des jeunes tiges et sur la nervure centrale à la face inférieure des feuilles. Elles piquent la plante et sucent la sève. La végétation est très ralentie, car leur salive est toxique. La fumagine envahit le miellat laissé par les colonies.

• **Méthode de lutte**: la carapace qui protège les cochenilles les rend peu sensibles aux insecticides. Composez un traitement « maison » constitué d'une cuiller à café d'alcool à 90°, d'huile de paraffine et de savon noir dilués dans un litre d'eau. traitez deux fois à une demi-heure d'intervalle. Renouvelez l'intervention trois fois dans le mois.

Les chenilles

Ces larves de papillons dévorent le feuillage des plantes, perforant le limbe ou les nervures. Les chenilles sont faciles à éliminer à la main. Arbustes et légumes sont les plus menacés.

• **Méthode de lutte**: récoltez les chenilles et jetez-les au feu. Portez des gants car nombre d'espèces sont pourvues de poils urticants. En cas de forte attaque, pulvérisez un insecticide biologique à base de *Bacillus thuringiensis*.

Les vers de terre

Les lombrics sont utiles au jardin mais en pot, ils bouleversent les racines, ce qui gène les plantes. Les terreaux du commerce sont indemnes d'œufs de lombrics. Mais si vous ajoutez de la terre de jardin, les vers peuvent se développer. Une croissance nulle ou faible doit vous inciter à dépoter pour rechercher la présence des vers de terre.

• **Méthode de lutte**: pour faire sortir les lombrics sans avoir à dépoter, épandez à la surface d'un pot de 18 cm de diamètre, une ou deux pincées d'insecticide, puis arrosez. Il vous suffira ensuite de « récolter » les vers qui vont remonter rapidement à la surface.

Les limaces

Ne croyez pas que, suspendu à plusieurs étages au-dessus du sol, le balcon s'en trouve à l'abri, il n'en est rien. Les œufs minuscules peuvent être transportés par les nouvelles plantes. Ils éclosent par temps humide et grignotent toutes les jeunes pousses ou les feuilles. Les hostas, les delphiniums, les salades, les chrysanthèmes, les dahlias, les tabacs d'ornement sont les plus menacés. Il existe plusieurs espèces de limaces, mais la petite grise (loche) est la plus redoutable. Ces attaques sont caractéristiques avec des feuilles perforées et la présence de mucus.

• **Méthode de lutte**: prélevez à la main les limaces que vous découvrez et placez des granulés spécifiques à la surface des jardinières par temps humide.

Les thrips

Ces insectes d'environ 1 mm de longueur se cachent sous le feuillage et piquent le limbe pour pondre. Les larves se nourrissent de la sève. De juin à septembre, les dahlias, les palmiers, les chrysanthèmes, les troènes, les soucis sont souvent attaqués. Les feuilles se décolorent et ont une teinte argentée. Les plantes ne poussent plus.

• **Méthode de lutte**: les traitements contre les pucerons sont en général efficaces. Les insecticides systémiques sont les plus efficaces contre les thrips.

Les maladies des plantes

Les champignons qui parasitent nos cultures provoquent des taches ou des colorations que nous appelons « maladies ». Si les conditions de culture sont bonnes et l'ambiance pas trop humide, ces affections restent limitées sur le balcon. N'hésitez pas toutefois à intervenir, de préférence en prévention.

ASTUCE TRUFFAUT

Les taches sur les plantes ne disparaissant pas avec le traitement, empêchez les maladies de contaminer les végétaux, en effectuant des traitement préventifs tous les dix jours avec des fongicides polyvalents, quand le temps est humide.

L'oïdium

C'est la maladie la plus commune. On l'appelle « blanc » parce que ce champignon développe une sorte de feutrage blanc grisâtre sur les feuilles. Presque toutes les plantes peuvent être attaquées, surtout les rosiers, les phlox, les groseilliers, les bégonias, les chrysanthèmes, les mahonias, etc. Le champignon épuise la plante, qui réagit en se crispant. Le feuillage peut tomber.

• **Méthode de lutte :** il existe de nombreux fongicides contre l'oïdium, dont certains sont même spécifiques. Traitez tous les huit jours jusqu'à l'arrêt du développement de la maladie.

▲ La maladie des taches noires du rosier.

Les taches noires

Divers champignons provoquent l'apparition de taches noires ou brunes sur le feuillage. L'affection la plus commune est le marsonia, ou maladie des taches noires du rosier, qui apparaît quand le printemps est pluvieux.

L'anthracnose génère des taches plus petites, d'abord brunes, puis noires. Elle attaque légumes, arbustes et petits arbres. Cette maladie est favorisée par la présence d'eau stagnante sur les feuilles au printemps, d'où le conseil d'arroser au pied des plantes.

• **Méthode de lutte**: traitez préventivement par temps humide. Utilisez la bouillie bordelaise en pulvérisation sur les arbres et les arbustes dès la fin mars.

Les mildious

Plusieurs champignons transmettent le mildiou, qui commence par des taches irrégulières sur le feuillage, suivies de décolorations. Les rameaux attaqués peuvent se dessécher totalement. Les plantes les plus sensibles sont les légumes et la vigne, mais le rosier, la primevère, le myosotis et les cactées y sont sensibles. Une forte humidité et une température inférieure à 18 °C sont favorables au développement du mildiou.

• **Méthode de lutte**: les fongicides contre le mildiou sont appliqués préventivement au début du printemps sur les plantes à risque. Sur le balcon, arrachez et brûlez les plantes contaminées.

La fumagine

C'est une sorte de charbon noir qui donne l'impression que les feuilles sont couvertes de suie. Ce champignon se développe sur le miellat des cochenilles, des pucerons ou des aleurodes. Il n'est pas dangereux en soi, mais empêche la fonction chlorophyllienne de la plante, qui s'étiole et ne pousse plus. Les rosiers, les rhododendrons, les palmiers, les agrumes, les camélias, les hortensias et les lauriers y sont très sensibles.

• **Méthode de lutte**: on ne combat pas directement la fumagine. Il faut lutter contre les insectes qui l'attirent. Seul un nettoyage systématique des feuilles à l'eau tiède s'avère efficace.

La pourriture grise

C'est une des plus graves maladies des plantes du balcon. Elle est due à deux champignons: le botrytis et le pythium. Quand elle se transmet aux semis ou aux boutures, on lui donne le nom de « fonte ». Un feutrage gris vaporeux se développe sur les tiges ou les fruits. Les parties atteintes pourrissent, le feuillage se dessèche, la plante meurt. Les chrysanthèmes, les agrumes, les tomates, les laitues sont souvent attaqués. Une humidité stagnante et une chaleur importante sont les facteurs favorables à l'apparition de la maladie.

• **Méthode de lutte**: aucun fongicide n'est vraiment valable, et une fois la maladie en place, il est trop tard.

La chlorose et les carences

Il ne s'agit pas de maladies, mais de réactions de la plante à une déficience dans son alimentation. La chlorose, ou carence en fer, est la plus courante et la plus spectaculaire. Les feuilles jaunissent fortement, seules les nervures restent vertes. La croissance est très ralentie, car la fonction chlorophyllienne ne se fait plus. Cette carence se produit surtout en présence de calcaire, ce dernier empêchant l'assimilation du fer par la plante. Les végétaux « acidophiles »: camélia, azalée, rhododendron, magnolia, hortensia, piéris, skimmia, gaulthéria et rosier en souffrent.

• **Méthode de lutte**: évitez d'arroser les jardinières avec de l'eau trop calcaire qui peut entraîner l'apparition de la chlorose. En ce cas, utilisez un décalcairisant.

Les viroses

Ce sont les maladies transmises par des virus. Elles se traduisent par diverses décolorations du feuillage, souvent en forme de mosaïque, de marbrures ou de ponctuations. Les plantes attaquées voient leur croissance ralentie et présentent aussi des dégénérescences. Les plantes que l'on multiplie soi-même par division de touffes ou par bouturage sont les plus menacées.

• **Méthode de lutte**: il n'existe pas de traitement direct. Seul l'achat de plantes multipliées par des professionnels sérieux peut garantir au départ une culture indemne de virus.

▲ Le mildiou de la tomate flétrit la plante.

▲ La rouille du pélargonium forme des pustules.

▲ La fumagine, commune sur les agrumes.

▲ La pourriture grise est très difficile à combattre.

Les problèmes de culture

Un grand nombre de dégâts sur les plantes sont attribués à tort à des maladies. Dans de nombreux cas, il s'agit d'erreurs de culture, d'une mauvaise exposition et d'un arrosage excessif. Avant d'entreprendre un traitement, analysez plutôt les conditions dans lesquelles vivent les plantes.

ASTUCE TRUFFAUT

Quand une plante présente des signes de « maladie », commencez par rechercher la présence d'insectes. Si vous ne décelez rien, observez l'évolution des dégâts. Une maladie cryptogamique passe par plusieurs stades et se généralise à l'ensemble de la plante. Un problème physiologique est le plus souvent localisé et il se caractérise par des signes multiples, pas toujours bien définis.

Les méthodes artificielles de culture auxquelles sont soumises les plantes du balcon favorisent l'apparition inévitable de problèmes à gérer d'urgence.

La terre épuisée

Le volume de substrat dans lequel poussent les plantes en pots ne peut assurer leur alimentation longtemps. Si vous n'apportez pas régulièrement de l'engrais, les cultures vont végéter, se montrer chétives et présenter des décolorations du feuillage. Les apports d'engrais doivent commencer entre 15 et 20 jours après la plantation. Ils sont interrompus d'octobre à mars (arrêt de la végétation ou dormance).

La terre compactée

Les arrosages successifs ont tendance à tasser la terre des jardinières par l'infiltration naturelle de l'eau en profondeur. Au fil des mois, le substrat se compacte et les racines peuvent manquer d'air. Ce problème se traduit de la même manière que l'excès d'eau, par un brunissement des feuilles (cela commence toujours sur le bord), suivi d'un flétrissement. Vous pouvez y remédier en décroûtant régulièrement le dessus de la jardinière avec une petite griffe et en ajoutant du sable au substrat. Beaucoup de terreaux du commerce sont trop finement tamisés, ce qui accélère le processus de compactage.

L'excès d'arrosage

C'est sans doute le mal dont souffrent le plus souvent les plantes en pots (qu'elles soient cultivées à l'extérieur ou à l'intérieur). Si vous utilisez sur le balcon des bacs à réserve d'eau ou des poteries non percées, veillez à ce qu'ils se trouvent à l'abri des pluies. En effet, un printemps humide transforme les contenants étanches en « aquariums » dans lesquels les racines s'asphyxient. La plante prend une consistance molle, elle présente des taches brunes sur le bord du feuillage, puis elle se met à flétrir brutalement. À ce stade, il est souvent trop tard pour intervenir, car des champignons ont profité de l'humidité et de l'affaiblissement de la plante pour développer des pourritures. Vous pouvez tenter un dépotage, avec le remplacement du terreau transformé en boue par un substrat léger.

Le manque d'eau

Un végétal insuffisamment arrosé présente des symptômes de flétrissement similaires à ceux de la plante qui souffre d'un excès d'eau. Il suffit de gratter la terre du pot pour définir le vrai problème. Le dessèchement est assez fréquent en été chez les plantes qui ont été conservées dans leur pot d'origine. En effet, les professionnels utilisent de la tourbe blonde, un substrat bien aéré, mais qui se dessèche vite et a du mal à se réhumecter. Les plantes très développées dans leur jardinière, ou les décors très touffus, ainsi que les paniers suspendus souffrent souvent d'un manque d'eau, et peuvent nécessiter deux arrosages quotidiens (matin et soir) en plein été. Une plante qui s'est avachie par manque d'eau sera de préférence mise à tremper dans un seau, quitte à être immergée complètement pendant une bonne demi-heure. Le plus souvent, elle va retrouver sa rigidité le lendemain.

Les dégâts du vent

Outre la possibilité de briser des branches sous l'action de violentes bourrasques, le vent a un effet desséchant sur les plantes. Si sa direction est constante, il a tendance à coucher un peu les tiges en position oblique, ce qui est inesthétique. C'est aussi un facteur ralentissant pour la croissance et inhibant pour la floraison *(voir encadré)*. Une des premières tâches consiste à poser des brise-vent qui peuvent être des palissades, des claustras ou des conifères pour haies, plantés dans des jardinières profondes.

Parmi les problèmes fréquents sur le balcon, il faut aussi noter les brûlures dues au soleil. Ne collez jamais les jardinières le long d'un mur blanc durant la période estivale. Un excès d'engrais peut produire le même phénomène.

▲ Brunissement dû à une terre trop compacte.

LE BON GESTE

PROBLÈMES DU FEUILLAGE ET DE LA FLORAISON

La moindre erreur de culture se manifeste par une réaction systématique au niveau du feuillage.

1. Le signe avant-coureur d'un problème grave est le plus souvent un jaunissement. S'il est localisé à quelques feuilles, ce n'est pas grave, il est normal que les feuilles d'une plante vieillissent et tombent.

2. Lorsque vous constatez une chute de feuilles vertes, c'est plus inquiétant.

3. Leur brunissement doit aussi vous alerter sérieusement, tout comme leur flétrissure brutale. Celle-ci est un signe d'excès ou de manque d'eau.

4. Quant aux brûlures, elles indiquent une exposition trop chaude ou le plus souvent un excès d'engrais, trop concentré ou mal réparti.

5. Un des problèmes physiologiques les plus fréquents est l'absence de floraison. Il faut incriminer l'exposition, surtout sur les balcons. Les plantes soumises aux vents dominants ont beaucoup de mal à induire leurs boutons floraux. De trop brusques écarts de température, une luminosité insuffisante sont également des facteurs de non-floraison. Attention aussi aux excès d'engrais azotés qui font pousser les feuilles et pas les fleurs.

Traitements et soins

On a du mal à accepter l'intrusion des ravageurs parmi les cultures ; or, sur le balcon, les plus petites épidémies prenant vite des allures de désastre, soyez vigilant et sortez le pulvérisateur pour appliquer le fameux principe : « Mieux vaut prévenir que guérir. » Il est souvent valable et efficace.

ASTUCE TRUFFAUT

Les produits totaux, qui associent fongicide et insecticide dans le même traitement, sont tout à fait indiqués sur un balcon. Il suffit de pulvériser toutes les cultures une fois par mois pendant la période de végétation pour réduire les risques d'attaque de plus de 80 %.

Même si l'on a tendance aujourd'hui à jouer les « écologistes » en criant haro sur les traitements, il n'empêche qu'ils s'avèrent bien utiles quand les ravageurs passent à l'attaque. Les jardiniers amateurs ont à leur disposition un choix très large de produits plus ou moins ciblés qui ont tous en commun l'homologation « jardin d'amateur ». Cette précision est importante, car elle implique obligatoirement une déconcentration de la matière active pour éviter un classement toxicologique sévère. Les fabricants ont beaucoup fait évoluer leurs gammes ces derniers temps. On peut penser qu'à terme tous les produits qui seront mis à la disposition des amateurs ne feront même plus l'objet d'aucun classement.

Cela ne signifie pas pour autant qu'on puisse les utiliser n'importe comment. La première des choses consiste à lire attentivement le mode d'emploi et

▲ Les traitements s'appliquent en pulvérisation.

à respecter scrupuleusement les doses et les conditions d'application préconisées par le fabricant. Ce sont elles qui ont été homologuées officiellement. Même si certaines peuvent vous apparaître comme très faibles, ne surdosez jamais, le danger vient de là.

Les insecticides

Ce sont les produits destinés à éliminer les insectes (pucerons, chenilles, mouches, cochenilles, thrips, etc.). Ils sont généralement dotés d'un très large spectre d'efficacité, ce qui évite d'avoir à identifier l'ennemi avec précision. Les insecticides ont tous un effet curatif. Ils peuvent par conséquent être appliqués quand les ravageurs commencent à s'installer sur les plantes. Pour une bonne efficacité, il faut toujours renouveler le traitement au moins trois fois à cinq ou sept jours d'intervalle. Les insectes se montrant vite résistants aux produits, utilisez au moins deux préparations dont les matières actives sont différentes.

Les fongicides

Ce sont les produits destinés à combattre les maladies cryptogamiques (dues à des champignons). Beaucoup de fongicides sont préventifs, c'est-à-dire qu'ils empêchent le mal de s'installer sur la plante. C'est le cas de la fameuse bouillie bordelaise, sans doute le fongicide le plus ancien, mais encore un des plus utilisés de nos jours. Certains fongicides sont dits « curatifs ». Cela ne veut pas dire pour autant qu'ils effacent les symptômes apparus sur la plante. Ils circonscrivent le développement du champignon et stoppent sa progression, mais, dans tous les cas, les taches ou les pustules restent présentes. Beaucoup de fongicides curatifs sont dits « systémiques ». Cela signifie qu'ils sont absorbés par l'épiderme de la plante et véhiculés par la sève, d'où une meilleure efficacité contre les champignons qui attaquent par l'intérieur. Un fongicide doit s'appliquer en plusieurs traitements espacés de huit à dix jours.

LE BON GESTE

1

2

3

PULVÉRISATION : LE CHOIX

L'application des produits de traitement doit se faire sous forme de fin brouillard, sur et sous les feuilles afin que la matière active se diffuse le plus largement possible, tout en restant sur la plante dans une faible concentration.

1. Pour le balcon, un petit pulvérisateur de 2 l est bien suffisant. Il existe aussi depuis peu des pulvérisateurs électriques de petite contenance, très pratiques, car il n'y a plus besoin de pomper. Attention, la plupart des pulvérisateurs à gâchette (brumisateurs) ne conviennent qu'à l'application des produits liquides. Les poudres mouillables nécessitent des buses de précision.

2. Les fabricants proposent depuis plusieurs années des produits prêts à l'emploi présentés dans des pulvérisateurs à gâchette. Ils sont pratiques, car dosés avec précision et toujours disponibles. Nous vous les conseillons pour les fenêtres et les petits balcons.

3. Les aérosols sont à utiliser de façon ponctuelle.

▲ Respectez les conseils d'emploi.

Les acaricides

Ce sont des produits spécifiques contre les acariens. Seul le dicofol est autorisé pour les jardins d'amateurs. Ce produit élimine les acariens à tous les stades de leur croissance, y compris les œufs. Il doit être employé au début de chaque attaque en trois traitements espacés chacun de quatre à cinq jours.

Les herbicides

On les appelle aussi désherbants, ce sont les produits destinés à éliminer les mauvaises herbes. Ils s'emploient uniquement sur les sols de la terrasse pour détruire la flore sauvage qui s'insinue entre les dalles.

Aucun herbicide n'est utilisé sur les cultures en jardinières, même les arbustes, car, dans leur volume de terre limité, les plantes ne supporteraient pas la concentration du produit.

Le stockage des produits

Même si les produits qu'utilise le jardinier amateur sont loin d'être aussi redoutables que les pesticides de l'agriculture, il convient de prendre des précautions pour les conserver en toute sécurité. D'abord, gardez-les dans leur emballage d'origine et ne les transvasez jamais dans un récipient susceptible de contenir de l'eau potable ou des denrées alimentaires. Rangez les produits dans une armoire fermant à clé hors de portée des jeunes enfants. Le local doit être sec et frais et se trouver hors gel.

Le balcon en vacances

Toujours attendre avec impatience, les vacances vont souvent se transformer en calvaire pour les plantations sur le balcon ou la terrasse. Le problème à résoudre est l'alimentation en eau des potées et des balconnières, qui ont besoin d'un arrosage quasi quotidien. Le reste attendra bien votre retour...

ASTUCE TRUFFAUT

Pour faciliter l'entretien du jardin suspendu pendant les vacances, regroupez toutes les potées, les bacs et les jardinières dans un même endroit, de préférence bien dégagé des murs clairs, avec une exposition mi-ombragée. Il sera beaucoup plus facile de mettre en place les solutions de survie.

L'indéracinable tradition française des vacances d'été s'accorde mal avec l'idée d'un balcon croulant sous les fleurs et la végétation. En juillet et août, mois les plus chauds de l'année, les paniers suspendus et les petites balconnières demandent un arrosage quotidien. En effet, les rayons du soleil qui atteignent les contenants réchauffent fortement la terre (bien plus que dans le jardin) et accélèrent l'évaporation. Les plus grosses potées et les bacs contenant des arbustes nécessitent au minimum deux apports d'eau par semaine à cette époque de l'année.

Si vous ne trouvez pas un voisin complaisant ou un parent pour assurer l'entretien de vos plantations, il est sûr que vous retrouverez un désert à votre retour, à moins de mettre en œuvre certaines mesures d'urgence.

Les paillis de protection

Un lit de matière organique spongieuse, par exemple un bon compost de jardin ou de la tourbe blonde gorgée d'eau, disposé en couche uniforme de 10 cm d'épaisseur, assure une protection efficace contre l'évaporation pour trois ou quatre jours au moins.

Si vous avez pris soin de « noyer » la jardinière juste avant de partir, elle va pouvoir tenir une semaine comme cela, sans grand problème.

Vous pouvez aussi renforcer la lutte contre l'évaporation en enveloppant les bacs avec des films de mousse de polyuréthanne ou une triple épaisseur de voile de forçage. C'est un moyen d'isoler le terreau pour qu'il ne se réchauffe pas trop vite. Vous gagnez ainsi deux jours. Et, tant pis pour l'esthétique, puisque vous serez absent !

LE BON GESTE

DES POTS SURDIMENSIONNÉS

Une des meilleures techniques pour réduire la fréquence d'arrosage des pots, bacs et jardinières consiste à choisir uniquement des modèles de grandes dimensions. En effet, plus le volume de terreau est important moins il se dessèche rapidement. Vous constaterez aussi que la croissance des plantes est bien meilleure dans de grands récipients. Pour éviter une impression disproportionnée, plantez des espèces retombantes en bordure.

L'arrosage au goutte-à-goutte

C'est, à l'évidence, une des meilleures solutions pour passer des vacances tranquilles sans souci pour les plantes du balcon. Un système de goutte-à-goutte peut aisément être relié à un programmateur. Il suffira de calculer le temps d'arrosage nécessaire en fonction du débit des goutteurs (utilisez des 2 litres par heure dans les jardinières) et de leur nombre, pour régler la minuterie. Pour un bon arrosage estival, comptez qu'il faut apporter quotidiennement en eau le quart du volume total du contenant, jusqu'à 20 litres de terre, le sixième entre 20 et 50 litres et le dixième au-delà. En pratique, une jardinière de12 litres recevra 3 litres d'eau chaque jour, une potée d'un volume de 30 litres, 5 litres d'eau et un grand bac de 100 litres de terre, 10 litres d'eau. Dans nos exemples, il suffira de faire fonctionner chaque jour deux goutteurs pendant 3/4 d'heure dans la jardinière, 3 goutteurs pendant le même laps de temps dans la potée et 5 goutteurs pendant 1 heure dans le grand bac.

On voit tout de suite que le problème pour l'automatisation est de se trouver en phase en fonction de la dimension des contenants. Pour éviter les casse-tête, vous pouvez corriger à 1/2 litre près et surtout diviser l'installation en plusieurs réseaux selon les différentes durées d'arrosage.

La micro-aspersion

C'est le complément logique de l'arrosage au goutte-à-goutte, avec la possibilité de mouiller le feuillage, pour lui apporter un peu de fraîcheur très bénéfique après une journée de canicule.

Si le fonctionnement du goutte-à-goutte peut être programmé à n'importe quel moment de la journée, l'eau distribuée par les goutteurs dissimulés sous le feuillage ne risque pas de s'évaporer ; il n'en est pas de même pour la micro-aspersion qui doit fonctionner de préférence la nuit, « à la fraîche », comme disent les jardiniers. Si vous aspergez le feuillage dans la journée, les gouttelettes vont se comporter comme de minuscules loupes qui vont amplifier l'intensité des rayons solaires et risquer de provoquer des brûlures destructrices sur le feuillage.

▲ La micro-aspersion est la solution la plus valable.

Juste avant le départ

Même si vous disposez du système d'arrosage le plus sophistiqué, prenez les précautions suivantes avant d'abandonner votre balcon pour plusieurs jours.

Décrochez les suspensions et les balconnières, puis regroupez-les à terre, car elles constituent un danger potentiel dans le cas d'un orage accompagné de rafales de vent.

Coupez toutes les fleurs des plantes annuelles, mais aussi des géraniums et des fuchsias, en taillant les pousses d'un tiers de leur longueur. La végétation étant réduite, la plante supportera mieux la sécheresse.

Griffez bien la surface de chaque jardinière pour décompacter le terreau.

La protection hivernale

Tout comme les plantes du jardin, les cultures en bacs et en pots prennent leurs quartiers d'hiver dans un sommeil végétatif complet. Mais elles sont plus exposées aux morsures du gel, ce qui nécessite la mise en œuvre de protections supplémentaires, qui vont également préserver les poteries les plus fragiles.

ASTUCE TRUFFAUT

Rapprochez le plus possible de la maison toutes les cultures frileuses afin qu'elles se trouvent moins exposées aux vents froids. De plus, les murs sont des capteurs thermiques naturels qui restituent durant la nuit les calories qu'ils ont emmagasinées sous l'action du soleil au cours de la journée.

L'hiver est une saison critique sur le balcon. L'association froid et humidité est très destructrice, aussi bien pour les matériaux que pour les végétaux. Alors, mettez tout ce qui craint à l'abri, avant les premières grosses gelées. Début novembre, les protections doivent être en place dans la plupart des régions, excepté le Midi et le Sud-Ouest.

La neige, manteau blanc

Elle est rarement abondante et durable dans les villes. Un fin manteau de neige de moins de 20 cm d'épaisseur ne pose en général aucun problème aux cultures du balcon. À l'inverse, il constitue même une bonne protection, les plantes

▲ Les paillassons protègent et laissent respirer.

se trouvant à une température de 0 à - 2 °C sous la couverture de neige, même s'il s'est mis à geler plus fort. En cas de fortes chutes de neige, il est prudent de secouer les arbustes à feuillage persistant et les conifères, afin que le poids important de la couche poudreuse ne provoque pas la cassure des branches.

Par temps de neige, les oiseaux ont beaucoup de mal à trouver leur pitance, alors n'hésitez pas à leur offrir un peu de nourriture.

Le gel, redoutable

Dès que la température ambiante atteint 0 °C, on dit qu'il gèle. Les plantes sont qualifiées de « rustiques » quand elles supportent les conditions climatiques de la région où elles sont cultivées. Ainsi, un mimosa ou un pittosporum sont rustiques sur la Côte d'Azur et gélifs ailleurs. Vous trouverez dans le dictionnaire des plantes des indications sur les températures limites supportées par chaque espèce. Toutes les plantes sont plus frileuses quand elles sont cultivées en pots ou en bacs, parce que la faible épaisseur du contenant n'assure pas une protection très efficace au niveau des racines.

Il serait très utile, de prévoir un habillage systématique des pots, bacs, jardinières et autres contenants, avec des voiles d'hivernage, du feutre de jardin ou un film de plastique à bulles. Les contenants seraient protégés (voir encadré), mais les plantes aussi.

Lorsqu'il est sec, le gel est beaucoup mieux accepté par les plantes qu'un temps froid et humide. C'est souvent l'humidité qui provoque les plus gros dégâts. L'eau se prenant en glace à 0 °C, elle augmente de volume en passant à l'état solide, ce qui provoque un surcroît de pression sur les parois des bacs et des pots, mais également sur les membranes cellulaires des tissus végétaux.

La succession brutale de gel et de dégel est souvent catastrophique pour les plantes. Les protections hivernales des végétaux vont donc servir à limiter l'intensité du gel en jouant sur l'effet de serre, mais aussi et surtout à maintenir les plantes dans un environnement aussi sec que possible. C'est pourquoi nous déconseillons l'emploi de films plastiques. Ces feuilles étanches génèrent toujours de la condensation, très néfaste en matière de protection hivernale. Mieux vaut emmailloter les plantes dans une ou plusieurs épaisseurs de voile d'hivernage (un non-tissé bien aéré) ou sous des paillassons, voire des feuilles de papier kraft, du feutre de jardin, des feuilles mortes, de la laine de roche, etc. Et dans le cas de grands froids annoncés, couvrez ces protections légères avec des films en plastique qui viendront renforcer la protection.

▲ Protégez les plantations du vent.

En aucun cas, les plantes ne doivent rester en permanence sous ces abris. Il faut les ouvrir dès que le temps le permet afin de bien aérer les végétaux pour empêcher le développement des moisissures et pourritures. Mais les plantes doivent toujours être replacées à l'abri le soir et ne jamais passer la nuit sans leur couverture protectrice.

Stocker les plantes frileuses

Les pieds mères de fuchsias et de pélargoniums, les plantes méditerranéennes ou subtropicales (palmier, bougainvillée), les arbustes gélifs (camélias, hébé, etc.) posent des problèmes en hiver. Ils ne supportent pas la chaleur sèche de la maison et tolèrent tout juste quelques rares moments entre 0 et - 3 °C. L'idéal consiste à les abriter dans une véranda dont la température sera maintenue au plus bas autour de 5 °C. Sinon, faites l'acquisition d'une miniserre de balcon qui pourra recevoir une partie de ces plantes. Il s'agit le plus souvent d'une structure légère et démontable qui est couverte de plastique. Pour une protection accrue, enveloppez-la par temps très froid avec deux épaisseurs de plastique à bulles ou couvrez-la de paillassons.

Dernier conseil : les plantes en pots et en bacs nécessitent un arrosage minimum en hiver (une fois par mois).

LE BON GESTE

PROTÉGER LES JARDINIÈRES

Lors de l'achat d'une poterie, vérifiez bien qu'elle est garantie pour un usage à l'extérieur. La résistance vient de la qualité de la terre et de la cuisson. Les poteries d'origine exotique (surtout les mexicaines) sont friables et se désagrègent sous l'action du froid. Les vernissées peuvent s'écailler et les poteries fragilisées par le vieillissement peuvent éclater. L'idéal consiste à envelopper les contenants dans du plastique à bulles, trois épaisseurs de feutre de jardin ou pour les jardinières rectangulaires, de les entourer avec des plaques de polystyrène.

2 Créer votre décor

80 MODÈLES DE FENÊTRES, BALCONS, TERRASSES, COURS ET PATIOS

Jardiner sans jardin… ou presque ! C'est un rêve accessible dès que l'on dispose d'un petit espace extérieur sur lequel installer une potée ou une jardinière, car le moindre contenant peut se transformer en un paysage fleuri du plus bel effet. Qu'importe l'exiguïté de la surface et le manque de volume, il suffit d'optimiser les plantations dans les limites de l'espace disponible. Cela demande à l'évidence un effort d'imagination important et une bonne connaissance du monde végétal et c'est pourquoi nous vous proposons de découvrir dans les pages suivantes des réalisations exemplaires qui s'expriment avec bonheur dans tous le styles, tous les goûts et tous les types de lieux.

La règle de base dans ce domaine consiste à considérer le pot, la terrine, la vasque, la jarre, le bac ou la jardinière comme un jardin à part entière. Cela signifie qu'à l'intérieur de chaque contenant, vous allez composer un décor avec son style, ses couleurs, ses formes, ses textures, en utilisant les principes élémentaires qui régissent la création d'un jardin. À moins de planter un sujet exceptionnellement décoratif comme un rosier sur tige, un petit arbre pleureur, un arbuste opulent, vous devez mélanger plusieurs espèces pour obtenir du rythme, du relief, de la diversité. Une composition réussie donne aussi la part belle aux feuillages, car ce sont des éléments modérateurs et reposants. Pensez donc à ajouter une discrète note de verdure à proximité d'une plante qui croule sous les fleurs. Sur un grand balcon, les jardinières et potées seront considérées comme des massifs venant s'intégrer dans le concept global du jardin suspendu. Vous devrez donc chercher un thème exprimant une personnalité dans l'unité ou le contraste, de manière à traduire votre sensibilité.

LES PLANTES POUR RÉUSSIR

1 Géranium zonale *(Pelargonium x hortorum)*, quatre pieds d'une variété à fleurs semi-doubles.

2 Mouron *(Anagallis linifolia)*, trois pieds espacés de 30 cm les uns des autres.

3 Géranium-lierre *(Pelargonium peltatum)*, quatre pieds de géraniums-lierres à fleurs simples et tiges retombantes.

4 Œnothère *(Oenothera tetragona)*, deux pieds de cette jolie vivace, qui épanouit ses fleurs jaunes de juin à septembre.

UN FESTIVAL DE COULEURS

La densité de plantation et une disposition judicieuse des différents végétaux donnent l'impression de profusion qui se dégage de cette balconnière toute simple de 1 m de long, 30 cm de large et 25 cm de haut.
La dominante rouge est fournie par les géraniums qui sont plantés sur deux rangs. À l'arrière-plan, des géraniums zonales *(Pelargonium* x *hortorum)* à fleurs semi-doubles sont tuteurés verticalement avec des bambous qui se dissimulent aisément dans la végétation. Au premier plan, des géraniums-lierres *(Pelargonium* x *peltatum)* à fleurs simples dissimulent le récipient sous leur abondante floraison.
La ligne intermédiaire de plantation est constituée par une alternance de mouron à fleurs bleues et d'œnothères jaunes. Les tiges fleuries sont ensuite réparties habilement les unes entre les autres. Un arrosage quotidien avec une solution fertilisante est nécessaire.

À ESSAYER AUSSI

Fuchsia hybride
Il peut être planté en remplacement des géraniums zonales à l'arrière de la composition. Une variété retombante apporte une note légère et gracieuse, tout en assurant une longévité de floraison comparable. Le fuchsia nécessite plus d'eau.

LES PLANTES POUR RÉUSSIR

1 **Sauge officinale** *(Salvia officinalis)*, un pied de la forme classique argentée.
2 **Hortensia** *(Hydrangea macrophylla* 'Bichon'*)*, trois jeunes plants taillés court.
3 **Piéris** *(Pieris japonica)*, un pied à feuilles vertes et un à feuillage panaché. Floraison blanche en fin d'hiver.
4 **Hélichrysum** *(Helichrysum petiolare)*, deux pieds, feuillage retombant argenté.
5 **Lierre** *(Hedera helix* 'Elegantissima'*)*, deux pieds à laisser retomber en souplesse.

UNE BLANCHEUR ÉCLATANTE

La déclinaison d'un décor de jardinière en camaïeu est un exercice de style passionnant qui confine à la plus grande subtilité quand on parvient, comme ici, à mêler les nuances et à associer fleurs et feuillages. La tonalité blanche crée un effet de raffinement incomparable dans cette jardinière de 80 cm de long et 30 cm de profondeur. Il est préférable de la placer sous une lumière tamisée afin de profiter au mieux de toutes les nuances. Il est certain que ce type de décor gagne à être admiré de près, surtout quand il s'intègre, comme ici, dans un environnement aux teintes similaires. Les hortensias ne peuvent passer plus d'une saison dans la jardinière. Ils seront remplacés par des pensées blanches au printemps et des géraniums doubles blancs en été. Un sol plutôt acide et une fertilisation régulière sont les garanties du succès.

ASTUCE TRUFFAUT

Pour obtenir un effet spectaculaire dans une jardinière, il importe de planter assez serré. Pour que la composition puisse prospérer, il convient bien sûr de la fertiliser régulièrement avec un engrais liquide. Il faut aussi et surtout limiter volontairement le développement de chaque espèce. Pincez les pousses trop longues ou éliminez les rameaux qui s'orientent dans une mauvaise position. Coupez toujours au-dessus d'une feuille ou d'un bourgeon.

LES PLANTES POUR RÉUSSIR

1 Verveine *(Verbena* x 'Perfecta'), quatre pieds à disposer tous les 25 cm dans un terreau souple et riche, bien drainé.
2 Alysse odorant *(Lobularia maritima)*, un plant à chaque angle de la jardinière.
3 Lobélia *(Lobelia erinus)*, un pied d'une variété à port compact et retombant comme 'Cascade', gracieux, très florifère.
4 Géranium-lierre *(Pelargonium* x *peltatum* 'Admiral Bouvet'), deux pieds dont on conserve le port naturellement souple.

LA VIE EN ROSE

Rompre avec la blancheur monotone de la fenêtre et du mur, tout en conservant sa sobriété, telle a été la réflexion conduisant à la création de cette balconnière. Le blanc est rappelé symboliquement par la présence des alysses odorants *(Lobularia maritima)*. Tout le reste de la plantation se décline dans un subtil mélange de rose qui va de la nuance tendre des verveines au violacé des lobélias. C'est tout simple, mais il fallait y penser. Exposition en plein soleil. Arrosage modéré.

À ESSAYER AUSSI

Pétunias et impatiens
Pour un effet de masse plus fort à exposition mi-ombragée, vous pouvez réaliser cette association qui paraîtra lumineuse grâce au vert tendre du feuillage. Un arrosage généreux est utile durant toute la belle saison.

Géranium-lierre et scaévola
Cette association génère une impression de profusion assez extraordinaire. La variété de géranium utilisée ici est 'Ville de Paris', qui fleurit en abondance, même à mi-ombre. Fertilisez très régulièrement.

LES PLANTES POUR RÉUSSIR

1 **Genêt précoce** *(Cytisus* x *praecox)*, deux sujets (dans le panier et la balconnière).
2 **Genêt rampant** *(Cytisus* x *kewensis)*, quatre jeunes plants installés en bordure.
3 **Lierre panaché** *(Hedera helix* 'Chicago'), trois pieds qui retombent gracieusement.
4 **Anthémis** *(Argyranthemum* 'Jamaica Primrose'*)*, un plant tous les 30 cm.
5 **Abutilon 'Souvenir de Bonn'** *(Abutilon* x *hybridum)*, deux plants bien touffus.

DE L'OR À VOS FENÊTRES

Le comble du raffinement en matière de décor de fenêtre consiste à créer une composition monochrome avec des espèces variées qui se mélangent dans un camaïeu d'une douceur subtile. Ce type de composition génère un effet de masse beaucoup plus fort et une ambiance qui exprime une parfaite harmonie. Les genêts : *Cytisus* x *kewensis* pour la forme retombante et *Cytisus* x *praecox* pour le sujet central apportent une note de grande originalité car on ne les attendait pas dans cet emploi. Ils ont peu de chance de prospérer dans ces récipients exigus, aussi seront-ils transplantés au jardin dès la fin de leur floraison terminée. On retrouve dans le panier les mêmes lierres panachés qui bordent la jardinière. Ils peuvent constituer à terme un décor permanent. La présence de l'hélichrysum (*Helichrysum petiolare* 'Limelight') renforce la tonalité dominante, tandis que les anthémis apportent la note chaleureuse et ensoleillée, indispensable pour faire chanter cet ensemble lumineux.

À ESSAYER AUSSI

Bidens ferulifolia
Très souple, il viendra remplacer les genêts rampants dès qu'ils seront défleuris. Cette annuelle s'épanouit tout l'été, à condition de ne jamais sécher.

LES PLANTES POUR RÉUSSIR

1 **Lierre des forêts** *(Hedera helix)*, la forme la plus robuste, avec son feuillage bien vert, devra être régulièrement pincé pour permettre aux autres de bien se développer.
2 ***Hedera helix* 'Pedata'** aux feuilles vertes, élégantes, très finement découpées.
3 ***Hedera* 'Golden Ester'**, aux feuilles triangulaires panachées de jaune.
4 ***Hedera canariensis* 'Gloire de Marengo'**, plus frileux que les autres, mais agrémenté de très belles panachures jaune d'or.

C'EST TOUT VERT !

Créer un décor de fenêtre avec seulement des feuillages est déjà une gageure, mais jouer avec un même type de plante est carrément un challenge d'esthète. Mais le lierre *(Hedera)* est un genre riche de plusieurs dizaines de cultivars dont l'aspect est si différent de l'un à l'autre qu'il est possible de composer avec ceux-ci de véritables paysages. C'est ce qui a permis de créer cette petite collection sans qu'elle nous fasse ressentir le moindre ennui. L'astuce consiste à jouer sur les textures des feuillages, en associant des formes très découpées avec des cultivars plus volumineux et en privilégiant bien sûr les panachures et la couleur. Notez aussi la présence du petit arceau au centre pour apporter un peu de volume et de la prestance au décor. L'avantage de cette jardinière est son décor permanent toute l'année et son entretien limité. Comptez un arrosage par semaine en moyenne. Inutile de fertiliser.

À ESSAYER AUSSI

***Hedera helix* 'Eugène Hahn'**

Ce cultivar d'une rare délicatesse possède des feuilles en triangle éclaboussées de crème et de plusieurs nuances de vert. Étonnant !

LES PLANTES POUR RÉUSSIR

1 **Géranium zonale** *(Pelargonium* x *hortorum* 'Gold Papa'), deux pieds espacés de 30 cm.
2 **Plante aux éphélides** *(Hypoestes sanguinolenta)*, une plante frileuse aux feuilles vert foncé tachées de rose. Deux pieds.
3 **Hélichrysum** *(Helichrysum petiolare* 'Aureum'), deux pieds tout duveteux.
4 **Capucine** *(Tropaeolum majus* 'Alaska'), à feuilles éclaboussées de crème. Un pied.
5 **Fuchsia hybride**, une variété au feuillage vert bronze nervuré de rouge. Deux pieds.

DES FEUILLES DE TOUTES LES COULEURS

Les feuilles des plantes prennent parfois des coloris étonnants qui sont sélectionnés par les horticulteurs afin de donner naissance à des cultivars originaux. Ces plantes pas comme les autres permettent de composer des ensembles au charme certain, comme cette jardinière de 60 cm de longueur et de 20 cm de profondeur. Le contraste créé naturellement entre les formes et les teintes des feuillages se suffit à lui-même. Il n'est pas utile d'y ajouter des plantes à fleurs. Pour un bon effet visuel, il est indispensable que les plantes soient très généreuses et plantées assez serrées (comme ici). Il suffira, pour assurer leur développement, de leur offrir régulièrement une solution nutritive, surtout entre avril et fin juin. Exposition mi-ombragée si possible.

ASTUCE TRUFFAUT

Ne placez jamais les plantes à feuillage coloré (surtout clair) en plein soleil. Les nuances souvent subtiles seraient écrasées par un excès de lumière. L'idéal est de bénéficier d'une lumière tamisée afin de pouvoir saisir toute la finesse des différents cultivars. À l'inverse, une ombre trop dense ne permet pas la totale expression des teintes les plus vives. Une exposition à l'est est idéale.

LES PLANTES POUR RÉUSSIR

1 ***Senecio kleinia***, arbuste souvent ramifié.
2 ***Aeonium arboreum*** **'Atropurpureum'**.
3 **Échevéria** *(Echeveria metallica)*, parfois une hampe florale aux clochettes roses.
4 **Échevéria** *(Echeveria crenulata)*, à feuilles crénelées, comme son nom l'indique.
5 **Échevéria** *(Echeveria agavoides)*. Il émet de nombreux rejets, formant une touffe.
6 **Ficoïde** *(Dorotheanthus bellidiformis)*.
7 **Sédum** *(Sedum morganianum)*, pleureur.
8 ***Carpobrotus deliciosus***. Fleurit au soleil.

UN PETIT GOÛT DE DÉSERT

Une collection de plantes grasses (succulentes) gagne à passer la belle saison dehors, en plein soleil. Une fenêtre exposée plein sud est un excellent endroit pour accueillir ces végétaux des contrées arides. Ici, les plantes ont été regroupées avec un sens certain de l'esthétique, pour composer une balconnière généreuse et originale. Il faut une terre très légère contenant au moins 50 % de sable et assurer un important drainage au fond du bac avec des gravillons ou du mâchefer. Par souci de simplicité, mieux vaut laisser chaque plante dans son pot individuel. Comblez les vides par des écorces de pin ou du sable de rivière grossier, qui seront finalement couverts de gravillons pour renforcer l'idée d'une ambiance sèche et désertique. Rentrée sous abri obligatoire au 15 octobre. Ne pas exposer aux intempéries.

À ESSAYER AUSSI

Echinopsis chamaecereus *(Chamaecereus sylvestrii)*
Un des cactus les plus faciles à faire fleurir. Il forme des touffes importantes où les tiges épineuses s'imbriquent les unes dans les autres. Une plante peu frileuse qui peut rester sur le rebord d'une fenêtre bien exposée et à l'abri de la pluie.

LES PLANTES POUR RÉUSSIR

1 Bégonia à feuillage *(Begonia rex)*, une plante frileuse à rentrer en automne.
2 Impatiens de Nouvelle-Guinée *(Impatiens x hawkeri)*, une variété panachée.
3 Géranium zonale *(Pelargonium x hortorum)*, variété classique à fleurs simples.
4 Oxalide *(Oxalis vulcanoides* 'Yellow'*)*, un port souple et semi-retombant, des fleurs en abondance durant tout l'été. Feuillage brun.
5 Lierre panaché *(Hedera helix* 'Goldchild'*)*, une variété de vigueur moyenne qui se comporte parfaitement dans une jardinière.

LES BÉGONIAS SONT DE SORTIE

Deux belles potées de *Begonia rex* sont venues égayer de leur feuillage, au dessin très raffiné, une balconnière qui manquait un peu de personnalité. La présence de trois impatiens de Nouvelle-Guinée, à feuillage panaché et à fleurs bicolores, renforce l'idée d'exotisme de ce petit jardin sur fenêtre. Leur feuillage pourpre foncé s'inscrit en harmonie avec celui des bégonias.
Le reste de la plantation est assuré par des géraniums zonales, qui prolifèrent généreusement grâce à une fertilisation bien entretenue, et une oxalide à fleurs jaunes. Cette dernière montrant une nette tendance envahissante, elle sera pincée régulièrement. C'est une balconnière qui peut être exposée à mi-ombre et qui offre le mérite de se satisfaire d'arrosages assez épisodiques. Hivernez les bégonias à 15-20 °C.

ASTUCE TRUFFAUT

L'arrosage et la fertilisation des jardinières dont les plantations débordent généreusement des limites du contenant posent un problème pratique. Vous le résoudrez aisément en utilisant un arrosoir à très long bec. Il suffira de le faire pénétrer au beau milieu de la masse de feuillage, pour être assuré que l'eau (pure ou enrichie) se répartit bien au pied des plantes.

Fenêtres gourmandes

LES PLANTES POUR RÉUSSIR

1 **Chou brocoli violet** *(Brassica oleracea* var. *italica)*, trois pieds en arrière-plan.
2 **Fenouil** *(Foeniculum vulgare)*, deux pieds dont on utilisera le feuillage aromatique.
3 **Tomate** *(Lycopersicon esculentum)*, deux pieds que l'on ne tuteure pas afin qu'ils retombent avec élégance sur le devant.
4 **Capucine** *(Tropaeolum majus* 'Alaska'), deux pieds apportent une note colorée grâce à leur feuillage éclaboussé d'or.
5 **Pensée** *(Viola* x *wittrockiana)*, comestible.

Composer une jardinière avec des légumes est un exercice de style intéressant qui associe le plaisir des yeux à celui du palais. Ici, dans une balconnière de 1 m de long et 25 cm de large et de profondeur, le dosage entre l'utile et l'agréable est vraiment réussi. On a joué sur la subtilité des coloris, en utilisant une variété violette de brocoli, plus ornementale que savoureuse, mais dont le feuillage joliment découpé compose un fond de bonne tenue.
Les fenouils apportent une note de légèreté. Ils ne parviendront sans doute pas à former leur pied renflé dans cette situation de grande promiscuité, mais leur feuillage fin agrémente agréablement les salades et les poissons.
Au premier plan, les tomates s'associent de façon naturelle avec les capucines pour faire oublier les contours de la jardinière. Il faut utiliser des variétés à petits fruits type 'Cerise' pour profiter d'un port naturellement souple et d'une belle récolte.

À ESSAYER AUSSI

Tomate poire jaune *(Lycopersicon esculentum)*
Cette variété aussi décorative que délicieuse pousse sans problème en jardinière. Elle nécessite un tuteur et de bons engrais.

LES PLANTES POUR RÉUSSIR

1 **Estragon** *(Artemisia dracunculus)*. Pincez régulièrement les jeunes pousses pour que la plante reste compacte et productive.
2 **Persil 'Géant frisé d'Italie'** *(Petroselinum crispum)*. Semez quelques graines chaque mois pour disposer en permanence de jeunes feuilles bien fraîches et tendres.
3 **Basilic 'Grand Vert'** *(Ocimum basilicum)*. Il faut le renouveler régulièrement.
4 **Menthe verte** *(Mentha spicata)*. Faites attention, elle devient vite envahissante.

BONNES HERBES POUR TOUS LES GOÛTS

Si vous avez des goûts éclectiques en matière gustative et dans le domaine esthétique, pourquoi ne pas vous inspirer de cette fenêtre ? Chaque espèce de plante condimentaire est cultivée dans un pot individuel. Le premier avantage est de pouvoir en personnaliser l'entretien avec des arrosages et une fertilisation « à la carte ». Côté décoration, c'est tout simple mais astucieux, l'idée étant de varier la forme et la couleur des récipients. Cette solution permet de disposer en permanence de bonnes herbes au meilleur de leur forme avec la possibilité de les remplacer (avec des jeunes plants achetés en godets) chaque fois que vous en avez besoin ou envie. Attention, en raison de l'exiguïté des contenants, il faut prévoir des arrosages matin et soir en période de forte chaleur.

À ESSAYER AUSSI

Verveine citronnelle *(Aloysia triphylla)*.
Cette plante arbustive n'est rustique que dans le Midi, ailleurs, on la cultive comme une annuelle. Son feuillage très parfumé s'utilise pour aromatiser les plats ou en infusion. Pincez régulièrement les jeunes pousses.

LES PLANTES POUR RÉUSSIR

1 Fougère *(Dryopteris dilatata* 'Crispa'), deux pieds. La plante atteint 40 cm de hauteur si elle est régulièrement fertilisée.

2 Pommier d'amour *(Solanum pseudocapsicum)*, deux pieds de cette plante frileuse à cultiver en annuelle comme décor original d'arrière salson.

3 Bambou *(Phyllostachys nigra)*. Planté en pleine terre, il est utilisé pour ombrager et couper aussi l'effet destructeur du vent dominant. Il doit être taillé régulièrement.

FEUILLAGES ET BAIES

En automne, on recherche des tons chauds et vifs pour créer des compositions en harmonie avec la nature environnante. Dans cette petite jardinière de 40 cm de long et 15 cm de large, le mélange des frondes élégantes et finement découpées des fougères avec les baies rouge-orangé des pommiers d'amour *(Solanum pseudocapsicum)* est tout à fait original. L'astuce consiste à bien répartir les rameaux de chaque plante afin qu'ils s'imbriquent avec ceux de sa voisine. Cela donne ainsi une impression de profusion et d'harmonie entre deux végétaux dissemblables.

Les fruits du pommier d'amour persistent longtemps sur la plante. Si la fenêtre est bien exposée, il est possible d'en profiter jusqu'au cœur de l'hiver. Mais le *Solanum* est frileux et il sera détruit à -5 °C. Vous le remplacerez dès sa disparition par des pensées, qui assureront le décor jusqu'à la fin du printemps.

À ESSAYER AUSSI

Piment d'ornement *(Capsicum annuum)*
Les fruits se colorent dès la fin de l'été. Ils restent longtemps sur la plante, qui est détruite par la première gelée. Utilisez les formes ornementales.

LES PLANTES POUR RÉUSSIR

1 Impatiens *(Impatiens x hybrida)*, deux pieds.
2 Bégonia tubéreux *(Begonia* série *Pendula)*, deux pieds à fleurs doubles.
3 Brachycome *(Brachyscome iberidifolia)*, un pied de cette marguerite miniature.
4 Pétunia retombant *(Petunia* série *Marco Polo)*, à fleurs doubles, très vigoureux.
5 Lobélia *(Lobelia erinus* 'Blue Cascade'); un pied mesure jusqu'à 30 cm de long.
6 Fuchsia retombant *(Fuchsia* x *hybrida)*, de préférence une variété à petites fleurs.

OPULENCE FLEURIE EN PANIER

Accrocher une suspension à une fenêtre change complètement le décor de la façade de la maison. Par sa générosité, son occupation inattendue de l'espace, la magnificence de ses floraisons qui laissent une impression toujours gracieuse, le panier fleuri constitue un décor à part entière et un pôle d'attraction.
L'exemple ci-dessus illustre bien l'aspect spectaculaire de la suspension. C'est une composition destinée à un lieu ombragé, par exemple sous le surplomb d'une toiture. Le but recherché est de faire oublier complètement la présence du panier, les plantes paraissant en lévitation. Le secret de la réussite est une fertilisation constante avec un engrais liquide utilisé à très faible dose (un bouchon pour 10 l d'eau). Prévoyez aussi des arrosages copieux qui peuvent être automatisés avec un système discret de goutte-à-goutte pour éviter d'avoir à intervenir matin et soir, ce qui est nécessaire dès que la température ambiante dépasse les 25 °C.

ASTUCE TRUFFAUT

Pour composer vos paniers fleuris, utilisez des plantes dont la période de floraison est similaire. Il n'est pratiquement pas possible de remplacer un sujet au sein de la suspension en cours de végétation, car les racines sont vite enchevêtrées les unes avec les autres.

LES PLANTES POUR RÉUSSIR

1 **Chèvrefeuille** *(Lonicera* x *brownii* 'Golden Trumpet'), un coupe-vent efficace. 2 m.
2 **Clématite** *(Clematis alpina),* un beau sujet palissé sur un tuteur pyramidal.
3 **Rhododendron** *(R. yakushimanum),* un plant dans un pot de 25 cm de diamètre.
4 **Tulipes triomphe 'Don Quichotte'** *(Tulipa* x *hybrida*), vingt bulbes plantés serré.
5 **Myosotis** *(Myosotis alpestris),* huit plants installés entre les tulipes et en bordure.
6 **Cognassier du Japon** *(Chaenomeles speciosa),* un plant dans un pot de 30 cm.

LE PRINTEMPS EN FÊTE

Participez au renouveau printanier, en décorant votre balcon de fleurs précoces très faciles. Dans la jardinière de 1 m de long, les tulipes simples hâtives ont été plantées entre le 10 octobre et le 20 novembre, sur un lit de sable pour que les bulbes supportent bien les intempéries. Les myosotis les ont rejointes au tout début mars, s'immisçant entre les premières feuilles des tulipes.

Aux premiers jours d'avril, la jardinière est à son apogée et elle restera très décorative jusqu'en mai. Elle est accompagnée ici d'une belle potée de cognassier du Japon, qui pourra être palissée sur la rambarde au fur et à mesure de son développement (attention, aux épines). Le chèvrefeuille persistant fait office de coupe-vent, tout en fleurissant fort joliment.

À ESSAYER AUSSI

Narcisses (*Narcissus* x *hybridus* 'Ice King')
Une variété à fleurs doubles à raison de dix gros bulbes dans un pot de 20 cm de diamètre, pour une potée éclatante.

LES PLANTES POUR RÉUSSIR

1 **Scaévola** *(Scaevola aemula)*, un pied dans un pot de 25 cm de diamètre.
2 **Pétunias retombants** *(Petunia*, série Fortunia Waves), blancs et rouges.
3 **Eulalie** *(Miscanthus sinensis)*, un pied dans un grand pot de 30 cm.
4 **Bidens** *(Bidens ferulifolia)*, un pied dans un panier avec un pétunia blanc.
5 **Anthémis** *(Argyranthemum frutescens)*, un pied avec des pétunias bleus.
6 **Diascia** *(Diascia* x 'Flying Colors'), trois plants avec *Scaevola* et *Plectranthus*.

LES CHAUDES COULEURS DE L'ÉTÉ

Sous le soleil estival, l'opulence des annuelles couvre le balcon de fleurs. On joue sur les contrastes dans ce décor où le soleil n'éclaire en direct que le matin. Sous la lumière des rayons, le rouge sombre des pétunias va s'égayer, renforcé par la présence de la variété blanche. Cette dernière va s'imposer dès que l'ombre dominera, soutenant la profondeur et l'intensité des fleurs foncées. Appréciez la répétition de la même association en potée, jardinière et suspension, afin que la dominante soit aussi forte que possible et l'harmonie maîtrisée. Les autres potées se contentent de jouer les seconds rôles. Arrosez copieusement et souvent avec une solution fertilisante. Supprimez les fleurs fanées ou les fruits ronds et charnus des pétunias. Ce balcon est exposé au nord-est, ce qui lui évite d'être soumis au soleil trop intense.

ASTUCE TRUFFAUT

Pour bien réussir une composition en duo, comme l'association de Surfinias de couleurs différentes, il convient de disposer les plantes en quinconce dans le pot et surtout de diriger leurs branches de façon à ce qu'elles s'entremêlent. Intervenez lorsque les plantes sont jeunes, c'est plus facile car les tiges sont très souples. Pour réussir les pétunias retombants, il ne faut pas laisser la motte de terre sécher et surtout les fertiliser à petite dose, mais en permanence.

LES PLANTES POUR RÉUSSIR

1 Pommier d'ornement *(Malus* x 'John Downie').
2 Buisson ardent *(Pyracantha sp.)*, un pied.
3 Bruyère du Cap *(Erica gracilis)*, une floraison superbe, mais une plante frileuse.
4 Chrysanthème *(Dendranthema* x *hybrida)*, un pied aux pompons généreux.
5 Arbre aux perruques *(Cotinus coggygria* 'Royal Purple'), un pied à rempoter très vite.
6 Aronia *(Aronia melanocarpa)*, un pied dans un pot de 30 cm, en terreau acide.

TOUT EN NUANCES SUBTILES

Ce balcon très simple dans son concept donne une impression de sophistication et de préciosité. Cette sensation est due à quelques infimes détails qui font toute la différence. La tête en poterie, située dans l'axe du décor et dominée par une belle potée de bruyère du Cap, attire le regard vers la masse fleurie du chrysanthème à petites fleurs au coloris très automnal. Le thème « sculpture » est repris sous forme de bas-relief sur plusieurs potées et cela suffit à créer l'indispensable unité qui génère l'harmonie. La citrouille et les courges vont aussi dans ce sens, exprimant une certaine sensualité dans leur rondeur végétale. À gauche, un pommier d'ornement s'épanouit en mille fruits d'or, il sera couvert de fleurs blanches au printemps. Son vis-à-vis, l'aronia, portera des fleurs blanches printanières et des fruits noirs en automne, lorsqu'il sera un peu plus âgé. Le tout jeune arbre aux perruques, bien coloré, sera rempoté au printemps dans un bac, car c'est un arbuste très vigoureux.

À ESSAYER AUSSI

Gaulthérie *(Gaultheria mucronata* 'Lilacina')
Ce petit arbuste à croissance lente vient bien en pot, dans de la terre de bruyère. Les baies ressemblent à des bonbons.

LES PLANTES POUR RÉUSSIR

1 **Houx** *(Ilex aquifolium* 'J.C. van Tol'*)*. Cet arbuste persistant dont les feuilles ne sont pas épineuses symbolise bien Noël. 1,50 m.
2 **If** *(Taxus baccata)*, un conifère compact de croissance lente. De 1 à 2 m.
3 **Clématite** *(Clematis x hybrida)*, toute dénudée, elle passe un hiver en dormance.
4 **Épicéa** *(Picea abies)*, le sapin de Noël, peut vivre longtemps sur le balcon. 3 m.
5 **Épicéa** *(Picea glauca* 'Conica'*)*, un petit sapin naturellement conique. 80 cm.

UN NOËL AU BALCON

Quand la neige vient recouvrir le balcon, c'est un moment magique qui transforme le décor végétal en sculptures éphémères. Dans les régions où il neige souvent, profitez de ce don du ciel pour créer un décor de carte de Nouvel An. Ici, la mise en scène est complète avec le bonhomme de neige et le sapin de Noël. Pour obtenir un bel effet, il faut que la plantation comprenne un maximum d'espèces à feuillage persistant. Les conifères se prêtent à merveille à cet usage, car ils résistent au froid et leurs formes variées donnent du rythme à la plantation.
Vous pouvez parfaitement installer des décorations de Noël lumineuses sur votre balcon au moment des fêtes de fin d'année. Les jardineries proposent un assortiment de plus en plus large de guirlandes alimentées sous basse tension, qui ne posent aucun risque d'utilisation et consomment très peu. Essayez, c'est très festif !

ASTUCE TRUFFAUT

Donnez de la vie à votre balcon hivernal en y installant une ou plusieurs mangeoires pour les oiseaux. C'est une période de disette pour eux et ils se précipiteront avec joie sur vos offrandes, égayant votre environnement de leurs babillages. Offrez-leur des graines variées, des fruits, du pain trempé de lait et du saindoux.

LES PLANTES POUR RÉUSSIR

1 Tournesol *(Helianthus annuus)*, un pied par bac. Il atteint 2 m de haut.
2 Anthémis jaune *(Argyranthemum frutescens)*, trois pieds espacés de 35 à 40 cm, à pincer très régulièrement.
3 Héliotrope *(Heliotropium* x *hybridum)*, deux pieds plantés de part et d'autre de la jardinière, pour en apprécier le parfum.
4 Sanvitalia *(Sanvitalia procumbens)*, un plant tous les 25 cm, associé à des agératums *(Ageratum houstonianum)*.

UN ÉCLAT D'OR ET DE SOLEIL

Opposer le bleu et le jaune renforce l'éclat lumineux de ce dernier. Cette jardinière en est le vivant exemple. Elle mesure 1,20 m de long, 30 cm de large et de haut. La franche dominante jaune de la plantation exprime toutes ses nuances grâce à la présence d'un héliotrope du Pérou de part et d'autre de la jardinière. Cette masse bleu sombre a pour but de mettre en exergue les mille soleils de l'anthémis *(Chrysanthemum frutescens* 'Shone von Nizza'). Comme dans toutes les jardinières réussies, on oublie complètement la présence du contenant, grâce à la générosité des plantes de bordure. Les *Sanvitalia procumbens* se marient à merveille avec des agératums. Plantez-les en mai dans un terreau riche et souple. Arrosez presque chaque jour avec une solution nutritive. Supprimez les fleurs fanées.

À ESSAYER AUSSI

Rudbeckia annuel (*Rudbeckia hirta* 'Prairie Sun')
Traitée comme une fleur annuelle, cette espèce peut remplacer l es anthémis dans un endroit moins ensoleillé. Floraison de juillet à septembre. Hauteur : de 45 à 60 cm.

LES PLANTES POUR RÉUSSIR

1 **Queue de renard** *(Acalypha hispida)*, une suspension frileuse à rentrer l'hiver.
2 **Fuchsia de Magellan** *(Fuchsia magellanica* 'Riccartonii'), la forme la plus rustique.
3 **Fuchsias hybrides** *(Fuchsia* x *hybrida)*, des cultivars variés à choisir retombants dans les jardinières et dressés pour les pots.
4 **Faux aralia** *(Fatsia japonica)*, un pied dans une grande potée. À couvrir en hiver.
5 **Aristoloche** *(Aristolochia macrophylla)*.

ROSE TENDRESSE

Bien que l'on ait privilégié ici l'aspect collection avec une présentation de nombreuses variétés de fuchsias, l'esthétique n'a pas été oubliée. Ce petit balcon se décline dans les diverses nuances de rose. Cela donne un côté très sobre au décor et lui confère beaucoup de séduction, avec une petite note féminine toute douce. C'est un balcon qui joue aussi l'abondance et la générosité, en raison du caractère prolifique des fuchsias et de la présence de deux plantes de grande taille. Le faux aralia, au premier plan, dont les feuilles palmées peuvent dépasser 40 cm de diamètre, se montre plus résistant au froid que les fuchsias. L'aristoloche est une grimpante d'une grande vigueur qui demande les mêmes conditions climatiques que le faux aralia. Un simple voile d'hivernage devrait suffire en hiver. Plein soleil.

À ESSAYER AUSSI

Fuchsia 'Abbé Farges'
Une forme bicolore dont les grosses fleurs simples associent le mauve et le rouge avec une certaine audace. Très florifère, avec un port bien retombant, il forme une potée assez opulente.

Fantaisie bleue

Teinte subtile à l'effet reposant, le bleu gagne à être utilisé sur les balcons qui ne reçoivent pas directement les rayons du soleil. Ce n'est pas pour autant une couleur pour les zones ombragées, car elle y apparaîtrait un peu sombre. Ici, on a joué l'homogénéité et le dépaysement, en utilisant surtout des plantes courantes dans les jardins du Midi. Dans les régions au climat doux, ces végétaux peuvent être laissés à l'extérieur d'une année sur l'autre. Ailleurs, il faudra renouveler la culture chaque printemps ou conserver les pieds mères hors gel et au sec dans une véranda. Vous pouvez aussi tenter de maintenir à l'extérieur le liseron de Mauritanie et la canne de Provence en les emmitouflant (avec le pot) dans une ou plusieurs épaisseurs de voile d'hivernage. Toutes les plantes utilisées ici étant gourmandes, fertilisez-les en été à l'engrais liquide.

Les plantes pour réussir

1 Dentelaire du Cap *(Plumbago capensis)*, un pied à palisser. 1,20 m. À protéger.
2 Aster bleu du Cap *(Felicia amelloides)*, un pied domine la jardinière. 40 cm.
3 Pétunia *(Petunia x hybrida)*, un pied d'une variété retombante dans une potée et un autre dans la jardinière. 30 cm.
4 Liseron de Mauritanie *(Convolvulus sabatius)*, quatre plants en potées individuelles. 60 cm (plante frileuse).
5 Canne de Provence *(Arundo donax)*.

À essayer aussi

Browalle *(Browallia speciosa)*
De juillet à septembre, cette vivace tropicale cultivée comme une annuelle épanouit de jolies étoiles bleu intense. La plante atteint 60 cm. Elle est frileuse et doit être abritée dès octobre.

LES PLANTES POUR RÉUSSIR

1 **Vigne** *(Vitis vinifera)*, taillée en ombrelle.
2 **Queue-de-renard** *(Amaranthus caudatus)*, annuelle à floraison tardive. Un pied.
3 **Chrysanthème** *(Dendranthema indicum)*, un plant d'une variété « cascade ».
4 **Fusain** (*Euonymus alatus* 'Compactus'), un pied dans un pot de 30 cm de côté.
5 **Funkia** *(Hosta* x *hybrida)*, un plant d'une variété à grosses feuilles en pot de 25 cm.
6 **Laîche** (*Carex morrowii*), une touffe de feuillage persistant et coloré toute l'année.

SYMPHONIE D'OR ET DE CUIVRE

L'automne est une saison magnifique, riche en couleurs chaleureuses et dynamiques, qui apparaissent avec tout autant d'intensité chez les végétaux cultivés en bacs, à condition de bien les choisir. Ici, la qualité du décor tient à l'harmonie entre fleurs et feuillages et au dosage assez équilibré entre le rouge cuivré et le jaune doré. Ces teintes s'expriment au mieux avec la lumière rasante du petit matin ou mieux encore de la fin de journée. Il est donc préférable d'installer un tel ensemble sur un balcon exposé au sud-ouest afin de profiter d'un éclairage latéral qui « mettra le feu » aux feuillages sans provoquer un éblouissement du regard qui serait le fait d'une exposition plein ouest. Pour favoriser la coloration du feuillage des végétaux, il faut entretenir une humidité permanente du substrat.

À ESSAYER AUSSI

Cyclamen de perse *(Cyclamen persicum* x*)*
Les variétés naines de cette plante à tubercule conviennent beaucoup mieux à la culture en extérieur que dans la maison et fleurissent mieux.

LES PLANTES POUR RÉUSSIR

1 Anthémis *(Argyranthemum frutescens)*, un pied en pot de 40 cm de diamètre.
2 Dahlia *(Dahlia* x *hybrida)*, trois tubercules dans chaque pot de 30 cm de diamètre.
3 Hélichrysum *(Helichrysum petiolare* 'Silver'), un pied de cette retombante au petit feuillage velouté. Abriter en hiver.
4 Cinéraire maritime *(Senecio cineraria)*, un pied de cette vivace au feuillage gris argenté, qui porte des fleurs jaunes en été.
5 Dipladénia *(Mandevilla splendens)*, une potée à palisser en plein soleil. Craint le gel.

La couleur en duo

Une association de deux teintes sur un balcon est souvent moins difficile à réaliser qu'une composition monochrome. Bien réussie, elle a toutes les chances de générer un effet visuel plus fort et surtout moins monotone, tout en assurant un décor raffiné. Ici, les fleurs roses sont mises en valeur par les feuillages argentés ou panachés de blanc. Cette teinte, habituellement neutre, prend une nouvelle dimension dans ce type d'association, car elle joue un rôle de couleur véritable. On le voit nettement avec l'éclat de l'anthémis conduit sur tige ou l'impact évident du cinéraire, qui éclaire naturellement la scène. La finesse des coloris sera mieux appréciée dans une lumière tamisée. Orientez les rameaux souples des plantes de la jardinière, pour qu'ils s'imbriquent avec élégance, les deux teintes devant composer un joli pêle-mêle. Ne mouillez pas les feuillages argentés car ils se tachent très facilement.

À ESSAYER AUSSI

Anisodontéa *(Anisodontea* x *hypomadarum)*
Un sujet sur tige qui, au soleil, peut remplacer l'anthémis et mieux résister à la sécheresse. Cette plante est détruite à la première gelée, mais elle résiste bien en hiver dans une véranda.

LES PLANTES POUR RÉUSSIR

1 **Calcéolaire** (*Calceolaria integrifolia* 'Goldbouquet'), retombant, deux pieds de chaque côté de la jardinière. 30 cm.
2 **Lysimaque** *(Lysimachia congesta)*, un pied tous les 25 cm. Hauteur : 30 cm.
3 **Lobélia** (*Lobelia erinus* 'Saphirre'), deux pieds plantés en bordure.
4 **Impatiens** *(Impatiens walleriana x)*.
5 **Manettia** *(Manettia luteorubra)*. Cette grimpante tropicale atteint 3 m de hauteur dans un pot de 40 cm. Tuteurage solide.

EXPLOSION ESTIVALE

Mélanger les couleurs primaires (rouge, jaune, bleu), comme ici, est toujours un exercice osé, car il confine vite à la vulgarité. La réussite évidente de ce balcon vient d'abord de la profusion de ses floraisons, mais aussi et surtout du savant dosage entre les couleurs. Le rouge n'est présent que dans la partie centrale, sous la forme d'une généreuse touffe d'impatiens (il y a deux pieds) dont la présence illumine les bleus intenses qui l'entourent (lobélia et héliotrope). Le reste du décor est dominé par les jaunes, y compris celui du *Manettia luteorubra*, jolie grimpante sud-américaine, que l'on cultive souvent comme une annuelle, mais qui, bien protégée peut résister à un hiver moyen. Exposition en plein soleil, à l'abri des vents dominants. Arrosages et fertilisation réguliers et très généreux constituent la clé du succès pour des floraisons opulentes et de longue durée. Dosez l'engrais très faiblement.

ASTUCE TRUFFAUT

Les grandes lianes frileuses gagnent à être laissées en place afin de leur permettre d'habiller complètement le mur ou la palissade qui leur sert d'appui. Protégez-les à partir de la fin octobre, en accrochant un film plastique transparent sur le sommet du claustra et en le tendant devant la plante, sans qu'il touche le feuillage. Il sera maintenu au sol par des pots.

LES PLANTES POUR RÉUSSIR

1 **Cassia** *(Cassia corymbosa)*, un pied dans un bac de 40 cm. Persistant mais frileux.
2 **Sanvitalia** *(Sanvitalia procumbens)*, trois pieds plantés en bordure tous les 20 cm.
3 **Rudbeckia annuel** (*Rudbeckia hirta* 'Toto'), deux pieds dans le pot de 30 cm.
4 **Mélampodium** (*Melampodium paludosum* 'Showstar'), un pied tous les 15 cm.
5 **Rose d'Inde** *(Tagetes erecta)*, deux plants dans le pot de 25 cm de diamètre.
6 **Liseron de Mauritanie** *(Convolvulus sabatius)*.

Contrastes et harmonie

Le bleu et le jaune ont toujours fait bon ménage car ils s'éclairent mutuellement. Cette association crée un effet tonique lié au contraste de ces deux couleurs primaires. Elle n'est jamais de mauvais goût, car les deux teintes mélangées donnent le vert, coloris neutre dans le jardin. Ici, la dominante jaune de la partie gauche est tempérée par la droite du balcon où règne le bleu. Cette répartition quasi symétrique des couleurs est harmonieuse. Tout le reste se fait avec la subtile différence de teintes qui existe entre les fleurs jaunes (rudbeckias, mélampodiums, sanvitalias, cassias et roses d'Inde). La potée bleue est plantée d'un liseron de Mauritanie, qui, avec le cassia, devra être rentré sous abri pour l'hiver. Éliminez bien les fleurs fanées pour maintenir un aspect impeccable et prolonger sensiblement la durée des floraisons. Une plantation aussi opulente nécessite entre 10 et 15 l d'eau par jour durant l'été, ainsi qu'une fertilisation régulière.

À ESSAYER AUSSI

Isotoma *(Solenopsis axillaris)*
Cette vivace australienne frileuse et cultivée comme une annuelle. Elle se couvre tout l'été de fines étoiles. Mi-ombre.

LES PLANTES POUR RÉUSSIR

1 Rosier grimpant (*Rosa* 'Pierre de Ronsard'), un pied dans un bac de 30 cm minimum. C'est une des variétés à port grimpant les meilleures pour le balcon.

2 Houblon doré (*Humulus lupulus* 'Aureus'), une vivace à la croissance très rapide qui disparaît tout l'hiver.

3 Fougère polystic (*Polystichum aculeatum*), rustique, à feuillage persistant. 60 cm.

4 Ruban de bergère (*Phalaris arundinacea* 'Picta'), une vivace rhizomateuse qui pousse avec vigueur dans un pot de 30 cm.

LA DOUCEUR DES FEUILLAGES

La réussite d'un décor de balcon ne passe pas forcément par un débordement de fleurs et de couleurs. On se lasse beaucoup moins vite du vert tendre des feuillages, de leur finesse et de leur aspect évolutif au cours des saisons. Bien sûr, un balcon de feuillages est moins éclatant, moins spectaculaire, moins lumineux, mais combien plus reposant ! Dans un décor de verdure, il faut donner libre cours à l'imaginaire, en utilisant des plantes grimpantes qui vont partir à l'assaut des infrastructures du balcon. Le côté invasion par la végétation peut gêner ceux qui redoutent les forces de la nature. Il permettra aux autres de s'évader de l'environnement urbain, en privilégiant le décor vivant. Jouez sur les formes, les couleurs, les textures et les dimensions de différentes espèces. Pensez à les dépoussiérer régulièrement et à les brumiser si vous habitez au cœur de la ville.

À ESSAYER AUSSI

***Miscanthus sinensis* 'Zebrinus'**
Une graminée très opulente qui vient bien dans un grand bac, où elle peut atteindre 1,30 m de haut. Vivace, mais caduque.

LES PLANTES POUR RÉUSSIR

1 Bougainvillée *(Bougainvillea glabra)*, un jeune sujet cultivé comme une annuelle.
2 Datura *(Brugmansia arborea)*, un sujet en arbre, à fleurs en trompettes parfumées.
3 Liseron de Mauritanie *(Convolvulus sabatius)*, des fleurs tout l'été. Un pied.
4 Laurier-rose (*Nerium oleander* 'Hardy Red'), légèrement parfumé. Un pied en bac.
5 Ismène (*Hymenocallis* x *festalis*). Trois bulbes.
6 Citronnier *(Citrus limon)*, un pied.

TOUS LES CHARMES DE LA RIVIERA

En conjuguant la générosité de la floraison avec l'ampleur des formes, cette plantation sur balcon nous transporte sur les rives de la Grande Bleue. Un laurier-rose et un datura arborescent dominent la scène, chacun planté dans un grand pot de 40 cm de diamètre. De jolies poteries florentines accueillent un citronnier et une magnifique ismène, aux grandes fleurs immaculées, dont la silhouette fait penser à d'étranges araignées. À ses côtés, un liseron de Mauritanie dissimule complètement sa potée sous son abondante végétation. La mise en scène de ce décor, où l'on a veillé à l'authenticité des moindres détails, est très simple. Chaque plante peut être déplacée à volonté pour faire évoluer la composition, qui ne sera jamais statique. C'est du grand spectacle assuré pendant tout l'été. En dehors de la Côte d'Azur, un hivernage sous abri vitré, entre 7 et 15 °C, doit être assuré.

À ESSAYER AUSSI

Cordyline d'Australie *(Cordyline australis)*
Avec son air de yucca, mais avec des feuilles plus souples et une croissance plus rapide, cette plante semi-rustique apporte une note exotique sur un balcon. Évitez le gel. Hauteur en bac : 1,50 à 3 m.

LES PLANTES POUR RÉUSSIR

1 **Faux jasmin** *(Trachelospermum jasminoides)*, un pied palissé sur des tuteurs en bambous et la rambarde du balcon.
2 **Bougainvillée** *(Bougainvillea glabra)*, une jeune touffe taillée en buisson.
3 **Géranium-lierre** (*Pelargonium* x *peltatum*) deux pieds retombants et un à port dressé.
4 **Lantana** *(Lantana camara)*, deux plants espacés de 30 cm dans la jardinière.
5 **Citronnier** *(Citrus limon)*, une potée solitaire d'un sujet greffé portant des fruits.

SOUS LE SOLEIL DU MIDI

Baigné de lumière, écrasé de chaleur, ce balcon exposé plein sud profite des meilleurs mois de l'année pour nous faire rêver aux vacances. La végétation est composée de plantes méditerranéennes qui ont besoin d'un maximum de soleil pour donner le meilleur d'elles-mêmes. C'est le cas du faux jasmin, dont les fleurs embaument comme celles du vrai jasmin, mais durent plus longtemps. Persistant, il assure un décor permanent jusqu'à -7 °C. La bougainvillée et le lantana, plus frileux, supportent des situations arides et nécessitent une forte intensité lumineuse pour épanouir leurs fleurs. Dans de bonnes conditions, ces dernières apparaissent dès le mois de mai. Ces plantes seront abritées dans une véranda à partir du 15 octobre, les potées étant maintenues quasiment au sec. Le citronnier est un peu moins frileux et il tolère de courtes et très légères gelées. Mieux vaut le laisser à l'extérieur, sous la protection d'un voile d'hivernage ou dans une petite serre de balcon.

À ESSAYER AUSSI

Faux hibiscus *(Alyogyne huegelii)*
Ce proche parent de l'hibiscus avec ses fleurs en forme d'hélice de bateau peut être installé à la place du citronnier.

LES PLANTES POUR RÉUSSIR

1 Calamondin (x *Citrofortunella microcarpa*), décoratif, résistant, mais non comestible.
2 Citronnier *(Citrus limon)*, un jeune arbre greffé pour obtenir plus de fruits.
3 Kumquat *(Fortunella japonica)*, un jeune sujet taillé court pour qu'il fructifie plus. À ses côtés, une variété à feuilles panachées.
4 Mandarinier *(Citrus nobilis)*, un des agrumes les moins frileux, greffé sur tige.

LE BALCON DE LA GOURMANDISE

Toutes les plantes voisines de l'oranger sont regroupées sous l'appellation générique d'agrumes. Ci-dessus sont regroupées pratiquement toutes les espèces qui fructifient facilement en pot sous nos climats. Dès le mois de mai, ces plantes doivent être sorties sur un balcon très ensoleillé et abrité des vents dominants. Résistantes à la sécheresse, il faut toutefois les arroser régulièrement, surtout durant la période de floraison et de fructification. Dans le cas contraire, vous observerez une chute prématurée des fruits. Utilisez régulièrement un engrais pour agrumes du commerce, afin d'assurer une croissance équilibrée. Taillez après la récolte des fruits, juste pour équilibrer et aérer la silhouette. Il faut bien sûr les abriter en hiver dans une pièce très lumineuse, dont la température nocturne est comprise entre 7 et 12 °C.

À ESSAYER AUSSI

Groseille à maquereau *(Ribes grossularioides)*
C'est un buisson assez dense, souvent épineux, qu'il faut placer dans une grande potée ou à l'arrière-plan d'une jardinière. Offrez-lui une exposition bien ensoleillée et ne mouillez pas le feuillage pour éviter les attaques d'oïdium.

LES PLANTES POUR RÉUSSIR

1 Tomate 'Cerise' *(Lycopersicon esculentum)*, deux pieds non tuteurés, installés dans une jardinière de 50 cm.
2 Basilic *(Ocimum basilicum)*, un plant associé avec menthe verte et poivron dans une jardinière de 80 cm de long.
3 Concombre *(Cucumis sativus)*, un pied dans un pot de 30 cm de diamètre. À palisser.
4 Tomate hybride *(Lycopersicon esculentum)*, une variété à gros fruits, accompagnée d'un poivron, dans un pot de 30 cm de diamètre. Tuteurage obligatoire.

DES JARDINIÈRES DE LÉGUMES

Faire pousser des légumes sur un balcon est bien moins difficile qu'il n'y paraît. En achetant des plants prêts à être mis en terre, on économise du temps et les jardinières sont aussitôt décoratives. Les légumes ne manquent pas de charme, comme on peut le constater sur cet exemple où ils jouent les vedettes. Ils sont simplement associés à quelques reines-marguerites qui renforcent l'impression colorée. Tomates et concombres sont utilisés en habillage du claustra en bois latté qui les abrite bien des vents froids. Une exposition plein soleil, des arrosages généreux tous les deux ou trois jours et une bonne fertilisation sont les secrets de la réussite. Contrairement aux plantes ornementales qui gagnent à être plantées assez serrées, les légumes et les aromatiques seront installés à leur aise dans des pots individuels, même si vous les associez à l'intérieur d'une jardinière aux dimensions respectables.

À ESSAYER AUSSI

Radis (*Raphanus sativus* 'Savour')
Les radis ronds à forcer réussissent bien dans un pot de 20 cm de haut au minimum. Le secret de la réussite est un éclaircissage tous les 5 cm afin de laisser la place aux racines pour grossir.

LES PLANTES POUR RÉUSSIR

1 Kiwi *(Actinidia deliciosa* 'Solo'*)*, une variété autofertile et de vigueur moindre.
2 Basilic *(Ocimum basilicum)* et **ciboulette** *(Allium schoenoprasum)* dans une jardinière.
3 Fraisier *(Fragaria vesca)*, une variété remontante à gros fruits en pot de 25 cm.
4 Melon *(Cucumis melo)*, un seul plant dans une potée de 30 cm au substrat très riche.
5 Radis *(Raphanus sativus)*, un semis en pot de 25 cm, qu'il faut maintenant récolter.
6 Pêcher nain *(Prunus persica)*. Un plant.

DE LA GOURMANDISE À FOISON

Ce très petit balcon, avec une étagère pour tout artifice, est transformé en véritable minijardin suspendu par la simple présence de potées variées disposées sur plusieurs niveaux. Côté légumes, les radis sont prêts à être récoltés, tandis que le melon en fleur affiche la promesse de cueillettes futures. La jardinière de condimentaires contient deux variétés de basilic ('Grand vert' et 'Vert fin compact') accompagnées d'un pied de ciboulette. Ce décor qui est destiné à satisfaire tous les gourmands s'enrichit d'espèces fruitières. La vasque de fraisiers accueille une variété stolonifère et remontante comme 'Anabelle' ou 'Mara des bois'. Le pêcher nain 'Garden Gold' ne porte pas plus d'un fruit ou deux, mais il est couvert de fleurs au début du printemps. Quant au kiwi, c'est un peu une gageure, mais avec une fertilisation soutenue, il pousse bien.

À ESSAYER AUSSI

Passiflore *(Passiflora coerulea)*
Cette grande liane tropicale à feuillage persistant porte des fleurs en étoiles très raffinées qui se succèdent tout l'été. Les fruits en forme d'œuf orangé sont comestibles en octobre.

LES PLANTES POUR RÉUSSIR

1 Cobée grimpante *(Cobaea scandens)*. Très vigoureuse, cette plante annuelle fleurit tard en saison. À semer en place.

2 Abutilon *(Abutilon megapotamicum)*. Il porte des clochettes rouge et or.

3 Ipomée *(Ipomoea indica)*, une belle liane vivace à croissance rapide, mais frileuse.

4 Gourde (*Lagenaria* x 'Massue d'Hercule'), la plus vigoureuse des courges, dont la vocation est seulement ornementale.

5 Dipladenia *(Mandevilla splendens)*, une belle liane tropicale qui a besoin d'un abri assez doux (15 °C) durant l'hiver.

L'EXUBÉRANCE DES LIANES

Abriter un balcon des regards indiscrets, tout en coupant les vents dominants, est souvent la vocation des palissades et des claustras. Ici, on a choisi la solution végétale pour un effet de profusion assez extraordinaire à dominante de lianes annuelles. Les grimpantes saisonnières viennent très bien en bac parce que leur développement rapide privilégie avant tout la partie aérienne. Si les racines disposent de suffisamment d'éléments nutritifs, tout va bien. La recette du succès tient au départ dans un substrat riche et consistant qui va offrir une assise suffisante à ces plantes conquérantes. Pour assurer leur développement optimal, celles-ci seront arrosées uniquement avec une solution fertilisante (1 g d'engrais par litre).

ASTUCE TRUFFAUT

Les grimpantes annuelles sont des plantes volubiles qui s'accrochent d'elles-mêmes à leur support, en y enroulant leurs longs bras flexibles. Pour obtenir un écran de verdure, il convient au départ de prévoir une armature adéquate. Il peut s'agir de simples treillis en bois, en plastique ou en grillage. Des mailles carrées de 10 cm minimum sont conseillées afin que les tiges ne risquent pas de s'étrangler dans des ouvertures trop étroites. Attachez les pousses principales au début de la végétation pour bien les orienter.

LES PLANTES POUR RÉUSSIR

1 Kiwi (*Actinidia deliciosa* 'Solo'), variété autofertile, un plant palissé sur la pergola.

2 Ipomée bleue *(Ipomoea tricolor)*, une annuelle volubile à croissance rapide.

3 Tomate 'Chelsea Mini' *(Lycopersicon esculentum)*, deux plants distants de 30 cm.

4 Pétunia pleureur (*Petunia* Surfinia 'Purple'), un seul pied dans la suspension.

5 Tournesol demi-nain (*Helianthus annuus* 'Sungold'), un poquet de cinq graines dans un pot de 30 cm de diamètre.

LE COIN DES JARDINIERS EN HERBE

Petit paradis de nature privilégiée, le balcon aménagé en jardin va vite devenir l'endroit préféré des enfants pour s'extérioriser dans les jeux de plein air. Une rambarde solide décorée de jardinières, des palissades sur les côtés, il n'en faut pas plus pour garantir une bonne sécurité. Ici, une pergola toute simple, composée d'échelles en bois, encadre le décor pour lui donner son intimité. Elle est habillée de plantes grimpantes vigoureuses, ni toxiques ni épineuses. Les jardinières sont garnies de plantes condimentaires et de légumes que les enfants adorent récolter. Ils ont semé eux-mêmes le grand tournesol qui offre l'avantage de pousser très vite. Côté distraction, le demi-tonneau rempli d'eau est l'occasion de jouer à s'éclabousser et de profiter d'un peu de fraîcheur en plein été.

À ESSAYER AUSSI

Fraxinelle blanche (*Dictamnus albus* var. *albiflorus*)
Cette vivace rustique aux jolies fleurs blanches sécrète une huile volatile, qui par temps très chaud en été (orageux) est capable de s'enflammer toute seule, provoquant des étincelles qui vont surprendre les enfants. Attention, c'est une plante toxique !

LES PLANTES POUR RÉUSSIR

1 **Dahlia cactus** (*Dahlia* x 'Shangaï'), 1 m. Un tubercule dans un pot de 22 cm de diamètre minimal. Les tiges sont liées avec des fils discrets pour qu'elles restent droites.
2 **Rudbeckia vivace** *(Rudbeckia triloba)*, une touffe dans un pot de 20 cm de diamètre, rempli d'un mélange très riche.
3 **Dahlia cactus** (*Dahlia* x 'Marylin'), 90 cm. Un seul tubercule suffit pour une touffe.
4 **Eulalie** (*Miscanthus sinensis* 'Udine'), 1,20 m. Une graminée au port souple.

UN SALON DE PLEIN AIR

Paresser sous la caresse du soleil, en se délectant du parfum des fleurs, est un des plaisirs rares qu'offre le balcon, beaucoup plus que le jardin. L'entretien des plantations étant moindre et la surface réduite, on dispose de plus de temps pour se consacrer à la contemplation et au farniente. Si les plantes dépassent 1,30 m de hauteur, on ressent, une fois assis, l'impression d'être dissimulé dans la végétation. Ici, des dahlias cactus, plantés dans des pots individuels de 25 cm de côtés, sont associés à un rudbeckia dont les petites fleurs accentuent l'impression de générosité de la plantation. La graminée évoque la détente avec sa silhouette souple qui se balance au gré du vent. Arrosez généreusement et fertilisez avant la floraison.

ASTUCE TRUFFAUT

Il est indispensable de prévoir le tuteurage de toutes les plantes herbacées qui, en pot, dépassent 80 cm de hauteur. Le moindre souffle de vent peut les coucher, voire casser leurs tiges frêles. Pour ne pas nuire au décor, les tuteurs doivent être aussi discrets que possible (par exemple des fagots). Plantez-les au milieu du pot, en même temps que la plante. Ils seront vite dissimulés par la touffe de feuillage. Il suffit ensuite d'attacher les tiges au tuteur avec un lien de couleur verte, pour obtenir une attache solide et quasi invisible.

Les fleurs les plus parfumées

Camellia sasanqua 'Zakuka Zukuyo'
Un mélange étrange, un rien entêtant, de rose et de cannelle.
Voir page 264.

Sarcococca confusa
Un effluve de jasmin vanillé ranime le jardin en plein hiver.
Voir page 440.

Mahonia media 'Roundwood'
De généreux épis d'or qui, en plein hiver, sentent le muguet.
Voir page 372.

Daphne odora
Une explosion fleurie, perceptible à plusieurs mètres, où l'on retrouve tous les délices du printemps.
Voir page 298.

Brugmansia chlorantha
La trompette des anges
au parfum capiteux
propre à damner un saint.
Voir page 258.

Choisya ternata 'Aztec Pearl'
L'odeur des fleurs d'oranger
saupoudrées d'épices rares.
Voir page 276.

Lilium candidum
Un miel épicé qui s'écoule dans
votre âme comme de l'ambroisie.
Voir page 365.

Heliotropium peruvianum
Une envoûtante fragrance de
vanille et de miel qui fait
chavirer l'esprit les soirs d'été.
Voir page 341.

LES PLANTES POUR RÉUSSIR

1 **Figuier de Barbarie** *(Opuntia ficus-indica)*, un cactus aux fruits comestibles.
2 **Euphorbe** *(Euphorbia resinifera)*, une plante grasse en forme de coussins épineux.
3 **Aloès** *(Aloe arborescens)*, une succulente aux feuilles épineuses et aux fleurs rouges.
4 **Lavande** *(Lavandula angustifolia)*, l'indispensable plante de bordure pour le soleil.
5 **Pittosporum** *(Pittosporum tobira)*, un bel arbuste arrondi aux fleurs blanches, parfumées.

SUR LES TOITS DE LA RIVIERA

Bénéficiant d'une vue imprenable sur la Grande Bleue, cette terrasse monégasque est environnée de cactus et de plantes grasses dans une ambiance des plus exotiques. Le microclimat très privilégié qui règne ici est dû à l'influence de la mer et à l'exposition plein sud des constructions à flanc de coteau. La baie se trouve protégée de tous les vents violents, hormis ceux du sud et du sud-est qui, par leur côté chaud et sec, sont tout à fait propices à la prolifération des plantes grasses (succulentes). Ces dernières sont plantées directement dans des poches de terre ménagées à même la roche. En raison de la faiblesse des précipitations, il n'y a pas de risque de pourriture des racines. Les plantes prospèrent naturellement, recevant, éventuellement, la protection d'un voile en hiver par temps un peu froid et surtout pluvieux. Le jardin sur la terrasse est planté directement sur la dalle. Le « gazon » est du *Dichondra repens*.

À ESSAYER AUSSI

Mimosa (*Acacia dealbata* 'Le Gaulois')
Cet arbre à feuilles persistantes gris-vert et à floraison hivernale vit très longtemps en bac s'il est taillé chaque année après la floraison. Exposition chaude, en plein soleil (minimum -7 °C).

Les plantes pour réussir

1 Lavande *(Lavandula angustifolia)*, trois pieds taillés en petites haies régulières.
2 Abélia (*Abelia* x *grandiflora*), très florifère.
3 Escallonia *(Escallonia* 'Donard Radiance'). Assez frileux, persistant, il fleurit en été.
4 Bambou *(Phyllostachys aurea)*, persistant.
5 Copalme d'Amérique *(Liquidambar styraciflua)*, aux superbes couleurs d'automne.
6 Hortensia *(Hydrangea macrophylla)*.
7 Thuya (*Thuja occidentalis* 'Pyramidalis Compacta'), un excellent brise-vent.

Un jardin pour oublier la ville

Cette petite terrasse, décorée en plein Paris par le paysagiste Laurent Sustrac, est transformée en écrin de verdure avec une rare densité de plantes à feuillage persistant. Avec son décor toujours vert, c'est un endroit dépaysant où l'on peut à volonté recevoir en toute convivialité ou s'adonner au farniente. Le choix des espèces s'est porté sur des végétaux résistant bien à la pollution de l'air et nécessitant peu d'entretien. Les floraisons n'ont pas été oubliées. Elles sont avant tout estivales pour en profiter au maximum et de couleurs variées avec la lavande (bleu mauve), l'abélia (blanc rosé) l'escallonia (rouge vif) et l'hortensia (rose). Les plantes, à la végétation dense, assurent également un rôle brise-vent et antibruit.

À essayer aussi

***Pieris japonica* 'Cupido'**
Un superbe arbuste persistant au port compact et arrondi et de croissance lente (80 cm adulte). Les jeunes pousses sont orange rosé. La floraison abondante blanc crème apparaît en février.

LES PLANTES POUR RÉUSSIR

1 Laurier-cerise *(Prunus laurocerasus)*. Un pied non taillé donne un peu d'ampleur.
2 Phormium *(Phormium tenax)*, une grande touffe exotique à protéger en hiver.
3 Rosier (*Rosa* 'Dame de cœur'), un pied dans une grande vasque de 40 cm de côtés.
4 Œillets d'inde *(Tagetes patula)*, deux plants de couleur différente dans la potée.
5 Oranger du Mexique *(Choisya ternata)*, un beau buisson d'oranger du Mexique.
6 Rhododendron (*Rhododendron* x).

TERRASSES, TENDANCE BOIS

Structurer le décor d'une terrasse est assez facile, car les contenants, les revêtements de sol et les éléments d'habillage des murs peuvent se décliner dans un même matériau ou bien utiliser des composants qui s'harmonisent. Cette terrasse, réalisée par le paysagiste Alain Charles au cœur de Paris, est tout à fait dans le goût contemporain par la dominante du bois. Il s'agit de pin devenu imputrescible par traitement à cœur. Tout est fabriqué sur mesure à partir de lattes qui constituent également les bacs. Ces derniers, de 40 cm de haut, peuvent accueillir de grands arbustes durant deux à trois ans avant un rempotage. Un arrosage automatique limite les interventions d'entretien. Les arbustes trop imposants sont taillés en automne. La dominante des végétaux à feuillage persistant est indispensable pour constituer un écrin végétal permanent générateur d'intimité.

À ESSAYER AUSSI

Andromède (*Pieris* x *forrestii* 'Wakehurst')
Ce bel arbuste persistant, dont les jeunes feuilles sont rouge vif au printemps, demande à être cultivé dans de la terre de bruyère.

LES PLANTES POUR RÉUSSIR

1 **Aurone** *(Artemisia abrotanum)*, parfumée.
2 **Palmier** *(Chamaerops humilis)*. Rustique, il suffit d'un voile pour le protéger en hiver.
3 **Lavande** *(Lavandula angustifolia)*.
4 **Bambous** *(Phyllostachys nigra)*, très résistants au froid, mais assez envahissants. 5 m.
5 **Lavatère arbustive** *(Lavatera* 'Barnsley'*)*
6 **Buisson ardent** *(Pyracantha* 'Orange Glow'*)*. Palissé, il fructifie beaucoup plus.
7 **Dorycnium** *(Lotus hirsutus)*, un buisson compact à longue floraison. 60 cm. Frileux.

LE JARDIN EXTRAORDINAIRE

Cette création élégante et généreuse du paysagiste Alain Bisson est située dans Paris, en haut d'un immeuble de plusieurs étages. Tout l'art du professionnel a été de transformer l'endroit en un véritable jardin qui croule sous la végétation. Les massifs sont surélevés par des murets dissimulés en partie par des touffes de lavandes. Beaucoup de plantations ont été réalisées dans de grands bacs qui s'habillent de treillage afin de créer une unité. Les haies de bambous font un écran efficace qui crée un microclimat favorable au développement du palmier *(Chamaerops)*. Située en plein sud, cette terrasse est très peu arrosée car le paysagiste a sélectionné des végétaux qui aiment des conditions assez arides. Le secret du succès tient à un drainage très efficace et à la bonne évacuation des eaux de ruissellement.

ASTUCE TRUFFAUT

Dans les plantations sur dalles, la terre se compacte assez vite en surface. Il peut alors se former une croûte dure qui nuit à la pénétration de l'eau d'arrosage et des engrais. Passez la griffe à trois dents chaque semaine autour des plantes afin d'aérer le sol superficiellement. Dans le même temps, vous éliminerez les mauvaises herbes qui, comme dans les jardins ordinaires, sont apportées par le vent et les oiseaux. Un paillis peut aussi réduire le rythme des interventions.

LES PLANTES POUR RÉUSSIR

1 **Chèvrefeuille** (*Lonicera japonica* 'Halliana'), une vigoureuse grimpante, qui s'entortille toute seule sur le pylône.

2 **Magnolia** (*Magnolia grandiflora* 'François Treyve'), planté dans un pot de 40 cm. Même les jeunes sujets fleurissent en pot.

3 **Anthémis blanc** (*Argyranthemum frutescens*), trois pieds par pot de 40 cm.

4 **Glycine du Japon** (*Wisteria japonica*), une belle grimpante très vigoureuse qui porte de longues grappes au printemps.

LA TERRASSE FAIT SALON

Farniente, loisir, bronzage, cette grande et belle terrasse invite à la détente et au plaisir avec son « bain de soleil » mis en évidence parmi les potées fleuries. Elle joue aussi la carte de l'accueil avec cette grande table prête pour des agapes en plein air. L'harmonie du décor vient de l'utilisation massive du bois, avec un salon de jardin dans les mêmes teintes que le plancher et la grande pergola. La recherche d'une certaine homogénéité ou d'une dominante est la clé du succès dans la plupart des créations paysagères. Les grandes potées fleuries d'anthémis, de cannas, d'œillets d'Inde et d'hibiscus accentuent le côté convivial, tout en offrant la possibilité de transformer le décor en les déplaçant. C'est une terrasse encore jeune, mais, dans quelques années, elle sera bien ombragée par le chèvrefeuille et la glycine.

À ESSAYER AUSSI

Solanum rantonnetii

Il forme un buisson très touffu qui se couvre tout l'été de fleurs en coupe, bleu intense à centre d'or. L'arbuste peut être conduit sur tige. Il vient bien en pot de 30 cm de diamètre. Protection contre le froid indispensable.

LES PLANTES POUR RÉUSSIR

1 Pervenche *(Vinca major)*, un couvre-sol persistant, aux fleurs blanches printanières.
2 Cotonéaster rampant *(Cotoneaster horizontalis)*, aux fruits rouges en automne.
3 Tamaris *(Tamarix tetrandra)*. Fleurit rose.
4 Faux cyprès (*Chamaecyparis lawsoniana* 'Columnaris'). Une colonne d'un bleu acier.
5 Bambous *(Phyllostachys aurea)*, persistants.
6 Sumac de Virginie *(Rhus typhina)*, caduc.
7 Cèdre pleureur (*Cedrus atlantica* 'Glauca Pendula'), de croissance lente, retombant.

SOUS LA CARESSE DU SOLEIL

Les terrasses situées au dernier étage d'un grand immeuble offrent l'avantage de ne pas avoir de vis-à-vis. Elles offrent l'occasion de s'exposer en toute décontraction à la caresse du soleil. Un grand parasol a été installé pour bénéficier d'un peu de fraîcheur aux heures les plus chaudes de l'été. Il est piqué dans un pied en béton très lourd, et dont la stabilité est renforcée par une potée posée dessus. C'est un point très important, car les terrasses sont toujours plus exposées aux vents violents que les jardins. Chaque fois que vous quittez l'endroit, fermez soigneusement le parasol pour éviter tout problème, c'est plus prudent. Ici, les plantations sont encore jeunes, mais riches de promesses. Une dominante d'arbustes à feuillage persistant va former un écrin de verdure qui entretiendra une ambiance raffinée et intime.

ASTUCE TRUFFAUT

Sur les grandes terrasses, utilisez des pots surdimensionnés, de préférence en matériau lourd (terre cuite, bois, pierre reconstituée) afin de ne pas être obligé de les lester ou de les attacher pour leur éviter d'être renversés par le vent. Des plantes touffues, comme l'anthémis, par exemple, ont une prise au vent très importante et le fait de tomber suffit souvent à troubler leur croissance, sans oublier les risques de casse.

LES PLANTES POUR RÉUSSIR

1 **Dorycnium** *(Lotus hirsutus)*, un buisson original par son feuillage argenté, floraison estivale. Superbes fruits étoilés rouge-brun.
2 **Magnolia** (*Magnolia grandiflora* 'Exmouth'), des coupes ivoire, cireuses.
3 **Bambous** *(Phyllostachys aurea)*, une touffe compacte et persistante, jaune doré.
4 **Rosier** (*Rosa* 'Graham Thomas'), un des meilleurs rosiers à grandes fleurs jaunes.
5 **Lavande** *(Lavandula angustifolia)*, plantée en grosses touffes qui fleurissent en été.

LE LUXE À L'ÉTAT PUR

Vue imprenable, décor végétal raffiné, motif distingué du dallage, mobilier de style, tout concourt à faire de cette terrasse, réalisée par Alain Frédéric Bisson, un lieu de fastes et de plaisirs. Le chic ne s'explique pas, il est. C'est une question de choix des matériaux, de sobriété des teintes, d'harmonie des formes et d'accord entre toutes les composantes de la terrasse. La sophistication élégante du vase florentin et des poteries de même origine ne pèse pas dans le décor, car les autres éléments « en dur » restent discrets, entre autres le treillage et le salon de jardin aux lignes épurées. Les plantations se déclinent dans un camaïeu de vert car c'est la couleur la plus reposante, avec le blanc, mais ici nous sommes en plein soleil et il deviendrait aveuglant.

À ESSAYER AUSSI

Cytise (*Laburnum* x *watereri* 'Vossii')
Un petit arbre qui vient très bien dans un bac de 40 cm de côtés et se pare au printemps de longues grappes pendantes d'un superbe jaune d'or, qui peuvent atteindre 50 cm de longueur. Le cytise apprécie les situations ensoleillées, mais non brûlantes.

LES PLANTES POUR RÉUSSIR

1 **Armoise** (*Artemisia* 'Powis Castle'), une touffe de feuillage gris argenté (80 cm).
2 **If** *(Taxus baccata)*, qui résiste bien à tout.
3 **Laurier-cerise** (*Prunus laurocerasus* 'Rotundifolia'), compact, persistant, brillant.
4 **Bambou** *(Phyllostachys decora)*, très vigoureux, les chaumes jaunissent au soleil.
5 **Cornouiller à fleurs** (*Cornus florida* 'Cherokee Chief'), se crispe en automne.
6 **Aster d'automne** (*Aster novii-belgii* 'Audrey'), 80 cm, une touffe généreuse.

Complètement jardin

Cette grande terrasse parisienne réussit le miracle de faire oublier l'environnement inhospitalier dans lequel elle s'inscrit. La plantation bénéficie de très grands bacs, joliment habillés de treillage et disposés avec des décrochements comme de vrais massifs de jardin. Disposant d'un grand volume de terre, les plantes et les arbustes prospèrent à leur aise, parvenant à une taille adulte normale. Tout l'art consiste ici à doser les proportions entre les éléments construits et la végétation. C'est entre autres la fonction de la pergola qui vient structurer le décor, sans jouer le moindre rôle utilitaire. La dominante des plantations est franchement verte car les végétaux doivent donner l'impression d'avoir colonisé spontanément l'espace. Quelques notes de gris avec les armoises ou de bleu avec les asters donnent une impression générale reposante.

À ESSAYER AUSSI

Arbre aux quarante écus *(Ginkgo biloba)*
Cet arbre à la croissance lente et verticale pousse fort bien sur une terrasse, sans nécessiter de soins particuliers. Ses feuilles, en forme d'éventail, très caractéristiques, prennent une superbe teinte jaune d'or en automne.

LES PLANTES POUR RÉUSSIR

1 Oranger du Mexique *(Choisya ternata)*. Persistant, formant un buisson arrondi, il porte des fleurs odorantes en mai, un pied.
2 Géranium zonale *(Pelargonium x hortorum)*. Il fleurit malgré l'ombrage de l'arbuste.
3 Lavande *(Lavandula angustifolia* 'Hidcote'), deux plants espacés de 40 cm. Une variété florifère aux épis bleu foncé.
4 Cornouiller *(Cornus alba* 'Marginata'), arbuste caduc, à tailler court chaque hiver pour conserver la forme compacte.

TERRASSE CITADINE

Avec la perspective de la butte Montmartre dans le lointain, cette terrasse bénéficie d'une vue magnifique qu'il fallait conserver. Pour offrir aux propriétaires une impression verdoyante toute l'année et une ambiance assez intime, le paysagiste Laurent Sustrac a privilégié des arbustes à croissance lente et à végétation compacte. Plantés dans de grands bacs élégants, en bois exotique, ces arbustes, à dominante de persistants, constituent une sorte de haie décontractée et décorative. La présence de plantes à parfum (les fleurs printanières de l'oranger du Mexique sentent la fleur d'oranger et la lavande embaume en été) est une idée toute simple mais astucieuse, qui fait plus encore apprécier ce petit coin de terrasse. Côté entretien, il suffira d'un arrosage par semaine et d'une taille annuelle pour équilibrer les plantes.

À ESSAYER AUSSI

Aucuba du Japon *(Aucuba japonica)*
Un bel arbuste persistant, très résistant à la pollution, qui peut vivre en bac de longues années. Les plantes femelles portent des baies rouge vif assez décoratives. Ne pas trop arroser.

LES PLANTES POUR RÉUSSIR

1 Magnolia à feuilles persistantes (*Magnolia grandiflora* 'Galissoniensis'). Il forme un petit arbre à la silhouette bien régulière, pyramidale. Floraison parfumée.
2 Laurier du Portugal *(Prunus lusitanica)*, persistant, aux jeunes rameaux rouges.
3 Armoise (*Artemisia ludoviciana* var. *albula*), caduque, à feuilles argentées velues.
4 Laurier-tin *(Viburnum tinus)*, persistant, à la floraison hivernale de longue durée.

UN SQUARE DANS LES ÉTAGES

Cette très étonnante terrasse parisienne, à la vocation de lieu de détente, se caractérise par la sobriété de ses lignes et de ses plantations. Le seul matériau utilisé est le bois exotique, qui réchauffe l'environnement de béton. Les grand bacs carrés accueillent des *Magnolia grandiflora*. Ces arbres à croissance lente sont persistants. Ils produisent en été de grandes fleurs en coupes cireuses blanc ivoire, délicieusement parfumées. Le pied de chaque magnolia est habillé d'arbustes compacts et persistants, ainsi que de quelques vivaces à fleurs *(Osteospermum)* ou à feuillage coloré (armoise). Ce type de plantation nécessite peu d'entretien, excepté l'arrosage. La répétition des doubles bancs s'inspire des jardins publics. Original dans la simplicité !

À ESSAYER AUSSI

Lilas des Indes *(Lagerstroemia indica)*
Ce petit arbre, qui peut aussi se conduire en touffes, convient idéalement pour la culture dans un grand bac carré. Il fleurit en longues grappes vivement colorées, de juillet à septembre. La pleine lumière et une forte chaleur sont nécessaires.

LES PLANTES POUR RÉUSSIR

1 Genévrier (*Juniperus* x *media* 'Old Gold'), au port franchement étalé, feuillage doré.
2 Magnolia (*Magnolia* x *soulangeana*), caduc, floraison en coupe au printemps.
3 Hortensia à feuilles de chêne (*Hydrangea quercifolia*). Fleurit bien jusqu'en automne.
4 Bruyères (*Calluna vulgaris*, *Erica carnea*), pour une floraison quasiment toute l'année.
5 Andromède panachée (*Pieris japonica* 'Variegata'). Fleurit blanc en mars-avril.
6 Rosier (*Rosa* 'Cocktail'), semi-grimpant.

UN MASSIF DE COULEURS ET DE FRAÎCHEUR

Profitant du fait que les plantes de terre de bruyère se contentent d'un sol de faible épaisseur (40 cm environ), le paysagiste Laurent Sustrac a composé un véritable massif sur dalle avec magnolia printanier, piéris, *Hydrangea quercifolia*, bruyères variées. À l'arrière-plan, un grand rosier 'Cocktail' épanouit ses adorables fleurs simples de juin à octobre. Cette terrasse est exposée au nord, les fortes chaleurs étant mal supportées par les plantes utilisées ici. Étant en pleine ville, la pose d'un brise-vent n'a pas été nécessaire. La bordure constituée d'un muret en pierres meulières accentue l'impression d'un véritable jardin. L'ensemble bénéficie d'un arrosage automatique pour limiter l'entretien. Dans le même esprit, la pelouse est synthétique, un véritable gazon étant possible sur terrasse, mais exigeant côté soins.

À ESSAYER AUSSI

Érable du Japon *(Acer palmatum)*
Il existe des centaines de cultivars de ce petit arbre élégant, qui pousse dans un sol acide et à mi-ombre. C'est le compagnon idéal des plantes de terre de bruyère qu'il ombrage de son feuillage léger aux belles couleurs d'automne.

LES PLANTES POUR RÉUSSIR

1 **Olivier** *(Olea europaea)*. Un jeune sujet taillé en boule et exposé en plein sud.
2 **Buis** *(Buxus sempervirens)*, taillé en boule.
3 **Cornouiller à fleurs de Chine** (*Cornus kousa* var. *chinensis*), étoiles ivoire en été.
4 **Houx crénelé** *(Ilex crenata)*. Un beau sujet taillé en nuages comme au Japon.
5 **Absinthe argentée** (*Artemisia absinthium* 'Lambrook Silver'), semi-persistant, 50 cm.
6 **Rosier** *(Rosa 'Iceberg')*. Un buisson au port souple qui peut rester compact.

UN JARDIN SUR LES TOITS

Aménagée sur le toit d'un vieil immeuble, cette terrasse aux plantations élégantes a été réalisée par le paysagiste Hughes Peuvergne. Toute la subtilité du créateur s'est évertuée à composer un havre de tranquillité et de discrétion, tout en conservant des repères « humains », le propriétaire aimant avant tout se sentir en ville. La volonté était aussi de composer un décor simple et peu onéreux. Des plaques de tôle ondulée installées obliquement servent de rambarde, rappelant l'ambiance urbaine. Le sol est couvert de lattes de bois, matériau rustique, chaleureux, facile d'entretien et sur lequel on peut circuler en toutes saisons. Un petit point d'eau qui apporte vie et mouvement est disposé en manière de clin d'œil. Les végétaux sont choisis en grande partie persistants pour assurer un décor permanent. La plupart sont taillés, voire même sculptés, rappelant la domination de l'homme dans cet endroit accueillant et très personnel.

À ESSAYER AUSSI

Bambou sacré *(Nandina domestica)*
Cet arbuste persistant, dont le feuillage rougit à l'automne, se pare durant l'hiver de généreuses grappes de baies rouge vif. Les fleurs estivales blanches ajoutent à sa grande valeur ornementale.

LES PLANTES POUR RÉUSSIR

1 **Rosier tige** (*Rosa* 'Iceberg'), un pied greffé sur une tige de 1 m de haut.
2 **Bigaradier** *(Citrus aurantium)*, deux potées de cet oranger amer qui se montre assez résistant au froid (en pot -8 °C).
3 **Ficus** *(Ficus retusa)*, un grand sujet en pot, à rentrer dans la maison l'hiver.
4 **Géranium-lierre** (*Pelargonium* x *peltatum*), trois pieds dans une grande vasque.
5 **Browalle** (*Browallia speciosa*), un pied cultivé en annuelle avec le géranium.

UNE TOUCHE DE ROMANTISME

Le rez-de-jardin renforce la personnalité de la propriété, en imposant un style dominant. C'est le cas ici avec cette terrasse de plain-pied couverte d'une pergola métallique, dont les montants sont joliment ouvragés à l'ancienne. On retrouve ce style romantique avec la petite balustrade, qui joue surtout les barrières symboliques, mais aussi le mobilier de jardin orné de motifs similaires. Toute la surface a été carrelée afin de constituer un véritable « salon de plein air » qui prolonge bien la maison. L'ensemble des plantations se trouve dans des bacs, ce qui permettra de les rentrer à l'abri pour l'hiver car beaucoup sont frileuses. Le décor végétal joue l'originalité avec des espèces d'orangerie qui séjournent tout l'été à l'extérieur, donnant à cet endroit privilégié une note dépaysante et relaxante. L'orientation est plein sud car les végétaux utilisés sont de grands consommateurs de lumière.

À ESSAYER AUSSI

Laurier-sauce *(Laurus nobilis)*
Conduit sur tige et taillé en boule, il apporte une note d'élégance. Son feuillage persistant très aromatique est utilisé en cuisine en toutes saisons. Attention aux cochenilles qui sont très virulentes.

Les grands classiques

Un rez-de-jardin bien conçu peut faire totalement oublier ses limites s'il s'intègre avec une parfaite logique esthétique dans le concept global du jardin. C'est le cas ici, dans une splendide propriété privée de Belgique. La partie la plus structurée, avec ses bordures de buis, ponctuées à chaque extrémité par un cône du même arbuste, constitue le rez-de-jardin. Ce tracé résolument classique, avec ses lignes géométriques, casse la monotonie d'un dallage vieillissant. Entre chaque carré de buis, des plantes vivaces au port souple et décontracté animent le décor. C'est un style très actuel, pour une scène d'entretien facile, hormis les deux tailles annuelles nécessaires pour les buis. L'ensemble donne une impression harmonieuse et reposante, mais peut être un peu monotone car il manque quelques taches de couleurs qui pourront facilement être ajoutées avec des fleurs saisonnières variées.

Les plantes pour réussir

1 Buis *(Buxus sempervirens)*, un plant tous les 15 cm en bordure. Les sujets taillés en forme régulière font l'objet de deux coupes annuelles au printemps et en automne.
2 Euphorbe (*Euphorbia characias* ssp. *wulfenii*), vivace arbustive persistante, aux tiges bisannuelles à tailler après floraison.
3 Épicéa d'Albert (*Picea glauca* 'Conica'), un cône régulier à croissance lente.
4 Alchémille *(Alchemilla mollis)*, une plante de bordure à la floraison vaporeuse.

Astuce Truffaut

La taille des bordures de buis gagne à être effectuée avec un modèle de taille-haies léger, maniable et dont la lame est aussi courte que possible, ce qui permet d'obtenir un excellent équilibre. Tendez un cordeau pour l'alignement et posez une baguette de bois sur le dessus de la haie pour vous servir de guide, et vous obtiendrez une silhouette finale bien droite.

LES PLANTES POUR RÉUSSIR

1 Rosier grimpant (*Rosa* 'City of York'), un solide rosier grimpant rustique, bien ramifié, au feuillage ample, vert foncé, vernissé. Les fleurs semi-doubles, en coupe blanc ivoire, sont portées en bouquets généreux, uniquement en juin (non remontant). Ce rosier qui accepte la mi-ombre réussit palissé sur un mur au nord.

2 Laurier-sauce *(Laurus nobilis)*, un sujet conduit sur tige et taillé en boule dans un pot de 40 cm de diamètre.

TOUT DE PLAIN-PIED

Voici l'exemple idéal qui permet de différencier un rez-de-jardin et une terrasse. Ici, le dallage se trouve au même niveau que la pelouse et les massifs. Il n'y a même pas de transition, tout est englobé pour donner une belle impression d'uniformité. Le dallage, en *opus* romain aux pierres de grande taille, contribue à l'aspect luxueux de l'ensemble, renforcé par les lignes très pures des plantations. Les potées de lauriers-sauce, conduits en boules portées par des tiges spiralées, renforcent l'impression de classicisme, toujours très chic. La scène serait un peu rigide sans la présence des rosiers grimpants qui fleurissent la façade en beauté. En raison de leur floraison non remontante, on peut leur associer un chèvrefeuille ou une clématite à floraison estivale afin de prolonger la période des floraisons. Quelques potées de fleurs annuelles, voire des suspensions accrochées entre les fenêtres seront les bienvenues.

À ESSAYER AUSSI

Cyprès de Lambert *(Cupressus macrocarpa)*
Ce conifère aux rameaux serrés couverts de feuilles écailleuses supporte très bien la taille. On le conduit sur tiges avec des boules de feuillage. Il n'est pas plus frileux que le laurier-sauce et très résistant au vent fort.

LES PLANTES POUR RÉUSSIR

1 Penstémon (*Penstemon* x *hybridus*). Cette vivace de 70 cm de haut fleurit de juin à septembre ; espacez chaque pied de 40 cm.
2 Diascia (*Diascia rigescens* 'Ruby Field'), une vivace buissonnante à planter tous les 30 cm. Elle fleurit de mai à septembre.
3 Magnolia (*Magnolia stellata*). Il se couvre de fleurs blanches, étoilées, au printemps.
4 Millepertuis (*Hypericum calycinum*), une vivace très envahissante, mais à la floraison estivale généreuse. Il pousse bien partout.

DÉTENTE PARMI LES FLEURS

Joliment colorés, ces tapis de fleurs vivaces délimitent en beauté ce rez-de-jardin. Leur tracé sinueux minimise l'importance de la surface dallée, tout en apportant une touche de naturel. C'est une composition simple mais spectaculaire, qui illustre bien l'importance de l'effet de masse au niveau des couleurs. Chaque plante occupe au moins 1 m^2 au sol, afin de bien marquer sa présence dans sa palette de couleurs. On obtient ainsi une impression beaucoup moins cacophonique, même en mariant, comme ici, des teintes assez violentes. Les couleurs fortes sont destinées à égayer un lieu mi-ombragé et à apporter un peu de dynamisme au jardin dans une région où le soleil rayonne faiblement (sur cet exemple, la Belgique). Un système d'arrosage automatique avec des micro-asperseurs qui brumisent des gouttelettes fines est idéal. Au printemps, des bulbes accompagnés de myosotis bleus et de pensées blanches composeront une scène similaire, dans des tons plus doux.

ASTUCE TRUFFAUT

Dans un massif de vivaces, délimitez l'emplacement dévolu à chaque espèce avec un petit grillage enterré de 20 cm et dépassant de 10 cm au-dessus du sol. Il vous servira de repère pour tailler chaque plante et pour l'empêcher de gêner ses voisines, mais restera invisible.

LES PLANTES POUR RÉUSSIR

1 **Laurier-tin** *(Viburnum tinus)*, deux pieds.
2 **Oranger du Mexique doré** (*Choisya ternata* 'Sundance'), jaune brillant au soleil.
3 **Pétunia** (*Petunia* x *grandiflora*), un pied.
4 **Anthémis jaune** (*Argyranthemum frutescens* 'Butterfly'), pour le plein soleil.
5 **Géranium zonale** (*Pelargonium hortorum*), une belle potée de trois ans.
6 **Géranium panaché** (*Pelargonium* 'Gold Papa'), feuillage bicolore, fleurs rouges.
7 **Lavande** *(Lavandula angustifolia)*, un pied.

L'ÂME SAUVAGEONNE

Autour d'un dallage en carreaux de terre cuite, qui délimite avec force le territoire du rez-de-jardin, des plantations foisonnantes et variées animent le décor. Les potées disposées judicieusement à la périphérie du dallage assurent la transition avec le jardin. Elles évoluent au fil des saisons et sont déplacées au gré de l'humeur du jardinier. Tout autour, c'est la profusion des plantes vivaces qui s'entremêlent en beauté, donnant l'impression d'une végétation spontanée. Viennent ensuite les arbustes qui constituent une seconde ligne de végétation, formant comme un écrin chaleureux et rassurant alentour. La qualité de ce décor vient du dosage judicieux entre la dominante verte des feuillages, qui font oublier la ville toute proche, et la dissémination de taches de couleurs, les jaunes et les blancs servant à rafraîchir et à éclairer le massif, les rouges apportant une note chaleureuse et tonique.

À ESSAYER AUSSI

Alchémille *(Alchemilla mollis)*
Une plante vivace couvre-sol au feuillage opulent, duveteux, et à la floraison très légère, d'un vert doré, à la fin du printemps. Cette plante réussit bien à mi-ombre dans un sol qui reste toujours frais.

LES PLANTES POUR RÉUSSIR

1 **Glycine de Chine** *(Wisteria sinensis).*

ASTUCE TRUFFAUT

Pour éviter qu'une glycine ne brise les montants d'une pergola, guidez les tiges le long de tuteurs piqués tout près des poteaux. Vous empêcherez ainsi les longs bras de la plante de s'enrouler autour des pylônes.

DANS LA FRAÎCHEUR DE L'OMBRE

Habillant joliment une solide pergola aux colonnes de pierre de style antique, deux glycines de Chine partent à l'assaut de la construction. La vigueur de la plante est phénoménale, avec une capacité de croissance de plus de 2 m par an. Ses jeunes tiges souples s'enroulent autour du premier obstacle qu'elles rencontrent. Elles se lignifient ensuite, continuant à grossir au fil des ans et accentuant la pression sur leur support, jusqu'à parfois le briser. C'est le cas ici avec la troisième colonne qui n'a pas résisté à la force herculéenne de la plante. Nous sommes au Clos du Peyronnet, à Menton, où la glycine sert de véritable régulateur thermique à ce petit passage dallé entre maison et jardin. Les jeunes tiges redescendent même le long de la façade, l'habillant joliment d'une végétation luxuriante. Une taille hivernale réduit à deux ou trois yeux toutes les pousses latérales pour favoriser la floraison.

À ESSAYER AUSSI

Kiwi (*Actinidia deliciosa* 'Bruno')
Cette liane à feuillage caduc et aux tiges duveteuses présente une vigueur presque identique à celle de la glycine. Plantez un pied mâle pour trois femelles.

LES PLANTES POUR RÉUSSIR

1 **Funkia** (*Hosta sieboldiana* var. *elegans*), aux feuilles gaufrées de 20 à 30 cm de long.
2 **Bougainvillée** (*Bougainvillea glabra*), à rentrer dans la véranda durant l'hiver.
3 **Tulbaghia** (*Tulbaghia slimmeri*), une bulbeuse aux ombelles odorantes en été.
4 **Rhododendron** (*Rhododendron* x), une variété à port compact. Floraison en mai.
5 **Citronnier** (*Citrus limon*), une potée.
6 **Hortensia** (*Hydrangea arborescens* 'Annabelle'), aux fleurs stériles de 20 cm.

UNE JUNGLE BIEN SYMPATHIQUE

Les passionnés de plantes conçoivent leur jardin comme un fouillis de feuilles et de fleurs parmi lequel on se faufile à plaisir, goûtant un parfum ici, appréciant une silhouette là, glanant un fruit à l'occasion. Cet amour du végétal est bien illustré par ce petit rez-de-jardin installé dans une cour, où l'on sent à peine la transition avec la maison. Celle-ci s'exprime symboliquement par la présence du citronnier, et de la bougainvillée, des plantes qui passent de l'intérieur à l'extérieur avec beaucoup d'à-propos selon les saisons (nous sommes en Belgique). La plupart des cultures sont réalisées en pots, ce qui permet de varier à l'infini le décor et le plaisir. Dominent dans ce jardin des plantes d'ombre car il reçoit une lumière indirecte.

À ESSAYER AUSSI

Hortensia (*Hydrangea serrata* 'Klaveren')
Cet arbuste compact et arrondi, au port dressé, réussit bien à mi-ombre dans un sol frais et acide. Il se couvre de petits corymbes plats au beau milieu de l'été.

LES PLANTES POUR RÉUSSIR

1 **Arbre de soie** *(Albizia julibrissin)*. Ce bel arbre en forme de parasol se couvre de pompons plumeux roses au début de l'été.
2 **Vergerette** *(Erigeron karvinskianus)*, une vivace couvre-sol frileuse, mais florifère.
3 **Bugle** *(Ajuga reptans)*, vivace couvre-sol passe-partout qui fleurit de mai à août.
4 **Tabac d'ornement** *(Nicotiana affinis)*, une fleur annuelle qui s'épanouit tout l'été.
5 **Achillée** *(Achillea ptarmica)*, une plante officinale aux petits pompons blancs.

UN PARFUM DE TERROIR

Respecter le style régional, le remettre au goût du jour, en découvrir toutes les subtilités et en dévoiler la beauté, fait aussi partie des grands principes de la mise en scène d'un jardin. Cette grande terrasse carrelée jouxte la superbe maison de pierre des jardins de Sardy en Dordogne. La dominante minérale est habilement gommée par la présence majestueuse de deux *Albizia julibrissin*. Appelés aussi « acacia de Constantinople », ces arbres à port étalé et au feuillage finement découpé sont à réserver aux climats tempérés. La cime se couvre de fleurs en pompons soyeux au début de l'été. Le pied des arbres est habillé de diverses plantes à la fois décoratives et aromatiques, destinées à flatter tous les sens. Ces plantations s'inscrivent dans des carrés qui ont été délimités avant la pose du dallage et dans lesquels la terre de surface est régulièrement changée. Sobre et parfaitement réussi.

ASTUCE TRUFFAUT

Ne laissez pas la mousse et les lichens recouvrir le tronc des arbres, ce sont des nids à parasites. Commencez par gratter les troncs à la paille de fer ou à la brosse en chiendent, puis appliquez un produit de traitement dit « de fin d'hiver » en décembre et en février, en laissant bien ruisseler la pulvérisation le long des branches principales et sur le tronc.

LES PLANTES POUR RÉUSSIR

1 Vigne de Coignet *(Vitis coignetiae)*, une grimpante au coloris superbe en automne.
2 Faux cyprès (*Chamaecyparis lawsoniana* 'Glauca Elegans'), un grand conifère.
3 Digitale *(Digitalis purpurea)*, un pied.
4 Santoline *(Santolina chamaecyparissus)*, un petit buisson gris à fleurs jaunes en été.
5 Euphorbe *(Euphorbia characias ssp. wulfenii)*, buisson persistant aux fleurs vertes.
6 Campanule *(Campanula persicifolia)*.
7 Coquelourde (*Lychnis coronaria* 'Alba').

ADORABLE CHAUMIÈRE

Le toit de chaume donnait déjà un caractère rustique et sympathique à la maison. Il a suffi de l'opulence d'une grande vigne ornementale pour que ce petit coin de jardin s'anime et gagne en personnalité. De plain-pied au sortir de la maison, la terrasse dallée en *opus incertum* est le rez-de-jardin type. Deux grosses touffes d'euphorbes émergent des dalles. Leur floraison est une explosion de louis d'or en été. Ces plantes vivaces sont un peu envahissantes, mais leur expansion est astucieusement limitée par les ouvertures dans le dallage. Les plantations alentour sont à dominante de plantes vivaces, qui viennent grignoter les contours du dallage, pour mieux l'intégrer dans l'environnement. Ce type de décor gagne à laisser une impression faussement négligée avec quelques herbes qui mordent les dalles.

À ESSAYER AUSSI

Lis des Incas (*Alstroemeria* x *hybrida*)
Cette plante vivace rhizomateuse épanouit, dès la fin du printemps, des fleurs superbes qui évoquent des orchidées. Les formes hybrides offrent une grande diversité de coloris. Hauteur : de 30 à 60 cm.

LES PLANTES POUR RÉUSSIR

1 **Azalée japonaise** (*Rhododendron* x 'Palestrina'). La meilleure variété à fleurs blanches conserve un port assez compact.
2 **Peuplier** (*Populus nigra* 'Italica').
3 **Rosier** (*Rosa* 'Iceberg'). Un pied réussit fort bien dans un pot de 30 cm.
4 **Boule-de-neige** (*Viburnum opulus* 'Flore Pleno'), un pied de boule-de-neige en bac.
5 **Tulipes triomphe** (*Tulipa* x 'White Dream'), un bulbe tous les 10 cm.

L'ÂME DES VIEILLES PIERRES

Usés, patinés par le temps et les passages répétés, de vieux pavés en granit habillent le sol avec élégance et rusticité. La noblesse de leur matériau apporte une note très chic, tout en restant simple et discrète, tandis que l'irrégularité des formes évoque un passé lointain. La transition avec le jardin se fait par des potées joliment garnies de fleurs blanches. La pureté de la teinte renforce le cachet de ce coin reposant, mais sans y imprimer un luxe trop ostentatoire qui serait de mauvais goût. On se sent bien ici. C'est un endroit pour deviser à l'aise, en échappant aux brûlures du soleil grâce à l'ombrage naturel dispensé par la maison et le peuplier tout proche. Les potées sont fleuries toute l'année, des annuelles et des fleurs d'été (toujours de couleur blanche) remplaçant les plantations printanières. La belle saison est l'occasion de sortir sur cette terrasse mi-ombragée une collection de plantes exotiques.

ASTUCE TRUFFAUT

Si la partie dallée ou pavée n'est pas une voie de passage fréquente, laissez les mousses et les lichens s'y incruster, comme sur l'exemple ci-dessus. Leur présence accentue le côté ancien du matériau et lui confère une authenticité qui joue un rôle dans l'esthétique générale. Leur défaut est de rendre la surface glissante. Si vous préférez les éliminer, utilisez du dichlorophène.

LES PLANTES POUR RÉUSSIR

1 Pittosporum *(Pittosporum tobira)*, deux arbustes taillés en boule. Fleurs parfumées.
2 Épicea d'Albert (*Picea glauca* 'Conica'), un sujet qui a déjà atteint sa taille adulte.
3 Rosier (*Rosa* 'The Garland'), un grimpant couvert de petites fleurs blanches.
4 Érable du Japon pourpre (*Acer palmatum* 'Dissectum Garnet'), un beau sujet, en pot de 40 cm de diamètre, conduit sur tige.
5 Funkia *(Hosta sieboldiana)*, un plant adulte dans un pot de 30 cm de diamètre.

En toute intimité

Oublier un environnement urbain assez pesant et gommer la banalité d'une architecture moderne sont les deux vocations de ce rez-de-jardin qui croule sous la végétation. Deux belles grimpantes habillent la façade : un rosier 'The Garland' qui fleurit généreusement à la fin du printemps, exhalant un doux parfum citronné et une très vigoureuse renouée du Turkestan *(Polygonum baldschuanicum)*. C'est un jardin en opposition de styles avec d'un côté les pittosporums taillés en boule et les potées bien maîtrisées, puis de l'autre, la végétation libre des grimpantes et du grand érable du Japon, à droite. Ces plantes s'accommodent bien de l'ombre mais aiment un sol acide et toujours frais. En raison de la situation bien abritée de ce jardin clos de mur, il y règne un microclimat favorable au développement d'espèces un peu frileuses comme le pittosporum, qui restent toute l'année dehors.

À ESSAYER AUSSI

Agapanthe *(Agapanthus africanus)*
Cette grande vivace rhizomateuse d'origine sud-africaine épanouit en été ses ombelles bleues de 15 cm de diamètre. Elle pousse très bien en sol sablonneux, dans un pot de 30 cm de diamètre.

LES PLANTES POUR RÉUSSIR

1 Gunnéra *(Gunnera manicata)*, un pied en pleine terre de cette plante géante.
2 Canne de Provence *(Arundo donax)*, un pied qu'il faut bien emmitoufler l'hiver.
3 Jacinthe du Cap *(Galtonia candicans)*, une potée de cette bulbeuse africaine, que l'on traitera en vivace dans un sol sableux.
4 Iris des marais *(Iris pseudacorus)*, un pied immergé de l'iris d'eau à fleurs jaunes. Attention, il devient vite envahissant.

JARDINS D'EAU

Source de fraîcheur mettant en scène des plantations originales, un petit coin d'eau crée un pôle d'attraction. Sur ce rez-de-jardin dallé de brique, le bassin rectangulaire s'intègre bien dans le tracé géométrique de l'ensemble. Mais il en coupe les lignes un peu rigide, apportant une note de fantaisie. La bonne idée vient de la présence des deux plantes géantes, le gunnéra et la canne de Provence. Leur ampleur accentue le côté généreux qu'exprime toujours un jardin d'eau. Ce sont des plantes qui apprécient la fraîcheur et peuvent même passer de longs moments « les pieds dans l'eau ». Les potées de plantes originales, comme la jacinthe du Cap, contribuent à la qualité d'ensemble de cette réalisation. Côté entretien, soyez généreux en compost pour aider le gunnéra à bien démarrer au printemps.

ASTUCE TRUFFAUT

Ne laissez pas le niveau de l'eau s'abaisser du fait de l'évaporation naturelle. Ajoutez-en régulièrement, en utilisant un tuyau que vous ferez couler sur une feuille de plastique posée à plat à la surface du bassin. De cette façon, la pression ne risquera pas de soulever la vase qui se trouve au fond du bassin et l'eau ne se troublera pas. N'hésitez pas à laisser le bassin déborder quelques instants, afin d'humidifier le dallage et de rafraîchir les plantes de la terrasse.

Ambiance exotique

Évoquer l'évasion, inviter à la rêverie, donner l'impression d'ailleurs, tout se conjugue dans cette création raffinée qui convient idéalement à un petit jardin de ville. La réussite passe d'abord par l'occultation de l'environnement afin de pouvoir se concentrer sur le jardin lui-même. La clôture est ici doublée de plantations assez denses. Lauriers-roses, solanum, datura et bananier forment l'ossature de la composition. Tous sont des végétaux frileux qui évoquent les pays lointains ou le Midi. On retrouve ce souci d'évasion avec le petit bassin planté d'un rubanier des Indes et de laitues d'eau *(Pistia stratiotes)*, deux plantes subtropicales. Notez aussi, face au banc, la jeune bougainvillée et une asclépiade de Curaçao.

Les plantes pour réussir

1 **Asclépiade** *(Asclepias curassavica)*, une plante frileuse, mais florifère tout l'été.
2 **Lantana** *(Lantana camara)*, une potée laissée en arbuste buissonnant : 1 m.
3 **Solanum** *(Solanum rantonnetii)*, un grand pot de cet arbuste qui atteint 1,50 m.
4 **Rubanier des Indes** *(Thalia dealbata)*.
5 **Bananier japonais** *(Musa basjoo)*, une grosse potée à rentrer l'hiver : 2 m.
6 **Datura en arbre** *(Brugmansia arborea)*, un gros bac à abriter du froid : 3 m.

À essayer aussi

Trompette du Pérou *(Streptosolen jamesonii)*
Cette solanacée forme un arbuste aux feuilles persistantes un peu collantes au toucher. Les rameaux grêles peuvent être palissés. La floraison très abondante dans les tons orangés dure tout l'été. Un abri est obligatoire en hiver.

LES PLANTES POUR RÉUSSIR

1 **Chèvrefeuille** *(Lonicera periclymenum)*, un pied pour habiller le mur et profiter d'un parfum délicieux au cours de l'été.
2 **Sumac de Virginie** *(Rhus typhina)*, deux pieds plantés en vis-à-vis pour ombrager.
3 **Pêcher** *(Prunus persica)*. Le feuillage léger de ce petit arbre s'intègre au décor. Les fruits sont un bonus non négligeable.
4 **Hortensia** *(Hydrangea arborescens* 'Annabelle'), une belle touffe pour une indispensable présence fleurie tout l'été.

A L'HEURE DU THÉ

Une terrasse de plain-pied trouve un usage logique comme salle à manger d'extérieur. Le dallage permet l'installation permanente d'un salon de jardin, voire d'un barbecue. Dans ce ravissant jardin de ville dessiné par le paysagiste bruxellois E. Le Hardy, la terrasse pavée domine légèrement le jardin. Cette position surélevée est intéressante pour bénéficier d'une vue d'ensemble, d'autant plus importante ici que le jardin tout en longueur crée un bel effet de perspective. Le pavage en carré est à la fois chic et moderne. Les plantations très simples, avec des espèces rustiques qui nécessitent peu d'entretien (il faudra toutefois traiter pêcher et chèvrefeuille), ont pour but de fournir de l'ombre agréable, tout en masquant légèrement les constructions alentour. Le salon de jardin choisi est en résine résistante et facile à nettoyer. Un jardin agréable, tout à fait accessible et d'un entretien réduit.

À ESSAYER AUSSI

Arbre de soie *(Albizia julibrissin)*
Idéal pour les régions du Sud-Ouest, car il a besoin d'un fort ensoleillement. Son feuillage léger, porté par une ramure évasée, dispense une ombre très agréable. Floraison en été.

Les plus belles plantes pour l'ombre

Vinca minor
Le ciel d'azur de ses pétales étoilés éclaire la pénombre sous le couvert des frondaisons.
Voir page 469.

Skimmia japonica
Une constellation d'étoiles qui s'évanouit en petites baies rouge sang.
Voir page 450.

Enkianthus perulatus
Un feuillage qui s'embrase après une floraison qui enchante.
Voir page 307.

Gaultheria procumbens
Une profusion de bonbons à ne déguster que des yeux.
Voir page 328.

Gaultheria mucronata 'Stag River'
Un délicat chapelet de perles de corail rose pour un instant magique, une illumination.
Voir page 328.

Hosta 'Brim Cup'
Le fantôme évanescent d'une clochette pastel qui teinte l'ombre d'un instant de grâce.
Voir page 343.

Begonia x *tuberhybrida*
Le froufrou d'une robe de Gitane aux volants retroussés dans la plus innocente impudeur.
Voir page 250.

Kalmia latifolia
Des petites coupes de porcelaine, ciselées comme le plus précieux des calices.
Voir page 356.

INTIMITÉ FLEURIE

Vivre dans un écrin de fleurs et de feuillages, c'est échapper aux contraintes de la vie moderne et retrouver chaque jour un havre de beauté et de tranquillité. C'est en partant de ce principe que le paysagiste Timothy Vaughan a conçu cette cour qui sépare deux bâtiments de sa propre demeure. Nous sommes en Bretagne, dans une zone bien abritée, qui permet d'accueillir des plantes réputées délicates comme le solanum grimpant, le lin de Nouvelle-Zélande ou les pittosporums. L'influence maritime apaise les rigueurs de l'hiver et la disposition des constructions crée un vrai microclimat, protégé des vents violents venus de l'océan. Cette cour-jardin s'articule sur trois niveaux où s'imbriquent potées et massifs dans un festival de couleurs sans cesse renouvelé. Un enchantement, mais beaucoup d'entretien.

LES PLANTES POUR RÉUSSIR

1 **Pittosporum** *(Pittosporum tobira).*
2 **Solanum** *(Solanum jasminoides)*, une grimpante qui craint le froid (-7 °C).
3 **Géranium panaché** (*Pelargonium* 'Mrs. Quitter'), un feuillage lumineux. Quatre pieds.
4 **Lin de Nouvelle-Zélande** (*Phormium tenax* 'Variegatum'), une potée à protéger.
5 **Anthémis jaune** (*Argyranthemum frutescens* 'Yellow'), pot de 40 cm de diamètre.
6 **Géranium vivace** *(Geranium sanguineum)*, une vivace florifère très étalée. Trois plants.

À ESSAYER AUSSI

Anthémis *(Argyranthemum frutescens)*
Cette vivace conduite en tige, rustique sur le littoral, mais à abriter l'hiver ailleurs, forme un joli parasol arrondi, qui fleurit tout l'été sur un petit tronc de 50 à 100 cm de hauteur. Il donne du relief au décor.

LES PLANTES POUR RÉUSSIR

1 **Dattier des Canaries** *(Phoenix canariensis)*, un palmier à protéger en hiver (-7 °C).
2 **Lavatère** (*Lavatera* 'Rosea'), un pied.
3 **Passiflore** *(Passiflora caerulea)*, une liane à la croissance rapide, mais frileuse (-8 °C).
4 **Liseron de Mauritanie** *(Convolvulus sabatius)*, un pied dans une jarre de 25 cm.
5 **Brachycome** *(Brachyscome iberidifolia)*, un pied dans un pot de 20 cm de diamètre.
6 **Buis** *(Buxus sempervirens)*, en bordure.
7 **Œillet d'Inde** *(Tagetes patula)*, à port trapu.
8 **Pétunia** (*Petunia* x *grandiflora*), dix plants.

RÊVER, CONTEMPLER, S'ÉVADER

Au fond d'une petite cour très fleurie, un banc, abrité par une élégante guérite en bois et orienté vers la maison, invite à la méditation. Intime et discret, il est habillé d'une passiflore à fleurs bleues, qui va se couvrir d'une multitude de fleurs exotiques durant l'été. Pour se sentir ailleurs, à l'écart des contingences quotidiennes, on a ajouté un grand dattier des Canaries. Cette plante frileuse est cultivée dans un grand bac, dissimulé par une touffe de lavandes. Trop volumineux pour être rentré l'hiver, le dattier sera couvert de paille entre les palmes, puis le feuillage sera attaché afin de pouvoir être enveloppé dans une triple épaisseur de voile non tissé. Le reste du décor est assuré par des plantes annuelles (pétunias, œillets d'Inde, tournesols) ou saisonnières (liseron de Mauritanie, brachycome), qui seront remplacées par des bulbes et des fleurs bisannuelles pour le printemps.

ASTUCE TRUFFAUT

Dans une cour ou un patio, l'utilisation de belles potées fleuries permet de dissimuler les « trous » dans les massifs ou de faire oublier les plantes qui manquent d'intérêt en certaines saisons. Il suffit pour cela d'intégrer directement la potée dans le massif au beau milieu des plantations.

LES PLANTES POUR RÉUSSIR

1 Érable du Japon *(Acer palmatum)*, un érable du Japon lacinié, au port étalé.
2 Buis *(Buxus sempervirens)* taillés en cône, deux plants en topiaires, cultivés en pots.
3 Lierre arbustif (*Hedera helix* 'Conglomerata'), un pied.
4 Chèvrefeuille rampant *(Lonicera pileata)*, un pied taillé de ce persistant très étalé.
5 Cotonéaster *(Cotoneaster dammeri)*, un plant de ce couvre-sol persistant, aux toutes petites fleurs blanches au printemps.

UN HAVRE DE VERDURE

Quel que soit le style adopté dans le jardin, le feuillage a un effet reposant. Touche d'accalmie dans l'explosion colorée des massifs, il joue les éléments modérateurs dans toutes les compositions. Si le vert peut être considéré comme neutre parmi les fleurs multicolores, il exprime une grande subtilité avec des nuances infinies, dès qu'il domine le décor. Dans cette petite cour ombragée, les plantations se fondent dans un camaïeu de vert, pour créer une harmonie d'une riche simplicité, tout en rondeurs. Les rares taches colorées sont données par les plantes vivaces, notamment des anémones du Japon à fleurs rose pâle. On a envie de caresser le coussin taillé du *Lonicera pileata,* qui épouse la forme du sol, ou de frôler les « mains » fines et souples de l'*Acer palmatum.* C'est un jardin d'entretien facile, où il suffit surtout de lutter contre les mauvaises herbes.

À ESSAYER AUSSI

Cotonéaster rampant *(Cotoneaster horizontalis)*
Très étalé, semi-persistant, il porte une abondance de baies écarlates qui persistent l'hiver lorsqu'elles ne font pas le délice des oiseaux. Fleurs blanches au printemps. Culture facile.

LES PLANTES POUR RÉUSSIR

1 **Buis** *(Buxus sempervirens)*, sujets taillés.

ASTUCE TRUFFAUT

La taille des buis en topiaires s'effectue deux fois par an, en mai et à la mi-octobre. Vous fignolerez la forme de chaque plante en utilisant des ciseaux à bonsaï. Ils permettent des coupes franches et très précises pour rectifier les imperfections de la silhouette.

SCULPTURES VÉGÉTALES

La terrasse dallée qui jouxte la maison constitue un rez-de-jardin des plus pratiques. On peut aller et venir entre l'extérieur et l'intérieur dans les meilleures conditions. La personnalité du décor vient de la présence décisive des arbustes taillés. Il s'agit principalement de buis, ciselés en cônes arrondis, ce qui leur donne une silhouette plus moderne que la figure géométrique classique, avec son extrémité en pointe. Sous cet aspect un peu strict se devine la passion pour le végétal, figurée à travers les nombreuses potées disséminées ici et là. Elles apportent un brin de fantaisie et renouvellent l'attrait de la terrasse au fil des saisons. Le feuillage argenté sur la gauche appartient à un grand chardon d'Arabie *(Onopordum nervosum)*.

À ESSAYER AUSSI

Houx crénelé *(Ilex crenata)*
Ce petit arbre rustique, de croissance très lente, aux feuilles persistantes, ovales de 2 à 3 cm de long, est très utilisé pour former des topiaires taillés en nuages, qui seraient du plus bel effet ici. La culture dans un bac de 30 cm de côtés ne pose aucun problème.

Des lignes, des volumes et des formes

Pas besoin d'un parc immense pour bien mettre en valeur le jardin à la française. Les lignes géométriques et les plantes taillées s'intègrent à merveille dans les tout petits espaces. Dans cette courette, la partie centrale est occupée par un dallage de briques posées en chevrons. Un motif de quatre carrés bordés de buis s'inspire des tracés classiques. Mais il parvient à donner une note très contemporaine par la présence d'œillets vaporeux au centre des carrés et « l'oubli » volontaire de quelques vivaces tapissantes qui viennent mordre timidement le dallage. On exprime ici avec sensibilité la volonté de domination de l'homme et la reconquête permanente de la nature. Le côté structuré ne l'emporte que dans l'impression générale. Dès que l'on entre dans les détails, on découvre une foule de petites plantes qui poussent sans contrainte. Un jardin d'entretien facile qui a besoin de beaucoup d'eau.

Les plantes pour réussir

1 **Bouleau** (*Betula utilis*), un jeune sujet au tronc bien blanc pour masquer le mur.
2 **Cornouiller blanc panaché** (*Cornus alba* 'Argenteovariegata'), au feuillage lumineux.
3 **Hortensia** (*Hydrangea macrophylla*), une variété blanche pour éclairer la scène.
4 **Laurier du Caucase** (*Prunus laurocerasus* 'Caucasica'), des futurs topiaires à tailler.
5 **Rosier grimpant** (*Rosa* 'Phyllis Bide')
6 **Buis à bordure** (*Buxus sempervirens* 'Suffruticosa'), un plant tous les 15 cm.

À essayer aussi

Épicéa d'Albert (*Picea glauca* 'Conica')
C'est un cultivar étonnant qui forme un cône naturel à croissance lente. Il peut remplacer les buis taillés en topiaires. L'été, par temps sec, il faut obligatoirement le traiter préventivement contre les araignées rouges.

LES PLANTES POUR RÉUSSIR

1 Sauge pourpre (*Salvia officinalis* 'Purpurascens'), parfumée et décorative.
2 Cognassier *(Cydonia oblongua)*, palissé sur le mur grâce à une taille régulière.
3 Lierre (*Hedera helix* 'Glacier'), panaché.
4 Clématite (*Clematis montana* 'Freda').
5 Marjolaine (*Origanum vulgare* 'Aureum').
6 Romarin *(Rosmarinus officinalis)*.
7 Plante curry *(Helichrysum angustifolium)*.
8 Lavande (*Lavandula angustifolia* 'Munstead'), aux fleurs bleu très foncé.
9 Germandrée *(Teucrium fruticans)*.

LE PETIT COIN DES GOURMETS

Vue dans la banlieue londonienne, cette courette de 20 m^2 à peine, est transformée en petit paradis de senteurs et de saveurs. Les propriétaires des lieux se sont inspirés du tracé des jardins de plantes condimentaires classiques, avec leur partie centrale en cercle. Et ils ont regroupé une collection complète d'espèces aromatiques. On y reconnaît : sauge, lavande, marjolaine, thym, romarin, menthe, mélisse, plante curry, laurier-sauce, rue officinale, etc. Toute la subtilité vient de l'harmonie entre les formes et les couleurs, les textures et les silhouettes. Pour éviter le côté trop utilitaire, il a suffi de disposer ici et là quelques potées. La recherche des odeurs va jusqu'à semer quelques pois de senteur le long de la grille d'entrée, afin qu'ils l'habillent en été de leur délicieuse fragrance. Ce petit jardin, dont les murs sont recouverts du feuillage des lierres, nécessite des arrosages réguliers aux heures chaudes de l'été.

ASTUCE TRUFFAUT

Pour vieillir le dallage de brique et favoriser l'apparition de mousse, il suffit de frotter le dallage avec une brosse imbibée d'un mélange par moitié de lait entier et d'eau. Procédez au printemps et renouvelez à la fin de l'été si nécessaire. Il ne doit pas pleuvoir pendant plusieurs jours.

LES PLANTES POUR RÉUSSIR

1 Funkia (*Hosta* x *hybrida*), un assortiment aux coloris de feuilles variés. Quatre pieds.
2 Ligulaire (*Ligularia przewalskii*), 2 m. Une floraison en longs épis d'or. Un pied.
3 Rosier (*Rosa* 'Pierre de Ronsard'), un pied palissé en éventail qui atteindra 3 m.
4 Millepertuis (*Hypericum patulum* 'Hidcote'), un buisson florifère. Un pied.
5 Alchémille (*Alchemilla mollis*), quatre pieds.
6 Rosier (*Rosa* 'Sylvie Vartan'), un pied.

UN PETIT GOÛT DE NATURE

Séparé de la terrasse qui jouxte la maison par un simple muret de moellons taillés, appareillés à l'ancienne, ce petit coin de jardin donne l'impression de pousser « tout seul ». Les rapports entre les plantes sont laissés au gré de la nature et seules les espèces les plus solides, les plus volontaires, ont droit de cité. Outre son aspect sympathique et décontracté, l'avantage de ce type d'association est de nécessiter un minimum d'entretien. Un bon apport de compost ou de fumier bien décomposé au printemps, la suppression des fleurs fanées et la taille des parties abîmées à l'automne suffisent. N'oubliez pas surtout de traiter les hostas contre les limaces !
Il n'y a pas de recherche particulière sur le plan artistique, on joue plutôt ici sur l'opulence des végétaux eux-mêmes et sur leur faculté à se développer rapidement. C'est encore un jeune jardin (deux ans), mais il deviendra très vite généreux et prolifique, faisant même oublier partiellement les dalles du sentier.

À ESSAYER AUSSI

Herbe-aux-goutteux (*Aegopodium podagraria* 'Variegata'). Ce couvre-sol envahissant est idéal pour jouer les « bouche-trous » dans ce genre de scène assez libre. Coupez les fleurs en été (30 cm).

LES PLANTES POUR RÉUSSIR

1 Rosier (*Rosa* 'Lavender Dream'), un pied greffé sur une tige de 1 m de haut.
2 Rosier (*Rosa* 'Rouge Meillandecor'), un pied greffé sur une tige de 1,30 m de haut.
3 Hortensia grimpant *(Hydrangea petiolaris)*, grimpante vigoureuse. 4 à 5 m.
4 Pavot d'Orient *(Papaver orientale)*, un plant tous les 40 cm, floraison en juin.
5 Pétunia retombant (*Petunia* Surfinia).
6 Rosier (*Rosa* 'Madame A. Meilland'), la forme grimpante de ce célèbre rosier.

UN FOUILLIS SAVAMMENT DOSÉ

Ce petit carré au sortir de la maison est délimité par des allées en pavés qui lui confèrent un cachet rustique, tout en facilitant les déplacements et l'entretien. Pour renforcer le style champêtre et naturel, les plantes sont laissées libres de pousser à leur guise. Une belle touffe de pavots d'Orient, qui ne sont pas tuteurés, pour que leurs fleurs dansent librement au gré du vent, s'associe joliment à un rosier 'Lavender Dream', dans une opposition de couleurs assez osée. Les rosiers sont des « demi-tiges » pour donner du relief à la composition qui occupe moins de 100 m^2. Ces floraisons succèdent à une plantation dense de tulipes et précèdent l'explosion des lavandes et des delphiniums hybrides. Les pavots seront rabattus après la floraison du massif planté d'annuelles. Un jardin décontracté où rien n'est négligé.

ASTUCE TRUFFAUT

Lors de la création d'un massif de plantes vivaces, plantez assez serré de manière que chaque espèce occupe rapidement la surface qui lui est dévolue et que le sol soit vite couvert. Vous éviterez ainsi les désherbages fastidieux et obtiendrez un décor bien fourni plus rapidement. Laissez faire la nature, qui va installer un équilibre entre les diverses espèces, vous garantissant une parfaite harmonie, sans entretien inutile. Prévoyez un désherbage annuel.

LES PLANTES POUR RÉUSSIR

1 Bignone *(Bignonia capreolata)*, un pied de cette étonnante grimpante tropicale.
2 Jasmin blanc *(Jasminum officinale)*, un pied habille le pilier de fleurs parfumées.
3 Citronnier *(Citrus limon)*, deux pots.
4 Lis hybride (*Lilium* 'Star Gazer'), deux touffes de 1 m² plantées de 20 bulbes.
5 Dattier du Mékong *(Phoenix roebelenii)*, une grande potée à rentrer pour l'hiver.
6 Iris (*Iris laevigata* 'Variegata'), quatre rhizomes pour une touffe ample à feuilles panachées.

ÉVADEZ-VOUS

Magnifique, ce jardinet est le prolongement d'une grande maison de la Côte d'Azur, toute ouverte sur l'extérieur. Il s'inspire un peu du style mauresque par la présence centrale du bassin hexagonal entouré de potées de citronniers, et autour duquel s'articule tout le reste de la composition. Les sentiers sablés sont ombragés par une pergola légère, dont chaque pilier en bois est habillé par une grimpante exotique. Par leur végétation très prolifique, ces lianes renforcent le côté dépaysant du jardin. Le motif de chaque massif est identique, avec une grosse touffe de lis hybrides et un phormium panaché. Ce jardin peut être recréé dans une région moins favorisée côté climat, avec l'obligation de rentrer ou de protéger sur place toutes les plantes frileuses. Le palmier au feuillage fin devra hiverner dans une véranda ou à la maison, quelle que soit la région où il est cultivé.

À ESSAYER AUSSI

Lis de Malabar *(Gloriosa rotschildiana)*
Une liane volubile qui, tout l'été, produit de grandes fleurs déchiquetées comme des flammes. Il peut remplacer la bignone ou le jasmin, mais n'atteindra pas les mêmes sommets (1,50 à 2 m de haut).

LES PLANTES POUR RÉUSSIR

1 **Asparagus** (*Asparagus densiflorus* 'Sprengeri'), cinq pots posés sur le mur.
2 **Orchidées** (*Dendrobium* x), une petite collection d'hybrides variés en pleine fleurs.
3 **Orchidée** *(Spathoglottis plicata)*, une espèce qui aime la mi-ombre tempérée.
4 **Capillaire** *(Adiantum capillus-veneris)*.
5 **Grenadier nain** (*Punica granatum* var. *nana*), un sujet vert et un à feuillage doré.
6 **Poinsettia** *(Euphorbia pulcherrima)*.
7 **Bégonia** *(Begonia sp.)*, une petite espèce d'intérieur qui passe l'été en plein air.

LES PLANTES SONT DE SORTIE

Ce petit coin de jardin mi-ombragé, situé juste au pignon de la maison, sert de demeure estivale à un grand nombre de plantes dites « d'intérieur ». Bien à l'abri des vents, isolé par la présence des murs, l'endroit bénéficie d'un microclimat qui permet au poinsettia de prendre des proportions étonnantes et de porter à nouveau des bractées colorées, comme il le fait toute l'année dans les contrées tropicales. On notera aussi le côté opulent de la capillaire et la présence de très nombreuses orchidées, principalement des dendrobiums, qui profitent d'une bonne hygrométrie ambiante et des différences de température entre le jour et la nuit pour prolonger leur floraison. Non seulement les plantes se sentent bien, mais c'est l'occasion de composer une scène exotique de très bonne facture. Une idée simple à réaliser, qui constitue pour les plantes une véritable cure de Jouvence.

À ESSAYER AUSSI

Fougère arborescente *(Dicksonia antarctica)*
Assez rustique (-7 °C), cette magnifique plante venue de Tasmanie peut dépasser 4 m de haut, même en pot. Elle ne doit jamais sécher, surtout au niveau du cœur.

LES PLANTES POUR RÉUSSIR

1 **Géranium frisé** *(Pelargonium crispum)*, trois pieds pour former une grosse touffe.
2 **Lierre panaché** *(Hedera helix* 'Goldchild').
3 **Pittospore** *(Pittosporum tenuifolium* 'Irene Patterson'), arbuste aux feuilles colorées.
4 **Anthémis** *(Argyranthemum frutescens)*, trois pieds pour composer une belle potée.
5 **Verveine** *(Verbena* x *hybrida)* cinq plants d'une variété à port dressé et buissonnant.
5 **Hélichrysum** *(Helichrysum petiolare)*.

PIERRES ET FLEURS SE MARIENT

Cette façade fleurie est celle de la maison du paysagiste Timothy Vaughan. La construction en pierres granitiques s'associe à merveille avec le magnifique dallage en opus romain. Ce dernier doit sa réussite à l'utilisation d'éléments de grande taille (40 cm de côté au minimum). La lourdeur naturelle de la pierre est atténuée par la prolifération végétale et la subtile disposition des potées qui font disparaître le tracé de l'allée. Cette solution du « contour flou » est à conseiller chaque fois que l'on souhaite casser une symétrie ou privilégier la présence végétale dans une partie du jardin. Ici, les potées composent une sorte de haie d'honneur de part et d'autre de l'allée. Elles invitent à progresser jusqu'à la porte en découvrant pas à pas chaque composition qui recèle une nouvelle surprise. C'est à la fois simple et original, les associations de végétaux étant de véritables trouvailles. Pour un entretien facile, l'installation d'un arrosage au goutte à goutte est souhaitable.

À ESSAYER AUSSI

Cestreau élégant *(Cestrum elegans)*
Ce très bel arbuste mexicain buissonnant, souple peut être palissé contre un mur pour profiter au maximum de l'ensoleillement. Exigent des hivers doux. Il est prudent de l'abriter dans une véranda.

LES PLANTES POUR RÉUSSIR

1 **Pavot annuel** *(Papaver somniferum).*
2 **Nierembergie** *(Nierembergia caerulea).*
3 **Rosier grimpant 'Cocktail'**, une belle variété à fleurs simples qu'il faut palisser.
4 **Basilic** *(Ocimum basilicum)* en pot.
5 **Magnolia étoilé** *(Magnolia stellata).*
6 **Géranium lierre** *(Pelargonium x peltatum)* un pied d'une variété à fleurs simples.
7 **Romarin** *(Rosmarinus officinalis)* en pot.
8 **Sauge de Jérusalem** *(Phlomis fruticosa).*
9 **Potentille** *(Potentilla* 'Gibson Scarlet'*).*

LA NATURE REVIENT EN FORCE

Pour accentuer le côté rustique de cette vieille ferme, on laisse entendre que la nature reprend ses droits et qu'elle a reconquis les moindres espaces de terre libres. L'effet est obtenu par l'emploi d'une profusion de plantes et l'exploitation judicieuse des différentes espèces. C'est ainsi que l'on a privilégié diverses vivaces couvre-sol pour habiller le dallage. Mais le décor ne reste surtout pas plat, grâce à un rosier grimpant qui part à l'assaut du mur, à la présence de différents arbustes et au magnolia en position centrale, qui dominent les autres plantes. La note de raffinement est donnée par la présence des plantes en pot qui ponctuent et rythment le décor avec une note sympathique faussement négligée. Les potées évoluent au fil des saisons et peuvent être déplacées à volonté pour transformer à loisir le jardin. C'est tout simple, mais chaleureux et d'un entretien facile.

ASTUCE TRUFFAUT

Pour que le jardin paraisse plus naturel, il est bon de laisser les plantes tapissantes venir mordre sur le dallage et en faire disparaître les contours. Cela donne l'impression que la végétation prend le pas sur la partie construite et c'est plus joli.

LES PLANTES POUR RÉUSSIR

1 Liane corail *(Berberidopsis corallina)*, une grimpante persistante à fleurs rouges l'été.
2 Herbe de Hakone (*Hakonechloa macra* 'Aureola'), une graminée très élégante.
3 Pittosporum *(Pittosporum tobira)*, un sujet taillé en boule. La floraison sera moindre.
4 Pélargonium frisé (*Pelargonium crispum* 'Variegatum'), à l'odeur de citron. Deux pots.
5 Géranium zonale (*Pelargonium* x).
6 Solanum *(Solanum jasminoides)*, un pied volubile, florifère, vigoureux, mais frileux.

Des murs en habits de verdure

Habiller une façade avec une ou plusieurs plantes grimpantes est le meilleur moyen d'intégrer la maison dans le jardin. C'est souvent l'occasion de donner un peu de caractère à une construction banale. Contrairement à ce que l'on entend ici et là, les plantes ne sont pas une source d'humidité sur les murs. Au contraire, elles ont plutôt tendance à les protéger des intempéries. Ici, dans le jardin du paysagiste Timothy Vaughan, les murs de pierre un peu trop présents disparaissent sous la végétation d'un *Berberidopsis corallina* qui va développer des inflorescences rouge corail en fin d'été et d'un *Solanum jasminoides* qui épanouit de généreuses grappes blanches de mai à juillet. Ce sont deux plantes persistantes assez peu courantes et à réserver aux régions du littoral, car elles sont frileuses (-5 °C).

À ESSAYER AUSSI

Faux hortensia grimpant *(Schizophragma hydrangeoides)*
Assez vigoureux, mais lent à s'implanter, il se pare à la fin du printemps d'une délicate floraison odorante, aux longues bractées crème. Il s'accroche seul avec ses racines aériennes en crampons.

LES PLANTES POUR RÉUSSIR

1 Vigne *(Vitis vinifera)*. Un pied palissé.

ASTUCE TRUFFAUT

Les plantes grimpantes bénéficient d'un réchauffement naturel par les murs de la maison. Le simple fait de palisser un espèce frileuse suffit souvent pour la réussir. Augmentez la protection contre le froid, en tendant verticalement le long du mur un film plastique à bulles, avant les premières gelées.

LES PLAISIRS DE LA TREILLE

Une vigne palissée sur la façade en cordons horizontaux renforce le caractère rustique de cette maison. À la fois décorative et productive, la vigne est la grimpante préférée des maisons de campagne. C'est toutefois une plante délicate qui nécessite une taille annuelle et des traitements suivis contre ses nombreux ennemis (mildiou, blanc, acariens, entre autres). La vigne est décorative toute l'année (même en hiver par son architecture et le côté torturé de ses sarments). Elle est accompagnée ici par une grande balsamine annuelle *(Impatiens glandulifera)*, qui peut atteindre 2 m de haut en une saison. Juste devant, un buis taillé en boule constitue un élément de structure à la fois sobre et discret, mais important pour donner un peu de chic au décor.

À ESSAYER AUSSI

Frémontia *(Fremontodendron californicum)*
Palissé sur un mur bien exposé, ce buisson persistant peut atteindre 4 m de haut. Les fleurs, jaunes, cireuses, s'épanouissent de mai à octobre. Un sol bien drainant est apprécié.

LES PLANTES POUR RÉUSSIR

1 Cyprès de Provence *(Cupressus sempervirens* 'Pyramidalis'), forme conique.
2 Pavot de Californie *(Eschscholzia californica)*, une annuelle laissée libre.
3 Agave *(Agave attenuata)*, un pied par pot.
4 Rosier grimpant 'Paul's Scarlet Climber', puissant, florifère, mais non remontant.
5 Anthémis *(Argyranthemum frutescens)*, trois pieds par pot font une grosse touffe.
6 Faux jasmin *(Trachelospermum jasminoides)*, il va embaumer tout l'été.

LA TERRASSE EN HABIT DE FÊTE

Sous le climat privilégié de la Côte d'Azur, cette magnifique terrasse croule sous les floraisons en toute simplicité. Pas d'artifice ou d'accessoire inutile, priorité au végétal ! Le secret réside dans l'utilisation de poteries larges, et surtout profondes, qui permettent aux plantes de se développer de manière optimale. Seuls les rosiers sont plantés en pleine terre afin de pouvoir atteindre leur apogée (jusqu'à 5 m de long). Dans un tel contexte, tout passe par un entretien impeccable. Les longs bras souples du rosier sont soigneusement palissés contre un treillage. Leurs velléités de conquête sont enrayées par des pincements réguliers, qui contribuent en grande partie à obtenir la floraison remarquablement bien étagée qui caractérise cette variété. Depuis 1916, date de sa création, 'Paul's Scarlet Climber' fait partie des meilleurs rosiers grimpants rouges. On regrettera simplement sa floraison unique et l'absence de parfum.

À ESSAYER AUSSI

Rue *(Ruta graveolens)*
En lieu et place du pavot de Californie, voici une plante vivace poussante et solide, dont le feuillage glauque dégage une odeur aromatique forte. Les petites fleurs sont jaunes en été.

LES PLANTES POUR RÉUSSIR

1 **Treille de vigne** (*Vitis vinifera* 'Chasselas doré de Fontainebleau'), pour l'ombrage.
2 **Glycine** *(Wisteria sinensis)*, un pied palissé le long de la rampe qu'il dissimule.
3 **Vigne vierge** *(Parthenocissus tricuspidata)*, un pied palissé sur le mur de séparation.
4 **Genévrier** (*Juniperus squamata* 'Blue Carpet'), couvre 3 m² en trois à cinq ans.
5 **Lin de Nouvelle-Zélande** (*Phormium tenax* 'Variegata'), un pied en pot de 30 cm.

UNE PROFUSION DE FEUILLAGES

Ici, trois des plus vigoureuses grimpantes ont été utilisées pour couvrir la façade d'un manteau de feuillage. La vigne vierge s'accroche toute seule aux murs avec ses jeunes pousses munies de ventouses. Il suffit d'un support simple comme la rambarde de l'escalier pour que la glycine entortille ses longs rameaux sarmenteux qui peuvent dépasser 3 m de long en une seule saison. Quant à la vigne, elle nécessite des soins plus attentifs et notamment une taille systématique en février ou mars. Le choix de la variété 'Chasselas doré de Fontainebleau' s'explique par la précocité de cette variété qui parvient à mûrir dans la plupart des régions. Sur le pilier droit de la pergola, une jeune vigne à feuillage pourpre commence son ascension. Le reste de ce jardin de façade est dominé par les plantes à feuillage avec, entre autres, la belle association du genévrier rampant, du phormium panaché et de la fougère.

ASTUCE TRUFFAUT

Les plantes exotiques à feuillage, comme les lins de Nouvelle-Zélande, certains palmiers ou les *Cordyline australis*, peuvent être laissées dehors en hiver, à condition de bien les protéger. Enveloppez toute la partie aérienne et le pot avec un paillon que vous pourrez doubler d'une ou plusieurs épaisseurs de voile d'hivernage par grand froid.

LES PLANTES POUR RÉUSSIR

1 Glycine (*Wisteria sinensis*). Fleurit bleu.
2 Abutilon (*Abutilon* x *hybridum*), un pied.
3 Laurier-rose *(Nerium oleander)*, un pied.
4 Anthémis (*Argyranthemum frutescens* 'Yellow'), fleurit tout l'été en plein soleil.
5 Agave (*Agave americana* 'Variegata').
6 Tibouchina *(Tibouchina urvilleana)*, un arbuste tropical tout velouté. Bleu.
7 Akébie *(Akebia quinata)*, une grimpante volubile semi-persistante et très vigoureuse.
8 Lin de Nouvelle-Zélande *(Phormium sp.)*.

DES IDÉES VENUES D'AILLEURS

Une façade bien ensoleillée, abritée des vents dominants, peut accueillir en été toutes sortes de plantes méditerranéennes et subtropicales. Celles-ci seront rentrées dans une véranda ou une serre dans le courant octobre, avant la première gelée. Ici, l'essentiel du décor est assuré par des espèces arbustives qui apportent une certaine ampleur à la composition et créent vraiment une ambiance dépaysante.
La potée d'agave du premier plan est agrémentée de *Bidens ferulifolia* qui font oublier le côté un peu rigide de la plante grasse. Les tibouchina, laurier-rose et abutilon, se trouvent chacun dans un pot individuel afin de pouvoir être entretenus de manière spécifique, leurs besoins en arrosage étant différents. Sur le mur de la maison, deux somptueuses plantes grimpantes constituent un bel écrin de verdure.

À ESSAYER AUSSI

Sagoutier *(Cycas revoluta)*
Ce « faux palmier » à la croissance très lente supporte le climat de la Côte d'Azur. Ailleurs, il passe la belle saison en plein air, au soleil et l'hiver dans une véranda fraîche.

LES PLANTES POUR RÉUSSIR

1 **Datura en arbre** *(Brugmansia arborea)*. Il nécessite un abri chauffé durant l'hiver.
2 **Abutilon** (*Abutilon* x *hybridum*), un buisson couvert de clochettes colorées en été.
3 **Anthémis** *(Argyranthemum frutescens)*. Il forme une touffe de feuilles argentées très fines, couverte de nombreuses marguerites.
4 **Réséda** *(Reseda odorata)*, à l'aspect un peu dégingandé, mais au parfum sublime.
5 **Aéonium** *(Aeonium arboreum)*, une plante grasse assez résistante au froid, mais qu'il faut protéger des intempéries.

VACANCES ESTIVALES AU JARDIN

Célèbre pour ses roses, le jardin d'Anne-Marie, à Lardy (91) séduit dans ses moindres détails. Ici, un petit coin de terrasse, juste devant la maison, accueille à la belle saison, pour un instant d'évasion, des plantes originaires de contrées subtropicales. C'est le cas de l'aéonium (artichaut des Canaries), avec ses rosettes presque noires, d'un jeune datura arborescent encore en boutons et d'un abutilon, dont les fleurs roses commencent tout juste à s'épanouir. Le fait de grouper ces potées (associées aussi avec un réséda et un anthémis dont la présence sera juste saisonnière) permet de composer, entre mai et octobre, une ambiance au goût exotique. Le secret de la réussite passe par une fertilisation très régulière.

ASTUCE TRUFFAUT

L'hivernage des plantes méditerranéennes doit s'effectuer dans une pièce très bien éclairée, dont la température est comprise entre 5 et 10 °C durant la nuit. L'ambiance habituelle de la maison est trop chaude. Elle provoque la chute rapide du feuillage des plantes. Une véranda est idéale. L'arrosage doit être parcimonieux, pas plus de deux fois par mois. En revanche, ne laissez pas les plantes se dessécher complètement, elles ne résisteraient pas longtemps.

3 Les fenêtres, balcons et terrasses au fil des mois

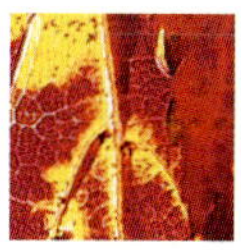

Janvier

À ne pas oublier

- **Traitez** les pêchers nains et les nectarines contre la cloque des feuilles.
- **Brossez** à l'eau, additionnée d'eau de Javel, les pots qui ont servi l'année précédente et qui vont être réutilisés.
- **Achetez** des bruyères, des véroniques, en pleine floraison, des pernettyas aux baies comme des dragées de baptême.
- **Installez** un distributeur de graines et de saindoux, pour les oiseaux des villes.

En janvier, c'est surtout le temps que vous cultivez : celui de vous plonger dans les catalogues, celui de jouir de la vue, bien au chaud derrière la fenêtre. Mais hâtez-vous d'en profiter : les premiers perce-neige pointent le bout du nez... le printemps n'est pas loin !

PROTÉGER

- **Augmentez** les protections autour de vos bacs : le plastique à bulles, sans doute pas très esthétique, présente toutefois l'avantage d'être maniable, propre, réutilisable et... efficace.
- **Évitez** de laisser les pots se gorger d'eau. La majorité des plantes supportent un froid sec, mais pas une terre détrempée. La réserve d'eau des bacs doit être régulièrement vidée.

▲ Une simple feuille de journal protège les plantes fragiles des gelées nocturnes.

- **Protégez** certaines plantes de l'humidité, comme les délospermas, le thym, le romarin, la lavande, les sédums et les plantes des minijardins de rocaille.
- Avec l'eau en excès, le vent est l'autre ennemi des plantes en pot : **posez** des brise-vent dans le sens des vents dominants. Les plus étanches à l'air ne sont pas les meilleurs. Ils créent des turbulences néfastes aux plantes. Un bon brise-vent doit, au contraire, laisser passer l'air à travers des mailles très fines.
- Si les premiers bulbes montrent le bout de leur nez et que le thermomètre menace de descendre bien au-dessous de zéro, **couvrez-les** avec quelques centimètres de tourbe sèche.

PLANTER

- Si le temps n'est pas trop froid, **décorez** vos jardinières de pensées et de primevères, que l'on trouve en plants fleuris à cette période dans les jardineries.
- **Mettez** en place des touffes de myosotis, de giroflées et de pâquerettes. S'il ne gèle pas, divisez les plantes vivaces : alchémilles, marguerites, asters, etc., et ne gardez que les parties les plus jeunes.

TAILLER

- **Taillez** légèrement les pommiers et les poiriers nains. Vérifiez que les attaches et les tuteurs ne blessent pas les tiges.

◀ Les baies des skimmias persistent durant tout l'hiver.

Février

À NE PAS OUBLIER

- **Plantez** dans les jardinières les tulipes ou les narcisses forcés et cultivés dans la maison, dès qu'ils sont défleuris. Ils refleuriront l'année prochaine.
- **Achetez** un sac de terreau enrichi en engrais, pour changer la terre superficielle des bacs anciens (surfaçage).
- **Surveillez** les bacs enveloppés par du plastique (condensation) et **aérez-les** aussi souvent que le temps le permet.
- **Surélevez** les pots avec des petites cales ou supports décoratifs, pour que le fond ne stagne pas dans l'eau froide ou gelée.

Les premières fleurs percent enfin la terre durcie des jardinières et l'on se sent, à la faveur d'un premier redoux, des bouffées d'énergie pour planter, nettoyer, fleurir. Comme si, en nous aussi, la sève se remettait à circuler!

PROTÉGER

- **Achetez** un rouleau de voile de forçage pour protéger les plantes frileuses.
- **Couvrez** vos jardinières d'une feuille de plastique, si la saison est très pluvieuse. **Aérez** dès que le redoux s'installe.
- **Protégez** les azalées et les cyclamens en les rentrant chaque nuit.

NETTOYER

- **Entamez** un nettoyage des bacs. **Ôtez** feuilles mortes et mauvaises herbes.
- **Rénovez** les touffes de bergénias et les hellébores, en enlevant les feuilles sèches.

ACHETER

- **Acheter** un camélia en fleurs, des conifères nains, des skimmias, des houx, des choux d'ornement, des hellébores.

MULTIPLIER

- **Rabattez** les tiges des graminées et **divisez** les trop grosses touffes.

LE BON GESTE DU MOIS

LES REMISES EN ÉTAT

Les treillages, soumis aux intempéries, à l'assaut du vent, au poids des plantes, ont besoin d'un entretien régulier pour durer. De leur aspect plus ou moins soigné dépend l'élégance de votre balcon. Le temps et les soins que vous leur accorderez ne sont pas perdus, bien au contraire.

1. Brossez le bois à sec pour enlever les restes de végétaux, décollez la peinture qui ne tient plus. Poncez soigneusement les parties les plus écaillées. Passez ensuite une éponge trempée dans de l'eau chaude savonneuse pour ôter la pellicule noire due à la pollution ainsi que le reste de la poussière. Rincez à l'eau claire et laissez bien sécher. Remplacez les attaches des treillages et les agrafes des lattes qui sont rouillées et changez le bois abîmé.

2. Terminez l'opération en passant une bonne couche de peinture glycérophtalique sur les treillages ainsi préparés.

1

2

Mars

Des signes discrets annoncent le retour du printemps. Les premiers papillons (les citrons), ivres d'un sommeil trop long, passent en zigzaguant dans l'air juste dégourdi de mars. Les bourgeons gonflent. Les forsythias ont même pris de l'avance. Vite, il est temps de mettre le nez dehors !

À NE PAS OUBLIER

- **Plantez** une clématite à grandes fleurs.
- **Taillez** les plantes grimpantes, palissez-les.
- **Débarrassez** la terrasse de la mousse, avec un produit du commerce (mais surtout pas de sulfate de fer).
- **Traitez** les pêchers nains contre la cloque même si vous l'avez fait le mois précédent.
- **Surveillez** les cochenilles.

PROTÉGER

• **Ôtez** petit à petit les protections, en fonction de la région et du temps, souvent imprévisible en ce mois de mars. **Gardez** toujours à portée de main un voile de forçage pour emmitoufler les plantes les plus fragiles en cas de chute annoncée de la température nocturne.

PLANTER

• **Plantez** des fraisiers dans une jarre spéciale, à plusieurs étages. **Choisissez** des variétés qui s'allongent bien, comme 'Reine des Vallées', ou bien un fraisier grimpant comme 'Mount Everest'. Un petit nouveau, 'Franny', aux longs stolons, est idéal pour les suspensions.

• **Composez** un minijardin de condimentaires : thym, ciboulette, persil (la variété à feuilles plates offre plus de goût que celle à feuillage frisé), estragon, sauge, sarriette, marjolaine, verveine citronnelle. Il est trop tôt pour le basilic.

• **Prévoyez** une jardinière pour faire pousser quelques légumes. À part les radis, les navets ronds et les betteraves plates, qui réussissent bien en pot, les légumes à racines sont réfractaires à la culture sur balcon. Mais il est facile de réussir les salades à couper, les tomates, les concombres, les choux, etc.

• **Commencez** vos plantations de vivaces. **Plantez** des bulbes forcés, des pâquerettes, des pensées, pour fleurir les espaces vides.

• **Installez** des pensées à petites fleurs dans tous les emplacements libres.

▲ Plantez assez serré, pour un effet immédiat.

MULTIPLIER

• **Bouturez** les lauriers-sauce : coupez des jeunes rameaux d'une dizaine de centimètres de long et mettez-les à tremper dans un verre d'eau sur un radiateur. Ils s'enracinent en deux mois.

REMPOTER

• **Commencez** les rempotages des plantes qui en ont besoin : des racines

▲ Les vivaces se divisent aisément en mars.

▲ Éliminez les gourmands des rosiers.

▲ Les pensées fleurissent jusqu'en juillet.

très nombreuses qui tapissent le pot, une végétation moins bonne l'année précédente, un dernier rempotage qui remonte à plus de deux ou trois ans, une silhouette disproportionnée avec celle du pot doivent vous faire intervenir.

- Les plantes qui ont été rempotées l'année dernière, tout comme celles qui vivent en gros pots (plus de 60 cm de diamètre) auront droit à un **surfaçage**. Il suffit de gratter doucement, pour ne pas abîmer les racines, les quatre ou cinq premiers centimètres et de les remplacer soit par un terreau spécial appelé « régénérant de surface », soit par un mélange composé de 1/3 d'amendement organique à base de fumier composté et de 2/3 de terreau neuf.
- **Remettez** un peu de terre de bruyère au pied des camélias, des rhododendrons, des azalées, des skimmias et des piéris.
- **Cachez** la terre des jardinières avec de l'écorce de pin de petit calibre. Cette protection n'a pas qu'un but décoratif : elle évite une évaporation excessive de l'eau, gêne le développement des mauvaises herbes et limite le tassement du terreau sous l'effet des arrosages répétés. Vous pouvez également planter des espèces couvre-sol, comme l'helxine, toute mousseuse, à l'ombre ; les acaénas, les saxifrages, la lysimaque, au soleil.

TRAITER

- **Pulvérisez** un fongicide sur les rosiers contre l'oïdium et les taches noires, puis faites un premier apport d'engrais.

COMMANDER

- **Choisissez** dans les catalogues spécialisés vos bulbes d'été, de dahlias, de tubéreuses, de lis, de glaïeuls, etc.

TAILLER

- **Taillez** les armoises, les sénécios et les phlomis ainsi que tous les arbustes à floraison estivale : hibiscus, buddléias, céanothes, pérovskias, pour obtenir des silhouettes trapues. **Dégagez** en priorité le centre de la plante.

LE BON GESTE DU MOIS

SEMIS EN TERRINE

À la fin du mois, semez les fleurs qui nécessitent un repiquage intermédiaire : sauge, œillet d'Inde, pétunia, zinnia, verveine, etc. Choisissez une terrine peu profonde et achetez un sac de terreau spécial pour semis. Sa composition est étudiée pour qu'il offre une granulométrie fine et un pouvoir drainant optimal. Remplissez la terrine à ras bord. Tassez la terre en tapotant doucement le fond du pot sur la table. Lissez la surface avec une planchette en bois. Le terreau est prêt à recevoir les graines.

Suivez les indications inscrites au dos du paquet, quant à la densité du semis. Recouvrez d'une feuille de plastique, pour maintenir une hygrométrie élevée, favorable à la levée du semis. Selon les espèces, vous sèmerez en godets individuels ou en terrine et vous éclaircirez les semis, pour que les plantules forcissent, avant le repiquage final en mai.

Avril

Mois béni où chaque matin apporte sa fleur nouvelle. Il y a tant à faire sur la terrasse ! D'abord enterrer définitivement l'hiver, en remettant tout à neuf... De temps en temps, arrêtez tout, mettez votre fauteuil au soleil et jouissez sans remords de votre décoration printanière...

À NE PAS OUBLIER

- **Profitez** chaque matin du balcon pour y découvrir une fleur nouvelle.
- **Enterrez** définitivement l'hiver, en remettant tout à neuf et en plantant...
- **Réalisez** un décor à base d'arbustes à fleurs, c'est le moment idéal.
- **Faites** vos achats de plants fleuris et de légumes : l'assortiment est à son apogée dans les jardineries.

ACHETER

• **Installez** des bisannuelles et des bulbes fleuris si vous n'avez pas eu de temps pour effectuer les plantations d'automne. Les délicieuses petites violettes cornues voisineront avec les pâquerettes, les narcisses miniatures avec les jacinthes. N'ayez pas peur de serrer un peu les plants pour un décor immédiat. **Pensez** aux espèces à feuillage, comme les cinéraires, les lierres à petites feuilles, les thyms, les sénécios, les fusains, pour habiller rapidement les jardinières. Passez à la jardinerie pour acheter un sac d'amendement organique à base d'algues et du compost. **Prenez** aussi une boîte d'engrais pour plantes fleuries, à décomposition différée. Faites une distribution générale, en respectant les doses inscrites sur les paquets.

NETTOYER

• **Procédez** à une remise en forme des jardinières, en ôtant les plantes mortes, les feuilles sèches, en taillant le bois mort. **Desserrez** les végétaux qui ont bien poussé l'année dernière.

• **Récupérez** les jeunes plantules issues du semis spontanés des valérianes, des alchémilles, et **repiquez-les** ailleurs.

ATTENDRE

• Les plants fleuris d'espèces estivales, comme les géraniums *(Pelargonium)*, sauges, bégonias, œillets d'Inde et pétunias qui font leur apparition un peu partout dans les jardineries, sont bien attirants ! **Résistez** cependant, jusqu'au milieu du mois, à l'envie de les acheter, tout du moins dans les régions situées au nord de la Loire. Les risques de gel sont encore bien réels un peu partout.

▼ Ces bulbes, achetés en boutons, restent décoratifs durant un mois environ.

SEMER

- **Pensez** à habiller les murs et les rambardes en semant quelques graines de haricots d'Espagne, de pois de senteur, de capucines grimpantes, de houblon, de cobées, de minas, de manettias ou de coloquintes. **Semez** aussi des graines d'annuelles dans les emplacements libres : alysses maritimes, capucines naines, cosmos, gaillardes, centaurées, pavots, pieds-d'alouette, soleils, mais aussi les délicieux ciboulette, persil, radis.

PLANTER

- **Choisissez** les arbustes à floraison printanière, que vous mettrez en place dès ce mois-ci. N'oubliez pas les espèces à feuilles persistantes, qui démarrent vigoureusement dès que le temps se réchauffe. **Préparez** l'été avec quelques pots de lavande ('Hidcote Blue', compacte et basse, est idéale).
- **Installez** un minipotager avec des plants de fraisiers et d'estragon. À la fin du mois, **plantez** des pieds de basilic.
- Sur les grandes terrasses, **installez** un actinidia, qui donnera des kiwis à la fin de l'été. La variété 'Solo' est autofertile, un seul pied suffit pour obtenir des fruits.
- **Mettez** vos bulbes d'été en pots : dahlias, cannas. **Préparez** des potées parfumées avec des lis, des tubéreuses, des acidanthéras, des eucharis, qui ressemblent à de larges narcisses.

▲ Des bulbes fleuris pour un décor immédiat.

- **Plantez** des vivaces à longue floraison comme des scabieuses, des achillées, des penstémons, des hémérocalles, etc.
- **Sortez** les géraniums, les fuchsias et les méditerranéennes qui ont hiverné dans la véranda. Nettoyez-les, rabattez les tiges les plus longues et rempotez-les dans du terreau neuf que vous aurez amélioré avec un engrais à décomposition différée (une cuillère à café pour 5 l).

TAILLER

- **Rajeunissez** tous les arbustes à floraison printanière ayant déjà fleuri, comme les forsythias, le jasmin nudiflore, les *Viburnum bodnantense*, les bruyères, les chimonanthes, les groseilliers à fleurs.

▲ Un bouchon d'engrais pour 10 l d'eau...

▲ Ne brisez pas la motte des jeunes plants.

VÉRIFIER

- **Faites une inspection générale** des crochets qui soutiennent les jardinières. Toute attache tordue ou rouillée doit être immédiatement remplacée. N'oubliez pas qu'il est toujours préférable d'accrocher les potées à l'intérieur des balcons, pour des raisons évidentes de sécurité. En cas d'accident dû à la chute d'un pot, seule la personne ayant la jouissance du balcon est responsable devant la loi.
- Pour conserver de bons rapports de voisinage, **assurez-vous** également que l'eau d'arrosage des jardinières ne s'écoulera pas le long de la façade ou chez le voisin du dessous. Prévoyez des soucoupes pour toutes les plantes.
- Si vous comptez installer des bacs de dimensions importantes (plus de 40 ou 50 cm de côtés), **renseignez-vous** auprès du syndic de l'immeuble, pour connaître la charge maximale autorisée au mètre carré. Attention, le poids du terreau double lorsqu'il est bien humidifié.

☞ LE BON GESTE DU MOIS

L'ENTRETIEN DU CARRELAGE

Une terrasse carrelée ne souffre pas la médiocrité pour ce qui concerne son entretien, que les dalles perdent de leur régularité sous l'action du gel et des différents mouvements du terrain, peu importe, cela confère un peu plus de rusticité à la terrasse. Mais en revanche, vous devez éliminer les mousses et les lichens, voire les mauvaises herbes qui pourraient poindre entre les joints ou se développer sur les carreaux. Non seulement elles sont inesthétiques, mais aussi et surtout elles rendent le revêtement très glissant par temps humide. Grattez avec une spatule les plantes les plus apparentes et traitez le carrelage à la fin de l'hiver avec un produit contre les mousses.

Mai

Généreuse, débordante de vie et de couleurs, accueillante, votre terrasse se transforme au mois de mai en une oasis de calme et de beauté, un refuge où il fait bon vivre loin de l'agitation de la ville. C'est pourquoi elle mérite toute votre attention et un décor végétal de toute beauté.

▲ Les suspensions demandent un arrosage quotidien.

À NE PAS OUBLIER

- **Gardez** un voile de protection à portée de main, jusqu'après les saints de glace.
- **Taillez** les vivaces défleuries, comme les aubriètes et les cœurs-de-Marie.
- **Rempotez** les arbustes nouvellement achetés dans un bac de grande taille contenant un terreau riche. N'oubliez pas de faire tremper la motte 15 minutes dans un seau d'eau, avant le rempotage.

ACHETER

- **Procurez-vous** quelques barquettes de plantes annuelles: pétunias, agératums, géraniums, tabacs, tagètes, sauges, pour les endroits ensoleillés. Impatiens, mimulus, lobélias, fuchsias, bégonias tubéreux conviendront mieux à la mi-ombre. **Pincez** les premières fleurs sitôt plantées en jardinières, pour laisser à la plante le temps de développer ses racines. La floraison n'en sera que meilleure par la suite. **Achetez** également quelques pots de muguet.
- **Ne partez pas** de la jardinerie sans un ou deux pieds de basilic. La variété à larges feuilles est très parfumée. Celle à petites feuilles, très goûteuse, présente l'avantage de monter à fleurs moins vite.

ARROSER

- **Augmentez** la cadence et la quantité des arrosages. **Ne laissez pas** d'eau dans la soucoupe, excepté pour les papyrus *(Cyperus diffusus)*.

PLANTER, SEMER

- **Installez** des pieds de tomates, vers le 15 mai, dans la région Île-de-France. Parmi les variétés à petits fruits, 'Sweet 100' est une des meilleures, mais elle n'est à l'aise que sur les grandes terrasses. La plante peut atteindre 2 m de hauteur! Les

▲ Arrachez les bulbes défleuris pour les remplacer par des fleurs estivales.

▲ Plantez des tomates dans les jardinières

▲ Pulvérisez un insecticide en cas d'attaque.

▲ Donnez un engrais à diffusion différée.

petits balcons accueilleront 'Red Robin', 'Phyra' (30 cm de haut), 'Gartenperl' (40 cm) ou 'Tigerette Cherry'.

- **Continuez** à installer des tubercules de dahlias et de cannas dans des jardinières profondes, en utilisant du terreau pour géraniums souple et poreux.
- **Rempotez** les camélias dans un mélange de terreau et de terre de bruyère.
- **Semez** des radis et de la laitue à couper dans un pot de 25 cm de profondeur.
- **Semez** des fleurs annuelles à croissance rapide (nigelles, clarkias) dans les bacs.

ENTRETENIR

- **Apportez** de l'engrais soluble aux bulbes de tulipes, de narcisses, de jacinthes et de fritillaires, afin qu'ils accumulent suffisamment de réserves pour refleurir l'année prochaine.
- Si votre eau est calcaire, **épandez** un produit antichlorose au pied des hortensias et autres plantes de sol acide : rhododendrons, piéris, azalées, camélias, kalmias, enkianthus, skimmias.
- **Palissez** les pousses des clématites, du jasmin et du jasmin étoilé, du trachélospermum, de l'akébia, des bougainvillées, des chèvrefeuilles, elles peuvent s'allonger de 50 cm en un mois.
- **Nettoyez** les fleurs fanées des rhododendrons, en les pinçant avec l'ongle, juste sous la base des fleurs.
- **Supprimez** les gourmands des rosiers, qui apparaissent à la base du pied.
- **Envisagez** l'installation d'un système d'arrosage au goutte-à-goutte sur votre balcon, en prévision des vacances. C'est très facile, économique et automatique.

TAILLER

- **Taillez** pour les équilibrer et les rajeunir les arbustes qui ont déjà fleuri : spirées, forsythias, groseilliers à fleurs, viornes, genêts, corêtes du Japon.
- **Sortez** toutes les plantes gélives que vous aviez rentrées en hiver et procédez à une taille soignée. Géraniums, verveines, lantanas, héliotropes, anthémis, hélichrysums, fuchsias seront ensuite rempotés dans un terreau riche.
- **Taillez** les conifères aux formes libres comme les thuyas, les genévriers et les cyprès pour équilibrer leur silhouette.

LE BON GESTE DU MOIS

PLANTEZ UNE JARDINIÈRE

Pour une préparation soignée, il faut respecter quatre règles de base.

- Le terreau se tassant facilement, l'eau en excès a de plus en plus de mal à s'évacuer au fur et à mesure que l'on avance dans la saison. Il faut donc prévoir une couche drainante d'au moins 3 cm : cailloux, tessons, graviers font l'affaire. Isolez cette couche du terreau par un feutre ou par un morceau de voile de forçage.
- Le terreau employé doit être de bonne qualité. Les promotions exceptionnellement peu chères, dans les supermarchés, de produits sans marque, sans indications sur le sac, doivent vous inciter à la méfiance. Il est utile d'améliorer le terreau avec quelques poignées d'amendement organique ou quelques pincées d'engrais à décomposition différée.
- Le collet des plantes doit affleurer la surface de la terre, sans qu'il se forme un petit monticule autour. Tassez le terreau en tapotant la jardinière contre la table et en pressant avec les doigts.
- Il faut toujours laisser au moins 2 à 3 cm entre le rebord du bac et le niveau du terreau, afin de pouvoir arroser facilement.

1. Comptez 25 cm de large par godet.
2. Ne remplissez pas trop la jardinière.

1

2

Juin

Le balcon et la terrasse sont entrés de plain-pied dans l'été. Les floraisons ne sont pas encore à leur apogée, mais on devine déjà l'opulence future des potées. Ne relâchez pas votre attention : plus que jamais, tout ce petit monde a besoin de vous ; arrosez et fertilisez généreusement.

À NE PAS OUBLIER

- **Palissez** les plantes grimpantes.
- **Installez** des brise-vent, qui serviront aussi d'ombrage pour les plantes de mi-ombre, comme les fuchsias, les lobélias, les bégonias tubéreux, les fougères.

NETTOYER

• **Décroûtez** par griffage la surface des jardinières quand il fait chaud et sec.

• **Nettoyez** les bords des pots, sur lesquels commencent à apparaître des dépôts brunâtres, dus aux minéraux des engrais. Cette concentration de sels risque à la longue d'être toxique pour les plantes. Elle est, de plus, assez inesthétique, mais disparaît facilement quand on la racle avec un couteau.

• **Balayez** le sol de la terrasse au moins une fois par semaine pour éliminer les feuilles et la poussière, qui peuvent abriter des parasites, puis lavez à grande eau.

• **Ôtez** régulièrement les fleurs fanées, les feuilles mortes et les mauvaises herbes.

• **Cueillez** chaque semaine les fleurs des pois de senteur et faites-en des bouquets, pour qu'ils continuent à fleurir.

• **N'hésitez pas** à remplacer une plante malade. Il est souvent plus économique de se débarrasser des végétaux qui n'ont pas bien repris et montrent des signes évidents de faiblesse que d'essayer de les soigner désespérément.

• **Arrachez** les bulbes de tulipes dont le feuillage a jauni. Débarrassez-les de la terre et stockez-les dans des chaussettes en coton, au frais, à l'ombre et au sec.

SURVEILLER

• Ayez l'œil sur les parasites, fréquents en cette saison. **Arrosez** régulièrement le feuillage des conifères pour éviter que les araignées rouges ne s'installent. **Inspectez** l'aisselle des feuilles des agrumes et autres arbustes à fleurs, pour détecter un début d'invasion par les cochenilles. Traitez-les avec un mélange d'huile, alcool et savon noir. **Examinez** les extrémités des pousses des capucines et des rosiers, souvent colonisées par les pucerons. **Secouez** les branches des fuchsias, des tabacs, des pétunias, des daturas, pour voir si les mouches blanches (aleurodes) ou les cicadelles *(Metcalfa)* n'ont pas envahi ces plantes.

▲ Un pélargonium rose tendre se mariera bien avec des feuillages gris argenté.

▲ Éliminez les mauvaises herbes au plus tôt.

▲ Plantez les condimentaires en ce moment.

▲ Palissez les plantes grimpantes sans serrer.

MULTIPLIER, PLANTER

• Il est encore temps de **semer** en place des soucis, au début du mois, des résédas, des pourpiers, des ricins, du lin, des nigelles et même des tournesols.

• **Bouturez** les bégonias tubéreux, les fuchsias, les arabis, les aubriètes, les céanothes, les hydrangéas, les viburnums.

• **Plantez** des agapanthes, des marguerites d'automne, des phlox, des asters, des dahlias, des anémones du Japon.

• **Préparez** des potées de crocus d'automne, sternbergias, cyclamens, colchiques et *Amaryllis belladona.*

• **Semez** des légumes à croissance rapide : radis, salades à couper.

ENTRETENIR

• **Arrosez** deux fois par semaine tant que la température est comprise entre 20 et 25 °C. Entre 25 et 30 °C arrosez quotidiennement. Au-dessus de 30 °C, un apport d'eau matin et soir est recommandé. **Videz** bien la soucoupe, la base du pot ne doit pas tremper dans l'eau.

LE BON GESTE DU MOIS

LES SECRETS DE L'ARROSAGE

1. Il est important de ne pas laisser la motte se dessécher car les substrats, généralement à base de tourbe, se réhydratent très mal. Si malgré tout vos pots se sont desséchés, faites-les tremper pendant vingt minutes. Procédez en deux fois, à quelques minutes d'intervalle. Veillez à ce que l'eau ne glisse pas sur la terre, mais qu'elle pénètre bien dans le substrat. Il est préférable d'arroser avec de l'eau à température ambiante. Quand vous avez fini d'arroser, remplissez une fois encore un arrosoir, en prévision du lendemain.

2. N'arrosez pas en plein soleil. Diluez régulièrement de l'engrais liquide pour plantes fleuries (l'engrais pour fraisiers ou tomates fait aussi l'affaire), dans l'eau d'arrosage. Vous pouvez utiliser la dose préconisée par le fabricant et arroser tous les dix jours. Mais vous obtiendrez de meilleurs résultats en diluant un bouchon d'engrais dans un arrosoir de 10 l, et en arrosant une fois sur deux avec cette solution.

L'arrosage n'est pas une science exacte, il dépend de nombreux facteurs. En règle générale, on arrose plus souvent les plantes installées dans des petits pots, en période de chaleur, en plein soleil, les jours de grand vent. On réduit les apports d'eau à l'ombre, quand il pleut, quand la température baisse, quand les plantes sont installées dans des pots en plastique ou des bacs à réserve d'eau. Les plantes succulentes ont besoin de peu d'eau, celles à feuillage fin demandent à être arrosées souvent. Retenez que la majorité des plantes périssent plus souvent par excès d'humidité que par manque d'eau. Veillez à ce que les premiers centimètres de terre soient secs avant de réhumecter la terre et ne laissez pas d'eau dans la soucoupe.

3. Le goutte-à-goutte simplifie la vie.

1

2

3

Juillet

À NE PAS OUBLIER

- **Apportez** en surface du terreau neuf dans les jardinières dès que vous constatez que le niveau baisse (il se tasse).
- **Couvrez** la terre nue avec de l'écorce de pin pour limiter l'évaporation.
- **Éloignez** les jardinières des murs chauffés par le soleil pour éviter les brûlures des feuilles par réverbération.
- **Surveillez** les attaques d'oïdium sur les rosiers, les phlox et les asters.

C'est le moment ou jamais de profiter pleinement de votre terrasse. Assurez le minimum (les arrosages) et faites-vous plaisir, vous l'avez bien mérité. Installez-vous au soleil, lisez, dormez, rêvez... peut-être à vos prochaines plantations.

ARROSER

• **Abreuvez** les plantes chaque soir, s'il fait très sec. **Continuez** les apports d'engrais liquide une fois par semaine, spécialement sur les dahlias et les cannas.

▲ Ôtez les fleurs fanées, cela stimule et prolonge sensiblement la floraison.

• **Douchez** la ramure de toutes les plantes, sauf celle des végétaux qui sont en fleurs ou dont le feuillage est poilu.

• **Testez** votre installation d'arrosage automatique pour être certain que les réglages sont bien au point et que vous n'aurez pas de surprise au retour des vacances. Le système d'arrosage peut être couplé avec un diffuseur d'engrais.

• **Laissez** la réserve des bacs se vider et la terre sécher pendant quelques jours, avant de rajouter de l'eau.

TAILLER

• **Supprimez** les rameaux secondaires qui poussent à l'aisselle des feuilles des tomates (excepté les tomates cerises) et pincez la tige principale au-dessus des deux premiers bouquets de fleurs.

• **Ôtez** les feuilles qui cachent le soleil devant les fraises et les tomates.

• **Coupez** les hampes florales des plantes vivaces désormais fanées comme les valérianes, les véroniques, les campanules, les alchémilles et les népétas.

• **Continuez** à les arroser et à donner de l'engrais pour une seconde floraison à l'automne.

• **Réduisez** l'encombrement des plantes devenues trop grandes comme le romarin et la sauge. **Taillez** les lavandes en boule, après la floraison.

• **Rabattez** l'ostéospermum lorsqu'il commence à « partir » dans tous les sens. **Coupez** juste au-dessus du départ d'un bourgeon ou d'une feuille.

SOIGNER

• Par temps chaud et sec, **pulvérisez** un acaricide (produit contre les araignées rouges) sur les conifères nains qu'une attaque peut détruire en quelques jours.

• **Ne mouillez pas** le feuillage des rosiers lors de l'arrosage pour éviter le développement de la maladie des taches noires. **Taillez** sévèrement les plantes qui sont déjà bien malades et **fertilisez-les**.

Août

En ces jours de fortes chaleurs, les floraisons marquent un peu le pas. Laissez les plantes souffler un peu et veillez à ce qu'elles ne manquent jamais d'eau. Les potées n'attendent qu'un petit coup de pouce de votre part pour repartir du bon pied.

À NE PAS OUBLIER

- **Installez** un système d'arrosage automatique pendant les vacances. Le goutte-à-goutte avec micro-aspersion est parfait.
- **Remplacez** les plantes défleuries par des espèces plus tardives (reine-marguerite).
- **Accueillez** des grandes plantes qui vont servir à ombrager les plus petites.
- **Posez** des filets brise-vent et faites grimper dessus des cobées et des pois de senteur.

▲ Un cache-pot de 30 cm de haut accueille des nénuphars nains qui fleurissent.

PRÉPARER LES VACANCES

- Si vous vous absentez plus de trois jours, **prenez** vos dispositions pour que les plantes ne sèchent pas sur pied.
- **Glissez** dans l'ombre tous les pots facilement transportables. **Arrosez** abondamment. Une fois n'est pas coutume, **laissez** l'eau dans les soucoupes.
- Les petits pots, qui se dessèchent vite, auront droit à un traitement spécial. **Plongez-les** dans un seau plein d'eau, jusqu'à ce qu'il ne se forme plus de bulles à la surface. **Installez-les** ensuite dans une bassine en plastique remplie de tourbe saturée d'eau. **Posez** un film plastique sur le dessus de la bassine, en laissant dépasser le feuillage, et disposez le tout dans le coin le moins ensoleillé de la terrasse. Ainsi préparées, les plantes devraient « tenir » une semaine. Au-delà, il est plus raisonnable de confier l'arrosage à un ami.
- Si vous partez plus de deux semaines, **pincez** toutes les fleurs et les boutons floraux de vos pétunias, géraniums, ostéospermums, fuchsias, héliotropes, impatiens, pois de senteur, sauges. **Taillez** les rameaux trop longs et même **rabattez** l'ensemble des tiges de la moitié de leur longueur. À votre retour, vous retrouverez toutes vos potées en pleine forme et entièrement fleuries, à la seule condition qu'elles n'aient pas manqué d'eau plus de deux jours consécutifs.

LE BON GESTE DU MOIS

SEMEZ DES FLEURS EN ÉTÉ

C'est le moment de semer les fleurs du printemps à la végétation bisannuelle (pensées, myosotis, roses trémières, pâquerettes, digitales, giroflées) et quelques vivaces (ancolies, campanules et pavots).

1. Préparez une terrine avec un mélange homogène de sable et de tourbe que vous lissez parfaitement avec une règle en bois.

2. Tamisez finement du terreau à la surface de la terrine sur 0,5 cm environ.

3. Éparpillez les graines à la surface de la terrine, recouvrez-les à peine de terreau, arrosez par vaporisation ou trempage.

1

2

3

Septembre

C'est bien un second printemps qui s'annonce en ce mois de septembre. L'humidité retrouvée et l'air rafraîchi donnent un coup de fouet aux potées, qui fleurissent de plus belle. Suivez le rythme sans vous essouffler et n'hésitez surtout pas à enrichir vos plantations de quelques espèces d'arrière-saison.

À NE PAS OUBLIER

- Dans la seconde quinzaine du mois, **cessez** tout apport d'engrais sur les arbustes et les plantes qui passeront l'hiver dehors.
- **Repiquez** les fleurs semées le mois dernier pour qu'elles forcissent bien.
- Avant de les replanter, **inspectez** les bulbes de tulipes de l'année précédente que vous avez gardés. **Jetez** tous ceux qui présentent des parties molles ou des taches.

RENOUVELER

- **Dépotez** les plantes en fin de végétation et remplacez-les par des asters nains, des marguerites d'automne, des potées de sédums, d'anémones du Japon, de dahlias nains ou même de choux d'ornement. **Installez** quelques potées de petits cyclamens de Perse.
- **Changez** progressivement le décor et préparez les jardinières pour l'hiver, avec des conifères nains et des bruyères.

ENTRETENIR

- **N'abandonnez pas** vos pétunias, vos géraniums, vos impatiens et vos agératums. Vous avez encore devant vous deux bons mois de floraison. **Rabattez** d'un tiers les tiges. **Nettoyez** les feuilles sèches, les fruits en formation, les fleurs fanées et **arrosez** à l'engrais liquide, ils repartiront de plus belle. Vous aurez bien sûr pris soin auparavant d'arroser la motte, pour ne pas brûler les racines.
- **Continuez** à donner de l'engrais aux dahlias et aux cannas. **Tuteurez** les plus grands et supprimez les fleurs dès qu'elles commencent à faner.
- **Soulevez** les tiges des plantes à port retombant qui traînent jusqu'à terre et **nettoyez** soigneusement dessous.

MULTIPLIER

- **Semez** des pavots annuels (coquelicots, pavots d'Islande, pavots somnifères). Ils passeront l'hiver à l'état de rosettes et fleuriront en mai prochain. **Semez** des valérianes (*Centranthus ruber*) dans les bacs bien exposés au soleil.
- **N'oubliez pas** de planter une étiquette pour vous souvenir du nom et de la présence des plantes semées.
- **Faites des semis** de pois de senteur directement dans les bacs. Vous obtiendrez ainsi une floraison précoce, avant les grandes chaleurs qui leur sont fatales.
- **Bouturez** les fuchsias, anthémis, héliotropes, lantanas, solanums, anisodonteas,

▲ Traitez contre les pucerons, très virulents.

cestrums, daturas, calcéolaires ligneuses, armoises, plumbagos du Cap, pélargoniums et autres plantes non rustiques, pour pouvoir hiverner des jeunes plants qui prennent moins de place et résistent mieux dans la maison que les vieux sujets.

• **Utilisez** pour le bouturage un mélange à parts égales de sable de rivière et de tourbe blonde. **Piquez** les boutures contre la paroi des pots, c'est dans cet endroit qu'elles s'enracinent le mieux.

• **Récoltez** sur pieds des graines d'œnothères, de pétunias, de tabacs et de mufliers. Vous les sèmerez en place. La réussite n'est pas assurée à 100 %, mais ces graines gratuites vous fourniront parfois des résultats surprenants !

TAILLER

• **Rabattez** les arbustes dont la floraison estivale est terminée. Il faut les couper court car ils fleurissent sur des pousses de l'année. Sans cette taille sévère, ils se dégarnissent et perdent de leur éclat.

• **Redonnez** une forme aux boules de buis, de lavande et de troène.

• **Pincez** les plantes grimpantes un peu dégingandées, notamment les cobées dont cela stimule la floraison tardive.

▲ Avant de les réutiliser, brossez et trempez les pots dans de l'eau de Javel diluée.

PLANTER

• **Installez** les arbustes de terre de bruyère : rhododendrons, piéris, camélias, bruyères. Pensez aux arbustes dont les baies restent décoratives une bonne partie de l'hiver, comme les skimmias, les pernettyas, les callicarpas, les houx, les cotonéasters.

• **Commencez** les plantations de bulbes de printemps (tulipes, narcisses, crocus, jacinthes, muscaris, alliums).

• C'est le moment d'acheter des **pensées**. Elles fleurissent tout l'hiver. La neige stoppe leur floraison, mais elles repartent au premier redoux. Les coloris jaune pâle, blancs ou orangé sont particulièrement lumineux, tout comme certains roses très tendres.

▲ Le rouge réveille l'harmonie de jaune et de bleu pour un effet très éclatant.

☞ LE BON GESTE DU MOIS

PLANTER LES BULBES DANS LES JARDINIÈRES

1. Le drainage représente une étape importante de la plantation des bulbes. Installez un lit de gravier, de sable, de tessons de poterie ou des morceaux de polystyrène, que vous recouvrirez d'un feutre avant de remplir la jardinière de terre.

2. Laissez 5 cm entre chaque bulbe. Il est important de respecter les profondeurs de plantation, car les bulbes mal plantés donnent des feuilles, puis des tiges et des fleurs difformes. On enterre en général le bulbe de deux fois sa propre hauteur. Certains jardiniers déposent une poignée supplémentaire de sable à la base du bulbe, pour obtenir un drainage parfait.

Même si vous débutez, vous réussirez facilement les crocus, les narcisses ('Tête-à-Tête', 'Thalia', 'Pétrel'), les jacinthes, les muscaris, les scilles. Dans un terreau bien drainé, essayez des *Cyclamen coum*, qui forment des bouquets denses de fleurs roses à partir de février. Pour tous les bulbes, évitez les bacs à réserve d'eau, toujours trop humides.

Si vous désirez des floraisons variées et échelonnées, il est possible de planter sur deux ou trois étages. Les gros bulbes de narcisses et de tulipes sont déposés en premier, au fond, à 10-12 cm de profondeur, posés sur leur base, pointe en l'air. Recouvrez d'une couche de terre. Au-dessus et dans les intervalles, vous installerez des jacinthes, à 8 cm de profondeur. Après avoir déposé une nouvelle couche de terre, vous planterez des bulbes de crocus, ou de muscaris, à 5 cm de profondeur. Recouvrez de terreau que vous tasserez doucement en tapotant le fond de la jardinière sur la table.

3. Terminez par un arrosage en pluie fine, sans détremper, pour tasser la terre.

Octobre

La course est engagée avec les premiers risques de gelées nocturnes : plantations et divisions n'attendent plus. Une terrasse ou un balcon bien préparés en octobre ont de bonnes chances de rester attrayants durant tout l'hiver. Pensez à accueillir des persistants et des fleurs de saison.

À NE PAS OUBLIER

- **Vérifiez** les tuteurs. Inspectez les troncs des arbustes, pour vous assurer que les attaches ne les étranglent pas.
- **Offrez** des pommes, accrochées à un fil de fer, pour les oiseaux des villes.
- **Réduisez** petit à petit les arrosages, surtout pour les arbustes à feuillage caduc.
- **Tournez** d'un quart de tour les plantes placées le long d'un mur pour qu'elles finissent par pousser bien droit.

NETTOYER

• Dès la première gelée nocturne, faites le grand nettoyage d'automne, en enlevant les fleurs annuelles. **Arrachez** la motte de terre avec la plante et remplacez par du terreau neuf. **Videz** les petites jardinières. Jetez le terreau, qui en raison de son faible volume est épuisé, et **lavez** les pots.

PROTÉGER

• **Rentrez** les derniers géraniums après les avoir sévèrement rabattus.

• **Commencez** à installer des protections autour des plantes les plus fragiles, trop grosses pour être rentrées, telles que plumbago, laurier-rose, lantana sur tige, myrte, jasmin, pittosporum, *Solanum rantonnetii*, palmier, leptospermum, lilas des Indes, bananier, eucalyptus, cordyline, bougainvillée, agapanthe, passiflore.

• **Rapprochez** les bacs près du mur de l'habitation ou dans un coin abrité des vents dominants, froids et desséchants.

• **Regroupez** les petits pots (15 cm de diamètre et moins) dans une grande jardinière et **comblez** les interstices avec de la tourbe sèche, qui fera office de matelas isolant et d'absorbant de l'humidité.

◄ La vigne vierge prend des couleurs éclatantes dès le mois d'octobre.

▲ Plantez des bulbes au pied des arbustes.

• **Installez** les bonsaïs dans un endroit lumineux et protégé. Certaines espèces nécessitent une miniserre en plastique, pour les abriter durant la nuit.

ACHETER

• Pour un décor immédiat, **achetez** des cotonéasters, des potées de chrysanthèmes, des reines-marguerites, des skimmias, des graminées, des fusains panachés, des véroniques arbustives, des myrtes, des bruyères, des conifères nains. Pour ces derniers, jouez avec les formes : en fuseau *(Juniperus communis* 'Compressa'), en pyramide *(Picea glauca* 'Conica'), en boule *(Pinus mugo* 'Mops'), étalées (*Juniperus horizontalis* 'Blue Chip'), en cône (*Picea pungens* 'Glauca Globosa).

• Avec les conifères, **mariez** les couleurs, qui peuvent aller du jaune doré *(Chamaecyparis lawsoniana* 'Ellwood's Gold') au vert profond *(Cryptomeria japonica* 'Broom') en passant par le bleu *(Cedrus deodara* 'Feeling Blue'), et les textures, plus ou moins plumeuses selon la dimension et la forme des aiguilles.

• **Prévoyez** aussi le décor du printemps, en continuant la plantation des bulbes et des arbustes à feuillage caduc. En hiver, pensez au noisetier tortueux, à la silhouette tourmentée, très graphique.

• Pour que les potées de bulbes restent décoratives en hiver, **installez** des plantes

▲ Éliminez toutes les hampes florales fanées.

vivaces à petit feuillage persistant : acaéna, bugle rampant, arabette, violette, thym rampant, céraiste, œillet, etc.

• **Achetez** des cyclamens et des pensées aux coloris assortis, pour réaliser des potées de saison riches en couleurs.

RÉCOLTER

• **Cueillez** les coloquintes, **lavez-les** à l'eau et au savon, sans les cogner. **Séchez-**

▲ Plantez des arbustes persistants pour l'hiver.

les et passez dessus une cire incolore. Pour la décoration, songez aussi aux potirons, en vente dans les supermarchés et les jardineries, et à leur immense famille : gourdes, pâtissons, giraumons, courges serpent, griffes du diable, etc.

• **Récoltez** les kiwis, qui arrivent maintenant à maturité, ainsi que les dernières fraises, tomates et framboises.

• **Coupez** les tiges des graminées.

LE BON GESTE DU MOIS

LES TAILLES DE FIN D'ÉTÉ

1. La lavande *(voir photo)*, le thym, et de manière générale toutes les plantes à tiges ligneuses ne doivent pas être rabattues à ras, sur le bois nu. Elles ne repartiraient pas. Taillez toujours au-dessus d'une jeune tige encore herbacée. Conservez une forme arrondie au buisson. Commencez par éliminer les branches mortes, puis celles du milieu de la touffe, qui se croisent. Coupez les branches chétives, qui ne portent en général pas beaucoup de fleurs. Puis procédez à la taille de mise en forme proprement dite. Toutes les grosses branches sont rabattues d'un tiers ou de moitié, juste au-dessus d'un bourgeon tourné vers l'extérieur. Éliminez au passage les feuilles malades, porteuses d'agents pathogènes.

2. Pour les arbustes sur tige, coupez les rameaux secondaires qui se développent sur le tronc principal et les drageons éventuels. Redonnez ensuite à la ramure un port en boule, en taillant les jeunes pousses et en ne laissant que deux ou trois yeux.

Si l'on craint des froids très forts, ou si l'on ne dispose pas d'un local de conservation totalement hors gel, il vaut mieux attendre le printemps pour réaliser cette opération. En effet, les bourgeons des extrémités gèlent en premier. Ceux de la base, qui ont été épargnés, peuvent alors prendre le relais au début du printemps.

Chez les arbustes pleureurs, il faut éliminer l'extrémité des tiges qui touchent le sol, les tiges secondaires qui se dressent au-dessus de la ramure, et les gourmands qui se forment sur le tronc.

3. Équilibrez racines et tiges des géraniums, qui seront conservés au sec.

1

2

3

Novembre

Les journées sont de plus en plus courtes, le fond de l'air, frisquet, et le temps, pas toujours au beau fixe. Mais les jardiniers savent bien que c'est à l'automne que se préparent les plus beaux printemps. Alors, vite, retroussons nos manches !

PROTÉGER

- **Couvrez** les pieds de persil et de ciboulette avec une cloche en plastique, vous gagnerez ainsi quelques semaines de cueillette. Aérez bien par temps doux.
- **Intensifiez** les protections des arbustes contre le froid avec des voiles d'hivernage.
- Si vous avez commandé des plantes, et que vous ne pouvez pas les planter immédiatement, ne les laissez pas à l'intérieur de la maison. **Disposez-les** plutôt dehors, dans leur carton ouvert, abritées par un mur et du plastique à bulles.

MULTIPLIER

- **Semez** des pois de senteur, trois graines par godet, sur le rebord de la fenêtre. Ils germeront à la mi-décembre et sembleront végéter. Mais, en mars, la reprise sera beaucoup plus vigoureuse que si vous aviez semé au printemps.
- **Divisez** les plantes vivaces dont les touffes sont devenues trop grosses.

PLANTER

- **Plantez** des rosiers à petit développement, dans des pots assez profonds (30 cm de haut).
- **Plantez** les derniers bulbes de printemps jusqu'à la fin du mois, en privilégiant des variétés à floraison tardive.

ACHETER

- Les jardineries proposent des **mahonias** dont la variété 'Charity' est en fleurs dès le mois de novembre. L'extrémité des tiges se termine en une explosion de petites corolles jaune tendre, parfumées, qui rappellent, avec quelques mois d'avance... le muguet ! La variété 'Apollo', plus petite et plus compacte, est tout indiquée pour les balcons.
- Le **sarcococca** est moins répandu, et pourtant ce petit arbuste persistant qui fleurit en plein mois de janvier en timides clochettes au puissant parfum de jasmin vanillé est idéal en pot.

À NE PAS OUBLIER

- **Continuez** d'arroser les arbustes persistants tant qu'il fait assez doux.
- À chaque redoux, **aérez** les pots emmitouflés dans les protections. Soulevez les cloches pendant les belles journées.
- **Remplissez** le distributeur de graines pour les oiseaux qui crient famine.
- **Vidangez** le tuyau d'arrosage et **rentrez-le**.

▲ Cette harmonie en rose fleurit deux mois.

INSTALLER

- **Disposez** les bonsaïs sur des étagères à claire-voie, afin que le fond des coupes ne baigne pas dans l'eau par temps très pluvieux. C'est aussi le moyen de mieux les apprécier et de les entretenir aisément.
- **Placez** les bacs à réserve d'eau sous des auvents pour qu'ils ne soient pas soumis aux intempéries. À la fin de l'hiver, leur terreau serait totalement détrempé.
- **Mettez** en place des systèmes fiables et solides pour amarrer les jardinières.

Décembre

À NE PAS OUBLIER

- **Vérifiez** que le tuyau de drainage de la terrasse n'est pas obstrué par des débris végétaux ou par de l'eau gelée.
- **Ôtez** les mauvaises herbes qui se sont installées dans les jardinières.
- **Continuez** d'arroser les arbustes persistants quand le temps est doux et sec.

Même quand tout semble figé dans un voile de givre ou sous un édredon de neige, la vie continue en sourdine. Les plantes de la terrasse ont besoin de vous pour passer ce cap difficile. Soyez attentif et surtout prévoyant car elles jouent leur vie.

PROTÉGER

• **Secouez** les branches des conifères si la neige les fait ployer. Un poids trop important peut les casser ou simplement leur donner une courbure inesthétique, difficile à rattraper au printemps. S'il neige beaucoup et longtemps, **ficelez** les conifères qui ont une forme colonnaire et **attachez** tous ceux dont les branches offrent une large prise à la neige.

• Si vous avez créé sur le balcon un bac avec des poissons, pensez à le protéger du gel. **Creusez** un trou dans la glace en posant dessus le fond d'une casserole chaude, pour que l'oxygène puisse passer. Les nénuphars nains peuvent rester dehors tant que la souche, située au fond du bac, n'est pas prise en glace. Une feuille de plastique à bulles suffit pour isoler le bac.

PRÉPARER

• Procédez à une révision générale de vos outils. **Démontez** les sécateurs, aiguisez les lames, **grattez** la binette et le transplantoir, pour les dérouiller. **Passez** dessus un produit protecteur. Lavez les gants de jardin. **Achetez** du raphia, des attaches, des étiquettes (avec un crayon à mine grasse) et du mastic cicatrisant.

NETTOYER

• **Balayez** régulièrement la terrasse pour ôter les feuilles mortes. **Arrachez** les plantes gelées ou desséchées.

• Pensez à **surélever**, sur de petites cales, les potées qui restent sous la pluie, pour éviter que l'eau ne stagne en dessous.

◀ Décorez aussi le balcon avec un sapin de Noël étincelant de guirlandes.

▲ Arrachez en motte les annuelles gelées.

• Profitez d'une belle journée pour **nettoyer** les gros bacs, **remplacer** en partie les plantes.

• **Déplacez** les potées pour laver le sol, souvent taché à leur emplacement.

• **Taillez** les racines et la couronne des arbustes à feuilles caduques, qui ont beaucoup poussé.

4 Dictionnaire des plantes de fenêtres, balcons et terrasses

Hauteur de la plante
Largeur de la plante
Toutes expositions possibles
Exposition ensoleillée
Exposition ensoleillée ou mi-ombragée
Exposition mi-ombragée
Exposition ombragée ou mi-ombragée
Exposition ombragée
C Plante caduque
PC Plante persistante ou caduque
P Plante persistante
Résistance au gel

LES PLANTES DE A À Z

Une véritable révolution s'est produite ces dernières années en matière d'assortiment végétal destiné à la culture en pot ou en bac. S'il n'a toujours pas été détrôné, le « roi géranium » vacille devant la richesse de formes et de couleurs qu'apportent les nouveaux pétunias (Surfinia, Calibrachoa, Million Bells), les diascias, les némésias, les bacopas, les bidens et quelques petits nouveaux au potentiel prometteur comme les angélonias, les alonsoas, les centradénias, les monopsis, les toérnias, etc. Mais le mouvement le plus important auquel on a assisté est venu des fabricants de contenants. En proposant des modèles de plus en plus volumineux, ils ont permis d'accueillir en culture hors sol des végétaux jusqu'alors réservés aux heureux propriétaires d'un jardin. C'est ainsi qu'une large gamme d'arbustes et même de petits arbres peut sans problème venir décorer et ombrager balcons et terrasses. La culture des bonsaïs nous a d'ailleurs appris que l'adaptation en pot venait plus de la technique du jardinier que de l'espèce végétale elle-même.

Dans les pages suivantes, vous allez découvrir un très large assortiment de plantes avec tous les conseils précis pour les réussir en pot. Choisissez-les en fonction de la dimension des contenants dont vous disposez et de votre expertise en matière de jardinage. En effet, la culture hors sol rendant les plantes assez aisément transportables, elle a entraîné la prolifération de l'offre d'espèces tropicales. Si ces dernières nous dépaysent et nous enchantent par leur opulence et leur originalité, elles nécessitent des soins plus attentifs que les végétaux rustiques et surtout des possibilités de conservation hivernale avec une serre ou une véranda qui ne sont malheureusement pas accessibles à tous.

A

Abelia x *grandiflora* 'Confetti'

Abelia x grandiflora
ABÉLIA

J F M A M J J A S O N D

1,20 m	80 cm		Arbuste	- 8 °C

Arbuste compact de la famille des Caprifoliaceae, l'abélia forme un joli buisson fleuri tout l'été.

Feuillage : lancéolé, simple, vert olive, ombré de pourpre, semi-persistant.

Floraison : les clochettes, légèrement parfumées, roses en boutons, évoluent vers le blanc. Elles s'épanouissent du début de l'été jusqu'en automne.

Espèces et variétés : *Abelia* x 'Édouard Goucher' est une superbe forme à la floraison blanche et rose soutenu. *Abelia* x *grandiflora* 'Francis Mason', au feuillage doré, est légèrement moins encombrante que l'espèce type. Frileuse, cette variété demande à être bien abritée. *Abelia* x *grandiflora* 'Confetti' est très compact, arrondi, au feuillage marginé de blanc.

Abelia x *grandiflora*

Comportement en pot : des arrosages réguliers sont nécessaires, l'abélia tolérant mal la sécheresse. Si l'eau d'arrosage est très calcaire, l'arbuste peut souffrir d'une carence en fer au bout de deux ou trois ans. Il faut le traiter préventivement avec un produit antichlorose.

Dimensions du pot : pour un arbuste de 80 cm de haut, un pot de 40 cm de diamètre est conseillé. Le développement est nettement moins important si le pot est trop petit, mais la floraison reste bonne.

Exposition : l'abélia préfère le plein soleil, mais il tolère une ombre légère, surtout en plein été. Évitez le froid vif en hiver.

Terre : un bon terreau pour rosiers, additionné de 1/4 de terre de bruyère et de 1/4 de terre de jardin non calcaire.

Arrosage : tous les jours en été, deux à trois fois par semaine en demi-saison. Tous les dix jours en période de repos hivernal.

Ennemis et maladies : pratiquement aucun. Des conditions de culture défavorables (pot trop petit) sont les causes fréquentes d'un dépérissement.

Utilisations : en isolé, dans un pot. Dans un grand bac, l'abélia peut passer en arrière-plan des fleurs saisonnières, où son feuillage persistant fait un bel écran.

Conseil Truffaut : les branches cassant comme du verre, l'abélia doit être protégé des vents violents sur les terrasses situées dans les étages élevés. Des froids inférieurs à -10 °C peuvent être fatals à l'abélia en pot, s'ils durent plusieurs jours de suite. Dès le mois de novembre, protégez le contenant et la base de la plante, sur 30 cm de hauteur, avec un paillis, ou un voile d'hivernage.

Abies spp.
SAPIN NAIN

1/1,50 m	60/80 cm		Conifère	- 15 °C

Les variétés compactes de ce beau sapin de la famille des Pinaceae sont parfaites dans un grand bac.

Feuillage : dense, d'un vert franc ou bleuté, aux aiguilles courtes, ornées de deux bandes blanches au revers.

Floraison : les conifères sont des plantes sans fleurs (gymnospermes).

Espèces et variétés : *Abies balsamea* 'Hudsonia' est certainement la forme la plus tolérante aux arrosages à l'eau calcaire. Elle est parfois étiquetée 'Nana'. Sa croissance est très lente. *Abies nordmanniana* 'Golden Spreader' craint les expositions brûlantes. Il ne dépasse pas un mètre de hauteur en quinze ans. *Abies concolor* 'Glauca Compacta' et 'Archer's Dwarf' sont de très belles formes naines, dans les couleurs bleu-gris. *Abies procera* 'Glauca' est un adorable petit fuseau bleu-gris.

Comportement en pot : les races naines sont capables de prospérer de nombreuses années dans un pot assez profond.

Dimensions du pot : 30 cm en tous sens au minimum. Ils n'aiment pas les transplantations trop fréquentes. Prévoyez dès le début un pot au moins aussi profond et large que la hauteur de l'arbuste.

Exposition : toutes les situations conviennent, sauf les plus brûlantes. Sur les balcons venteux, placez une canisse épaisse.

Terre : un mélange de terreau universel et de terre dite de bruyère convient, s'il est additionné de trois ou quatre bonnes poignées d'un engrais organique, à base d'algues et de fumier décomposé.

Arrosage : une fois par semaine. Ne laissez pas le pot tremper dans la soucoupe pleine d'eau. Évitez la sécheresse en hiver.

Ennemis et maladies : les araignées rouges sont fréquentes et dévastatrices. Traitez en été par temps chaud et sec.

Utilisations : associez les sapins nains, dans de grands bacs, à des plantes de rocaille : sédums, aéthionèmes, armérias, aubriètes, etc. et des arbustes rampants.

Conseil Truffaut : disposez un paillis **d'écorce (mulch), d'aiguilles de pin compostées ou de cosses de cacao** sur le dessus des pots de vos sapins nains. Cela permettra de conserver la fraîcheur de la terre et d'apporter une légère acidité bénéfique au mélange terreux.

Abies concolor 'Glauca Compacta'

Abies balsamea 'Hudsonia'

Abutilon megapotamicum
ABUTILON

J F M A M J J A S O N D

1/2 m — 60/80 cm — P Arbuste — 5 °C

C'est un bel arbuste tropical de la famille des Malvaceae, portant des clochettes qui volent au vent.

Feuillage : vert mat et franc, souvent palmé. Si l'abutilon passe l'hiver hors gel, le feuillage est quasi persistant.

Floraison : les jolies clochettes bicolores, rouge et jaune, très caractéristiques, se succèdent tout l'été.

Espèces et variétés : les abutilons hybrides sont intéressants pour leurs fleurs aux coloris somptueux. *Abutilon* x *milleri* possède un feuillage panaché jaune et vert, très lumineux. *Abutilon vitifolium* a des fleurs de plus de 5 cm de diamètre, qui se succèdent de mai à août. La variété blanche, 'Album', est très recherchée. *Abutilon megapotamicum* a des fleurs en cloches pendantes.

Comportement en pot : dès que l'abutilon bénéficie d'une bonne luminosité et d'une atmosphère chaude, il pousse sans problème. Prévoyez un tuteurage et mettez-le à l'abri des vents forts.

Dimensions du pot : un pot de 20 litres est suffisant la première année pour une plante de 60 à 70 cm de haut. Prévoyez de larges trous de drainage.

Exposition : chaude et ensoleillée, sinon les fleurs ne s'ouvrent pas. Cette plante craint le gel, rentrez-la en hiver.

Terre : mélange de terreau et de terre de jardin souple et bien drainée.

Arrosage : arrosez tous les deux ou trois jours car la plante peut se flétrir en quelques heures seulement.

Ennemis et maladies : les aleurodes, ces petites mouches blanches, sont fréquentes, tout comme les cochenilles, brunes ou farineuses. Leur présence indique des conditions de culture inadéquates. Traitez dès leur apparition.

Utilisations : l'abutilon est idéal en bac, comme sujet principal, en association

Abutilon megapotamicum

avec des annuelles, qui masquent sa base qui se dégarnit chez les vieux sujets.

Conseil Truffaut : même avec une protection, il ne peut passer l'hiver sur le balcon hormis dans le Midi. Rabattez toutes les branches de moitié et rentrez-le dans une pièce peu chauffée et bien éclairée de l'appartement. L'idéal est une véranda peu chauffée.

Association d'abutilons hybrides

Acacia dealbata 'Doumergue'

Acacia dealbata 'Pendula'

Acacia dealbata
MIMOSA D'HIVER

J F M A M J J A S O N D

2/3 m · 1 m · Arbuste · - 2 °C

Ce petit arbre frileux de la famille des Mimosaceae porte de doux pompons veloutés et parfumés.

Feuillage : alterne, bipenné, très fin, découpé, vert bleuté, couvert d'un joli duvet d'argent à l'état jeune.

Floraison : de janvier à mars, les petites sphères veloutées jaune d'or, au parfum prononcé, embaument à plusieurs mètres.

Espèces et variétés : *Acacia retinodes*, le « mimosa des quatre saisons » est moins parfumé, mais il résiste mieux au calcaire. Il fleurit presque toute l'année, avec un pic entre juillet et septembre.

Comportement en pot : le mimosa prospère en pot plusieurs années, s'il est bien fertilisé et ne manque par d'eau.

Dimensions du pot : le puissant système racinaire du mimosa supporte mal les pots trop petits. Le mieux est de prévoir une caisse d'orangerie en bois, d'au moins 40 cm de côté, ou une grosse poterie.

Exposition : chaude et ensoleillée. Un mur au sud lui renvoie une chaleur très appréciée. Abritez-le des vents froids.

Terre : *Acacia dealbata* ne supporte pas le calcaire. Si l'eau de la région est très dure, choisissez un sujet greffé sur *Acacia retinodes*. Sol sec et pauvre, très filtrant.

Arrosage : hors période de floraison, le mimosa supporte une sécheresse passagère. L'idéal est un apport de deux litres d'eau par sujet, tous les deux jours en été.

Ennemis et maladies : les cochenilles menacent sérieusement le mimosa surtout en hiver. Traitez préventivement avec un insecticide non huileux.

Utilisations : en sujet isolé, dans un grand bac sur le balcon et dans le jardin d'hiver.

Conseil Truffaut : **aux premiers froids, placez le pot dans un coin bien abrité. Prévoyez une épaisse protection si la température est inférieure à - 5 °C.**

Acaena microphylla
ACÉNA

J F M A M J J A S O N D

15 cm · 50/60 cm · Vivace · - 10 °C

Cette plante couvre-sol vigoureuse de la famille des Rosaceae forme un tapis de petits fruits hérissés.

Feuillage : composé, penné, brunâtre, même en hiver, il s'étale et se ramifie bien. La plante ressemble à de la mousse.

Floraison : les inflorescences sphériques, à épines rouges et brillantes, sont peu spectaculaires. Les fruits épineux rappellent la forme de petites châtaignes.

Espèces et variétés : 'Kupferteppich' est la plus vigoureuse. En une saison, elle recouvre la surface d'un pot de 40 cm de diamètre. *Acaena buchananii* forme des tapis denses, d'un vert-gris clair.

Comportement en pot : la croissance est assez lente durant les deux premières saisons. L'acéna vit plusieurs années dans un large contenant s'il est bien soigné.

Dimensions du pot : cette plante tapissante est à l'aise dans une coupe plus large que profonde (40 x 20 cm).

Exposition : plus l'acéna a de soleil, plus il se développe. Il supporte la mi-ombre.

Terre : tout substrat riche et bien drainé, un peu humifère. L'acéna résiste correctement en terre franchement sableuse.

Arrosage : comme beaucoup de plantes de rocaille, l'acéna supporte une semaine de sécheresse. Arrosez très peu durant l'hiver, et pas du tout s'il gèle.

Ennemis et maladies : aucun.

Utilisations : l'acéna peut jouer les couvre-sol à la surface des grands pots. C'est un excellent compagnon des bulbes, des graminées et des sédums.

Conseil Truffaut : **si le tapis devient trop important, vous pouvez diviser les touffes et replanter les éclats entre septembre et mars. Chaque fragment doit mesurer au moins 3 cm de côté.**

Acaena microphylla

Acer japonicum 'Aureum'

Acer spp.
ÉRABLES JAPONAIS

J F M A M J J A S O N D

1/3 m — 1/2 m — C Arbuste — -15 °C

Ces remarquables petits arbres de la famille des Sapindaceae portent des feuilles d'une rare finesse.

Feuillage : les feuilles palmées sont portées par des branches graciles.

Floraison : sans réelle valeur ornementale.

Espèces et variétés : *Acer palmatum* est le plus facile à cultiver. Il s'habille de pourpre et d'orangé dès octobre. La variété 'Atropurpureum' garde un feuillage rouge bronze toute la saison. Il existe de nombreuses formes au feuillage très fin, comme *Acer palmatum* 'Dissectum'. Beaucoup d'hybrides offrent une large palette de coloris : vert tendre, rose, rouge foncé, corail. *Acer japonicum* 'Aureum' possède des feuilles palmées, presque rondes, d'un vert doré, très lumineux à l'ombre.

Comportement en pot : l'érable japonais devient superbe en deux ou trois ans dans un pot profond à une exposition ombragée et fraîche. Taillez en douceur pour qu'il prenne une forme étalée, originale.

Dimensions du pot : un pot de 40 cm de haut accueillera une plante de 1 m de hauteur. L'arbre adulte peut vivre dans un pot de 60 cm de profondeur, en changeant la terre de surface tous les ans.

Exposition : le soleil trop chaud grille le bout des jeunes feuilles, qui brunissent et se recroquevillent. La mi-ombre est idéale.

Terre : un substrat poreux et acide à base de terre de bruyère. Faites un mélange, à parts égales, avec du terreau universel et de la tourbe brune. Rajoutez 50 g d'engrais organique par plante.

Arrosage : ne laissez pas le terreau se dessécher. Redoublez de vigilance et surveillez l'humidité de la terre, quand le vent souffle plusieurs jours d'affilée.

Ennemis et maladies : les araignées rouges peuvent affecter le feuillage. Les pucerons favorisent le développement d'un champignon noir : la fumagine.

Utilisations : en isolé ou avec des rhododendrons nains, comme *Rhododendron yakushimanum,* des fougères, des hostas, des camélias, des bruyères.

Conseil Truffaut : douchez le feuillage de l'érable du Japon le soir après une chaude journée ensoleillée, cela lui évitera de se dessécher brutalement.

Achillea spp.
ACHILLÉE

J F M A M J J A S O N D

40/80 cm — 30/50 cm — PC Vivace — -15 °C

Cette solide vivace de la famille des Asteraceae forme une touffe légère et gracieuse, très florifère en été.

Feuillage : très fin et profondément divisé pour la majorité des espèces. *Achillea tomentosa* forme des coussins laineux vert-gris, très décoratifs au printemps.

Floraison : les minuscules fleurs sont portées par des bouquets lâches ou forment des petites têtes resserrées. Elles durent de quatre à cinq semaines.

Espèces et variétés : les hybrides offrent en été de ravissants coloris jaune clair, vieux rose, ou des teintes saumonées. La variété double *Achillea ptarmica* 'Boule de neige', est ravissante avec ses petits pompons éclatants, d'un blanc rarement égalé. *Achillea tomentosa* fleurit jaune.

Comportement en pot : assez grandes, souples, les achillées sont vite envahissantes. Divisez-les tous les deux ou trois ans. Il faut aussi les tuteurer.

Dimensions du pot : cette plante apprécie la compagnie. Espacez-la d'une trentaine de centimètres. Profondeur du pot : 25 cm minimum. Une coupe convient.

Exposition : ensoleillée, même chaude.

Terre : pas trop riche, bien drainante, mélange de terreau et de sable de rivière.

Arrosage : parcimonieux. Si la plante reçoit bien la pluie, c'est le plus souvent suffisant, excepté par temps chaud l'été.

Ennemis et maladies : aucun.

Utilisations : les achillées se marient avec les lavandes, les romarins, les népétas, les calaments et avec le *Sedum* 'Autumn Joy'.

Conseil Truffaut : *Achillea ptarmica* a tendance à s'affaisser, il faut le tuteurer. *Achillea tomentosa* se « creuse » fréquemment après deux à trois années de culture, et disparaît ensuite. Renouvelez les plantations tous les deux ans. Coupez régulièrement les fleurs fanées, vous prolongerez ainsi la durée de floraison de deux ou trois semaines.

Achillea filipendulina 'Allgold'

Actinidia kolomikta

Actinidia kolomikta
KIWI D'ORNEMENT

J F M A M J J A S O N D

3/4 m · 2/3 m · Grimpante · - 7 °C

Cette liane de la famille des Actinidiaceae développe sous un climat doux un feuillage tricolore.

Feuillage : vert avec certaines feuilles irrégulièrement « éclaboussées » de rose et de blanc crème, surtout sur la pointe.

Floraison : les fleurs rondes et blanches, grosses comme l'ongle du pouce, ont un parfum léger qui rappelle celui du muguet. Elles apparaissent à partir de la mi-mai, selon les régions.

Espèces et variétés : cousin des kiwis, *Actinidia kolomikta* est moins vigoureux. Cette forme généralement mâle ne donne donc pas de fruits. Les feuilles sont vertes dans les régions où l'air est très sec durant l'été. Une plante assez délicate.

Comportement en pot : une situation protégée favorise la pousse. Il faut protéger les racines du froid en hiver en enveloppant le pot dans un voile d'hivernage.

Dimensions du pot : 40 cm de large et de profondeur semble un minimum.

Exposition : abritée des vents dominants, bien ensoleillée, face au sud dans les régions du nord de la Loire, plutôt à l'est si vous habitez le Midi ou le littoral.

Terre : riche et bien drainée, non calcaire.

Arrosage : comptez 5 litres par jour, durant les mois les plus chauds de l'été. Ne donnez presque rien durant l'hiver.

Ennemis et maladies : cette plante est indemne de toute affection grave.

Utilisations : en isolé dans un grand bac, pour garnir les murs, les piliers, les treillages ou les pergolas.

Conseil Truffaut : attachez les branches. Taillez en été celles qui sont trop longues. Attention aux gelées tardives qui endommagent la floraison.

Adiantum pedatum
CAPILLAIRE PÉDALÉ

30/40 cm · 30/40 cm · Fougère · - 12 °C

Véritable petit bijou pour l'ombre, cette fougère de la famille des Adiantaceae est aussi très rustique.

Feuillage : très fin, porté par des tiges brunes. Les couleurs d'automne sont superbes et persistent tard.

Floraison : aucune chez les fougères.

Espèces et variétés : *Adiantum pedatum* 'Japonicum' possède des frondes en forme de fer à cheval, teintées de rose au printemps. *Adiantum venustum* est persistant jusqu'à -10 °C. Il porte des frondes triangulaires très légères, à pétiole noir.

Comportement en pot : le capillaire aime la compagnie des plantes vivaces à feuillage ample, qui lui procurent de l'ombre et un microclimat humide.

Dimensions du pot : 25 cm de diamètre.

Exposition : ombragée, même sombre.

Terre : mélangez à parts égales terreau d'écorces, terre de bruyère et tourbe brune. Prévoyez un bon drainage au fond du pot (au moins 3 cm).

Arrosage : très régulier. Le goutte-à-goutte et la micro-aspersion sont parfaits pour le capillaire, qui aime l'humidité.

Ennemis et maladies : les feuilles, attaquées en sol compact par les anguillules (nématodes), se tachent de brun.

Utilisations : en isolé ou avec d'autres fougères, dans une coupe large, ou au pied d'un arbuste qui l'ombrage.

Conseil Truffaut : les touffes trop denses doivent être divisées au printemps pour les éclaircir et les rajeunir.

Adiantum pedatum 'Japonicum'

Aeonium arboreum

Aeonium arboreum
AÉONIUM

J F **M A M** J J A S O N D

50/80 cm · 30/40 cm · Succulente · 0 °C

Ce sous-arbrisseau bien ramifié de la famille des Crassulaceae porte des rosettes de feuilles balsamiques.

Feuillage : une variété de cette plante originaire d'Afrique du Nord possède un des feuillages les plus noirs du règne végétal. Les rosettes de petites feuilles pourpre très foncé, portées par des tiges charnues, parfois tortueuses, lui donnent une silhouette très graphique et assez exotique.

Floraison : des étoiles jaunes en panicules de 15 cm de long s'ouvrent au printemps.

Espèces et variétés : la forme la plus souvent proposée est 'Zwarkop', ou 'Atropurpureum', à feuillage pourpre.

Comportement en pot : excellent sur les balcons très ensoleillés en été.

Dimensions du pot : 20 cm en tous sens la première année. Le double ensuite.

Exposition : du soleil, du soleil et encore du soleil avec une forte chaleur en été.

Terre : sableuse. Un terreau pour cactées lui convient s'il n'est pas trop consistant.

Arrosage : parcimonieux. Un léger flétrissement des feuilles indique qu'il est temps d'arroser. Ne posez surtout jamais le pot dans une soucoupe pleine d'eau.

Ennemis et maladies : pucerons sur les hampes florales, cochenilles en hiver.

Utilisations : une superbe potée florentine ou une amphore avec la plante solitaire, pour mettre en valeur l'étrangeté du feuillage, ou avec des exotiques.

Conseil Truffaut : sa terre de prédilection étant le Maroc, tout ce qui peut lui rappeler ce climat est bienvenu (chaleur, luminosité, sécheresse). Rentrez l'aéonium en hiver dans une véranda maintenue hors gel, avec une moyenne de 10 °C. Arrosez très peu durant cette période pour éviter la pourriture.

Aethionema armenum
AÉTHIONÈME

J F M **A M J J** A S O N D

15/20 cm · 20/30 cm · Vivace · - 10 °C

Cette adorable petite plante de la famille des Brassicaceae se couvre de fleurs au début du printemps.

Feuillage : l'aéthionème forme d'épais tapis de feuilles, linéaires, vert bleuté.

Floraison : un vrai cadeau durant au moins trois mois. Les fleurs roses portées par des tiges dressées en forme de croix sont groupées en têtes compactes.

Espèces et variétés : les fleurs rose foncé de l'*Aethionema armenum* 'Warley Rose' se marient parfaitement avec son feuillage d'un délicat bleu grisâtre.

Comportement en pot : l'aéthionème se sent à l'aise sur les petits balcons, exposés plein sud. Il y vit environ 3 à 4 ans.

Dimensions du pot : un pot de 10 litres est suffisant pour la première année.

Exposition : le plein soleil, sans hésitation.

Terre : préparez un mélange par moitié de terre à cactées et de terre de jardin. Prévoyez une couche drainante de 5 cm. Recouvrez la surface du sol avec une couche de 2 cm de graviers, en paillis.

Arrosage : en été, arrosez une fois par semaine. En hiver, stoppez tout arrosage.

Ennemis et maladies : gare aux araignées rouges si l'été est chaud et très sec.

Utilisations : l'aéthionème se plaît dans les jardins de rocaille miniatures et les auges.

Conseil Truffaut : coupez les fleurs fanées. Faites des boutures en été avec les pousses latérales placées dans une terrine contenant un substrat sableux.

Aethionema armenum 'Warley Rose'

Agapanthus africanus
AGAPANTHE

J F M A M J J A S O N D

1 m	30 cm		P Vivace	- 5 °C

Les jolies têtes bleu azur de cette jolie Alliaceae sud-africaine sont un immense plaisir durant l'été.

Feuillage : en longs rubans vert franc.

Floraison : d'un bleu inégalable ou blanc. Les fleurs en clochettes sont réunies en têtes rondes, portées par des hampes souples. Cette belle floraison dure tout l'été et une partie de l'automne.

Espèces et variétés : les hybrides de 'Headbourne' sont les plus rustiques.

Comportement en pot : l'agapanthe se languit loin de la lumière et de la chaleur.

Dimensions du pot : importantes, car les souches prennent vite de la place. Les pots chinois bruns, aussi larges que hauts, leur conviennent. Trois plantes tiennent dans un pot de 40 à 45 cm.

Exposition : au soleil, impérativement.

Terre : donnez-leur un sol pas trop sec, un terreau riche, que vous aurez amélioré avec du compost bien mûr. Alimentez avec un engrais organique.

Agapanthus orientalis

Arrosage : les agapanthes supportent bien la sécheresse mais ont besoin de deux arrosages par semaine en moyenne durant la période de végétation.

Ennemis et maladies : attention aux limaces et aux escargots.

Utilisations : en grosses potées pour l'été. Ne pas mélanger les agapanthes avec d'autres espèces dans le même pot. Faites-les voisiner avec des pots d'hémérocalles, des crinums ou des yuccas.

Conseil Truffaut : après la floraison, coupez les tiges au ras du sol. Éliminez les feuilles au fur et à mesure qu'elles jaunissent. Les agapanthes craignent le gel et l'humidité hivernale.

Agave spp.
AGAVE

J F M A M J J A S O N D

20/80 cm	20/80 cm		P Succulente	0/- 8 °C

Évoquant des épées pointues, les feuilles charnues de cette Agavaceae sont redoutablement acérées.

Feuillage : disposé en rosette, sur des tiges très courtes, il est allongé, pointu comme une épée, souvent épineux sur les bords.

Floraison : une longue hampe de plusieurs mètres porte de grosses clochettes blanches. La floraison signe en général la mort de la plante.

Espèces et variétés : *Agave americana* est la plus vigoureuse. La version panachée, 'Variegata', est très spectaculaire. *Agave ferox* est une véritable sculpture vivante, mais attention, ses terribles épines font honneur à son nom !

Comportement en pot : l'agave apprécie la proximité des murs qui réverbèrent la chaleur et une situation abritée en hiver.

Dimensions du pot : 30 cm de diamètre.

Exposition : un maximum de soleil en été. Dès que l'hiver pointe son nez, rentrez l'agave dans une pièce aux larges baies vitrées, exposée plein sud.

Terre : mélangez une part de terre à cactus, une part de terreau pour orchidées, une part de terre végétale et quelques

Agave attenuata

poignées de compost d'algues et de fumier. Drainage indispensable.

Arrosage : les agaves détestent les excès d'eau. Ils prospèrent dans la nature dans les endroits pierreux, ou en équilibre au bord d'un ravin. Ils apprécient aussi les conditions du bord de mer.

Ennemis et maladies : parfois les cochenilles, mais surtout la pourriture qui apparaît dans les sols compacts ou trop humides. Ne pas arroser l'hiver si la température est inférieure à 10 °C.

Utilisations : en sujet isolé, pour sa silhouette sculpturale. L'agave fait bon voisinage avec toutes les plantes qui adorent le plein soleil (agapanthes, yuccas, phormiums, cordylines, palmiers, etc.).

Conseil Truffaut : rempotez dans un pot plus grand à chaque fois que la silhouette vous semble disproportionnée par rapport au contenant.

Ageratum houstonianum
AGÉRATE

J F M A M J J A S O N D

15/30 cm	10/20 cm		C Annuelle	5 °C

Cette petite plante mexicaine de la famille des Asteraceae se pare en été d'une jolie floraison veloutée.

Feuillage : duveteux, d'un vert moyen. Les feuilles font penser à des petits cœurs.

Floraison : à partir du mois de juin, jusqu'aux premières gelées, les petits bouquets serrés se succèdent dans les tons bleus, rose mauve ou blancs.

Ageratum houstonianum 'Blazer'

Ageratum houstonianum 'Atlantic'

Espèces et variétés : parmi les races naines, 'Adriatic' est bleu vif, 'Blue Ball' est l'un des plus foncés. 'Pinkie Improved', avec un coloris rose vif, est inhabituel. 'Blazer' est rose soutenu, 'Atlantic' très florifère. Chez les variétés hautes, 'Bouquet Blanc' ou 'Bouquet Bleu' qui montent à 60 cm et peuvent être utilisés en bouquet viennent moins bien en pot.

Comportement en pot : la plante se développe généreusement dans tous les types de contenants, même étroits.

Dimensions du pot : profondeur minimale de 15 cm. Espacez chaque sujet de 10 cm (variétés naines).

Exposition : abritée, mais ensoleillée.

Terre : un substrat riche, qui retient l'eau, est idéal. Pour soutenir la floraison toute la saison, faites des apports d'engrais liquide pour plantes fleuries à chaque arrosage.

Arrosage : une jardinière de 30 cm de long doit au moins recevoir 3 litres d'eau par jour, quand il fait beau et chaud. Bassinez souvent le feuillage.

Ennemis et maladies : les araignées rouges sont un fléau redoutable. Quand elles envahissent un plant, les feuilles se décolorent puis sèchent sur pied. Aspergez le feuillage à chaque arrosage ; par temps chaud, traitez avec un acaricide spécifique à base de dicofol.

Utilisations : en jardinières, en mélange avec des plantes à feuillage, comme les lierres, les hélichrysums, les cinéraires. N'hésitez pas à les marier avec des bacopas, des *Zinnia angustifolia*, des brachycomes ou des niérembergias rampants.

Conseil Truffaut : les variétés hautes sont introuvables en barquettes. Il faut acheter les graines et semer en mars, au chaud. Coupez les premières fleurs des variétés naines, achetées en mai en jardineries, vous provoquerez des ramifications qui donneront au plant une silhouette plus étoffée et fleuriront encore plus longtemps.

Ajuga reptans
BUGLE RAMPANT

J F M A **M J J A** S O N D

15 cm | 20/40 cm | P Vivace | - 10 °C

Ce couvre-sol de la famille des Lamiaceae forme un épais tapis de feuilles colorées et d'épis bleutés.

Feuillage : opposé, ovale, d'un vert profond pour l'espèce type, en forme de rosettes plaquées au sol.

Floraison : les épis bleus apparaissent au printemps, portés sur de courtes tiges dressées verticalement.

Espèces et variétés : la forme sauvage n'est guère spectaculaire. En revanche, les variétés au feuillage pourpre ('Atropurpurea'), rose et vert panaché de crème ('Burgundy Glow'), pourpre marqué de blanc crème ('Variegata'), ou brun pourpré, veiné de reflets bronze et vert ('Palisander'), sont très décoratives.

Ajuga reptans 'Tricolor'

Comportement en pot : bon à la mi-ombre. La plante forme de larges touffes.

Dimensions du pot : 15 cm de profondeur minimum. Une jardinière de 40 cm de long peut accueillir deux pieds, pas plus car la plante s'étale assez vite.

Exposition : dans la nature, le bugle vit en sous-bois. L'ombre ou la mi-ombre lui conviennent parfaitement.

Terre : les racines superficielles exigent un terreau riche, toujours frais, même humide. Fertilisez généreusement.

Arrosage : tous les deux ou trois jours, en été. Ne laissez pas la terre se dessécher.

Ennemis et maladies : les limaces qui améliorent leur menu avec ses feuilles.

Utilisations : plantez le bugle en compagnie de diverses vivaces et de fleurs saisonnières dans de grands pots. Associez-le à des bulbes, auxquels il fera un écrin au printemps. Il tapisse aussi joliment le pied des arbustes qui tendent à se dégarnir.

Conseil Truffaut : si la plante n'a pas bel aspect à la fin de l'hiver, vous pouvez la « tondre », avec des cisailles à gazon, elle repartira de plus belle.

Akebia quinata

Akebia quinata
AKÉBIE

J F **M A M** J J A S O N D

3/4 m — 2/3 m — P Grimpante — -15 °C

Étonnante par sa floraison et presque persistante, c'est une liane de la famille des Larzidabalaceae.

Feuillage : des vrilles souples, s'enroulant délicatement autour de leur support, portent des feuilles palmées, constituées de folioles toutes rondes vert clair.

Floraison : en avril et mai, les grappes violet pourpré sont légèrement parfumées, en partie dissimulées dans le feuillage.

Espèces et variétés : il existe 5 espèces, mais une seule est proposée couramment par les jardineries, *Akebia quinata*.

Comportement en pot : si elle n'est pas maintenue trop à l'étroit, l'akébie pousse plusieurs années en bac.

Dimensions du pot : 30 cm en tous sens pour la première plantation. En dessous de cette taille, la profondeur est trop faible pour le système racinaire vigoureux de l'akébie. Un bac de 50 cm est parfait.

Exposition : ensoleillée et abritée.

Terre : un mélange composé de 10 litres de terreau universel avec deux ou trois grosses poignées de sable de rivière et autant de compost d'algues et de fumier.

Arrosage : l'akébie peut supporter, de temps en temps, de courtes périodes de sécheresse. Mais, à terme, des à-coups répétés lui sont nuisibles.

Ennemis et maladies : rien de sérieux.

Utilisations : à palisser contre un treillage.

Conseil Truffaut : **enroulez les branches de l'akébie autour d'un support au fur et à mesure de leur croissance.**

Alchemilla mollis
ALCHÉMILLE

J F M A M **J J A** S O N D

20/40 cm — 20/40 cm — C Vivace — -15 °C

Cette opulente vivace de la famille des Rosaceae, porte un feuillage qui piège les gouttelettes de rosée.

Feuillage : les feuilles palmées, presque rondes, ont la particularité, grâce à leurs poils, de retenir l'eau, qui stagne sous forme de jolies gouttelettes translucides.

Floraison : les fleurs minuscules sont portées par des tiges enchevêtrées. De loin, elles forment un nuage mousseux, vert acide, qui met en valeur presque toutes les autres couleurs de végétaux.

Espèces et variétés : *Alchemilla mollis*, qui atteint 50 cm, est la plus courante. On peut trouver *Alchemilla ellenbeckii*, au feuillage plus brillant. Elle forme un excellent couvre-sol pour l'ombre. Certaines alchémilles sont des mauvaises herbes.

Comportement en pot : l'alchémille est pleine de bonne volonté. Passé le premier mois d'acclimatation, la plante se met à pousser vigoureusement.

Dimensions du pot : une jardinière est préférable car la plante s'étend en largeur. Profondeur minimale : 25 cm.

Exposition : une heure de soleil par jour suffit à l'alchémille. Elle accepte les endroits humides et un peu ombragés.

Terre : du terreau universel en mélange à parts égales avec une terre légère.

Arrosage : l'alchémille se débrouille avec ce que vous voudrez bien lui donner. Elle sera plus belle si vous lui offrez à boire deux fois par semaine.

Ennemis et maladies : à part la pourriture, qui atteint les tiges du cœur de la touffe, quand on l'arrose trop, l'alchémille est sans problème. Gare aux escargots !

Utilisations : avec des hémérocalles, des sauges, des rosiers. Toute seule, en masse. Ou, pourquoi pas, avec des annuelles qui cascaderont : géraniums, pétunias, scaévolas… L'alchémille sait jouer les utilités, en accompagnant les bulbes d'été, dont elle masque le feuillage jaunissant.

Conseil Truffaut : **quand la touffe devient moins belle et se « creuse », vers le milieu de l'été, coupez les feuilles. Un nouveau feuillage viendra les remplacer et la potée sera belle pour septembre. Quand la plante vieillit, arrachez-la, et divisez la touffe pour la rajeunir.**

Alchemilla mollis

Allium spp.
AIL D'ORNEMENT

J F M **A M J** J A S O N D

30/80 cm | 10/20 cm | Bulbeuse | - 20 °C

Ces plantes rustiques de la famille des Alliaceae nous offrent des têtes bien pleines et bien faites.

Feuillage: très variable selon l'espèce, mais toujours en forme de ruban ou de tube, en rosette et souvent glauque.

Floraison: du blanc au rose pourpre en passant par le jaune, en ombelles plutôt sphériques de fleurs étoilées.

Espèces et variétés: parmi les innombrables espèces et variétés, retenez *Allium karataviense*, aux feuilles pourpre grisé, larges comme la main, et aux grosses têtes sphériques rose vineux. Plus tardif, *Allium oreophilum* fleurit au cœur de l'été, rose foncé, avec des fleurs étoilées, en ombelles légères. Pour les amateurs de sensation, *Allium giganteum*, avec ses têtes de 10 cm de large, ne manque jamais son effet. *Allium moly* est jaune et assez tardif.

Comportement en pot: irréprochable… jusqu'à ce que les feuilles jaunissent. Prévoir des cache-misère (alchémilles, ancolies, pétunias, plantes à feuillage) ou arrachez les plants sans remords.

Dimensions du pot: 25 cm de profondeur au moins. Plantez un bulbe tous les 10 à 20 cm selon sa grosseur.

Exposition: toujours ensoleillée.

Terre: bien drainant, un terreau souple et léger, enrichi de 1/4 de sable convient bien. N'hésitez pas à prévoir, lors de la plantation, une couche de graviers de 5 cm au fond du pot (drainage).

Arrosage: une à deux fois par semaine selon la température ambiante, mais la terre doit sécher entre deux apports d'eau.

Ennemis et maladies: la pourriture blanche dessèche les feuilles. Arrachez et jetez le bulbe. Mouche de l'oignon.

Utilisations: en groupes, en compagnie d'arbustes printaniers, en simples potées, ou en jardinières, dans un mélange avec des pensées et autres fleurettes.

Allium oreophilum

Allium moly

Conseil Truffaut: quand le feuillage est complètement jauni, il a réapprovisionné le bulbe pour la saison suivante. Déterrez alors les bulbes et stockez-les dans de la tourbe jusqu'à la plantation en automne.

Allium schoenoprasum
CIBOULETTE

J F M A **M J** J A S O N D

20/30 m | 15/25 cm | Aromatique | - 8 °C

Formant une touffe compacte, cette vivace de la famille des Alliaceae met les salades en fête.

Feuillage: ce sont les « fines herbes », si bien nommées, étroites, cylindriques, d'un joli vert clair au printemps.

Floraison: des ombelles terminales rondes, de fleurs roses, étoilées.

Espèces et variétés: ne confondez pas *Allium fistulosum*, la ciboule ou cive, aux grosses feuilles tubulaires, à l'odeur d'oignon prononcée et *Allium schoenoprasum*, la ciboulette, dont la variété 'Staro', développe des feuilles de 30 cm de long. 'Forescate' est encore plus haute. Un seul plant donne une touffe de 50 cm de diamètre, surtout en pleine terre!

Comportement en pot: avec de la lumière et de l'eau, elle se développe bien durant plusieurs saisons de suite.

Dimensions du pot: 15 cm de diamètre, la première année. Rempotez dans un pot d'une taille au-dessus, la saison suivante.

Exposition: quatre heures de soleil par jour, de préférence le matin, puis ombre.

Terre: toute bonne terre bien drainée, plutôt humifère, convient.

Arrosage: trois fois par semaine en moyenne durant la belle saison.

Ennemis et maladies: il arrive qu'un champignon s'installe sur les feuilles et forme des pustules orange. Il s'agit de la rouille qui se traite bien avec un fongicide polyvalent. Le jaunissement des feuilles signale un manque d'arrosage chronique.

Utilisations: avec d'autres aromatiques dans une jardinière assez large.

Conseil Truffaut: pincez les fleurs avant qu'elles ne soient complètement formées, pour conserver des feuilles bien tendres durant toute la saison.

Allium schoenoprasum

Aloysia triphylla (Lippia)
VERVEINE CITRONNELLE

J F M A M J J **A S** O N D

50/80 cm | 40/60 cm | P Vivace | 0 °C

Ce sous-arbrisseau de la famille des Verbenaceae développe un parfum citronné, tout en finesse.

Feuillage: vert très pâle, opposé, lancéolé, porté par des tiges assez grêles. Les feuilles dégagent, au toucher, une forte odeur de citron, très agréable.

Floraison: des grappes de petites fleurs mauve pâle apparaissent en août.

Espèces et variétés: il existe 12 espèces, mais seule *Aloysia triphylla* (ou *Lippia citriodora*) est couramment proposée.

Comportement en pot: la plante a tendance à se dégarnir et à pousser de manière échevelée au fil des années.

Dimensions du pot: après avoir acheté la verveine citronnelle en godet, rempotez-la dans un pot de 25 cm de diamètre et autant de profondeur.

Exposition: un angle entre deux murs, faisant face au sud-ouest, lui conviendra à merveille, car il faut toujours l'abriter.

Terre: mélangez à parts égales du terreau, du sable et de la terre de jardin.

Arrosage: en moyenne deux fois par semaine de mars à octobre. Réduisez sensiblement les apports d'eau pour l'hiver.

Ennemis et maladies: aucun.

Aloysia triphylla

Utilisations: pour étoffer sa silhouette un peu dégingandée, associez l'*Aloysia* avec des géraniums à feuillage odorant, des héliotropes, des tabacs et des *Verbena tapiens*, au port souple.

Conseil Truffaut: si vous n'avez pas de place suffisante pour la rentrer en hiver dans une pièce fraîche et lumineuse, faites des boutures en été. Prélevez des pousses latérales, que vous piquerez en terre, dans des petits pots, faciles à rentrer sur le rebord d'une fenêtre.

Alstroemeria spp.
LIS DES INCAS

J F M A M **J J A** S O N D

50/80 cm | 20/30 cm | C Vivace | - 2 °C

Cette vivace délicate de la famille des Alstroemeriaceae propose un rare éventail de coloris très subtils.

Feuillage: lancéolé, vert bleuté.

Floraison: généreuse pour ceux qui ont la chance de la réussir. Selon les variétés, les coloris passent par tous les tons de rose, de blanc, de violet et de jaune.

Espèces et variétés: les hybrides d'*Alstroemeria ligtu* sont presque rustiques. Bien protégés, ils passent l'hiver dehors, en ville, dans la région d'Île-de-France. *Alstroemeria aurantiaca* est le plus rustique de tous. Il fleurit uniquement dans les tons orangés.

Comportement en pot: de belles potées d'alstroemères sont assez difficiles à réussir car ces plantes s'implantent assez péniblement et ne vivent guère plus de deux ou trois ans en pot sous nos climats.

Dimensions du pot: le secret de la réussite des alstroemères réside dans la plantation. Les racines doivent être enterrées à une bonne main de profondeur. Un pot de 40 cm de haut convient.

Exposition: une situation chaude, abritée des vents et bien ensoleillée.

Terre: une bonne terre sableuse de jardin convient. Du terreau « géraniums », additionné de quelques poignées de compost bien décomposé, fait aussi l'affaire.

Alstroemeria x 'Tiara'

Arrosage: deux à trois fois par semaine selon la température ambiante. Ne noyez pas la plante et laissez l'eau s'écouler.

Ennemis et maladies: dans la nature, chenilles et limaces adorent grignoter les racines et les feuilles des alstroemères. Sur les terrasses, c'est plus improbable. En revanche, une virose peut provoquer des déformations sur les feuilles.

Utilisations: le lis des Incas aime la compagnie des autres plantes. Comme ses coloris sont très chaleureux, associez-le à des plantes à feuillage gris, qui les mettront en valeur: armoises, cinéraires.

Conseil Truffaut: pour une réussite presque assurée, débutez avec des alstroemères vendus en godets ou en conteneurs, déjà bien développés.

Alyssum saxatile (Aurinia)
CORBEILLE D'OR

J F M **A M J** J A S O N D

15/20 cm | 20/30 cm | P Vivace | - 15 °C

Appelée désormais Aurinia saxatilis, cette Brassicaceae offre une belle floraison d'or au parfum de miel.

Feuillage: gris-vert en rosette de feuilles linéaires et fines qui forment un beau tapis.

Floraison: les corolles jaune d'or apparaissent d'avril à juin, en grappes denses.

Espèces et variétés: 'Compactum' ne dépasse pas 15 cm de haut. 'Citrinum' vous gratifiera d'un beau jaune citron vif, très lumineux. 'Plenum' offre des fleurs doubles, très généreuses.

Comportement en pot: sans problème, la plante est peu exigeante, pourvu qu'il y ait du soleil et une certaine sécheresse.

Dimensions du pot: choisissez un pot plus large que haut, d'au moins 20 cm de diamètre, une coupe ou une jardinière.

Exposition: la condition *sine qua non* pour réussir est du soleil!

Terre: la corbeille d'or n'aime pas les terreaux qui gardent l'eau trop longtemps. Ajoutez deux poignées de sable par plante lors de la mise en place en automne.

Arrosage: modéré. Il est bon de laisser la surface de la terre sécher sur 1 ou 2 cm avant d'arroser de nouveau.

Ennemis et maladies: le mildiou forme un duvet blanchâtre à la face inférieure des feuilles. La rouille blanche des crucifères, un autre champignon, forme des pustules blanches sur les tiges.

Utilisations: sur le devant des jardinières, avec des œillets, des stachys, des armérias. Dans des paniers suspendus avec sédums et aubriètes. La corbeille d'or se marie aussi bien avec pâquerettes et bulbes.

Alyssum saxatile

Conseil Truffaut: taillez la corbeille d'or à 3 cm du sol, après la première grosse floraison d'avril-mai afin qu'elle forme un nouveau feuillage plus compact.

Amaranthus caudatus
AMARANTHE QUEUE DE RENARD

J F M A M J J A S O N D

50/80 cm — 30/40 cm — Annuelle — 5 °C

Cette plante ample et généreuse de la famille des Amaranthaceae fait un superbe décor d'arrière-saison.

Feuillage: alternes, les feuilles ovales, oblongues, vert clair, sont assez banales, sauf chez *Amaranthus tricolor*.

Floraison: théâtrale! Les grappes pourpres, épanouies de juillet à octobre, retombent comme de lourdes draperies de velours.

Espèces et variétés: il existe une variété vert chartreuse, ravissante lorsqu'elle est mélangée à des cultivars pourpres. Certaines, comme 'Red Cathedral Superior', offrent une floraison au port dressé. 'Viridis', à longues grappes vert clair. *Amaranthus tricolor* développe un fantastique feuillage panaché de rouge, de bronze, de jaune et de vert.

Amaranthus caudatus

Amaranthus tricolor

Comportement en pot: assez bon en sol riche. Calez bien le pot, car le vent renverse souvent cette plante opulente.

Dimensions du pot: une caisse à orangerie, de 40 cm au moins de côtés, est nécessaire. Elle apportera la stabilité à l'amarante, qui peut nécessiter parfois un tuteurage si la floraison est très lourde.

Exposition: toutes les amarantes sont de grandes amoureuses du soleil.

Terre: ajoutez 10 % de compost au terreau de plantation. Vous pouvez utiliser du terreau « géraniums », dont la composition est étudiée pour ne pas se tasser sous l'effet des arrosages répétés. Dans une terre pauvre, l'amarante se développera un peu moins en hauteur.

Arrosage: de 3 à 4 l tous les soirs, en été.

Ennemis et maladies: les pucerons sont friands de la sève des amarantes.

Utilisations: associez aux amarantes de grandes fleurs spectaculaires, comme les tabacs géants. La silhouette très graphique des yuccas les met aussi en valeur.

Conseil Truffaut: l'amarante queue de renard est la plante idéale pour remplacer les annuelles défleuries en fin d'été. Elle réussit mieux en pleine terre.

Amaryllis belladona

Amaryllis belladona
LIS BELLADONE

J F M A M J J A **S O N** D

50/60 cm | 15/20 cm | C Bulbeuse | 0 °C

Cette plante frileuse de la famille des Amaryllidaceae se prête fort bien à la culture en bord de mer.

Feuillage : les feuilles rubanées apparaissent après la floraison automnale et durent jusqu'au printemps suivant.

Floraison : les splendides trompettes rose pâle, portées par une tige nue et rigide, apparaissent en août et en septembre et se prolongent jusqu'aux gelées.

Espèces et variétés : il existe des variétés blanches ou roses, à gorge jaune, mais elles restent assez rares en France.

Comportement en pot : le lis belladone supporte mal les terrasses exposées à l'est ou au nord. Il se développe bien en pot.

Dimensions du pot : plantez chaque gros bulbe dans un pot de 30 cm de diamètre.

Exposition : pour bien fleurir, le lis belladone demande l'exposition la plus chaude possible. Offrez-lui un angle de la maison abrité face au sud.

Terre : terreau souple et sable de rivière en mélange à parts égales. Comme pour toutes les plantes bulbeuses, le lis belladone craint l'excès d'eau et la stagnation, qui provoquent la pourriture du bulbe.

Arrosage : une à deux fois par semaine, sans excès, en fonction de la température.

Ennemis et maladies : la mouche du narcisse peut détruire le bourgeon du lis belladone avant qu'il ait eu le temps de démarrer. Des viroses provoquent des taches irrégulières sur les feuilles.

Utilisations : en belles potées composées de plusieurs bulbes de la même variété.

Conseil Truffaut : offrez à l'*Amaryllis belladona* un engrais potassique (engrais pour tomates) après la floraison. Protégez la plante en hiver et au printemps, surtout quand les jeunes feuilles pointent. Utilisez un voile d'hivernage.

Anagallis monelli
MOURON BUISSONNANT

J F M A M J **J A S** O N D

20/30 cm | 30/35 cm | P Vivace | - 5 °C

Cette vivace éphémère de la famille des Primulaceae se couvre d'un nuage bleu de petites fleurs rondes.

Feuillage : opposé, sans pétiole (sessile), vert foncé, étroitement lancéolé.

Floraison : ce cousin chic de notre brave mouron des champs, reconverti côté jardin, offre des fleurs d'un beau bleu, larges comme une pièce de vingt centimes.

Espèces et variétés : 'Blaulight', d'un bleu-violet, fleurit de juin à septembre. 'Sky Lover', d'un bleu électrique, peut se cultiver en suspension.

Comportement en pot : en raison de son aspect foisonnant et vigoureux, il faut le tailler de temps en temps.

Dimensions du pot : pour une seule plante, un pot de 20 cm de haut, et autant de large, suffit.

Exposition : abritée, ensoleillée, sans être brûlante. Ne pas exposer à une forte gelée.

Terre : tout bon terreau suffisamment consistant et homogène convient.

Arrosage : en plein été, un petit pot se dessèche totalement en une journée. Un grand verre d'eau quotidien est nécessaire.

Ennemis et maladies : dès l'apparition des pucerons, faites deux traitements insecticides à 8 jours d'intervalle.

Utilisations : le mouron d'ornement forme de jolies petites potées estivales. Le bleu de ses fleurs se marie à merveille avec les tons jaunes : associez-le avec des anthémis, des bidens, des hélichrysums à feuillage panaché, des œillets d'Inde, des rudbéckias.

Conseil Truffaut : bien que le mouron d'ornement soit vivace, il vaut mieux le traiter comme une plante annuelle, car il survit rarement à l'hiver et manque de tenue la deuxième année. Préparez vos potées dès mars, en les semant à l'intérieur. Acclimatez les jeunes plants sur le balcon à partir d'avril.

Anagallis monelli

Anaphalis triplinervis

Anaphalis triplinervis
IMMORTELLE DE VIRGINIE

J F M A M J J A S O N D

60/80 cm · 40/50 cm · Vivace · - 15 °C

Appelée aussi « bouton d'argent », cette vivace de la famille des Asteraceae est une valeur sûre.

Feuillage : gris argenté, laineux et dense.

Floraison : de petits bouquets de pompons ivoire apparaissent en août et en septembre. Les fleurs sèches restent décoratives tout l'été.

Espèces et variétés : 'Sommerschnee', avec ses 25 cm de haut, forme des touffes qui ne « versent » pas.

Comportement en pot : taillez chaque année en automne pour que la plante reste bien compacte.

Dimensions du pot : comptez 25 cm de large pour une plante solitaire, et 20 cm de profondeur au minimum.

Exposition : l'immortelle de Virginie aime le plein soleil. Mais elle se contentera d'un emplacement un peu ombragé, s'il est suffisamment sec.

Terre : la plante aime les terres qui ne retiennent pas trop l'eau. Faites un mélange de 1/4 de terre à cactées et de 3/4 de terreau universel.

Arrosage : attendez que la surface de la terre soit sèche, avant chaque nouvel apport d'eau. Videz ensuite l'excédent qui stagne dans la soucoupe.

Ennemis et maladies : l'immortelle de Virginie ne subit pratiquement aucune attaque parasitaire.

Utilisations : mariez la plante avec des diascias, des némésies, des pétunias, des pélargoniums, des tabacs de couleur.

Conseil Truffaut : en octobre, rabattez l'immortelle au ras du sol. Divisez la touffe tous les deux ans.

Anchusa spp.
BUGLOSSE

J F M A M J J A S O N D

0,80/1 m · 30/40 cm · Vivace · - 12 °C

Cette vivace éphémère de la famille des Boraginaceae porte des fleurs d'une intensité de bleu très rare.

Feuillage : de vert clair à vert moyen, il est lancéolé, un peu rêche au toucher.

Floraison : le bleu céleste des corolles rivalise avec la perfection des myosotis. Les fleurs apparaissent en masse, de juin à août, sur de grandes tiges dressées.

Espèces et variétés : *Anchusa azurea* 'Loddon Royalist' atteint 1 m de haut. Ses fleurs, plus grandes et plus bleues que le type, forment une impressionnante masse azur. *Anchusa capensis* est une plante bisannuelle, moins haute (45 cm), qui convient bien aux petites potées. *Anchusa caespitosa* (10 cm) fait une excellente plante de bordure dans une jardinière, aux fleurs bleues à œil blanc.

Comportement en pot : la deuxième année, la plante devient moins belle, remplacez-la de préférence chaque saison.

Dimensions du pot : les racines, profondes, demandent un contenant d'au moins 30 cm de hauteur.

Exposition : il faut à la buglosse au moins cinq heures de soleil par jour.

Terre : donnez-lui une bonne terre de jardin riche et souple. À défaut, la terre pour rosiers ou le terreau pour géraniums, vendus en sac, conviennent bien.

Arrosage : régulier. Lorsque la plante vit dans une ambiance relativement sèche, elle ne dépasse pas 50 cm de haut, mais ses couleurs deviennent plus intenses.

Ennemis et maladies : des taches jaunes qui apparaissent sur les feuilles indiquent une virose. Détruisez les plantes atteintes.

Utilisations : la buglosse forme de grosses potées très décoratives. Faites-la voisiner avec des tabacs géants et des pavots d'Orient. Plantez des capucines qui habilleront le bas de la potée.

Conseil Truffaut : si vous souhaitez conserver la buglosse l'année suivante, coupez les fleurs fanées. Protégez la plante en hiver, près d'un mur.

Anchusa azurea

Anemone coronaria

Anemone spp.
ANÉMONE

J F **M A M** J J A S O N D

15/40 cm | 10/20 cm | Viv./Bulb. | - 10 °C

Messagères du printemps, ces adorables plantes de la famille des Ranonculaceae sont très variées.

Feuillage : assez décoratif, d'un joli vert clair, finement divisé en lobes étroits.

Floraison : les mini-marguerites blanches, bleues, mauves, rouges ou roses de l'anémone bulbeuse apparaissent à partir du mois de février. Les corolles à cinq pétales des formes vivaces sont plus tardives.

Espèces et variétés : elles sont vendues le plus souvent sans dénomination, par couleurs ou en mélange des différents coloris.

Comportement en pot : *Anemone blanda* forme de fort jolies potées basses (15 cm). Pour un effet réussi en pot, il faut une trentaine de tubercules. *Anemone coronaria, A.* x *fulgens, A. pavonina*, espèces vivaces, réussissent aussi très bien en pot.

Anemone blanda 'Radar'

Dimensions du pot : une petite jardinière de 30 cm de long et 15 cm de hauteur peut accueillir jusqu'à 50 bulbes (espacez-les de 3 cm) ou 3 pieds de vivaces.

Exposition : mi-ombre légère.

Terre : ajoutez un tiers de sable de rivière à un bon terreau universel.

Arrosage : les anémones supportent mal la sécheresse ou les arrosages excessifs. En mars, s'il ne pleut pas, un arrosage copieux par semaine est nécessaire.

Ennemis et maladies : des tiges poisseuses indiquent une attaque de pucerons. Traitez avec un insecticide. Des plantes rabougries, un feuillage jauni, des fleurs déformées sont les signes d'une virose. Il faut alors remplacer la totalité de la plantation. Oïdium et rouille fréquents.

Utilisations : les *Anemone blanda* accompagnent avec bonheur les perce-neige, les nivéoles, les crocus, les jacinthes, les muscaris. Elles se marient aussi avec les fougères, les lierres, les helxines. Les autres espèces accompagnent bien les petits arbustes du printemps.

Conseil Truffaut : laissez en place dans le pot ou la jardinière les tubercules aplatis des *Anemone blanda*, la plante réapparaîtra l'année suivante. Renouvelez la plantation tous les deux ans.

Anethum graveolens
ANETH

J F M A M J **J A S** O N D

60 cm | 30 cm | Aromatique | - 10 °C

Cette annuelle de la famille des Apiaceae qui exhale un parfum anisé est la légèreté faite plante.

Feuillage : composé, très finement divisé, presque arachnéen, vert bleuté. Les feuilles aromatisent les salades, les poissons, les pommes de terre et les marinades.

Floraison : des étoiles minuscules, d'un jaune acide, forment des ombelles légères. Les graines, très anisées, parfument le vinaigre et les cornichons.

Espèces et variétés : 'Sari' est une variété solide, très améliorée par rapport au type. Un cultivar nain, 'Fernleaf' (à feuilles de fougères), ne dépasse pas 45 cm de hauteur. Il offre un port touffu, très ramifié dès la base, idéal pour les petits balcons.

Comportement en pot : l'aneth, à l'arrière-plan des jardinières, apporte légèreté et douceur.

Dimensions du pot : la plante atteint 1 m de haut. Prévoyez une jardinière d'au moins 30 cm de profondeur et un bon tuteur en forme de grille.

Exposition : au moins un plein après-midi de soleil par jour pour bien s'exprimer.

Terre : sableuse et drainée, pas trop riche.

Arrosage : laissez le pot s'assécher un peu entre deux apports d'eau, soit en moyenne deux fois par semaine.

Ennemis et maladies : rien à signaler.

Utilisations : le feuillage nuageux de l'aneth permet de mettre en valeur pratiquement toutes les autres plantes à grosses fleurs, les lavatères, les cléomes, les cosmos, les pétunias.

Conseil Truffaut : l'aneth, annuelle, se ressème spontanément. Laissez quelques ombelles monter à graines. Vous pourrez les semer dans des pots qui passeront l'hiver dehors.

Anethum graveolens

Anisodontea x hypomadenum

Anisodontea x *hypomadenum*
ANISODONTÉA

J F M A M J J A S O N D

1/1,20 m 60/80 cm Saisonnière 5 °C

Cet arbuste sud-africain de la famille des Malvaceae porte des petites fleurs joliment colorées.

Feuillage : à trois lobes ovales, d'un vert clair, persistant sous les climats doux et si la plante hiverne en serre.

Floraison : une myriade de mauves miniatures couvre la plante de juin à octobre.

Espèces et variétés : *Anisodontea* x *hypomadenum* et *capensis* à l'aspect similaire.

Comportement en pot : tuteurez les sujets sur tige, car le vent peut les briser. Prenez soin d'attacher le tronc en plusieurs endroits sur toute sa hauteur, pour éviter une cassure au point d'attache.

Dimensions du pot : pour les sujets en touffe, choisissez une jardinière dont la hauteur et la largeur sont la moitié de la taille de la plante. Pour les sujets sur tige, prenez un pot dont le diamètre est égal ou légèrement inférieur à celui de la ramure.

Exposition : de la chaleur et une forte lumière. Protégez des vents dominants.

Terre : composez un mélange à parts égales de terre à cactées, de terreau de plantation et de terre du jardin. Ajoutez une bonne poignée d'engrais.

Arrosage : l'anisodontéa supporte la sécheresse passagère, mais prévoyez au minimum un arrosage hebdomadaire.

Ennemis et maladies : les mouches blanches (aleurodes) peuvent envahir la plante quand l'arbuste est en serre. Traitez préventivement avec un insecticide.

Utilisations : cultivez l'anisodontéa seul ou avec des annuelles retombantes. Certains jardiniers méticuleux réussissent même à le palisser contre un mur. L'association avec un hibiscus est superbe.

Conseil Truffaut : **l'anisodontéa peut supporter un gel de -5 °C, surtout s'il survient petit à petit et ne dure que quelques jours. Au-delà, il faut rentrer la plante en serre froide ou en véranda.**

Anthriscus cerefolium
CERFEUIL

J F M A M J J A S O N D

30/50 cm 20/30 cm Aromatique - 15 °C

Cette annuelle de la famille des Apiaceae est une aromatique très décorative par son feuillage léger.

Feuillage : penné, très finement divisé, comme celui d'une fougère.

Floraison : les ombelles blanches sont composées de fleurs minuscules.

Espèces et variétés : il ne faut pas confondre le cerfeuil bisannuel *(Anthriscus cerefolium)*, le plus souvent cultivé comme une annuelle, avec le cerfeuil musqué *(Myrrhis odorata)*, qui est vivace.

Comportement en pot : excellent. Un semis en place et tout à fait possible.

Dimensions du pot : chaque plante nécessite un contenant d'au moins 20 cm de large et de haut.

Exposition : légèrement ombragée.

Terre : une bonne terre de jardin convient. Vous pouvez également lui préparer un mélange de terre pour rosiers (2/3) et de compost organique (1/3).

Arrosage : chaque pied a besoin, par temps sec, d'un demi-litre d'eau par jour. Une fois par semaine trempez totalement le pot pendant une demi-heure.

Ennemis et maladies : escargots et limaces au printemps. Oïdium en été.

Utilisations : en compagnie d'autres plantes aromatiques dans des potées ou des jardinières. Il peut aussi garnir le pied de petits arbustes qui aiment l'ombre.

Conseil Truffaut : **pour que le feuillage reste beau, pincez les boutons floraux dès qu'ils apparaissent.**

Anthriscus cerefolium

Antirrhinum nanum 'Majestic'

Antirrhinum spp. MUFLIER

J F M A M J J A S O N D

20/50 cm | 15/30 cm | Annuelle | 3 °C

Appelée aussi « gueule-de-loup », cette plante de la famille des Scrophulariaceae explose en été.

Feuillage : alterne, ovale presque linéaire ou lancéolé, lustré, vert moyen.

Floraison : les corolles tubulaires s'ourlent de lèvres arrondies. Les coloris vont du blanc au jaune, en passant par tous les tons de rose et d'orange. Les fleurs se succèdent de mai aux gelées.

Espèces et variétés : *Antirrhinum majus*, le muflier des jardins, se décline dans des centaines d'hybrides et de variétés. Le groupe 'Nanum' produit des plantes de 30 à 40 cm, idéales pour la culture en potées. On préférera souvent les hybrides F1 plus florifères et très réguliers dans leur végétation. Il existe une nouvelle génération de mufliers rampants, au beau feuillage gris duveteux. Ils sont très délicats, mais superbes en suspension.

Comportement en pot : sans problème à condition de ne pas trop serrer les plantes. Un espacement de 15 cm convient bien.

Dimensions du pot : un plant en motte, vendu en barquette, a très vite besoin d'un pot d'au moins 15 cm de large et 20 cm de profondeur.

Exposition : pour une belle floraison, les mufliers doivent bénéficier de cinq heures de plein soleil par jour.

Terre : un terreau riche et bien drainé du type terreau « géraniums » ou terreau « balcons terrasses » convient fort bien.

Arrosage : tous les deux jours en été.

Ennemis et maladies : le mildiou attaque les jeunes plantes. La pourriture grise envahit les fleurs si vous mouillez trop les corolles. Attention aussi à l'oïdium, très fréquent. Des traitements spécifiques doivent être appliqués le plus vite possible.

Utilisations : usez et abusez des mufliers, seuls ou en associations dans toutes les jardinières bien exposées au soleil.

Conseil Truffaut : **enlevez les épis fanés pour prolonger la durée de la floraison.**

Apium spp. CÉLERI À CÔTES

J F M A M J J A S O N D

50/60 cm | 20 cm | Légume | - 15 °C

De végétation bisannuelle, cette plante de la famille des Apiaceae offre un fort parfum aromatique.

Feuillage : divisé, en segments dentés. Les pétioles charnus sont renforcés de côtes fibreuses, sur toute leur longueur.

Floraison : les ombelles, composées de petites fleurs blanc verdâtre, apparaissent en début d'été la seconde année.

Espèces et variétés : 'Géant Doré' ou 'Plein Blanc Doré' offrent des côtes blanches et croquantes ; 'Giant Red', des côtes rouges, décoratives, très larges.

Comportement en pot : le céleri à côtes est une plante inattendue sur un balcon, mais il réussit à condition de disposer d'un contenant suffisamment volumineux.

Dimensions du pot : un pot carré de 30 à 40 cm de côtés est nécessaire pour un seul pied, car le céleri (rave ou à côtes) est gourmand et pousse vite.

Exposition : au soleil, sans grand vent.

Terre : elle doit être riche et bien retenir l'eau. Confectionnez pour le céleri un mélange sur mesure : 1/3 de bon terreau de feuilles, 1/3 de terre de jardin, 1/3 de compost organique à base de fumier et d'algues lentement décomposés.

Arrosage : ne placez pas le pot trop loin d'un point d'eau, car le secret de la réussite du céleri réside dans des arrosages copieux tous les deux ou trois jours.

Ennemis et maladies : la mouche du céleri creuse des galeries dans les tiges. Traitez au moment de la plantation. Les limaces, la rouille et le mildiou sont aussi à craindre lors des années très pluvieuses.

Utilisations : dans une jardinière, créez un mini potager avec basilic et persil. Le céleri rave réussit seul dans un pot profond.

Conseil Truffaut : **paillez le dessus du pot avec du compost, ou de l'écorce de pin, pour éviter le tassement de la terre dû aux arrosages répétés.**

Apium spp. 'Plein Blanc Doré'

Aquilegia spp. 'Pink Star'

Aquilegia spp. ANCOLIE

J F M A M J J A S O N D

40/70 cm | 20/30 cm | Vivace | - 20 °C

Offrant des couleurs très variées, cette vivace de la famille des Ranunculaceae est vraiment facile.

Feuillage : très fin, léger, vert bleuté.

Floraison : les sépales portent souvent de grands éperons dressés ou recourbés. Les corolles s'inclinent en clochettes.

Espèces et variétés : la série des 'Barlow' est intéressante pour ses fleurs doubles, sans éperons, ses grandes tiges, et ses coloris inhabituels, tous teintés de vert. Les hybrides offrent de spectaculaires éperons, qui les font ressembler à des papillons. Les nostalgiques choisiront la variété 'Grands-mères du jardin', proche du type ancien.

Comportement en pot : quand l'ancolie a été transplantée jeune, elle forme de belles touffes en pot. Sinon, elle boude la première année et il faut attendre la saison suivante pour avoir des fleurs.

Dimensions du pot : pour une seule plante, choisissez un pot de 25 cm de large et 30 cm de profondeur.

Exposition : soleil léger ou mi-ombre.

Terre : un substrat léger et riche en humus, bien drainé. Un bon terreau pour massif ou « géraniums » convient bien.

Arrosage : quand la plante est jeune ou fraîchement installée, la surface du substrat doit rester humide. Le mois suivant, des arrosages bihebdomadaires suffisent.

Ennemis et maladies : le virus de la mosaïque du concombre provoque des taches jaunes sur les feuilles. La rouille forme des taches orangées.

Utilisations : avec des crocus, des tulipes, des jacinthes. Le feuillage précoce et décoratif de l'ancolie masque les feuilles jaunissantes des bulbes.

Conseil Truffaut : **bien que les ancolies soient des plantes vivaces, leur durée de vie n'excède pas trois ou quatre ans. Recueillez une pincée de graines bien mûres et mettez-les en terre, dans les « vides » de vos jardinières.**

Arabis spp. ARABETTE

J F M A M J J A S O N D

10/20 cm | 20/30 cm | Vivace | - 15 °C

Formant comme un tapis d'argent en pleine floraison, c'est une vivace de la famille des Brassicaceae.

Feuillage : en rosette simple et veloutée, le limbe couvert d'un duvet blanc.

Floraison : imaginez un petit tapis de neige qui se déroule au printemps. C'est la corbeille-d'argent *(Arabis caucasica)*.

Espèces et variétés : *Arabis caucasica* existe en blanc, mais aussi en rose carminé, ('Rosea') ou en blanc double ('Flore Pleno'). *Arabis ferdinandi-coburgii* 'Old Gold' offre un feuillage dense, panaché de crème, plus décoratif durant l'été.

Comportement en pot : l'arabette vit longtemps sur un balcon exposé au soleil de l'après-midi.

Dimensions du pot : une jardinière de 20 à 25 cm de large semble un minimum.

Exposition : fleurs et feuillage sont plus beaux au soleil. Mais un léger ombrage ne leur nuit pas, surtout dans le Midi.

Terre : elle ne doit pas retenir l'eau. Mélangez terre de jardin, sable et compost à base de fumier et d'algues.

Arrosage : la pluie suffit. Apportez un petit complément hebdomadaire par temps beau et chaud.

Ennemis et maladies : le mildiou peut envahir les feuilles par temps pluvieux, formant un duvet blanc sur les feuilles. Des viroses provoquent des marbrures roses sur les feuilles.

Utilisations : l'*Arabis* accompagne et adoucit l'éclat des narcisses et des tulipes, des aubriètes et des petits phlox.

Conseil Truffaut : **quand la floraison est terminée, taillez les hampes défleuries avec la cisaille à gazon.**

Arabis albida

Arbutus unedo

Arbutus unedo
ARBOUSIER

J F M A M J J A S O N D

1/2 m | 0,80/1,50 m | P Arbuste | - 5 °C

Appelé aussi « arbre aux fraises », ce bel arbuste de la famille des Ericaceae est un méditerranéen.

Feuillage : persistant et brillant, solide, vert foncé, denté sur les bords.

Floraison : d'octobre à janvier, de toutes petites clochettes, ressemblant à celles des piéris, décorent l'arbre. L'hiver suivant, les fruits d'abord jaunes, puis rouges, comestibles, ressemblant à des fraises ou à des litchis, achèvent de mûrir.

Espèces et variétés : la variété 'Rubra' présente un port compact et une abondante floraison rose. 'Compacta', une forme naine, à croissance lente, ne dépasse pas 1 m. Elle est idéale pour les petits balcons. *Arbutus* x *andrachnoides* arbore une belle écorce brun-rouge qui se desquame en vieillissant.

Comportement en pot : le Val de Loire marque la limite nord de l'arbousier en pot. Protégez la plante en hiver, sauf près de la Méditerranée.

Dimensions du pot : une caisse à orangerie de 30 à 40 cm de côtés suffit souvent durant les dix premières années.

Exposition : soleil léger ou mi-ombre.

Terre : l'arbousier préfère les sols neutres ou un peu acides, mais il supporte des arrosages à l'eau calcaire.

Arrosage : l'arbousier résiste à la sécheresse, surtout s'il dispose d'assez de terre. Mais veillez à apporter de 3 à 5 litres chaque semaine en plein été à un sujet adulte.

Ennemis et maladies : divers champignons provoquent des petites taches rondes mais sans gravité sur les feuilles.

Utilisations : plantez des asters *novi-belgii* au pied de l'arbousier. Ils accompagneront en beauté la floraison automnale.

Conseil Truffaut : **soyez patient les premières années, car l'arbousier est lent à s'installer dans son pot.**

Argyranthemum frutescens
ANTHÉMIS

J F M A M J J A S O N D

50/60 cm | 50/60 cm | P Saisonnière | 2 °C

Formant une boule de marguerites, cette vivace de la famille des Asteraceae est une amie du soleil.

Feuillage : vert glauque, finement découpé, variable selon les espèces.

Floraison : les marguerites, blanches, jaunes ou roses, n'ont qu'une durée de vie de quelques jours. Mais elles se succèdent de manière ininterrompue du milieu du printemps jusqu'aux gelées.

Espèces et variétés : *Argyranthemum frutescens* est vendu par couleurs : blanc, jaune ou rose, simple ou double.

Comportement en pot : l'anthémis est « la » plante pour les balcons et terrasses.

Argyranthemum frutescens

Argyranthemum 'Jamaica Primrose'

Bien soigné, il forme, dans la saison, de magnifiques touffes de 80 cm de diamètre. Rempotage annuel.

Dimensions du pot : un jeune plant peut être empoté dans un pot de 20 cm de diamètre et d'une égale profondeur. Mais la vigueur de l'anthémis est telle, qu'il faudra souvent le rempoter, en cours de saison, dans un pot plus grand.

Exposition : bien que l'anthémis soit une plante de plein soleil, il fleurit mieux et plus longtemps lorsque l'insolation n'est pas trop intense. Mi-ombre dans le Midi.

Terre : pour que la plante atteigne son plein développement, il lui faut un substrat riche. Achetez du terreau pour géraniums, auquel vous ajouterez une bonne poignée de fertilisant organique.

Arrosage : deux à trois fois par semaine, l'anthémis ne supporte pas les périodes de sécheresse. Une fois par semaine, ajoutez de l'engrais liquide pour plantes fleuries.

Ennemis et maladies : taches noires des tiges dans les sols lourds et compacts.

Utilisations : en grosses potées, l'anthémis est superbe. Associez-le avec des annuelles, des fuchsias, des alchémilles, ou faites-le voisiner avec des arbustes comme les lavatères ou les lauriers-roses.

Conseil Truffaut : **coupez les fleurs fanées au fur et à mesure qu'elles se forment. Vous obtiendrez une floraison continue pendant cinq mois.**

Armeria maritima
GAZON D'ESPAGNE

J F M **A M J** J A S O N D

20 cm	30 cm		Vivace	- 8 °C

Tout petit, tout rond, tout vert, tout beau, c'est une boule fleurie de la famille des Plumbaginaceae.

Feuillage : persistant, dru et serré en petits coussins, il évoque un gazon vert bleuté.

Floraison : des petites têtes sphériques aux airs de ciboulette, rose vif, pourpres ou blanches selon les variétés, se relaient jusqu'au début de l'été.

Espèces et variétés : 'Alba' est la version blanche du gazon d'Espagne.

Comportement en pot : idéal pour les balcons au bord de la mer. Rempotage tous les deux ans indispensable.

Dimensions du pot : un pot de 20 cm de large est suffisant pour un pied. Mais quatre ou cinq plants groupés dans une jardinière font plus d'effet.

Exposition : seul le plein soleil permet une floraison abondante. Attention aux hivers très froids et surtout humides.

Terre : tout substrat bien drainé convient. Procurez-vous de la terre de jardin assez riche mais allégée en sable ou bien utilisez un mélange de terreau pour rempotage avec 1/3 de perlite.

Arrosage : un verre d'eau par pied et par semaine suffit normalement, excepté en période de canicule.

Ennemis et maladies : la rouille peut se manifester par des taches orange sur les feuilles et les tiges.

Utilisations : le gazon d'Espagne est idéal pour les bordures, au pied des arbustes dans les jardinières, ou en compagnie des arabis, du thym, de la lavande, du romarin.

Conseil Truffaut : **les fleurs qui fanent donnent un air négligé à la plante. Éliminez-les très régulièrement.**

Aronia melanocarpa
ARONIA

J F M A **M J** J A S O N D

1,50 m	80 cm		Arbuste	- 15 °C

Léger, branchu, cet arbuste de la famille des Rosaceae se fait aimer pour ses couleurs d'automne.

Feuillage : ovale, vert olive en été, prenant des couleurs vives dès octobre.

Floraison : des corymbes de fleurs blanches apparaissent au printemps, suivies par des fruits noirs et brillants.

Espèces et variétés : les couleurs d'automne d'*Aronia arbutifolia* 'Brillant' suscitent l'admiration. *Aronia melanocarpa* 'Viking' offre, en été, une jolie floraison blanche en bouquets plats, suivie de nombreux fruits noirs très brillants.

Comportement en pot : l'aronia forme une touffe assez dense, et résiste bien au vent. Mais il réagit assez mal à la sécheresse, surtout dans un pot.

Dimensions du pot : l'aronia adulte devra disposer d'un pot d'au moins 40 cm de largeur et d'une égale profondeur.

Exposition : l'aronia accepte de pousser à mi-ombre, sur un balcon à l'est ou même au nord car il est très rustique.

Terre : un bon terreau acide convient à l'aronia. Mélangez 1/3 de sable, 1/3 de terre de bruyère et 1/3 de terre végétale assez souple ou de terreau aéré.

Arrosage : un arbuste de 1 m de haut doit recevoir un arrosoir de 10 l, au moins deux à trois fois par semaine, en saison lorsque la température dépasse les 20 °C.

Ennemis et maladies : l'aronia est rarement malade, des branches éparses sèchent parfois brutalement, signe que le substrat est épuisé ou trop compact.

Utilisations : en compagnie des bruyères et des rhododendrons, dans de grandes jardinières. En potée isolée, avec des petits bulbes pour le printemps et des colchiques pour l'automne.

Conseil Truffaut : **l'aronia aime les sols franchement acides. Si l'eau est calcaire, ajoutez de la tourbe blonde sur le dessus du pot pour l'acidifier.**

Armeria maritima

Aronia melanocarpa

Artemisia dracunculus
ESTRAGON

J F M A M J J A S O N D

40/60 cm · 20/30 cm · Aromatique · - 10 °C

Cette vivace buissonnante de la famille des Asteraceae fait un très bon condiment pour les salades.

Feuillage : linéaire, vert moyen. Les feuilles, de 2 à 5 cm de long, subtilement parfumées, aromatisent les salades.

Floraison : en été, l'estragon porte des panicules lâches de fleurs blanc verdâtre.

Variétés conseillées : on trouve en graines l'estragon dit « de Russie », plus vigoureux et qui résiste mieux au froid, mais de moindre saveur. Préférez les plants d'estragon véritable, issus de division car il ne produit pas de graines fertiles.

Comportement en pot : la plante offre un port lâche, même si on la taille, et elle perd ses feuilles en hiver. Le pot d'estragon gagne à être renouvelé chaque année à partir d'un jeune plant.

Dimensions du pot : cette vivace suffrutescente assez vigoureuse demande un contenant d'au moins 20 cm.

Exposition : pleine lumière directe car l'estragon se languit à mi-ombre.

Terre : un bon terreau de rempotage pour les plantes vertes enrichi d'un fertilisant organique à base de fumiers et d'algues.

Artemisia dracunculus

Arrosage : l'estragon se plaît dans une terre légèrement humide. Arrosez un peu mais chaque jour en été, et plus copieusement par trempage, une fois par semaine.

Ennemis et maladies : des viroses abrègent généralement la vie des pieds d'estragon qui jaunissent et sèchent.

Utilisations : mélangez l'estragon à d'autres herbes aromatiques (persil, marjolaine, thym). Plantez, à son pied, des origans décoratifs nains, (*Origanum microphyllum*, par exemple).

Conseil Truffaut : l'estragon ne résiste pas aux hivers froids et humides. Dès le mois d'octobre, installez la potée contre un mur au sud ou sous châssis.

Artemisia spp.
ARMOISE

J F M A M J J A S O N D

10/70 cm · 30/50 cm · Vivace · - 15 °C

Ces plantes vivaces de la famille des Asteraceae sont appréciées pour leur feuillage gris argenté.

Feuillage : plus ou moins découpé et duveteux, d'un gris argenté lumineux.

Floraison : des petites grappes jaunes, sans véritable éclat, apparaissent en été.

Variétés conseillées : *Artemisia ludoviciana* 'Silver Queen' possède un feuillage découpé, argenté et très lumineux. *Artemisia* 'Powis Castle' affiche des rondeurs généreuses. Elle culmine à plus de 1 m et pousse rapidement. *Artemisia schmidtiana* 'Nana' (10 cm), forme un tapis de soie argentée. *Artemisia stelleriana* 'Boughton Silver' (15 cm) forme une touffe de feuilles blanches palmées.

Comportement en pot : un rempotage annuel est nécessaire en raison de la forte croissance des armoises.

Dimensions du pot : les espèces naines se contentent d'un pot de 15 cm de profondeur, mais large. Celles qui montent à 1 m demandent une jardinière de 40 cm de profondeur et de 30 cm de largeur.

Exposition : le feuillage des armoises a besoin de soleil pour bien se colorer.

Artemisia ludoviciana

Artemisia 'Powis Castle'

Terre : une bonne terre de jardin nutritive et légère, même calcaire, convient.

Arrosage : une fois par semaine en moyenne durant la période de croissance.

Ennemis et maladies : les oiseaux picorent les jeunes pousses. Installez un filet en plastique léger sur la plante, pendant quelques semaines, le temps qu'ils portent leur attention ailleurs. Oïdium par temps sec.

Utilisations : mariez les armoises à des sédums, des lavandes, du fenouil bronze, des caryoptéris et des feuillages dorés.

Conseil Truffaut : taillez l'armoise assez court en avril pour lui conserver une forme compacte et esthétique.

Arundinaria spp. (Fargesia)
BAMBOU

0,50/2 m | 0,50/1 m | P Vivace | - 15 °C

Herbes géantes à croissance rapide, les bambous appartiennent à la famille des Poaceae (graminées).

Feuillage : rubané, porté sur des ramifications grêles par des cannes rigides.

Floraison : en épillets, elle n'intervient que tous les 30 ou 40 ans, signant le plus souvent la mort du bambou.

Variétés conseillées : *Arundinaria murielae* forme une touffe dense, d'au moins 1,50 m d'envergure. *Arundinaria viridistriata*, classé aujourd'hui parmi les *Pleioblastus*, est un nain panaché de jaune qui forme en pot une belle masse colorée.

Comportement en pot : les variétés traçantes supportent mal la vie en pot. Celles qui drageonnent peu, comme *Arundinaria murielae*, conviennent mieux.

Dimensions du pot : un bac de 40 cm de côté paraît sans doute trop grand la première année, mais les racines des bambous n'aiment pas être dérangées.

Exposition : la mi-ombre convient mieux aux bambous en pot. Mais ils supportent une insolation directe modérée, tant qu'ils conservent les pieds au frais.

Arundinaria viridistriata

Terre : un bon terreau enrichi de fumier décomposé convient aux bambous.

Arrosage : le premier été est le plus délicat. Arrosez les bambous nouvellement plantés tous les deux jours quand il fait beau, jusqu'à la reprise.

Ennemis et maladies : les tiges qui sèchent représentent un phénomène naturel, et non une maladie. Coupez-les à ras pour nettoyer la touffe.

Utilisations : avec : aucuba, mahonia, érable du Japon, azalée, prêle du Japon, pour un balcon d'inspiration asiatique.

Conseil Truffaut : laissez les feuilles sèches couvrir la surface des pots, c'est le meilleur paillis qui soit. Divisez la touffe tous les trois ans pour éviter que les rhizomes ne fassent éclater le pot.

Asparagus spp.
ASPARAGUS

J F M A M J **J A S** O N D

40/70 cm | 50/80 cm | P Saisonnière | - 2 °C

Cette belle vivace tubéreuse de la famille des Asparagaceae porte un feuillage d'une finesse extrême.

Feuillage : persistant, très fin ou plumeux et souple, sa légèreté confère à la plante toute son originalité.

Floraison : de discrètes étoiles blanc verdâtre sont suivies, en été, de baies rouges et rondes aux propriétés toxiques.

Variétés conseillées : *Asparagus densiflorus* 'Sprengeri' émet des tiges souples, épineuses et joliment arquées. *Asparagus plumosus* arbore un feuillage plumeux, d'une légèreté ravissante.

Comportement en pot : l'asparagus est capable de faire éclater un pot par la seule pression de ses racines lorsqu'elles se trouvent trop à l'étroit.

Dimensions du pot : les jeunes sujets peuvent se contenter d'un pot de 15 cm de diamètre la première année. Une touffe âgée de six ou sept ans vivra dans un pot de 30 cm en tous sens.

Exposition : l'asparagus réussit bien contre un mur exposé au sud, mais il reste tout aussi beau avec juste un peu de soleil le matin ou l'après-midi.

Terre : un terreau de rempotage standard.

Arrosage : quand l'asparagus est laissé à lui-même, il se débrouille avec l'eau du ciel. Mais avec des arrosages hebdomadaires, il devient plus touffu.

Ennemis et maladies : les araignées rouges provoquent la décoloration des feuilles. Il arrive que les cochenilles s'installent le long des tiges.

Utilisations : l'asparagus accompagne les pétunias, les géraniums, les scaévolas, les fuchsias. Seul, ou en association avec des surfinias, il permet la réalisation de magnifiques suspensions. Dans les régions très abritées, *Asparagus plumosus* faites grimper contre un treillage, l'effet est inattendu et splendide.

Conseil Truffaut : rempotez l'asparagus chaque année au printemps, divisez-le si nécessaire pour le rajeunir.

Asparagus densiflorus 'Sprengeri'

Aster cordifolius et *Aster novi belgii* 'Sailor Bay'

Aster spp.
ASTER

J F M A M J J A S O N D

30/90 cm · 20/50 cm · Vivace · - 15 °C

Cette vivace rustique de la famille des Asteraceae fleurit au printemps ou en automne selon les espèces.

Feuillage : fin, dense, d'un vert profond.
Floraison : une abondance de petites marguerites, aux coloris variés et lumineux, viennent étoiler les jardinières.
Variétés conseillées : *Aster alpinus* inaugure la saison, du haut de ses 25 cm, à partir de mars. *Aster amellus*, guère plus haut, prend le relais de mai jusqu'à juillet. La relève est assurée, à partir de la fin août, par *Aster dumosus*, le plus petit de tous, avec ses 15 cm de hauteur. *Aster novi-belgii* forme de grandes potées qui, selon les variétés, mesurent entre 60 cm et 1 m.
Comportement en pot : les races naines prospèrent bien en pot, les grands asters sont plus éphémères dans ces conditions.
Dimensions du pot : une jardinière de 30 cm de long peut accueillir trois petits asters. Les grandes variétés ont besoin d'un pot de 25 à 30 cm en tous sens.
Exposition : les asters demandent au moins quatre heures de soleil par jour, excepté *Aster divaricatus*, qui fleurit très correctement sous une ombre légère.
Terre : mélangez un bon terreau universel avec quelques poignées de fumier décomposé ou de fertilisant à base d'algues.
Arrosage : ne laissez pas la motte sécher en surface. Apportez de l'engrais liquide pour plantes fleuries une fois par semaine.
Ennemis et maladies : l'oïdium provoque souvent un duvet farineux sur les feuilles. La pourriture des racines peut entraîner le dépérissement de la plante.
Utilisations : mélangez les asters de printemps avec des vivaces. Les asters plus tardifs voisineront avec des annuelles.
Conseil Truffaut : divisez les asters tous les 3 ans ou renouvelez les plantes pour éviter les maladies.

Asteriscus maritimus
ASTÉRISCUS

J F M A M J J A S O N D

15/25 cm · 20/40 cm · Saisonnière · - 2 °C

Cette vivace frileuse au port souple de la famille des Asteraceae, porte des centaines de petits soleils l'été.

Feuillage : persistant, vert argenté et velouté, s'étalant en couvre-sol dense. L'astériscus forme un tapis compact, au port irrégulier, même en jardinière.
Floraison : jaune vif, de mai à septembre. Les fleurs rappellent celles des soucis.
Espèces et variétés : *Asteriscus sericeus* peut atteindre 1 m de hauteur. Dans les régions au climat très doux, il fleurit dès que la température dépasse les 5 °C.
Comportement en pot : s'il est abrité du gel, l'astériscus vit plusieurs années en pot. Il résiste parfaitement aux embruns.
Dimensions du pot : rempotez chaque godet de jeune plant dans un pot de 15 cm de large, ou installez trois plantes dans une jardinière de 30 cm de long.
Exposition : le plein soleil est impératif.
Terre : drainante, pauvre et même caillouteuse, un terreau souple et sableux.
Arrosage : laissez l'astériscus s'assoiffer un peu. En général, la pluie lui suffit.
Ennemis et maladies : rien à signaler.
Utilisations : l'astériscus est une plante facile, qui se marie avec : lavandes, romarin, sédums, aéthionèmes, gazon d'Espagne, aubriètes, érodiums, népétas, cistes, marjolaines vivaces. Associez-le à quelques bulbes de printemps.
Conseil Truffaut : il faut protéger la potée du froid avec des voiles non tissés ou bien la rentrer dans une véranda qui sera tout juste maintenue hors gel. Pincez les jeunes pousses qui s'allongent trop pour conserver à la plante un port compact beaucoup plus esthétique.

Asteriscus maritimus

Astilbe x arendsii

Astilbe spp.
ASTILBE

J F M A M J J A S O N D

50/70 cm · 30/40 cm · Vivace · - 15 °C

Parfaitement rustique mais assez délicate, cette vivace de la famille des Saxifragaceae aime la moiteur.

Feuillage : léger, gracieux, composé, découpé, denté, vert moyen, assombri par des touches cuivrées quand il est jeune.

Floraison : les panicules en pyramides lâches, souvent vivement colorées, surmontent le feuillage, évoquant des épis plumeux. Cette floraison dure deux mois.

Espèces et variétés : *Astilbe chinensis*, robuste plante à rhizomes longs, supporte mieux le soleil et la sécheresse que les autres espèces. 'Pumila', qui ne dépasse pas 40 cm de haut, s'étend en tapis compact. Les astilbes sont couramment vendues en potées fleuries forcées.

Comportement en pot : sans problème si la plante est bien alimentée. Un rempotage annuel est nécessaire.

Dimensions du pot : il faut que la touffe soit assez large pour produire de l'effet. Un pot de 30 cm de largeur et d'une égale profondeur peut accueillir deux plantes de teintes différentes.

Exposition : les astilbes supportent le soleil direct pas trop ardent, à condition d'avoir toujours les pieds au frais.

Terre : ces plantes demandent une terre riche et qui retient l'eau. Ajoutez quelques grosses poignées de tourbe brune au terreau de plantation, qui doit être acide.

Arrosage : arrosez beaucoup en été. Par temps chaud, laissez tremper le pot une partie de la journée dans une soucoupe pleine d'eau. Bassinez le feuillage le soir.

Ennemis et maladies : chenilles et escargots apprécient les feuilles, qu'ils criblent de trous. Attention à l'oïdium s'il fait sec.

Utilisations : vous pouvez marier les astilbes avec des boltonias, des vergerettes, des géraniums vivaces comme 'Johnson's Blue', des iris de Sibérie et surtout des fougères et des hostas.

Conseil Truffaut : quand le feuillage devient complètement jaune, rabattez les astilbes à ras. Au printemps, ôtez les premiers centimètres de terre et remplacez par du terreau neuf et riche.

Athyrium filix-femina
FOUGÈRE FEMELLE

60/80 cm · 50/80 cm · Vivace · - 15 °C

Cette solide fougère de la famille des Dryopteridaceae se pare de frondes d'une élégance féminine.

Feuillage : les frondes vert vif et délicatement ciselées surgissent au printemps en touffes denses avec des pétioles brunâtres.

Floraison : les fougères ne fleurissent pas.

Espèces et variétés : *Athyrium filix-femina* 'Fritzelliae Multifidum' arbore des frondes divisées à leur extrémité, en plusieurs fourches. Les pinnules rappellent des confettis très découpés. 'Grandiceps' affiche des frondes plumeuses, fournies et décoratives. 'Vernoniae' peut s'installer au bord d'une fontaine ou d'un bassin.

Comportement en pot : la fougère femelle s'acclimate lentement dans son pot la première année. Par la suite, elle se montre plus résistante au froid et pousse plus vite si elle est bien alimentée.

Dimensions du pot : les plus petites variétés vivent dans des pots de 20 cm de profondeur et de largeur. Les plus importantes demandent des contenants de 30 cm de diamètre au minimum.

Exposition : un emplacement franchement ombragé, ou la mi-ombre légère, permet un développement harmonieux de la fougère femelle.

Terre : un mélange de terre de bruyère fibreuse avec un bon terreau d'écorce.

Arrosage : versez un arrosoir en pluie sur le feuillage, tous les deux jours, en été. Mouillez le sol de la terrasse lorsqu'il fait chaud pour apporter un peu de fraîcheur.

Ennemis et maladies : aucun.

Athyrium filix-femina

Utilisations : cultivez les fougères en association avec d'autres plantes qui aiment la fraîcheur, comme le cerfeuil, les dryoptéris, les ancolies, les hellébores, les hostas, les astilbes, les azalées ou des bulbes, comme les fritillaires.

Conseil Truffaut : coupez les feuilles jaunissantes et paillez le dessus du pot, avant l'hiver, avec du mulch d'écorces ou de la paillette de lin. Il faut éviter que le substrat se dessèche, mais à l'inverse une humidité stagnante durant la période de dormance est très préjudiciable. Vérifiez souvent l'état de la plante.

Aubrieta hybride

Aubrieta deltoidea
AUBRIÈTE

J F M A M J J A S O N D

10/15 cm | 20/30 cm | Vivace | - 15 °C

Cette petite vivace couvre-sol de la famille des Brassicaceae est une fleur de printemps indispensable.

Feuillage : persistant, vert doux, hexagonal, formant des touffes denses.

Floraison : l'aubriète épanouit de généreux tapis roses ou mauves au printemps.

Espèces et variétés : 'Blue King', avec ses 25 cm, s'avère la plus haute des aubriètes. Ses fleurs couleurs lilas, au cœur clair, se détachent bien du feuillage. 'Midinette' offre une belle masse de grandes fleurs semi-doubles, rose clair.

Comportement en pot : l'aubriète est si peu exigeante qu'elle fleurit du moment qu'elle dispose d'un peu de terre.

Dimensions du pot : une profondeur minimale de 20 cm est souhaitable, dont 3 cm seront occupés par du gravier, pour le drainage. Pour la largeur, cela dépend du nombre de plantes, ménagez au moins 20 cm entre chacune d'elles.

Exposition : la plus ensoleillée possible.

Terre : une terre de jardin souple et fertile.

Arrosage : surtout pendant les deux premières semaines, après la mise en place.

Ennemis et maladies : le mildiou provoque l'apparition d'un duvet grisâtre sur la face inférieure des feuilles et des taches sur le dessus. Traitez dès son apparition.

Utilisations : en suspensions, en touffe solitaire dans une potée ronde, au premier plan d'un bac, pour habiller le pied des arbustes dégarnis, dans des auges, et. Belle association avec des bulbes à fleurs.

Conseil Truffaut : après la floraison, taillez les tiges sèches, pour obtenir des touffes bien propres et favoriser le développement de nouvelles pousses.

Aucuba japonica
AUCUBA

J F M A M J J A S O N D

50 cm | 0,60/1 m | Arbuste | - 15 °C

Insensible à la pollution des villes, cet arbuste de la famille des Cornaceae est d'une solidité rare.

Feuillage : persistant, brillant, coriace.

Floraison : l'aucuba est dioïque (il existe des pieds mâles et des pieds femelles). Plantez un plant de chaque sexe pour obtenir à coup sûr une fructification.

Espèces et variétés : les variétés panachées de jaune, qui apportent une touche de lumière dans les endroits sombres, ('Variegata', 'Crotonifolia'), sont les plus courantes. 'Rozannie', au beau feuillage entièrement vert, ne dépasse pas 1,20 m de haut. Il est hermaphrodite.

Comportement en pot : l'aucuba vit plusieurs années en pot, formant une belle touffe régulière sans grand entretien.

Dimensions du pot : une plante de 1,60 m de haut vit bien dans un bac carré de 40 cm de côtés et de profondeur.

Exposition : il supporte une ombre dense.

Terre : ajoutez quelques poignées d'un amendement organique à base de fumiers à de la bonne terre de jardin.

Arrosage : l'aucuba supporte la sécheresse, un arrosage hebdomadaire suffit.

Ennemis et maladies : des taches noires sur les feuilles indiquent de mauvaises conditions de culture. Le grand gel peut endommager le feuillage de l'aucuba, qui prend alors un aspect brûlé.

Utilisations : avec des azalées, des rhododendrons nains, des bambous, des érables et des mahonias du Japon.

Conseil Truffaut : taillez les branches trop longues pour équilibrer la forme.

Fructification d'*Aucuba japonica.*

Aucuba japonica 'Maculata'

Roses, delphiniums, sauges et campanules.

Begonia spp.
BÉGONIA

J F M A M J J A S O N D

20/80 cm | 10/60 cm | | P Vivace | 5 °C

Les 900 espèces de ces plantes de la famille des Begoniaceae offrent des formes et des couleurs infinies.

Feuillage : très variable. Les feuilles ont des formes et une consistance très changeante d'une espèce à l'autre. Elles peuvent être pleines ou découpées, mais aussi palmées, lobées ou en aile d'ange. Leurs couleurs présentent une immense diversité de nuances où il ne manque que le bleu.

Floraison : très abondante et prolongée. À la fin de l'hiver pour la majorité des espèces rhizomateuses. De mai aux premières gelées pour les bégonias cultivés à l'extérieur. Fleurs simples, semi-doubles ou doubles, rouges, roses, jaunes, oranges ou blanches, parfois bicolores.

Begonia 'Illumination Orange'

Espèces et variétés : parmi les *Begonia semperflorens*, retenez 'Lotto' pour ses très grandes fleurs de 5 cm de diamètre, 'Olympia' pour sa floraison exceptionnelle et ses nombreux coloris, 'F1 Chernobyl Pink' pour son surprenant feuillage vert panaché de crème, au port légèrement retombant et à la floraison rose clair.

Parmi les innombrables cultivars de *Begonia* x *tuberhybrida*, choisissez plus particulièrement 'Pin Up' aux grandes fleurs simples blanc pur ourlé de rose vif ou 'Non Stop', plus trapu, très florifère et qui supporte le soleil. 'Worthiana' forme des tiges puissantes et érigées de près de 1 m de hauteur. Il produit une profusion de grandes fleurs simples rouge vermillon. 'La Madelon' est un adorable petit bijou, aux fleurs semi-doubles rose vif. 'Bouton de rose' porte de très belles fleurs blanches, finement bordées d'un liseré rose. 'Cascade Pastel' épanouit d'énormes fleurs doubles aux coloris doux très séduisants. Il permet de réaliser des suspensions d'un très grand effet décoratif.

Begonia grandis ssp. *evansiana* est la seule espèce vraiment rustique. Elle peut rester en place toute l'année, avec une petite protection hivernale dans les régions au climat un peu rude. Ce bégonia produit une abondance de fleurs simples rose tendre en été, au-dessus des feuilles amples, d'un beau vert au dessous rose-rouge. 'Alba' est une forme à fleurs blanc pur.

Begonia sutherlandii (parfois proposé sous l'appellation 'Papaya') est une petite merveille délicate, à la superbe floraison orange vif. Peu rustique, ce bégonia est souvent très sensible à l'oïdium.

Certains cultivars de bégonias sont traditionnellement cultivés dans la maison mais ils prospèrent mieux en séjournant sur le balcon ou la terrasse de fin mai à septembre. *Begonia* x 'Corbeille de Feu', au port érigé buissonnant et aux petites fleurs rouge vif, *Begonia fuchsioides* toujours couvert de fleurs pendantes roses ou son cultivar 'Miniata', qui se distingue par une généreuse floraison rouge éclatante, mise en valeur par un feuillage vernissé vert vif. *Begonia* x 'Digswelliana' à la floraison perpétuellement rose.

Begonia semperflorens

Comportement en pot : hormis *Begonia grandis ssp. evansiana*, qu'il est possible de conserver plusieurs années de suite à l'extérieur dans son pot, les bégonias ne peuvent séjourner dehors qu'en été. Ils se développent parfaitement dans tous les types de contenants, à condition d'être régulièrement fertilisés, car ce sont des plantes gourmandes.

Dimensions du pot : 14 cm de largeur et 12 cm de profondeur suffisent pour un pied de petit bégonia, 25 cm pour une espèce plus volumineuse. Utilisez toujours des contenants plus larges que hauts, en terre cuite de préférence, pour que la terre s'assèche plus rapidement. Évitez les bacs à réserve d'eau qui favorisent la pourriture des racines charnues.

Exposition : plein soleil pour les hybrides de *Begonia semperflorens*, qui résistent très bien au vent et aux intempéries. Toutes les autres espèces et variétés préfèrent une situation chaude, à mi-ombre, à l'abri des courants d'air violents.

Terre : un terreau « géraniums », léger et bien drainé, enrichi de fumier décomposé.

Arrosage : une à deux fois par semaine, selon la température et les dimensions du contenant. Utilisez une eau non calcaire.

Begonia 'Dragon Wing'

Begonia grandis ssp. *evansiana*

Begonia x *tuberhybrida*

Arrosez au pied de la plante, sans mouiller le feuillage. Après quelques heures, videz l'eau de la soucoupe. Attention, un excès d'humidité entraîne souvent la pourriture du collet et des racines.

Ennemis et maladies : un temps froid et pluvieux favorise les attaques d'oïdium et de *botrytis* qui peuvent être mortelles.

Utilisations : dans une petite jardinière, associez les bégonias de type *semperflorens* à des lobélias, des alysses odorants, des œillets d'Inde, des verveines, des pétunias, des sauges ou des mufliers nains.

Dans les grands contenants, placez les bégonias au premier plan, en bordure. Plantez les variétés de bégonias tubéreux avec des fuchsias, des impatiences, des bacopas, des gléchomas, des misères ou des coléus. En été, installez les potées de bégonias habituellement cultivées dans la maison, dehors à mi-ombre et réalisez une ambiance exotique en les associant à des tradescantias, des tolmiéas, des plectranthus, des asparagus ou des chlorophytums. Après quelques semaines d'adaptation, leur croissance est surprenante de vigueur et de beauté.

Conseil Truffaut : quelles que soient l'espèce ou la variété de bégonia que vous cultivez, faites un apport d'engrais soluble pour plantes fleuries tous les dix jours, de mai à fin septembre. Ôtez régulièrement les fleurs fanées. Achetez les variétés tubéreuses en mars, en choisissant les plus gros calibres, plus florifères.

Lors du rempotage, enterrez les tubercules à 2 ou 3 cm de profondeur seulement, en les espaçant de 20 à 30 cm. Dirigez la partie creuse et les petits bourgeons vers le haut. Tuteurez les pousses au fur et à mesure de leur croissance, car les tiges peuvent casser sous le poids des grosses fleurs. Fin septembre, réduisez les apports d'eau. Quand le feuillage est devenu complètement jaune, arrachez les tubercules et laissez-les sécher quelques jours, à l'abri du soleil. Conservez-les tout l'hiver dans de la tourbe sèche, dans une pièce fraîche, hors gel.

Les *Begonia semperflorens* se multiplient facilement par semis. Les graines sont d'une extrême finesse et ne doivent pas être enterrées. La germination demande une chaleur régulière (environ de 20 à 22 °C). Il est préférable de réaliser votre semis en février, dans une miniserre ou dans une terrine couverte d'une plaque de verre et posée près d'un radiateur dans la maison. Arrosez en faisant tremper la base de la terrine dans l'eau. Le mélange ne doit jamais être détrempé en permanence, pour éviter la fonte des semis. Dès que les jeunes plantules présentent une ou deux vraies feuilles, repiquez-les dans des petits godets individuels. La mise en place définitive s'effectue en mai.

Quelle que soit la variété de bégonias cultivée, supprimez toutes les fleurs sur les jeunes plants au moment de la plantation sur le balcon. Cela favorisera la reprise et la potée sera beaucoup plus florifère par la suite. Les potées de *Begonia semperflorens* peuvent être rentrées dans la maison fin septembre. Auparavant, taillez toutes les fleurs fanées, les tiges et les feuilles mortes. Rabattez un tiers de la touffe. En quelques semaines, vous obtiendrez de nouveau une belle plante florifère.

Begonia rex

Bellis perennis

Bellis perennis
PÂQUERETTE

J F M A M J J A S O N D

10/20 cm	10 cm		P Bisannuelle	- 10 °C

Asteraceae vivace cultivée comme une bisannuelle, elle épanouit une explosion de pompons printaniers.

Feuillage : vert clair, feuilles ovales et arrondies, disposées en rosettes étalées.

Floraison : de l'automne au printemps, blanche, rose ou rouge. Les fleurs régulières, érigées, simples ou doubles, sont parfois bicolores. Longue durée.

Espèces et variétés : 'Pomponnette' porte des petites fleurs doubles bien fournies. 'Super Énorme' déploie des inflorescences doubles énormes. 'Radar', très double.

Comportement en pot : robuste, la pâquerette forme des tapis denses, parfaits pour habiller le pied des bulbes printaniers dans les jardinières.

Dimensions du pot : 15 cm de large et de profondeur pour un pied solitaire.

Exposition : en plein soleil ou à mi-ombre.

Terre : un mélange bien drainé, composé d'une moitié de terreau de feuilles, d'un quart de terre de jardin légère et d'un quart de sable de rivière.

Arrosage : maintenez le sol toujours frais.

Ennemis et maladies : en général, aucun.

Utilisations : au premier plan d'une jardinière ou d'une coupe, associée avec des myosotis, des tulipes, des scilles, des jacinthes ou des narcisses.

Conseil Truffaut : renouvelez les pieds chaque année pour éviter la dégénérescence des fleurs. En pleine terre, la pâquerette est très envahissante.

Berberis spp.
ÉPINE VINETTE

J F M A M J J A S O N D

0,30/1 m	30/70 cm		PC Arbuste	- 15 °C

Ces arbustes très diversifiés de la famille des Berberidaceae sont solides, florifères et piquants.

Feuillage : caduc ou persistant, entier ou denté selon les espèces, ovale, d'un beau vert ou rouge pourpre, épineux.

Floraison : jaune ou orange, au printemps. Les fleurs sont portées en grappes et donnent de petites baies rouges, bleues ou noires, décoratives à maturité.

Espèces et variétés : le genre comprend plus de 450 espèces. Parmi les berbéris caducs, recherchés pour leurs superbes couleurs d'automne, choisissez : *Berberis thunbergii* pour son beau feuillage pourpre. Sa variété 'Harlequin' se distingue par une panachure crème subtile et de splendides colorations automnales. 'Kelleriis' développe un feuillage panaché vert mousse et crème très lumineux. Il prend des couleurs rouges et orange somptueuses, avant de perdre ses feuilles. 'Pink Attraction' est bariolé de rose et de jaune crème. Avec son port étalé, il n'excède pas 1 m de hauteur. Parmi les nombreux berbéris persistants, retenez : *Berberis* x *stenophylla*, rustique, très florifère, qui se conduit bien en pot. Sa variété 'Cream Showers' épanouit des fleurs jaune citron. 'Claret Cascade' présente de jeunes pousses rouge bordeaux. 'Corallina Compacta' est un cultivar miniature, parfait pour les balcons et les petites terrasses. *Berberis temolaica* se distingue par un feuillage bleu comme un eucalyptus et des fleurs solitaires. C'est une rareté appréciée par les collectionneurs.

Comportement en pot : réservez les berbéris pour une grande terrasse, où ils peuvent former de très belles haies, qui atteignent 1 m de hauteur. Disposez-les à l'écart des zones de passage, car il sont très épineux. Rempotage tous les 3 ans.

Dimensions du pot : prévoyez un contenant de 50 cm de profondeur et de largeur, pour obtenir une croissance généreuse, durable et assez rapide.

Exposition : au soleil direct pour les espèces caduques. Une lumière tamisée, éventuellement la mi-ombre, est appréciée par les berbéris persistants.

Terre : un bon terreau universel bien drainé ou de la terre de jardin siliceuse.

Berberis verruculosa

Berberis darwinii

Arrosage : tous les trois à dix jours selon la température ambiante. Respectez une dormance hivernale en sol assez sec.

Ennemis et maladies : l'oïdium est à redouter quand le temps est relativement sec ou si l'atmosphère est confinée. Traitez préventivement avec du soufre.

Utilisations : les coloris sombres des variétés pourpres mettent en valeur les feuillages dorés ou argentés, comme celui des *Choisya ternata* 'Sundance', *Euonymus fortunei* 'Blondy', *Spiraea japonica* 'Candelight' ou 'Goldmound', *Spiraea* x *vanhouttei* 'Pink Ice', etc.

Conseil Truffaut : pour obtenir une petite haie régulière dans une grande jardinière, taillez tous les ans, après la floraison pour les variétés persistantes ou en fin d'été pour les caduques. Le berbéris développera un feuillage dense, si vous ne le laissez pas pousser trop vite. Ôtez les 2/3 de la longueur des nouvelles branches chaque année.

Bergenia cordifolia
PLANTE DES SAVETIERS

J F M A M J J A S O N D

30/40 cm | 40/60 cm | Vivace | - 20 °C

Cette plante opulente de la famille des Saxifragaceae est l'une des vivaces fleuries les plus précoces.

Feuillage : alterne, large, épais, luisant, persistant. Les feuilles arrondies sont parfois teintées de rouge et de brun en hiver.

Floraison : à la fin de l'hiver, souvent dès le mois de février, des panicules compactes, blanches, roses, ou rouge foncé.

Espèces et variétés : 'Morgenröte' porte des fleurs rose rougeâtre. Il refleurit en été. 'Ballawley' a un feuillage très ample, aux belles couleurs hivernales.

Comportement en pot : laissez pousser le *Bergenia cordifolia* naturellement, sans aucun entretien. Rempotage tous les trois ou quatre ans, pas plus.

Dimensions du pot : 30 cm de largeur et 25 cm de profondeur suffisent pour le bon développement d'un pied.

Bergenia cordifolia

Exposition : ensoleillée ou à mi-ombre.

Terre : une bonne terre de jardin, bien drainée, en mélange avec du terreau frais.

Arrosage : uniquement lorsque la terre sèche à la surface du pot.

Ennemis et maladies : limaces, escargots, otiorhynques, taches foliaires.

Utilisations : d'une grande longévité, les bergénias sont les compagnons des rhododendrons, des narcisses, des saxifrages, des cœurs de Marie et des tiarellas.

Conseil Truffaut : enlevez les feuilles mortes et les hampes défleuries. Faites un apport d'engrais organique (corne, sang desséché) au printemps.

Beta vulgaris
POIRÉE, BETTE À CARDES

J F M A M J J A S O N D

50/60 cm | 30/40 cm | Bisannuelle | - 15 °C

Cette plante de la famille des Chenopodiaceae est une variété de betterave aux pétioles développés.

Feuillage : ample et arrondi, vert clair ou foncé, brillant, gaufré. Les pétioles, plus ou moins larges, sont blancs, jaunes, orange ou rouges selon les variétés.

Floraison : sans intérêt, au début de l'été, la deuxième année après le semis.

Espèces et variétés : 'Blonde à cardes blanches', pour la cuisine et les balcons monochromes blancs. 'Rhubarb Chard', à pétioles rouge vif, très décoratif, comestible. 'Bright Lights', rose, jaune, orange.

Comportement en pot : sans problème, à condition que la plante soit bien nourrie.

Dimensions du pot : de 25 à 30 cm en tous sens pour un seul plant.

Exposition : plein soleil, mais pas brûlant.

Terre : une bonne terre ordinaire de jardin en mélange avec du terreau. Dans un sol riche, le feuillage devient énorme.

Arrosage : très copieux, une à deux fois par semaine, selon la taille du contenant et la température ambiante.

Ennemis et maladies : surveillez les attaques des pucerons noirs. Traitez préventivement contre le mildiou et la rouille qui tachent gravement les feuilles.

Utilisations : dans une jardinière potagère décorative, en association avec des laitues

Poirée 'Rhubarb Chard'

à couper 'Feuilles de chêne', des cosmos 'Versailles' vaporeux et compacts, des kochias, des bleuets et des *Salvia coccinea* blanches ou rouges.

Conseil Truffaut : semez d'avril à mai, en godet, puis transplantez les plants bien formés. Groupez trois pieds dans un grand bac pour un effet très coloré. Arrachez les poirées en octobre.

Betula pendula

Betula pendula
BOULEAU BLANC

J F M A M J J A S O N D

3/4 m 1/2 m Arbre - 20 °C

Cet arbre gracieux de la famille des Betulaceae développe de longs bras souples et une belle écorce blanche.

Feuillage : presque triangulaire, caduc, vert puis jaune d'or en automne. Les rameaux pleureurs, fins et souples, sont habillés d'une écorce blanche,

Floraison : en mars-avril. Les fleurs sont groupées en chatons mâles ou femelles.

Espèces et variétés : 'Dalecarlica' présente des feuilles découpées. 'Youngii', assez compact, a un port en forme de dôme aux rameaux retombants.

Comportement en pot : seules les grandes terrasses peuvent accueillir ce bel arbre à la croissance vigoureuse et rapide qui souffre à la longue dans un bac.

Dimensions du pot : 1 m de largeur et 80 cm de profondeur permettent à un sujet de 3 m de hauteur de bien tenir.

Exposition : bien ensoleillée sans être brûlante ni trop sèche.

Terre : un bon terreau forestier souple, sableux, léger, bien drainé.

Arrosage : en été, conservez le sol frais.

Ennemis et maladies : pucerons et thrips crispent les feuilles qui deviennent poisseuses du fait de l'accumulation de miellat dont des gouttelettes tombent sur le sol.

Utilisations : en isolé ou à l'arrière des potées d'arbustes et de vivaces. Associez le bouleau à une clématite à grandes fleurs.

Conseil Truffaut : protégez le bouleau des grands vents et tuteurez bien, car l'enracinement est superficiel. Changez la terre de surface une fois par an.

Bidens ferulifolia
BIDENS

J F M A M J J A S O N D

30/50 m 40/60 cm Saisonnière 5 °C

Cette jolie plante éphémère de la famille des Asteraceae pousse tout en souplesse, gracieuse et légère.

Feuillage : vert, fin et découpé comme celui d'une fougère. Les tiges s'allongent vite et donnent à la plante un port très retombant.

Floraison : toujours plus abondante, du printemps à l'automne. Les fleurs en capitules simples de 2 à 3 cm de diamètre évoquent des étoiles jaune d'or.

Espèces et variétés : il existe environ deux cent trente espèces, mais seul *Bidens ferulifolia* est utilisé pour la décoration des jardins et des balcons. 'Solaire' est plus compact et parfaitement adapté aux potées.

Comportement en pot : la croissance vigoureuse, rapide du bidens et sa floraison prolongée expliquent son succès comme plante saisonnière.

Dimensions du pot : 25 cm de largeur et de profondeur pour une touffe.

Exposition : bien ensoleillée, mais pas brûlante. Un éclairage tamisé est accepté.

Terre : un terreau « géraniums », bien drainé, enrichi d'un fertilisant organique à base de fumiers et d'algues.

Arrosage : il ne faut jamais laisser la motte sécher, sinon le feuillage fane tout de suite.

Ennemis et maladies : le bidens est une plante robuste, peu sensible aux parasites et aux maladies s'il est bien cultivé.

Utilisations : privilégiez la culture dans des grandes suspensions, avec des *Helichrysum petiolare*, des sauges, des pélargoniums, des œillets d'Inde, des pétunias ou des surfinias.

Conseil Truffaut : apportez de l'engrais soluble pour plantes fleuries ou géraniums, tous les trois arrosages. Pincez les jeunes plants régulièrement pour provoquer des ramifications florifères.

Bidens ferulifolia 'Schlumpf'

Borago officinalis

Borago officinalis BOURRACHE

J F M A M J J A S O N D

40/60 cm · 30/50 cm · C Annuelle · - 15 °C

Toute recouverte de soies fines et translucides, c'est une annuelle de la famille des Boraginaceae.

Feuillage : alterne, vert tendre, tout recouvert de poils argentés. Les feuilles sont ovales, lancéolées et plissées.

Floraison : d'avril à septembre. Groupées à l'extrémité des tiges, les petites fleurs bleu vif, en forme d'étoiles à cinq branches, regardent vers le sol.

Espèces et variétés : l'espèce type, mais il existe des formes à fleurs blanches ou roses, tout aussi florifères.

Comportement en pot : la bourrache est assez vite envahissante, même dans un pot car elle se ressème seule.

Dimensions du pot : 30 cm de largeur et 20 cm de profondeur pour un seul pied.

Exposition : en plein soleil, sans trop de chaleur. Une lumière tamisée est acceptée.

Terre : un mélange par moitié de bonne terre de jardin et de terreau universel.

Arrosage : en moyenne deux fois par semaine, sans mouiller le feuillage.

Ennemis et maladies : la bourrache est résistante, mais elle peut être attaquée par l'oïdium, qui recouvre le feuillage d'un fin feutrage blanc et ralentit la croissance.

Utilisations : joignez l'utile à l'agréable en l'associant à du céleri perpétuel, du persil, des salades à couper, des soucis nains ou des œillets d'Inde à petites fleurs simples. Joli en paniers suspendus.

Conseil Truffaut : semez directement en place au printemps ou repiquez des plants en les espaçant de 30 cm en tous sens. Ôtez les fleurs fanées pour éviter les semis spontanés, envahissants.

Bougainvillea glabra BOUGAINVILLÉE

J F M A M J J A S O N D

2/3 m · 2/3 m · P Grimpante · 0 °C

Cet opulent arbuste sarmenteux de la famille des Nyctaginaceae est réservé aux balcons très chauds.

Feuillage : alterne, persistant ou semi-persistant. Les feuilles vertes et coriaces sont ovales. Attention, les rameaux portent des épines recourbées, bien acérées.

Floraison : même chez les jeunes sujets, du début de l'été à l'automne. Les fleurs blanches, insignifiantes, sont entourées par des bractées colorées, persistant longtemps après la floraison.

Espèces et variétés : la gamme des cultivars offre des bractées blanches, jaunes, orange, roses ou rouges. 'Sanderiana', le plus vigoureux, résiste jusqu'à -4 °C. Il existe des variétés à bractées simples ou doubles et à feuillage panaché de blanc ou de crème. 'Mini Thaï' est une forme compacte très naine, à feuillage caduc, assez fragile.

Comportement en pot : palissée sur une armature de treillage, la bougainvillée prospère de longues années en pot. Rempotage tous les deux ans.

Dimensions du pot : un bac de 30 cm de profondeur et de largeur constitue un minimum.

Exposition : chaude, ensoleillée, à l'abri des vents desséchants.

Bougainvillea glabra

Terre : un bon terreau de plantation assez consistant, mais bien drainé.

Arrosage : copieux en été, pour maintenir le sol frais. Une période de sécheresse provisoire pendant tout le repos de la végétation (octobre à mars) stimule la floraison des sujets cultivés en pots.

Ennemis et maladies : cochenilles farineuses, aleurodes, araignées rouges, pucerons, à traiter dès leur apparition.

Utilisations : une potée extravagante qui donne un caractère exotique et original au décor. La plante, volubile, habille les murs ou rambardes.

Conseil Truffaut : dans les régions plus froides que celles du climat de l'olivier, protégez votre bougainvillée pendant la mauvaise saison, en la rentrant dans une véranda ou dans une serre froide. Arrosez très peu et maintenez une température minimum de 5 °C. En février, taillez les pousses trop longues en les coupant au-dessus d'une feuille, cela provoque la formation des fleurs.

Potée de Bougainvillées.

Brachyscome iberidifolia 'Mauve Delight'

Brachyscome iberidifolia
BRACHYCOME

J F M A **M J J A S O** N D

20/30 cm 30/40 cm Annuelle 0 °C

Cette petite Asteraceae compacte forme tout l'été un coussin de jolies petites marguerites de couleur.

Feuillage : gris-vert, tapissant, très finement découpé, légèrement duveteux.

Floraison : la plante se couvre de fleurs bleues, roses ou blanches qui ressemblent à des petites marguerites de 2 à 3 cm de diamètre, épanouies au-dessus du feuillage.

Espèces et variétés : la gamme s'enrichit en permanence de nouvelles nuances et de cultivars plus compacts.

Comportement en pot : la plante prend naturellement un port en boule. En raison de sa végétation annuelle, on la cultive en saisonnière, éliminée en fin d'été.

Dimensions du pot : au moins 14 cm de largeur et 12 cm de profondeur pour un seul pied. Il est préférable de cultiver plusieurs plants dans une potée plus grande, qui garde le sol frais plus longtemps.

Exposition : très ensoleillée, même chaude, à l'abri des vents dominants.

Terre : un terreau riche, assez consistant.

Arrosage : maintenez le sol toujours frais. La moindre sécheresse provoque le dépérissement très rapide du feuillage. La touffe prend alors un aspect peu esthétique, difficile à « récupérer ».

Ennemis et maladies : en général, aucun.

Utilisations : pour apporter une touche fleurie dans une petite jardinière d'aromatiques, avec du thym, de la ciboulette, du basilic et des œillets d'Inde à petites fleurs simples. Le brachycome est parfait pour habiller le pied d'un petit rosier tige.

Conseil Truffaut : **semez les graines de février à avril, sous abri, à 20-22 °C. Germination en 14 jours. Repiquez une première fois en godet, puis plantez dans les jardinières en mai, chaque plant espacé de 20 à 25 cm.**

Brassica crispa
CHOU D'ORNEMENT

15/25 cm 20/40 cm P Saisonnière - 8 °C

Plantes originales de la famille des Brassicaceae ces choux offrent des couleurs de feuilles très étonnantes.

Feuillage : vert ou bronze, plus ou moins frisé et crispé suivant les cultivars. Les feuilles du cœur de la pomme sont blanches, roses ou rouges.

Floraison : elle n'a aucun intérêt ornemental, on cultive d'ailleurs le chou comme une annuelle.

Espèces et variétés : 'F1 Nagoya' porte un feuillage finement frangé et crispé, il est très résistant au froid. 'Peacock' se distingue par de grandes pommes décoratives, aux feuilles découpées comme de la dentelle. 'F1 Osaka' présente un feuillage rond et un port plus compact. 'Kamone' est frisé et frangé.

Comportement en pot : le chou d'ornement est un élément important des décors d'automne, où il fait merveille cultivé en potée isolée ou en association.

Dimensions du pot : 20 cm de largeur et de profondeur pour un seul pied.

Exposition : ensoleillée. Le chou d'ornement résiste bien aux embruns, au vent et aux intempéries, excepté le froid vif.

Terre : terreau de rempotage et terre de jardin en mélange à parts égales.

Arrosage : deux fois par semaine environ.

Ennemis et maladies : les altises peuvent abîmer le feuillage des jeunes semis. Attention aux chenilles de la piéride, qui dévorent sévèrement les feuilles.

Utilisations : associez le chou décoratif à des chrysanthèmes, des bruyères, des cinéraires maritimes ou des véroniques pour composer un agencement d'automne de toutes les couleurs. Utilisez des variétés de hauteurs et de couleurs variées.

Conseil Truffaut : **semez en terrine de mai à juillet ; la levée demande de 6 à 10 jours à 20 °C. Repiquez les plants en godet après trois semaines, puis une nouvelle fois avant de les installer à leur place définitive. Enfoncez bien le collet de la plante car la pomme devient très lourde et peut provoquer un dépotage intempestif.**

Brassica crispa

Briza maxima

Briza maxima
AMOURETTE

J F M A M J J A S O N D

40/60 cm 20/30 cm Annuelle 0 °C

Cette gracieuse Poaceae porte des épillets en fines clochettes couleur paille, qui frétillent sous le vent.

Feuillage : en touffe assez dense. Les feuilles étroites sont vert vif, puis jaunes en automne, effilées et pointues.

Floraison : gracieuse et légère, de mai à août. Les épillets, d'abord verts, puis jaunes, composés de quatre à vingt fleurs, forment une sorte de cœur en pendentif qui s'anime au moindre souffle du vent.

Espèces et variétés : *Briza media*, une espèce vivace qui forme une petite touffe lâche d'environ 30 à 40 cm de hauteur. Sa croissance est lente. En été, ses épillets prennent une belle couleur crème. *Briza minor*, annuelle aux panicules grêles.

Comportement en pot : la plante pousse vigoureusement, si elle est régulièrement fertilisée. Évitez les bacs à réserve d'eau, trop humides, et les contenants étroits.

Dimensions du pot : 40 cm de largeur et 20 cm de profondeur pour trois jeunes plants groupés en touffe plus décorative.

Exposition : en plein soleil, même chaud.

Terre : enrichissez le terreau de sable, car le substrat doit être sec et bien drainé.

Arrosage : seulement quand la terre est bien sèche en surface sur 1 à 2 cm.

Ennemis et maladies : en général aucun.

Utilisations : associez cette petite herbe avec des *Erigeron karvinskianus* et des annuelles à semer en place, tels que bleuets, *Cosmos sulphureus*, *Xeranthemum* (immortelle annuelle), clarkias, lin rouge ou nigelle de Damas.

Conseil Truffaut : semez au début du printemps, directement dans les pots ou en terrine. Dans ce dernier cas, repiquez les plants en avril, en les espaçant de 15 à 20 cm. Récupérez les inflorescences à leur plein épanouissement pour en faire des bouquets secs.

Browallia speciosa
BROWALLE

J F M A M J J A S O N D

25/60 cm 15/25 cm Annuelle 0 °C

Ce petit buisson de la famille des Solanaceae porte une abondance de fleurs étoilées au cours de l'été.

Feuillage : opposé, vert vif. Les feuilles sont ovales, pointues légèrement poisseuses. La touffe croît assez vite en hauteur.

Floraison : de juin à septembre. Les fleurs simples en forme d'étoile à cinq branches, d'environ 5 cm de diamètre, ont une belle couleur bleu-violet soutenu, lumineuse.

Espèces et variétés : 'Blue Bells' est une des variétés les plus répandues. Ses fleurs sont bleu foncé. 'Silver Bells' diffère par la couleur blanc pur de sa floraison. 'Starlight' est une forme plus compacte et très hâtive.

Comportement en pot : souvent cultivé comme plante d'intérieur, le browalle s'installe à la mi-mai et pour la belle saison dans la partie la plus chaude du balcon.

Dimensions du pot : au moins 20 cm de profondeur et de largeur pour un pied.

Exposition : très ensoleillée mais non brûlante et abritée du vent. La mi-ombre est bien tolérée, surtout en plein été.

Terre : un bon terreau de rempotage enrichi dans chaque pot d'une poignée de fertilisant à base de fumiers et d'algues.

Arrosage : une à trois fois par semaine, selon les dimensions du contenant et en fonction de la température ambiante.

Ennemis et maladies : le browalle peut être envahi par les mouches blanches et les pucerons, à combattre au plus vite.

Utilisations : en belle potée isolée. Dans une grande jardinière, installez le browalle au second plan, avec des brachycomes, de fuchsias, des lobélias, des scaévolas ou des hélichrysums.

Conseil Truffaut : semez en terrine à 20 °C en mars. Pincez les nouvelles tiges pour conserver un port ramifié à la plante. Sinon, tuteurez les pousses au fur et à mesure de leur croissance.

Browallia speciosa

Fleurs de *Brugmansia arborea.*

Brugmansia arborea
DATURA EN ARBRE

J F M A **M J J A S O** N D

35 cm · 50 cm · P · Arbuste · 0 °C

Cet imposant mais frileux arbuste de la famille des Solanaceae est aussi appelé « trompettes des anges ».

Feuillage : alterne, simple, denté, ovale, vert clair et duveteux. Les grandes feuilles ont un port plus ou moins retombant.

Brugmansia arborea

Floraison : tout l'été jusqu'aux premières gelées. Les fleurs simples, semi-doubles ou doubles ont l'aspect de grosses trompettes pendantes. Coloris variés. Certains daturas exhalent un suave parfum.

Espèces et variétés : *Brugmansia cornigera* 'Knightii' porte d'immenses fleurs semi-doubles blanc pur, au parfum prononcé. *Brugmansia sanguinea* offre une floraison jaune et rouge-orangé. *Brugmansia* x *candida* 'Grand Marnier' se couvre de fleurs rose orangé parfumées.

Comportement en pot : la plante atteint très vite des dimensions imposantes. Cultivez-la dans un bac à orangerie. Rempotage annuel souhaité.

Dimensions du pot : de 25 à 35 cm de largeur et de profondeur au minimum.

Exposition : chaude et ensoleillée, abritée du vent dominant. Surtout pas de gel.

Terre : un bon terreau riche et souple, maintenu toujours frais pendant la période de croissance et enrichi avec un engrais organique, à base d'algues et 10 à 20 % de fumier bien composté.

Arrosage : plus ou moins quotidien en été par temps très chaud. En hiver, maintenez la plante plutôt au sec. Donnez un engrais liquide chaque semaine en été.

Ennemis et maladies : aleurodes, cochenilles farineuses et acariens parasitent souvent les *Brugmansia.* Traitez rapidement.

Utilisations : dans un grand bac, vous pouvez l'associer à des agapanthes, des liserons de Mauritanie, des anthémis, des pélargoniums odorants, des euryops, des léonotis ou des cuphéas.

Conseil Truffaut : **rentrez votre potée en octobre, dans une véranda. En mars, rempotez et rabattez la touffe pour lui garder un port équilibré.**

***Buddleja davidii* 'Nanohensis'**
ARBRE AUX PAPILLONS

J F M A M J **J A S** O N D

1,50 m · 1 m · C · Arbuste · - 10 °C

Cet arbuste généreux de la famille des Scrophulariaceae apporte une grande décontraction estivale.

Feuillage : opposé, vert-gris, exubérant ovale lancéolé, porté sur des rameaux assez souples et divergents.

Floraison : tout l'été, en grappes bleu lavande pourpré, plus ou moins foncé.

Buddleja davidii 'Nanho blue'

Buxus sempervirens sculptés dans toutes les formes.

Espèces et variétés : 'Nanho Purple' se distingue par une floraison violet pourpre.
Comportement en pot : seules les sélections naines conviennent sur une terrasse, car les formes classiques sont trop imposantes. Attention, les tiges cassent facilement sous l'effet des intempéries.
Dimensions du pot : 30 cm en tous sens.
Exposition : en plein soleil, pas trop ventée, assez chaude sans être brûlante.
Terre : terre de jardin sableuse et terreau pour rosiers en mélange à parts égales.
Arrosage : assez copieux mais, seulement lorsque la terre s'assèche en surface.
Ennemis et maladies : araignées rouges si l'été est chaud et sec. Otiorhynques et chenilles dévorent les feuilles.
Utilisations : associez le buddléia dans un grand bac aux lavandes, cinéraires, armoises, millepertuis, liseron de Mauritanie, potentilles.
Conseil Truffaut : taillez court (10 cm) toutes les branches au début du printemps (mars), pour conserver une forme compacte. Éliminez les grappes fanées au fur et à mesure.

Buxus sempervirens
BUIS

J F **M A** M J J A S O N D

Hauteur	Largeur	Exposition	Type	Rusticité
0,50/1 m	30/80 cm		P Arbuste	- 20 °C

Arbuste compact de la famille des Buxaceae, le buis est idéal pour la sculpture végétale et l'art topiaire.

Feuillage : opposé, arrondi, brillant. Les feuilles vertes et coriaces ont un aspect vernissé et dégagent une odeur curieuse.
Floraison : insignifiante, en mars-avril.
Espèces et variétés : 'Elegantissima' porte un beau feuillage gris-vert, bordé d'argent. 'Suffruticosa' est une forme naine, idéale pour réaliser des bordures régulières. 'Pyramidalis' est dressé.
Comportement en pot : c'est une des rares plantes qui restent belles toute l'année. Mais il faut de la patience pour obtenir un beau spécimen (croissance lente).
Dimensions du pot : pour un sujet isolé de moins de 1 m de haut, prévoyez un contenant de 30 cm en tous sens.
Exposition : ensoleillée ou mi-ombragée.
Terre : une bonne terre de jardin bien drainée. Le buis supporte un sol calcaire et sec.
Arrosage : tous les huit à dix jours entre 15 et 25 °C, plus par temps très chaud.
Ennemis et maladies : les psylles, les cécidomyies et la rouille abîment le feuillage.
Utilisations : le buis apporte un élément structurel au jardin suspendu. Les formes taillées créent des perspectives de style classique, modifiables à volonté.
Conseil Truffaut : taillez deux fois par an pour obtenir une petite haie bien fournie. Les sujets formés sont taillés en mai, puis entre mi août et fin septembre.

Buxus sempervirens

Calceolaria spp. CALCÉOLAIRE

J F M A M J J A S O N D

30/60 cm | 20/30 cm | Saisonnière | 5 °C

Ces plantes très diversifiées de la famille des Scrophulariaceae fleurissent en petits chaussons.

Feuillage : le plus souvent caduc, opposé ou en rosette, lancéolé, mais large et finement ridé, d'un vert franc, pubescent.

Floraison : la lèvre inférieure des fleurs est arrondie, en forme de pantoufle de bal. Les calcéolaires déclinent tous les tons de jaune, de rouge et d'orangé.

Espèces et variétés : il existe des calcéolaires vivaces en climat doux, comme *Calceolaria biflora*, qui forme une rosette de feuilles persistantes poilues. 'Goldcap', parfaite dans une auge en pierre, possède des fleurs superbes, jaunes et mouchetées de rouge cramoisi. *Calceolaria integrifolia* forme plutôt un sous-arbrisseau vivace, semi-rustique, qui fleurit à profusion entre juillet et septembre. On cultive surtout des hybrides.

Calceolaria x rugosa

Calceolaria x herbeohybrida

Comportement en pot : excellent. Les calcéolaires demandent un apport d'engrais liquide pour plantes fleuries une fois par semaine, à partir de juillet.

Dimensions du pot : un sujet isolé vit correctement dans un pot de 15 cm de diamètre et de 20 cm de profondeur.

Exposition : les calcéolaires aiment la chaleur, mais pas les expositions brûlantes. Les après-midi semi-ombragés sont très appréciés (à l'est).

Terre : de préférence acide et bien drainée. Mélangez terre de bruyère et terreau d'écorce souple à parts égales.

Arrosage : il doit être abondant et presque quotidien, surtout les jours de chaleur. Bassinez le feuillage systématiquement dès que la température a dépassé les 25 °C dans la journée. Intervenez de préférence le soir.

Ennemis et maladies : les pucerons se montrent friands de la sève. Les mouches blanches attaquent les calcéolaires, surtout en véranda. Différents champignons provoquent la pourriture du collet, puis la mort de la plante en sol trop compact.

Utilisations : les espèces basses forment des bordures, autour des grands bacs, au pied des arbustes. Les hybrides fleurissent les jardinières, seuls, en masses colorées ou en mélange avec des lobélias, des bacopas, des scaévolas et des géraniums.

Conseil Truffaut : achetez de préférence les calcéolaires en petits plants, car la culture à partir du semis n'est pas évidente pour un amateur. Les espèces de collection comme *Calceolaria darwinii* gagnent à être cultivées en pots et à être abritées sous verre.

Calendula officinalis SOUCI

J F M A M J J A S O N D

30/60 cm | 20/40 cm | Annuelle | - 8 °C

Cette plante facile et passe-partout de la famille des Asteraceae est à conseiller à tous les débutants.

Feuillage : alterne, lancéolé, vert clair, de 10 à 15 cm de long, il dégage une odeur un peu piquante quand on le froisse.

Floraison : de mai jusqu'aux premières gelées se succèdent, une multitude de marguerites doubles, un peu ébouriffées, dans les nuances de jaune et d'orangé.

Espèces et variétés : les formes basses (30 cm), comme 'Fiesta Gitana', 'Bonbon', 'Sacha', Calypso', etc. « versent » moins que les autres, surtout en pot. 'Radio', avec ses pétales tuyautés, renouvelle le genre. 'Prince Indien', une variété assez haute (60 cm), tient assez bien en pot, grâce à ses tiges rigides.

Calendula officinalis 'Kablouna Mix'

Calendula officinalis parmi d'autres annuelles.

Comportement en pot : les soucis poussent si facilement en pot que les jardiniers débutants peuvent les adopter les yeux fermés. Ils se ressèment seuls.

Dimensions du pot : une barquette de dix plants vous permet de réaliser deux jardinières de 60 cm de long. 20 cm de profondeur semblent un minimum pour assurer un complet développement.

Exposition : les soucis passent pour des plantes de plein soleil, mais ils tolèrent volontiers la mi-ombre légère.

Terre : un bon terreau universel assez consistant ou de la terre franche sableuse.

Arrosage : les soucis ne se froisseront pas si vous les oubliez de temps en temps. Mais la floraison sera plus belle avec deux arrosages hebdomadaires.

Ennemis et maladies : l'oïdium forme souvent une sorte de feutrage blanc sur les feuilles. La mosaïque du concombre déforme les fleurs. La rouille tache les feuilles de brun. Traitez au besoin.

Utilisations : mélangez les soucis à des plantes à feuillage gris ; cinéraires, hélichrysums, armoises, oreilles d'ours, lavande, teucrium, etc.

Conseil Truffaut : **ôtez les fleurs fanées au fur et à mesure, pour conserver une belle potée d'aspect soigné. Ne laissez pas essaimer les soucis dans le jardin car ils deviennent vite envahissants.**

Callistemon citrinus
CALLISTÉMON

J F M A M **J J A S O** N D

1/1,50 m — 80/90 cm — P Arbuste — - 4 °C

La forme des fleurs de cet arbuste de la famille des Myrtaceae le fait appeler la « plante-goupillon ».

Feuillage : persistant, rigide, très linéaire, brun-rose à l'état jeune, devenant d'un beau vert foncé. Les feuilles froissées dégagent une odeur agréable.

Floraison : les étamines forment l'élément décoratif de la fleur, les pétales étant réduits au minimum. Les fleurs rouges ou jaunes se groupent en manchons hérissés, autour des jeunes rameaux.

Espèces et variétés : choisissez des formes naines, qui conviennent à la culture en pot, comme *Callistemon citrinus* 'Red Cluster' à la croissance lente. *Callistemon laevis* ne dépasse pas 1,50 m et refleurit de quatre à cinq fois dans l'année. *Callistemon viminalis* 'Captain Cook' atteint 1 m à l'âge adulte, tandis que 'Little John' plafonne à 50 cm. 'Rose Opal' est assez compact, rouge, puis rose foncé.

Comportement en pot : le callistemon pousse doucement. Un rempotage tous les trois ans est suffisant.

Dimensions du pot : le callistémon peut vivre dans un bac de 30 cm de côté.

Exposition : de quatre à cinq heures de soleil par jour, mais de préférence pas aux périodes les plus brûlantes.

Terre : mélangez par tiers ; terre de jardin, terre de bruyère et terreau universel.

Arrosage : gardez la terre toujours un peu humide durant la période de végétation. Régime quasiment sec en hiver.

Ennemis et maladies : toutes les espèces de cochenilles se donnent rendez-vous sur cette plante l'hiver dans la verrière.

Utilisations : cultivez le callistémon en isolé dans un bac à proximité de plantes méditerranéennes comme les palmiers et les agrumes. Dans les régions au climat doux, plusieurs plantes peuvent former un écran fleuri sur le balcon.

Conseil Truffaut : **s'il gèle, le callistémon doit être rentré en hiver dans une véranda. À Paris, il peut être sorti de mai à octobre. Quand les fleurs se fanent, les étamines gorgées de suc tombent au sol, qui devient alors poisseux. Nettoyez à grande eau.**

Callistemon citrinus

Callistephus chinensis
REINE-MARGUERITE

J F M A M J J A S O N D

20/50 cm | 15/30 cm | Annuelle | 5 °C

Star de l'arrière-saison, cette jolie plante de la famille des Asteraceae offre une large palette de couleurs.

Feuillage : denté, assez fin, vert clair.

Floraison : des sortes de grosses pâquerettes simples ou doubles dans les tons roses, bleus, rouges ou blancs.

Espèces et variétés : il existe un nombre incalculable de variétés. Choisissez des formes naines, comme 'Love Me', 'Tapis', 'Lutin', 'Patio' ou 'Reine des Naines'.

Comportement en pot : les reines-marguerites cultivées en bac, demandent des soins réguliers pour être vraiment belles. Gourmandes en eau, elles vivent à l'aise dans les bacs à réserve d'eau.

Dimensions du pot : ces fleurs font de l'effet en masse fleurie compacte, ou mélangées à divers feuillages. Une jardinière de 80 cm de long accueillera sans problème une barquette de six godets.

Exposition : plus les reines-marguerites sont exposées au soleil, plus elles fleurissent. Attention cependant à ce que le pot ne devienne pas brûlant, car les racines ne le supporteraient pas.

Potée de reines-marguerites.

Terre : les reines-marguerites exigent un terreau riche. Dès la plantation, ajoutez une bonne poignée de compost organique par litre de terreau et saupoudrez une pincée d'engrais à décomposition différée à la surface du pot.

Arrosage : ne laissez pas la terre se dessécher. Prévoyez un arrosage par jour dès que la température dépasse 25 °C, deux (matin et soir) si le pot est petit.

Ennemis et maladies : la fusariose provoque un flétrissement brutal des plantes. Utilisez lors de la plantation, un pot neuf (ou désinfecté à l'eau de Javel) et du terreau n'ayant jamais servi. Il n'y a pas de traitement fongicide efficace.

Utilisations : dans les jardinières, les reines-marguerites prennent le relais des annuelles qui terminent leur floraison en août (muflier, mimulus, etc.).

Conseil Truffaut : **n'oubliez pas l'engrais liquide (pour géraniums) une fois par semaine, toujours appliqué sur une terre encore humide.**

Callistephus chinensis à fleurs doubles.

Callistephus chinensis à fleurs simples.

Callistephus chinensis 'Starlight Rose'

Potée de *Calluna vulgaris*.

Calluna vulgaris

Calluna vulgaris
BRUYÈRE OU CALLUNE

J F M A M J J A S O N D

20/40 cm | 30/60 cm | | Vivace | - 10 °C

Ce sous-arbrisseau très florifère de la famille des Ericaceae présente un port semi-dressé, buissonnant.

Feuillage : les écailles fournies et denses prennent des coloris changeants selon les variétés et la saison, vert clair, argenté, doré foncé, bleuté, bronze, orange, pourpre, jaune ou cuivré.

Floraison : les clochettes blanches, roses, mauves, lilas ou pourpres apparaissent en été ou en automne, selon les variétés. Pour toutes les bruyères communes, la floraison dure au moins deux mois.

Espèces et variétés : il existe des centaines de variétés, qui atteignent en pot de 10 à 40 cm. Les catalogues spécialisés offrent des petites merveilles comme 'Elsie Purnell', au feuillage vert argenté, à la floraison double, rose nuancé de gris. 'Peter Sparkes', aux fleurs doubles rose saumon, qui se détachent sur un beau feuillage vert gris. 'Gold Haze', au feuillage doré.

Comportement en pot : les callunes en pot dessèchent vite dans un contenant étroit. Un rempotage chaque année au printemps est indispensable.

Dimensions du pot : les jardineries vendent souvent les callunes en pot de 12 cm de large. Rempotez-les tout de suite dans un contenant d'une taille immédiatement supérieure. Une touffe de 25 cm à 30 cm de diamètre prospérera dans un pot d'au moins 20 cm en tous sens.

Exposition : un balcon exposé à l'ouest ou au sud-ouest fera le bonheur de votre callune. Évitez-lui le soleil brûlant de midi, les vents secs et les climats pluvieux.

Terre : terre de bruyère et terreau d'écorce en mélange à parts égales.

Arrosage : deux à trois fois par semaine. N'hésitez pas à arroser le sol du balcon les jours de forte chaleur, pour renforcer de manière bénéfique l'humidité ambiante.

Ennemis et maladies : dans un sol trop lourd, un champignon (phytophthora) attaque parfois les bruyères, dont le feuillage devient brun grisâtre et meurt.

Utilisations : cette bruyère gagne en personnalité mélangée à d'autres plantes. Associez-la aux : érables japonais, camélias, piéris, arbutus, enkianthus, skimmia, pernettya. Elle se marie avec toutes les autres bruyères, comme les daboécies aux grosses clochettes ou les éricas aux fleurs très fines.

Conseil Truffaut : au printemps, coupez toutes les tiges juste au-dessous des fleurs fanées, mais pas plus bas. Rempotez pour changer la terre qui s'est compactée avec les arrosages.

Camellia spp.
CAMÉLIA

J F M A M J J A S O N D

1/2 m | 0,50/1 m | | Arbuste | - 8 °C

Cet arbuste de la famille des Theaceae est la perfection faite fleur avec une ciselure sans pareil.

Feuillage : persistant, ovale et vernissé.

Floraison : le camélia offre des fleurs raffinées, simples ou doubles roses, rouges ou blanches, parfois bicolores.

Espèces et variétés : *Camellia sasanqua* fleurit de l'automne au début de l'hiver. Il embaume la fleur d'oranger. Les hybrides 'Williamsii', très florifères, s'épanouissent de février à avril, avec l'avantage de laisser tomber au sol leurs fleurs fanées. 'Donation' est une variété populaire très florifère. Beaucoup d'hybrides de *Camellia japonica* arborent des fleurs énormes, presque larges comme la main.

Comportement en pot : au nord de la Loire, le camélia en pot risque de geler lors d'un hiver rigoureux. Entourez le bac avec un carton épais et emmaillotez les branches dans un voile de protection.

Camellia x 'Donation'

Camellia japonica 'Grand Prix'

Dimensions du pot : rempotez le jeune camélia, chaque année, juste après sa floraison, dans un pot plus grand de quelques centimètres. Un camélia adulte vit bien dans un pot de 40 cm de côtés et d'au moins 30 cm de profondeur.

Exposition : la plante déteste les grands écarts de température, encore plus que le froid. Installez la potée près d'un mur de la maison, qui lui offrira une protection efficace. Une orientation nord-ouest est idéale.

Terre : acide et riche. Ne soyez pas avare d'engrais organique à la plantation. Un mélange à parts égales de tourbe et de terreau de feuilles, additionné de 20 % de fumier décomposé.

Arrosage : quasi quotidien en été ! Le camélia prospère les pieds au frais. N'oubliez pas de bassiner le feuillage pour entretenir l'ambiance humide.

Ennemis et maladies : le gel fait brunir et tomber les boutons, avant même qu'ils ne s'ouvrent. Des nuits trop froides provoquent des taches brunes sur les feuilles. Un sol ou une eau trop calcaire entraînent une chlorose : les feuilles jaunissent. Les cochenilles peuvent envahir gravement la plante et développer la fumagine.

Utilisations : en isolé, dans un grand pot, palissé contre un mur ou en association avec des plantes basses, quand son tronc se dégarnit. Le camélia se marie de manière idéale avec les bruyères.

Conseil Truffaut : laissez de 7 à 8 cm entre la surface de la terre et le haut du pot. Cet espace sera précieux pour arroser et pour apporter en surfaçage des amendements à base de fumier et d'algues chaque année au printemps.

Campanula portenschlagiana
CAMPANULE DES MURAILLES

J F M A **M J J A S** O N D

10 cm — 20/30 cm — Vivace — - 10 °C

Cette vigoureuse vivace tapissante de la famille des Campanulaceae fait de très belles potées fleuries.

Feuillage : de 2 à 4 cm de long, ressemblant à des petits cœurs arrondis, dentelés, il forme des coussins qui s'étalent bien.

Floraison : des panicules de clochettes délicates, d'un bleu violet, dessinent des tapis colorés, en juin. On assiste à une belle remontée à partir de septembre.

Espèces et variétés : *Campanula portenschlagiana* 'Resholdt's Variety', d'un très beau violet foncé. *Campanula carpatica*, aux grosses clochette bleues ou blanches, se plaît dans les auges, où elle forme des coussins dodus. *Campanula medium*, bisannuelle vigoureuse, atteint 60 cm en pot, épanouissant d'imposantes clochettes, roses, blanches, bleues ou violettes.

Comportement en pot : habituée à vivre dans les crevasses des murs, les pots étroits ne lui font pas peur. Toutefois, un rempotage annuel est conseillé.

Dimensions du pot : au moins 15 cm de diamètre et 12 cm de profondeur.

Exposition : soleil ou mi-ombre, c'est égal.

Terre : une bonne terre de jardin plutôt sableuse, en mélange avec un terreau d'écorces souple et léger.

Campanula medium et *lactiflora*

Arrosage : la campanule des murailles peut se passer d'arrosage pendant une semaine. Mais elle fleurit mieux lorsqu'elle ne subit pas de périodes de sécheresse.

Ennemis et maladies : rouille. Taches cryptogamiques brunâtres sans gravité.

Utilisations : la campanule des murailles forme des bordures monochromes, ou des tapis colorés au pied des arbustes ou des suspensions. Elle garnit les jardinières de la rambarde du balcon, en compagnie des tabacs, héliotropes ou pélargoniums.

Conseil Truffaut : supprimez les fleurs fanées au fur et à mesure pour augmenter la durée globale de la floraison.

Campanula carpatica 'Torpedo Blue Ball'

Canna hybrida
BALISIER

J F M A M J **J A S O** N D

0,80/1,20 m | 40/60 cm | Vivace | 0 °C

Cette grande vivace rhizomateuse de la famille des Cannaceae offre un délicieux petit côté exotique.

Feuillage : engainant, de 30 à 60 cm de long, ample, très décoratif. Les feuilles larges et lancéolées sont parfois panachées, brunes, pourpres ou striées de jaune.

Floraison : les corolles somptueuses, aux couleurs vives, évoquent des orchidées.

Espèces et variétés : les formes à feuilles pourpres ('Feu Magique') ou striées de jaune ('Panach') ont beaucoup de présence. Pour les balcons, choisissez des cannas nains (60 cm), comme 'Albérich', 'Lucifer', 'Picador', 'Taroudant'. Les amateurs de coloris doux se tourneront vers 'Angèle Martin' (1 m), rose saumoné pâle.

Comportement en pot : assez bon. Protégez les cannas du vent qui renverse les pots et déchire les feuilles.

Dimensions du pot : vu le tempérament gourmand des cannas, un pot de 30 cm en tous sens reste un minimum. Rempotage annuel en mars obligatoire.

Canna x 'Jocelyn'

Exposition : chaude et ensoleillée.

Terre : préparez un mélange par tiers de terreau de feuilles, de compost à base de fumier et d'algues compostées. Ajoutez du sable de rivière pour le drainage.

Arrosage : pas de beaux cannas sans arrosages suivis ! Augmentez la dose, au fur et à mesure que le feuillage se développe. Arrosez à l'engrais liquide pour géraniums, une fois par semaine, toujours quand la terre est bien mouillée.

Ennemis et maladies : les thrips abîment les boutons, les limaces dévorent les feuilles, les vers gris attaquent les rhizomes.

Utilisations : en mélange avec des plantes à la forte personnalité, comme les tabacs géants, les amarantes, les abutilons panachés et les cléomes.

Conseil Truffaut : à la fin d'octobre, déterrez, nettoyez et rentrez les rhizomes pour la prochaine saison. Conservez-les à l'ombre et au frais.

Capsicum annuum
POIVRON ET PIMENT

J F M A M **J J A** S O N D

60/80 cm | 30/40 cm | Annuelle | 5 °C

Ces annuelles tropicales de la famille des Solanaceae produisent des fruits colorés et très parfumés.

Feuillage : lancéolé, vert franc, souple.

Floraison : l'aisselle des feuilles abrite de discrètes fleurs blanches, suivies par des fruits creux, charnus, verts, rouges, jaunes ou orange à la saveur douce ou brûlante.

Espèces et variétés : 'Sweet Banana' produit des fruits plus grands que la main, rouges à maturité, à la saveur douce. 'F1 Ariane', au goût aromatique prononcé, séduira les amateurs de saveurs fortes. On utilise la variété 'De Cayenne' séchée, pour faire le poivre du même nom.

Comportement en pot : très bon. Installez le poivron sur la terrasse, dès que les températures nocturnes ne descendent plus en dessous de 12 °C.

Capsicum annuum

Dimensions du pot : un plant de piment doit avoir à sa disposition un espace d'au moins 30 cm en tous sens.

Exposition : chaleur, plein soleil, pas de vent fort et tout ira bien !

Terre : le poivron demande un substrat très nutritif. Ajoutez au terreau de plantation, une pincée d'engrais complet riche en potasse (engrais tomates).

Arrosage : pour que les fruits se développent harmonieusement, ne laissez pas la terre se dessécher durant l'été.

Ennemis et maladies : les aleurodes et les pucerons attaquent souvent la plante.

Utilisations : installez le pied de poivron à côté de tomates cerises en pot, de basilic, de ciboulette ou d'aubergine.

Conseil Truffaut : ne laissez pas le pied porter tous ses fruits ; huit poivrons par plant au maximum.

Carex spp.
LAÎCHE

J F M A **M J** J A S O N D

20/60 cm | 20/60 cm | Vivace | - 10 °C

Ces herbes décoratives de la famille des Cyperaceae offrent un feuillage coloré ou joliment strié.

Feuillage : toujours rubané, avec les bords coupants, il varie en couleur, en taille, en finesse, selon les espèces. Il demeure ornemental en hiver même sous le givre.

Floraison : des épis, souvent pendants, plutôt moins décoratifs que le feuillage.

Espèces et variétés : *Carex buchananii* arbore toute l'année un bronzage brun rougeâtre. Il atteint 50 cm de haut. 'Viridis' montre des reflets argentés. *Carex comans*, au feuillage argenté, est la version réduite du précédent. *Carex grayi*, au feuillage souple, bouge au vent. *Carex elata* 'Bowles Golden' est joliment doré toute l'année. *Carex hachijoensis* 'Evergold', compact, souple, lumineux.

Comportement en pot : les carex, vigoureux de nature, colonisent vite l'espace qui leur est accordé au détriment des plantes voisines plantées dans le même bac. Rempotage annuel obligatoire.

Dimensions du pot : de 15 à 30 cm de large et de profondeur, selon l'espèce.

Exposition : une bonne lumière non brûlante, ou la mi-ombre, conviennent.

Terre : la plupart des espèces préfèrent un bon terreau universel assez consistant.

Arrosage : la plupart des carex préfèrent une terre qui reste toujours humide, même s'ils supportent bien la sécheresse.

Ennemis et maladies : aucun, excepté les chats qui grignotent le feuillage.

Utilisations : avec des conifères nains, des bambous. Les différentes espèces de carex et les graminées (désormais appelées « Poacées ») mettent mutuellement en valeur leurs feuillages colorés. Ils accompagnent toutes les plantations saisonnières et donnent aux jardinières un aspect plus naturel, plus décontracté, plus moderne.

Conseil Truffaut : **divisez les touffes trop compactes au printemps. Taillez le feuillage desséché, avant le démarrage des nouvelles feuilles.**

Carex 'Ever Bright'

Caryopteris x clandonensis

Caryopteris x clandonensis
CARYOPTÉRIS

J F M A M J J **A S O** N D

0,80/1 m — 50/70 cm — Arbuste — - 8 °C

Cet arbuste gracieux de la famille des Verbenaceae fleurit dans un superbe nuage bleu en automne.

Feuillage : opposé. Feuilles entières, gris-vert, fines, allongées, élégamment dentelées, aromatique, soyeuses au toucher.

Floraison : des bouquets vaporeux de fleurs bleues, légères, apparaissent à la fin de l'été sur les pousses de l'année.

Espèces et variétés : 'Heavenly Blue' présente un port compact plus dressé que les autres et un bleu violet intense. 'First Choice' et 'Grand Bleu', d'un bleu lumineux plus soutenu. 'Heavenly Baby', compact, idéal en pot. 'Kew Blue', au port lui aussi compact, fleurit deux semaines après les autres caryoptéris. Le feuillage doré de 'Worcester Gold' séduit les amateurs de plantes panachées, mais l'arbuste est un peu plus fragile que le type.

Comportement en pot : le caryoptéris a du mal à prospérer les deux ou trois premières années. Il faut le tailler court au printemps, et lui apporter des engrais, pour que sa silhouette forcisse.

Dimensions du pot : de 25 à 30 cm de diamètre et d'une égale profondeur.

Exposition : un coin abrité des vents froids, une bonne lumière et quelques heures de plein soleil par jour, font le bonheur du caryoptéris.

Terre : une bonne terre de jardin mélangée à du terreau, et 5 cm de cailloux au fond du pot, pour le drainage, suffisent.

Arrosage : au cœur de l'été, comptez par plante environ un demi-arrosoir par jour.

Ennemis et maladies : aucun.

Utilisations : le caryoptéris peut devenir le point central d'une grande jardinière, mélangé à des plantes annuelles aux coloris pastel, comme les pétunias, les pélargoniums, les diascias, les brachycomes. Les capucines orange offrent l'exact contrepoint au bleu du caryoptéris.

Conseil Truffaut : **rabattez les tiges après la floraison, à 30 cm de la base, pour conserver un port touffu.**

Cassia corymbosa

Cassia corymbosa (Senna) CASSIA, CASSE

J F M A M **J J A** S O N D

1/2 m | 1/2 m | P Arbuste | - 2 °C

Cet arbuste tropical de la famille des Fabaceae est un vrai rayon de soleil estival pour le bord de mer.

Feuillage : alterne, penné. La feuille, de 30 à 50 cm de long, est composée de trois à quatre paires de folioles lancéolées.

Floraison : des corymbes de six à vingt grosses fleurs, d'un jaune intense, s'épanouissent dans le courant de l'été.

Espèces et variétés : la plupart sont désormais classées dans le genre *Senna*. *Cassia* x *floribunda*, un peu moins rustique, s'épanouit de juin à octobre. *Cassia phillodenia*, persistant et gris argenté, convient aux petits balcons méditerranéens. Il fleurit à l'automne et remonte durant l'hiver et le printemps. *Cassia fistula* est somptueux, mais assez frileux.

Comportement en pot : le cassia se développe moins bien en pot qu'en pleine terre. Mais si l'on soutient sa croissance par des arrosages à l'engrais et des pincements, il peut atteindre 1 m de largeur.

Dimensions du pot : une petite caisse à orangerie de 40 cm de côtés est idéale.

Exposition : un mur orienté au sud ou à l'ouest pour apporter à cette plante tropicale toute la chaleur dont elle a besoin.

Terre : une bonne terre de jardin mélangée à parts égales avec du terreau.

Arrosage : le cassia apprécie un demi-arrosoir par jour en été. Vous diminuerez progressivement la quantité et la fréquence des apports à l'automne.

Ennemis et maladies : les cassias sont parfois victimes des cochenilles des racines. Les plantes s'affaiblissent et les extrémités des tiges se flétrissent.

Utilisations : le cassia peut se palisser contre un mur ou un treillage. Il forme alors un bel écran. On peut aussi le cultiver, plus classiquement, en isolé, dans un pot. Superbe à proximité des palmiers.

Conseil Truffaut : à la fin du mois de mars, taillez toutes les pousses de l'année à 30 cm de leur point de naissance ou de la ramure. Hivernez dans une véranda maintenue entre 5 et 10 °C.

Ceanothus spp. CÉANOTHE

J F M **A M** J **J A** S O N D

1/2 m | 0,80/2 m | PC Arbuste | - 5 °C

Appartenant à la famille des Rhamnaceae, cet arbuste présente deux visages totalement différents.

Feuillage : persistant ou caduc, opposé ou alterne. Les feuilles, petites, parfois crénelées, ovales et brillantes, sont épaisses et gaufrées chez les espèces persistantes.

Floraison : les panicules ou les cymes de petites fleurs, d'un bleu inimitable, ou d'un vieux rose ravissant, apparaissent à profusion. Elles embaument le miel.

Espèces et variétés : *Ceanothus griseus* 'Hurricane Point', persistant, au port prostré (60 cm) fleurit en avril. *Ceanothus thyrsiflorus* 'Blue Mound', semi-prostré (1 m) et persistant, fleurit abondamment. *Ceanothus* x 'Gloire de Versailles', caduc, forme, en bac, une belle touffe bleu lin, de 1,50 m, de juin à août. 'Marie Simon' en est la version rose, un peu plus tardive.

Comportement en pot : les céanothes résistent bien en bac, même en bordure de mer.

Dimensions du pot : le céanothe s'étale. Prévoyez un bac de 40 cm de côtés.

Exposition : tous les céanothes préfèrent la présence chaleureuse d'un mur ensoleillé.

Terre : terre, sable et terreau en mélange.

Arrosage : un arrosoir tous les deux jours en été, pendant les deux premières années ; il résiste ensuite à la sécheresse.

Ennemis et maladies : les cochenilles peuvent envahir les rameaux. Le gel est à redouter au nord de la Loire, même pour les espèces dites « rustiques ».

Utilisations : dans une jarre, pour les formes prostrées, palissé contre un mur, pour les variétés hautes.

Conseil Truffaut : achetez le céanothe en début de saison, car il vaut mieux que la plante soit déjà bien installée pour résister à son premier hiver.

Ceanothus thyrsiflorus 'Repens'

Ceanothus x *delilianus* 'Gloire de Versailles'

Celosia argentea et *plumosa*

Celosia argentea
CÉLOSIE

J F M A M **J J A S O** N D

20/40 m · 10/20 cm · Annuelle · 5 °C

Très riche en couleurs, cette petite annuelle très florifère de la famille des Amaranthaceae fleurit en épis.

Feuillage : lancéolé, vert pâle, compact.

Floraison : les panaches dressés aux couleurs vives de la célosie, perdurent de juillet à octobre. Certaines variétés, dites « crêtes de coq », ou « cristata » rappellent les circonvolutions des coraux.

Espèces et variétés : dans le groupe des 'Cristata', 'Chef Bicolore' se distingue par l'originalité de ses coloris irrégulièrement flammés. *Celosia spicata* 'Flamingo Feather' séduira les amateurs de couleurs plus tendres, avec ses plumets rose tendre.

Comportement en pot : la célosie supporte mal la concurrence des autres plantes. Ôtez les feuilles jaunes qui apparaissent souvent à la base de la potée.

Celosia x 'Venezuela'

Dimensions du pot : une barquette de six jeunes plants tient dans une jardinière de 60 cm de long et de 20 cm de profondeur.

Exposition : protégée du vent avec plutôt un soleil doux, légèrement voilé.

Terre : ajoutez une bonne poignée de fertilisant organique complet à du terreau universel. Évitez la terre de jardin calcaire qui fait jaunir les feuilles.

Arrosage : les célosies restent belles plus longtemps si la terre ne se dessèche pas.

Ennemis et maladies : la pourriture du collet provoque un flétrissement prématuré et définitif de la plante.

Utilisations : plantez la célosie par petites touches, avec des plantes à feuillage, qui équilibrent l'intensité de ses coloris.

Conseil Truffaut : apportez un peu d'engrais liquide pour plantes fleuries, tous les huit à dix jours.

Centradenia spp.
CENTRADÉNIA

J F M A M **J J A S** O N D

30/40 cm · 30/40 cm · Saisonnière · 5 °C

Cette plante de la famille des Melastomaceae est généreuse mais frileuse, voire un peu capricieuse.

Feuillage : lancéolé, très légèrement gaufré, d'un vert profond et duveteux.

Floraison : ce cousin du tibouchina arbore des fleurs aux corolles largement ouvertes, rose magenta. Cette belle floraison dure une bonne partie de l'été et jusqu'aux premiers froids, entrecoupée de courtes périodes de repos s'il fait trop chaud.

Espèces et variétés : 'Cascade' est un cultivar à cultiver en suspensions.

Comportement en pot : le centradénia développe de généreuses touffes fleuries en pot, quand il bénéficie de suffisamment de lumière et de chaleur. Sinon, la floraison reste parcimonieuse.

Dimensions du pot : une jardinière ou un panier de 25 cm de large et d'une égale profondeur suffit pour la saison.

Exposition : il faut au centradénia un maximum de lumière. Mais, en août, un léger ombrage peut s'avérer nécessaire lorsque le soleil atteint le zénith.

Terre : le terreau « géraniums » convient au centradénia. La plante se montre gourmande. En été, pensez à diluer de l'engrais pour plantes à fleurs dans l'eau d'arrosage, une fois tous les huit jours.

Arrosage : ne lésinez pas sur les apports d'eau pendant toute la croissance et la floraison. En hiver, humidifiez simplement la terre quand elle est trop sèche.

Ennemis et maladies : dans une véranda ou une serre froide, attention aux mouches blanches, promptes à envahir les plantes les plus faibles.

Utilisations : en suspensions, ou en potées composées. La couleur des fleurs peut s'avérer difficile à marier avec d'autres teintes, sauf le blanc. Les plantes à feuillage gris s'associent bien avec le rose intense du centradénia.

Conseil Truffaut : rentrez le centradénia en véranda, dès octobre. Avant le démarrage de la végétation, raccourcissez les pousses latérales au niveau de la seconde feuille comptée en partant de la base.

Centradenia x 'Cascade'

Cerastium tomentosum

Cerastium tomentosum CÉRAISTE

J F M A **M J J** A S O N D

10/15 cm · 20/40 cm · P Vivace · - 15 °C

Cette petite plante de la famille des Caryophyllaceae forme un beau tapis argenté qui fleurit tout blanc.

Feuillage : opposé, simple, entier, lancéolé. Les fins rameaux portent des petites feuilles vert-gris mates, duveteuses.

Floraison : d'une blancheur éclatante, les fleurs, en coupe évasée, parviennent à couvrir la touffe tout entière.

Espèces et variétés : *Cerastium arvense* 'Compactum' forme un tapis épais, qu'il est facile de contenir en potée.

Comportement en pot : le céraiste, cultivé dans une jardinière supporte sans problème la réverbération de la chaleur et de la lumière sur le mur des balcons.

Dimensions du pot : un contenant de 30 cm de large et de 20 cm de profondeur permet au céraiste de s'étaler à sa guise.

Exposition : ensoleillée, même chaude.

Terre : ce couvre-sol n'aime pas la tourbe, qui retient trop l'eau. Optez pour de la terre de jardin assez sableuse, voire même caillouteuse et un peu calcaire.

Arrosage : un verre d'eau tous les deux jours, les trois premiers mois de l'installation. Par la suite, la pluie pourvoira normalement aux besoins du céraiste.

Ennemis et maladies : aucun.

Utilisations : au pied des arbustes aimant le soleil, dans des auges, associé à des aubriètes, des sédums, des armérias, des corbeilles d'or. Et pourquoi pas en suspension, mélangé à des surfinias ?

Conseil Truffaut : taillez la plante avec des ciseaux, après la floraison pour lui donner une forme bien régulière.

Ceratostigma spp. PLUMBAGO RAMPANT

J F M A M J **J A S O** N D

25/60 cm · 40/50 cm · C Vivace · - 8 °C

Ces arbustes très décoratifs de la famille des Plumbaginaceae font d'excellents couvre-sol fleuris.

Feuillage : les feuilles lancéolées ne possèdent pas ou peu de pétiole. Vertes, ombrées d'acajou au printemps, elles terminent la saison couleur bronze.

Floraison : les corolles bleu gentiane, délicatement veinées de rouge, se succèdent sans répit durant tout l'été.

Espèces et variétés : *Ceratostigma plumbaginoides* forme un couvre-sol, qui ne dépasse pas 25 cm de hauteur. 'Desert Sky' est remarquable par son feuillage doré qui contraste avec le bleu des fleurs. *Ceratostigma willmottianum* est une forme arbustive au port léger et gracieux qui dépasse rarement 60 cm en bac.

Comportement en pot : l'espèce basse, rustique, forme un couvre-sol dense, qui recouvre complètement la potée. Le froid fait vite disparaître l'espèce arbustive. Rempotage tous les deux ans.

Dimensions du pot : pour l'espèce basse, une potée de 30 cm de diamètre et de 20 cm de profondeur convient. L'espèce arbustive vivra dans un pot de 30 cm de profondeur et de 35 cm de largeur.

Exposition : les cératostigmas aiment le soleil et la pleine lumière, tant que l'emplacement reste assez frais.

Terre : un bon terreau universel assez consistant mais avec un drainage au fond.

Arrosage : entre deux et trois fois par semaine selon l'époque de l'année et la température ambiante.

Ennemis et maladies : pendant les hivers rudes, la partie aérienne des plumbagos peut geler totalement. Le plus souvent, ils repartent bien de la souche.

Utilisations : mariez le plumbago à des plantes fleuries qui éclairent son feuillage, telles que les lantanas, les verveines ou le bidens mais aussi des feuillages dorés.

Conseil Truffaut : protégez la souche, en hiver, par une bonne couche de petites écorces de pin.

Ceratostigma plumbaginoides

Cestrum elegans

Cestrum spp.
CESTRUM

J F M A M J J A S O N D

P

1/1,50 m 70/80 cm Arbuste 0 °C

Arbuste exotique de la famille des Solanaceae, le Cestrum s'utilise comme plante saisonnière fleurie.

Feuillage : alterne, vert profond. Les feuilles lancéolées qui atteignent 10 cm de long dégagent une odeur désagréable.

Floraison : les clochettes tubulaires, jaunes, rouges ou blanches selon les espèces, apparaissent tout l'été.

Espèces et variétés : le « galant de nuit », *Cestrum nocturnum*, est capable d'embaumer la terrasse entière de son parfum épicé, à la nuit tombée. Il fleurit par vagues, tout au long de l'été, jusqu'en octobre. Ses fleurs restent fermées le jour. *Cestrum elegans* fleurit rouge-orangé et *Cestrum aurantiacum* porte mille petites trompettes jaune cuivré.

Comportement en pot : les cestrums forment des buissons lâches. Les branches peuvent gagner 40 cm dans la saison. N'hésitez pas à les pincer.

Dimensions du pot : une plante adulte a besoin d'un pot de 40 cm de côté et de 30 cm de profondeur au moins.

Exposition : cet arbuste sud-américain exige de la chaleur. Il la trouvera près d'un mur exposé plein sud.

Terre : dès l'achat, rempotez le cestrum dans du terreau d'écorces souple et léger.

Cestrum aurantiacum

Épandez à la surface une poignée de fertilisant organique à base de fumier, qui stimulera la plante toute la saison.

Arrosage : durant la période de croissance, au printemps, et pendant la floraison, arrosez tous les deux jours. Au moment de rentrer le cestrum, limitez les arrosages à une fois tous les 10 à 15 jours.

Ennemis et maladies : les pucerons s'installent sur les jeunes feuilles et les déforment par leur piqûres répétées.

Utilisations : palissez le *Cestrum nocturnum* contre un mur bien exposé ou guidez ses branches autour d'un pilier. Associez-le à des plantes fleuries, car sa silhouette est peu attractive quand il n'est pas fleuri.

Conseil Truffaut : protégez les cestrums du froid hivernal avec plusieurs couches de voile non tissé ou dans la véranda.

Chaenomeles speciosa
COGNASSIER DU JAPON

J F M A M J J A S O N D

C

0,70/1 m 1 m Arbuste - 15 °C

Cet arbuste très rustique de la famille des Rosaceae est apprécié pour sa floraison vraiment précoce.

Feuillage : dentelé, assez épais, comme des petites feuilles de pommier.

Floraison : des bouquets apparaissent très tôt dans la saison, vers le mois de février si le temps est doux. Les fleurs, en forme de coupe, ressemblent à celles du pommier dans les tons rose vif ou rouges.

Espèces et variétés : *Chaenomeles speciosa* 'Nivalis' présente un port évasé et se pare d'un somptueux manteau immaculé au mois de mars. *Chaenomeles speciosa* 'Toyo Nishiki' offre une des plus délicates floraisons qui soient, avec des bouquets où le blanc se mélange au rose.

Comportement en pot : le cognassier du Japon pousse moins vite en pot que dans la nature. Mais il vit très longtemps s'il est rempoté tous les deux ans.

Dimensions du pot : une caisse à orangerie de 30 cm de côtés est idéale.

Exposition : ensoleillée, à l'abri d'un mur.

Terre : une bonne terre de jardin convient. Vous pouvez aussi réaliser un mélange à parts égales de terre pour rosiers et d'un terreau de plantation.

Arrosage : une fois par semaine à partir d'avril. Doublez la cadence à partir de juin. Oubliez-le quasiment l'hiver.

Ennemis et maladies : une eau d'arrosage très calcaire peut provoquer après plusieurs années, une chlorose des feuilles, qui se mettent alors à jaunir.

Utilisations : installez le cognassier du Japon sur un tapis de muguet ou de myosotis. Parsemez la potée de scilles, de crocus, de muscaris, ajoutez quelques narcisses pour obtenir une adorable scène printanière. Plantez aussi des pensées.

Conseil Truffaut : ne renoncez pas au cognassier du Japon si votre terrasse n'est pas très ensoleillée. Il donnera un peu moins de fleurs, mais poussera sans problèmes. Il peut être aussi palissé.

Chaenomeles x 'Jane Taudevin'

Chamaecyparis lawsoniana
CYPRÈS DE LAWSON

0,60/1 m | 50/80 cm | Conifère | - 12 °C

Cet élégant conifère de la famille des Cupressaceae développe des formes naines très décoratives.

Feuillage : les rameaux très ramifiés portent de minuscules aiguilles (écailles), non piquantes. Les jeunes feuilles, à l'extrémité des pousses, restent vertes, jaunes ou bleues, donnant la couleur dominante de l'arbuste. Lorsqu'on les froisse, elles dégagent une nette odeur... de persil !

Floraison : minuscules cônes sans intérêt.

Espèces et variétés : 'Elwood's Pillar' atteint 1 m à 10 ans et 1,50 m à 20 ans. 'Elwood's Gold', plus grand d'une cinquantaine de centimètres est jaune-vert en début de saison. 'Ellwoodii' est vert bleuté, assez léger, colonnaire. 'Minima' et 'Glauca', qui ne dépassent pas 1 m, conviennent pour les tout petits balcons. Une espèce voisine, *Chamaecyparis pisifera*, a donné naissance à de nombreuses variétés naines intéressantes comme 'Nana', 40 cm de hauteur, 'Compacta', une grosse boule basse, ou 'Plumosa Aurea Nana', un petit buisson conique, qui garde sa couleur dorée toute l'année.

Comportement en pot : les formes naines restent de nombreuses années

Plusieurs *Chamaecyparis*.

Chamaecyparis lawsoniana 'Ellwoodii'

dans le même pot, à condition de remplacer la terre de surface tous les ans. Le cyprès de Lawson résiste au calcaire et à la pollution des villes.

Dimensions du pot : prévoyez à terme un pot de 30 cm de profondeur et de largeur.

Exposition : la mi-ombre leur va bien au teint ! Les variétés dorées demandent plus de lumière pour maintenir leur couleur.

Terre : un terreau pour rosiers, enrichi d'une pincée d'engrais pour conifères, leur assurera un bon démarrage.

Arrosage : le cyprès de Lawson supporte une sécheresse passagère, mais il vaut mieux ne pas l'assoiffer, car ce stress l'affaiblit. Il devient alors plus sensible aux maladies. Arrosez chaque semaine.

Ennemis et maladies : un champignon, le phytophthora, fait brunir le feuillage des sujets en pots dont l'eau en excès ne parvient pas à s'évacuer (drainage).

Utilisations : les cyprès de Lawson se marient avec bonheur avec les graminées et les autres conifères nains. Leurs formes et leurs couleurs variées se mettent mutuellement en valeur. Ils accompagnent aussi très bien les fleurs.

Conseil Truffaut : ponctuez les grandes jardinières de ces conifères nains afin de disposer en permanence d'une présence végétale décorative.

Chamaerops humilis
PALMIER NAIN

1/1,50 m | 60 cm/1 m | Palmier | - 5 °C

Ce palmier touffu de la famille des Arecaceae est la seule espèce qui soit originaire d'Europe (Midi).

Feuillage : de grands éventails presque ronds, au limbe vert clair sur le dessus et argenté en dessous. Un duvet blanc couvre les pétioles, fins et munis d'épines brunâtres assez acérées.

Floraison : des grappes denses de petites fleurs jaunes apparaissent en mai et juin à l'aisselle des feuilles, très rarement en pot.

Espèces et variétés : on cultive essentiellement l'espèce type *Chamaerops humilis*, qui est d'ailleurs la seule du genre.

Chamaerops humilis

Comportement en pot : le palmier nain croît lentement, plus en largeur qu'en hauteur. Il vit plusieurs années dans des récipients assez profond.

Dimensions du pot : une belle potée de 30 cm de large et de 40 cm de haut offre un volume suffisant à ce palmier.

Exposition : abritez le palmier nain des vents froids. Il n'est vraiment à l'aise qu'en plein soleil, le plus chaud possible.

Terre : le *Chamaerops humilis* se plaira mieux dans une terre sèche, sablonneuse et même rocailleuse, très drainante.

Arrosage : ce palmier supporte bien la sécheresse, mais il est conseillé de l'arroser au moins une fois par semaine, surtout les deux premières années. Dès que la température dépasse les 25 °C, arrosez tous les deux jours, de préférence le soir.

Ennemis et maladies : les araignées rouges attaquent les sujets faibles, mal cultivés. Cochenilles en hiver sous abri.

Utilisations : en grand bac isolé, avec des fleurs d'été plantées au pied : pourpier, dimorphotéca, brachycome, euryops, géranium lierre, félicia, érigeron.

Conseil Truffaut : **supprimez les palmes desséchées. En hiver, en dehors de la zone de l'oranger, rentrez le palmier nain dans une véranda.**

Cheiranthus spp. (Erysimum)
GIROFLÉE

J F **M A M J** J A S O N D

25/50 cm	20/40 cm		P Bisannuelle	- 10 °C

Cette jolie plante de la famille des Brassicaceae, nommée aujourd'hui Erysimum, se pare de tons chauds.

Cheiranthus cheiri

Cheiranthus x *allionii* 'Lingot d'or'

Feuillage : assez fin, allongé en petites languettes recourbées. Certaines formes panachées de jaune apportent une touche lumineuse.

Floraison : les tiges ploient sous les grappes aux pétales arrondis. Les giroflées arbustives développent une époustouflante gamme de coloris feu.

Espèces et variétés : *Cheiranthus* x *allionii* (rarement étiqueté de son vrai nom, *Erysimum* x *allionii*) est une vivace éphémère qui développe des touffes généreuses. *Cheiranthus cheiri*, la giroflée jaune, bisannuelle, décline tous les tons du blanc à l'écarlate, en passant par les jaunes et les bruns, en version haute (jusqu'à 60 cm) ou basse (20 à 30 cm).

Comportement en pot : les giroflées forment d'opulentes potées, à renouveler chaque année en automne.

Dimensions du pot : 25 cm en tous sens est un minimum. Un pot plus petit se dessèche trop vite et ne permet pas à la plante de s'épanouir totalement.

Exposition : ensoleillée, assez bien dégagée, mais abritée du vent.

Terre : n'importe quelle bonne terre de jardin, neutre et non argileuse, ou du terreau universel pas trop compact.

Arrosage : deux à trois fois par semaine.

Ennemis et maladies : des virus attaquent les giroflées. Ne récoltez pas la semence, achetez des graines sélectionnées.

Utilisations : les fleurs orange sont assez criardes lorsqu'elles sont plantées en masse. Mais associées au bleu, leur couleur complémentaire, elles forment de jolies scènes. Mettez à contribution les héliotropes, les cératostigmas, les lobélias, les scaévolas, les pétunias, les verveines, les lavandes et les myosotis.

Conseil Truffaut : **coupez les fleurs fanées et pincez les tiges pour obliger la touffe à s'étoffer.**

Chimonanthus praecox
CHIMONANTHE

J F M A M J J A S O N D

1,50/2 m | 1 m | C Arbuste | - 15 °C

Ce vigoureux arbuste de la famille des Calycanthaceae porte en hiver des fleurs agréablement parfumées.

Feuillage : caduc, lancéolé, vert brillant.

Floraison : les petites coupes étoilées, jaune pâle à cœur pourpre, solitaires ou réunies par deux sur les rameaux nus, dégagent un puissant parfum épicé dès que la température s'adoucit.

Espèces et variétés : les fleurs de la variété 'Grandiflorus' affichent un jaune plus cuivré, taché de rouge. Celles de 'Luteus' arborent un jaune éclatant, sans traces de rouge. Dans les deux cas, les fleurs sont plus larges que celles du type.

Comportement en pot : soyez patient, le chimonanthe ne fleurit qu'après plusieurs années de culture. Installez le bac près d'une porte ou d'un passage, pour profiter de son parfum en hiver.

Dimensions du pot : une jeune touffe peut vivre plusieurs années dans un pot de 30 cm x 30 cm. Lorsqu'elle prendra de l'ampleur, vous la rempoterez dans un bac d'au moins 40 cm x 40 cm.

Exposition : un mur au sud favorise l'abondance de la floraison et renforce l'intensité du parfum par la chaleur qu'il dégage.

Terre : les racines du chimonanthe n'aiment pas stagner dans l'eau. Plantez-le dans un bon terreau d'écorces, bien drainant, auquel vous aurez rajouté un cinquième de fertilisant à base de fumier.

Arrosage : l'eau de pluie suffit en hiver. En été, soutenez la croissance en arrosant, tous les deux jours. Apportez de l'engrais liquide pour arbustes une fois par mois.

Ennemis et maladies : des taches brunes sur les feuilles entraînent un jaunissement des feuilles, qui tombent prématurément. D'origine cryptogamique, elles indiquent des conditions de culture défavorables.

Utilisations : seul, dans un bac carré, palissé contre un mur ou en arrière-plan d'un groupe de jardinières fleuries.

Conseil Truffaut : **gringalet dans sa jeunesse, le chimonanthe doit être surveillé de près lors des premiers hivers. Protégez l'arbuste en l'enveloppant d'un voile d'hivernage, si le thermomètre descend en dessous de -10 °C.**

Chimonanthus praecox

Chimonobambusa quadrangularis

Chimonobambusa quadrangularis
BAMBOU

2/4 m | 1 m | P Vivace | - 8/- 10 °C

Formant une touffe au port souple, cette plante de la famille des Poaceae réussit très bien en pot.

Feuillage : oblong, vert clair, de 20 à 25 cm de long, au port semi-retombant, porté sur des ramilles souples.

Floraison : les bambous fleurissent de façon épisodique et inattendue, tous les 20 à 50 ans et ensuite la plante meurt.

Espèces et variétés : il existe une dizaine d'espèces. On cultive surtout *Chimonobambusa quadrangularis* pour ses chaumes (tiges) à section carrée et aux nœuds bien apparents. C'est l'une des espèces les plus rustiques de ce genre originaire d'Asie du Sud-Est. *Chimonobambusa marmorea*, plus compact (2 m), est intéressant pour ses chaumes qui rougissent en vieillissant.

Comportement en pot : très bon, même s'il s'agit de bambous rhizomateux.

Dimensions du pot : une jeune touffe se développe bien dans un pot de 30 cm de côtés. Dès qu'elle aura pris de l'ampleur, soit après trois ou quatre ans, un bac d'au moins 40 cm sera nécessaire.

Exposition : chaude mais non brûlante ; une lumière tamisée est appréciée l'été. Abritez des gelées printanières et des vents froids et desséchants.

Te rre : un mélange à parts égales de terreau universel ou de rempotage et de terre de jardin riche et sableuse.

Arrosage : l'eau de la pluie suffit en hiver. En été, ne laissez pas la motte sécher.

Ennemis et maladies : les limaces se montrent friandes des jeunes pousses.

Utilisations : en touffe isolée ou dans les compositions d'inspiration japonaise pour ombrager azalées, érables et fougères.

Conseil Truffaut : **posez un voile d'hivernage sur les jeunes pousses qui apparaissent en automne et peuvent souffrir des gelées. Dans les régions froides, hivernez dans une véranda.**

Chionodoxa luciliae
CHIONODOXA

J F M **A** M J J A S O N D

10/20 cm | 10 cm | | Bulbeuse C | - 10 °C

Cette adorable petite bulbeuse de la famille des Asparagaceae offre de délicates étoiles bleues en avril.

Feuillage : en rosette. Les feuilles, en lanières pointues de 20 cm de long, cannelées, vert soutenu, sont légèrement bordées de bronze à leur naissance.

Floraison : des tiges souples et courtes portent des étoiles à six pétales, de 2 cm de diamètre, groupées par cinq ou six, bleues, roses ou blanches selon les cultivars.

Espèces et variétés : il existe six espèces, mais on cultive principalement des sélections horticoles. Les amoureux du blanc se tourneront vers la variété 'Alba'. 'Pink Giant' et 'Rosea' sont des versions roses. Mais en bleu, les chionodoxas sont encore plus beaux : 'Gigantea' offre de grandes fleurs d'azur à centre blanc.

Comportement en pot : une fois planté, dans le courant de l'automne, le chionodoxa ne demande plus aucun entretien. Il réapparaît fidèlement chaque printemps, même lorsqu'il est cultivé en pot.

Dimensions du pot : en général, on achète les bulbes de chionodoxas par 30 ou plus. Une potée de 10 cm de profondeur et de 20 cm de large en accueillera une douzaine. À la plantation, espacez les bulbes de la largeur du pouce.

Exposition : ensoleillée ou à mi-ombre.

Terre : bien drainée, pas trop riche. Une grosse poignée de sable ajoutée à un terreau de plantation améliore la perméabilité du substrat. Drainez le fond du pot avec 3 cm de billes d'argile expansée.

Arrosage : surveillez la terre en hiver afin qu'elle ne se dessèche pas. Au printemps, la pluie devrait suffire si les conditions climatiques sont normales. Si vous devez arroser, ne mouillez pas les fleurs.

Ennemis et maladies : les limaces dévorent les feuilles tendres au printemps.

Utilisations : en potée printanière recouverte d'un tapis d'helxine. En mélange avec des scilles, des jacinthes, des crocus, des puschkinias, des narcisses botaniques.

Conseil Truffaut : lorsque les feuilles ont complètement jauni, déterrez les bulbes, séparez-les et replantez-les dans les jardinières voisines.

Chionodoxa luciliae

Chlorophytum comosum
PHALANGÈRE

J F M A M **J J A S** O N D

20/30 cm | 20/30 cm | | Vivace P | 0 °C

Souvent cultivée en intérieur, cette plante africaine de la famille des Asparagaceae réussit dehors l'été.

Feuillage : une touffe de feuilles rubanées, arquées, vert pâle strié de blanc.

Floraison : de mignonnes étoiles blanches, en grappes portées par de longues tiges souples (stolons), accompagnent les rosettes de feuilles.

Espèces et variétés : il existe deux cent cinquante espèces, parmi lesquelles *Chlorophytum comosum* 'Variegatum', aux feuilles bordées de blanc, est le plus souvent cultivé. 'Vittatum' porte des rayures

Chlorophytum comosum

longitudinales crème. Il existe des variétés totalement vertes, moins décoratives.

Comportement en pot : la phalangère devient vite envahissante, divisez-la tous les deux ans au printemps.

Dimensions du pot : les jeunes pousses émises par les stolons s'enracinent sans problème dans des pots de 7 cm de diamètre. Un spécimen adulte vit longtemps dans un pot de 25 à 30 cm de large.

Exposition : abritez la phalangère du vent dominant et offrez-lui un endroit lumineux mais pas trop chaud.

Terre : le *Chlorophytum* a besoin d'un substrat riche et qui retient l'eau. Un mélange de tourbe brune, terreau de feuilles et fumier composté (1/3 de chaque) convient bien. Le terreau tout prêt pour plantes vertes convient si vous ajoutez une pincée d'engrais.

Arrosage : laissez le pot s'alléger sensiblement entre deux apports d'eau.

Ennemis et maladies : les extrémités des feuilles brunes indiquent que la plante est trop arrosée et qu'elle doit être rempotée.

Utilisations : le *Chlorophytum* forme de belles suspensions. Il convient dans les jardinières, avec des fleurs annuelles.

Conseil Truffaut : n'oubliez pas d'apporter une dose d'engrais liquide hebdomadaire de juin à septembre.

Choisya 'Goldfingers'

Choisya ternata
ORANGER DU MEXIQUE

J F M A **M J J** A **S O** N D

1/1,50 m | 0,80/1 m | Arbuste | - 7 °C

Cet arbuste compact de la famille des Rutaceae épanouit des fleurs au délicieux parfum d'oranger.

Feuillage : persistant, vert brillant, trifolié, il reste décoratif en toutes saisons.

Floraison : au printemps, la plante se couvre de fleurs blanches au parfum de fleur d'oranger et de miel. Elle offre une petite remontée de fleurs à la fin de l'été.

Espèces et variétés : 'Aztec Pearl', au feuillage très fin et décoratif, surpasse presque en beauté l'espèce. Les fleurs, roses en boutons, sont aussi légèrement plus grandes. 'Sundance', au feuillage doré, surtout au printemps.

Comportement en pot : excellent, mais dans un grand volume de terre.

Dimensions du pot : pour une petite touffe, commencez par un pot de 25 cm de côté. Un *Choisya* adulte réussit dans un bac de 40 cm de large et de haut.

Exposition : le soleil ne lui fait pas peur. Il est toutefois plus beau à la mi-ombre.

Terre : un terreau bien poreux et acide.

Arrosage : l'oranger du Mexique est réputé pour supporter la sécheresse. Si cela se vérifie en pleine terre, en pot, il faut veiller à ce que le terreau ne se dessèche jamais totalement, du moins en été.

Ennemis et maladies : le gel brunit les feuilles. Attention aux escargots.

Utilisations : l'oranger du Mexique a tendance à se développer vigoureusement. Mieux vaut le laisser seul dans son pot. Mais vous pouvez le faire voisiner avec des fuchsias, des bégonias, des hostas.

Conseil Truffaut : **calez le pot, pour l'hiver, dans l'angle d'un mur exposé au sud ou à l'ouest, pour protéger naturellement la plante du froid.**

Chrysanthemum coccineum
PYRÈTHRE *(Tanacetum)*

J F M A **M J J** A **S O** N D

50/70 cm | 30/40 cm | Vivace | - 8 °C

Classée désormais dans le genre Tanacetum, c'est une belle vivace de la famille des Asteraceae.

Feuillage : vert, fin et plumeux.

Floraison : de grosses marguerites, simples ou doubles, roses, blanches ou rouges fleurissent à partir de mai. Elles marquent un temps d'arrêt au plus chaud de l'été, puis remontent un peu en septembre.

Espèces et variétés : le pyrèthre est désormais classé dans le genre *Tanacetum*. Les variétés simples comme 'Robinson's Pink', rose soutenu, ou 'Robinson's Red', rouge à cœur jaune, offrent un aspect moins sophistiqué que les formes à fleurs doubles.

Comportement en pot : il faut diviser les pyrèthres tous les deux ans, afin de conserver une belle potée compacte et florifère.

Dimensions du pot : mieux vaut prévoir un grand pot dès le début, car les pyrèthres n'aiment pas être dérangés. Un contenant de 25 à 30 cm de côté et de 20 cm de profondeur au moins est acceptable.

Exposition : le pyrèthre adore le soleil et la chaleur, mais écartez la potée du mur en plein été pour éviter que la plante ne grille sous l'intensité de la réverbération.

Terre : une floraison abondante ne s'obtient qu'avec un bon terreau enrichi de fumier et d'algues compostés.

Arrosage : le pyrèthre supporte quelques oublis. Mais soyez réguliers dans vos apports d'eau dès que les boutons sont formés. Ne mouillez pas les feuilles.

Ennemis et maladies : chenilles mineuses sans gravité. Oïdium par temps sec.

Utilisations : le pyrèthre se marie avec les plantes de soleil comme les népétas, les stachys. Des euphorbes, mélangées à des variétés rouges de pyrèthre, forment de belles potées, de même que les persicaires 'Dragon Wings' à feuilles pourpres.

Conseil Truffaut : **tuteurez discrètement les tiges de plus de 50 cm de hauteur.**

Chrysanthemum coccineum 'Brenda'

Chrysogonum virginianum

Chrysogonum virginianum
CHRYSOGONUM

J F M A M **J J A S** O N D

20/30 cm | 30/40 cm | Vivace | - 8 °C

Cette vivace rhizomateuse de la famille des Asteraceae forme un tapis très florifère et homogène.

Feuillage : vert, mat et rugueux, ne montant guère plus haut que la cheville.

Floraison : les nombreux capitules en forme d'étoiles jaunes, rappelant les zinnias, se succèdent de juin à septembre.

Espèces et variétés : on ne trouve que l'espèce type : *Chrysogonum virginianum*, qui est d'ailleurs la seule du genre.

Comportement en pot : très bon, le chrysogonum forme, dans un contenant, une touffe à la fois compacte et étalée.

Dimensions du pot : la première année, le chrysogonum vivra dans un pot de 15 cm de diamètre. Ensuite, il s'étale et demande 25 cm au moins.

Exposition : ce cousin des asters préfère, comme eux, les emplacements ensoleillés, pas trop chauds. Il résiste à mi-ombre.

Terre : un bon terreau de plantation, souple et poreux, conviendra au chrysogonum. Ajoutez une poignée de fumier bien décomposé par pot de 20 cm de diamètre.

Arrosage : deux fois par semaine en moyenne, plus à partir de 25 °C.

Ennemis et maladies : généralement aucun. Un gel sévère peut endommager la plante. Attendez un mois avant de jeter le pot, au printemps, car le chrysogonum repart souvent de la souche.

Utilisations : plantez le chrysogonum en bordure des grandes jardinières. Mélangez-le à des annuelles ou à d'autres vivaces qui ont les mêmes exigences que lui : boltonias, coréopsis, érigerons, héléniums, asters d'automne, etc.

Conseil Truffaut : lorsque la touffe devient trop grosse, ce qui peut se produire en deux ans, divisez-la au printemps.

Cistus spp.
CISTE

J F M **A M J** J A S O N D

30/70 cm | 30/60 cm | Arbuste | - 6 °C

Cet arbuste méditerranéen de la famille des Cistaceae est l'un des plus résistants à la sécheresse.

Feuillage : persistant, lancéolé, vert-gris.

Floraison : les fragiles pétales de soie blanche ou rose se déploient le matin pour faner le soir. Mais les fleurs sont si nombreuses que la floraison paraît continue.

Espèces et variétés : *Cistus corbariensis,* au port compact et étalé, n'aime pas la terre calcaire. *Cistus* x *purpureus* atteint 1 m. *Cistus parviflorus*, compact au feuillage gris et aux fleurs blanches, vient bien en pot.

Comportement en pot : les cistes en pot gèlent souvent au niveau des racines. *Cistus corbariensis* est un des plus solides.

Dimensions du pot : un pied de ciste peut vivre dans un contenant de 25 cm. Pour un effet plus rapide, réunissez deux ou trois plantes dans une vasque de 40 cm de large et de 30 cm de profondeur.

Exposition : du soleil, et encore du soleil…

Terre : pauvre et bien drainée comme dans leur garrigue natale. Mélangez sable grossier et terreau souple à parts égales.

Arrosage : les cistes se contentent d'un apport d'eau hebdomadaire en été et bimensuel en hiver. Ne pas détremper.

Ennemis et maladies : le gel est le principal ennemi. Si la température descend en dessous de -5 °C, protégez le pot et la plante par un voile d'hivernage. Maintenez au sec.

Utilisations : mélangez les cistes avec toutes les plantes qui aiment le climat méditerranéen : lauriers-roses, plumbagos, agrumes, sauges, pélargoniums à feuillage odorant, romarin, thym, lavande, etc.

Conseil Truffaut : protégez les cistes à feuillage duveteux de la pluie en hiver. Ne mouillez que les racines lors des arrosages (parcimonieux).

Cistus x *purpureus*

Cistus corbariensis

Citrus spp.
AGRUMES

J F M A M J J A S O N D

1/2 m	0,50/1,50 m		P Arbre	- 3 °C

Ces arbustes frileux de la famille des Rutaceae donnent des fleurs parfumées et des fruits délicieux.

Feuillage : alterne ; un petit pétiole ailé porte des feuilles simples, ovales, lisses, brillantes, de 5 à 15 cm de long. Les rameaux sont munis d'épines acérées.

Floraison : les petits boutons ronds et cireux s'ouvrent en étoiles blanches, de décembre à mars. Leur parfum embaume les soirées d'hiver. Le mûrissement des fruits se fait d'autant mieux que la chaleur et la lumière sont au rendez-vous.

Espèces et variétés : en pot, l'intérêt de l'oranger est plus décoratif que productif. Les variétés d'agrumes ne sont pas toujours mentionnées sur l'étiquette. Chez les spécialistes, on peut se procurer *Citrus* x *limon* 'La Valette', un hybride de lime et de citronnier, qui fleurit abondamment et embaume à plusieurs mètres. *Citrus* x *limon* '4 saisons' offre une floraison remontante toute l'année. *Citrus nobilis*, le mandarinier, donne de très bons résultats, car il est assez peu frileux, de même que le calamondin *(Citrus madurensis)*. Le pamplemoussier *(Citrus paradisi)* possède des feuilles plus grosses et fleurit à la fin de l'hiver. Il est frileux. Le citronnier *(Citrus limon)* est le plus facile à réussir en pot ailleurs que sur la Côte d'Azur.

Comportement en pot : les agrumes cultivés en bac sont plus sensibles au froid que ceux maintenus en pleine terre. Une chute de température, même passagère, peut faire tomber les boutons ou les jeunes fruits. Abritez-les près d'un mur bien exposé, pour atténuer la brutalité des écarts de température.

Dimensions du pot : un arbuste ayant développé une cime de 60 cm de large doit disposer d'un pot de 40 cm de diamètre et d'une profondeur identique.

Exposition : plein soleil et chaleur pour la floraison et la nouaison des fruits.

Citrus limon 'Meyer'

Terre : légère, fertile et riche en matière organique (ajoutez 15 % d'un fertilisant à base de fumier et d'algues), bien drainée (deux ou trois poignées de sable amélioreront le mélange).

Arrosage : les agrumes ont besoin de beaucoup d'eau au printemps, un peu moins en été, et pratiquement pas en automne et en hiver.

Ennemis et maladies : les cochenilles envahissent souvent les agrumes en pot. Un nettoyage manuel répété, avec un coton imbibé d'une solution légèrement alcoolisée est efficace et préventif. Insistez sur la face inférieure des feuilles.

Utilisations : les agrumes se cultivent souvent solitaires dans leur bac. Faites-les voisiner avec des plantes méditerranéennes, comme les cistes, les thyms, les lauriers-roses, les agapanthes, les pittosporums, les grenadiers et les lavandes.

Conseil Truffaut : taillez les agrumes en boule, après la récolte des fruits, en dégageant les branches du centre pour aérer l'arbuste. Pour les plantes laissées en forme libre, contentez-vous de réduire de moitié la longueur des branches ayant porté des fruits. En hiver, abritez les agrumes dans une véranda maintenue entre 7 et 15 °C. Dans la maison, les plantes perdent très vite leur feuillage car il fait chaud et sec.

Citrus mitis

Clematis x 'Hagley'

Clematis florida 'Bicolor'

Clematis 'Early Sensation'

Clematis 'Venosa Violacea'

Clematis spp.
CLÉMATITE

J F M **A M J J A S** O N D

2/4 m — 1/2 m — PC Grimpante — - 10 °C

Volubile, florifère, cette plante de la famille des Ranunculaceae habille en beauté murs et treillages.

Feuillage : persistant ou caduc, opposé ou alterne, il est composé de trois folioles, parfois profondément divisées, le plus souvent lancéolées, d'un joli vert mat.

Floraison : les clématites s'épanouissent en larges fleurs, aplaties en forme d'étoiles ou parfois arrondies. Certaines se couvrent d'un manteau de clochettes très légères. Toute la palette de l'arc-en-ciel y passe, excepté l'orangé vif.

Espèces et variétés : *Clematis alpina* fleurit la première, avec de timides clochettes au charme certain. 'Francis Rivis' arbore un bleu-violet ravissant, 'Willy' est rose. Les clématites à grandes fleurs réussissent bien sur le balcon car elles offrent une vigueur moyenne. Toutes les variétés peuvent être tentées, selon votre goût.

Comportement en pot : sur une terrasse dégagée, sans la présence d'autres plantes qui créent un microclimat frais et humide, la clématite a du mal à prospérer.

Dimensions du pot : si vous installez la clématite seule, un bac de 30 cm de côté fera l'affaire. Choisissez un modèle qui soit plus profond que large. À la plantation, il est bon d'enterrer légèrement le collet et de couvrir le pied avec une tuile.

Exposition : les pieds à l'ombre, le corps entre ciel et terre, caressé par la brise et la tête au soleil, paresseusement couchée sur un support solide, telle est la situation rêvée pour une clématite. Pour essayer de reproduire ces conditions idéales, installez la plante contre un mur à l'est. Fixez le treillage de façon qu'il soit bien décollé du mur, afin de faciliter la circulation de l'air. Dissimulez le pot de la clématite derrière un arbuste touffu, persistant et dense. Un oranger du Mexique ou un *Physocarpus*, par exemple, apportera à la clématite un peu de la fraîcheur et de l'ombre qu'elle aime.

Terre : les clématites préfèrent un sol peu calcaire. Mélangez un tiers de tourbe brune à du terreau de feuilles. Ajoutez une petite poignée de chaux éteinte et de l'engrais à diffusion différée, qui se décomposera au cours des six prochains mois.

Arrosage : il est impératif d'être vigilant, car la clématite déteste avoir les pieds trop secs ! Si vous installez un arrosage automatique au goutte-à-goutte, la clématite sera la première à en profiter. Ne détrempez pas, pour éviter le flétrissement.

Ennemis et maladies : les pucerons envahissent parfois les jeunes feuilles. L'oïdium couvre les feuilles d'un duvet blanc-gris. Il arrive qu'un champignon attaque la base des jeunes plants qui se dessèchent et meurent dans le mois (flétrissement). Ne réutilisez pas le pot pour une autre clématite sans l'avoir brossé et lavé à l'eau de Javel.

Utilisations : la clématite grimpe sur tous les supports qui lui sont proposés, tels que treillage, pergola, pilier. C'est une plante à feuillage caduc, installez-la en compagnie d'un akébia ou en complicité avec un chèvrefeuille semi-persistant. Il vous restera toujours de la verdure pour l'hiver.

Conseil Truffaut : **taillez à la fin de l'hiver toutes les branches au-dessus des deux bourgeons situés le plus près du sol. Dès avril, apportez de l'engrais liquide une fois tous les deux arrosages.**

Clematis armandii 'Apple Blossom'

Cleome hassleriana

Cleome hassleriana
CLÉOME (FLEUR ARAIGNÉE)

J F M A M J J A S O N D

1/1,20 m	30/40 cm		C Annuelle	3 °C

Cette annuelle sud-américaine de la famille des Capparidaceae donne un air exotique au décor.

Feuillage : vert moyen, palmé, divisé en cinq à sept folioles ovales, pointues, de 10 à 12 cm de long. Les tiges sont velues et la base des pétioles épineuses.

Floraison : les nombreuses étamines dépassent des pétales étroits, qui déclinent toute la palette des roses. Les fleurs se réunissent en grappes rondes à l'extrémité des tiges, de juillet à octobre.

Espèces et variétés : 'Reine des cerises' affiche un rose carmin très tendre. 'Helen Campbel' est l'unique variété blanc pur, tandis que 'Reine des violets' arbore un rose vif. 'Sparkler', plus compact (80 cm), convient bien à la culture en pot.

Comportement en pot : on obtient de spectaculaires potées à la seule condition d'offrir des apports d'engrais réguliers.

Dimensions du pot : deux plantes peuvent cohabiter dans un contenant de 30 cm.

Exposition : le cléome a besoin de soleil à l'abri du vent froid pour s'épanouir.

Terre : mélange à parts égales de terreau et de terre de jardin bien drainée.

Arrosage : en plein été, le cléome boit la moitié d'un arrosoir tous les deux jours.

Ennemis et maladies : les pucerons s'installent à l'aisselle des feuilles et sur les jeunes pousses. Aleurodes parfois en été.

Utilisations : plusieurs pieds de cléomes dans un grand bac font un décor spectaculaire. Ajoutez des cosmos pour la légèreté et une armoise, pour l'argent de son feuillage, l'ensemble sera superbe.

Conseil Truffaut : les cléomes exigent des apports d'engrais liquides pour plantes fleuries tous les quinze jours.

Cobaea scandens
COBÉE

J F M A M J J A S O N D

3/4 m	2/3 m		P Grimpante	5 °C

Cette liane tropicale frileuse de la famille des Polemoniaceae est cultivée comme une annuelle.

Feuillage : alterne, exubérant, vert foncé, persistant sous abri. Les feuilles pennées, à quatre folioles oblongues, sont accompagnées d'une vrille terminale.

Floraison : les clochettes, vertes en bouton puis blanches et enfin d'un bleu d'encre à complet épanouissement, ressemblent à de grosses campanules, posées sur un calice ouvert. Les étamines débordent largement des collerettes.

Espèces et variétés : il existe une variété blanche, *Cobaea scandens* f. *alba*.

Comportement en pot : dans les régions au climat doux, les cobées en pot sont vivaces. Partout ailleurs, une température inférieure à 5 °C leur est fatale. Au nord de la Loire, la floraison débute très tard, juste avant les premières gelées, ce qui ne laisse guère de temps pour en profiter.

Dimensions du pot : cultivez les cobées en pot de 20 cm de diamètre ou plus.

Exposition : ces fleurs demandent du soleil ou une lumière tamisée, et de la chaleur.

Terre : une terre de jardin normale suffit. Ne rajoutez pas d'engrais, car le feuillage prend un développement excessif, au détriment de la floraison.

Arrosage : tous les jours, par temps sec, lorsque la température dépasse 25 °C.

Ennemis et maladies : araignées rouges.

Utilisations : les cobées garnissent les treillages et les rambardes, ou bien servent à masquer la vue. Guidez les tiges le long de câbles transparents tendus tous les 50 cm. Associez-les avec des capucines tubéreuses, qui elles aussi fleurissent tard.

Conseil Truffaut : taillez les pousses trop longues. Rentrez les plantes en véranda l'hiver, elles se comporteront alors comme des vivaces et pourront former des touffes énormes en bac.

Cobaea scandens

Colchicum cilicium

Colchicum spp.
COLCHIQUE

J F M A M J J **A S O N** D

15/25 cm | 10/15 cm | C Bulbeuse | - 15 °C

Ces bulbeuses à croissance rapide de la famille de Colchicaceae fleurissent nues, dès la fin de l'été.

Feuillage : rubané, long et large, vert franc, il apparaît au printemps.

Floraison : les coupes bien épanouies prennent naissance directement sur le cormus. Elles sont parfois parfumées.

Espèces et variétés : il existe 45 espèces et de très nombreuses variétés de colchiques. *Colchicum cilicicum* forme des touffes roses très denses. 'The Giant' est un des plus hauts, avec 25 cm.

Comportement en pot : on peut laisser les colchiques dans les potées avec des arbustes plusieurs années de suite.

Dimensions du pot : plantez les cormus par six, dans un pot de 30 cm de large.

Exposition : soleil ou mi-ombre.

Terre : un mélange de terreau d'écorce et de sable convient bien aux colchiques.

Arrosage : maximum une fois par semaine.

Ennemis et maladies : généralement aucun, sauf les limaces qui se régalent des jeunes feuilles. Pourriture grise l'hiver.

Utilisations : les colchiques forment des taches de couleurs, qui s'associent bien aux annuelles en fin de carrière ou garnissent des mini-potées. L'association avec des fougères est superbe. Tentez aussi une culture associée avec des mini-cyclamens.

Conseil Truffaut : divisez les touffes en juin et repiquez les jeunes cormus.

Coleus spp. (Solenostemon)
COLÉUS

J F M A M **J J A S** O N D

30/60 cm | 20/50 cm | P Saisonnière | 0 °C

Cultivée comme annuelle, cette vivace de la famille des Lamiaceae porte un feuillage multicolore.

Feuillage : opposé, denté, de 7 à 15 cm de long, très vivement coloré, du jaune au pourpre presque noir. Les feuilles arborent des dessins d'une grande originalité.

Floraison : des petites fleurs bleues apparaissent en été sur des pédoncules dressés.

Espèces et variétés : appelé dorénavant *Solenostemon scutellaroides*, le coléus est proposé en nombreux cultivars très variés.

Comportement en pot : excellent. Les coloris vifs du coléus lui permettent d'apporter une touche de couleur et d'originalité aux compositions à mi-ombre.

Dimensions du pot : un plant passera la saison dans un pot de 20 cm de diamètre.

Exposition : protégée du soleil direct.

Terre : un bon terreau pour plantes à massif, souple, riche et bien drainé.

Arrosage : laissez sécher légèrement en surface avant d'apporter de l'eau.

Ennemis et maladies : les mouches blanches sont fréquentes sous abri.

Utilisations : le coléus se marie avec les fuchsias, les lobélias, les impatiens, les fougères, les graminées, etc.

Conseil Truffaut : le coléus se bouture très facilement dans un verre d'eau. N'hésitez à le multiplier dès qu'il donne des signes de faiblesse.

Coleus blumei

Coleus série Wizard

Convallaria majalis

Convallaria majalis
MUGUET

J F M A **M** J J A S O N D

15/25 cm 10/15 cm Vivace - 15 °C

Cette plante porte-bonheur de la famille des Convallariaceae exhale un parfum exquis, mais éphémère.

Feuillage: elliptique, vert moyen. Les feuilles dressées, issues du rhizome (griffe), sont disposées par paires.

Floraison: les hampes gracieusement courbées portent une rangée de clochettes blanches ou roses, au parfum inimitable.

Espèces et variétés: la variété 'Rosea' offre des fleurs roses. Les puristes préfèrent le type blanc. Il existe une forme à feuillage panaché mais peu vigoureuse.

Comportement en pot: une fois passée la période de floraison, les potées ne sont plus très décoratives. Il vaut mieux alors installer le muguet au pied d'arbustes, dans des grands bacs, où il jouera le rôle de couvre-sol, ou bien le dissimuler partiellement dans des jardinières fleuries.

Dimensions du pot: le 1er mai, le muguet est souvent offert dans un petit pot de 10 cm de diamètre. Laissez la plante en place tant que dure la floraison, puis replantez-la, dans des jardinières de 40 cm de long et au moins 20 cm de profondeur.

Exposition: cultivez le muguet dans un endroit qui reste ombragé pendant une grande partie de la journée.

Terre: mélangez du terreau de feuilles et du terreau d'écorces à parts égales. Chaque année, changez les premiers centimètres de terre et remplacez-les par du terreau de feuilles tout neuf.

Arrosage: le muguet, planté au pied des arbustes en pot, doit subir la concurrence sans pitié de leurs racines. N'oubliez pas de l'arroser très régulièrement, sinon les feuilles resteront petites et la floraison s'en ressentira l'année suivante.

Ennemis et maladies: la pourriture grise provoque des taches brunes sur les feuilles dans une terre étouffante et humide.

Utilisations: mariez le muguet à des crocus, qui fleurissent plus tôt pour profiter d'une composition fleurie plus longtemps. Installez-le dans les grands bacs au pied des arbustes à feuilles caduques.

Conseil Truffaut: divisez les touffes de muguet en hiver si la potée devient trop dense. Apportez de l'engrais à partir d'avril et pendant toute la belle saison.

Convolvulus spp.
LISERON DÉCORATIF

J F M A M J **J A S O** N D

15/40 cm 30/60 cm Vivace 0 °C

Les formes suffrutescentes de ces plantes florifères de la famille des Convolvulaceae sont décoratives.

Feuillage: ovale et vert argenté pour le liseron de Mauritanie *(Convolvulus sabatius)* ou gris soyeux, à reflets métalliques pour *Convolvulus cneorum*, vert franc chez le liseron tricolore.

Floraison: le liseron de Mauritanie est une plante précieuse par la durée et l'abondance de ses fleurs bleu violacé. Les coupes blanches de *Convolvulus cneorum*, posées sur leur coussin d'argent, rappellent celles des liserons des champs. Les fleurs en entonnoir violet du liseron tricolore s'éclairent d'un cœur jaune et blanc. Les fleurs de cette annuelle ne s'ouvrent que le jour, d'où le nom de belle-de-jour.

Espèces et variétés: *Convolvulus cneorum* est rustique et persistant dans le Midi. *Convolvulus sabatius* est une plante tapissante vivace à souche ligneuse, rustique jusqu'à 0 °C. La belle-de-jour est annuelle.

Comportement en pot: *Convolvulus cneorum* ne prend toute son ampleur, dans une jardinière, que la deuxième année. Achetez plutôt des plantes déjà bien formées, pour en profiter tout de suite. Les feuilles du liseron de Mauritanie commencent à « brûler » à partir de -5 °C, mais la souche repart souvent au printemps si le pot a été bien protégé par un voile et un paillis.

Dimensions du pot: une plante achetée en godet demande à être replantée, la première année, dans un pot d'au moins

Convolvulus sabatius

Convolvulus cneorum

Convolvulus tricolor

20 cm de large. Une jardinière de 40 cm de long peut accueillir trois pieds de liserons de Mauritanie la première saison.
Exposition : les fleurs de tous les liserons ne s'ouvrent qu'au soleil. Une exposition sud-sud-est permet de profiter de l'épanouissement des corolles dès le matin.
Terre : mélangez du terreau de plantation avec 1/4 de tourbe blonde et un fertilisant organique à base de fumiers et d'algues.
Arrosage : ne laissez pas la terre de surface sécher plus de deux jours de suite.
Ennemis et maladies : les araignées rouges peuvent envahir le feuillage par temps chaud et sec. Arrosez le plus souvent possible le sol de la terrasse, pour créer une atmosphère plus humide.
Utilisations : *Convolvulus cneorum* présente les mêmes besoins que les gazanias dont les coloris éclatants se marient à merveille avec l'argent de ses feuilles. Le liseron de Mauritanie est splendide dans de grandes jarres méditerranéennes, en compagnie de tabacs, de lavandes, de verveines ou de cistes.
Conseil Truffaut : évitez de mouiller les feuilles duveteuses de *Convolvulus cneorum* et abritez l'arbuste en hiver. Il déteste le froid et l'humidité.

Cordyline australis
CORDYLINE

J F M A M J **J A S** O N D

1/1,50 m — 50/70 cm — P Vivace — 0 °C

L'aspect exotique de cette plante de la famille des Asparagaceae en fait un décor de choix mais frileux.

Feuillage : étroit, lancéolé, presque rubané. Les feuilles sont groupées en gros bouquets à l'extrémité des tiges ramifiées.
Floraison : sous les climat doux et en pleine terre, des panicules de plumets blanc crème, parfumés, apparaissent à l'extrémité des tiges. La floraison est rare en pot, le plus souvent en raison du manque de lumière et de chaleur, mais aussi parce que le développement de la plante n'atteint jamais son apogée.
Espèces et variétés : la forme *Cordyline australis* 'Atropurpurea' présente de longues feuilles pourpres très décoratives. 'Albertii', aux feuilles bordées de crème.
Comportement en pot : les cordylines croissent lentement et ne dépassent guère 1,50 m lorsqu'elles sont cultivées en bac, mais elles y vivent plusieurs années.
Dimensions du pot : une jardinière de 30 cm de diamètre et de même profondeur accueillera votre cordyline pendant trois années de suite.
Exposition : les cordylines demandent de la lumière toute l'année. En été, placez-les à l'ombre légère pour leur éviter le soleil trop brûlant du milieu de journée (surtout les variétés à feuillage coloré).
Terre : constituez un mélange de sable, de terreau de plantation et de tourbe par tiers. N'oubliez pas un bon drainage au fond du pot (au moins 3 cm).
Arrosage : arrosez abondamment pendant l'été. L'hiver, réduisez les arrosages de manière drastique. Un ou deux litres, une fois par semaine, suffisent, surtout si la température de la pièce ne dépasse pas 10 °C.
Ennemis et maladies : des taches sur les feuilles indiquent, la plupart du temps un problème d'arrosage excessif. Attention aux cochenilles sous abri en hiver.
Utilisations : avec agave, phormium, yucca, sédum, aloès, dasylirion, crassula, aéonium, pour une ambiance californienne ou australienne, très originale.
Conseil Truffaut : dès que la température nocturne descend en dessous de 7 à 8 °C, rentrez les potées de cordylines dans une pièce lumineuse et pas trop chaude. Isolez le pot du sol en le surélevant avec des supports décoratifs.

Cordyline australis

Coriandrum sativum

Coriandrum sativum
CORIANDRE

J F M A M J J A S O N D

30/50 cm | 15/20 cm | Aromatique | 0 °C

Cette annuelle buissonnante de la famille des Apiaceae est cultivée pour son arôme puissant, original.

Feuillage : de 0,5 à 1 cm de long, fin et très découpé, à long pétiole, et aromatique.

Floraison : les ombelles de fleurs blanches ou roses donnent ensuite des graines que l'on récolte pour parfumer les cornichons, le vinaigre ou les plats orientaux.

Espèces et variétés : *Coriandrum sativum* est la seule espèce couramment cultivée sur les deux que comprend le genre.

Comportement en pot : la coriandre est facile à semer, à partir du mois d'avril, directement en pot ou en jardinière. Elle s'y développe sans aucun problème.

Dimensions du pot : une coupe de 20 cm de diamètre et de 15 cm de profondeur peut contenir deux ou trois jeunes plants.

Exposition : la coriandre se plaît au soleil non brûlant ou bien à mi-ombre.

Terre : la coriandre aime les terres sableuses, qui ne retiennent pas l'eau. Mélangez par tiers terreau, sable et terre de jardin neutre ou légèrement calcaire.

Arrosage : si la plante souffre de la sécheresse, elle monte à graines rapidement. Un grand verre d'eau par jour assurera la fraîcheur du sol qu'elle apprécie.

Ennemis et maladies : un flétrissement brutal est provoqué par un champignon dans les sols trop lourds et compacts.

Utilisations : faites voisiner la coriandre avec l'aneth, le persil, un pied d'oseille, de la ciboulette dans la même jardinière.

Conseil Truffaut : recueillez les graines quand elles sont mûres et faites-les sécher quelques jours à l'air libre avant de les stocker dans des flacons hermétiques en verre. Savez-vous qu'on appelle aussi la coriandre persil arabe ?

Cornus controversa
CORNOUILLER

J F M A M J J A S O N D

2/4 m | 1/2 m | Arbre | - 20 °C

Avec sa ramure bien étagée, ce bel arbre de la famille des Cornaceae exprime l'élégance à l'état pur.

Feuillage : alterne, ovale, vert clair, largement marginé de blanc dans sa forme panachée. Belle couleur automnale rouge.

Cornus controversa 'Variegata'

Floraison : à la fin du printemps, de larges ombelles plates de minuscules fleurs blanches se dressent sur de courtes tiges.

Espèces et variétés : on trouve plus facilement *Cornus controversa* 'Variegata', la forme panachée. Son port, aux branches étagées, presque horizontales, en fait un arbuste d'exception. 'Gold Spot', au feuillage à nuance dorée, pousse moins rapidement. 'Marginata', aux feuilles vertes bordées de blanc crème, offre une spectaculaire floraison blanche.

Comportement en pot : réservez *Cornus controversa* aux très grandes terrasses. C'est un petit arbre qui a besoin d'une grosse potée. N'hésitez pas à le tailler, lors de chaque rempotage, pour lui conserver des proportions raisonnables.

Dimensions du pot : une caisse à oranger, de 40 cm de côtés, apportera à la fois le volume de terre nécessaire à une bonne croissance et la stabilité face au vent.

Exposition : une lumière intense mais filtrée est nécessaire. Pour la forme panachée de blanc, évitez que les feuilles ne se trouvent trop près des murs qui réverbèrent la lumière en été. À l'ombre, l'arbuste, qui cherche avant tout la lumière, a tendance à perdre sa structure étagée.

Terre : *Cornus controversa* demande une terre très riche, neutre ou légèrement acide. Tourbe, terreau et amendement organique fertilisant doivent entrer dans la composition du mélange de plantation.

Arrosage : un cornouiller de 1,50 m de haut demande environ un demi-arrosoir d'eau par jour pendant les grandes chaleurs. Arrosez de préférence le soir.

Ennemis et maladies : aucun. Seules des conditions de culture défavorables (terre trop compacte) altèrent le feuillage.

Utilisations : le feuillage panaché de *Cornus controversa* sera mis en valeur par des plantes à feuilles pourpres, comme *Ajuga reptans* 'Palisander', *Heuchera* 'Palace Purple', ou des herbes ornementales comme *Carex buchananii.*

Conseil Truffaut : ne laissez jamais *Cornus controversa* dans une ambiance sèche. Par temps chaud, douchez le feuillage tous les soirs.

Coronilla valentina
CORONILLE

J F M A M J J A S O N D

1/1,50 m | 1/1,50 m | P Arbuste | - 8 °C

Cet arbuste buissonnant de la famille des Fabaceae forme une masse compacte et très florifère.

Feuillage : persistant, épais et glauque.

Floraison : de petits papillons, d'un jaune éclatant et parfumés, apparaissent en masse, à la fin de janvier et jusqu'au printemps, dans le sud de la France, un ou deux mois plus tard ailleurs.

Espèces et variétés : les fleurs de la forme 'Citrina' offrent un surprenant coloris jaune pâle, très doux. 'Variegata' arbore des feuilles panachées de blanc crème. *Coronilla valentina* fleurit plus précocement que l'espèce *Coronilla emerus* qui s'épanouit de mai à octobre.

Comportement en pot : la coronille vit plusieurs années en pot et se montre plutôt résistante à la sécheresse ; les jardiniers du week-end apprécieront !

Dimensions du pot : choisissez une poterie décorative de 30 cm de diamètre et de profondeur, à renouveler tous les trois ans.

Exposition : la plus chaude possible. Les murs exposés plein sud sont parfaits pour abriter la coronille, que vous pouvez palisser.

Terre : un mélange pauvre, même caillouteux, très drainant, à base de sable, est idéal. Ne rajoutez surtout pas d'engrais !

Coronilla valentina 'Glauca'

Arrosage : la pluie pourvoira la plupart du temps aux besoins de la coronille. En plein été, apportez un ou deux litres d'eau par semaine à une plante adulte.

Ennemis et maladies : aucun.

Utilisations : mariez la coronille à des plantes de soleil telles que cistes, lavande, romarin, genévrier, euryops, palmier.

Conseil Truffaut : la coronille se bouture facilement. Des jeunes pousses prélevées en juin, repiquées dans du terreau et recouvertes d'un film plastique, s'enracinent en quelques semaines.

Corylus spp.
NOISETIER

J F M A M J J A S O N D

2/3 m | 1/2 m | C Arbuste | - 15 °C

Ample, généreux, cet arbuste de la famille des Betulaceae convient bien pour ombrager une terrasse.

Feuillage : alterne, ovale à arrondi ou cordiforme, grossièrement denté.

Floraison : de longs chatons jaunes (les fleurs mâles), apparaissent en grand nombre courant février sur les rameaux dénudés. Ils peuvent atteindre jusqu'à 10 cm de long. Effet décoratif garanti ! Les fleurs femelles sont insignifiantes.

Espèces et variétés : *Corylus maxima,* qui ne dépasse pas 3 m, convient bien à la culture en bac, tout comme *Corylus avellana* 'Contorta', à croissance lente et aux branches curieusement tordues. La silhouette de ce dernier est spécialement décorative en hiver en l'absence du feuillage. 'Aurea', au jeune feuillage doré.

Comportement en pot : le noisetier plaira aux jardiniers pressés, car il pousse vite (sauf la variété 'Contorta'). Mais il demande, en pot, des arrosages et des bassinages suivis. Sinon les feuilles jaunissent et tombent prématurément.

Dimensions du pot : un jeune plant en touffe de 40 cm de haut double de taille dans la saison. Prévoyez large : un bac d'au moins 30 cm de diamètre s'avère nécessaire les deux premières années.

Corylus avellana 'Contorta'

Exposition : un endroit abrité du vent, lumineux mais non brûlant.

Terre : une bonne terre franche de jardin convient. Le noisetier n'aime pas l'excès d'eau. Veillez à toujours vider la soucoupe. N'ajoutez pas de tourbe (trop acide).

Arrosage : un manque d'eau pendant plusieurs jours entraîne une chute précoce des feuilles. Pendant la belle saison, un demi-arrosoir tous les deux jours est une moyenne raisonnable dans un grand bac.

Ennemis et maladies : l'oïdium forme un feutrage blanc sous les feuilles. Les jeunes pousses craignent les pucerons. L'anthracnose tache les feuilles de noir. Le balanin (coléoptère) creuse les noisettes.

Utilisations : mariez le noisetier à des fleurs bon enfant comme des marguerites, des bleuets, des campanules, des roses à petites fleurs, des asters, des nigelles.

Conseil Truffaut : taillez après la floraison, sur une pousse latérale, les rameaux de plus de trois ou quatre ans pour favoriser le départ de jeunes tiges.

Cotoneaster spp.
COTONÉASTER

J F M A M J J A S O N D

0,30/1,50 m	0,50/1 m		PC Arbuste	- 20 °C

Ces arbustes d'aspect très varié de la famille des Rosaceae donnent une profusion de baies automnales.

Feuillage: persistant ou caduc selon les espèces. Les feuilles ovales se distinguent par leur petite taille et leur finesse. Elles sont vert très foncé, épaisses, gaufrées.

Floraison: roses ou blanches, solitaires ou par paires, les fleurs apparaissent à profusion au printemps, suivies de nombreuses baies rouges, rondes et charnues, fort appréciées des oiseaux en hiver.

Espèces et variétés: *Cotoneaster horizontalis,* espèce à feuilles caduques, présente un port très caractéristique, avec des branches situées toutes dans un même plan. Les Anglais l'appellent d'ailleurs, de manière très imagée, « Cotonéaster arête de poisson »! *Cotoneaster dammeri,* qui est persistant, rampe franchement. Ses rameaux souples présentent un faible développement, parfait pour la culture en bacs. *Cotoneaster conspicuus, lacteus* et *franchetii,* formes arbustives buissonnantes, offrent l'avantage d'être persistants et bien garnis de fruits.

Comportement en pot: les espèces à port étalé sont parfaites pour cacher le devant des gros bacs. Les variétés arbustives ont si bon caractère qu'elles prospèrent même chez les jardiniers débutants et sans nécessiter beaucoup de soins.

Cotoneaster horizontalis

Cotoneaster dammeri 'Jürgl'

Dimensions du pot: installez les cotonéasters arbustifs dans des pots mesurant la moitié de la hauteur totale de la plante.

Exposition: soleil ou ombre légère.

Terre: terre de jardin ou terreau universel conviennent indifféremment aux cotonéasters ou un mélange des deux.

Arrosage: les cotonéasters supportent une sécheresse passagère, mais ils sont plus beaux avec des arrosages réguliers.

Ennemis et maladies: le feu bactérien provoque un dépérissement progressif des rameaux. Les feuilles atteintes par la maladie du plomb deviennent grises et meurent. Les cochenilles qui envahissent les branches affaiblissent la plante. Elles favorisent l'apparition de la fumagine.

Utilisations: *Cotoneaster horizontalis,* au port étalé, se plante au premier plan d'un bac. Mais, adossé à un mur, il poussera à la verticale si vous le palissez. Les cotonéasters arbustifs forment des petits écrans pour masquer la vue ou peuvent accompagner des conifères nains ou d'autres arbustes dans un grand bac.

Conseil Truffaut: les cotonéasters supportent parfaitement la taille. N'hésitez pas à jouer du sécateur pour leur donner la forme voulue. Intervenez à la fin de l'hiver quand la fructification est terminée. La floraison s'en ressentira dans un an.

Crassula spp.
CRASSULA

J F M A M J J A S O N D

60/80 cm	40/60 cm		P Succulente	5/7 °C

Cette plante aux feuilles charnues de la famille des Crassulaceae est idéale sur les balcons du Midi.

Feuillage: épais, arrondi, vert à reflets gris. Des points translucides piquettent les feuilles marginées de rouge, portées par des branches ramifiées.

Floraison: en mai et juin apparaissent des panicules de fleurs blanches, qui virent ensuite au rouge à l'extrémité des rameaux. Plus la plante a bénéficié de chaleur et de lumière, plus la floraison est abondante, sinon elle est inexistante.

Espèces et variétés: *Crassula arborescens* forme un petit arbuste très rond et très branchu. *Crassula multicava*, très buissonnant, porte des feuilles printanières blanc rosé. *Crassula ovata* est arbustif, avec des fleurs automnales et des feuilles lustrées.

Comportement en pot: les crassulas ne passent que cinq ou six mois dehors dans la plupart des régions. Rentrez-les dans le courant octobre pour un hivernage dans une véranda entre 10 et 15 °C.

Crassula densinosulata

Dimensions du pot: le développement et le poids des crassulas peut rendre la potée instable. Choisissez un pot de préférence en terre cuite, plus large que haut, pour une stabilité optimale.

Exposition: les crassulas demandent le plus de lumière possible, toute l'année.

Crassula arborescens

Terre : un mélange par tiers de sable, de terreau et de terre de jardin légère, avec une bonne couche drainante au fond.

Arrosage : très parcimonieux. N'oubliez pas que les tiges charnues font office de réserve. Comptez une fois par semaine en moyenne durant la végétation.

Ennemis et maladies : les cochenilles farineuses se montrent redoutables et virulentes en hiver. Traitez avec un insecticide non huileux. Un excès d'eau entraîne la pourriture des tiges.

Utilisations : les grosses potées de crassulas habillent les patios exposés au sud, avec des phormiums, des sédums, des plantes de rocaille ou d'autres succulentes.

Conseil Truffaut : les crassulas se bouturent aisément, à partir de feuilles ou de morceaux de tiges. Après avoir prélevé ceux-ci, laissez-les sécher 24 h à l'air libre avant de les mettre en terre.

Crocosmia spp.
MONTBRÉTIA

J F M A M **J J A S O** N D

50/80 cm | 30/40 cm | Vivace | 0 °C

Ces vivaces sud-africaines de la famille des Iridaceae se parent d'un faux air de plante exotique.

Feuillage : vert, lancéolé, dressé en forme d'épée, parfois un peu plissé.

Floraison : de longues tiges souples portent des épis souvent ramifiés, formés de fleurs tubulaires, aux tons chauds.

Espèces et variétés : *Crocosmia masonorum* porte des grappes de fleurs orange. 'Lucifer' offre des fleurs plus larges. 'Emberglow', plus tardif, s'épanouit en août. *Crocosmia* x *crocosmiiflora* supporte un peu mieux le froid. Il s'est d'ailleurs naturalisé dans le sud-ouest de la France. Ses larges fleurs en trompettes (4 cm de large) affichent des tons allant, selon les cultivars, du jaune au rouge profond.

Comportement en pot : les crocosmias ne résistent pas toujours longtemps en pot, car la conservation hivernale est délicate.

Dimensions du pot : une coupe de 40 cm de diamètre et de 30 cm de profondeur peut accueillir un groupe d'une petite dizaine de cormus, ce qui est idéal pour former une belle touffe décorative.

Exposition : la plus ensoleillée possible.

Terre : un mélange léger de terreau souple et bien drainé avec du sable grossier.

Arrosage : le secret de la réussite réside dans les arrosages. Les crocosmias exigent en effet beaucoup d'eau en été par temps chaud et quasiment pas en hiver.

Ennemis et maladies : une terre trop humide ou trop sèche provoque une végétation médiocre et une faible floraison.

Utilisations : offrez aux crocosmias un tapis de cératostigmas à fleurs bleues. Ou disposez-les près de larges potées d'asparagus.

Conseil Truffaut : après la floraison, supprimez les fleurs fanées. En octobre, déterrez les cormus et stockez-les à l'ombre, au frais et au sec.

Crocosmia masonorum

Crocus vernus et chrysanthus

Crocus spp.
CROCUS

J F M A M J J A S O N D

10/20 m | 10/15 cm | Bulbeuse | - 20 °C

Ces petits bulbes éphémères de la famille des Iridaceae sont les tout premiers messagers du printemps !

Feuillage : linéaire, fin, vert foncé, avec une jolie rayure médiane blanche.

Floraison : les corolles en coupe profonde, évasée, à six pétales, jaillissent du bulbe en même temps que les feuilles.

Espèces et variétés : parmi les crocus fleurissant au printemps, *Crocus vernus* a donné naissance à de nombreuses variétés horticoles, fleurissant vers le mois de mars. *Crocus chrysanthus* et ses hybrides, comme 'Blue Pearl', bleu à l'extérieur et blanc à l'intérieur ou *Crocus susianus*, une forme naine qui fleurit en février. Parmi les espèces automnales, *Crocus speciosus* déploie en octobre de grandes fleurs bleu lilas ; *Crocus ochroleucus*, termine la saison en novembre, avec des fleurs ivoire.

Comportement en pot : les crocus feront la joie des jardiniers pressés ou paresseux, car, une fois plantés dans leurs pots, il n'est plus nécessaire de s'occuper d'eux.

Dimensions du pot : une dizaine de crocus fleurissent sans problème dans une potée de 15 à 20 cm de diamètre.

Exposition : les fleurs ont besoin du plein soleil pour bien s'épanouir.

Terre : comme la plupart des bulbes, les crocus aiment les terres qui ne retiennent que l'eau strictement nécessaire à leur croissance. Ajoutez une bonne poignée de sable au terreau de plantation.

Arrosage : arrosez parcimonieusement en hiver, pour maintenir la terre juste humide. Augmentez la cadence au fur et à mesure que le feuillage pointe.

Ennemis et maladies : la moisissure bleue atteint les bulbes en cours de stockage. Des excès d'eau entraînent toujours la pourriture rapide du bulbe.

Utilisations : les crocus conviennent bien aux mini-rocailles et aux petites potées. Noyé dans un tapis de céraiste, leur feuillage jaunissant passera inaperçu.

Conseil Truffaut : **après la floraison, cachez la potée derrière d'autres plantes pour laisser le feuillage jaunir. Vous pouvez laisser les crocus en place ou les replanter ailleurs en automne.**

Cryptomeria japonica
CRYPTOMÉRIA

1/1,50 m | 0,60/1 m | Conifère | - 20 °C

Ce conifère japonais au feuillage léger de la famille des Taxodiaceae roussit joliment en automne.

Feuillage : les aiguilles prennent différents aspects selon les cultivars. Elles sont lisses et vernissées, étroites, fines, souples et nombreuses, ou bien courtes et denses.

Floraison : des cônes sphériques ou ovoïdes sans intérêt ornemental.

Espèces et variétés : l'espèce, haute de plus de 25 m dans la nature, a donné naissance à des formes naines, adaptées à la culture en pot, comme 'Bandai-Sugi', aussi large que haut, d'un vert pur brunissant en hiver, ou 'Elegans Nana', au port dense et aux rameaux fins. 'Broom' est nain et conique, très ramifié, vert foncé, bronze en hiver. 'Vilmoriniana' forme une boule parfaite, ne dépasse pas 1 m de haut lorsqu'elle est cultivée en pot.

Comportement en pot : plutôt bon, mais le cryptoméria n'est pas à l'aise en été sur un balcon très chaud avec un air sec.

Cryptomeria japonica 'Broom'

Cryptomeria japonica 'Elegans Nana'

Dimensions du pot : un jeune arbuste loge dans un pot de 25 cm en tous sens.
Exposition : les cryptomérias poussent plus lentement à l'ombre. Pour leur plein épanouissement, il leur faut plusieurs heures de soleil, de préférence le matin.
Terre : ces conifères réussissent mieux dans un terreau légèrement acide (mélange d'écorces et de tourbe).
Arrosage : les cryptomérias détestent l'eau en excès, mais ils font grise mine si les arrosages se laissent désirer. Un à deux apports par semaine environ durant l'été.
Ennemis et maladies : la pourriture grise attaque les tout jeunes sujets trop arrosés.
Utilisations : mélangez les cryptomérias avec des graminées, d'autres conifères, des bambous nains et même des azalées… pour une ambiance japonaise.
Conseil Truffaut : **apportez au printemps de l'engrais « spécial conifères » sur le dessus du pot pour stimuler le redémarrage de la végétation.**

Cucumis sativus CONCOMBRE

J F M A M J J A S O N D

1/2 m · 1/2 m · Légume · 4 °C

Cette annuelle rampante de la famille des Cucurbitaceae produit des fruits au croquant inégalable.

Feuillage : râpeux, dentelé. Les feuilles, de 6 à 8 cm de long, grises au revers, présentent cinq lobes vert foncé.
Floraison : les fleurs en cornets jaunes, mâles ou femelles, naissent sur les tiges secondaires. Ne laissez pas plus de trois fruits en formation par plant.
Espèces et variétés : quitte à donner dans l'inhabituel, cultivez le concombre serpent, 'Vert Long de Chine', aux fruits longs de près de un mètre ! Sur les petits balcons, choisissez une variété comme 'Busch Champion', à l'appétit réduit. 'White Wonder', aux fruits blancs, est aussi une curiosité. Les formes à fruits demi-longs comme 'Raider', conviennent le mieux à la culture en pot.

Cucumis sativus

Comportement en pot : le concombre, dont la végétation est annuelle, demande à être guidé verticalement sur un treillage. Il peut aussi réussir en suspension.
Dimensions du pot : le concombre est malheureux dans un pot trop petit, car il n'y trouve pas l'eau et la nourriture dont il a besoin. Offrez-lui un contenant qui mesure au moins 30 cm de large et de haut.
Exposition : chaude, en plein soleil.
Terre : offrez à ce légume de quoi satisfaire sa faim chronique, soit un bon terreau de rempotage enrichi d'amendements organiques à base de fumiers et d'algues, ainsi que d'une poignée d'engrais « tomates » pour 20 litres de terreau.
Arrosage : le secret de la réussite réside dans des arrosages quasi quotidiens. Le terreau doit rester toujours humide.
Ennemis et maladies : les araignées rouges peuvent envahir la face inférieure des feuilles. Divers champignons provoquent des taches brun-rouge ou jaunes sur les feuilles. L'oïdium forme un feutrage blanchâtre sur les feuilles et les tiges.
Utilisations : plusieurs plants, conduits sur un treillage, vont masquer la vue en été. Un concombre peut habiller un pilier à lui seul.
Conseil Truffaut : **semez en mai quelques graines « au chaud », derrière une vitre bien exposée. Ne repiquez que les plants bien vigoureux.**

Cucumis melo

Cucumis melo
MELON

J F M A M J J A S O N D

0,30/1 m — 2/3 m — Légume/fruit — 5 °C

Cette annuelle sarmenteuse de la famille des Cucurbitaceae produit des fruits délicieusement sucrés.

Feuillage : alterne, lobé, de 15 à 20 cm de long, arrondi, à la texture rêche.

Floraison : des cornets solitaires, jaune d'or, mâles ou femelles, apparaissent en juin.

Espèces et variétés : les variétés 'Ogen', à chair blanche, et 'Ananas d'Amérique', à chair rouge, acceptent de ne pas être taillées. Le melon charentais et ses hybrides, comme 'Diabolo' ou 'Major', restent les aristocrates de leur catégorie.

Comportement en pot : le melon est envahissant. Il est recommandé de le pincer une première fois au-dessus de la 2e paire de feuilles. Deux tiges se développent alors. Pincez une seconde fois au dessus de la 3e paire de feuilles pour obtenir plusieurs fruits.

Dimensions du pot : les racines profondes seront à leur aise dans une jarre plus haute que large. Un volume de terre de 30 litres est un minimum pour assurer une production.

Exposition : du soleil et encore du soleil.

Terre : ne forcez pas trop sur les engrais azotés, sinon le melon donnera plus de feuilles que de fruits. Un engrais liquide « tomates » convient idéalement.

Arrosage : arrosez abondamment pour maintenir le terreau humide, en évitant de mouiller les feuilles, sensibles aux maladies.

Ennemis et maladies : il arrive que les araignées rouges et les pucerons envahissent le feuillage lors des étés chauds et secs, de même que l'oïdium (blanc).

Utilisations : cultiver un melon sur son balcon relève plus de la curiosité que de la production. Mais une plante vigoureuse et saine, dans une belle poterie est décorative et peut donner de 5 à 8 fruits.

Conseil Truffaut : au début mai, semez plusieurs graines en godet, au chaud dans la maison. Transplantez les plants vigoureux dehors au début juin. Palissez-les sur un petit treillage.

Cucurbita spp.
COURGES

J F M A M J J A S O N D

30/40 cm — 1/2 m — Légume — 5 °C

Cette annuelle coureuse de la famille des Cucurbitaceae offre un développement très imposant.

Feuillage : large, aux grands lobes plus ou moins incisés et râpeux au toucher.

Floraison : de grandes fleurs jaunes en forme de cornet fripé apparaissent en nombre, avant la formation des fruits.

Espèces et variétés : *Cucurbita maxima* (le potiron), arrive à maturité en trois mois à partir du semis. 'Red Kuri' fait preuve d'une extraordinaire durée de conservation. Un pied de courgettes *(Cucurbita pepo)* suffit à fournir des fruits pour la famille, en été. 'Verte petite d'Alger' est une des plus gustatives. Il en existe des dizaines. Le pâtisson, moins vigoureux, variété de *Cucurbita pepo*, convient en pot.

Comportement en pot : outre le côté amusant de la culture, les courges présentent le grand avantage de « faire de la verdure » et d'habiller un balcon un peu vide, en un temps record. Couvrir 5 m^2 dans la saison ne les effraie pas !

Dimensions du pot : les courges étant très gourmandes et surtout poussantes, mettez-les à l'aise dans un pot d'au moins 25 à 30 cm de large et de haut.

Exposition : comme toutes les cucurbitacées, les courges demandent un maximum de soleil et de chaleur.

Terre : ajoutez une poignée d'engrais « Tomates » et un fertilisant organique à

Courgette *(Cucurbita pepo* 'Verte Maraîchère')

Courge *(Cucurbita 'Ronde de Nice')*

base de fumiers au terreau de plantation, car les courges ont un appétit féroce.

Arrosage : comptez deux arrosages par semaine. Le terreau ne doit pas sécher.

Ennemis et maladies : le virus de la mosaïque du concombre, transmis par les pucerons, peut entraîner un rabougrissement des plantes. Oïdium fréquent.

Utilisations : les courges prennent beaucoup de place, mais vous pouvez facilement guider les tiges sur un treillage. Pour les courgettes et les pâtissons, sachez qu'un pied occupe environ 1 m^2.

Conseil Truffaut : dès que les fruits sont bien formés, coupez la tige au-dessus de la feuille qui les coiffe.

Cucurbita pepo

COLOQUINTE

J F M A M **J J A** S O N D

1/3 m	1/3 m		Annuelle	5 °C

Cette annuelle sarmenteuse de la famille des Cucurbitaceae produit des fruits aux formes étranges...

Feuillage : lobé et rugueux, porté par des tiges solides, munies de vrilles.

Floraison : les fleurs jaunes sont suivies par des fruits aux formes souvent boursouflées et aux couleurs très variées.

Espèces et variétés : 'Galeuse Orange' forme de petits fruits bosselés, 'Poire Rayée' semble trempée par moitié dans la peinture jaune citron, 'Griffes du Diable' ressemble à un pâtisson très cornu. Avec la variété 'Cuillère', aux formes très allongées, on réalise (en séchant les fruits) des animaux étranges. Mais notre préférée reste 'Mini Turban Rouge', à cheval entre le melon, le potiron et... le champignon !

Comportement en pot : assez délicat, car les coloquintes forment de longues tiges rampantes qui envahissent tout. Guidez-les dès leur jeune âge sur un treillage.

Dimensions du pot : un jeune plant doit avoir à sa disposition pour prospérer un pot de 25 à 30 cm de diamètre.

Exposition : la mi-ombre, de préférence.

Terre : un terreau universel, enrichi de 20 % de compost végétal et de 10 % de fumier, convient aux coloquintes.

Arrosage : comptez environ 5 litres d'eau par plant tous les deux jours en été.

Ennemis et maladies : outre l'oïdium et le virus de la mosaïque du tabac très fréquents, la pourriture grise attaque les jeunes fruits et les fait tomber par temps humide.

Utilisations : les coloquintes peuvent garnir joliment un treillage. Leurs fruits, qui se conservent bien séchés, constituent une des grandes attractions de l'automne.

Conseil Truffaut : récoltez très délicatement les fruits, le plus tard possible avant les gelées. Lavez-les au savon, laissez-les sécher quelques jours, sans les manipuler, puis passez-les à la cire claire. Ils se conserveront alors durant plusieurs années sans problème.

Coloquinte *(Cucurbita pepo)*

Pâtisson blanc *(Cucurbita pepo)*

Cuphea ignea

Cuphea ignea (détail)

Cuphea ignea
PLANTE CIGARETTE

J F M A **M J J A S O** N D

30/60 cm	20/40 cm		P Saisonnière	5 °C

Cette petite vivace arbustive de la famille des Lythraceae peut rester toute l'année dehors dans le Midi.

Feuillage : opposé, vert moyen, ovale, lisse, avec une nervure plus claire. Les feuilles persistent sous les climats doux.

Floraison : en forme de tubes rouge-orangé. Les fleurs naissent à l'aisselle des feuilles, à l'extrémité des jeunes rameaux. Ces fleurs originales portent un anneau blanc et violet, presque noir, à la base.

Espèces et variétés : *Cuphea hyssopifolia*, idéal pour les bordures, forme une petite touffe compacte aux fleurs roses ou blanches. *Cuphea ignea* est plus buissonnant et fleurit rouge et blanc.

Comportement en pot : la croissance raisonnée de cette plante lui permet de vivre plusieurs années en pot.

Dimensions du pot : en début de saison, une poterie de 20 cm de large et de haut suffira. À la fin de l'été, si vous désirez garder le cuphéa une année de plus, vous le rempoterez dans un pot de taille supérieure et le placerez à l'abri dans la véranda.

Exposition : le plein soleil et la chaleur rappellent au cuphéa son Mexique natal.

Terre : un mélange par tiers de terreau de feuilles, de tourbe et de sable.

Arrosage : attendez que la terre sèche en surface avant d'arroser de nouveau. Une fois par semaine, ajoutez un bouchon d'engrais liquide pour plantes fleuries ou géraniums dans l'eau d'un grand arrosoir.

Ennemis et maladies : pucerons en été, aleurodes dans la serre en hiver.

Utilisations : mariez le cuphéa à des héliotropes, des lantanas, des pétunias bleus. Il fait une jolie bordure pour les hibiscus et autres arbustes à floraison estivale.

Conseil Truffaut : **le cuphéa aime bénéficier d'une forte humidité ambiante. En été, arrosez le sol de la terrasse et bassinez le feuillage le soir à chaque arrosage. En hiver, rentrez la plante dans la véranda (10 à 15 °C).**

Cupressus spp.
CYPRÈS

2/3 m	0,50/1 m		P Conifère	- 10 °C

Ce conifère élancé de la famille des Cupressaceae fait un excellent brise-vent pour abriter le balcon.

Feuillage : des écailles charnues, disposées par paires, étroitement serrées les unes contre les autres, garnissent les tiges. Certaines sont pointues et piquantes.

Floraison : même les très jeunes sujets portent des cônes globuleux, épineux, peu décoratifs. Ce ne sont pas de vraies fleurs.

Espèces et variétés : *Cupressus sempervirens* 'Totem', un cyprès d'Italie en colonne compacte, pousse moins haut que le cyprès commun. *Cupressus arizonica* 'Fastigiata Aurea' offre des jeunes pousses jaune clair au printemps. Sa croissance est un peu moins rapide que l'espèce type. Il convient aux très grandes terrasses. *Cupressus macrocarpa,* le « cyprès d'intérieur », est assez frileux. Le cultivar 'Goldcrest', au feuillage doré, vaporeux et à la forme naturellement conique, convient bien sur le balcon. 'Wilma' est très voisin, mais plus compact, avec des rameaux fins, très élégants. Tous les cyprès supportent bien une taille sévère.

Comportement en pot : la plupart des cyprès sont des arbres de haute taille, qui vont ralentir naturellement leur croissance dans des bacs. Fertilisés régulièrement, ils vivent toutefois longtemps.

Cupressus macrocarpa 'Goldcrest'

Dimensions du pot : une caisse à oranger ou un bac carré de 50 cm de côtés.

Exposition : le plein soleil est conseillé. La plupart des cyprès craignent les fortes gelées et les vents dominants froids.

Terre : ajoutez un ou deux litres de sable à une bonne terre de jardin, non argileuse.

Arrosage : un volume de terre important assurera une réserve d'eau suffisante pour la semaine. Le cyprès supporte, de temps en temps, des périodes de sécheresse.

Ennemis et maladies : un champignon, le *Coryneum,* ou chancre cortical, peut provoquer un dépérissement des rameaux, qui brunissent et se dessèchent.

Utilisations : le cyprès d'Italie est parfait pour structurer une terrasse et marquer les verticales. Donnez-lui pour compagnon des arbousiers, des cistes, de la lavande.

Conseil Truffaut : pour que la colonne reste nette et touffue, taillez légèrement à la fin du printemps, la pointe de toutes les branches qui ont tendance à s'écarter de la verticale.

Cupressus : spirale, pyramide, boule sur tige.

Cycas revoluta

Cycas revoluta
CYCAS, SAGOUTIER

0,50/1 m	0,50/1 m		P Vivace	0 °C

Venue du fond des âges, cette plante aux faux airs de palmier fait partie de la famille des Cycadaceae.

Feuillage : vert brillant, ressemblant à celui des palmiers, raide et piquant.

Floraison : les cônes unisexués, qui naissent au cœur de la touffe, sont portés par des individus différents. Ce ne sont pas des fleurs au vrai sens du terme.

Espèces et variétés : on ne trouve dans le commerce que *Cycas revoluta,* les autres espèces étant protégées dans la nature.

Comportement en pot : dans les régions épargnées par le gel, le cycas peut vivre à demeure sur le balcon. Partout ailleurs, il faut le rentrer dès que le gel menace. Sa croissance lente lui permet de vivre plusieurs années en pot sans problème.

Dimensions du pot : sa croissance étant très lente, le cycas peut rester plusieurs années dans le même pot. Veillez à ce que la taille de ce dernier soit adaptée à celle de la plante : mesurez le diamètre de la couronne de feuilles et choisissez un pot moins large et moins haut de moitié.

Exposition : le plein soleil est exigé, sauf au cœur de l'été, quand il devient brûlant. Poussez alors le pot vers la mi-ombre.

Terre : tout sol de jardin bien drainé fait l'affaire. Allégez-le par quelques poignées de sable. Le calcaire est toléré.

Arrosage : humidifiez la terre en moyenne deux fois par semaine en été. En septembre, réduisez les arrosages. En hiver, maintenez la terre presque sèche.

Ennemis et maladies : les cochenilles peuvent envahir le feuillage. Traitez préventivement sans utiliser de produit huileux, qui est mal supporté par le cycas. On observe souvent un jaunissement des palmes assez inexplicable qui ne semble pas d'origine parasitaire. Une taille complète du feuillage permet souvent de remédier au problème.

Utilisations : le cycas voisine volontiers avec les agaves, les palmiers, les cordylines, les succulentes et les plantes du Sud : cistes, callistémons, bougainvillées, etc.

Conseil Truffaut : ne laissez pas le cycas geler. Bien qu'il puisse endurer des froids proches de -10 °C en pleine terre et repartir de la souche, il pousse si lentement qu'il restera longtemps dégarni si la partie aérienne est abîmée. Hivernez la plante dans une véranda maintenue entre 10 et 15 °C.

Cyclamen hederifolium

Cyclamen persicum

Cyclamen spp.
CYCLAMEN

J F M A M J J A S O N D

10/25 cm | 10/20 cm | Vivace | - 8 °C

Cette plante tubéreuse de la famille des Primulaceae fleurit idéalement sur un balcon abrité.

Feuillage : très décoratif, formant une touffe, arrondi, ou en cœur, orné de dessins irréguliers vert foncé ou argentés.

Floraison : au printemps *(Cyclamen coum)*, ou à l'automne *(Cyclamen hederifolium)*, des boutons pointus s'ouvrent et donnent naissance à des fleurs pourpres, roses ou blanches, aux larges pétales relevés.

Espèces et variétés : *Cyclamen coum* fleurit rose carmin. *Cyclamen hederifolium* (cyclamen de Naples) débute sa floraison en juillet. Les formes naines de *Cyclamen persicum* vendues en potée pour l'intérieur tiennent bien dehors, fleurissant jusqu'aux premières grosses gelées.

Comportement en pot : les cyclamens donnent d'excellent résultat en pot, restant décoratifs tout au long de l'année,

Cyclamen coum 'Album'

grâce à leur feuillage dont les panachures varient sensiblement selon les variétés.

Dimensions du pot : un plant peut vivre dans un pot de 20 cm de diamètre. Pour obtenir un effet de masse, groupez plusieurs cyclamens dans de grandes jardinières, au pied d'arbustes élancés.

Exposition : la mi-ombre leur convient parfaitement. L'ombre dense convient mais entraînera une floraison dispersée.

Terre : un terreau de plantation à base d'écorces avec un tiers de sable de rivière et ajoutez une pincée d'engrais complet.

Arrosage : on provoque la floraison des cyclamens, en les arrosant abondamment à partir de juillet. Le reste de la saison, laissez le pot s'alléger nettement entre deux apports d'eau. Maintenez la plante au sec total après la floraison jusqu'à ce que de nouvelles feuilles pointent de la souche.

Ennemis et maladies : quand les cyclamens sont trop fréquemment arrosés, la pourriture grise attaque le pétiole des feuilles, puis le cœur de la touffe et elle envahit même les boutons floraux.

Utilisations : sur les petits balcons associez les cyclamens avec des primevères ou des bruyères. Sur les grandes terrasses déjà arborées, plantez les cyclamens en couvre-sol, au pied des arbustes à floraison printanière, comme les groseilliers à fleurs, les daphnés ou les viornes de Bodnant.

Conseil Truffaut : **pour ne pas vous tromper de sens lors de la plantation, la partie lisse des tubercules est le dessous. Si vous hésitez, placez la plante verticalement dans le fond du trou.**

Cyperus spp.
CYPÉRUS et PAPYRUS

J F M A M J J A S O N D

0,60/1 m | 20/30 cm | Saisonnière | 3 °C

Cette plante rhizomateuse de la famille des Cyperaceae peut être cultivée sur le balcon durant l'été.

Feuillage : les tiges à la texture creuse portent de longues bractées vertes disposées comme des baleines de parapluie. La plante forme une touffe assez dense qui manque parfois de rigidité.

Floraison : des panicules légères et duveteuses, jaune clair, se forment à la base des bractées. En forme d'étoiles, elles apparaissent en été et durent longtemps.

Espèces et variétés : *Cyperus diffusus* porte les « feuilles » les plus larges. *Cyperus alternifolius* est le plus commun. Il résiste bien à la sécheresse. *Cyperus papyrus,* très fin, gracieux, très touffu, frileux, peut atteindre 3 m en serre.

Comportement en pot : un récipient assez étroit est apprécié. La croissance est rapide par temps chaud et humide.

Dimensions du pot : choisissez un contenant de 20 à 30 cm de diamètre, ne disposant pas de trou de drainage. Les pots en plastique conviennent bien.

Exposition : le vrai papyrus demande chaleur et lumière vive. Les cypérus prospèrent assez bien à la mi-ombre, surtout l'été.

Terre : tourbe et terreau d'écorce en mélange à parts égales, avec une cuillerée à soupe de sang desséché.

Cyperus alternifolius

Cyperus papyrus

Arrosage : la terre doit rester humide en permanence, voire détrempée pour le papyrus, qui peut vivre les pieds dans l'eau.
Ennemis et maladies : aucun.
Utilisations : associez les cypérus avec des plantes aquatiques variées dans un demi-tonneau qui fera un excellent bassin sur le balcon. En hiver, cypérus et papyrus décorent agréablement les intérieurs.
Conseil Truffaut : taillez la souche au ras du sol pour la rajeunir lorsque les feuilles commencent à jaunir en nombre.

Cytisus spp.
GENÊT

J F M **A M J** J A S O N D

0,30/1 m · 20/70 cm · PC · Arbuste · - 10 °C

Compacts, touffus, ces arbustes de la famille des Fabaceae se couvrent de fleurs jaune d'or au printemps.

Feuillage : caduc ou persistant selon les espèces, alterne, composé de trois feuilles (trifolié) pour certaines espèces, ovale ou linéaire pour d'autres, vert ou argenté.
Floraison : vues de près, les fleurs papilionacées, en bouquets, rappellent celles des pois de senteur, mais sans le parfum.
Espèces et variétés : *Cytisus* x *praecox* se décline en blanc ivoire ('Albus'), jaune clair ('All Gold') ou pourpre et rose ('Zeelandia'). Très compact, il convient aux petits balcons. Le genêt à balai *(Cytisus scoparius)*, se décline du jaune au pourpre selon les cultivars. 'Porlock' est un peu frileux, mais splendide avec ses tiges arquées et ses grappes parfumées.
Comportement en pot : les genêts poussent vite et vivent plusieurs années en bac.
Dimensions du pot : le genêt aime ses aises et pousse vite, prévoyez un pot de 30 cm dès le départ de la plantation.
Exposition : le plein soleil toute l'année, même desséchant, le genêt étant une plante qui pousse dans les landes arides.
Terre : bien drainée, non calcaire, sableuse. Un mélange de tourbe, sable de rivière et terreau par tiers convient bien.
Arrosage : pendant les périodes de canicule, soyez généreux. Le reste de l'année, un apport d'eau par semaine suffit.
Ennemis et maladies : des galles sont provoquées par les phytoptes, des acariens qui apparaissent parfois sur les tiges. Coupez les parties atteintes. Inutile de traiter.
Utilisations : ponctuelle, car les *Cytisus* sont spectaculaires seulement deux semaines par an. Mélangez-les à d'autres arbustes comme les mahonias, les millepertuis arbustifs, ou les escallonias.
Conseil Truffaut : coupez régulièrement les branches mortes et taillez court après la floraison pour conserver une forme compacte à l'arbuste. Un peu d'engrais dilué au départ du printemps.

Cytisus 'Golden Elfes'

Cytisus x *praecox*

Daboecia azorica
BRUYÈRE D'IRLANDE

J F M A M J J A S O N D

20/40 cm	30/50 cm		P Arbuste	- 8 °C

Cette bruyère au port semi-dressé de la famille des Ericaceae porte d'adorables clochettes colorées.

Feuillage : fin, lancéolé, vert foncé, brillant sur le dessus, argenté au revers.

Floraison : les daboécies épanouissent les plus grosses fleurs parmi les bruyères. Elles fleurissent de mai jusqu'en décembre. Les hampes florales se dénudent petit à petit, ce qui n'est pas esthétique.

Espèces et variétés : les daboécies sont disponibles en blanc ('Alba'), en pourpre ('Atropurpurea'), en rose vif ('Rosea'). 'Bicolor'est blanc et rose pourpré.

Comportement en pot : les bruyères d'Irlande ne sont pas belles plus de 3 ans. Rajeunissez-les en les divisant en automne.

Dimensions du pot : on achète le plus souvent les daboécies dans des pots de 15 cm de diamètre. Rempotez-les dans un contenant un peu plus grand.

Daboecia azorica 'William Buchanan'

Exposition : quelques heures de soleil par jour, le matin ou en fin d'après-midi, suffisent. Évitez les endroits brûlants.

Terre : les bruyères d'Irlande détestent le calcaire. Fournissez-leur de la terre dite « de bruyère », à laquelle vous ajouterez un quart de terreau forestier acide.

Arrosage : gardez le sol toujours humide.

Ennemis et maladies : si le feuillage jaunit, c'est le signe que la terre est épuisée. Gare au phytophthora en sol compact.

Utilisations : mariez les bruyères d'Irlande avec des camélias, d'autres bruyères *(Erica, Calluna)*, des piéris, des rhododendrons nains, des érables japonais et diverses fleurs à bulbes de printemps.

Conseil Truffaut : **taillez après la floraison, mais sans couper sur le vieux bois.**

Dahlia x *hybrida*
DAHLIA

J F M A M J J A S O N D

30/70 cm	20/50 cm		C Saisonnière	0 °C

Cette vivace tubéreuse frileuse de la famille des Asteraceae se décline en formes innombrables.

Feuillage : vert franc, denté, assez ample.

Floraison : les dahlias peuvent prendre presque tous les tons. Seule la couleur bleue est absente. Les formes vont de la corolle simple à cinq pétales aux pompons, en passant par toutes les formes doubles dont les « Cactus » et les « Décoratifs ».

Espèces et variétés : tous les dahlias cultivés sont des hybrides, classés par catégorie selon la forme de leurs fleurs. Pour les potées, préférez les « pompons », aux petites têtes rondes, et les « nains », qui ne dépassent pas 50 cm de haut. Les « Topmix », aux petites fleurs simples, sont aussi parfaits pour la culture en pot.

Comportement en pot : attention à l'excès de feuillage dû à un terreau trop riche en azote. Inutile de conserver les tubercules, renouvelez la culture chaque année.

Dimensions du pot : les dahlias nains vivent bien dans des jardinières de 40 cm de long et de 25 cm de profondeur.

Dahlia nain

Dahlia 'Topmix' et *impatiens*

Exposition : les dahlias aiment le plein soleil, sauf les variétés les plus précoces qui fleurissent mieux à la mi-ombre.

Terre : un mélange de terre de jardin, sable, terreau et fumier décomposé. Apportez un engrais liquide tous les quinze jours en cours de croissance.

Arrosage : ne noyez pas les dahlias, les tubercules sont sensibles à la pourriture.

Ennemis et maladies : les perce-oreilles rongent le cœur des fleurs. Les pucerons noirs envahissent les jeunes pousses. Par temps humide, la pourriture grise détruit les boutons floraux. Oïdium en automne.

Utilisations : les grands dahlias gagnent à rester seuls dans leur pot. Associez les formes naines avec des légumes, pour recréer l'ambiance bon enfant du potager (tomates, courgettes, poirées et herbes aromatiques). Mariez les dahlias à fleurs très doubles avec des impatiens naines qui fleurissent jusqu'à tard en saison.

Conseil Truffaut : **coupez les tiges et arrachez les tubercules dès que le gel menace. Nettoyez-les et conservez-les à l'ombre et au frais, dans de la tourbe ou des copeaux de bois bien secs.**

Célosies, brachycomes, lavandes et soucis.

Daphne x burkwoodii

Daphne spp. DAPHNÉ

J F M A M J J A S O N D

0,20/1 m · 0,60/1 m · PC · Arbuste · - 7 °C

Ces arbustes compacts ou couvre-sol de la famille des Thymeleaceae renferment des principes toxiques.

Feuillage : caduc ou persistant, ovale et lisse, vert parfois teinté de gris.

Floraison : des petites fleurs cireuses, blanches ou roses, en grappes parfumées, apparaissent en hiver ou au printemps.

Espèces et variétés : *Daphne mezereum,* le bois joli, perd ses feuilles à l'entrée de l'hiver et se pare, quelques mois plus tard, de manchons de fleurs roses, parfumées. *Daphne* x *burkwoodii,* semi-persistant, atteint 1 m de haut et fleurit rose pâle en mai. *Daphne odora,* persistant, est le champion toutes catégories question parfum. *Daphne cneorum* est couvre-sol. *Daphne laureola,* le laurier des bois, fleurit en février-mars, en bouquets parfumés.

Comportement en pot : les daphnés vivent peu de temps, disparaissant subitement, sans raison apparente. Ne les conservez pas plus de trois ans.

Dimensions du pot : une plante de 30 cm de haut accepte une jardinière de 20 cm de largeur et de profondeur. Plantez les grands sujets en bac de 40 cm de côtés.

Exposition : mi-ombre ou soleil tamisé.

Terre : une terre de bruyère bien drainée, additionnée d'un tiers de terreau forestier.

Arrosage : les daphnés périssent le plus souvent par excès d'arrosage que par manque d'eau, soyez parcimonieux.

Ennemis et maladies : des virus, transmis par des pucerons, peuvent provoquer la mort subite du daphné. Traitez dès les premières invasions au printemps.

Utilisations : mélangez les daphnés qui fleurissent en hiver avec *Viburnum bodnantense,* aux boutons roses en février. Déroulez un tapis de bruyères à leurs pieds et ajoutez-y quelques bulbes précoces.

Conseil Truffaut : jetez la plante avec le terreau lorsqu'un daphné dépérit brutalement. Désinfectez le contenant en le laissant tremper dans de l'eau de Javel.

Dasylirion glaucophyllum DASYLIRION CHEVELU

J F M A M J J A S O N D

50/70 cm · 50/70 cm · P · Succulente · 0 °C

Cette opulente vivace mexicaine aux feuilles charnues, de la famille des Asparagaceae, est assez frileuse.

Feuillage : en longs rubans vert bleuté, coriaces et persistants garnis d'épines acérées. Ils forment une couronne houppée sculpturale, portée par un tronc court, à la manière des yuccas. Les feuilles se terminent par une touffe de fibres.

Floraison : sur les gros sujets, une hampe de 2 m de haut porte un plumeau de fleurs, couleur paille en été.

Espèces et variétés : le dasylirion ne se trouve que chez les spécialistes des plantes grasses. *Dasylirion longissimum,* aux très longues feuilles vert olive, est une des espèces les plus couramment cultivées.

Comportement en pot : le dasylirion pousse lentement, mais vit longtemps en pot. Il doit être rentré sous un abri hors gel durant l'hiver (véranda ou serre).

Dimensions du pot : cultivez le dasylirion à l'étroit, les feuilles débordant généreusement de chaque côté du pot.

Exposition : le plein soleil, même ardent, la chaleur et la sécheresse sont exigés, comme pour toutes les plantes succulentes.

Terre : le drainage doit être parfait. Le dasylirion aime les substrats sableux, caillouteux et un peu calcaires.

Arrosage : une fois par semaine pendant la végétation, pas plus d'une fois par mois de novembre à février.

Ennemis et maladies : les cochenilles farineuses piquent le dessous des feuilles et s'incrustent au cœur de la souche. Traitez avec un insecticide approprié.

Utilisations : avec sa silhouette sculpturale, le dasylirion mérite une place bien en vue, planté seul dans une large poterie.

Conseil Truffaut : ne mouillez pas le feuillage en arrosant, sauf par temps chaud. Opérez par trempage du pot.

Dasylirion glaucophyllum

Delosperma cooperi

Delosperma spp. POURPIER VIVACE

J F M A M **J J A S** O N D

5/10 cm · 20/40 cm · P Succulente · 0 °C

Ces vivaces tapissantes de la famille des Aizoaceae conviennent sur les balcons du bord de mer.

Feuillage : charnu, opposé; la plante forme des touffes rampantes aux feuilles cylindriques ou triangulaires.

Floraison : des étoiles blanches, magenta ou rouge pourpre, aux pétales fins et rayonnants, recouvrent la plante dès juin.

Espèces et variétés : *Delosperma caespitosum* offre un feuillage fin et bleuté, ainsi que des fleurs rose carminé, à cœur blanc. Il forme un couvre-sol très ras. *Delosperma cooperi,* qui fleurit de la même couleur que le précédent, est une plante très tapissante. C'est l'espèce la moins frileuse, elle résiste à -5 °C.

Comportement en pot : le pourpier vivace pousse sans problème dans une coupe plate. Il est idéal pour les balcons « écrasés » de soleil en été.

Dimensions du pot : une coupe de 15 à 20 cm de profondeur et de 40 à 50 cm de diamètre permet à la plante de s'étaler.

Exposition : les fleurs ne s'ouvrent qu'en plein soleil. Une orientation plein sud et bien dégagée est donc indispensable.

Terre : 2/3 de sable, 1/3 de terreau.

Arrosage : pas plus d'une fois par semaine, même par temps très chaud. L'humidité hivernale est mortelle.

Ennemis et maladies : cochenilles farineuses et pucerons verts peuvent envahir les feuilles. Des arrosages trop rapprochés entraînent la pourriture du collet.

Utilisations : en bordure de jardinière avec des plantes aimant les sols secs. Les pourpiers vivaces peuvent garnir des auges, ou des mini-jardins sur plateaux, avec : œillets, gazon d'Espagne, orpins, barbes de Jupiter, thyms, etc.

Conseil Truffaut : en jardinière, renouvelez la plantation tous les trois ans.

Delphinium x hybridum

Delphinium spp. PIED D'ALOUETTE

J F M A **M J J A S O** N D

1/1,40 m · 30/40 cm · C Vivace · - 15 °C

Cette grande vivace élancée de la famille des Ranunculaceae porte de longs épis très spectaculaires.

Feuillage : très découpé, denté et palmé.

Floraison : des hampes dressées au-dessus du feuillage portent de grands épis de fleurs bleues, blanches ou roses dès la fin mai. On observe souvent une remontée automnale, mais plus éparse.

Espèces et variétés : *Delphinium belladona,* de taille moyenne, au port buissonnant et ramifié, convient le mieux à la culture en pot. Parmi ses cultivars : 'Connecticut Yankees', à grandes fleurs aux diverses nuances de bleus. 'Völkerfrieden', bleu gentiane, avec un œil blanc. Les très grands hybrides 'Géant Pacifique' sont déconseillés pour les potées car ils les déséquilibrent au moindre souffle de vent.

Comportement en pot : les delphiniums prospèrent sur les terrasses abritées et ensoleillées sans être torrides.

Dimensions du pot : prévoir des pots profonds, 30 cm est un minimum pour les variétés basses. Plantez les variétés de plus de 1 m de haut dans des pots en terre cuite ou en béton, de 40 cm de profondeur.

Exposition : une floraison abondante ne s'obtient qu'avec le plein soleil.

Terre : un bon terreau pas trop compact.

Arrosage : la terre doit être maintenue humide pour que le feuillage ne fane pas.

Ennemis et maladies : divers champignons tachent les feuilles et provoquent le dessèchement du feuillage. En sol lourd, la pourriture noire détruit le collet et les racines, provoquant la mort de la plante.

Utilisations : associez les delphiniums bleus avec des graminées, comme *Calamagrostis* 'Karl Foerster', aux inflorescences jaune d'or ou des *Cosmos sulphureus* 'Sunset' d'un bel orange cuivré.

Conseil Truffaut : éliminez les hampes défleuries au fur et à mesure de leur formation, cela favorise la remontée.

Dendranthema x *hybrida*

Dendranthema x *hybrida*
CHRYSANTHÈME

J F M A M J J A **S O N** D

40/60 cm · 40/60 cm · Saisonnière · 0 °C

Ces vivaces frileuses de la famille des Asteraceae, se couvrent d'une profusion de fleurs en automne.

Feuillage : alterne, vert moyen, profondément divisé en cinq lobes, aromatique.

Floraison : des marguerites solitaires ou en corymbes lâches se succèdent de la fin août jusqu'aux premières gelées.

Espèces et variétés : 'Denise', aux fleurs doubles, en pompons jaune canari, est une des variétés les plus basses (40 cm). 'Clara Curtis', aux fleurs simples et roses, fleurit précocement. 'Séoul', très tardif, fleurit encore fin novembre s'il n'a pas gelé. Il existe d'innombrables cultivars aux fleurs plus ou moins grosses et doubles dans les tons jaunes, blancs, rouges, violets.

Dendranthema indicum

Comportement en pot : les chrysanthèmes tiennent de quatre à dix semaines dans les jardinières, mais quel éclat !

Dimensions du pot : vu le temps limité de présence sur le balcon, tous les récipients conviennent, même s'ils sont exigus.

Exposition : chaude et ensoleillée.

Terre : améliorez le terreau d'origine avec quelques poignées de fertilisant organique à base de fumiers et d'algues.

Arrosage : régulier, pour avoir une plante au feuillage sain et une floraison abondante. Ne mouillez pas les feuilles.

Ennemis et maladies : pucerons, araignées rouges, rouille et oïdium sont fréquents.

Utilisations : mariez les chrysanthèmes avec des asters, des rudbeckias, des graminées.

Conseil Truffaut : apportez de l'engrais liquide aux plantes achetées début septembre, elles dureront plus longtemps.

Deutzia spp.
DEUTZIA

J F M A **M J** J A S O N D

0,60/1 m · 0,80/1,50 m · Arbuste · - 15 °C

Cet arbuste chinois de la famille des Hydrangeaceae, se couvre au printemps d'un nuage blanc rosé.

Feuillage : opposé, vert mat, parfois panaché, lancéolé, souvent denté, porté par des tiges pourpres chez certaines espèces.

Floraison : des grappes abondantes d'étoiles roses ou blanches de 1 à 2 cm de diamètre font fléchir les branches.

Espèces et variétés : *Deutzia* x *elegantissima* 'Fasciculata', rose vif, fleurit abondamment. Son port retombant est très décoratif en potée isolée. *Deutzia* x *magnifica* se couvre d'une neige vaporeuse au printemps. *Deutzia* x 'Mont Rose' plus trapu, offre de ravissants tons mauves.

Comportement en pot : les pousses des deutzias peuvent être endommagées par le gel printanier sur les balcons exposés. Rapprochez les potées d'un mur, et entourez le pot avec un voile d'hivernage.

Dimensions du pot : les racines du deutzia aiment disposer d'une certaine aisance. La plante sera plus belle et plus durable si le pot mesure au moins 30 cm de diamètre et 40 cm de profondeur.

Exposition : à mi-ombre, la floraison au coloris délicat paraît plus vive.

Terre : un mélange à parts égales de terreau de plantation et de terre de jardin assez souple, même calcaire.

Arrosage : ne laissez pas le sol se dessécher. En été, offrez au deutzia un plein arrosoir tous les deux jours.

Ennemis et maladies : aucun.

Utilisations : les deutzias forment de beaux buissons isolés, ou des écrans fleuris en arrière-plan des grands bacs. Ils acceptent la compagnie des autres arbustes.

Conseil Truffaut : après la floraison, taillez les vieux rameaux au ras du sol. Vous encouragerez ainsi le départ de nouvelles tiges vigoureuses.

Deutzia x 'Mont Rose'

Dianthus spp.
ŒILLET

J F M A M **J J A** S O N D

15/30 cm | 10/20 cm | Vivace | - 15 °C

Ces petites vivaces de la famille des Caryophyllaceae portent des fleurs dentelées aux coloris variés.

Feuillage : en touffe, linéaire, étroit, lancéolé, effilé, vert argenté ou bleuté. Certaines espèces forment des coussins denses, décoratifs en hiver.

Floraison : les corolles plissées et superposées comme des jupons froufroutant offrent tous les coloris possibles entre le rouge, le blanc, l'orangé et le rose. Leur parfum poivré est très caractéristique.

Espèces et variétés : les hybrides de *Dianthus plumarius*, l'œillet mignardise, offrent de spectaculaires fleurs doubles. *Dianthus alpinus*, l'œillet des Alpes, forme des tapis ras, fleurit de fin mai à août. *Dianthus chinensis*, l'œillet de Chine, qui fleurit de juillet aux gelées est surtout cultivé comme une annuelle. Il en est de même pour les œillets de poètes *(Dianthus barbatus)*, aux coloris assez étonnants.

Comportement en pot : les œillets supportent l'air pollué des villes et sont à l'aise, en été, sur les balcons exposés à la chaleur. Si les autres espèces meurent au bout de deux ou trois ans, l'œillet mignardise passe le cap des cinq à six années de vie en pot.

Dimensions du pot : les œillets se contentent d'un pot de 15 cm de diamètre. Mais ils sont plus décoratifs plantés en groupe, dans des jardinières plus grandes.

Dianthus chinensis 'Nelken'

Exposition : le plein soleil est impératif !

Terre : poreuse, souple, pas trop riche. Un mélange de terre de jardin, sable et terreau par tiers est optimal.

Arrosage : ayez la main légère, et laissez la surface de la terre s'assécher avant d'arroser.

Ennemis et maladies : divers champignons s'attaquent aux œillets. Ils tachent les feuilles, déforment les fleurs, font flétrir les jeunes pousses et dessèchent les rameaux. Traitez préventivement avec un fongicide, dès le départ de la végétation.

Utilisations : les œillets s'accordent à merveille avec les plantes de rocaille et les végétaux à feuillage gris. Mélangez-les sans retenue avec des armoises naines, des céraistes, des hélianthèmes, des lavandes, des thyms, des origans, etc.

Conseil Truffaut : **veillez à ce que la base de la plante soit toujours propre, sans feuilles mortes ni terre humide, pouvant abriter des parasites.**

Dianthus barbatus

Dianthus plumarius 'Ballade'

Dianthus alpinus

Diascia vigilis 'Elliot's Variety'

Conseil Truffaut : les diascias méritent d'être conservés d'une année sur l'autre, à la manière des fuchsias, car ils seront beaucoup plus beaux l'année suivante. Rentrez-les en octobre dans une pièce hors gel. En mars, coupez toutes les tiges à ras du sol et transplantez les rhizomes blancs.

Diascia spp.
DIASCIA

J F M A **M J J A S O** N D

30/40 cm · 30/50 cm · P Saisonnière · - 3 °C

Ces exubérantes vivaces frileuses de la famille des Scrophulariaceae sont les nouvelles vedettes de l'été.

Feuillage : vert mat, en forme de cœur, plus ou moins arrondi et denté.

Floraison : les corolles roses arborent une lèvre inférieure assez large. Le cœur de la fleur est rehaussé par des étamines jaune d'or. La floraison dure de la fin du mois de mai jusqu'aux premières gelées.

Espèces et variétés : *Diascia cordata* offre un port rampant. Les tiges de *Diascia rigescens* se tiennent beaucoup plus droites et les épis sont plus denses. 'Ruby Field' offre une superbe floraison rose foncé. *Diascia vigilis* 'Elliot's Variety' développe des rameaux souples au port gracieusement retombant. *Diascia barbarae* se décline en nombreux cultivars au port semi-dressé, très aérien, dans les coloris rose, orangé, mauve, abricot, etc.

Comportement en pot : bien que les diascias soient dans la nature (Afrique du Sud) des plantes vivaces, il est préférable de les considérer comme des saisonnières au même titre que les pélargoniums ou les fuchsias, en raison de leur faible rusticité. Hivernés dans une véranda les pots continuent à fleurir presque tout l'hiver

Dimensions du pot : mélangez les diascias avec des scaévolas, des fuchsias, des bidens et des géraniums lierres dans des jardinières de 30 cm de longueur et de 20 cm de hauteur au minimum.

Exposition : évitez aux diascias les rayons brûlants des après-midi d'été. L'est convient bien s'il n'est pas trop venteux.

Terre : un bon terreau classique.

Arrosage : maintenez la motte humide mais pas détrempée. Les manques d'eau affaiblissent inutilement la floraison.

Ennemis et maladies : aucun.

Utilisations : *Diascia cordata* et *Diascia barbarae* font merveille dans les suspensions fleuries où ils peuvent être cultivés seuls. *Diascia rigescens* forme de belles potées de 40 cm de haut, à marier avec des plantes à la silhouette un peu rigide (œillets d'Inde, sauges, dahlias nains).

Dicentra spp.
CŒUR-DE-MARIE

J F M A **M J J A** S O N D

30/60 cm · 30/50 cm · C Vivace · - 10 °C

Ces vivaces rhizomateuses de la famille des Papaveraceae forment des guirlandes de petits cœurs.

Feuillage : léger, gracieux, fortement découpé, vert tirant sur le glauque, il jaunit normalement dès le mois de juillet.

Floraison : des petits cœurs, rose et blanc sont suspendus tout le long de tiges horizontales ou gracieusement arquées.

Espèces et variétés : *Dicentra spectabilis* existe en rose et en blanc (la version blanche est un tout petit peu plus fragile). *Dicentra eximia* fleurit longuement, son port est plus dressé. 'Luxuriant', à fleurs rouges et feuillage grisâtre.

Comportement en pot : la floraison des cœurs-de-Marie est assez éphémère. Associez cette plante dans la potée à des arbustes ou à des fleurs saisonnières.

Dimensions du pot : repiquez le godet, nouvellement acheté, dans un pot de 20 cm de diamètre au minimum.

Exposition : la mi-ombre ou même l'ombre n'empêchent pas le *Dicentra* de fleurir. Sous un soleil trop ardent, les plantes ont tendance à se rabougrir.

Terre : mélangez à parts égales tourbe, terreau de feuilles et fertilisant organique.

Arrosage : le *Dicentra* étant une plante forestière, il préfère une légère humidité permanente. Il sera le premier à profiter de l'arrosage doux et régulier d'un système de goutte-à-goutte automatique.

Ennemis et maladies : limaces et escargots dévorent les jeunes pousses.

Dicentra eximia

Dicentra spectabilis

Utilisations : mariez les *Dicentra* avec des népétas, dont l'exubérance cachera leur feuillage jaunissant. Accompagnez-les de narcisses au printemps.

Conseil Truffaut : coupez le feuillage du *Dicentra* en septembre, mais marquez sa présence par une étiquette, pour ne pas l'oublier car il disparaît totalement.

Dictamnus albus
FRAXINELLE

J F M A M **J J A** S O N D

40/70 cm · 30/40 cm · C Vivace · - 7 °C

Cette vivace touffue de la famille des Rutaceae est une plante qui pétille car elle émet des étincelles.

Feuillage : vert brillant, composé, dégageant un fort parfum aromatique. La sève est tellement chargée en huiles essentielles que les feuilles émettent des étincelles lors des chaudes soirées estivales !

Floraison : des épis de 30 cm de long portent des fleurs parfumées, aux étamines apparentes, blanches striées de rose.

Espèces et variétés : *Dictamnus albus,* la seule espèce du genre, forme une touffe buissonnante, aux fleurs blanc rosé, rayées de carmin. 'Purpureus' offre un coloris plus intense. 'Albiflorus' est blanc pur.

Comportement en pot : la fraxinelle est rustique dans le Midi et au sud de la Garonne. Partout ailleurs, il vaut mieux la cultiver comme une annuelle.

Dimensions du pot : les touffes peuvent devenir imposantes en fin de saison. Prévoyez une jardinière de 25 cm de large et de 30 cm de profondeur au minimum.

Exposition : mi-ombre légère ou soleil non brûlant, à l'abri des vents forts. Les températures élevées sont bien acceptées.

Terre : la fraxinelle, bien adaptée aux régions méditerranéennes, accepte les sols secs et calcaires, mais très bien drainés.

Arrosage : ne noyez pas la fraxinelle sous des arrosages quotidiens ; un demi-litre d'eau, deux fois par semaine, lui suffit tant que la température ne dépasse pas 30 °C.

Ennemis et maladies : rien d'important à signaler si la plante est bien cultivée.

Utilisations : la floraison de la fraxinelle ne durant que deux mois environ, il est bon de l'accompagner des plantes à feuillages décoratifs comme les *Ajuga*, armoises, *Carex*, euphorbes, *Hebe*, hostas, *Sedum*, pour prolonger l'intérêt du décor.

Conseil Truffaut : prévoyez un pot assez profond, car la fraxinelle n'aime pas les transplantations. Fertilisez à l'engrais liquide une fois tous les deux arrosages d'avril à la fin de la floraison.

Dictamnus albus 'Purpureus'

Dipelta floribunda
DIPELTA

J F M A **M J** J A S O N D

1/2 m | 1/2 m | Arbuste | - 12 °C

Ce solide arbuste chinois de la famille des Caprifoliaceae se pare de très jolies fleurs parfumées.

Feuillage : opposé, simple, lancéolé, effilé, de 5 à 10 cm de long, vert clair.

Floraison : des bouquets de clochettes rose pâle au cœur jaune exhalent un doux parfum de miel et de vanille au printemps. Elles sont suivies de fruits accompagnés de bractées à la texture du papier.

Espèces et variétés : le genre *Dipelta* compte quatre espèces assez peu couramment proposées par les jardineries. *Dipelta floribunda* est le plus cultivé.

Comportement en pot : excellent, à condition que la plante soit régulièrement et sévèrement taillée chaque année à la fin de l'hiver pour qu'elle conserve une silhouette compacte et soit rajeunie.

Dimensions du pot : un bac de 40 cm de côtés est idéal pour commencer. Lorsque le *Dipelta* atteint 2 m, il lui faut au moins 50 cm de profondeur pour prospérer.

Dipelta floribunda

Exposition : soleil ou mi-ombre.

Terre : un bon terreau de rempotage bien drainé, avec une grosse poignée de chaux éteinte par bac, car le *Dipelta* apprécie les sols légèrement alcalins.

Arrosage : laissez sécher légèrement le sol en surface entre deux apports d'eau.

Ennemis et maladies : aucun.

Utilisations : isolé dans un grand bac, installé près d'un passage pour apprécier le parfum de la floraison. Associez au dipelta des plantes couvre-sol et des bulbes à fleurs pour habiller la base du tronc.

Conseil Truffaut : conduisez le dipelta sur une tige unique pour qu'il forme un petit tronc dont vous apprécierez l'écorce rouge-brun qui s'exfolie.

➔ ***Dipladenia*** voir *Mandevilla*.

Dorotheanthus bellidiformis
FICOÏDE

J F M A M **J J A S** O N D

10/15 cm | 20/30 cm | Succulente | 5 °C

Cette plante annuelle de la famille des Aizoaceae est appelée « tapis magique », ce qui veut tout dire...

Feuillage : alterne, tapissant, vert clair, charnu, cylindrique ou lancéolé.

Floraison : en été, une multitude de petites marguerites, aux coloris fluorescents variés, recouvre la plante.

Espèces et variétés : *Dorotheanthus bellidiformis* a donné naissance à de nombreux hybrides, aux fleurs chatoyantes, rouges, blanches, jaunes, qui sont le plus souvent vendus en mélange indistinct.

Comportement en pot : une terrasse exposée plein sud est indispensable ainsi qu'un contenant large et plat.

Dimensions du pot : les pots peu profonds (15 cm) ont l'avantage de ne pas retenir beaucoup d'eau, ce qui évite à la plante de pourrir. Mais il faut prévoir son étalement.

Exposition : le plein soleil est obligatoire, sinon les fleurs restent fermées.

Dorotheanthus bellidiformis

Terre : les ficoïdes poussent dans les lieux les plus secs et les plus pauvres. Donnez-leur une terre très sableuse, parfaitement drainée, sans apport d'engrais.

Arrosage : attendez que le sol soit bien sec à la surface de la terrine.

Ennemis et maladies : les excès d'eau font pourrir les tiges et le collet.

Utilisations : les balcons du sud accueilleront avec bonheur les ficoïdes, avec des pourpiers, des sédums, des échevérias, pour des potées exotiques.

Conseil Truffaut : semez directement à la surface d'une jardinière au mois d'avril, couvrez les graines d'un demi-centimètre de terreau fin.

Dregea sinensis
WATTAKAKA

J F M A M **J J A S O** N D

2/3 m | 1/2 m | Grimpante | - 8 °C

Cette plante tropicale volubile de la famille des Asclepiadaceae exhale un parfum étourdissant.

Feuillage : opposé, ovale, pointu, gris-vert et duveteux au revers, vert mat dessus, porté par des tiges volubiles.

Floraison : la plante produit des grappes de fleurs en ombelles, portées par un pédoncule de 10 cm environ, cireuses, blanches, évoquant la floraison des hoyas.

Elles émettent un puissant parfum de tubéreuse, mêlé de fleurs d'oranger.

Espèces et variétés: sur les trois espèces que compte le genre, seul *Dregea sinensis* est commercialisé de façon épisodique.

Comportement en pot: le wattakaka se développe moins bien en pot qu'en pleine terre, mais il atteint tout de même 3 m de hauteur s'il a de la place. Les jeunes tiges sont fragiles et « grillent » lorsqu'elles s'appuient contre un mur trop chaud.

Dimensions du pot: cette plante grimpante aime les contenants profonds. Offrez-lui un pot d'au moins 40 cm de hauteur et 30 cm de largeur.

Exposition: le wattakaka demande une bonne luminosité, mais pas de soleil brûlant. Un mur exposé à l'ouest dans les régions sud ou au sud-ouest dans la partie nord du pays, représente un bon compromis.

Terre: riche en humus et de pH neutre.

Arrosage: seuls les premiers centimètres de terre peuvent sécher. Les racines profondes doivent toujours trouver une certaine fraîcheur dans le substrat.

Ennemis et maladies: aucun.

Utilisations: les longues branches flexibles du wattakaka doivent toujours être guidées sur un support: treillage, pilier, rambarde, ficelle tendue, etc.

Conseil Truffaut: le wattakaka, souvent décrit comme moyennement rustique, semble plus solide que l'on ne croit. Mais il serait dommage de le perdre par faute d'une négligence hivernale, car il est assez difficile à trouver. Entourez le pot en hiver, de plusieurs couches de carton, pour constituer un matelas d'air isolant.

Dregea sinensis

Dryopteris spp.
FOUGÈRE

60/80 cm 60/80 cm PC Fougère -15 °C

Ces belles fougères rustiques de la famille des Dryopteridaceae associent finesse et opulence.

Feuillage: le plus souvent caduc, mais certaines espèces sont persistantes. Frondes vert franc à vert foncé, finement divisées.

Floraison: les fougères ne fleurissent pas.

Espèces et variétés: plus de 40 espèces et variétés sont disponibles. *Dryopteris filix-mas,* la fougère mâle, se décline en plusieurs formes, au feuillage plus ou moins divisé. 'Linearis Polydactyla', aux frondes si fines qu'elles en paraissent aériennes, vit à l'aise en pot et résiste même à la sécheresse. *Dryopteris erythrosora* compte parmi les plus belles espèces de fougères. Les jeunes crosses naissent rouges. *Dryopteris affinis* est persistant, avec des frondes finement ciselées, vert foncé.

Dryopteris erythrodora

Dryopteris filix-mas

Comportement en pot: ces fougères rustiques prospèrent longtemps dans un contenant assez volumineux et en sol riche.

Dimensions du pot: les plus grandes espèces tiennent deux ans dans des pots de 30 cm de haut. Les dryoptéris nains (20 cm) logeront à trois dans des jardinières de 60 cm de long et 20 cm de profondeur. Une suspension peut convenir.

Exposition: surtout pas de soleil direct. L'ombre dense est même tolérée.

Terre: un bon terreau de plantation.

Arrosage: bien que ces fougères supportent assez bien la sécheresse passagère, leurs frondes seront plus belles avec des arrosages réguliers deux fois par semaine.

Ennemis et maladies: aucun.

Utilisations et associations: recréez une ambiance de sous-bois avec épimédiums, fuchsias, impatiens, hostas, brunneras, astilbes, trilliums et primevères, que vous installerez à l'ombre d'arbustes.

Conseil Truffaut: divisez les touffes, au printemps, lorsqu'elles deviennent trop importantes afin qu'elles ne se dégarnissent pas et que les potées conservent leur grâce naturelle.

portant deux ou trois rosettes de feuilles. Les échévérias sont superbes dans une coupe large, une auge plate ou une terrine.

Exposition : très ensoleillée, toute l'année.

Terre : une partie de terreau, de feuilles et de tourbe en mélange, pour trois parties de sable. Ajoutez un bon drainage au fond.

Arrosage : minimal en hiver. Pendant la période de végétation, laissez la terre sécher superficiellement avant d'arroser.

Ennemis et maladies : ôtez les cochenilles avec un coton imbibé d'alcool.

Utilisations : réalisez un décor exotique en associant des échévérias à des yuccas, diverses cactées, des aloès, des sédums, des crassulas et des délospermas.

Conseil Truffaut : **de la mi-octobre à début mai, rentrez votre potée dans une serre ou dans une véranda maintenue entre 8 et 12 °C.**

Echeveria spp. ÉCHEVÉRIA, ARTICHAUT

J F M A M J J A S O N D

5/15 cm 10/30 cm Succulente - 5 °C

Ces jolies vivaces succulentes de la famille des Crassulaceae ont des petits airs d'artichaut miniature.

Feuillage : des petites rosettes de feuilles triangulaires, épaisses et parfois duveteuses, d'une belle teinte gris bleuté.

Floraison : en été, sur des hampes duveteuses, qui s'allongent à partir du cœur du feuillage, dans les tons jaune-orangé à rose.

Espèces et variétés : il existe environ 150 espèces et de nombreux hybrides. *Echeveria gibbiflora* 'Metallica' développe des rosettes qui peuvent dépasser 30 cm de diamètre. *Echeveria elegans* est compact, vert clair. *Echeveria pulvinata*, aux feuilles toutes veloutées, craint le froid.

Comportement en pot : une plante peu encombrante à réserver aux décorations estivales car elle redoute le gel, mais elle résiste bien aux embruns et au vent.

Dimensions du pot : 12 cm de profondeur et 15 cm de largeur suffisent pour un pied

Echeveria 'Perle von Nurberg'

Echinocactus grusonii COUSSIN DE BELLE-MÈRE

J F M A M J J A S O N D

30/50 cm 30/50 cm Succulente 5 °C

Ce superbe cactus globuleux de la famille des Cactaceae forme des côtes épineuses très régulières.

Feuillage : les côtes (entre 20 et 30), marquées et disposées régulièrement, sont couvertes d'aiguillons acérés, jaune vif, qui évoluent vers le blanc crème.

Floraison : en couronne, au sommet de la tige. Les fleurs jaunes apparaissent uniquement sur des plantes âgées.

Espèces et variétés : *Echinocactus grusonii* est la seule espèce intéressante pour une culture à l'extérieur. Il est possible de le réussir en plein air toute l'année sur la Côte d'Azur, dans un endroit abrité.

Comportement en pot : ce cactus gélif doit être protégé en hiver dans une véranda. Il pousse lentement en pot.

Dimensions du pot : assez étroites. Le diamètre du pot doit être légèrement supérieur à celui de la plante. Utilisez un contenant plus large que haut.

Exposition : en plein soleil, chaud, aride.

Terre : un mélange très perméable et acide, d'un tiers de terreau d'écorce et de deux tiers de sable de rivière.

Arrosage : modéré en été. Nul en hiver.

Ennemis et maladies : attention aux cochenilles, difficiles à éliminer une fois installées entre les aiguillons acérés.

Utilisations : en sujet isolé pour mettre en valeur le joli port en coussin.

Conseil Truffaut : **hivernez à une température qui n'excède pas 10 °C.**

Echinocactus grusonii

Elaeagnus pungens 'Maculata'

Elaeagnus pungens
ÉLÉAGNUS

J F M A M J J A S O N D

1/1,50 m · 70 cm/1 m · P Arbuste · - 10 °C

Cet arbuste touffu, épineux, de la famille des Elaeagnaceae forme un buisson brise-vent très protecteur.

Feuillage : persistant (il existe toutefois des espèces caduques sans intérêt pour le balcon), à tiges parfois épineuses. Les feuilles coriaces et ovales sont vertes sur le dessus et gris-blanc, poudreux, au revers.

Floraison : parfumée, blanc argenté, à la fin de l'automne, suivie par des petits fruits ovoïdes, rouge-orangé.

Espèces et variétés : *Elaeagnus pungens* 'Maculata' est un peu moins vigoureux que le type. Ses feuilles vert foncé sont tachées de jaune d'or. 'Variegata', avec le bord du feuillage panaché de blanc crème. *Elaeagnus* x *ebbingei*, au feuillage rugueux à reflets métalliques.

Comportement en pot : de croissance rapide, l'éléagnus forme des buissons denses, décoratifs toute l'année, qui résistent fort bien aux embruns et au vent.

Dimensions du pot : au moins 40 cm de largeur et de profondeur pour un pied.

Exposition : bien ensoleillée ou légèrement ombragée, abritée des fortes gelées.

Terre : un mélange léger et bien drainé de terre de jardin et de terreau souple.

Arrosage : modéré, en laissant la terre du pot sécher entre deux apports d'eau.

Ennemis et maladies : en général, aucun.

Utilisations : en sujet isolé pour les variétés panachées ou en écran de verdure de hauteur moyenne pour un effet brise-vue, brise-vent et antibruit.

Conseil Truffaut : taillez à la fin de l'hiver, en éliminant le vieux bois qui se développe au cœur de l'arbuste.

Enkianthus campanulatus
ENKIANTHUS

J F M A M J J A S O N D

1/1,50 m · 60/90 cm · C Arbuste · - 20 °C

Cet arbuste original de la famille des Ericaceae épanouit mille précieuses clochettes rose nacré.

Feuillage : caduc, alterne, vert mat, lancéolé, denté. Le port est érigé. Superbe coloration automnale rouge et or.

Floraison : abondante, en mai. Les fleurs en clochettes pendantes, blanc crème nervuré de rouge, apparaissent en grappes généreuses au bout des tiges.

Espèces et variétés : 'Sikokianus', à la floraison rose. var. *palibinii*, rouge vif. 'Albiflorus', aux fleurs blanc crème. 'Hiraethlyn', crème veiné de rouge.

Comportement en pot : c'est une plante facile, très élégante. Sa croissance est lente.

Dimensions du pot : au minimum 40 cm en tous sens pour un jeune arbuste.

Exposition : mi-ombre ou soleil tamisé, à l'abri des vents desséchants.

Terre : acide et fraîche, un terreau de tourbe ou de la terre de bruyère.

Arrosage : fréquent par temps chaud et sec pour conserver un sol humide, mais non détrempé. Douchez le feuillage les soirs de forte chaleur (plus de 27 °C).

Ennemis et maladies : en général, aucun.

Utilisations : en deuxième rang dans les bacs de rhododendrons ou avec des hydrangéas, des piéris, des camélias.

Conseil Truffaut : si le sol n'est pas assez acide, le feuillage de l'enkianthus jaunit (chlorose). Arrosez une fois par mois pendant la croissance avec un produit à base de chélate de fer ou apportez en surface de la terre de bruyère.

Enkianthus campanulatus

Ensete ventricosum 'Maurelii'

Ensete ventricosum
BANANIER

J F M A M J J A S O N D

1/2 m · 1/2 m · Vivace · - 2 °C

Cette plante opulente au feuillage ample, de la famille des Musaceae, apporte une touche d'exotisme.

Feuillage : très allongé, porté par une fausse tige qui peut dépasser 1,80 m. Les feuilles entières sont vertes, avec le revers et les nervures centrales brun-rouge.

Floraison : une inflorescence pendante, dont les bractées rouges protègent des petites fleurs blanches, apparaît uniquement dans les régions aux hivers doux.

Espèces et variétés : *Ensete ventricosum* 'Maurelii', aux immenses feuilles vertes, à nervures et pétioles rouges.

Comportement en pot : réservez cette plante qui devient vite encombrante pour une très grande terrasse abritée.

Dimensions du pot : 30 cm de profondeur et de largeur pour un sujet de 1 m de haut, puis un bac 10 cm plus grand chaque fois que la plante gagne 50 cm.

Exposition : chaude, bien ensoleillée, et abritée du vent qui déchire les feuilles.

Terre : terreau pour rosiers et terre de jardin sableuse en mélange à parts égales avec 20 % de fertilisant à base de fumier.

Arrosage : quotidien par temps chaud (plus de 25 °C). Ne laissez pas la base du pot tremper dans la soucoupe. Très réduit en hiver, pendant la période de repos.

Ennemis et maladies : les cochenilles peuvent provoquer des dégâts sévères. Nettoyez souvent les feuilles à la bière.

Utilisations : créez une ambiance exotique en associant le bananier à des potées de strélitzia, d'alocasia, de datura, de ricin, de gunnéra ou de bambou.

Conseil Truffaut : fin septembre, rentrez votre bananier dans une grande véranda maintenue à une température de 10 à 12 °C. En été, effectuez une fertilisation hebdomadaire avec de l'engrais liquide pour rosiers ou palmiers.

Eranthis hyemalis
ACONIT D'HIVER

J F M A M J J A S O N D

5/10 cm · 5 cm · Bulbeuse · - 15 °C

Cette timide bulbeuse de la famille des Ranunculaceae est l'une des toutes premières fleurs de l'année.

Feuillage : directement issu du bulbe, il forme une petite collerette sous la fleur. La plante s'étale en petits bouquets épars.

Eranthis hyemalis

Floraison : très précoce. Les fleurs solitaires jaune vif ont une forme en coupe.

Espèces et variétés : *Eranthis cilicica*, aux fleurs plus grandes et aux feuilles très découpées, fleurit plus longtemps en mars.

Comportement en pot : sans problème. Très rustique, cette petite bulbeuse est si précoce qu'elle fleurit parfois sous la neige, même avant le perce-neige.

Dimensions du pot : 16 à 18 cm de largeur et 15 cm de profondeur pour une dizaine de tubercules à installer côte à côte.

Exposition : mi-ombragée à ensoleillée.

Terre : légère, humifère et bien drainée.

Arrosage : le sol ne doit jamais se dessécher complètement, surtout en été.

Ennemis et maladies : les oiseaux en quête de nourriture peuvent abîmer les boutons floraux. Attention aux limaces.

Utilisations : installez l'aconit d'hiver au bord d'un grand bac contenant un laurier-tin, un camélia précoce ou un hamamélis.

Conseil Truffaut : plantez les rhizomes en octobre, à 3 cm de profondeur, en les espaçant de 5 cm au maximum.

Erica spp.
BRUYÈRE

J F M A M J J A S O N D

20/40 cm · 40/60 cm · Arbuste · - 15 °C

Ces arbustes à port tapissant de la famille des Ericaceae fleurissent en abondance au long de l'année.

Feuillage : les toutes petites feuilles en forme d'aiguilles sont serrées le long des tiges et disposées en verticilles.

Floraison : durant plusieurs mois, mais à différents moments de l'année, selon les espèces et les variétés. Coloris blanc, rose, rouge ou violet, plus ou moins foncé.

Espèces et variétés : *Erica gracilis* et *Erica hyemalis*, à floraison hivernale, sont couramment proposées, mais n'étant pas rustiques, elles ont une présence éphémère. *Erica carnea* forme un tapis dense vert clair. La floraison rose, rouge ou blanche se prolonge de novembre à mai. Il existe un grand nombre de variétés : 'Ann Sparkes',

Erica carnea

Erica cinerea 'Fiddler's Gold'

Erica gracilis

'Aurea', 'Foxhollow' se distinguent par un beau feuillage jaune et des fleurs roses. 'Golden Starlet', à feuillage doré, fleurit blanc. 'Cecilia M. Beale', 'Snow Queen', 'Springwood White' et 'White Rocket' portent des fleurs blanches au-dessus d'un feuillage vert foncé. 'Praecox Rubra', au port bas, très étalé, fleurit rose lilas. 'Myretoun Ruby', a des grandes fleurs rose foncé. 'Vivellii', au feuillage qui se teinte de rouge en hiver, se couvre de fleurs carmin.
La bruyère cendrée, *Erica cinerea,* forme des touffes compactes qui fleurissent de juin à novembre. 'Alba Minor' n'excède pas 15 cm de haut et donne de petites fleurs blanches. 'Golden Drop' et 'Golden Hue' développent un feuillage jaune cuivré, teinté de rouge en hiver. Leur floraison rose est peu abondante. 'Fanny', 'Pallas' et 'P. S. Patrick' ont des fleurs violettes. 'Fidder's Gold' est doré avec des fleurs roses.
Erica x *darleyensis* est une belle bruyère rustique au port plus imposant (50 cm). Elle fleurit d'octobre à mai. 'Darley Dale' a des fleurs rose pâle. 'George Rendall' fleurit rose vif; 'Jack H. Brummage' présente un feuillage jaune, teinté de rouge en hiver et de belles fleurs rose foncé. 'Silberschmelze' et 'White Perfection' se couvrent d'une floraison blanche.
Erica arborea est une grande espèce arbustive à feuillage vert. En mars-avril, elle produit une abondante floraison blanche et parfumée. Peu rustique, elle est réservée aux balcons abrités et mi-ombragés.
Comportement en pot: la diversité des espèces et des variétés, permet de varier à l'infini les compositions et d'obtenir un décor persistant, attractif toute l'année. La tenue en pot est excellente.
Dimensions du pot: 20 cm de large et de profondeur conviennent pour un jeune plant. Le développement est meilleur dans une grande jardinière qui permet à a bruyère de bien s'étaler.
Exposition: chaude et ensoleillée.
Terre: non calcaire, légère, humifère, drainante. De la terre de bruyère convient bien ou un terreau de tourbe fibreux.
Arrosage: très abondant et fréquent par temps chaud et sec. Très peu en hiver.
Ennemis et maladies: un champignon *(Phytophthora)* provoque la décoloration du feuillage puis le dépérissement de la plante. Désinfectez le bac et changez le sol avant de replanter d'autres bruyères.
Utilisations: dans les grandes jardinières en couvre-sol ou en bordure, au pied des différentes plantes de terre de bruyère.
Conseil Truffaut: **après la floraison, taillez les tiges sous les fleurs fanées, sans jamais couper le bois dur.**

Erigeron karvinskianus
VERGERETTE

J F M A M J J A S O N D

20/30 cm	30/60 cm		C Vivace	- 5 °C

Cette plante couvre-sol de la famille des Asteraceae produit une profusion de mini-pâquerettes.

Feuillage : en touffe étalée. Les petites feuilles étroites et lancéolées sont vertes, plus ou moins lavées de pourpre. Tiges fines et ramifiées au port semi-retombant.
Floraison : abondante et de longue durée. Les petites inflorescences, en capitules à ligules fines, ressemblent à des pâquerettes blanches, devenant roses en fanant.
Espèces et variétés : *Erigeron glaucus* forme des coussins denses de 20 à 30 cm de haut, couverts de grandes fleurs roses à cœur jaune, de juin à octobre. *Erigeron alpinus* et *aurantiacus* ne dépassent pas 20 cm de hauteur. Ces espèces fleurissent en mai et juin, rose et rouge-orangé.

Erigeron karvinskianus

Comportement en pot : peu exigeante, la vergerette se contente d'un petit bac et d'un faible volume de terre. Elle se ressème spontanément en climat doux.
Dimensions du pot : 14 cm de largeur et de profondeur suffisent pour un plant.
Exposition : en plein soleil, à la chaleur.
Terre : une bonne terre de jardin bien drainée avec un tiers de terreau. Cette petite plante supporte un sol calcaire.
Arrosage : modéré, en laissant le substrat sécher entre deux apports d'eau. La vergerette redoute l'humidité qui stagne au niveau des racines. Videz la soucoupe.
Ennemis et maladies : en général, aucun.
Utilisations : en suspension ou au premier plan d'une jardinière, bien en vue. Son port souple et très ramifié apporte une touche de légèreté dans une composition de feuillages plus structurée.
Conseil Truffaut : protégez le plant des fortes gelées et de l'humidité en hiver.

Erysimum linifolium
VÉLAR, GIROFLÉE

J F M A M J J A S O N D

20/40 cm	15/25 cm		P Vivace	- 5 °C

Cette plante vivace frileuse de la famille des Brassicaceae est très attrayante, mais assez éphémère.

Feuillage : vert gris et opposé. Le port de la plante est ramifié, formant un coussin étalé. Les feuilles sont étroites et dentelées, ondulées, de 5 à 10 cm de long.
Floraison : en mai et juin. Les fleurs violet à mauve ou lavande sont réunies en grappes dressées au-dessus du feuillage.
Espèces et variétés : 'Variegatum', à port compact, porte des feuilles bordées de jaune crème, décoratives toute l'année.
Comportement en pot : c'est une plante à cultiver dans son contenant pendant deux ans, pas plus, car elle se dégarnit vite de la base et manque alors de charme.
Dimensions du pot : 25 cm de largeur et de profondeur au minimum pour un pied.
Exposition : chaude, abritée des vents dominants et très ensoleillée.

Erysimum x 'Wenlock Beauty'

Terre : une terre ordinaire de jardin, très bien drainée ou un terreau poreux. Le vélar supporte même un sol sec et pauvre.
Arrosage : très modéré. Laissez sécher la terre du pot entre deux apports d'eau.
Ennemis et maladies : pratiquement aucun. La giroflée vivace redoute l'humidité stagnante en hiver (pourriture).
Utilisations : dans un grand bac, installez la giroflée vivace au premier plan avec des anthémis et des népétas, devant des *Euphorbia characias,* des *Artemisia* 'Powis Castle' et des *Centranthus ruber* 'Albus'.
Conseil Truffaut : prélevez des boutures semi-aoûtées à la fin de l'été, car le pied-mère ne vit pas très longtemps. La reprise est facile, en terrine, dans un mélange égal de sable et de tourbe.

Erythrina crista-galli
ÉRYTHRINE CRÊTE-DE-COQ

J F M A M J J A S O N D

1/1,50 m	0,80/1 m		C Arbuste	- 3 °C

Cet étrange arbuste de la famille des Fabaceae se comporte comme une vivace aux étranges fleurs de corail.

Feuillage : alterne, vert glauque, coriace, épars, à trois folioles. Les tiges, annuelles dans les régions au climat frais, sont souples et très épineuses.

Erythrina crista-galli

Floraison : les grandes fleurs rouge cerise à la texture charnue et cireuse apparaissent à l'extrémité des tiges, en grappes de 30 à 50 cm de long.
Espèces et variétés : 'Compacta' est une forme naine, idéale pour les petites terrasses.
Comportement en pot : cette belle espèce demande un climat doux et une situation protégée pour se développer et épanouir sa splendide floraison. Attention aux épines, si vous avez des enfants.
Dimensions du pot : 40 cm de profondeur et de largeur au minimum, car la plante forme une souche épaisse et lignifiée.
Exposition : chaude, abritée, au soleil.
Terre : humifère, riche et bien drainée.
Arrosage : abondant et fréquent en été. Très réduit, voire même nul en hiver.
Ennemis et maladies : surveillez l'apparition éventuelle de cochenilles farineuses pendant la période de repos sous verre.
Utilisations : l'érythrine est une des plus belles plantes tropicales à fleurs. Associez-la le temps d'un été à des hibiscus hybrides, des abutilons, des lantanas, des daturas ou des lauriers-roses.
Conseil Truffaut : **dans les régions froides, rentrez la plante en hiver, dans une verrière maintenue entre 5 et 8 °C. En mars, rabattez les tiges et apportez du fumier composté à la surface du pot. Dans les régions au climat chaud, l'érythrine forme un superbe petit arbre.**

Escallonia spp.
ESCALLONIA

J F M A **M J J A S** O N D

1/1,50 m	70/90 cm	☼	P Arbuste	-5 °C

Ce bel arbuste très florifère, de la famille des Escalloniaceae est idéal sur les terrasses du bord de mer.

Feuillage : alterne, dense et vert foncé. Les petites feuilles lancéolées, étroites, sont dentées, épaisses et vernissées.
Floraison : dans tous les tons de rose et de rouge, les petites fleurs en forme de coupe, portées en grappes, apparaissent sur les pousses de l'année précédente. Très nombreuses, elles durent longtemps.
Espèces et variétés : *Escallonia laevis* 'Gold Brian' développe un beau feuillage doré et une abondante floraison rouge vif. À réserver pour les climats très doux. *Escallonia* 'Donard Star', à la silhouette compacte, fleurit rose tendre en juin. *Escallonia* 'C. F. Ball' est une des variétés les plus résistantes au gel. Elle se couvre de petites fleurs rouges de juin à octobre.
Comportement en pot : l'escallonia est un arbuste peu rustique, recommandé pour le bord de mer et les régions à climat doux, où il vient bien dans un bac.
Dimensions du pot : 40 cm de profondeur et de largeur, conviennent bien.
Exposition : chaude, ensoleillée, à l'abri des vents froids. Évitez les endroits trop arides.
Terre : toute bonne terre de jardin acide, bien drainée. Un bon terreau sableux ou de la terre de bruyère convient très bien.
Arrosage : modéré, seulement lorsque la surface du substrat se dessèche. L'escallonia résiste bien à la sécheresse.
Ennemis et maladies : aucun. Les gelées tardives peuvent détruire toutes les tiges.
Utilisations : en sujet isolé, en rideau libre, ou taillé dans une grande jardinière.
Conseil Truffaut : **espacez les plantes de 30 cm dans un grand bac pour réaliser une haie compacte et touffue qui servira de séparation ou de point d'appui à une décoration florale saisonnière.**

Escallonia laevis 'Gold Brian'

Eschscholzia californica

Eschscholzia californica 'Dally'

Eschscholzia californica PAVOT DE CALIFORNIE

J F M A M J J A S O N D

25/35 cm — 20/30 cm — Annuelle — - 10 °C

Cette belle annuelle rustique de la famille des Papaveraceae est une plante vraiment sans problème.

Feuillage: vert bleuté, finement découpé.
Floraison: les grandes fleurs simples en coupelles sont jaune-orangé vif ou rouges.
Espèces et variétés: 'Apricot chiffon' est une des plus belles variétés avec ses fleurs doubles jaune crème au centre, bordées d'orange corail intense. 'Ballerine' offre une floraison double aux couleurs panachées et striées. 'Dally', rouge écarlate, est très compact. *Eschscholzia caespitosa* 'Sundew' (15 cm de haut) forme un splendide tapis de fleurs jaune citron de juin à octobre.
Comportement en pot: excellent, le pavot de Californie sert à garnir et fleurir rapidement le moindre espace vide.
Dimensions du pot: 20 cm de diamètre et de profondeur suffisent, mais un bac plus grand est préférable sur le plan esthétique.
Exposition: très ensoleillée, même sèche.
Terre: tous les sols bien drainés conviennent. Ce petit pavot supporte un substrat pauvre et sableux, même caillouteux.
Arrosage: dès que le sol sèche en surface.
Ennemis et maladies: aucun.
Utilisations: pour obtenir une profusion de fleurettes, associez-le à des annuelles telles que des clarkias, des godétias, des centaurées bleuets, des cosmos, des xéranthemums ou des *Salvia horminum.*
Conseil Truffaut: semez en place à partir d'avril. Éclaircissez entre 20 et 25 cm de distance. Attention, le pavot de Californie devient vite envahissant.

Eucalyptus gunnii EUCALYPTUS, GOMMIER

J F M A M J J A S O N D

3/4 m — 1/2 m — Arbre — - 10 °C

Cet arbre australien, mais rustique, de la famille des Myrtaceae, porte un jeune feuillage très attractif.

Feuillage: opposé, aromatique. Les jeunes feuilles sont rondes et vert bleuté, parfois blanc argenté brillant. Dès la deuxième année, elles s'allongent et prennent une couleur franchement bleutée ou vert foncé.
Floraison: très rare en pot, elle n'apparaît qu'après plusieurs années de culture, au cours de l'été et en automne. Les fleurs blanches, parfumées, sont réunies en grappes, à l'aisselle des feuilles.
Espèces et variétés: *Eucalyptus globulus* a une croissance très rapide. Gélif, il n'est rustique que sur la Côte d'Azur. *Eucalyptus urnigera* ressemble beaucoup à *Eucalyptus gunnii,* avec un feuillage plus large et une belle floraison estivale, crème.
Comportement en pot: cet eucalyptus pousse vite, il ne peut guère rester dans un pot plus de trois ou quatre ans.
Dimensions du pot: 50 cm de diamètre et de profondeur, au minimum.
Exposition: en plein soleil, mais à l'abri des vents froids et violents qui le font roussir. La protection d'un voile d'hivernage autour du pot isolera les racines des fortes gelées.
Terre: une bonne terre de jardin neutre ou acide, bien drainée, avec 1/3 de terreau pour qu'elle reste fraîche durant l'été.
Arrosage: par temps chaud et sec, arrosez abondamment pour maintenir la fraîcheur du substrat. Mais videz bien la soucoupe.
Ennemis et maladies: les psylles, petits insectes piqueurs entraînent la déformation et le dépérissement des jeunes pousses.
Utilisations: sur une grande terrasse, le beau feuillage bleuté met en valeur la floraison des *Lavatera thuringiaca* 'Barnsley' ou d'un *Buddleja* x *weyeriana* 'Sungold'.
Conseil Truffaut: la croissance de cette belle espèce est rapide. Vous pouvez former un buisson d'une hauteur de 2 m en rabattant toutes les tiges près du sol, chaque année au début du printemps.

Eucalyptus gunnii

Eucharis grandiflora

Eucharis amazonica
LIS DE LA VIERGE

J F M A M J J A S O N D

50/60 cm 15/20 cm Bulbeuse 2 °C

Cette bulbeuse tropicale de la famille des Alliaceae forme une splendide fleur bien parfumée.

Feuillage : vert et brillant. Les feuilles larges sortent directement de la touffe et se resserrent au niveau des pétioles.

Floraison : blanche, parfumée. Les grandes fleurs ressemblent à celles d'un narcisse. Elles apparaissent, groupées par quatre à huit, en ombelles, au sommet de hampes florales rigides et dressées.

Espèces et variétés : *Eucharis korsakoffii* est une espèce voisine mais d'une taille plus réduite, qui réussit bien en pot.

Comportement en pot : une période de repos au sec et au frais (12 °C), est indispensable après la floraison pour conserver la plante d'une année sur l'autre.

Dimensions du pot : au minimum 18 cm de diamètre et 16 cm de profondeur pour assurer le bon développement d'un bulbe.

Exposition : chaude et très abritée, en plein soleil non brûlant ou à mi-ombre.

Terre : un mélange riche et léger, composé d'un tiers de terreau d'écorce, et d'autant de tourbe blonde et de sable de rivière, avec un bon drainage au fond.

Arrosage : modéré pendant la période de croissance et la floraison. Laissez la terre sécher en surface avant d'arroser. Après la floraison, réduisez les arrosages à une fois tous les quinze à vingt jours.

Ennemis et maladies : en général, aucun.

Utilisations : en sujet isolé, dans un joli pot en terre cuite ou en faïence. L'association avec des nérines est superbe. Culture complète en intérieur possible.

Conseil Truffaut : **plantez les bulbes d'*Eucharis* à 5 cm de profondeur, en mars. Hivernez la plante au sec, dans une véranda maintenue hors gel.**

Eucomis bicolor
PLANTE ANANAS

J F M A M J J A S O N D

30/50 cm 15/20 cm Bulbeuse - 5 °C

Cette vivace bulbeuse de la famille des Asparagaceae développe une inflorescence qui évoque l'ananas.

Feuillage : vert et lustré. Les feuilles larges et rubanées sont regroupées en rosettes. Elles sont tachées de marron au revers.

Floraison : estivale. Les grappes dressées, qui peuvent atteindre 50 cm de hauteur, se composent d'une centaine de petites fleurs étoilées vert chartreuse, avec un liseré bordeaux. L'inflorescence est surmontée d'une touffe de feuilles vertes en forme de houppette, d'où la ressemblance avec un ananas.

Espèces et variétés : 'Alba', aux splendides fleurs blanc crème. *Eucomis autumnalis* est une petite espèce robuste, à floraison blanche. C'est une plante idéale pour les balcons ventés ou en bordure de mer.

Comportement en pot : cette bulbeuse exotique se prête aisément à la culture dans un pot assez volumineux. Elle peut y être maintenue d'une année sur l'autre et prospérer jusqu'à former de belles touffes.

Dimensions du pot : un diamètre de 30 cm et une profondeur équivalente constituent un minimum pour trois bulbes.

Exposition : en plein soleil de préférence.

Terre : un mélange à parts égales de terre de jardin, de terreau de feuilles et de sable, avec un bon drainage au fond.

Arrosage : nul en période de repos hivernal. Pendant la croissance, laissez la terre sécher avant d'arroser (une à deux fois par semaine selon la température ambiante).

Ennemis et maladies : les escargots et les limaces attaquent les jeunes pousses.

Utilisations : en sujet isolé ou associé à des *Commelina tuberosa* à fleurs bleues ou blanches et à des plantes à feuillage.

Conseil Truffaut : **plantez les gros bulbes en mars ou en avril, en les enfonçant entre 12 et 15 cm de profondeur. Espacez-les de 10 cm.**

Eucomis bicolor

Euonymus fortunei 'Emerald'n' Gold'

Euonymus fortunei
FUSAIN RAMPANT

J F M A **M J** J A S O N D

40/60 cm | 0,60/1 m | Arbuste | - 10 °C

Cet arbuste au port étalé de la famille des Celastraceae est un persistant parfait en jardinière.

Feuillage : opposé, épais, coriace, à l'aspect vernissé. Les feuilles sont ovales et dentelées. Les branches portent des racines crampons. Port retombant, étalé ou grimpant dans les régions à climat doux.

Floraison : insignifiante, verdâtre.

Espèces et variétés : 'Sunshine' ressemble à 'Emerald'n' Gold' avec ses grandes feuilles marginées de jaune d'or, mais il est plus vigoureux. 'Sunspot' est très compact, vert foncé maculé de jaune. 'Harlequin', nain, très étalé, vert moucheté de blanc.

Comportement en pot : assez rustique, ce fusain résiste bien, en pot, aux embruns et à la pollution. Il vit plusieurs années sans nécessiter de rempotage.

Dimensions du pot : un pot de 40 cm de profondeur et de largeur, ou un grand bac.

Exposition : abritée des froids vifs, au soleil assez intense. Mi-ombre tolérée.

Terre : terre de jardin et terreau de rempotage en mélange par moitié, avec un bon drainage au fond du pot.

Arrosage : modéré, en laissant la surface du sol s'assécher entre deux apports d'eau.

Ennemis et maladies : en été, l'oïdium et les acariens à traiter dès leur apparition.

Utilisations : les feuillages panachés des cultivars apportent une note de lumière dans un patio un peu sombre.

Conseil Truffaut : pour un port compact, taillez en mars les tiges dégarnies ou mal placées.

Euphorbia characias
EUPHORBE

J F M A **M J** J A S O N D

80 cm/1 m | 50/80 cm | Vivace | - 10 °C

Cette vivace de la famille des Euphorbiaceae forme une touffe assez généreuse et très florifère.

Feuillage : les feuilles étroites et allongées sont gris bleuté et bisannuelles.

Floraison : en avril et mai. Les petites fleurs sont entourées de bractées vert-jaune marquées de brun et sont groupées en inflorescences volumineuses.

Espèces et variétés : *Euphorbia characias* ssp. *wulfenii* diffère par l'absence de marques brunes sur les bractées. 'Humpty Dumpty' est une forme plus compacte et très vigoureuse. 'Burrow Silver' présente un feuillage panaché de jaune crème. *Euphorbia polychroma*, de végétation plus compacte (40 cm), porte des inflorescences jaune verdâtre d'avril à juillet. *Euphorbia myrsinites*, très trapue (10 cm), mais au port étalé, réussit très bien en jardinière.

Comportement en pot : très robuste, cette euphorbe devient vite imposante et ne doit rester que deux ou trois ans dans son pot.

Dimensions du pot : de 30 à 40 cm de profondeur et de diamètre pour un pied.

Exposition : le plein soleil, pas trop brûlant.

Terre : une bonne terre de jardin ordinaire, même calcaire, avec sable de rivière et terreau en mélange à parts égales.

Arrosage : laissez la terre du pot sécher entre deux apports d'eau.

Ennemis et maladies : en général, aucun.

Utilisations : pour obtenir une ambiance dans les tons gris-bleu, associez cette euphorbe à des armoises 'Powis Castle', à des crambés maritimes et à des rues (*Ruta graveolens*) et des fétuques glauques.

Conseil Truffaut : taillez à la fin de la floraison. Divisez les touffes tous les deux ans en octobre.

Euphorbia characias

Euphorbia triangularis
CANDÉLABRE

1/1,50 m | 30/50 cm | Succulente | 5 °C

Cette plante à l'aspect de cactus de la famille des Euphorbiaceae est une beauté exotique très piquante.

Feuillage : il est réduit à de grandes tiges vert foncé, érigées, succulentes, anguleuses et très fortement épineuses.

Floraison : insignifiante. Rare en culture.

Espèces et variétés : *Euphorbia echinus* forme un petit buisson très épineux et dépourvu de feuilles, de 1 m de hauteur. *Euphorbia candelabrum* développe de hautes tiges épineuses et feuillues à leur extrémité. Croissance lente.

Comportement en pot : cette belle espèce gélive peut vivre en plein air de mai à octobre et même toute l'année sur

la Côte d'Azur. Les grands sujets manquent souvent de stabilité. Tuteurez-les.
Dimensions du pot : 25 cm de largeur et de profondeur, pour une touffe de moins de 1 m de haut. Une jarre convient bien.
Exposition : en plein soleil, chaude, aride.
Terre : un mélange bien drainé de terreau d'écorce, de sable de rivière et de terre de jardin légère, par tiers.
Arrosage : presque rien en hiver. Laissez la terre sécher en surface avant d'arroser, en été.
Ennemis et maladies : la pourriture des racines entraîne le dépérissement rapide de la plante. Attention aux cochenilles durant la période d'hivernage dans la véranda.
Utilisations : cette plante crée un superbe effet de « statue végétale » sur un balcon exotique avec des cactées et des palmiers.
Conseil Truffaut : en hiver, rentrez la potée dans une pièce très claire ou dans une véranda, à une température comprise entre 5 et 10 °C. Arrosez très peu, juste pour éviter le flétrissement des tiges.

Euphorbia triangularis

Euryops chrysanthemoides

Euryops spp.
MARGUERITE DE SOCOTRA

J F M A M J J A S O N D

0,30/1 m 0,30/1 m Arbuste -2 °C

Ces sous-arbrisseaux de la famille des Asteraceae forment un coussin compact de marguerites jaune d'or.

Feuillage : alterne, simple, abondant, formant un buisson très ramifié. Les feuilles sont finement découpées, vert-gris.
Floraison : les capitules ressemblent à des marguerites simples, jaune très vif.
Espèces et Variétés : *Euryops chrysanthemoides* 'Sunshine' atteint plus de 1 m de hauteur et d'envergure. Il forme naturellement une boule. *Euryops pectinatus*, buissonnant, fleurit toute l'année dans les régions méditerranéennes.
Comportement en pot : à l'abri du gel, l'euryops vit de 3 à 4 ans dans le même pot.
Dimensions du pot : au minimum 25 cm de diamètre et de profondeur pour un seul pied. Un pot en terre cuite bien stable est préférable.
Exposition : chaude, abritée des vents forts, en plein soleil aride.
Terre : un bon terreau de plantation, souple, mais pas trop riche, allégé avec un peu de sable de rivière.
Arrosage : assez parcimonieux, dès que le sol s'assèche sur 1 cm en surface.
Ennemis et maladies : aucun.
Utilisations : dans un lieu très ensoleillé, associez les euryops à des arctotis, des félicias, des gazanias, des érigérons, des cuphéas ou à des ostéospermums, pour obtenir un été très haut en couleur.

Conseil Truffaut : éliminez les fleurs fanées au fur et à mesure pour stimuler la formation de nouveaux boutons. En été, donnez un engrais liquide pour plantes fleuries tous les quinze jours.

Euryops acraeus

Exacum affine

Exacum affine
VIOLETTE DE PERSE

J F M A M J J A S O N D

20/30 cm · 20/30 cm · P Annuelle · 5 °C

Cette petite plante de la famille des Gentianaceae se comporte parfois comme une vivace éphémère.

Feuillage : opposé, vernissé, vert foncé brillant, ovale, elliptique, porté par des tiges charnues et quadrangulaires.

Floraison : les fleurs simples de 1 à 2 cm de diamètre, violettes, à étamines jaunes, sont parfumées. Il faut beaucoup de chaleur pour que la plante embaume.

Espèces et variétés : il existe des formes à fleurs blanches et, plus rares, doubles.

Comportement en pot : traitez l'exacum comme une bisannuelle si vous disposez d'une véranda, sinon en annuelle d'été.

Dimensions du pot : 12 cm de diamètre et de profondeur, au minimum.

Exposition : très lumineuse, mais à l'abri du soleil direct et des courants d'air froids.

Terre : un mélange de terre de bruyère et de terreau d'écorce par moitié, avec un bon drainage ou un terreau sableux.

Arrosage : modéré, juste assez pour maintenir une fraîcheur constante dans le sol (en moyenne deux fois par semaine).

Ennemis et maladies : aucun.

Utilisations : son faible développement le destine aux premiers rangs des jardinières.

Conseil Truffaut : en saison, offrez à la violette de Perse un engrais liquide pour plantes fleuries tous les dix jours. En hiver, rentrez la potée dans une pièce lumineuse entre 12 et 16 °C.

Exochorda giraldii
EXOCHORDA

J F M A M J J A S O N D

1/2 m · 1/2 m · C Arbuste · - 15 °C

Cet arbuste assez ample de la famille des Rosaceae offre une des plus belles floraisons du printemps.

Feuillage : alterne, vert soutenu, simple, oblong. Les jeunes feuilles apparaissent tôt au printemps et persistent jusqu'en décembre. Port souple, lâche, élégant.

Floraison : des grappes terminales de grandes fleurs simples d'un blanc pur recouvrent totalement les rameaux.

Espèces et variétés : la var. *wilsonii* est une variété à port érigé. *Exochorda* x *macrantha* 'The Bride' est un bel hybride pleureur, peu encombrant et très décoratif. *Exochorda serratifolia* 'Snow White', au port arrondi bien buissonnant et compact, convient bien pour la culture en pot.

Comportement en pot : cet arbuste vigoureuse et rustique pousse vite en pot mais ne peut y survivre que trois ou quatre ans tout au plus.

Dimensions du pot : un grand bac de 40 à 50 cm de profondeur et de diamètre, est nécessaire à une bonne croissance.

Exposition : très ensoleillée, mais pas brûlante. La mi-ombre légère est acceptée.

Terre : un terreau d'écorce pas trop compact et bien drainé au fond du pot.

Exochorda giraldii

Arrosage : sans excès, en laissant la terre se ressuyer complètement en surface avant un nouvel apport d'eau.

Ennemis et maladies : les pucerons peuvent s'attaquer aux jeunes pousses.

Utilisations : l'intérêt de l'arbuste réside surtout dans sa floraison printanière. Cultivez-le en isolé ou en arrière-plan dans un grand bac, avec des bulbeuses printanières et des vivaces à floraison estivale.

Conseil Truffaut : tous les trois ans, éliminez quelques rameaux parmi les plus âgés pour aérer un peu la touffe qui s'enchevêtre vite. Taillez après la floraison en réduisant les pousses florifères de la moitié de leur longueur.

Exochorda 'The Bride'

Fatsia japonica
FAUX ARALIA

J F M A M J J A S O N D

1,50/2 m — 1/2 m — Arbuste — - 5 °C

Cet arbuste luxuriant de la famille des Araliaceae donne un aspect très exotique et opulent au balcon.

Feuillage : en verticille, très décoratif, vert vif brillant sur le dessus, plus pâle au revers. Les grandes feuilles, de 20 à 40 cm de diamètre, sont palmées, découpées en sept à neuf lobes. Elles supportent la pollution.

Floraison : blanche, en automne. Les petites fleurs regroupées en ombelles arrondies apparaissent en grosses panicules de 25 à 30 cm de longueur.

Espèces et variétés : le genre *Fatsia* ne comprend que deux espèces. 'Moseri' est une forme compacte. Il existe de belles variétés horticoles (cultivars) à feuillage doré ou panaché de blanc crème, moins rustiques que le type, à réserver à la culture d'intérieur.

Comportement en pot : le *Fatsia* est une excellente plante pour la culture en pot. Mais il est frileux et doit être protégé du gel en hiver dans la plupart des régions.

Dimensions du pot : 25 cm de diamètre et de profondeur au minimum pour un jeune sujet. Ensuite, un bac de 40 cm.

Exposition : une ombre légère, dans un endroit se trouvant bien abrité des courants d'air et du froid vif.

Terre : un terreau riche et bien drainé.

Arrosage : le sol doit être maintenu toujours frais, surtout en été par temps chaud et sec. Mais surtout, ne détrempez pas.

Ennemis et maladies : surveillez les attaques d'araignées rouges, qui provoquent par temps sec la décoloration puis le dessèchement des feuilles. Les cochenilles sont également à redouter.

Utilisations : l'aralia est idéal pour les terrasses et les balcons ombragés dans les régions au climat doux (jusqu'en Anjou). Associez-le à des aspidistras, des aucubas, des bambous des azalées et des hostas.

Conseil Truffaut : dans les régions les plus froides, rentrez la potée en hiver dans une véranda ou dans une serre tout juste maintenue hors gel.

Fatsia japonica

Felicia amelloides
ASTER BLEU DU CAP

J F M A M J J A S O N D

20/40 cm — 20/40 cm — Saisonnière — 3 °C

Cette vivace frileuse de la famille des Asteraceae nous enchante par la teinte inhabituelle de ses fleurs.

Feuillage : opposé ou en rosette, vert vif. Les feuilles, de 1 à 3 cm de long, sont rondes ou ovales. Même en pot, la touffe forme rapidement un buisson très dense.

Floraison : très abondante. Les capitules sont bleu ciel avec un cœur jaune vif. Les fleurs ne s'ouvrent qu'en plein soleil.

Espèces et variétés : 'Variegata', porte un feuillage vert panaché de jaune. 'Read's white', offre une floraison blanc pur. 'Read's Blue', plus commun, a des fleurs bleu clair. 'Santa Anita' se couvre de petites marguerites bleu intense.

Felicia amelloides

Comportement en pot : une excellente espèce pour la culture en pot, dont la teinte bleue est peu fréquente en été. Rempotez tous les deux ans.

Dimensions du pot : 20 cm de diamètre et de profondeur pour un pied seul.

Exposition : très ensoleillée et chaude.

Terre : un mélange d'un tiers de terreau de rempotage et de deux tiers de sable de rivière, enrichi d'un fertilisant organique à base de fumiers et d'algues.

Arrosage : modéré, même en été. Il faut toujours laisser le sol s'assécher en surface entre deux apports d'eau.

Ennemis et maladies : en général, aucun.

Utilisations : c'est un excellent couvre-sol, très florifère, qui peut être cultivé avec des euryops, des dimorphotécas ou des lantanas. L'aster du Cap, appelé aussi agathéa, est idéal pour habiller le pied d'un anthémis sur tige ou d'un datura arbustif.

Conseil Truffaut : rasez la touffe durant l'hiver pour qu'elle résiste mieux au froid. Couvrez aussi d'un voile en période de forte humidité.

Festuca glauca

Festuca glauca
FÉTUQUE GLAUQUE

J F M A M J J A S O N D

20/30 cm — 20/25 cm — P Graminée — - 10 °C

Cette vivace de la famille des Poaceae forme un coussin arrondi d'herbes fines très ornementales.

Feuillage : il forme une touffe arrondie régulière, très gracieuse et assez compacte. Les feuilles fines et dressées prennent une belle teinte vert bleuté, à reflet plus argenté lorsque le sol est sec.

Floraison : les petits épis de 5 ou 6 mm de long sont délicieusement bleutés.

Espèces et variétés : 'Blaufuchs' porte des feuilles fines, bleu intense. *Festuca mairei* est la plus grande des fétuques. Ses touffes bleutées atteignent 50 à 60 cm d'envergure, et près de 1 m de hauteur pendant la floraison. *Festuca scoparia* forme de larges coussins vert foncé. *Festuca amethystina* est bleu acier. 'April Grün' ne dépasse pas 20 cm de hauteur. Son feuillage est vert bronze, teinté de gris.

Comportement en pot : sans problème. Très décorative, la fétuque glauque révèle toute sa beauté dans une jardinière ou dans une coupe large et basse.

Dimensions du pot : 15 cm de diamètre et de profondeur au minimum pour une petite espèce. Mais dans un petit contenant la plante souffre vite de sécheresse.

Exposition : en plein soleil, même brûlant.

Terre : une bonne terre de jardin légère et bien drainée associée par moitié à du terreau de rempotage à base d'écorce.

Arrosage : modéré. Laissez le sol bien sécher en surface avant d'arroser (comptez une fois par semaine en moyenne).

Ennemis et maladies : pourriture des racines en hiver, dans un sol humide et compact ou un bac mal drainé.

Utilisations : en couvre-sol ou en bordure, pour alléger une composition de feuillages plus rigides. Au pied des arbustes et en association avec des plantes dorées.

Conseil Truffaut : plantez de préférence les fétuques en mars ou en avril. Divisez les touffes tous les trois ou quatre ans pour bien régénérer la plante.

Ficus pumila
FICUS RAMPANT

1/2 m — 1/2 m — P Grimpante — 0 °C

Cette vivace frileuse aux rameaux grêles de la famille des Moraceae court, grimpe ou cascade à volonté.

Feuillage : alterne, simple, vert foncé. Les feuilles sont ovales et pointues. Les tiges fines développent des racines aériennes qui s'agrippent naturellement sur les matériaux rugueux. Le port est rampant ou retombant selon la nature du support.

Floraison : insignifiante, rare en culture.

Espèces et variétés : 'Sunny' et 'Variegata' présentent un feuillage panaché de blanc crème, très lumineux.

Comportement en pot : le ficus rampant supporte des températures assez basses mais, dans les régions soumises au gel, il est nécessaire de protéger le pot tout entier en hiver. Dans le Midi, cette petite plante s'acclimate très bien en plein air.

Dimensions du pot : 14 cm de diamètre et 12 cm de profondeur, au minimum, pour un jeune pied. 25 cm pour un sujet adulte. Une coupe plate convient aussi.

Exposition : à mi-ombre, pas trop chaude et même à l'ombre dense en été.

Terre : humifère, légère et drainante. Un mélange de terreau d'écorce et de tourbe, blonde par moitié avec un bon drainage.

Arrosage : régulier pour maintenir le terreau toujours frais en été. Réduisez la fréquence des apports d'eau dès que le thermomètre redescend en dessous de 15 °C.

Ennemis et maladies : les cochenilles se fixent sous le feuillage et sur les tiges.

Utilisations : en suspension, en habillage au pied d'un arbuste, palissé sur treillage.

Conseil Truffaut : de mai à septembre, apportez un engrais pour plantes vertes tous les dix jours sur une motte humide.

Ficus pumila 'Variegata'

Foeniculum vulgare 'Rudy'

Foeniculum vulgare 'Purpureum'

Foeniculum vulgare
FENOUIL

J F M A M J J A S O N D

1,50 m | 50/60 cm | Aromatique | - 10 °C

Cette vivace aromatique de la famille des Apiaceae développe un feuillage d'une rare légèreté.

Feuillage : fin et profondément divisé, gracieux, aérien, vert bleuté, avec une nette odeur anisée. La plante peut atteindre 1,50 m à l'époque de la floraison.

Floraison : en juillet et en août. Les petites fleurs jaunes sont regroupées en larges ombelles plates terminales. Elles dégagent un fort parfum d'anis, très caractéristique.

Espèces et variétés : *Foeniculum vulgare,* la forme ornementale, est vivace et rustique avec un feuillage vert bleuté ou bronze clair chez la variété 'Purpureum', très décorative. *Foeniculum vulgare* var. *azoricum* est une bisannuelle cultivée comme légume, même en pot. La base renflée de la tige est consommée.

Comportement en pot : les fenouils à feuillage décoratif sont les mieux adaptés à la culture en pot. Plantez-les, à l'abri des courants d'air violents.

Dimensions du pot : 30 cm de profondeur et de diamètre pour un seul plant.

Exposition : en plein soleil, sans vent.

Terre : riche, légère, sableuse et bien drainée. Un terreau de rempotage avec un tiers de sable et 20 % de fertilisant organique à base de fumiers et d'algues.

Arrosage : une fois par semaine pour les espèces ornementales. Le fenouil légume a besoin d'apports d'eau plus fréquents et plus copieux (deux fois par semaine).

Ennemis et maladies : en général, aucun.

Utilisations : le fenouil vivace allège les compositions à base de grandes plantes au port raide. Les feuilles se mangent fraîches ou congelées. Elles entrent dans l'aromatisation de nombreux plats.

Conseil Truffaut : **coupez les inflorescences dès qu'elles se fanent, car le fenouil se ressème partout, même s'il est cultivé sur le balcon.**

Forsythia spp.
FORSYTHIA

J F M A M J J A S O N D

1/2 m | 0,60/2 m | Arbuste | - 20 °C

Cet arbuste très facile, de la famille des Oleaceae, est l'un des premiers rayons de soleil printaniers.

Feuillage : opposé, simple, ovale, vert foncé. Le port de l'arbuste est généralement dressé avec une envergure très variable selon la variété. Croissance rapide.

Floraison : jaune vif. Les fleurs simples apparaissent avant les feuilles. Elles couvrent les branches âgées de 1 à 3 ans.

Espèces et variétés : 'Marée d'Or', à la végétation étalée qui ne dépasse pas 80 cm de hauteur pour 1,50 m de largeur. 'Mêlée d'Or', jaune clair et florifère, présente un port compact et érigé (1 m). 'Boucle d'Or' pousse plus lentement, avec une abondante floraison tardive jaune intense.

Comportement en pot : préférez les nouveaux hybrides de l'Inra/Sapho cités ci-dessus, dont la petite taille est plus adaptée que les autres forsythias à la culture en pot.

Dimensions du pot : de 30 à 50 cm de profondeur et de largeur pour un sujet.

Exposition : en plein soleil ou à mi-ombre.

Terre : terre de jardin et terreau par moitié.

Arrosage : une fois par semaine environ durant la période de végétation.

Ennemis et maladies : le pourridié entraîne le dépérissement de l'arbuste. Éli-

Forsythia x 'Mêlée d'Or'

minez la plante et la terre contaminées. Désinfectez le contenant à l'eau de Javel.
Utilisations : associé dans une grande jardinière à des fusains, des pins miniatures, des petits bulbes, des vivaces à floraison printanière et un bon couvre-sol (bugle).
Conseil Truffaut : un mois après la floraison, éliminez les vieilles tiges à l'écorce brune et les rameaux secs.

Fortunella japonica KUMQUAT

J F M A M J J A S O N D

1/2 m | 0,80/1,50 m | P Arbuste | 0 °C

Ce petit arbre assez frileux de la famille des Rutaceae est un délicieux cousin du citronnier.

Feuillage : alterne, coriace, simple, aromatique, lancéolé et vert brillant. Les tiges portent des épines assez rigides et acérées.
Floraison : blanche et parfumée, suivie de fruits comestibles (avec la peau) ronds ou ovales, de 2 à 3 cm de diamètre.
Espèces et variétés : *Fortunella margarita* est une espèce très ressemblante, mais sans épines. Ses fruits sont plus allongés et de saveur acide, moins agréable.
Comportement en pot : le kumquat est une excellente plante pour la culture en bac, à rempoter tous les deux ans.

Fortunella japonica

Fothergilla gardenii

Dimensions du pot : 35 cm de largeur et de profondeur pour un sujet de moins de 1 m de hauteur. Choisissez de préférence un pot en terre cuite assez épais.
Exposition : abritée des vents, très ensoleillée et chaude (toujours hors gel).
Terre : riche, légère et bien drainée. Un bon mélange, par tiers, de terreau de fumier, avec de la terre de jardin non calcaire et du sable de rivière est idéal.
Arrosage : le sol doit sécher en surface entre deux apports d'eau (comptez une ou deux fois par semaine en moyenne).
Ennemis et maladies : les cochenilles sont des parasites fréquents et tenaces, qui entraînent l'apparition de la fumagine (charbon). Les acariens provoquent une décoloration suivie de la chute des feuilles.
Utilisations : en sujet isolé dans un bac carré ou avec d'autres agrumes, des palmiers, des bougainvillées, des lauriers-roses.
Conseil Truffaut : dans les régions soumises au gel, hivernez le kumquat dans une véranda, d'octobre à début mai, à une température de 5 à 12 °C.

Fothergilla gardenii FOTHERGILLA

J F M A M J J A S O N D

1/1,50 m | 0,80/1 m | C Arbuste | - 15 °C

Cet arbuste acidophile de la famille des Hamamelidaceae offre des fleurs superbes et un feuillage magique.

Feuillage : alterne, vert franc. Les feuilles ovales et dentées prennent une splendide coloration automnale rouge écarlate.
Floraison : très parfumée au printemps, avant les feuilles. Les fleurs blanc crème, réunies en chatons veloutés de 3 cm de long, apparaissent sur le bois de un an.
Espèces et variétés : 'Blue Mist' développe un feuillage d'un bleu eucalyptus du plus bel effet. *Fothergilla major*, aux feuilles plus grandes, est assez vigoureux.
Comportement en pot : cet arbuste à croissance lente convient bien en bac. Il se rempote tous les trois ans.
Dimensions du pot : de 30 à 40 cm de profondeur et de diamètre pour un jeune sujet jusqu'à 1 m de hauteur.
Exposition : mi-ombre assez fraîche l'été de préférence. La floraison peut souffrir des gelées printanières. Installez votre potée à l'abri des courants d'air froids.
Terre : terreau d'écorce et terre de bruyère en mélange par moitié.
Arrosage : deux à trois fois par semaine, avec une eau non calcaire, pour maintenir le sol frais en permanence durant l'été.
Ennemis et maladies : en général, aucun.
Utilisations : dans une grande jardinière, associez le forthergilla avec des arbustes à floraison estivale (caryoptéris), ou à feuillage persistant (camélias, piéris) et à des plantes vivaces ou des fleurs annuelles, pour compenser son aspect discret en été.
Conseil Truffaut : effectuez une petite taille d'entretien après la floraison, juste pour équilibrer la forme.

Fragaria vesca
FRAISIER

J F M **A M** J J **A S** O N D

Hauteur	Largeur	Exposition	Type	Rusticité
15/25 cm	20/30 cm		P Vivace	- 12 °C

Cette petite plante couvre-sol de la famille des Rosaceae vous offre le doux plaisir des récoltes faciles.

Feuillage : la plante, stolonifère, forme une touffe étalée. Les grandes feuilles à trois lobes sont dentées, longuement pétiolées.
Floraison : au printemps, puis à la fin de l'été, pour les variétés remontantes. Les fleurs simples, de 1 à 3 cm de diamètre, ont cinq ou sept pétales blancs ou roses.
Espèces et variétés : il existe deux groupes principaux, l'un donnant une production abondante de fruits à la fin du printemps (les non-remontants) et l'autre fructifiant régulièrement entre juin et octobre (les remontants). Parmi ces dernières, essayez 'Mara des bois' pour son extraordinaire goût de fraise des bois. 'Gento', ferme et juteuse, est une des plus productives. 'Reine des Vallées' est une forme améliorée de la fraise des bois, qui vient bien en suspension. 'Pink Panda' et 'Vivarosa' se distinguent par une floraison rose vif très originale. Ce dernier fructifie fort bien, mais la qualité des fruits est moyenne. *Fragaria vesca* 'Variegata' est panaché.

Fraisier en suspension

Comportement en pot : excellent. Choisissez de préférence une variété remontante, plutôt stolonifère, afin de créer des suspensions en cascade.
Dimensions du pot : 20 cm de diamètre et de profondeur pour un plant seul.
Exposition : en plein soleil non brûlant.
Terre : un bon terreau pour géraniums, assez consistant. Prévoyez un apport d'engrais organique lors de la plantation, puis chaque année au printemps.
Arrosage : pendant la saison de fructification maintenez le sol toujours frais, mais sans le détremper. Arrosez peu l'hiver.
Ennemis et maladies : viroses, oïdium, botrytis, pucerons et araignées rouges. Traitez préventivement au début et à la fin de la floraison (pas pendant la récolte).
Utilisations : installez plusieurs pieds dans une jarre percée d'ouvertures sur les flancs pour obtenir une récolte plus abondante sur un minimum d'espace.
Conseil Truffaut : renouvelez vos cultures de fraisiers tous les trois ans avec des plants achetés dans le commerce, ils sont garantis indemnes de virus.

Fraisier (*Fragaria* 'Gento')

Freesia x *hybrida*
FREESIA

J F M A M J **J A S O** N D

Hauteur	Largeur	Exposition	Type	Rusticité
20/40 cm	10/20 cm		C Bulbeuse	5 °C

Une bulbeuse sud-africaine frileuse de la famille des Iridaceae, aux fleurs originales, d'un parfum subtil.

Feuillage : vert franc, étroit et lancéolé.
Floraison : les fleurs très odorantes, sont groupées en épis allongés de coloris variés.
Espèces et variétés : il existe de très nombreux hybrides, pas toujours parfumés, mais très florifères et aux superbes couleurs, généralement vendus en mélange.
Comportement en pot : comme il craint le froid, mieux vaut cultiver le freesia en pot. Renouvelez les bulbes chaque année.
Dimensions du pot : 25 à 30 cm de profondeur et de diamètre pour une dizaine de cormus plantés en touffe assez serrée.
Exposition : chaleur et plein soleil.
Terre : un terreau sableux, très poreux.
Arrosage : une à deux fois par semaine l'été. Nul pendant la période de repos.
Ennemis et maladies : pucerons et araignées rouges sévissent en été.
Utilisations : dans un grand pot, associez les freesias à des annuelles tapissantes telles que des sanvitalias, des verveines, des pétunias.
Conseil Truffaut : plantez les cormus en avril, après les gelées. Enterrez-les à 5 cm de profondeur en les espaçant de 5 à 7 cm.

Freesia x *hybrida*

Fremontodendron californicum

Fremontodendron californicum
FRÉMONTIA

J F M A M J J A S O N D

2/3 m | 1/2 m | P Grimpante | 0 °C

Cet arbuste vigoureux de la famille des Sterculiaceae porte longtemps une avalanche de fleurs jaune d'or.

Feuillage : alterne, souvent semi-persistant. Les feuilles duveteuses sont profondément lobées, glauques sur le dessus et brunes au revers. Port semi-grimpant.

Floraison : constamment renouvelée. Les grandes fleurs simples, en coupe aplatie de 4 à 8 cm de diamètre, se parent d'une belle couleur jaune d'or éclatante.

Espèces et variétés : 'California Glory' est un superbe hybride à grandes fleurs de 10 cm de diamètre. Sa croissance est rapide, mais sa durée de vie assez courte. Il gagne à être hiverné en véranda.

Comportement en pot : le frémontia en pot vit de 3 à 5 ans. Il n'aime pas les rempotages et manque vite de place.

Dimensions du pot : 40 cm de profondeur et de largeur tout de suite, pour que la plante puisse bien s'installer.

Exposition : en plein soleil. Une situation chaude et abritée des vents dominants.

Terre : bien drainée. Un mélange par tiers de terreau d'écorce, de tourbe brune et de sable de rivière assez grossier.

Arrosage : entre deux apports d'eau bien copieux, laissez la terre sécher sur 1 à 2 cm à la surface du pot.

Ennemis et maladies : en général aucun.

Utilisations : installez le frémontia contre un mur exposé au sud ou au sud-ouest ou sur un treillage bien protégé. Associez-lui des lavandes, des *Teucrium*, des armoises, des thyms ou un romarin rampant.

Conseil Truffaut : palissez les nouvelles pousses sans trop les serrer.

Fritillaria spp.
FRITILLAIRE

J F M A M J J A S O N D

20/80 cm | 10/30 cm | C Bulbeuse | - 10 °C

Ces bulbeuses très variées de la famille des Liliaceae offrent une symphonie de clochettes colorées.

Feuillage : alterne ou verticillé, vert ou glauque, linéaire ou lancéolé. Les feuilles naissent d'un bulbe à l'odeur de punaise !

Floraison : assez éphémère, l'époque varie selon les espèces. Les fleurs, en clochettes pendantes, sont réunies au sommet ou le long d'une hampe florale rigide.

Espèces et variétés : *Fritillaria michailovskyi* pousse très bien en pot. Les fleurs chocolat à collerette jaune vif apparaissent en avril/mai. *Fritillaria imperialis*, la couronne impériale, atteint 80 cm en pot. Un toupet de bractées vertes surmonte les fleurs en clochettes pendantes orangées ou jaunes. *Fritillaria eduardii* ressemble à la couronne impériale, en modèle réduit. Sa floraison inodore est plus précoce. *Fritillaria meleagris*, la plante pintade, épanouit dès mars de grosses fleurs tachetées en damier pourpre ou blanc pur. *Fritillaria persica* 'Adyaman' développe un grand épi de fleurs prune, presque noires. Elle demande un emplacement chaud.

Comportement en pot : les fritillaires poussent très bien en pot, mais leur durée de végétation est courte. Elles doivent être remplacées après la floraison.

Dimensions du pot : prévoyez un pot de 15 cm de diamètre et même de profondeur, pour un bulbe de couronne impériale. Vous pouvez y installer de trois à cinq bulbes de petites espèces.

Exposition : en plein soleil ou à mi-ombre dans un endroit assez dégagé.

Terre : un mélange de terre de jardin, de sable, de tourbe brune et de terreau de rempotage, à parts égales.

Arrosage : une fois par semaine pendant la période de croissance. Cessez les apports d'eau après la floraison.

Ennemis et maladies : les limaces dévorent les jeunes pousses au printemps.

Utilisations : pour réaliser une ambiance printanière très fleurie dans une belle vasque, en compagnie de tulipes, de narcisses, de muscaris et de jacinthes.

Conseil Truffaut : manipulez les bulbes de fritillaires impériales avec précaution car ils sont fragiles. La plantation précoce s'effectue de fin août à septembre, en enterrant les bulbes à 8 ou 10 cm de profondeur. Essayez de les conserver dans le même pot pendant trois ou quatre ans, sans plus y toucher.

Fritillaria meleagris

Fritillaria imperialis

Fuchsia spp.
FUCHSIA

J F M A **M J J A S O** N D

0,30/1 m · 20/70 cm · PC Saisonnière · 0 °C

Ces arbustes frileux de la famille des Onagraceae nous offrent une incroyable variété de couleurs.

Feuillage : opposé ou verticillé, vert mat. Les feuilles, lancéolées ou cordiformes, peuvent être lisses ou duveteuses. Port buissonnant, érigé ou retombant.

Floraison : sans interruption jusqu'aux premières gelées. Les fleurs sont en général pendantes, sur les nouvelles pousses de l'année. D'abord tubulaires, elles s'ouvrent ensuite en quatre sépales étoilés et quatre pétales qui forment une clochette. Les nombreux coloris, dans les diverses nuances de blanc, de rose, d'orange, de rouge, de mauve et bleu violet, se mêlent souvent à deux chez les hybrides.

Fuchsia x 'Charming'

Fuchsia x 'Nancy Lou'

Fuchsia x 'Mr. Hugget'

Espèces et variétés : les espèces botaniques sont rares en culture. *Fuchsia procumbens,* au port très étalé et compact, porte de curieuses petites fleurs érigées, teintées de jaune-orangé, de pourpre et de vert. Les horticulteurs ont créé un très grand nombre de superbes hybrides.

• **Les rustiques :** *Fuchsia magellanica*, rouge profond et rouge violet. *Fuchsia magellanica* var. *gracilis*, rouge et pourpre. *Fuchsia magellanica* var. *pumila*, rouge profond et pourpre violet. *Fuchsia magellanica* 'Riccartonii', rouge pourpre et violet pourpré.

• **Les formes naines :** idéales pour les bordures. 'Frau Alice Hoffmann', rose et blanc nervuré de rouge. 'Minirose', blanc teinté de rouge et pourpre. 'Sun of Thumb', rose bonbon et rose clair. 'Tom Pouce', rouge vif et mauve.

• **Les retombants pour suspensions :** 'Cascade', blanc teinté de carmin et rouge foncé. 'Berba's Trio', rose-rouge, bleu à reflets pourpres. 'La Campanella', blanc rosé, pourpre teinté de bleu lavande avec des rainures rouge cerise. 'Belle de Spa', rose et rouge-orangé. 'Golden Lena', blanc, rouge rosé et violet foncé. 'Onna', rouge-orangé.

• **Fuchsias à feuillage coloré :** 'Anjo', feuillage gris-vert, jaune et crème avec des fleurs blanches et rose-rouge. 'Cloth of Gold', feuillage vert-jaune au revers rouge rosé, à fleurs pourpres. *Fuchsia magellanica* var *versicolor,* à feuillage doré et à fleurs rouge et pourpre. 'Golden Marinka', au feuillage multicolore veiné de rouge, avec des fleurs carmin teintées de pourpre. 'Sunray', à feuillage vert-gris, crème et rose, avec des fleurs cramoisi et bleu, etc.

• **À fleurs simples :** 'Beacon', cerise et pourpre. 'Hathor', rose et saumoné. 'Mission Bells', rouge et pourpre. 'Citation', rose pâle et blanc. 'Madame Cornelissen', rouge vif et blanc. 'Rose de

Fuchsia x 'Orange Crush'

Castille', rose pâle et framboise. 'Ting-a-Ling', blanc pur. 'Joy Patmore', blanc et rouge rosé. 'Caroline', rose frais et rose lilacé. 'Jubilé', rose vif.

• **À fleurs doubles:** 'Alaska', blanc. 'Pink Galore', rose. 'Nancy Lou', rose clair et blanc. 'Sharon Allsop', carmin et blanc. 'Swingtime', rouge vif et blanc. 'Blue Pearl', blanc ivoire et violet bleuté. 'Abondance', rouge vif et violet.

Comportement en pot: le fuchsia est une excellente plante pour la culture en potée ou en jardinière. Il peut vivre deux à trois ans, sans rempotage.

Dimensions du pot: 25 cm de profondeur et de largeur, au moins, par pied.

Exposition: à mi-ombre ou au soleil, en évitant une situation trop chaude et brûlante, en plein midi. Protégez la potée des courants d'air. En août, il est conseillé de placer la jardinière à mi-ombre. Quelques heures de soleil le matin ou l'après-midi suffisent aux fuchsias.

Terre: un mélange léger et poreux de terreau de feuilles, de terre de bruyère et de terre franche par tiers. Au moment de la plantation, ajoutez une poignée d'engrais organique (corne torréfiée, sang desséché) ou de fumier bien décomposé. Le fuchsia est une plante gourmande, car sa croissance est rapide et généreuse. En cours de saison, vous serez peut-être amené à changer la terre de surface et à la remplacer par un mélange terreux tout neuf.

Arrosage: pendant la période de végétation, maintenez le sol toujours frais, sans le détremper. Il faut éviter les « coups » de soif qui abîment le feuillage et font tomber les boutons et les fleurs. Mais le fuchsia est aussi très sensible à un excès d'humidité, qui provoque la pourriture des racines. Arrosez modérément après le rempotage, car, tant que la végétation n'est pas repartie, les besoins en eau sont plus limités. L'eau d'arrosage ne doit jamais stagner dans les soucoupes. Soyez très vigilant avec les plantes cultivées en panier suspendu. Elles sont souvent plus exigeantes en eau. Pendant les journées les plus chaudes de l'été, bassinez le feuillage de votre fuchsia et mouillez le sol tout autour de la potée, pour augmenter l'hygrométrie ambiante. En hiver, réduisez fortement les apports d'eau. Il faut seulement empêcher le dessèchement complet qui entraînerait la mort des racines. Utilisez toujours une eau non calcaire.

Ennemis et maladies: surveillez les attaques de pucerons, d'aleurodes et d'araignées rouges. Traitez dès les premiers signes d'infestation puis régulièrement une fois par mois pour éviter le développement et la prolifération des ravageurs. En début de végétation, protégez le jeune feuillage contre la voracité des escargots et des limaces. Gare aussi aux cochenilles farineuses en fin de saison.

Utilisations: en isolé ou dans de gros pots et des jardinières, avec: bégonia tubéreux, impatiens, coléus, plectranthes ou bacopa. Dans une composition regroupant plusieurs plantes, repiquez les fuchsias tous les 30 cm.

Les espèces rustiques peuvent être associées avec: hydrangéa, *Begonia grandis* 'Evansiana', hosta, fougère caduque, tiarella, tolmiéa ou des lamiers.

Les hybrides à port retombant ou étalé doivent être installés dans des suspensions ou dans un pot placé sur une colonne, à l'abri du vent. Si vous pouvez conserver la plante à l'abri du gel, n'hésitez pas à acheter un fuchsia sur tige. Les sujets bien développés sont superbes.

Fuchsia x 'Citation'

Fuchsia x 'Cover Girl'

Fuchsia magellanica 'Gracilis'

Fuchsia x 'Frank Unsworth'

Fuchsia x 'Claudie Bonheur'

Fuchsia x hybrida

Fuchsia x 'Daisy Bell'

Conseil Truffaut : après les premières gelées, rabattez au niveau du sol les fuchsias cultivés toute l'année à l'extérieur. Couvrez la souche avec une épaisse litière de feuilles, de fougères, de tourbe ou de paille. Protégez le contenant, en l'enveloppant avec un voile d'hivernage ou un film plastique à bulles. Ôtez toutes les protections au printemps, après les dernières gelées. La reprise de la végétation est souvent tardive, les jeunes pousses n'apparaissant qu'en mai.

Toutes les espèces et variétés non rustiques doivent être protégées ou rentrées de la mi-octobre à début mai, dans une serre froide ou dans une véranda peu chauffée (de 5 à 10 °C). Taillez une partie du feuillage et des branches, pour diminuer l'encombrement.

À la fin de l'hivernage, en mars, après avoir effectué une taille plus sévère, rempotez votre plante dans un pot légèrement plus grand. Au cours de cette opération, si le chevelu racinaire est important, réduisez la motte dont les racines sont serrées, en éliminant un tiers de son volume.

Faites ensuite un apport copieux d'engrais organique. Surfacez les potées trop volumineuses. Cette opération consiste à ôter les premiers centimètres de terre, en procédant délicatement pour ne pas abîmer les racines. Comblez avec un nouveau terreau, enrichi de préférence avec un quart d'amendement organique.

Lorsque les nouvelles pousses développent de quatre à six feuilles, pincez leurs extrémités. Avec les variétés vigoureuses, renouvelez jusqu'à trois fois l'opération, à un mois d'intervalle, pendant la croissance. La floraison sera un peu retardée, mais le port de la plante reste plus homogène et trapu.

Une fois par semaine, faites des apports d'engrais liquide, jusqu'à l'apparition des premières fleurs.

Palissez et tuteurez les jeunes pousses au fur et à mesure de leur croissance, car elles sont beaucoup plus flexibles que les tiges ayant formé du bois.

Ôtez régulièrement les feuilles jaunies, fanées et les fruits qui épuisent inutilement la plante. Ramassez les fleurs tombées sur le sol pour éviter la propagation des maladies.

Pour multiplier votre fuchsia, le bouturage est la méthode la plus facile et la plus rapide. L'époque la plus favorable se situe dans la seconde quinzaine d'août et jusqu'à mi-septembre.

Prélevez des boutures de 8 à 10 cm de long. Choisissez des pousses vigoureuses et trapues, sans bouton à fleurs. Ôtez toutes les feuilles situées sur les deux tiers inférieurs de la tige.

Installez vos boutures dans des petits godets remplis de terre de bruyère, additionnée d'un tiers de terreau horticole ou dans un mélange de sable et tourbe blonde. Enfoncez-les jusqu'à la première paire de feuilles. Arrosez copieusement et installez vos boutures dans une miniserre, à l'étouffée.

Dès la reprise de la végétation qui se manifeste par la formation des radicelles, aérez la culture et endurcissez progressivement vos jeunes plants (baissez la température) avant de les rempoter deux fois, à 40 jours d'intervalle, dans des pots de plus en plus grands (prévoyez un diamètre supérieur de 1 ou 2 cm). Pincez les tiges pour stimuler la ramification et la production de fleurs.

La petite histoire du fuchsia

La première espèce de fuchsia fut trouvée et décrite vers 1704 par le révérend père Plumier, qui la dédia à Leonhart Fuchs, médecin, botaniste et professeur à l'université de Thuringe (Bavière). Il s'agissait du *Fuchsia triphylla*. La plupart des espèces botaniques poussent au Pérou, au Chili et au Mexique, sur les hautes montagnes, en plein cœur de la forêt, dans des emplacements ombragés et humides. Seules deux espèces, *Fuchsia excortica* (gravure ci-dessus) et *Fuchsia procumbens*, sont originaires de la Nouvelle-Zélande. Entre 1788 et 1852, de nombreux fuchsias furent introduits en Angleterre et en France, sous forme de graines ou de plants. Avant 1830, les quelques espèces de fuchsias cultivées présentaient souvent un petit feuillage. Peu à peu, elles furent délaissées au profit d'espèces mexicaines à large feuillage et à très grandes fleurs. Elles permirent l'obtention de nouveaux hybrides plus robustes et florifères.

G

Galanthus nivalis
PERCE-NEIGE, NIVÉOLE

J F M A M J J A S O N D

10/20 cm · 5/10 cm · C Bulbeuse · - 20 °C

Cette petite bulbeuse de la famille des Apiaceae est la fleur tendresse de l'hiver, aux clochettes de neige.

Feuillage : linéaire, glauque, assez rigide.

Floraison : très précoce, même sous la neige. Les fleurs ont l'aspect de petites clochettes pendantes blanches, avec la pointe des pétales tachée de vert.

Espèces et variétés : *Galanthus nivalis* 'Plenus' est une belle forme à fleurs doubles. Par l'ampleur de la touffe et par la taille des fleurs, *Galanthus plicatus* est le plus grand des perce-neige. Il atteint 20 cm de hauteur. 'Dionysos' est une variété à fleurs semi-doubles. *Galanthus nivalis reginae-olgae* se distingue par une floraison automnale et parfumée.

Comportement en pot : le perce-neige doit être installé au premier plan dans les potées. Plantez-le en masse pour obtenir un effet décoratif plus réussi. Il peut vivre plusieurs années dans le même pot.

Dimensions du pot : plantez une vingtaine de bulbes en tous sens, dans un pot ou une coupe de 20 cm de diamètre.

Exposition : à mi-ombre, avec un peu de soleil dans la journée. Dans les régions au climat chaud et sec, installez les potées de perce-neige à l'ombre fraîche.

Terre : terre de jardin, terreau universel et sable de rivière en mélange par tiers.

Arrosage : modéré, afin de maintenir le sol légèrement humide mais jamais détrempé pendant la belle saison.

Ennemis et maladies : robuste et rustique, le perce-neige est parfois attaqué par la mouche du narcisse, dont la larve se développe à l'intérieur du bulbe.

Galanthus nivalis

Utilisations : associez le perce-neige à des muscaris, des crocus, des petits iris réticulés, des narcisses 'Tête-à-Tête', des hellébores et des bruyères à floraison hivernale.

Conseil Truffaut : plantez les bulbes dès qu'ils sont disponibles, fin août ou début septembre. Enterrez-les entre 5 et 7 cm de profondeur, avec 3 cm d'intervalle entre chaque pied. Il est inutile d'arroser après la mise en place.

Gaultheria procumbens
GAULTHÉRIE

J F M A M J J A S O N D

15/20 cm · 60/80 cm · P Arbuste · - 10 °C

Cet arbuste rhizomateux, rampant de la famille des Ericaceae porte des fruits à l'aspect de bonbons.

Feuillage : opposé ou verticillé. Les feuilles sont ovales, pointues, luisantes et vert foncé. La croissance est très lente.

Floraison : très discrète, blanche. Les petits fleurs en forme d'urnes, portées en grappes, donnent des fruits rouges à maturité, qui persistent d'octobre à mars.

Espèces et variétés : *Gaultheria procumbens* est le plus rustique. *Gaultheria cuneata* forme un buisson de 30 cm de haut, qui se couvre de fruits blancs. *Gaultheria shallon* atteint 50 cm de hauteur en pot. Les fleurs blanc rosé sont suivies de fruits comme des bonbons rouges, puis noirs, en automne.

Comportement en pot : le gaulthéria vient bien dans une potée à l'ombre. Évitez les courants d'air froids et l'humidité stagnante. Il est assez éphémère.

Gaultheria shallon

Dimensions du pot : environ 30 cm de largeur et de profondeur pour un pied.
Exposition : jamais de soleil direct. L'ombre dense est bien acceptée.
Terre : terre de bruyère pure ou un terreau forestier sableux, très poreux.
Arrosage : régulier pendant la belle saison, pour maintenir une humidité constante, mais légère, au niveau du sol.
Ennemis et maladies : le gaulthéria en pot se montre très sensible au phytophthora dans les sols humides et compacts.
Utilisations : en couvre-sol formé de plusieurs plants, au pied d'azalées, de rhododendrons, de piéris ou d'hydrangéas.
Conseil Truffaut : **plantez plusieurs pieds pour obtenir une fécondation croisée qui vous garantira une fructification plus importante.**

Gazania x hybrida
GAZANIA, GAZANIE

J F M A M J J A S O N D

20/30 cm · 20/30 cm · P Saisonnière · 2 °C

Cette Africaine vivace ou annuelle de la famille des Asteraceae épanouit des étoiles en plein soleil.

Feuillage : lancéolé et dentelé. Les grandes feuilles sont vert foncé sur le dessus et gris argenté au revers. La plante forme une touffe épanouie.
Floraison : les capitules en forme d'étoiles ne s'ouvrent qu'en plein soleil dans des coloris variés, souvent chauds et vifs.
Espèces et variétés : 'Chansonnette' porte un petit feuillage et une abondante floraison rose. 'Mini Star' est une belle variété au port compact. 'Gazoo' réussit à s'épanouir par temps assez couvert.
Comportement en pot : excellent si le gazania reçoit le soleil toute la journée. Dans le Midi, rempotez tous les deux ans, ailleurs cultivez la plante en annuelle.
Dimensions du pot : 15 cm en tous sens, au minimum, pour un seul sujet.
Exposition : très ensoleillée et chaude.
Terre : terreau de rempotage et terre de jardin sableuse en mélange par moitié.
Arrosage : copieux, tous les deux jours par temps chaud (plus de 25 °C).
Ennemis et maladies : pucerons, limaces et araignées rouges sont à redouter.
Utilisations : plantez le gazania avec des dimorphotécas, des lantanas, des lavandes, des anthémis ou du pourpier.
Conseil Truffaut : **mettez en place vos gazanias en mai. En été, donnez de l'engrais tous les dix jours. Ôtez régulièrement les fleurs fanées.**

Gazania x 'Daybreak Bronze'

Genista lydia
GENÊT

J F M A M J J A S O N D

30/50 cm · 50/80 cm · C Arbuste · - 8 °C

Ce petit arbuste étalé de la famille des Fabaceae offre une floraison éclatante, mais assez éphémère.

Feuillage : presque inexistant, linéaire, glauque. Les branches arquées prennent un port étalé sur 80 cm à l'âge adulte.
Floraison : très abondante. Les fleurs jaune d'or, de 1 à 2 cm de long, sont groupées à l'extrémité des tiges effilées, qui ploient joliment sous leur poids.
Espèces et variétés : *Genista pilosa*, au port prostré et à tiges duveteuses. Ses variétés 'Vancouver Gold' et 'Yellow Spreader' forment des couvre-sol qui ne dépassent pas 30 à 45 cm de haut et qui épousent la forme du contenant. Elles supportent bien le froid et le calcaire. 'Porlock', compact, érigé, très florifère.
Comportement en pot : les genêts prostrés poussent très bien en potée et y vivent au moins trois ans. Disposez-les en hauteur pour apprécier leur port retombant et la floraison en cascade.

Genista 'Porlock'

Dimensions du pot : 30 cm de largeur et de profondeur au minimum pour un pied.
Exposition : en plein soleil, même aride.
Terre : une terre de jardin légère, sableuse ou un terreau souple et très drainant.
Arrosage : une fois par semaine. Le genêt résiste mieux au froid dans un sol sec.
Ennemis et maladies : en général aucun.
Utilisations : les branches retombantes servent à cacher un contenant inesthétique.
Conseil Truffaut : **les apports d'engrais sont inutiles, car cette espèce apprécie un sol pauvre. En revanche, rempotez chaque année après la floraison.**

Genista lydia

Gentiana septemfida

Gentiana lagodechiana

Gentiana spp. GENTIANE

J F M A M J J A S O N D

10/30 cm · 20/30 cm · PC Vivace · - 10 °C

Cette plante compacte et touffue de la famille des Gentianaceae est merveilleuse, mais capricieuse.

Feuillage : en rosettes de feuilles ovales allongées ou en forme de fer de lance.

Floraison : les gentianes européennes fleurissent au printemps, celles d'origine asiatique, en été et en automne. Les fleurs ont l'aspect de trompettes d'un bleu intense.

Espèces et variétés : *Gentiana acaulis* forme un tapis vert surmonté de fleurs bleu profond en mai et en juin. *Gentiana sino-ornata* fleurit en automne. Les fleurs sont bleu vif, avec des rayures bleu foncé et vert jaunâtre. *Gentiana septemfida* a un port compact. Les fleurs bleu soutenu apparaissent en été. 'Kingfisher' a des sépales finement striées de bleu presque noir.

Comportement en pot : choisissez uniquement des petites espèces. Installez la potée sur une colonne pour admirer la floraison d'une exceptionnelle finesse.

Dimensions du pot : de 15 à 20 cm de largeur et de profondeur pour un plant.

Exposition : une lumière toujours tamisée, au soleil doux ou à l'ombre légère.

Terre : un mélange de terreau d'écorce et de terre de bruyère par moitié. Le pot doit être très bien drainé.

Arrosage : une à deux fois par semaine.

Ennemis et maladies : pourriture des racines lorsque le sol reste trop humide.

Utilisations : une plante idéale pour réaliser une mini-rocaille dans une auge en pierre.

Conseil Truffaut : rempotez chaque année à la même époque que la plantation initiale ou après la floraison.

Geranium spp. GÉRANIUM VIVACE

J F M A M J J A S O N D

30/60 cm · 20/80 cm · P Vivace · - 20 °C

Ces vivaces très rustiques de la famille des Geraniaceae sont des plantes vraiment sans problème.

Feuillage : en rosette mais longuement pétiolé. Les feuilles, plus ou moins lobées et dentelées, sont palmées et stipulées, souvent aromatiques. Les géraniums qui aiment le plein soleil ont des feuilles plus divisées et des coloris plus sombres que ceux qui poussent à l'ombre.

Floraison : très abondante et durable, par vagues successives, avec un pic en juin, dans les teintes de blanc, rose, pourpre et bleu. Les espèces botaniques fleurissent pendant un à deux mois, les hybrides pendant quatre mois. Les fleurs simples en forme de coupe plate plus ou moins évasée, mesurent de 2 à 4 cm de diamètre.

Espèces et variétés : il existe 375 espèces de géraniums. Le nombre d'hybrides ne cesse de s'accroître chaque année.

• **Les géraniums vivaces blancs :** *Geranium phaeum* 'Album', blanc pur, parfait en couvre-sol à l'ombre. *Geranium sanguineum* 'Album', blanc pur, très florifère, résiste bien à la chaleur et à la sécheresse. *Geranium clarkei* 'Kashmir White', à fleurs blanches veinées de rose lilas, développe un beau feuillage découpé comme un érable japonais. *Geranium macrorrhizum* 'Spessart' se distingue par des fleurs blanches à sépales rougeâtres. *Geranium renardii*, au délicat blanc veiné de pourpre, arbore un beau feuillage velouté et vert mat.

• **Les géraniums vivaces roses :** *Geranium cinereum* 'Ballerina' porte longtemps de grandes fleurs rose soutenu avec des veines plus foncées et un centre noir. *Geranium endressii* dans la forme 'Jean Poligné' est une miniature, rose soutenu, au port compact. 'Wargrave Pink', s'épanouit en rose saumoné satiné.

Geranium cinereum 'Ballerina'

Geranium cinereum 'Subcaulescens'

Geranium x *oxonianum* 'Bressingham Delight', est rose saumon pâle et très veiné. *Geranium sanguineum* var. *lancastriense* a de grandes fleurs rose pâle, veinées rose foncé. *Geranium pylzowianum*, aux petites fleurs rose brillant, forme des tubercules en grand nombre, qui donnent chacun un nouveau pied. Cette espèce florifère, ne dépasse pas 15 cm de haut et pousse fort bien en pot.

• **Les géraniums vivaces bleus :** 'Brookside', bleu clair avec le centre blanc est remontant en automne. 'Johnson's Blue', d'un bleu intense avec des veines pourpres et un œil blanc, prend de belles colorations en automne. *Geranium phaeum* 'Lily Lovell' est vigoureux et fleurit mauve, un peu plus tôt que l'espèce type. *Geranium* x *magnificum* est très vigoureux, avec des grandes fleurs bleu violacé et un feuillage coloré en automne.

• **Les géraniums vivaces rouges ou pourpres :** *Geranium cinereum* 'Subcaulescens', rouge cramoisi a le cœur et des veines noirs. 'Dylis', mauve-pourpre avec des veines rouge foncé, fleurit depuis août jusqu'aux premiers gels. 'Little David', rouge magenta teinté de pourpre, au port très étalé n'excède pas 25 cm de haut. *Geranium psilostemon* 'Bressingham Flair', rouge magenta à œil et veines noirs, atteint 60 cm en pot. *Geranium sanguineum* 'Max Frei', à fleurs magenta, est compact, tapissant avec de belles couleurs en automne. *Geranium* 'Ann Folkard', rouge magenta à œil et veines noirs, fleurit de juin à octobre.

Geranium endressii

• **Les géraniums vivaces à feuillage décoratif :** *Geranium phaeum* 'Maggie's Delight' porte des feuilles maculées de jaune crème aux nervures sombres. *Geranium phaeum* 'Samobor', taché de brun, fleurit pourpre. *Geranium phaeum* 'Variegatum' est curieusement marqué de blanc, de crème et de rouge.

Comportement en pot : hormis *Geranium maderense* et les espèces originaires des Canaries ou d'Afrique du Sud, la plupart des géraniums cultivés supportent des températures très basses. Les formes compactes vivent plusieurs années sans changer de pot. Les plus vigoureuses seront rempotées à chaque début de printemps.

Dimensions du pot : 25 cm de profondeur et 40 cm de large pour les géraniums tapissants, 35 cm en tous sens pour les autres.

Exposition : ensoleillée mais non brûlante, sauf pour les *Geranium phaeum*, *macrorrhizum* et *nodosum*, qui poussent de préférence à l'ombre. Les espèces himalayennes, tels que *Geranium sinense*, *wallichianum*, *erianthemum* ou *lambertii* apprécient une situation au nord.

Geranium oxonianum

Geranium phaeum

Geranium x 'Brookside'

Geranium x 'Johnson's Blue'

Geranium psilostemon

Geranium renardii

Terre : un bon « terreau géraniums » assez compact. *Geranium sanguineum* et ses variétés apprécient un apport de 25 % de sable calcaire (sable de carrière).

Arrosage : une fois par semaine. Par temps chaud et sec, augmentez la fréquence pour stimuler la repousse du feuillage et la remontée des fleurs.

Ennemis et maladies : l'oïdium est fréquent, notamment sur *Geranium pratense*. Après une forte pluie en été, surveillez les attaques éventuelles de rouille, en particulier sur *Geranium pyrenaicum*. Coupez les feuilles atteintes et pulvérisez un produit fongicide. Les larves d'otiorhynques s'attaquent aux racines des géraniums en pot. La plante peut périr en quelques semaines. Le remède le plus efficace consiste à dépoter la plante et à secouer la motte pour faire tomber les larves. Rempotez dans un nouveau pot avec un substrat tout neuf.

Utilisations : les géraniums qui restent beaux longtemps, tels que *Geranium cinereum* 'Ballerina', *Geranium cantabrigiense*, *Geranium* x 'Biokovo', *Geranium pylzowianum*, *Geranium macrorrhizum* 'Ingwersen', *Geranium renardii*, *Geranium sanguineum* 'Lancastriense', *Geranium psilostemon* 'Bressingham Flair', *Geranium sanguineum* 'Max Frei' et *Geranium sylvaticum* 'Meran' auront vos faveurs pour la culture en pot. Associez-les à des alchémilles, des rosiers, des ancolies, des népétas, des lavandes, des armoises 'Powis Castle' ou des knautias. À l'ombre, plantez les géraniums vivaces avec des lamiers, des astilbes, des boltonias, des bulbes à fleurs, des hostas et des fougères.

Conseil Truffaut : tuteurez avec des fagots les grandes espèces, tels que *Geranium psilostemon*, *sylvaticum* et *pratense*. Rabattez les touffes après la floraison afin de favoriser une remontée, tout en améliorant l'aspect général. Divisez les pieds volumineux en hiver.

Geranium dalmaticum

Gerbera jamesonii

Gerbera jamesonii
GERBÉRA

J F M A M **J J A S** O N D

Hauteur	Largeur	Exposition	Type	Rusticité
25/60 cm	20/30 cm		P Saisonnière	5 °C

Cette vivace frileuse de la famille des Asteraceae est une marguerite à grosses fleurs, haute en couleur.

Feuillage : vert moyen en larges rosettes de feuilles velues, lancéolées et lobées.

Floraison : les grands capitules simples ou doubles ressemblent à des marguerites de 6 à 12 cm de diamètre. Coloris variés, dans toutes les nuances de blanc, jaune, orange, rose, rouge et pourpre.

Espèces et variétés : 'F1 Jaguar' et 'F1 Festival' sont parfaits pour la culture en pot. Ils atteignent 30 cm de hauteur.

Comportement en pot : le gerbera pousse très bien dans un contenant évasé. Gélif, il doit être protégé du froid et rentré dans une véranda en hiver, à une température minimale de 5 à 7 °C.

Dimensions du pot : au minimum 20 cm en tous sens pour un plant.

Exposition : abritée du vent et ensoleillée.

Terre : un bon terreau de plantation, bien drainé, enrichi d'un fertilisant organique.

Arrosage : modéré, juste assez pour garder le sol à peine frais durant l'été.

Ennemis et maladies : un excès d'humidité favorise la pourriture des racines. Attention aux pucerons et aux aleurodes lorsque la plante se trouve en hivernage.

Utilisations : pour un décor estival très fleuri, associez le gerbera avec d'autres belles exotiques telles que le lantana, le gazania et tous les pélargoniums.

Conseil Truffaut : **rempotez chaque année en mars. De mai à septembre, donnez de l'engrais pour plantes fleuries tous les dix jours. Coupez les tiges des fleurs fanées au niveau du sol.**

Glechoma hederacea
LIERRE TERRESTRE

J F **M A M J** J A S O N D

Hauteur	Largeur	Exposition	Type	Rusticité
15 cm	1 m		P Vivace	- 10 °C

Cette plante couvre-sol de la famille des Lamiaceae forme une cascade de feuilles panachées.

Feuillage : opposé. Les petites feuilles réniformes sont dentées. Port tapissant ou retombant. Les tiges s'enracinent souvent.

Floraison : bleu-violet à lèvre lavande, en bouquets portés sur des tiges dressées.

Espèces et variétés : 'Variegata', à feuilles panachées ou bordées de crème.

Comportement en pot : excellent et durable si vous rempotez tous les deux ans. La plante est gourmande, les tiges peuvent atteindre 1 m de longueur en quelques mois, fertilisez régulièrement.

Dimensions du pot : 15 cm de profondeur et de largeur pour un seul pied.

Exposition : à mi-ombre de préférence, mais l'ombre dense est bien supportée.

Terre : un bon terreau pas trop compact.

Arrosage : une fois par semaine suffit.

Ennemis et maladies : l'oïdium est fréquent sur le feuillage de la forme panachée. Traitez préventivement avec un fongicide dès le mois de mai, en répétant tous les dix jours si le temps est humide.

Utilisations : le lierre terrestre est parfait pour habiller des suspensions et dissimuler le bord de tout type de contenant.

Conseil Truffaut : **à la fin de l'hiver, rabattez les tiges au ras du sol pour favoriser le départ de nouvelles pousses vigoureuses et plus décoratives.**

Glechoma hederacea 'Variegata'

Godetia x 'Azalée Rembrandt'

Godetia grandiflora (Clarkia) GODÉTIA, FLEUR DE SATIN

J F M A M J J A S O N D

25/40 cm | 20/30 cm | Annuelle | - 3 °C

Cette annuelle très florifère de la famille des Onagraceae est désormais appelée Clarkia amoena.

Feuillage : opposé, vert moyen. Les feuilles de 4 à 6 cm de long, sont étroites et pointues, le port dressé, en petit buisson.

Floraison : variable selon la date du semis. Les fleurs simples ou doubles, en forme de coupe évasée, sont réunies en bouquets terminaux dans les tons roses ou lavande.

Espèces et variétés : 'Parade d'Azalée' forme de belles touffes de 35 cm de haut, couvertes de fleurs doubles. 'F1 Satin' se distingue par un port compact (25 cm de haut) et une abondante floraison simple.

Comportement en pot : les espèces naines sont plus adaptées à la culture en pot ou en jardinière où elles s'épanouissent très bien.

Dimensions du pot : 18/20 cm de profondeur et de largeur au moins pour un plant.

Exposition : en plein soleil, pas trop brûlant ou sous une lumière douce et tamisée.

Terre : un bon terreau souple et poreux.

Arrosage : maintenez le sol légèrement frais en permanence, sans détremper.

Ennemis et maladies : en général, aucun.

Utilisations : la croissance rapide et la floraison abondante du godétia en font une plante « bouche-trou » parfaite pour combler les trous dans les jardinières.

Conseil Truffaut : semez plutôt d'avril à fin mai, directement dans le pot définitif, car le godétia supporte mal la transplantation. Éclaircissez le semis en conservant un pied tous les 25 cm.

Gomphrena globosa AMARANTOÏDE

J F M A M J J A S O N D

20/45 cm | 20/30 cm | Annuelle | 0 °C

Originaire d'Amérique centrale, cette Amarantacée épanouit des petites têtes colorées, immortelles.

Feuillage : opposé, vert clair, velu. Les feuilles de 8 à 15 cm de long, sont oblongues ou ovales, le port buissonnant.

Floraison : de très longue durée. Les fleurs sont réunies au bout des tiges, en capitules ovoïdes rose pourpré ou blancs.

Espèces et variétés : *Gomphrena haagena* 'Leuchtfunk' forme une touffe de 30 cm. Les grosses fleurs orange se conservent bien. *Gomphrena globosa* 'Buddy' présente un port très compact (15 cm). La floraison est blanche ou pourpre. 'Strawberry Fields' est rouge vif.

Comportement en pot : le gomphréna est de culture facile et sans problème.

Dimensions du pot : 15 cm de profondeur et de largeur au moins pour un plant.

Exposition : bien ensoleillée, même assez chaude pour obtenir une bonne floraison.

Terre : un terreau classique, pas trop compact, à base de tourbes brune et blonde.

Arrosage : une à deux fois par semaine selon la température ambiante. Maintenez le sol un peu frais par forte chaleur.

Ennemis et maladies : aucun.

Utilisations : associez l'amarantoïde avec nigelles, immortelles, gauras, reines-marguerites ou bleuets, mais aussi des feuillages pourpres (euphorbes, persicaires). Les fleurs montrent une excellente tenue en bouquet frais ou séché.

Gomphrena globosa

Conseil Truffaut : semez dans une terrine en mars, sous abri. Repiquez un mois plus tard et mettez les plants en place courant mai dans les jardinières, entre 15 et 20 cm de distance.

Grevillea robusta GRÉVILLÉA

J F M A M J J A S O N D

60 cm/1,50 m | 1 m | Arbuste | 0 °C

Cet arbuste frileux de la famille des Proteaceae porte de très beaux épis floraux d'aspect assez original.

Feuillage : alterne. Les feuilles vert clair, finement découpées et pennées, sont souvent lustrées, parfois un peu piquantes.

Grevillea x 'Olympic Flame'

Floraison : des grappes terminales composées de fleurs tubulaires sans pétales, mais avec un long pistil souvent courbé.

Espèces et variétés : *Grevillea banksii*, au port prostré, fleur rose foncé, cireuses, de longue durée. *Grevillea lanigera* 'Mount Tamboritha', au port rampant et à la croissance très rapide. Floraison rouge et jaune au printemps. *Grevillea juniperina* porte des fleurs rouges sur le bois de deux ans. *Grevillea rosmarinifolia* a un feuillage très fin et piquant. Il fleurit rouge de mars à juillet, port compact. *Grevillea* 'Robyn Gordon', à fleurs roses au pistil rouge vif toute l'année.

Comportement en pot : la croissance du grévillea est plus lente en bac qu'en pleine terre, mais il y prospère sans mal.
Dimensions du pot : au moins 30 cm de profondeur et de largeur pour un sujet de 1 m de haut. Le grévillea pousse à l'étroit.
Exposition : chaude, ensoleillée et abritée.
Terre : un terreau de tourbe convient bien.
Arrosage : pendant la belle saison, arrosez tous les deux ou trois soirs. Réduisez les apports d'eau en hiver à une fois par semaine pour les sujets placés en véranda.
Ennemis et maladies : en général aucun.
Utilisations : en isolé ou en arrière-plan dans un bac de plantes à feuillage décoratif ou de plantes méditerranéennes.
Conseil Truffaut : **rempotez tous les deux ans, en mars. Hivernez la potée, à une température de 4 à 7 °C. Taillez en avril les rameaux secs ou abîmés.**

Griselinia littoralis
GRISÉLINIA

1/2 m	1/1,50 m		P Arbuste	-2 °C

Ce « faux fusain » de la famille des Cornaceae est un arbuste touffu, idéal pour le balcon du bord de mer.

Feuillage : alterne, vernissé et coriace. Les feuilles jaune-vert ont une forme ovale ou oblongue, un peu comme celles du fusain.
Floraison : insignifiante en avril ou mai. Les petites fleurs vertes sont unisexuées.
Espèces et variétés : 'Variegata' présente un joli feuillage vert panaché de jaune et de blanc. *Griselinia lucida,* petite plante délicate, porte des feuilles brillantes, vert foncé.
Comportement en pot : il faut réserver cet arbuste gélif pour les régions du littoral à moins de pouvoir l'hiverner dans une véranda. Il résiste aux embruns et au vent.
Dimensions du pot : un grand pot de 30 cm de profondeur et de largeur pour une touffe de 1 m de hauteur environ.
Exposition : chaude et ensoleillée.
Terre : un mélange à parts égales de terreau et de terre de jardin, bien drainés.
Arrosage : une fois par semaine en moyenne, seulement par temps chaud.

Griselinia littoralis 'Variegata'

Ennemis et maladies : aucun.
Utilisations : en sujet isolé, installé dans une belle poterie décorative ou en groupe dans une grande jardinière pour composer une haie coupe-vent. Associez des fleurs saisonnières au grisélinia qui, sinon, manque un peu de présence.
Conseil Truffaut : **taillez en juin ou en juillet pour équilibrer et aérer la forme.**

Gunnera manicata
GUNNÉRA

J F M A **M J J A** S O N D

1/1,50 m	2/3 m		C Vivace	-5 °C

Cette immense plante brésilienne de la famille des Gunneraceae est une sorte de rhubarbe géante.

Feuillage : les feuilles basales portées par de solides pétioles épineux développent un limbe imposant, arrondi, lobé et denté. Elles peuvent atteindre 80 cm de diamètre en pot et offrent un toucher rugueux peu agréable, épineux au revers.
Floraison : l'inflorescence conique et dressée, composée de minuscules fleurs unisexuées, mesure jusqu'à 1 m de long.
Espèces et variétés : *Gunnera magellanica* est une espèce non rustique, rampante, de 10 cm de haut. *Gunnera tinctoria* atteint 2 m d'envergure, avec de grandes feuilles lobées et piquantes.
Comportement en pot : cette plante vivace phénoménale ne vit guère plus de quatre ans en pot, car elle se sent vite trop à l'étroit. Protégez-la du vent.
Dimensions du pot : de 40 à 50 cm de largeur et de profondeur pour assurer la croissance optimale d'un jeune plant.
Exposition : à mi-ombre, n'exposez pas le gunnéra au soleil direct durant l'été.
Terre : terreau d'écorce et terre de bruyère en mélange par moitié. Chaque année au printemps, prévoyez un apport de fumier bien décomposé.
Arrosage : maintenez le sol humide.
Ennemis et maladies : en général, aucun.
Utilisations : isolé, dans une belle poterie pour créer une ambiance exotique
Conseil Truffaut : **protégez la souche en hiver en la recouvrant de paille maintenue en place par les feuilles mortes.**

Gunnera manicata

Gymnocalycium spp.

Gymnocalycium spp. GYMNOCALYCIUM

J F M A M **J J** A S O N D

5/20 cm | 5/20 cm | Succulente | 5 °C

Ce cactus globuleux, très épineux, de la famille des Cactaceae offre un aspect quasi préhistorique.

Feuillage : transformé en épines acérées. Le corps de la plante est globuleux, aplati, il devient cylindrique avec l'âge.

Floraison : spectaculaire, mais éphémère, chez les vieux sujets seulement. Les corolles de 5 à 10 cm de diamètre, parfois plus larges que la plante elle-même, sont portées par un long pédoncule.

Espèces et variétés : *Gymnocalycium gibbosum*, robuste et florifère, aux fleurs blanches. *Gymnocalycium baldianum* séduit par sa superbe floraison rouge. *Gymnocalycium mihanowichii* f. *rubra* est un mutant rouge vif, sans chlorophylle, qui doit être greffé. Il existe aussi des variantes colorées de jaune, d'orange, de rose, de violet ou de noir.

Comportement en pot : une excellente plante d'encombrement réduit, qui se cultive facilement et ne se rempote que tous les trois ou quatre ans.

Dimensions du pot : utilisez un contenant en plastique, plus large de 2 cm que le diamètre de la tige de la plante.

Exposition : en plein soleil, chaude, aride.

Terre : un mélange souple et poreux fait de 2/3 de sable et 1/3 de terreau.

Arrosage : faible, une fois par semaine durant la croissance. L'humidité stagnante entraîne la pourriture des racines et du collet. En hiver, laissez le sol sécher.

Ennemis et maladies : pucerons, cochenilles et araignées rouges toute l'année.

Utilisations : installez le gymnocalycium sur le balcon entre mai et octobre, dans une petite collection de cactées.

Conseil Truffaut : **hivernez entre 8 et 12 °C dans une pièce claire ou dans une véranda dont l'humidité atmosphérique est régulièrement contrôlée.**

Gypsophila repens GYPSOPHILE

J F M A **M J J A S** O N D

10/20 cm | 20/30 cm | Vivace | - 15 °C

Cette plante rampante de la famille des Caryophyllaceae se pare d'une floraison légère comme de la neige.

Feuillage : opposé, bleu-vert. Les feuilles sont étroites et petites, le port tapissant.

Floraison : les minuscules fleurs simples sont groupées en inflorescences lâches.

Espèces et variétés : *Gypsophila repens* 'Alba', aux fleurs d'un blanc très pur. *Gypsophila* 'Rosa Schönheit', aux fleurs plus grandes, rose foncé. *Gypsophila paniculata* atteint 60 cm en jardinière. En été, il se couvre d'un brouillard de fleurs, de même que 'Bristol Fairy', à grandes fleurs doubles blanches, et 'Flamingo', à fleurs semi-doubles roses.

Comportement en pot : il faut remplacer la plante tous les trois ans environ.

Dimensions du pot : les formes naines se contentent de 20 cm en tous sens.

Exposition : ensoleillée, même chaude.

Terre : un terreau souple, riche et bien drainé, à base de tourbe et d'écorce.

Arrosage : tous les huit à douze jours. La terre peut sécher entre deux apports d'eau. Videz bien la soucoupe sous le pot.

Ennemis et maladies : l'oïdium est assez fréquent après un été chaud et humide.

Utilisations : le port en cascade des petits gypsophiles est idéal pour habiller une auge en pierre. Cette plante accompagne tous les feuillages larges et les floraisons intenses comme celles des pétunias.

Conseil Truffaut : **choisissez bien l'emplacement, car il faut éviter les transplantations répétées, souvent très mal supportées par les gypsophiles.**

Gypsophila repens 'Summer Snow'

Hebe spp.
VÉRONIQUE EN ARBRE

J F M A M J J **A S O N** D

30/60 cm | 30/40 cm | P Arbuste | - 3 °C

Ces petits arbustes compacts de la famille des Scrophulariaceae font de mignonnes potées automnales.

Feuillage : opposé ou en verticille, ovale, coriace. Certaines espèces ont des feuilles en écailles, imbriquées sur les tiges.

Floraison : tardive et de longue durée, en grappes terminales de 3 à 6 cm de long. Coloris blanc, rose, bleu ou violet.

Espèces et variétés : *Hebe ochracea* présente un feuillage décoratif jaune ocre, semblable à celui d'un cyprès. Floraison blanche en été. *Hebe pinguifolia* 'Pagei' a l'aspect d'un gros coussin gris bleuté. Fleurs blanches en été. *Hebe* x *andersonii* forme un buisson de 70 cm de large en pot. Sa floraison en longues grappes bleu lavande est très appréciée en fin d'été. De nombreuses variétés, offrent un feuillage panaché de jaune crème et de blanc.

Comportement en pot : la culture en bac ne pose aucun problème et permet de déplacer facilement la plante pour l'hivernage. Elle présente une bonne résistance aux vents et aux embruns.

Dimensions du pot : 20 cm de profondeur et de largeur pour une touffe de moins de 50 cm de hauteur. Rempotez chaque année en mars ou en avril.

Exposition : abritée du froid, en plein soleil ou sous une forte lumière tamisée.

Terre : sable, terreau et terre de jardin en mélange équilibré et bien drainé.

Arrosage : régulier mais sans excès par temps chaud et sec. Presque nul en hiver. Évitez surtout l'humidité stagnante.

Ennemis et maladies : en général aucun.

Utilisations : composez des jardinières splendides tout l'automne avec des chrysanthèmes à petites fleurs, des asters, des bruyères et des colchiques.

Conseil Truffaut : en dehors des régions à climat doux, abritez en véranda votre potée en hiver. Après la floraison, ôtez toutes les fleurs fanées.

Hebe x *franciscana* 'Variegata'

Hedera helix
LIERRE

J F M A M J J A **S O N** D

2/3 m | 1/2 m | P Grimpante | - 20 °C

Cet arbuste grimpant ou rampant de la famille des Araliaceae pousse sans problème et passe partout.

Feuillage : alterne, coriace et luisant. Les jeunes tiges portent des racines aériennes qui servent de crampons. Les feuilles lobées sur les jeunes rameaux, ovales et entières sur les pousses fertiles plus âgées, sont vert foncé, souvent tachées d'argent sur les nervures, voire panachées ou dorées.

Hedera helix 'Cristata'

Hedera helix 'Gracilis'

Hedera helix 'Erecta'

Hedera helix 'Goldheart'

Hedera helix hybride

Floraison : les inflorescences globuleuses vertes apparaissent sur des tiges érigées, ne formant pas de racines aériennes. Elles donnent des baies noires à maturité.

Espèces et variétés : il existe plus de 350 variétés. Celles à feuillage panaché sont plus sensibles au gel. 'Aureovariegata', 'Russell's Gold' et 'Gold Heart', panachés de jaune, sont conseillés en pot. 'Buttercup' se distingue par un superbe feuillage tout jaune. 'Discolor' et 'Glacier' présentent des panachures blanches, très lumineuses.

Comportement en pot : culture très facile. Les variétés à petites feuilles ont un développement moins rapide et plus faible que l'espèce type. Elles sont mieux adaptées à la culture sur un balcon.

Dimensions du pot : 25 cm en tous sens.

Exposition : semi-ensoleillée ou même franchement ombragée. Évitez les situations brûlantes et les vents glacés.

Terre : une terre de jardin bien drainée ou un terreau de rempotage assez consistant.

Arrosage : tous les 8 à 10 jours durant la période de végétation. Ne pas détremper.

Ennemis et maladies : cochenilles en hiver et araignées rouges en été apparaissent souvent sur les balcons très abrités.

Utilisations : pour couvrir rapidement n'importe quelle surface peu esthétique. Garniture de treillage. Belles suspensions.

Conseil Truffaut : une ou deux fois par an, taillez pour limiter les proportions de cette grimpante vite envahissante. Les tiges ne doivent pas atteindre le toit ou les gouttières, ni le balcon du voisin.

Helianthemum nummularium
HÉLIANTHÈME

J F M A **M J J** A S O N D

10/25 cm · 20/50 cm · Vivace · - 7 °C

Cette ravissante plante couvre-sol de la famille des Cistaceae forme un spectaculaire coussin de fleurs.

Feuillage : opposé, décoratif toute l'année. Les feuilles de 1 à 3 cm de long, étroites, elliptiques et poilues sont vertes sur le dessus et gris argenté au revers.

Floraison : de mai à août. Les fleurs simples, chiffonnées, de 1 à 3 cm de diamètre, sont aplaties. Coloris vifs et variés.

Espèces et variétés : 'Anjou', à fleurs simples, rose carminé. 'Arlette', le plus précoce, à fleurs rouge clair. 'Ben Hope' carmin à centre orange foncé, du plus bel effet. 'Cerise Queen' se distingue par sa superbe floraison double rouge clair. 'Elfenbeinglanz' se couvre de fleurs simples blanc ivoire à cœur jaune soufré. 'Jubilée' et 'Golden Ball' produisent une abondance de fleurs doubles dans les tons de jaune. 'Sterntaler', très rustique, porte des fleurs jaune canari au début de l'été.

Comportement en pot : la touffe attend la deuxième année pour s'étoffer et prendre un bel aspect en tapis homogène. Rempotez tous les trois ou quatre ans.

Dimensions du pot : au moins 20 cm de diamètre et de profondeur pour un pied.

Exposition : le plein soleil, même aride et avec une forte chaleur estivale.

Terre : un mélange à parts égales de terre de jardin, sable et terreau de rempotage.

Arrosage : tant que la température reste inférieure à 20 °C, arrosez tous les 8 à 12 jours. En été, deux fois par semaine.

Ennemis et maladies : si l'été est chaud et humide, l'oïdium blanchit le feuillage.

Utilisations : auges et mini-rocailles. Installez les hélianthèmes en bordure ou en suspension pour profiter de son port.

Conseil Truffaut : rabattez les tiges défleuries en septembre, pour garder un aspect compact. Divisez tous les 4 ans.

Helianthemum nummularium

Helianthus x hybridus

Helianthus spp.
SOLEIL, TOURNESOL

J F M A M J **J A S O** N D

0,40/2 m | 20/70 cm | C Ann./Viv. | - 15 °C

Annuelle ou vivace, cette plante de la famille des Asteraceae annonce avec ses fleurs rondes la fin de l'été.

Feuillage : alterne ou opposé, vert moyen. Les feuilles plus ou moins soyeuses, cordiformes ou allongées, couvrent les grandes tiges. La croissance est très rapide.

Floraison : les inflorescences en capitules ressemblent à des marguerites géantes jaunes ou orange, au cœur sombre.

Espèces et variétés : *Helianthus atrorubens* 'Monarch' fleurit dès juillet. Vivace, il produit des grandes fleurs simples, jaune orangé. *Helianthus* 'Lemon Queen' dépasse 1 m de hauteur. Ses fleurs sont jaune citron. Parmi les espèces annuelles, 'F1 Plein Soleil' porte de grandes fleurs jaunes à grand cœur foncé (1,50 m de haut). 'Beauté d'automne' est proposé en mélange de teintes rouge, jaune et orange. 'Sunspot' est une plante naine de 40 cm de hauteur, qui produit une énorme fleur de 20 cm de diamètre.

Comportement en pot : la plupart des hélianthus vivaces deviennent très vite imposants. Prévoyez de les remplacer régulièrement et abritez-les des courants d'air violents pour que leurs tiges ne cassent pas. Les tournesols (espèces annuelles) viennent bien dans un grand pot.

Dimensions du pot : au minimum, 30 cm de profondeur et de diamètre pour un pied.

Exposition : en plein soleil, plutôt abritée.

Terre : un bon terreau assez drainant.

Arrosage : en quantité modérée, mais régulier. Tous les deux jours par temps chaud et sec, pour maintenir le sol frais.

Ennemis et maladies : l'oïdium peut couvrir les feuilles en été d'un feutrage blanc.

Utilisations : en arrière-plan, pour constituer en quelques mois un rideau végétal provisoire ou en groupe dans un grand bac pour un effet très spectaculaire.

Conseil Truffaut : semez en place, les espèces annuelles en avril-mai (20 °C). Tuteurez les grandes touffes.

Helichrysum spp.
HÉLICHRYSUM

J F M A M **J J A** S O N D

40/60 cm | 40/80 cm | P Ann./Viv. | 0 °C

Ces sous-arbrisseaux veloutés de la famille des Asteraceae forment un écrin de feuillage très décoratif.

Feuillage : alterne, ovale, vert ou gris plus ou moins argenté, parfois aromatique.

Floraison : estivale, blanche ou jaune d'or.

Espèces et variétés : parmi les espèces non rustiques, *Helichrysum petiolare* et ses variétés à feuillage décoratif panaché, doré ou miniature, sont très utilisés pour les suspensions ou les décors de feuillage. *Helichrysum ramosissimum* a un joli port en coussin. Cette annuelle est couverte de petites fleurs jaune d'or en été. *Helichrysum bracteatum (Bracteantha)* l'immortelle, annuelle, fleurit en été. Elle est recherchée pour les bouquets secs. *Helichrysum angustifolium* est une plante vivace, à feuillage gris argenté, qui dégage une odeur puissante de curry.

Helichrysum ramosissimum 'Baby Gold'

Helichrysum angustifolium

Comportement en pot : excellentes plantes à croissance rapide. Protégez la souche en hiver, car les espèces vivaces sont souvent peu rustiques.

Dimensions du pot : 18 cm de largeur et 20 cm de profondeur au minimum.

Exposition : chaude et très ensoleillée.

Terre : un bon terreau de plantation.

Arrosage : laissez le sol s'assécher en surface entre deux apports d'eau.

Ennemis et maladies : en général, aucun.

Utilisations : en jardinières, en grosses potées ou en suspensions, avec : pélargonium, verveine, pétunia, lobélia, anthémis.

Conseil Truffaut : pincez régulièrement les nouvelles pousses pour garder à l'hélichrysum un port plus compact.

Heliotropium arborescens

Heliotropium x *hybridum*
HÉLIOTROPE

J F M A M J J A S O N D

30/40 m	20/30 cm		Saisonnière	0 °C

Cet arbuste frileux de la famille des Boraginaceae offre en été des fleurs parfumées, couleur de nuit.

Feuillage : alterne, vert foncé ombré de pourpre, rugueux, souvent pubescent. Les feuilles oblongues et lancéolées ont un aspect ridé. Le port est buissonnant.

Floraison : les petites fleurs sont groupées en larges inflorescences terminales irrégulières. Coloris bleu-violet plus ou moins foncé. Par temps chaud, la plante dégage un parfum vanillé, sucré, très entêtant.

Espèces et variétés : adoptez plutôt les formes hybrides comme 'Marine' ou 'Chatsworth'. Elles ont un port plus compact, plus régulier, avec des fleurs aux couleurs très intenses et parfumées.

Comportement en pot : l'héliotrope, qui se cultive plutôt comme une annuelle, prospère bien dans une vasque.

Dimensions du pot : 25 cm de largeur et 18 cm de profondeur constituent un minimum pour un pied d'héliotrope.

Exposition : chaude et très ensoleillée.

Terre : un terreau tourbeux, enrichi d'une poignée d'amendement organique à base de fumiers et d'algues par pot.

Arrosage : régulier et copieux. Comptez environ deux apports par semaine, pour maintenir le sol frais. Très réduit en hiver.

Ennemis et maladies : les aleurodes envahissent souvent le feuillage, surtout en hiver dans la serre ou la véranda. Traitez plusieurs fois avec un insecticide.

Utilisations : associez l'héliotrope à des plantes à feuillage argenté, qui mettent en valeur sa floraison et son feuillage aux teintes parfois un peu trop sombres.

Conseil Truffaut : installez les jeunes plants à l'extérieur vers la mi-mai. Hivernez l'héliotrope vivace dans une pièce claire, peu chauffée (de 7 à 10 °C). Rempotez chaque année en mars.

Helleborus spp.
HELLÉBORE, ELLÉBORE

J F M A M J J A S O N D

20/40 cm	15/30 cm		Vivace	- 10 °C

Cette petite plante rhizomateuse de la famille des Ranunculaceae est un enchantement au cœur de l'hiver.

Feuillage : issu du rhizome, coriace. Les feuilles lobées et découpées sont vert plus ou moins foncé, parfois même glauques.

Floraison : l'époque est variable selon les espèces et le climat, et la couleur, surtout blanche, mais aussi rose, verte ou pourpre.

Espèces et variétés : *Helleborus argutifolius*, l'hellébore de Corse, atteint 60 cm en pot. Floraison vert tilleul. *Helleborus niger*, la rose de Noël, ne dépasse pas 30 cm de hauteur. Sa floraison est blanc pur. Les nombreux hybrides d'*Helleborus orientalis* offrent une large palette de coloris, du blanc au prune, en passant par le vert feuillage.

Comportement en pot : il lui faut de trois à cinq années pour bien s'installer et former une touffe robuste, superbe en hiver.

Dimensions du pot : au minimum 20 cm de largeur et de profondeur pour un pied.

Exposition : ombre ou mi-ombre.

Terre : riche, humifère et bien drainée.

Arrosage : tous les trois jours pendant la croissance, pour garder le sol frais, mais sans jamais détremper.

Ennemis et maladies : en général, aucun.

Utilisations : plantez les hellébores dans une grosse jarre avec des hostas, des épimédiums ou des lamiers. Associez différentes espèces et des variétés différentes pour prolonger la floraison.

Conseil Truffaut : attendez que la touffe déborde de son pot avant de la rempoter, car les hellébores n'aiment pas beaucoup que l'on dérange leurs racines. Intervenez après la floraison.

Helleborus orientalis

Heuchera sanguinea 'Bressingham Blaze'

Hibiscus rosa-sinensis

Heuchera sanguinea
HEUCHÈRE

J F M A M J J A S O N D

40/60 cm | 20/40 cm | P Vivace | - 15 °C

Cette vivace peu exigeante de la famille des Saxifragaceae se couvre en été d'un nuage de rosée fleurie.

Feuillage : directement issu du rhizome, vert foncé. Les feuilles sont arrondies ou cordiformes, parfois marbrées.

Floraison : les hampes florales portent de minuscules clochettes, vaporeuses et mellifères, au-dessus du feuillage.

Espèces et variétés : *Heuchera sanguinea* 'Splendens' est tapissante, avec des feuilles vert foncé et marbrées. La floraison abondante est rouge carminé. 'Bressingham Blaze' s'épanouit dans un beau rose corail vif. 'Virginal' est une forme blanc pur. *Heuchera micrantha* 'Palace Purple' développe un joli coussin de feuilles pourpres et lustrées, aux fleurs blanches très vaporeuses.

Comportement en pot : de culture facile, l'heuchère s'étoffe un peu plus chaque année. Rempotez ou divisez tous les trois ans.

Dimensions du pot : 18 cm en tous sens.

Exposition : au soleil léger ou à mi-ombre.

Terre : un terreau riche et bien aéré.

Arrosage : deux à trois fois par semaine en été. L'heuchère supporte la sécheresse.

Ennemis et maladies : aucun.

Utilisations : cet excellent couvre-sol peu envahissant se plante dans une grande jardinière au pied d'arbustes, de rosiers ou en bordure, avec des hostas, des ancolies, des tiarellas ou des fougères.

Conseil Truffaut : **après la floraison, rabattez les hampes florales au niveau du feuillage. Divisez la touffe tous les trois ans pour la rajeunir.**

Hibiscus spp.
HIBISCUS, ALTHÉA

J F M A M J J A S O N D

1/2 m | 0,60/1 m | PC Arbuste | 5 à - 20 °C

Rustiques ou frileux, ces arbustes de la famille des Malvaceae offrent une exubérance des plus exotiques.

Feuillage : alterne, entier, vert brillant, satiné ou mat. Les feuilles sont ovales plus ou moins dentées et découpées. Les hibiscus rustiques sont caducs.

Floraison : les fleurs en coupes larges apparaissent en été sur le bois de l'année. Elles durent peu, mais se succèdent de manière ininterrompue tout l'été.

Espèces et variétés : *Hibiscus rosa-sinensis* et ses hybrides ne supportent pas le gel. Ils doivent être rentrés dans une pièce éclairée en hiver. *Hibiscus syriacus* est un bel arbuste rustique à floraison estivale. Il atteint 2 m de haut. *Hibiscus moscheutos* forme une touffe vigoureuse de 1 m. En été, il produit d'impressionnantes fleurs de 15 cm de diamètre, blanches, roses ou rouge foncé.

Comportement en pot : la croissance rapide impose un rempotage ou un surfaçage annuel et une fertilisation intense.

Dimensions du pot : 25 cm en tous sens.

Exposition : ensoleillée et chaude.

Terre : un mélange de terreau, de fumier, de sable et de terre du jardin, par quarts.

Arrosage : tous les deux jours par temps chaud (plus de 25 °C). En hiver, laissez le sol s'assécher un peu.

Ennemis et maladies : les attaques d'aleurodes, de pucerons et d'acariens sont fréquentes en été. Traitez préventivement.

Utilisations : en isolé dans une belle poterie décorative ou en arrière-plan d'une grande jardinière d'arbustes en mélange. *Hibiscus syriacus* et *Hibiscus rosa-sinensis* peuvent être conduits sur tige.

Conseil Truffaut : **stimulez la floraison par une taille courte juste avant le départ de la végétation au printemps.**

Hibiscus syriacus 'Oiseau bleu'

Hosta spp.
FUNKIA

J F M A M J J A S O N D

20/60 cm 20/60 cm Vivace - 20 °C

Ces plantes vivaces généreuses de la famille des Asparagaceae se parent de feuilles de toute beauté.

Feuillage : directement issu de la souche, très décoratif, caduc, souvent panaché, porté en touffe évasée et tapissante.

Floraison : de juin à août, selon les variétés. Les fleurs en trompette sont groupées au sommet de hampes florales nettement dressées au-dessus du feuillage. Coloris : blanc, bleu violacé ou mauve.

Espèces et variétés : *Hosta plantaginea* 'Grandiflora' supporte un emplacement ensoleillé. En été, il donne une abondante floraison blanc pur, au parfum de fleur d'oranger. *Hosta sieboldiana* 'Elegans' séduit par le bleu intense de ses larges feuilles gaufrées. 'Frances Williams' développe une touffe imposante, teintée de bleu, de vert et de crème et une floraison lilas. *Hosta crispula* exige quelques années pour atteindre son plein développement. Mais le pied peut alors mesurer plus de 70 cm de haut, avec de larges feuilles vert sombre bordées de blanc. *Hosta venusta* est une miniature à feuillage vert, parfaite pour les petits balcons.

Comportement en pot : une excellente plante qui se cultive très facilement, avec un minimum de soins, même en pot. Évitez les courants d'air trop violents.

Dimensions du pot : au minimum 20 cm de largeur et de profondeur pour un pied.

Exposition : ombre ou mi-ombre fraîche.

Terre : un bon terreau tourbeux assez consistant. Au début du printemps, faites un apport de fumier de bovins bien décomposé et d'engrais organique.

Arrosage : fréquent et abondant par temps chaud et sec, pour garder la fraîcheur du sol. Très réduit en hiver.

Ennemis et maladies : attention aux limaces qui dévorent le jeune feuillage. Traitement indispensable (granulés).

Utilisations : regroupez différentes variétés d'hostas dans de grosses potées en terre cuite, en jouant avec la grande diversité des coloris et des panachures. Associez les funkias à des fougères, des hakonechloas, des carex et des fuchsias.

Conseil Truffaut : les hostas sont des plantes lentes à s'installer. La touffe demande trois années pour atteindre son plein épanouissement. Ne rempotez pas trop souvent, surfacez plutôt.

Une collection d'hostas en pots.

Houttuynia cordata 'Chameleon'

Houttuynia cordata
HOUTTUYNIA

J F M A M J J A S O N D

20/30 cm 30/40 cm Vivace - 15 °C

Cette plante rhizomateuse de la famille des Saururaceae porte un étonnant feuillage multicolore.

Feuillage : en touffe directement issue du rhizome, vert bleuté ou multicolore, cordiforme. Les tiges sont teintées de rouge.

Floraison : les minuscules fleurs verdâtres sont regroupées en épis cylindriques, entourés de quatre grandes bractées blanches, très décoratives.

Espèces et variétés : *Houttuynia cordata* 'Flore Pleno' offre une floraison double en pompon. 'Chameleon' présente un feuillage très coloré, où se mêlent des teintes de rouge, de jaune et de vert.

Comportement en pot : bien cultivée, la plante s'étale rapidement et se trouve vite à l'étroit dans son pot. Il faut la diviser obligatoirement tous les deux ou trois ans.

Dimensions du pot : 20 cm de large et de haut pour débuter, ensuite une coupe.

Exposition : en plein soleil pas trop brûlant.

Terre : un terreau de tourbe consistant.

Arrosage : par temps chaud et sec, conservez le sol toujours humide.

Ennemis et maladies : les limaces.

Utilisations : dans un mini-bassin, en compagnie de prêles, de populages, de joncs, d'acores, de scirpes et de menthes aquatiques.

Conseil Truffaut : supprimez les pousses vertes qui apparaissent parfois chez la variété 'Chameleon', car elles sont plus vigoureuses que les autres.

Hyacinthus orientalis
JACINTHE

J F M A M J J A S O N D

20/30 cm | 10/15 cm | Bulbeuse | - 20 °C

Cette enchanteresse printanière de la famille des Asparagaceae fleurit en grappes au parfum puissant.

Feuillage : en rosettes dressées. Les feuilles vertes, un peu rigides, sont étroites et allongées, cannelées, charnues.

Floraison : les fleurs simples ou doubles, très parfumées, sont regroupées en grappes cylindriques, parfois très volumineuses qui peuvent atteindre 20 cm de haut. Coloris variés où le blanc, le rose, le rouge, le bleu et le violet dominent. Par sélection, les horticulteurs ont obtenu des nouvelles variétés à fleurs jaunes ou orangées et des formes à pétales doubles.

Espèces et variétés : parmi les variétés hâtives à fleurs simples, cultivez : 'Anne-Marie', aux grandes grappes rose clair ; 'Marconi', rose lilas ; 'Pink Pearl', rose vif ; 'Delft Blue', bleu intense et 'Innocence', d'un blanc très pur. Pour des floraisons plus tardives, choisissez 'King of the Blues', aux fleurs allongées bleu indigo foncé ; 'Gypsy Queen', orange saumoné ; 'Woodstock', qui se distingue par un coloris bordeaux foncé rare ; 'City of Haarlem', d'une belle teinte jaune foncé peu courante ; 'China Pink', rose clair strié de rose corail ; 'Orange Bowen', orange saumoné et 'Paul Hermann', mauve-pourpre, marginé de violet plus foncé ; 'Jan Bos', rouge cerise. Parmi les hybrides à fleurs très doubles, retenez 'Hollyhock', à fleuron rouge foncé ; 'King Kodro', bleu violacé, 'Snow Crystal' et 'Ben Nevis', aux grandes inflorescences blanc pur, ainsi que 'Pink Royal', à fleurs double rose vif.

Comportement en pot : la culture de la jacinthe est très facile, aussi bien en jardinière qu'en coupe peu profonde. Sur un balcon venté, il faut tuteurer les lourdes hampes florales avec des petits bambous.

Dimensions du pot : au minimum 20 cm de largeur et de profondeur pour trois à cinq bulbes. Plantez assez serré pour obtenir une touffe plus décorative.

Exposition : en plein soleil ou à mi-ombre.

Terre : sableuse, riche, humifère et bien drainée (3 cm de sable au fond du pot). Au moment de la plantation, faite un apport de compost très bien décomposé.

Arrosage : laissez le sol sécher un peu en surface avant d'arroser (en moyenne une fois tous les 6 à 10 jours).

Ennemis et maladies : la décomposition des bulbes se traduit par l'apparition d'une pourriture grise et sèche qui détruit le bourgeon. Il faut éliminer la terre et les bulbes contaminés. La larve de la mouche des narcisses peut aussi se développer à l'intérieur du bulbe et le faire pourrir.

Hyacinthus x 'City of Haarlem'

Hyacinthus x 'Amsterdam'

Hyacinthus x 'Blue Jacket'

Utilisations : pour obtenir un joli balcon très fleuri au printemps, associez les jacinthes à des pâquerettes, des myosotis, des giroflées ravenelles, des petites *Viola cornuta* et à des tulipes.

Conseil Truffaut : plantez les oignons de jacinthes de façon échelonnée de la fin septembre jusqu'en novembre. Enterrez-les de la même hauteur que le bulbe. Après floraison, coupez les hampes florales. Arrachez les bulbes dès que les feuilles se dessèchent.

Hydrangea spp.
HORTENSIA

J F M A M J J A S O N D

1/2 m | 1/1,50 m | Arbuste | - 10 °C

Ce superbe et généreux arbuste aux mille visages de la famille des Hydrangeaceae est très florifère.

Feuillage : opposé, ample, ovale à lancéolé, dentelé sur les bords, parfois duveteux, bien nervuré, vert moyen à foncé.

Floraison : les petites fleurs en forme d'étoile sont groupées en grosses panicules ou en corymbes portés à l'extrémité des tiges. Accompagnées de bractées décoratives, les inflorescences apparaissent sur les pousses de l'année précédente.

Espèces et variétés : *Hydrangea macrophylla* et ses nombreuses variétés fleurissent généreusement, dans une gamme de couleurs variée, où le blanc, le rose, le rouge et le bleu violacé dominent. 'Madame Émile Mouillère' porte des inflorescences en grosses boules blanches. 'Mariesii' forme un beau buisson de 2 m de haut. Sa floraison mi-hâtive, rose frais, est splendide. 'Merveille Sanguine' est apprécié pour le coloris presque noir de son feuillage. 'Tricolor' porte des feuilles vertes teintées d'argent et bordées de jaune d'or. *Hydrangea serrata* apprécie les ambiances ombragées humides. 'Preziosa' ne dépasse pas 1,20 m de haut avec des petites inflorescences rondes du blanc au rouge. 'Tokyo Delight' forme un buisson de 2 m, qui se couvre de grandes inflorescences aplaties blanches se teintant peu à peu de rose. *Hydrangea paniculata* 'Grandiflora' atteint 2 m en bac. Ses longues panicules blanches s'épanouissent fin juillet. En fanant, elles se teintent de vieux rose. 'Pink Diamond', plus vigoureux, déploie des inflorescences de près de 30 cm. Blanches à centre rose, elles virent au rose. *Hydrangea arborescens* 'Annabelle' se couvre en été de boules, blanc pur, qui dépassent 30 cm de diamètre. *Hydrangea quercifolia* 'Snow Flake' montre des fleurs très doubles, regroupées en grosses inflorescences terminales. Il forme un buisson d'environ 2 m. *Hydrangea aspera* 'Villosa' présente un feuillage vert, couvert de poils doux. Les larges inflorescences plates sont mauve pâle.

Hydrangea arborescens 'Annabelle'

Comportement en pot : de bonne facture et durable si vous évitez les courants d'air froids. Rempotez tous les trois ans.

Dimensions du pot : de 30 à 40 cm de profondeur et de largeur pour un pied.

Exposition : au soleil léger ou à mi-ombre, même intense, à l'abri des vents froids.

Terre : un mélange par tiers de sable de rivière, de terreau d'écorce, et de tourbe brune, enrichi de 20 % d'un fertilisant organique à base de fumiers et d'algues.

Arrosage : tous les trois jours par temps chaud et sec, avec une eau non calcaire.

Ennemis et maladies : sur un balcon ou une terrasse abrités, les acariens provoquent la décoloration et le dessèchement des feuilles. Lorsque le sol ou l'eau d'arrosage sont trop calcaires, la chlorose se manifeste par une décoloration jaune des feuilles, avec les nervures qui restent vertes.

Utilisations : en isolé dans une belle poterie décorative, en petite haie ou à l'arrière-plan dans une grande jardinière, avec des alchémilles, des hostas, des géraniums vivaces, des bacopas ou des impatiens.

Conseil Truffaut : en février ou mars, rabattez les tiges de plus de trois ans. Taillez à moitié les tiges des *Hydrangea paniculata* et *Hydrangea arborescens* ayant fleuri l'année précédente.

Hydrangea macrophylla

Hydrangea paniculata 'Tardiva'

Hydrangea aspera

H. quercifolia 'Snow Flake'

Hypericum olympicum

Hypericum spp. MILLEPERTUIS

J F M A M J J A S O N D

0,20/1 m · 50/80 cm · PC Arbuste/Viv. · - 8 °C

Cette plante très diversifiée de la famille des Hypericaceae réussit partout et fleurit abondamment.

Feuillage : opposé ou verticillé, gris-vert ou vert intense selon les espèces. Les feuilles sont ovales, oblongues et entières.

Floraison : les fleurs simples, aux étamines proéminentes, s'épanouissent dans une belle couleur jaune d'or et sont suivies de fruits décoratifs chez certaines espèces.

Espèces et variétés : *Hypericum olympicum* 'Citrinum', caduc, porte des fleurs jaune citron. *Hypericum calycinum*, persistant, est un couvre-sol très envahissant, qui ne dépasse pas 30 cm de hauteur. Il se pare de grandes fleurs jaunes en été. *Hypericum patulum* 'Hidcote', forme un buisson qui peut atteindre 1 m en pot. Il est semi-persistant avec de grandes fleurs jaunes très abondantes en été. *Hypericum* x *moserianum* est un hybride de *H. patulum* et de *H. calycinum*. Son port est buissonnant, un peu étalé avec un feuillage vert, persistant. La floraison jaune apparaît à l'extrémité des tiges, de juillet à octobre. La variété 'Tricolor', moins vigoureuse et peu rustique, se distingue par un feuillage vert panaché de blanc et de rouge. *Hypericum androseanum* 'Orange flair', 'Excellent flair' et 'Autumn Blaze', caducs, offrent une magnifique fructification en automne en baies rouge vif, très décoratives.

Comportement en pot : tous les millepertuis poussent facilement en bac. Évitez d'associer *Hypericum calycinum* avec d'autres vivaces moins vigoureuses, qui seraient très vite étouffées par les rhizomes traçants. Attention, les millepertuis arbustifs sont moins résistants au gel quand ils sont cultivés en pot. Protégez-les bien.

Dimensions du pot : 30 cm de largeur et 20 cm de profondeur pour une touffe.

Exposition : en plein soleil. *Hypericum calycinum* supporte un lieu légèrement ombragé, mais il est alors moins florifère.

Terre : mélange homogène et bien drainé de terreau et de bonne terre de jardin.

Arrosage : tous les 5 à 10 jours selon la température ambiante. Laissez le sol sécher légèrement entre deux apports d'eau. Ne mouillez pas trop le feuillage.

Ennemis et maladies : la rouille couvre souvent le feuillage de petites pustules orange et brunes. Traitez préventivement avec un fongicide les variétés plus sensibles comme 'Elstead' et *Hypericum calycinum*. Éliminez toutes les tiges contaminées.

Utilisations : en petit groupe pour les espèces arbustives. 'Hidcote' se taille très bien. Les millepertuis tapissants habillent le pied des arbustes dans les bacs.

Conseils Truffaut : **au printemps, rabattez les tiges des millepertuis vivaces au ras du sol pour favoriser la repousse du feuillage et conserver un port compact.**

Hypoestes phyllostachya PLANTE AUX ÉPHÉLIDES

J F M A M J J A S O N D

20/30 cm · 10/20 cm · P Saisonnière · 5 °C

Cette petite plante tropicale de la famille des Acanthaceae porte un feuillage gracieux, qui rosit à ravir.

Feuillage : opposé, en forme de cœur, panaché et ponctué de rose et de crème. Il est porté par des tiges grêles formant une plante au port buissonnant.

Floraison : les petites fleurs violet et blanc apparaissent en épi à l'extrémité des tiges.

Espèces et variétés : 'Pink Splash Select', au joli feuillage marbré de rose très pâle. Il existe des formes à feuilles ponctuées de rose-rouge foncé ou de blanc pur.

Comportement en pot : la croissance est rapide. Attention, la plante aux éphélides pousse tout en longueur si elle ne reçoit pas suffisamment de lumière.

Dimensions du pot : 15 cm de largeur et de profondeur pour un jeune pied.

Exposition : mi-ombre ou ombre légère.

Terre : terreau d'écorce, sable de rivière et tourbe brune en mélange à parts égales.

Arrosage : tous les trois jours en été. En hiver, réduisez les apports d'eau et laissez le sol sécher légèrement en surface avant d'arroser. Ne mouillez pas les feuilles.

Ennemis et maladies : les cochenilles peuvent s'installer au revers des feuilles et sur les tiges. Oïdium fréquent en été.

Utilisations : l'intérêt principal de cette petite plante est son feuillage vivement coloré. Associez la plante aux éphélides à des chlorophytums, des tolmiéas, des impatiens, des exacums ou à des misères.

Conseil Truffaut : **pincez régulièrement les nouvelles pousses pour garder un aspect touffu à la plante. Tous les deux ou trois ans, bouturez-la dans l'eau pour renouveler vos potées.**

Hypoestes phyllostachya

Iberis sempervirens
THLASPI VIVACE

J F M A M J J A S O N D

Hauteur	Largeur	Exposition	Type	Rusticité
10/25 cm	20/30 cm		P Vivace	- 15 °C

Cette plante semi-arbustive, étalée, de la famille des Brassicaceae, forme un tapis blanc comme neige.

Feuillage : alterne, sur des rameaux disposés en coussin ample vert foncé. Les petites feuilles coriaces sont ovales, linéaires ou finement découpées.

Floraison : l'époque est variable selon les espèces. Les fleurs blanches sont groupées en ombelles, à l'extrémité des tiges.

Espèces et variétés : 'Snow Flake' est une des variétés les plus répandues. Elle se distingue par l'abondance de sa floraison éclatante blanc pur. 'Weisser Zwerg', prend un port plus compact avec un feuillage plus fin. 'Pygmaea' ne dépasse pas 15 cm de haut. *Iberis gibraltarica* forme un tapis d'environ 30 cm de hauteur, ses fleurs blanches teintées de violet apparaissent en avril et en mai. *Iberis amara* est annuel.

Comportement en pot : une excellente plante pour la culture en coupe ou en jardinière, qui reste belle après la floraison. Évitez les contenants à réserve d'eau.

Dimensions du pot : 20 cm de profondeur et de largeur pour un seul pied.

Exposition : en plein soleil non brûlant.

Terre : une bonne terre de jardin ordinaire, siliceuse et calcaire, bien drainée.

Arrosage : en moyenne une fois par semaine. Le sol peut s'assécher légèrement entre deux apports d'eau.

Ennemis et maladies : en général, aucun.

Utilisations : en bordure, dans une grande jardinière ou dans un gros pot, avec des bulbes à floraison printanière (narcisses, tulipes, etc.). Dans une auge, avec des corbeilles d'or, pour réaliser une rocaille miniature, facile à entretenir.

Iberis sempervirens 'Snow Flake'

Conseil Truffaut : après la floraison, rabattez toutes les hampes florales au niveau du feuillage. Divisez la touffe tous les trois ou quatre ans.

Ilex spp.
HOUX

J F M A M J J A S O N D

Hauteur	Largeur	Exposition	Type	Rusticité
1/2 m	0,80/1 m		P Arbuste	- 12 °C

Cet arbuste à croissance lente de la famille des Aquifoliaceae porte de jolies baies qui évoquent Noël.

Feuillage : alterne, parfois piquant, simple, ovale ou lobé, coriace, lustré.

Floraison : insignifiante, en mai et juin. Les fleurs mâles et femelles apparaissent sur des pieds différents. Il faut planter au moins un couple de houx pour obtenir la belle fructification vivement colorée qui dure jusqu'à la fin de l'hiver.

Espèces et variétés : *Ilex aquifolium* 'J.-C. Van Tol' porte des feuilles persistantes brillantes, presque sans épines. Ce houx donne une profusion de fruits. 'Green Pillar' présente un port fastigié. Il produit une fructification abondante, qui perdure jusqu'en avril de l'année suivante. Il existe de très nombreuses variétés de houx à feuillage panaché ou marginé de jaune, de crème ou d'or. *Ilex aquifolium* 'Golden Milkboy' est une forme mâle, à larges macules jaunes. *Ilex* x *koehneana* 'Chesnut Leaf' pousse très vite. En pot, il émet des pousses de 30 à 40 cm en une année. C'est un persistant, qui fructifie généreusement. *Ilex* x *meserveae*, à toutes petites feuilles rondes, est idéal pour la taille en nuages (à la japonaise).

Comportement en pot : en hiver, le feuillage peut être abîmé par des fortes gelées. Protégez des courants d'air froids.

Dimensions du pot : au minimum 35 cm de largeur et de profondeur pour un pied.

Exposition : mi-ombre ou ombre.

Terre : un mélange de terreau forestier et de terre de jardin siliceuse par moitié.

Arrosage : deux fois par semaine par temps chaud et sec. Un houx bien installé offre une bonne résistance à la sécheresse.

Ennemis et maladies : les larves de la mineuse du houx s'attaquent au feuilles, et les tachent de façon peu esthétiques.

Utilisations : en sujet isolé dans une belle potée décorative, en topiaire ou en petite haie défensive ou même brise-vent.

Conseil Truffaut : lors de la transplantation, ne brisez pas la motte, car la reprise du houx est délicate. Chez les variétés à feuillage panaché, éliminez les branches à feuilles complètement vertes.

Ilex aquifolium

Impatiens niamniamensis

Impatiens hawkeri 'Tango'

Impatiens balsamina

Impatiens x 'Olympus'

Impatiens spp.
IMPATIENS

J F M A M J J A S O N D

20/70 cm | 10/40 cm | Saisonnière | 5 °C

Ces plantes très florifères de la famille des Balsaminaceae sont sans pareil pour décorer à l'ombre.

Feuillage : alterne, opposé ou verticillé selon les espèces, vert clair ou foncé. Le port est buissonnant. Les feuilles, ovales, prennent un aspect satiné ou luisant. Elles sont portées par des tiges cassantes épaisses et charnues, gorgées de sève.

Floraison : abondante et de longue durée, elle se prolonge jusqu'aux gelées. Corolles asymétriques et éperonnées aux coloris variés, unicolores ou bicolores.

Espèces et variétés : *Impatiens holstii* (appelée aussi *Impatiens walleriana*) et *Impatiens sultanii*, deux espèces africaines, sont à l'origine de la plupart des très nombreux hybrides d'impatiens aujourd'hui disponibles dans le commerce. Ce sont des plantes vivaces non rustiques, souvent cultivées comme des fleurs annuelles. Parmi celles-ci, retenez 'F1 Belizzy', qui est particulièrement florifère. Sa végétation compacte (de 20 à 25 cm) et sa floraison abondante et prolongée en font une plante idéale pour la culture en pot. Il en existe une forme splendide à fleurs très doubles, qui ressemblent à des roses miniatures. 'F1 Starbright' se couvre d'une profusion de grandes fleurs simples bicolores, aux coloris variés très lumineux. 'Midinette' est un groupe de cultivars nains et compacts (hauteur 20 cm) qui résistent bien à l'ensoleillement. 'Sparkles' porte un feuillage vert largement panaché de blanc, d'un bel effet décoratif. Les fleurs simples sont rose tyrien foncé. Les *Impatiens hawkeri* dites « de Nouvelle Guinée » ont une végétation plus vigoureuse et de très grandes fleurs simples en forme de coupe aplatie. Le feuillage abondant peut être vert foncé brillant, plus ou moins teinté de bronze ou vert largement panaché de jaune crème. Ces hybrides supportent un emplacement ensoleillé. *Impatiens balsamina*, la balsamine, est une annuelle à petites fleurs simples, roses, qui apparaissent à la base des feuilles tout l'été. En pot, elle forme une belle touffe d'environ 50 cm de haut, avec une tige centrale épaisse et charnue. Elle a donné des cultivars à fleurs simples ou très doubles. 'À fleurs de Camélia' produit des grosses fleurs plaquées sur la tige, qui ressemblent à des petites roses doubles. Choisissez 'Tom Pouce', qui ne dépasse pas 25 cm de hauteur et convient très bien pour les petits balcons. *Impatiens balfouri* est une petite espèce himalayenne annuelle qui se multiplie facilement par semis en place, au printemps. Elle forme en quelques semaines un beau buisson de 40 à 60 cm de haut, couvert jusqu'aux premiers gels, de fleurs éperonnées roses, à taches jaunes. *Impatiens roylei* (appelée aussi *Impatiens glandulifera*) est une espèce annuelle à très grand développement, à réserver pour les grands bacs. Elle peut dépasser 1 m en quelques mois. Ses grandes fleurs rose lilacé apparaissent en grappes terminales, d'août à octobre. *Impatiens niamniamensis* se dis-

Impatiens x 'Double bicolore'

Impatiens roylei

Impatiens à feuillage panaché.

Impatiens à fleurs doubles.

tingue par des fleurs en forme de corne, bicolores rouge vermillon et jaune vif. Souvent peu ramifiée, elle développe une tige principale très épaisse et droite, teintée de marron brun. Les feuilles forment un toupet à l'extrémité supérieure. En pot, la touffe peut atteindre 60 cm de haut. Un peu plus fragile que les espèces et variétés précédentes, cette impatiens vivace d'origine africaine est cependant très florifère et spectaculaire. De la fin septembre à la mi-mai, il faut la rentrer dans une pièce très éclairée et bien chauffée, où elle continue à fleurir généreusement pendant une partie de l'hiver.

Comportement en pot : les impatiens se cultivent facilement dans n'importe quel type de contenant, y compris les bacs à réserve d'eau, pratiques en cas d'absences répétées ou prolongées. Dans une situation ventée, plantez des variétés naines. Les espèces à grande végétation doivent souvent être tuteurées, car les tiges cassent comme du verre. Installez vos impatiens dans un emplacement abrité des courants d'air. Toutes les espèces d'impatiens sont gélives. Pour conserver les impatiens vivaces en hiver, vous devez les rentrer dans une véranda ou dans la maison, avec pour température minimale 13 °C, afin de maintenir la floraison.

Dimensions du pot : une largeur et une profondeur de 12 cm suffisent pour un seul pied, excepté *Impatiens roylei,* qui a besoin d'un pot d'au moins 30 cm. Les impatiens n'aiment les trop grands contenants, car le sol y est plus long à se ressuyer.

Exposition : à mi-ombre ou à l'ombre. Les impatiens de Nouvelle Guinée acceptent le plein soleil non brûlant.

Terre : un terreau de rempotage bien drainé ou un mélange de terreau de tourbe et de terreau d'écorce avec environ 20 % de sable de rivière pour le drainage.

Arrosage : les impatiens ne supportent pas les coups de soif, mais elles sont aussi très sensibles à un excès d'humidité, qui provoque la chute des feuilles et souvent la pourriture des racines et du collet. Entre deux apports d'eau, laissez le sol s'assécher légèrement en surface.

Impatiens hawkerii

Ennemis et maladies : les attaques d'araignées rouges, d'aleurodes et de pucerons peuvent très vite envahir tout le feuillage et provoquer le dépérissement de la plante. Traitez dès les premières apparitions des parasites, puis régulièrement pendant toute la belle saison, en suivant les indications d'emploi indiquées sur les étiquettes des produits. Le feuillage très tendre ne supporte pas les bouillies trop concentrées. Les limaces peuvent causer des dégâts importants sur les semis et les jeunes plants. Placez des appâts en granulés.

Utilisations : installez les impatiens avec des fuchsias, des bégonias tubéreux, des coléus, des chlorophytums, des plectranthes ou des tradescantias. Attention aux coloris fluo, ils sont très difficiles à mélanger et à associer. Il est préférable de planter ensemble plusieurs pieds d'une même couleur pour obtenir un effet de masse plus joli. Le blanc permet d'éclairer une cour ou une terrasse très ombragées. Les cultivars très nains et tapissants peuvent être utilisés au premier plan de la jardinière. Plantez-les en bordure ou en couvre-sol, au pied des arbustes, en particulier les espèces acidophiles telles que les camélias, les hortensias, les érables du Japon ou les rhododendrons.

La culture des impatiens en panier suspendu donne de très bons résultats, à condition de pouvoir assurer l'humidité permanente du sol par temps chaud et sec.

Conseil Truffaut : semez les hybrides et les espèces annuelles en mars ou en avril, dans une terrine, à la maison. Les graines très fines ne doivent pas être enterrées. Rempotez une première fois en godet dès que les plantules ont développé deux ou trois feuilles vraies. Mettez-les en place en mai, en les espaçant de 25 cm. Les impatiens supportent très bien les transplantations et leur reprise est rapide.

De mai à septembre, distribuez un engrais liquide pour plantes fleuries tous les dix jours. Les espèces vivaces peuvent être facilement bouturées au printemps ou en été. Prélevez des boutures d'extrémité de tige d'environ 8 à 10 cm de long. Mettez-les à raciner dans un verre d'eau ou directement dans un mélange composé à parts égales de sable de rivière et de tourbe, maintenu légèrement humide jusqu'à la reprise. Si vous achetez des plants, attendez la fin avril, quand les risques de gelées ne sont plus à craindre.

Impatiens hybrides

Iochroma cyanea

Iochroma spp.
IOCHROMA

J F M A M J J A S O N D

1/150 m | 1 m | P Arbuste | 5 °C

Cet arbuste de la famille des Solanaceae, originaire d'Amérique tropicale, est frileux, mais superbe!

Feuillage : généralement semi-persistant dans nos régions, alterne ; les larges feuilles ovales sont vert foncé et velues, le port de l'arbuste est buissonnant.

Floraison : de longs tubes réunis en grappes terminales pendantes.

Espèces et variétés : *Iochroma cyanea* se couvre d'une profusion de fleurs violettes à reflets bleus. *Iochroma grandiflora* est une espèce plus vigoureuse, aux grandes fleurs bleu violacé. *Iochroma coccinea* est rouge.

Comportement en pot : sans problème dans un contenant suffisamment grand, car la croissance est rapide et importante. Toutes les espèces sont gélives. Rentrez les iochromas dans une véranda tempérée, d'octobre à début mai.

Dimensions du pot : au minimum 30 cm de diamètre et de profondeur.

Exposition : très ensoleillée et chaude, bien à l'abri des vents frais et secs.

Terre : un terreau de rempotage consistant, enrichi de 20 % de fertilisant organique à base de fumiers et d'algues.

Arrosage : abondant, environ tous les deux à trois jours en été. En hiver, laissez le sol sécher sur 2 cm en surface.

Ennemis et maladies : les aleurodes envahissent le feuillage en quelques semaines, surtout l'hiver. Par temps sec et chaud, les araignées rouges sont à redouter. Traitez dès l'apparition des ravageurs.

Utilisations : en sujet isolé ou en arrière-plan dans une grande jardinière profonde, avec des anthémis, des lantanas, des verveines ou des sauges.

Conseil Truffaut : au printemps, au moment du rempotage annuel, faites un apport copieux de fumier bien décomposé et d'engrais organique.

Ipheion uniflorum
IPHÉION

J F M A M J J A S O N D

10/20 cm | 10/15 cm | C Bulbeuse | - 10 °C

Cette petite vivace bulbeuse de la famille des Alliaceae forme un sublime tapis d'étoiles printanières.

Feuillage : en touffe issue du bulbe. Les feuilles étroites et allongées, assez souples, ressemblent à celles d'une graminée.

Floraison : les fleurs simples à six pétales, disposés en étoiles, exhalent un très agréable parfum de miel.

Espèces et variétés : 'Wisley Blue' donne une profusion de petites fleurs étoilées violet clair. 'Froyle Mill' est violet soutenu. 'Album', à fleurs blanc pur, est magnifique dans une grosse potée.

Comportement en pot : dans les régions au climat doux, les bulbes d'iphéions

Ipheion uniflorum

peuvent rester en pot d'une année sur l'autre si le contenant est assez profond.

Dimensions du pot : au minimum 12 à 15 cm de diamètre et de profondeur pour cinq à six bulbes.

Exposition : ensoleillée ou légèrement ombragée sur les balcons du Midi.

Terre : un terreau sableux bien drainé.

Arrosage : une fois par semaine pendant la végétation. Cessez les apports d'eau dès que le feuillage s'est desséché.

Ennemis et maladies : en général aucun.

Utilisations : en potée isolée ou dans une jardinière avec des tulipes, des myosotis, des pâquerettes, des pensées, etc.

Conseil Truffaut : à l'automne, plantez les bulbes à 5 cm en tous sens. Conservez la potée à l'abri de la pluie pendant le repos végétatif.

Ipomoea tricolor
IPOMÉE, LISERON BLEU

J F M A M J J A S O N D

3/4 m | 2/3 m | C Grimpante | 0 °C

Cette belle annuelle volubile de la famille des Convolvulaceae est un liseron géant aux fleurs colorées.

Feuillage : alterne, vert clair, en forme de cœur. Les longues tiges grêles s'enroulent sur tout support

Floraison : les fleurs en forme de coupe bleu ciel à pourpre ne durent qu'une seule journée, mais elles se renouvellent bien.

Espèces et variétés : 'Scarlet Star' se couvre en été de grandes fleurs rouge cerise à centre blanc. 'Bleu d'Azur' est apprécié pour ses immenses fleurs bleu ciel. 'Early Call' ne dépasse pas 30 à 40 cm de hauteur. Ses grandes fleurs présentent des coloris variés. 'Smile', tout aussi peu encombrant, a un feuillage vert panaché de blanc, très décoratif.

Comportement en pot : les ipomées naines, mal connues, sont des plantes parfaites pour la culture en bac. Les ipomées grimpantes viennent bien dans des récipients de bonne taille avec un treillage.

Dimensions du pot : de 30 à 40 cm de diamètre et de profondeur pour assurer la croissance d'une ipomée grimpante. 20 cm suffisent pour une variété naine.

Exposition : chaude et ensoleillée.

Terre : un bon terreau de rempotage bien drainé, enrichi de 20 % de fertilisant organique à base de fumiers et d'algues.

Arrosage : une à trois fois par semaine environ selon la température ambiante.

Ennemis et maladies : la pourriture grise se manifeste quand le sol reste trop détrempé. Les pucerons peuvent coloniser les extrémités des tiges.

Utilisations : les ipomées grimpantes sont parfaites pour garnir et fleurir très vite un treillage, une pergola, une tonnelle ou la rambarde d'un balcon.

Conseil Truffaut : **en avril, semez les graines d'ipomées en poquet de deux ou trois, dans des godets placés sous abri. Plantez à l'extérieur en mai.**

Ipomoea rubro-caerulea

Ipomoea tricolor 'Himmelblau'

Ipomoea tricolor

Iris spp.
IRIS

J F M A M J J A S O N D

10/60 cm — 5/20 cm — PC — Bulb. Vivace — - 10 °C

Bulbeuse ou rhizomateuse, cette plante de la famille des Iridaceae est sublime, mais plutôt éphémère.

Feuillage : basal, linéaire ou rubané, parfois en forme de glaive, il forme une touffe en éventail chez les iris rhizomateux et plutôt épanouie, avec des feuilles cannelées ou cylindriques chez les iris bulbeux.

Floraison : portées sur des hampes dressées, les fleurs des iris présentent à l'extérieur de la corolle trois grands sépales plats, bien colorés, portés horizontalement ou retombants et à l'intérieur trois pétales généralement plus petits. Les couleurs sont d'une variété rare (sauf le rouge pur), avec des mélanges exceptionnels. la période de floraison s'étend sur plusieurs mois en raison de la diversité des espèces, mais chaque type de plante fleurit rarement plus de deux semaines.

Espèces et variétés : il faut distinguer deux catégories bien différentes d'iris.

Les iris rhizomateux : on trouve dans ce groupe les *Iris germanica* (iris des jardins), dont la vigueur est peu compatible avec la culture en pot, hormis les variétés naines (ou lilliput), de 30 à 40 cm de haut, et les miniatures (pumila), de 20 cm de haut. Les hybrides les plus compacts de *Iris sibirica* (iris de Sibérie) comme 'Mountain

Iris bucharica

Iris unguicularis 'Mary Barnard'

lake', bleu violacé, ou 'Tropical night', violet très foncé, qui ne dépassent pas 70 cm, réussissent bien dans des contenants profonds. Certaines petites espèces rhizomateuses comme *Iris pallida* (iris de Dalmatie) et sa forme panachée de blanc 'Argentea Variegata', aux fleurs lavande, parfumées en mai-juin (60 cm), *Iris suaveolens*, lilas et jaune (15 cm) en juin, le rare *Iris susiana* (iris deuil), gris veiné de pourpre foncé en mai et *Iris unguicularis* (iris d'Algérie) bleu strié d'orange de décembre à mars conviennent bien.

Les iris bulbeux : ils sont mieux adaptés à la vie en pot, certaines très petites formes nécessitant même obligatoirement ce type de culture. C'est le cas du groupe Reticulata, qui réunit entre autres les espèces *Iris bakeriana*, violet foncé et blanc (5 cm), *Iris danfordiae*, jaune dès février (15 cm), *Iris histrioides*, bleu taché de jaune en mars (15 cm), *Iris reticulata*, bleu violacé en février (12 cm), et les cultivars 'Clairette', bleu pâle (10 cm), 'George', pourpre intense (12 cm), 'Gordon', bleu foncé (15 cm) 'Katharine Hodgkin', blanc strié de bleu (12 cm), 'Pauline ', pourpre (12 cm), qui fleurissent en février-mars. Les iris hollandais (hybrides de *Iris xiphium*) font aussi de belles potées d'avril à juillet selon les dates de plantation et la précocité des cultivars.

Comportement en pot : les iris rhizomateux doivent être divisés tous les trois ans. les iris bulbeux sont plus casaniers et gagnent à séjourner longtemps dans leur contenant afin de former une touffe aux dimensions respectables.

Dimensions du pot : 15 cm de profondeur au minimum pour les petits iris bulbeux. 20 cm pour les iris de Hollande, 25 cm pour les variétés rhizomateuses.

Exposition : plein soleil, à l'abri des vents dominants pour les variétés les plus hautes. Évitez les situations trop arides.

Terre : un mélange de 2/3 de terreau souple et pas trop riche et 1/3 de sable.

Arrosage : uniquement par temps chaud et sec, hormis les iris d'eau, qui aiment un substrat toujours humide ou même être partiellement immergés.

Ennemis et maladies : surtout les limaces et les escargots, mais aussi la pourriture lorsque le substrat est trop compact ou mal drainé. Des viroses (décoloration) apparaissent aussi après quelques années.

Utilisations : installez les iris solitaires en grosses potées. Les petites espèces réussissent aussi dans les auges pour créer des paysage de rocaille miniature.

Conseil Truffaut : **en raison du caractère éphémère de leur floraison, les iris sont souvent utilisés comme des décorations saisonnières sur les balcons. Toutefois, il est rare qu'ils donnent le meilleur d'eux-mêmes (sauf les iris de Hollande) la première année de plantation. Réservez-leur donc des bacs spécifiques.**

Iris danfordiae

Jasminum nudiflorum

Jasminum officinale 'Aureum'

Jasminum spp.
JASMIN

J F M A M J J A S O N D

2/4 m	1/3 m		PC Grimpante	0/- 15 °C

Cette grimpante volubile souvent frileuse de la famille des Oleaceae est dotée d'un parfum envoûtant.

Feuillage : vert foncé, opposé ou alterne, très souvent penné, avec un nombre de folioles variable selon les espèces.

Floraison : les petits tubes s'évasent à leur extrémité, en étoiles blanches ou jaunes, réunies en bouquets lâches parfumés ou non. La période d'épanouissement varie beaucoup en fonction des espèces.

Espèces et variétés : le jasmin blanc (*Jasminum officinale*) craint les fortes gelées. Le jasmin d'hiver (*Jasminum nudiflorum*) n'est pas parfumé. Il fleurit tout l'hiver, même au nord. *Jasminum polyanthum*, blanc, très parfumé, est frileux.

Comportement en pot : le jasmin pousse plus lentement en pot, mais il finit par envahir son support. Rempotez tous les trois ans car il épuise vite la terre.

Dimensions du pot : un pot de 25 cm de large et de haut semble un minimum.

Exposition : tous les jasmins (sauf le jasmin d'hiver) demandent des situations abritées, chaudes et bien ensoleillées.

Terre : mélangez à parts égales du sable, du fumier décomposé, du terreau d'écorce et de la tourbe brune.

Arrosage : très copieusement, une à deux fois par semaine, selon la température.

Ennemis et maladies : les pucerons peuvent envahir les jeunes pousses. Traitez plusieurs fois dès leur apparition.

Utilisations : les jasmins s'enroulent sur les piliers, montent sur des pergolas, couvrent les treillages et les rambardes, habillent les fenêtres en deux saisons.

Conseil Truffaut : **taillez les jasmins après la floraison en coupant en priorité les plus vieux rameaux. Les espèces semi-rustiques sont rabattues avant d'être mises à l'abri pour l'hiver.**

Juniperus spp.
GENÉVRIER

0,30/1 m	0,30/1 m		P Conifère	- 15 °C

Ce conifère compact de la famille des Cupressaceae convient bien en bac car il pousse très lentement.

Feuillage : jeune, il se présente sous l'aspect d'aiguillons acérés de 0,5 à 1,5 cm de long. En vieillissant, le genévrier forme des écailles. Le genévrier prend souvent des teintes dorées ou bleutées.

Floraison : les conifères ne donnent pas de vraies fleurs. Les glomérules femelles, d'aspect insignifiant, donnent des baies comestibles d'un bleu myrtille.

Espèces et variétés : une des formes naines du genévrier de Chine, *Juniperus chinensis* 'Stricta', ne dépasse pas 1,50 m de haut. *Juniperus communis* 'Compressa' prend une silhouette colonnaire ; avec ses 60 cm, il est parfait pour les petits balcons. Les formes prostrées du genévrier rampant, (*Juniperus horizontalis*), sont à réserver aux jardinières volumineuses et aux grandes terrasses de même que *Juniperus sabina*.

Comportement en pot : les genévriers croissent lentement et peuvent vivre de longues années en bac.

Dimensions du pot : 20 cm au moins pour un genévrier de 30 cm de haut.

Exposition : les genévriers poussent mieux en plein soleil et au sec.

Terre : mélangez une bonne terre de jardin humifère à 30 % de sable de rivière.

Arrosage : uniquement lorsque le temps sec perdure plus d'une dizaine de jours.

Ennemis et maladies : la rouille envahit les rameaux au printemps. Les cochenilles décolorent les pousses attaquées.

Utilisations : associez les genévriers à des bruyères, des graminées, des potentilles. Garnissez le pied avec des alysses, des saxifrages, des origans, des thyms.

Conseil Truffaut : **ne taillez que pour rectifier légèrement la silhouette de l'arbuste et limiter son extension.**

Juniperus chinensis 'Stricta'

Les plus beaux feuillages

Actinidia kolomikta
Le fard timide du limbe qui pâlit pour exprimer une délicate et innocente langueur.
Voir page 228.

Solenostemon 'Colourdance'
L'admirable alchimie de la palette d'un peintre de génie.
Voir page 281.

Houttuynia cordata 'Chameleon'
Quand l'habit d'Arlequin a dépassé le talent mimétique du caméléon…
Voir page 343.

Lamium maculatum 'Hatfield'
Ombres pourprées et paillettes argentées, le feuillage fardé avec art forme un tapis d'apparat.
Voir page 358.

Brassica crispa 'Peacock'
Comme les bras menaçants
de l'Hydre, la ramure rayonnante
de ce chou fascine par sa robe
de dentelle améthyste.
Voir page 256.

Lamium 'Orchyd Frost'
Une débauche de petits
cœurs, qui sous leur parure
de givre font vibrer le vert
tendre de l'espérance.
Voir page 358.

Amaranthus tricolor 'Illumination'
Tout feu, tout flamme,
c'est une séductrice qui offre,
caressante, son cœur ardent
aux feuilles de braise.
Voir page 235.

Phormium tenax 'Sundowner'
Des glaives dressés, maculés d'un
sang pur qui perle en transparence
dans l'éclat du soleil.
Voir page 406.

Kalanchoe blossfeldiana
KALANCHOE

J F M A M J J A S O N D

20/30 cm · 10/20 cm · P Succulente · 5 °C

Cette petite plante grasse de la famille des Crassulaceae fait une décoration saisonnière lumineuse.

Feuillage : opposé, épais, charnu, arrondi, légèrement dentelé sur les bords.

Floraison : les bouquets de petites fleurs tubulaires roses, jaunes, orange ou rouges se renouvellent pendant plusieurs mois.

Kalanchoe blossfeldiana

Espèces et variétés : les hybrides horticoles de *Kalanchoe blossfeldiana* sont nombreux, très colorés, florifères et de plus en plus compacts. Les autres espèces se cultivent surtout à l'intérieur.

Comportement en pot : les kalanchoes sont toujours cultivés en pot. Rentrez-les dès que le froid nocturne s'installe. Rempotez tous les deux ans au printemps.

Dimensions du pot : les kalanchoes sont vendus dans des petits pots en plastique de 10 cm de diamètre. Le feuillage est parfois si lourd que la plante verse aisément. Transplantez-la dans une poterie plus stable, en veillant à ce qu'un trou de drainage ait bien été percé.

Exposition : le kalanchoe demande une forte lumière, mais pas de soleil brûlant, qui abîme les feuilles.

Terre : un mélange riche et drainant, non tourbeux, à base de terre de jardin et de terreau d'écorce. Ajoutez quelques poignées de sable et des gravillons au fond.

Arrosage : laissez sécher le pot entre deux arrosages. Ne détrempez jamais.

Ennemis et maladies : les cochenilles peuvent s'installer sur les tiges (surtout en hiver). Traitez préventivement.

Utilisations : groupez plusieurs kalanchoes dans une jardinière. Mélangez-les à des sédums, des crassulas ou à d'autres plantes succulentes. Ils font aussi de jolies bordures des jardinières de géraniums.

Conseil Truffaut : on peut essayer de conserver le kalanchoe d'une année sur l'autre, mais la floraison n'est pas garantie. Utilisez-le comme annuelle.

Kalmia spp.
LAURIER DES MONTAGNES

J F M A M J J A S O N D

0,60/1 m · 40/60 cm · PC Arbuste · - 15 °C

Cet arbuste compact de la famille des Ericaceae porte des bouquets de fleurs d'une rare perfection.

Feuillage : alterne ou opposé, oblong ou lancéolé, coriace, vert foncé, lustré, de 5 à 15 cm de long selon les espèces.

Kalmia latifolia

Floraison : les larges inflorescences (corymbes) sont composées de petites fleurs en coupe, roses, rouges ou blanches ayant la finesse de la porcelaine.

Espèces et variétés : *Kalmia angustifolia,* le laurier des moutons, à feuilles opposées, convient aux petits balcons, puisqu'il reste très dense. 'Rosea' possède des fleurs roses, 'Rubra', des fleurs rouges ou rose foncé. *Kalmia latifolia,* le laurier des montagnes, est moins compact mais plus florifère.

Comportement en pot : le kalmia est la providence des terrasses exposées plein nord. Il vit plusieurs années en pot. Rempotez le kalmia tous les deux ans, dans un pot légèrement plus grand,

Dimensions du pot : un sujet adulte vit dans un contenant de 30 à 35 cm.

Exposition : la mi-ombre, voire l'ombre.

Arrosage : ne laissez pas sécher le kalmia.

Ennemis et maladies : aucun.

Terre : de la terre de bruyère pure.

Utilisations : associez le kalmia avec : hydrangéa, fougère, anémone du Japon, hosta, érable japonais, rhododendron nain, bruyère, camélia, enkianthus et piéris.

Conseil Truffaut : si votre eau d'arrosage est calcaire, placez à la surface du pot, 3 cm de tourbe et autant d'aiguilles de pin, qui rectifieront le pH.

Kolkwitzia amabilis
KOLKWITZIA

J F M A M J J A S O N D

1/2 m · 1,50/2 m · Arbuste · - 15 °C

Cet arbuste au port souple, de la famille des Caprifoliaceae offre une tendre floraison printanière.

Feuillage : opposé, velu, vert foncé. Les feuilles ovales sont largement dentées.

Floraison : les rameaux arqués portent des myriades de fleurs roses à gorge jaune, qui ressemblent à des petites digitales.

Espèces et variétés : 'Pink Cloud' offre des fleurs d'un rose plus foncé que le type.

Comportement en pot : le kolkwitzia occupe le devant de la scène un mois par an. Le reste du temps, il passe à l'arrière-plan, où il forme un bel écran.

Dimensions du pot : rempotez selon la croissance de la plante. Adulte, le pot devra mesurer 40 cm en tous sens.

Exposition : une matinée ou un après-midi de soleil. L'ombre est acceptée, mais la floraison est alors moins opulente.

Terre : un mélange de terreau de rempotage et de terre de jardin convient bien.

Arrosage : trois ou quatre apports d'eau par semaine en été chez les jeunes sujets.

Ennemis et maladies : aucun.

Utilisations : associez-le à des digitales et des alchémilles. Installez au pied des impatiens blanches ou roses et des fuchsias.

Kolkwitzia amabilis

Conseil Truffaut : taillez de la moitié de leur longueur les rameaux fertiles après la floraison, éliminez le vieux bois.

Lactuca sativa
LAITUE

J F M A M J J A S O N D

10/15 cm · 20/30 cm · Légume · - 3 °C

Cette annuelle de la famille des Asteraceae est la plus appréciée des salades, la plus facile aussi.

Feuillage : les hybrideurs ont créé une multitude de variétés aux formes très différentes. Il existe des laitues aux feuilles pleines, découpées, frisées, cloquées, vertes, brunes, panachées, pourpres.

Floraison : la grande hampe blanche signe la fin de la vie de la laitue, mais elle se montre originale et décorative.

Espèces et variétés : les laitues pommées de printemps comme 'Reine de Mai', viennent bien en pot. Les variétés à feuillage rouge s'avèrent décoratives. Adoptez 'Barbarossa', aux grosses pommes bien fermes, rouge foncé, qui résiste bien à la chaleur, souvent inévitable sur un balcon de ville. 'Brunia', compacte, aux feuilles curieusement découpées, résiste aussi très bien à la chaleur. 'Malibu', une laitue italienne, offre une pomme volumineuse, très colorée, au feuillage cloqué et frisé, rouge foncé intense. 'Valdaï', à la pomme rouge vif, très brillant, résiste bien à la montée à graines. Optez aussi pour les laitues à couper type 'Salad Bowl' et 'Feuille de chêne', qui se comportent fort bien en suspension.

Comportement en pot : cultiver des laitues sur un balcon est inhabituel, mais finalement assez facile s'il est abrité.

Dimensions du pot : une jardinière ou un pot de 25 cm de large est suffisant pour une seule salade. Prévoyez une bonne couche drainante, avec des cailloux sur 5 cm d'épaisseur. Vérifiez que les trous d'évacuation d'eau soient bien percés.

Exposition : évitez le soleil trop brûlant. Quelques heures d'ensoleillement le matin et en fin d'après-midi suffisent.

Laitues à couper en suspension.

Lactuca sativa

Terre : riche en humus, légère et bien drainante. Concoctez un mélange nutritif en additionnant par quarts : terreau d'écorce, terre de jardin siliceuse, ou terre végétale du commerce, sable de rivière et amendement organique (fumier décomposé).

Arrosage : tous les deux jours en moyenne, sans détremper le substrat. Quand la plante est fraîchement repiquée, n'arrosez que le strict nécessaire.

Ennemis et maladies : en sol lourd, un champignon provoque la fonte des semis, les jeunes plants dépérissent. Quand les feuilles jaunissent et se dessèchent, le mildiou est bien souvent en cause. Les pucerons se logent dans les replis des feuilles. Des encoches triangulaires sur les feuilles signalent le picorage par des oiseaux.

Utilisations : mélangez les laitues avec tous les autres légumes cultivables sur balcon, mais aussi avec des fleurs « bon enfant » comme des œillets d'Inde, des bidens ou des dahlias miniatures.

Conseil Truffaut : lorsque vous repiquez la laitue, veillez à bien dégager le collet. Ne l'enterrez pas, même s'il vous semble « flotter ». Trop enterrée, la jeune plante pourrit à coup sûr. Apportez de l'engrais pour la faire pommer à coup sûr.

Lagerstroemia indica

Lagerstroemia indica
LILAS DES INDES

J F M A M J J A S O N D

2/4 m	2/3 m		P Arbre	-5 °C

Cet arbre opulent et un peu frileux de la famille des Lythraceae offre une floraison exceptionnelle en été.

Feuillage : opposé, ovale, elliptique, légèrement pointu, porté par des tiges à l'écorce d'un brun marbré, très décorative.
Floraison : en panicules de 10 à 20 cm de long, formées de fleurs aux pétales frisés, le plus souvent roses, mais aussi rouges, pourpres ou blanches, éclairées par des bouquets d'étamines jaune d'or.
Espèces et variétés : les pépiniéristes ont créé, à partir du *Lagerstroemia indica*, une multitude de variétés. 'Kimono', est l'une des rares qui soit blanc pur ; 'Aliénor d'Aquitaine', rose foncé, est recommandé par les spécialistes pour la culture en pots ; 'Yang Tse', rouge cramoisi soutenu, est plus rustique que les autres ; 'Souvenir d'Hubert Puard' arbore des coloris mauve lilacé.
Comportement en pot : le lilas des Indes est à son aise au sud de la Garonne et sur la côte méditerranéenne. Ailleurs, il lui faut une bonne protection hivernale, ou une serre froide. Il résiste bien à la pollution des villes. Rempotage tous les deux ans.
Dimensions du pot : choisissez une potée profonde d'au moins 30 cm, car les racines du lilas des Indes sont vigoureuses.
Exposition : ensoleillée et bien abritée du gel et des vents froids et desséchants.
Terre : le lilas des Indes aime la matière organique et les sols argileux. Donnez-lui un mélange de terre à rosiers et de terreau de rempotage enrichi de fumier en poudre.
Arrosage : le lilas des Indes supporte quelques oublis, mais il donne beaucoup plus de fleurs si vous ne le laissez pas au sec plus de trois ou quatre jours d'affilée.
Ennemis et maladies : araignées rouges par temps chaud et sec. Traitez aussitôt.
Utilisations : le lilas des Indes est commercialisé en touffe ou sur tige. Cette dernière forme est moins valable sur le balcon. Associez la plante à des roses, des bougainvillées ou des *Solanum crispum*.
Conseil Truffaut : taillez en février, dans les régions de climat doux, en coupant court (10 cm environ), les branches qui ont fleuri l'été précédent.

Lamium spp.
LAMIER, ORTIE BLANCHE

J F M A M J J A S O N D

10/30 cm	20/60 cm		C Vivace	-15 °C

Cette solide plante au port rampant de la famille des Lamiaceae forme un tapis de feuillage pour l'ombre.

Feuillage : opposé, parfois semi-persistant, tapissant, teinté d'argent ou de bronze.
Floraison : des fleurs tubulaires, roses, mauves ou blanches, portées par de courtes tiges dressées, à section carrée, apparaissent au-dessus du feuillage.
Espèces et variétés : *Lamium maculatum* 'Pink Pewter' se couvre d'une multitude de fleurs roses, d'avril à fin juin et pendant tout l'automne. C'est une des très rares plantes à feuillage argenté poussant bien à l'ombre, de même que 'Silver Carpet'. 'Shell Pink', aux fleurs d'un rose très doux, et feuilles vertes marquées d'un simple trait d'argent. 'Herman's Pride', au feuillage vert et argent très lumineux. 'Aureum' arbore un feuillage doré, très lumineux et des fleurs rose-mauve. *Lamium galeobdolon (Lamiastrum)* est plus vigoureux et forme des touffes un peu plus hautes, (30 cm) à tiges souples, stolonifères, retombantes.
Comportement en pot : les lamiers sont encore trop peu employés sur les balcons, les jardiniers se contentant de les reléguer dans les coins sauvages du jardin. Ce sont pourtant d'excellentes plantes d'ombre, peu exigeantes et poussant avec vigueur en pot. Rempotez tous les deux ou trois ans.
Dimensions du pot : avec le lamier, c'est la masse qui fait impression ! Donnez-lui un contenant large pour qu'il puisse s'étaler à son aise. Une belle coupe basse de 30 cm de diamètre et de 15 à 20 cm de hauteur formera un décor spectaculaire.

Lamium galeobdolon 'Herman's Pride'

Exposition : tous les lamiers poussent à l'ombre. Ils acceptent aussi de croître au soleil filtré et à condition de conserver les pieds au frais durant les périodes chaudes.
Terre : les lamiers sont peu exigeants. Une bonne terre de jardin leur convient, additionnée de quelques poignées d'amendement organique à base de fumier. Ne forcez pas trop sur les engrais azotés, car les touffes se relâchent et deviennent moins belles, surtout à l'ombre complète.
Arrosage : une brève période de sécheresse ne décourage pas les lamiers, mais n'abusez pas de leur bonne volonté. En été, arrosez deux à trois fois par semaine.
Ennemis et maladies : les limaces dévorent les jeunes feuilles au printemps.
Utilisations : utilisez le caractère rampant des lamiers pour réaliser de somptueuses suspensions qui resteront décoratives, toute l'année par leur feuillage. Utilisez-les

au bord de larges potées, dont ils recouvriront les parois. Recréez des compositions de sous-bois, en les associant avec des fougères, des hostas, des épimédiums, des bulbes à fleurs variées, des anémones.

Conseil Truffaut : **les touffes se divisent très aisément, au printemps. Sortez la motte de son pot et coupez dans la masse avec un couteau bien aiguisé.**

Lantana spp.
LANTANA

J F M A M J J A S O N D

0,40/1 m   0,40/1 m   P Saisonnière   - 3 °C

Cette plante frileuse, de la famille des Verbenaceae, forme un arbuste qui fleurit quasiment sans arrêt.

Feuillage : opposé ou en verticille, simple, elliptique, vert foncé, rugueux, gaufré.

Floraison : des têtes bombées formées de petites fleurs aux coloris changeants, jaune-orangé tirant sur le rouge ou le mauve, se succèdent tant que le climat reste doux.

Espèces et variétés : *Lantana camara* forme un petit buisson aux fleurs orange, délavées de rouge. Il résiste dehors en permanence dans le Midi. *Lantana sellowiana* présente un port étalé et des fleurs mauves. Il est plus rustique que le précédent et repart souvent après des froids de - 5 à - 8 °C.

Lantana camara 'Professeur Raoux'

Comportement en pot : la vigueur du lantana est difficile à contenir longtemps dans un pot, d'autant que les fleurs apparaissent à l'extrémité des rameaux. Cultivez-le en annuelle ou renouvelez-le tous les deux ou trois ans si vous possédez une véranda.

Dimensions du pot : en début de saison, un pot de 20 cm de diamètre suffit.

Exposition : les lantanas supportent le plein soleil. Arrosez souvent le sol de la terrasse pour créer une atmosphère humide.

Terre : une floraison chétive indique qu'une terre est épuisée. Rempotez avec du terreau pour géraniums. Surfacez avec une poignée d'amendement organique.

Arrosage : les lantanas sont connus pour leur très bonne résistance à la sécheresse. Un arrosage par semaine suffit à les garder en fleur. En plein été, doublez la cadence.

Ennemis et maladies : acariens l'été.

Utilisations : *Lantana sellowiana* se plante en bordure dans les jardinières. Il habille aussi les suspensions. *Lantana camara* est ravissant, sur tige, ou mélangé à des héliotropes dans sa forme buisson.

Conseil Truffaut : **rentrez la plante en hiver dans une véranda maintenue juste hors gel et réduisez les arrosages au strict minimum (tous les 15 à 20 jours).**

Lathyrus odoratus
POIS DE SENTEUR

J F M A M J J A S O N D

0,40/2 m   0,40/1 m   C Annuelle   - 2 °C

Cette plante volubile de la famille des Fabaceae porte des fleurs colorées au parfum évanescent.

Feuillage : opposé, lisse, formé d'une paire de folioles, ovales, de 5 à 6 cm de long. Le pétiole se prolonge par une vrille.

Floraison : des grappes de deux à quatre adorables papillons souvent parfumés, aux coloris multiples selon les cultivars.

Espèces et variétés : pour le parfum, choisissez une ancienne variété, 'Antique Fantasy'. Pour les bouquets, les pois de senteur du groupe 'Spencer' ou 'Mammouth' offrent de longues tiges, de grosses fleurs

Lathyrus odoratus 'Mammouth varié'

et une exceptionnelle floraison. Les formes naines comme 'Bijou' (40 cm), odorant, conviennent bien pour les potées.

Comportement en pot : les pois de senteur grimpants poussent bien en pot, mais il faut les palisser soigneusement pour que la potée reste esthétique, car ils ont tendance à pousser dans tous les sens.

Dimensions du pot : pour un effet de masse réussi, semez une dizaine de graines dans un pot de 30 cm en tous sens.

Exposition : plein soleil non brûlant.

Terre : mélangez pour moitié du terreau avec de la terre à rosiers, et ajoutez une poignée d'engrais pour plantes à fleurs.

Arrosage : deux fois par semaine en moyenne. Attention, la sécheresse fait avorter les boutons floraux.

Ennemis et maladies : la fonte des semis détruit les jeunes plants. Le mildiou et l'oïdium forment des taches blanches ou grises sur les feuilles. Traitez au besoin.

Utilisations : on conseille souvent de mélanger les pois de senteur à d'autres plantes. Le résultat est souvent décevant, car ils sont très gourmands et souffrent de cette concurrence. Palissez-les plutôt sur un treillage ou sur une forme en fil de fer.

Conseil Truffaut : **semez le plus tôt possible (dès octobre) pour obtenir un démarrage vigoureux au printemps.**

Laurus nobilis
LAURIER-SAUCE

J F M **A M** J J A S O N D

1/1,50 m | 0,60/1 m | P Arbuste | - 8 °C

Cet arbuste équilibré de la famille des Lauraceae porte des feuilles délicieusement aromatiques.

Feuillage : alterne, lancéolé, étroit, ondulé, vert foncé, à la consistance coriace.

Floraison : les fleurs sans pétales, vert-jaune, avec des étamines proéminentes, n'ont pas de vraie valeur décorative.

Espèces et variétés : seul *Laurus nobilis* est couramment proposé par les jardineries.

Comportement en pot : le laurier vit bien dans un bac, mais il déteste les vents glacés. Rapprochez-le en hiver d'un des murs les mieux exposés de la maison.

Dimensions du pot : on trouve des plants de laurier, gros comme des crayons, au rayon des plantes aromatiques. Vous les rempoterez dans un pot de 15 cm de diamètre, en n'oubliant pas que la plante adulte mesure 2 m de haut. Changez de contenant lorsque les racines tapissent tout l'intérieur du pot ou une fois par an.

Laurus nobilis

Exposition : le laurier s'étiole à l'ombre, il demande au moins 4 h de plein soleil par jour. La forte chaleur est appréciée.

Terre : une bonne terre de jardin sableuse ou un mélange de terreau de rempotage et de terre à rosiers assez drainant.

Arrosage : ne laissez pas le laurier en pot avoir soif trop longtemps. Deux arrosages par semaine font une bonne moyenne.

Ennemis et maladies : les cochenilles sont l'ennemi numéro un du laurier-sauce.

Utilisations : le laurier supporte très bien la taille, en cône, en boule, etc. Associez-le à des romarins et à des lavandes.

Conseil Truffaut : supprimez les rameaux desséchés après l'hiver.

Lavandula spp.
LAVANDE

J F M A M **J J A** S O N D

40/60 cm | 40/60 cm | P Vivace | - 8 °C

Ce sous-arbrisseau au port arrondi de la famille des Lamiaceae fleure bon la Provence et pousse partout.

Feuillage : opposé, simple, entier, linéaire, gris argenté, fortement aromatique.

Floraison : des épis terminaux bleutés rayonnent de la souche et forment une boule d'azur odorante et très mellifère.

Espèces et variétés : sur un balcon, une lavande à petit développement est conseillée, comme 'Hidcote', très compacte, aux fleurs violet foncé. Il existe une lavande blanche, *Lavandula angustifolia* 'Edelweiss'. Mais elle n'a décidément pas le charme des lavandes bleues ! Plus frileuse, *Lavandula stoechas* 'Pedunculata', la lavande « Papillon », forme une boule de 60 cm de diamètre. Une multitude de bractées pourpres persiste, au sommet de chaque épi, bien après la floraison.

Comportement en pot : une potée trop arrosée donne des plantes dégingandées

Lavandula stoechas 'Lace'

Lavandula stoechas 'Pedunculata'

Lavandula angustifolia 'Siesta'

et fragiles, en moins de deux ans. Maintenez la lavande au sec, et ayez la main légère avec les engrais, surtout azotés.

Dimensions du pot : une petite touffe logera dans une potée de 25 cm de large et de haut. Une plante plus âgée aura besoin d'un pot de 10 cm plus grand.

Exposition : plein sud, sans hésitation.

Terre : une bonne terre de jardin très poreuse, caillouteuse, même calcaire.

Arrosage : les excès d'humidité font plus souvent périr la lavande que les oublis d'arrosage. Soyez parcimonieux.

Lavandula angustifolia

Ennemis et maladies : en sol humide, des champignons attaquent les jeunes pousses ou font dépérir les touffes.

Utilisations : usez et abusez de la lavande en association avec toutes les plantes du Sud : ciste, abutilon, sauge, agapanthe, armoise, romarin, thym, jasmin.

Conseil Truffaut : ne taillez jamais les lavandes sur le vieux bois, mais laissez quelques centimètres de bois tendre des rameaux de l'année précédente.

Lavatera spp. LAVATÈRE

J F M A M **J J A S O** N D

1/1,50 m	0,70/1 m		Vivace	- 8 °C

Ce sous-arbrisseau à la silhouette très décontractée, de la famille des Malvaceae, pousse avec vigueur.

Feuillage : alterne, plus ou moins persistant en fonction du climat, ovale, palmé, profondément lobé, vert pâle ou gris-vert.

Floraison : de grandes coupes, aux pétales de soie roses ou blancs, habillent un buisson au port lâche et irrégulier.

Espèces et variétés : *Lavatera thuringiaca* 'Barnsley', aux fleurs rose pâle à cœur rouge. 'Bredon Springs' rose carminé. 'Shorty', à la végétation très compacte, s'accommodera des petits balcons.

Comportement en pot : ne comptez pas sur les lavatères pour créer le décor hivernal, car excepté dans le Midi, elles disparaissent en octobre. Taillez-les court, elles reviendront, plus belles, au printemps.

Lavatera olbia 'Rosea'

Dimensions du pot : pas trop petit, si vous ne voulez pas arroser tous les jours, 25 cm en tous sens est un minimum.

Exposition : plein soleil ou mi-ombre.

Terre : le terreau pour rosiers convient bien s'il est assez souple et riche.

Arrosage : les lavatères supportent la sécheresse, mais leur floraison durera plus longtemps avec des arrosages réguliers tous les trois ou quatre jours environ.

Ennemis et maladies : la rouille peut entraîner le dépérissement de toute la plante. Traitez au début du printemps.

Utilisations : avec une grosse touffe de *Carex lanceolata* ou de *Miscanthus*, au feuillage touffu et retombant, ou avec un tapis d'agératums ou de verveines au pied.

Conseil Truffaut : enterrez la base des rameaux à la première plantation, et rabattez les branches d'un tiers. La plante s'étoffera plus rapidement.

Leonotis leonurus LÉONOTIS, QUEUE DE LION

J F M A M J **J A S O** N D

0,80/1 m	50/60 cm		Vivace	0 °C

Cette plante frileuse de la famille des Lamiaceae porte des fleurs en étages sur des tiges bien droites.

Feuillage : opposé, linéaire velu, gris-vert.

Floraison : des corolles tubulaires, orange vif, sont réunies en touffes, à l'extrémité des tiges. Elles s'épanouissent pour le plus grand bonheur des insectes butineurs.

Espèces et variétés : *Leonotis leonurus* est l'espèce courante. Il existe une rare forme blanche : 'Harrismith White'.

Comportement en pot : si l'hiver est clément, le léonotis reste sur le balcon. Sinon, il hiverne en véranda. Rempotage chaque année au début du printemps.

Dimensions du pot : 20 cm de large et autant de profondeur la première année.

Exposition : installez ce Sud-Africain contre un mur au sud, qui réfléchira la chaleur, et à l'abri des vents frais.

Terre : un terreau de plantation bien drainé, enrichi de 20 % d'amendement organique à base de fumiers et d'algues.

Arrosage : le léonotis vous pardonnera quelques oublis d'arrosage épisodiques.

Ennemis et maladies : mouches blanches l'hiver à l'intérieur de la maison.

Utilisations : l'orange vif du léonotis se marie à la perfection avec le violet foncé des héliotropes ou de certains pétunias.

Conseil Truffaut : pincez souvent les tiges pour conserver à la plante un port aussi compact que possible. Rabattez la plante au ras du sol au printemps.

Leonotis leonurus

Lespedeza thunbergii

Lespedeza thunbergii
LESPÉDÉZA, DESMODIUM

J F M A M J J A S O N D

1/1,50 m — 1/2 m — Arbuste — - 3 °C

Cette plante à floraison automnale de la famille des Fabaceae est un sous-arbrisseau au port retombant.

Feuillage : alterne, vert doux, composé de trois folioles étroites, pointues, porté par de longues tiges souples et arquées.

Floraison : le lespédéza est précieux pour sa floraison tardive, qui redonne une seconde jeunesse au balcon. Les longues tiges souples de l'année portent de longues inflorescences légères, pendantes, rose violacé, très agréables.

Espèces et variétés : *Lespedeza thunbergii*, appelé aussi « desmodium », est la seule cultivée parmi les 40 espèces connues.

Comportement sur balcon : la végétation démarre très tard, en mai. Si l'hiver est froid, il faut couper toutes les tiges au ras du sol. Si l'été n'a pas été très ensoleillé, la floraison s'en ressent.

Dimensions du pot : 30 cm en tous sens.

Exposition : plein soleil, assez chaude.

Terre : terreau de rempotage (2/3) et sable de rivière semi-grossier (1/3).

Arrosage : un apport généreux par semaine en moyenne pendant la végétation, jusqu'à trois par temps de canicule.

Ennemis et maladies : le gel est le plus sévère ennemi du lespédéza, il détruit la partie aérienne qui réapparaît de la souche.

Utilisations : composez un décor d'automne avec une belle touffe d'asters nains, des sédums 'Autumn Joy', des anémones du Japon, des liatrides et des colchiques.

Conseil Truffaut : **le lespédéza doit être protégé en hiver. S'il a gelé, taillez les branches mortes au ras du sol, la plante repartira généralement de la souche.**

Leucojum spp.
NIVÉOLE

J F M A M J J A S O N D

30/40 cm — 10/15 cm — Bulbeuse — - 10 °C

Sorte de perce-neige géant, cette superbe bulbeuse de la famille des Alliaceae fleurit avec élégance.

Feuillage : basal, linéaire, vert foncé.

Floraison : de grosses clochettes, aux pétales blancs et sépales pointés de vert, d'apparence et de dimensions identiques.

Espèces et variétés : *Leucojum vernum*, la vraie nivéole, apparaît en février. Elle vient bien à l'ombre. *Leucojum aestivum*, plus grand, avec ses 40 cm de haut, offre des fleurs de 2 à 3 cm de diamètre, en avril et mai. Elles sentent un peu le chocolat.

Comportement en pot : les nivéoles n'aiment pas les transplantations. Mettez-les dans un grand pot une fois pour toutes, elles y prospéreront plusieurs années.

Dimensions du pot : les nivéoles sont splendides dans une coupe de 30 cm de long et 15 cm de profondeur.

Exposition : la mi-ombre est la lumière préférée des nivéoles, mais l'ombre assez dense est plutôt bien tolérée.

Terre : un terreau pour rosiers qui peut être allégé par 25 % de sable de rivière.

Arrosage : tous les 5 à 8 jours durant la période de végétation. Espacez ensuite.

Ennemis et maladies : aucun.

Utilisations : potées, bordures de jardinières, en associations avec des tulipes et des narcisses, des myosotis et toutes les vivaces légères et gracieuses du printemps.

Conseil Truffaut : **divisez les touffes dès que l'abondance du feuillage prend le pas sur la floraison. Laissez les plantes se naturaliser dans un très grand bac.**

Leucojum aestivum 'Gravetye Giant'

Leucothoe fontanesiana 'Scarletta'

Leucothoe fontanesiana 'Rainbow'

Leucothoe fontanesiana
LEUCOTHOE

J F M A **M J** J A S O N D

0,60/1 m · 50/80 cm · P Arbuste · - 12 °C

Ces arbustes à port ample de la famille des Ericaceae se parent d'un feuillage aux teintes magiques.

Feuillage : alterne, elliptique, vert ou panaché, virant au pourpre en hiver.

Floraison : les branches arquées portent, à l'aisselle des feuilles, des petites grappes de clochettes blanches, qui ressemblent un peu à celles des piéris.

Espèces et variétés : 'Rainbow', au port ample, offre des feuilles marbrées de crème et rose, cuivrées au printemps et bronze à l'automne. 'Scarletta' présente un port compact. Les jeunes pousses sortent rouges, virent ensuite au vert brillant, puis passent au pourpre en hiver.

Comportement en pot : les leucothoes se plaisent sur les terrasses à l'ombre. Un rempotage tous les trois ans est suffisant.

Dimensions du pot : une grosse potée de 30 cm de haut et de large suffit au leucothoe pour assurer sa croissance.

Exposition : à mi-ombre et abritée. Une ombre trop dense nuit aux coloris.

Terre : terreau, tourbe et terre de bruyère.

Arrosage : arrosez en abondance dès que la température dépasse les 20 °C.

Ennemis et maladies : une terre ou une eau d'arrosage trop calcaire entraîne un jaunissement foliacé (chlorose ferrique).

Utilisations : le leucothoe se plaît avec toutes les plantes de terre de bruyère ; kalmia, rhododendron, azalée, piéris, hydrangéa, bruyère, pernettya, gaultheria, enkianthus, skimmia, fothergilla, etc.

Conseil Truffaut : **bassinez le feuillage chaque soir lorsque la température a dépassé les 25 °C dans la journée. Évitez absolument les courants d'air frais.**

Lewisia spp.
LÉWISIA

J F M A **M J** J A S O N D

10/15 cm · 15/20 cm · PC Vivace · - 5 °C

Cette délicieuse Américaine de la famille des Portulacaceae est une fleur adorable mais capricieuse.

Feuillage : en rosettes, composées de feuilles un peu épaisses, ovales, pointues, ondulées. Les espèces à feuillage persistant sont les plus cultivées.

Floraison : des panicules compactes portent des bouquets d'étoiles de 2 à 4 cm de diamètre, aux couleurs vives et variées, sur des pédoncules de 10 cm de long.

Espèces et variétés : *Lewisia cotyledon* 'Sunset Strain' offre d'époustouflantes fleurs crème, balayées de rose. Il existe de très nombreuses formes hybrides.

Comportement en pot : les léwisias ont tendance à disparaître brutalement. L'excès d'eau en est souvent la cause.

Dimensions du pot : une seule plante vit dans une potée de 10 cm de diamètre.

Exposition : ensoleillée, pas brûlante.

Terre : le drainage doit être parfait. Incorporez au moins un tiers de gros sable ou de gravier fin à du terreau de feuilles pas trop finement tamisé.

Arrosage : arrosez peu, mais régulièrement. En effet, les léwisias dépérissent plus par excès que par manque d'eau. Protégez la plante s'il pleut trop. Réduisez les apports d'eau après la floraison.

Ennemis et maladies : la pourriture du collet peut s'installer lorsqu'on arrose trop souvent. Elle détruit la plante en quelques jours sans qu'il n'y ait rien à faire.

Utilisations : le léwisia est idéal pour les auges et les mini-jardins de rocaille. Installez-le avec des sédums, des joubarbes, des saxifrages.

Conseil Truffaut : **disposez au fond du pot une couche de graviers d'au moins 1 cm, et autant à la surface, de façon à ce que le collet de la plante reste toujours au sec. Abritez de la pluie.**

Lewisia cotyledon

Liatris spicata

Liatris spp.
LIATRIS, LIATRIDE

J F M A M J J A S O N D

50/60 cm — 20/30 cm — Vivace — - 10 °C

Cette belle vivace américaine de la famille des Asteraceae est une plante florifère et sans problème.

Feuillage : basal, linéaire et touffu, alterne et plus court sur les tiges rigides.

Floraison : des épis denses, roses ou blancs, de 50 à 60 cm de haut, émergent du feuillage. Les fleurs situées en extrémité éclosent en premier, celles des étages inférieurs prennent la suite.

Espèces et variétés : *Liatris spicata* offre des épis serrés de fleurs roses. 'Kobold' présente une végétation plus réduite. *Liatris scariosa* 'Alba' arbore des inflorescences blanches, plumeuses, bien plus légères que celles des autres espèces.

Comportement en pot : le liatris forme de belles potées touffues, qui prospèrent sur les terrasses ensoleillées. Rempotage tous les deux ans dans le courant mars.

Dimensions du pot : une jardinière de 40 cm de long et de 20 cm de profondeur convient aux liatrides qu'il faut diviser régulièrement pour assurer la floraison.

Exposition : plein soleil non brûlant, pour une floraison de longue durée.

Terre : les liatris aiment une terre lourde, qui retient bien la fraîcheur en été. En revanche, la plante souffre de l'humidité hivernale. Abritez la potée de la pluie, en la poussant contre un mur ou en la protégeant avec une feuille de plastique.

Arrosage : arrosez abondamment en été, moins en automne et encore moins en hiver (quand le feuillage a disparu).

Ennemis et maladies : les limaces dévorent les feuilles par temps humide.

Utilisations : mariez les liatris avec des plantes à la floraison légère, comme les *Coreopsis verticillata*, les érigerons, les boltonias, les sidalcéas. Ils font également merveille avec des graminées, telles que l'orge à crinière *(Hordeum jubatum)*, l'*Hakonechloa*, ou encore les carex.

Conseil Truffaut : les épis fleurissant de haut en bas, supprimez les fleurs fanées pour conserver un aspect net à la potée.

Ligustrum spp.
TROÈNE

J F M A M J J A S O N D

1/2 m — 0,70/1 m — PC — Arbuste — - 12 °C

Cet arbuste régulier de la famille des Oleaceae est très utilisé pour former des haies car il se taille bien.

Feuillage : opposé, ovale, vert moyen ou panaché, lustré, plus ou moins persistant selon les espèces et le climat.

Floraison : en panicules blanc crème, très parfumées, bien plus spectaculaire qu'on ne le croît, suivie de fruits noir jais.

Espèces et variétés : le troène du Japon, *Ligustrum japonicum*, à feuilles semi-persistantes, et coriaces, à la manière du camélia. Il fleurit tard, mais abondamment, à partir de juillet seulement. Il existe une version naine, 'Rotundifolium', aux feuilles légèrement vrillées, et à la croissance lente. *Ligustrum vulgare* 'Aureum' est un arbuste très touffu, au feuillage doré. En septembre, *Ligustrum quihoui* est remarquable par sa floraison et son parfum, mais il n'est vraiment à l'aise que dans les régions au climat doux. *Ligustrum delavayanum (ionandrum)*, persistant, compact, frileux, est utilisé en topiaire.

Comportement en pot : les troènes supportent les tailles répétées, ce qui en fait des arbustes parfaits pour les terrasses de moyenne superficie. Ils supportent également la pollution des villes.

Dimensions du pot : une jeune touffe vivra dans un pot de 20 cm de diamètre et de profondeur. Un arbuste adulte de 2 m de haut demande un contenant d'au moins 35 à 40 cm de diamètre.

Exposition : les troènes supportent bien la mi-ombre, voire l'ombre légère, surtout la forme à feuillage doré.

Terre : tout bon terreau lui convient.

Arrosage : le troène supporte des épisodes de sécheresse, mais, en général, il n'aime pas les sols trop secs. Il sera plus beau, plus dense, s'il ne souffre pas.

Ennemis et maladies : le pourridié attaque fréquemment les troènes en pleine terre. En bac bien drainé, l'affection est plus rare. Il n'y a pas de remède.

Utilisations : le troène forme de petites haies en bacs ou des écrins de verdure, et garnit les coins à l'ombre. On peut tailler les espèces à petites feuilles en topiaire. Associez-le à des plantes à la floraison plus voyante, comme les seringas, weigélias, deutzias, spirées, forsythias, hibiscus, etc.

Conseil Truffaut : taillez après la floraison, pour garder à l'arbuste un port compact et des dimensions compatibles avec le balcon. Protégez toutes les espèces semi-persistantes et persistantes du froid et du vent en hiver. Rapprochez-les du mur de la maison et enroulez plusieurs couches de voile d'hivernage autour de la ramure et du pot.

Ligustrum ovalifolium 'Aureum'

Lilium candidum

Lilium x hybridum

Lilium 'Stargazer'

Lilium spp.
LIS

J F M A M **J J A S** O N D

Hauteur	Largeur	Exposition	Type	Rusticité
1/1,50 m	20/30 cm		Bulbeuse	-8 °C

Cette bulbeuse majestueuse de la famille des Liliaceae se pare de fleurs d'une admirable perfection.

Feuillage : linéaire, étroit et vert franc.

Floraison : de larges trompettes, des turbans ou des coupes évasées à six pétales, apparaissent, en petits groupes, au sommet de tiges élancées. Les étamines et le pistil sont très proéminents.

Espèces et variétés : le lis de la Madone *(Lilium candidum)* est un des plus rustiques et des plus odorants. Parmi les lis hybrides, choisissez de préférence ceux qui ne dépassent pas 1 m de haut, comme 'Snow Queen', blanc, très parfumé ; 'Côte d'Azur', aux grandes fleurs roses ; 'Stargazer', rose et blanc, aux très grandes fleurs gracieuses ; 'Barbara North', rose vif ; 'Charmeur', cramoisi et blanc, etc.

Comportement en pot : veillez à ne pas donner trop d'engrais aux lis en pot, sinon ils poussent tout en hauteur et manquent de tenue, fleurissant mal.

Dimensions du pot : une potée ovale de 40 cm de long, de 25 cm de large et de profondeur, forme un décor ravissant lorsqu'elle est garnie de lis. Comptez deux ou trois bulbes par pot de 25 cm de diamètre. Tuteurez les jeunes plants.

Exposition : soleil ou mi-ombre. Si l'emplacement est vraiment ombragé, les lis fleuriront quand même, mais avec moins d'éclat, tout en durant moins longtemps.

Terre : additionnez un quart de sable de rivière grossier à un bon terreau de rempotage. Prévoyez un drainage au fond.

Arrosage : adaptez vos apports d'eau à la croissance de la plante. Quand les pousses pointent, arrosez pour maintenir la terre juste humide. Augmentez la cadence au fur et à mesure de la pousse. En plein été, ne laissez pas le terreau se dessécher plus de deux ou trois jours. Réduisez les arrosages sensiblement après la floraison.

Ennemis et maladies : la moisissure bleue détruit les bulbes en hiver. Des virus provoquent un rabougrissement des plantes que l'on multiplie soi-même. Les criocères dévorent les feuilles au printemps.

Utilisations : utilisez les lis en grosses potées bien fournies, ou par trois ou quatre, dans des jardinières de plantes à feuillage : hélichrysums, lamiers, lierres, phormiums et même avec les graminées.

Conseil Truffaut : **laissez les feuilles jaunir sans les couper, pour offrir aux bulbes la possibilité de reconstituer leurs réserves d'énergie avant l'hiver. Tous les deux ans, changez-les de pot.**

Linaria spp. LINAIRE

J F M A M J J A S O N D

20/60 cm | 15/30 cm | Vivace | - 10 °C

Ces jolies fleurs originales de la famille des Scrophulariaceae sont de délicates beautés à redécouvrir.

Feuillage : opposé ou verticillé à la base, alterne sur la partie supérieure, lancéolé, ténu, linéaire, glabre, vert clair.

Floraison : de fins épis élancés, presque grêles, portent de nombreuses petites fleurs qui ressemblent à des gueules-de-loup miniatures dans des teintes variées.

Espèces et variétés : *Linaria purpurea* 'Canon Went' fleurit rose pâle sur un feuillage légèrement bleuté, se ressème bien. *Linaria maroccana*, dont les séries 'Fantasy' et 'Fairy Bouquet' aux coloris variés, se cultivent comme des annuelles. *Linaria dalmatica*, aux fleurs jaunes.

Comportement en pot : les linaires sont des fleurs très accommodantes que même les débutants arrivent à cultiver en pot.

Linaria maroccana

Dimensions du pot : un pied de linaire nécessite un pot de 20 cm en tous sens.

Exposition : le plein soleil non brûlant.

Terre : les linaires poussant dans la nature sur le bord des routes ou le long des murs, elles acceptent une terre pauvre. Un terreau de rempotage leur convient très bien.

Arrosage : si des à-coups sérieux se produisent dans l'arrosage, lorsque la plante se trouve en plein épanouissement, la floraison dure moins longtemps.

Ennemis et maladies : pucerons au printemps et oïdium par temps moite.

Utilisations : mariez les linaires à des asters, des érigerons, des sauges, des plantes à feuillage gris comme le marrube, le *Convolvulus cneorum*, les ballotes ou les oreilles d'ours *(Stachys byzantina)*.

Conseil Truffaut : bien qu'elles soient vivaces, les linaires ne vivent pas très longtemps, deux ou trois ans tout au plus. C'est pourquoi il est bon de prévoir une culture annuelle pour disposer de semis de remplacement.

Liriope spp. LIRIOPE

J F M A M J J A S O N D

20/40 cm | 15/30 cm | Vivace | - 8 °C

Cette jolie plante tubéreuse de la famille des Asparagaceae forme une touffe herbacée très originale.

Feuillage : rubané, étroit, vert foncé, poussant en touffes denses ou en coussins.

Floraison : des pédoncules dressés portent de nombreuses petites fleurs en clochettes lilas, groupées le long de la tige. Les épis se mélangent au feuillage, donnant un côté très naturel à la plante.

Espèces et variétés : *Liriope muscari* est la forme courante, avec ses épis mauves, qui se dressent, rigides. *Liriope spicata*, plus vigoureuse, en tapis compact, porte des fleurs blanches ou violettes, tardives.

Comportement en pot : la liriope forme des potées de feuilles serrées, qu'il faut diviser tous les deux ans. Il est indispensable de l'abriter du froid très vif.

Liriope muscani

Dimensions du pot : une potée large de 30 cm et profonde d'au moins 25 cm, permettra aux racines rhizomateuses de la liriope de bien s'installer.

Exposition : mi-ombre douce ou soleil légèrement filtré, pour évoquer les clairières brumeuses de son Japon natal.

Terre : un terreau sableux plutôt acide.

Arrosage : la liriope est beaucoup plus résistante à la sécheresse qu'on ne le croit généralement, car elle stocke l'eau dans ses racines rhizomateuses. Arrosez deux fois par semaine en été, pas plus.

Ennemis et maladies : les limaces dévorent les feuilles par temps humide.

Utilisations : avec des fougères, des bruyères et des gaulthéries pour accompagner des rhododendrons et des piéris.

Conseil Truffaut : la liriope est une plante gourmande. Nourrissez-la régulièrement avec des engrais à assimilation rapide, faiblement concentrés.

Lithodora diffusa GRÉMIL

J F M A M J J A S O N D

15/30 cm | 30/60 cm | Arbuste | - 5 °C

Ce sous-arbrisseau à port étalé de la famille des Boraginaceae forme un très joli tapis d'un bleu intense.

Feuillage : verticillé, ovale, vert foncé, fin, elliptique, étroit, porté par des rameaux prostrés qui forment des touffes étalées.

Lithodora diffusa 'Grace Ward

Floraison : des clochettes épanouies, d'un bleu gentiane intense, apparaissent sans discontinuer de mai à juillet. Une légère remontée est observée en automne.

Espèces et variétés : *Lithodora diffusa* est encore connu sous son ancien nom *Lithospermum diffusum*. 'Heavenly Blue' est le cultivar le plus populaire, avec des fleurs d'un bleu soutenu. 'Grace Ward' porte de plus grandes fleurs. 'Star' forme des étoiles bleu et blanc.

Comportement en pot : le grémil peut se cultiver dans une auge, comme des plantes de rocaille, mais à cause de sa vigueur, il a tendance à déborder largement et à étouffer ses voisines.

Dimensions du pot : un jeune plant peut vivre dans un pot de 15 cm de large et de même profondeur, la première année. Rempotez ensuite dans un bac plus grand.

Exposition : le plein soleil pas trop ardent ou la mi-ombre légère, sans fraîcheur.

Terre : mélangez par tiers du sable de rivière, de la tourbe blonde et du terreau d'écorce, avec un bon drainage au fond.

Arrosage : laissez légèrement la terre sécher entre deux arrosages. Oubliez le grémil durant l'hiver.

Ennemis et maladies : seuls le froid et l'humidité hivernale sont à redouter.

Utilisations : installez le grémil au pied de rhododendrons, de piéris, d'hydrangéas.

Conseil Truffaut : **protégez la plante qui redoute le froid et l'humidité hivernale, en la couvrant fin octobre d'une bonne couche de tourbe blonde sèche.**

Lobelia erinus
LOBÉLIA

J F M A **M J J A S O** N D

10/30 cm — 10/40 cm — Saisonnière — 5 °C

Cette vivace frileuse, buissonnante, de la famille des Campanulaceae, porte une nuée de fleurs bleu vif.

Feuillage : alterne, simple, vert clair, avec des feuilles ovales, allongées, qui deviennent linéaires vers l'extrémité de la tige.

Floraison : des grappes légères, formées de petites fleurs aux corolles portant deux larges lèvres et un œil blanc, garnissent la plante jusqu'aux premiers froids.

Espèces et variétés : 'Rosamund', rose foncé. 'Snowball', blanc pur, lumineux. 'Lilac Dream', lilas. 'Palace bleu', bleu foncé à grand œil blanc, sont des formes naines (10/15 cm). 'Cascade', aussi appelé 'Pendula', porte des tiges souples et semi-retombantes, très florifères (30 cm).

Comportement en pot : le lobélia a tendance à griller si le soleil est trop fort. Installez-le sur un balcon qui reçoit une lumière tamisée. plantez les lobélias en groupes pour un effet de masse. Les variétés 'Cascade' sont plantées en suspension.

Dimensions du pot : une jardinière de 40 cm de long peut accueillir cinq pieds.

Exposition : protégée des vents frais, de préférence au soleil doux ou à mi-ombre.

Terre : un terreau nutritif, souple, drainant, enrichi de fumier et d'algues compostées.

Arrosage : les lobélias n'aiment pas la sécheresse, maintenez la motte humide par un apport d'eau quotidien durant l'été.

Ennemis et maladies : certains champignons attaquent les feuilles, leur donnant un aspect brûlé. La pourriture des racines fait mourir la plante entière.

Utilisations : les variétés à port retombant, comme 'Saphirre', bleu foncé brillant, à œil blanc, ou 'Cascade', garnissent avec fantaisie le bord des paniers suspendus. Les lobélias à port plus droit forment de belles bordures dans les potées avec des fuchsias roses, des pensées, des alchémilles, des bacopas et des bégonias tubéreux.

Conseil Truffaut : **une fois par semaine, donnez aux lobélias de l'engrais soluble pour géraniums, afin de soutenir, jusqu'aux gelées, leur longue floraison. Ne fertilisez pas les plantes assoiffées.**

Lobelia erinus

Lobularia maritima 'Golfy'

Lobularia maritima
ALYSSE ODORANT

J F M A M J J A S O N D

10/15 cm | 15/20 cm | P Annuelle | 0 °C

Cette petite plante buissonnante de la famille des Brassicaceae fleurit avec une délicate odeur de miel.

Feuillage : verticillé ; les tiges rampantes, semi-dressées, portent des petites feuilles étroites. Les touffes forment des coussinets d'apparence mousseuse en fleurs.

Floraison : des centaines de petites corolles à quatre pétales, blanches, roses ou violacées, en grappes denses et vaporeuses, embaument l'air ambiant.

Espèces et variétés : 'Lilac Queen' forme un tapis violet, 'Rosie O'Day' offre de subtiles nuances de blanc et de rose pâle, tandis que 'Tapis de Neige' déroule une épaisse moquette blanche. 'Atoll' se décline en coloris variés ou en mélange. 'Snow Crystals' est blanc à grandes fleurs.

Comportement en pot : l'alysse odorant se développe sans problème en pot.

Dimensions du pot : 15 cm de profondeur au minimum. Pour un bel effet de masse, comptez, à la plantation, de 10 à 15 cm de distance entre les jeunes pieds.

Exposition : de préférence ensoleillée. Un léger ombrage est assez bien toléré.

Terre : donnez à l'alysse odorant une bonne terre de jardin en mélange avec du terreau de plantation souple et riche.

Arrosage : mouillez copieusement, mais sans noyer les plantes, chaque fois que la terre de surface est légèrement sèche.

Ennemis et maladies : l'oïdium et le mildiou sont les deux maladies les plus fréquentes. Gare aussi aux limaces !

Utilisations : l'alysse odorant tapisse le pied des arbustes, se marie bien avec l'héliotrope et les géraniums. Il accompagne joliment les lobélias en suspension.

Conseil Truffaut : rabattez les fleurs, avec une paire de ciseaux, après la première floraison, pour encourager une remontée automnale.

Lonicera spp.
CHÈVREFEUILLE

J F M A M J J A S O N D

2/4 m | 1/3 m | PC Grimpante | - 12 °C

Cette vigoureuse plante sarmenteuse de la famille des Caprifoliaceae est fort attachante, souvent parfumée.

Feuillage : opposé, simple, caduc, semi-persistant ou persistant selon les espèces et les climats. Elles sont ovales ou oblongues, souvent glauques ou gris-vert.

Floraison : en entonnoirs groupés en grappes légères, parfumées, blanches virant au jaune, au rose ou au pourpre.

Espèces et variétés : pour le parfum, *Lonicera periclymenum*, sans hésiter. La variété 'Belgica', rouge-pourpre et jaune est une des plus belles réussites. Pour un feuillage semi-persistant, adoptez *Lonicera japonica*. 'Halliana', blanc pur et jaune, compte parmi les plus parfumés. À noter, le tout nouveau chèvrefeuille arbustif 'Honey Baby', qui forme une grosse boule de 50 cm de diamètre. *Lonicera* x *brownii* 'Dropmore Scarlet', semi-persistant, assez compact, aux fleurs rouge orangé parfumées. 'Golden Trumpet' est similaire, mais jaune avec la gorge orangée.

Comportement en pot : il faut vraiment un pot profond pour que le chèvrefeuille soit beau sur la terrasse. Sinon, il développe des branches chétives.

Dimensions du pot : environ 50 cm de diamètre et de profondeur si l'on veut que la plante couvre plusieurs m^2.

Exposition : le plein soleil est apprécié, mais pas indispensable. Le chèvrefeuille se plaît aussi à la mi-ombre légère.

Terre : terreau universel avec 20 % d'amendement organique à base de fumier composté et d'algues.

Arrosage : le chèvrefeuille n'aime pas la sécheresse, qui fait jaunir et tomber précocement ses feuilles. Maintenez le substrat humide pendant la période de croissance. La pluie suffit l'hiver.

Ennemis et maladies : l'oïdium couvre les feuilles d'un duvet grisâtre. Les pucerons envahissant le feuillage favorisent l'installation de la fumagine.

Utilisations : un seul pied de chèvrefeuille dans un grand pot peut recouvrir un treillage, une balustrade ou un pilier. Il peut être associé à une clématite.

Conseil Truffaut : taillez le chèvrefeuille assez sévèrement, dès qu'il se dégarnit et s'étiole. À partir de mars, donnez-lui tous les quinze jours de l'engrais « géraniums » après un arrosage.

Lonicera x *heckrottii*

Lotus maculatus

Lotus berthelotti
LOTIER

J F **M A M J** J A S O N D

Hauteur	Largeur	Exposition	Type	Rusticité
20 cm	0,80/1 m		P Saisonnière	2 °C

Cette vivace frileuse de la famille des Fabaceae forme un couvre-sol aux fleurs en forme de griffes.

Feuillage : alterne, très fin, semi-persistant, d'un gris argenté aux reflets métalliques, très lumineux. Il est porté par de longues tiges souples et retombantes.

Floraison : des grappes de fleurs à l'étonnante couleur corail, en forme de cornes de griffes ou de pinces de crabe, lorsqu'elles sont en boutons, s'épanouissent rouge orangé avec le centre noir.

Espèces et variétés : seule l'espèce type est cultivée. *Lotus maculatus* est similaire, mais à fleurs jaune d'or pointé d'orangé.

Comportement en pot : le démarrage est souvent lent, mais une fois passé ce cap, le lotier forme de splendides suspensions.

Dimensions du pot : une coupe de 30 cm de diamètre et de 20 cm de profondeur.

Exposition : plein soleil. Le lotier n'est pas rustique, rentrez-le dès octobre.

Terre : moitié sable de rivière, moitié terreau de plantation souple et léger.

Arrosage : laissez sécher le substrat entre deux apports d'eau, mais ne laissez pas le feuillage se faner. En hiver, les arrosages seront limités à une fois par mois.

Ennemis et maladies : cochenilles l'hiver.

Utilisations : le lotier habille une rambarde ou dissimule une grosse potée.

Conseil Truffaut : **pincez l'extrémité des rameaux pour favoriser la floraison. Au printemps, taillez court.**

Lunaria annua
MONNAIE-DU-PAPE

J F M A **M J** J A S O N D

Hauteur	Largeur	Exposition	Type	Rusticité
50/60 cm	20/30 cm		C Bisannuelle	- 8 °C

Cette plante de culture très facile de la famille des Brassicaceae allie la beauté des fleurs et des fruits.

Feuillage : alterne, vert moyen, ovale ou cordiforme, légèrement dentelé.

Floraison : des grappes de fleurs mauves, qui ressemblent à celles de la giroflée quarantaine, apparaissent au printemps. Elles sont suivies par des capsules plates, qui font penser à des pièces de monnaie translucides… ou à des monocles.

Espèces et variétés : à l'intérêt de sa fructification, *Lunaria annua* 'Variegata' ajoute un feuillage au pourtour panaché de blanc. 'Alba' porte de généreux bouquets de fleurs blanc pur en avril. Il existe une espèce vivace, *Lunaria rediviva*.

Comportement en pot : pour profiter des fleurs dès avril, plantez cette bisannuelle à l'automne. Arrachez les pieds après la fructification. Il est aussi possible de la cultiver en annuelle sous un climat doux.

Dimensions du pot : 25 cm de haut et de large offrent un volume suffisant.

Exposition : le plein soleil est toléré. La mi-ombre est idéale, mais l'ombre intense empêche à peine la plante de fleurir.

Terre : un mélange à parts égales de terreau de plantation et de sable de rivière.

Arrosage : si le pot reçoit bien la pluie, cela suffit en hiver. À partir de mars, arrosez de une à trois fois par semaine selon la température ambiante.

Ennemis et maladies : la rouille blanche tache feuilles et tiges. Certains virus déforment les fleurs. Oïdium en fin d'été.

Utilisations : dans de grosses potées, mélangez la monnaie-du-pape à des physalis, des juliennes, des saponaires.

Conseil Truffaut : **la lunaire ne fleurit qu'une fois. Prévoyez des semis de remplacement, très faciles à obtenir directement en place dans un pot large.**

Lunaria annua

Fruits de *Lunaria annua.*

Tomate cerise

Tomate 'Poire jaune'

Lycopersicon esculentum TOMATE

J F M A **M J J A S** O N D

0,80/1 m | 50/60 cm | Légume | 0 °C

Cette annuelle frileuse de la famille des Solanaceae forme de délicieux fruits appelés « pommes d'amour ».

Feuillage : alterne, composé, irrégulier, vert franc, rêche et poilu, aromatique.

Floraison : insignifiante, jaune, suivie de fruits rouges, parfois jaunes ou pourpres.

Espèces et variétés : les tomates cerises, jaunes ou rouges, rondes ou en forme de poire, sont parfaitement adaptées aux petits balcons. 'Harzglut', très précoce, mûrira, même si vous ne lui offrez pas tout le soleil souhaitable. 'Matina' ne se fend pas, son goût est prononcée. 'Mon Plaisir' est une variété à port retombant et à fruits miniatures d'excellente saveur. 'Poire jaune' est originale et vient bien en pot.

Comportement en pot : la tomate ne souffre pas de négligence. Elle doit être arrosée, nourrie, pincée, tuteurée. Sinon vous ne récolterez presque rien.

Dimensions du pot : un pot de 30 cm de haut et de large est assez grand pour faire fructifier un pied de tomate.

Exposition : le plein soleil est préférable.

Terre : mélangez finement du terreau d'écorce (2/3), de la tourbe brune (1/3) et un amendement organique à base de fumiers et d'algues (15 à 20 %).

Arrosage : arrosez peu lorsque le plant est jeune, pour qu'il développe son système racinaire en profondeur. Augmentez la cadence quand la plante forcit.

Ennemis et maladies : la mouche blanche et l'araignée rouge sont les deux ennemis les plus fréquents de la tomate. Cependant, elles ne sont pas mortelles pour la plante. En revanche, une attaque de mildiou par temps très humide peut être fatale.

Utilisations : laissez la tomate seule dans son pot car elle est assez exigeante.

Conseil Truffaut : **supprimez les tiges secondaires qui poussent à l'aisselle des feuilles, pour diriger toute la sève vers les fruits. Taillez la tige au-dessus du quatrième bouquet de fleurs.**

Lysimachia spp. LYSIMAQUE

J F M A M **J J A S** O N D

5 cm/1 m | 50/80 cm | Vivace | - 10 °C

Cette vivace d'aspect variable de la famille des Primulaceae est une manne de nectar pour un papillon.

Feuillage : opposé, alterne ou verticillé, arrondi ou lancéolé, vert moyen, parfois duveteux et virant au rouge à l'automne.

Floraison : des épis terminaux de petites fleurs, blanches ou jaunes, ressemblant à celles des buddléias, ou des clochettes jaunes portées à l'aisselle des feuilles.

Espèces et variétés : *Lysimachia clethroides* offre tout l'été des épis blancs, en forme de virgule. *Lysimachia nummularia*, couvre-sol à feuilles dorées chez le cultivar 'Aurea'. *Lysimachia congesta*, couleur d'or, est une nouvelle introduction cultivée comme une annuelle, qui plaît en raison de son port semi-retombant.

Comportement en pot : vigoureuse, la lysimaque s'accommode mal d'une petite jardinière, et ne tolère guère la sécheresse.

Dimensions du pot : une jardinière de 25 cm de large et de 20 cm de profondeur suffit à *Lysimachia congesta* et *nummularia* pour bien se développer.

Exposition : soleil ou ombre légère.

Terre : les lysimaques affectionnent un terreau riche additionné de terre d'alluvions.

Arrosage : régulier et généreux, sinon la plante fleurit peu et reste chétive.

Ennemis et maladies : les limaces dévorent le jeune feuillage au printemps.

Utilisations : mariez les lysimaques avec des graminées, des asters, des hémérocalles, des alchémilles, des fuchsias.

Conseil Truffaut : **rabattez les touffes en octobre. Divisez les plantes tous les trois ans afin de les rajeunir, ce qui garantit une abondante floraison.**

Lysimachia congesta

M

Magnolia stellata
MAGNOLIA ÉTOILÉ

J F **M** **A** M J J A S O N D

1/2 m	1/2 m		C Arbuste	- 10 °C

Cet arbuste très précoce de la famille des Magnoliaceae associe la prestance et le prestige. Superbe !

Feuillage : alterne, lancéolé, vert pâle lorsqu'il apparaît au printemps, juste après les fleurs, sur les jeunes rameaux velus.

Floraison : de grosses étoiles blanches d'une dizaine de centimètres font leur apparition dès la fin du mois de mars. Même les jeunes arbustes fleurissent abondamment, ce qui n'est pas la règle chez les magnolias à feuillage persistant.

Espèces et variétés : *Magnolia stellata* est un des plus petits. Il ne dépassera guère 2 m de haut en bac. Des améliorations américaines comme 'Waterlily' donnent des fleurs plus larges, portant de nombreux pétales. 'Susan', hybride très vigoureux avec un *Magnolia liliiflora*, convient aux très grandes terrasses. Même jeune, il produit en abondance des fleurs rose carmin. *Magnolia grandiflora*, à feuilles persistantes, vient bien dans un grand bac.

Magnolia stellata 'Royal Star'

Comportement en pot : *Magnolia stellata* pousse très lentement, un avantage en pot. Rempotage tous les trois ans.

Dimensions du pot : le magnolia étant gourmand, il souffre très vite, dans un pot trop petit, d'un manque d'eau et d'éléments nutritifs. Offrez-lui un contenant d'au moins 30 cm de diamètre au départ. Après quelques années, l'arbuste aura besoin d'un bac de 50 cm en tous sens.

Exposition : la mi-ombre même intense ou le soleil léger, dans les régions pas trop chaudes en été, conviennent au magnolia. Abritez-le des vents froids dominants.

Terre : elle doit être riche, et bien garder l'eau. Le magnolia n'aime guère le calcaire, mais il ne sera pas heureux dans la terre de bruyère pure, trop pauvre. Préparez-lui un mélange à parts égales de terreau de feuilles, d'amendement organique à base de fumier et d'algues, de tourbe brune, de terre à rosiers un peu lourde et de terre de jardin neutre. Pour faire bonne mesure, ajoutez une poignée d'engrais à décomposition lente pour arbres. Chaque année, vous surfacerez le dessus du pot avec une poignée de compost ménager, d'amendement organique ou de fumier de ferme composté.

Arrosage : le magnolia déteste les moments de sécheresse. Maintenez la motte humide à raison de deux à trois arrosages hebdomadaires en été.

Ennemis et maladies : le gel fait brunir les boutons, qui pourrissent ensuite.

Utilisations : associez des vivaces couvre-sol et des bulbes au pied du magnolia, tels que cyclamens, scilles, perce-neige, anémones, jacinthes des bois et muscaris.

Conseil Truffaut : les fleurs étant sensibles à la pluie, au vent et à la gelée, ne laissez pas votre arbuste en plein vent. Abritez-le derrière un claustra et n'hésitez pas à le couvrir d'un voile en hiver.

Mahonia aquifolium 'Apollo'

Mahonia spp.
MAHONIA

J **F** **M** A M J J A S O N **D**

0,60/1 m	50/80 cm		P Arbuste	- 15 °C

Cet arbuste touffu de la famille des Berberidaceae supporte bien les conditions de culture difficiles.

Feuillage : alterne, ample, composé, penné, coriace et bordé de dents épineuses. Il donne à la plante adulte une silhouette originale, plutôt exotique.

Floraison : des grappes denses ou allongées, formées de fleurs jaune mimosa, sont portées à l'extrémité de la touffe.

Espèces et variétés : *Mahonia* x *media* 'Charity', au feuillage ample, bien découpé, avec de jeunes feuilles cuivrées. Il forme de spectaculaires épis jaune citron, de décembre à février. *Mahonia aquifolium* 'Apollo', classique et rustique, se pare de fleurs en grappes serrées.

Comportement en pot : le mahonia ne pousse pas vite. Achetez de préférence un sujet bien développé. Il ne demande ensuite pas beaucoup de soins. Un rempotage tous les trois ans suffit.

Dimensions du pot : un mahonia adulte dépasse rarement 1 m en pot. Prévoyez un contenant d'au moins 30 cm de diamètre.

Exposition : le mahonia accepte indifféremment le plein soleil fort ou l'ombre dense. Mais c'est à la mi-ombre légère que l'on obtient les plus beaux sujets.

Terre : un mélange par moitié de terre de jardin et de terreau universel, enrichi de fumier décomposé et très bien drainé.

Arrosage : moins d'un apport d'eau par semaine en hiver, jusqu'à deux ou trois en été selon la température ambiante.

Ennemis et maladies : l'oïdium, la rouille et d'autres champignons parasites provoquent un feutrage blanc ou des taches brunes à noires sur les feuilles. Un traitement préventif fongicide est conseillé.

Utilisations : les mahonias supportent bien la taille et peuvent former de petites haies pour masquer la vue. Plantez à leurs pieds des hellébores et des bulbes variés.

Conseil Truffaut : **taillez les bois vieux, pour rajeunir la silhouette du mahonia. Coupez sur un bourgeon bien apparent ou au-dessus d'une feuille pour assurer le redémarrage de la végétation.**

Malope trifida
MALOPE

J F M A M J J A S O N D

50/70 cm	20/30 cm		Annuelle	0 °C

Cette annuelle très facile de la famille des Malvaceae est la petite cousine asiatique des mauves.

Feuillage : alterne, vert moyen, légèrement lobé, porté par des tiges ramifiées.

Floraison : des entonnoirs de 7 à 8 cm de diamètre, rouges, violets ou roses, délicatement veinés, s'épanouissent en été.

Espèces et variétés : les variétés tétraploïdes, aux fleurs plus grandes, se déclinent en pourpre foncé veiné de grenat ('Vulcan'), en rose ('Rosea') ou en blanc pur à cœur vert ('White Queen').

Malope trifida

Comportement en pot : les malopes forment de plus grosses touffes en pleine terre. Mais, si vous les arrosez à l'engrais liquide une fois par semaine, elles fleuriront généreusement et longtemps en pot.

Dimensions du pot : pour une seule plante, prévoyez un récipient d'au moins 20 cm de large et de haut.

Exposition : le plein soleil est conseillé, mais il ne doit jamais être trop brûlant.

Terre : un substrat léger est bien adapté à la culture des malopes. Ajoutez 20 % de vermiculite ou de sable de rivière à un bon terreau de plantation souple et frais.

Arrosage : conservez toujours la motte humide durant la période de croissance.

Ennemis et maladies : des pustules orange indiquent une attaque de rouille. Traitez.

Utilisations : en bac, mélangez les malopes avec du fenouil bronze et des monardes.

Conseil Truffaut : **les jeunes malopes sont très sensibles à toute transplantation. Semez très clair, en mars-avril, directement dans le contenant. Ne laissez que deux ou trois plantes par pot de 30 cm de diamètre (éclaircissage). Fertilisez une fois par semaine, dès que les plants portent quatre feuilles.**

Malus spp.
POMMIER

J F M A M J J A S O N D

2/3 m	1/2 m		Fruitier	- 12 °C

Cet arbre rond, très homogène, de la famille des Rosaceae, existe en formes naines, à croquer de plaisir.

Feuillage : alterne, ovale, vert moyen. Certaines espèces de *Malus* arborent des jeunes pousses rouge cuivré, qui virent au vert et pourpre en été. D'autres prennent des coloris très vifs à l'automne.

Floraison : des bouquets de boutons rose carmin ou blancs donnent des fleurs simples ou doubles. Elles sont suivies de fruits jaunes, orange ou rouges, les plus petits étant fort appréciés des oiseaux.

Pommier nain

Espèces et variétés : 'Evereste' se couvre de fleurs rose pâle, puis de mini-pommes orange, striées de rouge. Les petits balcons adopteront 'Van Eseltine', aux grandes fleurs semi-doubles rose carné, devenant rose pâle avec l'âge, et au port pyramidal, très décoratif avec son feuillage vert brillant. Les formes à port pleureur, comme 'Red Jade', demandent de la place. Les pommiers génétiquement nains portent des fruits de grosseur normale, mais en petit nombre. Ils sont parfaits en pots.

Comportement en pot : sélectionnez une variété à petit développement. Les formes qui, en pleine terre, dépassent 3 à 4 m de haut, ont du mal à survivre en bac.

Dimensions du pot : la ramure pouvant prendre un développement important, installez le pommier dans un pot ou une caisse d'orangerie suffisamment lourds et larges (au moins 40 cm de côté), pour assurer nourriture et bonne stabilité.

Exposition : le plein soleil assure une bonne floraison et le mûrissement des fruits.

Terre : terreau de tourbe, sable et terre de jardin en mélange par tiers.

Arrosage : laissez sécher les premiers centimètres de terre avant d'arroser.

Ennemis et maladies : tavelure et feu bactérien sont les deux grands ennemis des pommiers, mais certaines variétés comme 'Evereste' sont assez résistantes.

Utilisations : mariez les pommiers avec des fleurs simples, comme des ancolies, des narcisses, des scilles, des giroflées, des cœurs-de-Marie et en été des godétias, des malopes, des gauras, des bidens.

Conseil Truffaut : **la taille est nécessaire en hiver pour remettre un peu d'ordre dans la ramure et stimuler les fleurs.**

Mandevilla splendens 'Alice Dupont'

Mandevilla spp.
MANDEVILLA, DIPLADÉNIA

J F M A M **J J A S O** N D

1/2 m · 1/2 m · Grimpante · 0 °C

Cette liane exubérante de la famille des Apocynaceae porte de généreuses fleurs en entonnoirs.

Feuillage : les longues tiges, enroulées autour de leur support, portent de grandes feuilles opposées, ovales, vert foncé mat, gaufrées, semi-persistantes lorsque la température est basse (5 °C).

Floraison : de larges trompettes blanches, roses ou carmin fleurissent à l'extrémité des rameaux de l'année. Elles s'ouvrent grand le jour et se ferment la nuit.

Espèces et variétés : *Mandevilla splendens* existe en blanc, rose pâle, et rose soutenu avec la variété 'Alice Dupont'. *Mandevilla laxa*, le jasmin du Chili, offre des fleurs blanches et parfumées. Il peut résister à -10 °C pendant quelques jours.

Comportement en pot : la vigueur de cette liane est telle qu'un pot de 30 cm devient trop petit avant la fin de la saison.

Dimensions du pot : dès que les racines tapissent les parois du contenant, rempotez le dipladénia dans un pot d'un diamètre supérieur de 5 à 10 cm.

Exposition : forte chaleur et plein soleil pour offrir une luminosité maximale.

Terre : mélangez à parts égales de la terre de bruyère et de la terre de jardin. Ajoutez une poignée de guano ou d'engrais organique à décomposition lente (corne).

Arrosage : laissez sécher la terre sur quelques centimètres entre deux arrosages. Mais un manque d'eau entraîne chez le *Mandevilla* la formation de tiges sarmenteuses au détriment de la floraison.

Ennemis et maladies : cochenilles et araignées rouges envahissent toute la plante.

Utilisations : garniture des treillage, rambarde, pergola, habillage des murs.

Conseil Truffaut : ne jetez pas la plante à la fin de l'été, elle se conserve à l'intérieur dans une pièce peu chauffée.

Manettia luteorubra
MANETTIA

J F M A M **J J A S** O N D

2/3 m · 1/2 m · Grimpante · 2 °C

Cette grimpante brésilienne de la famille des Rubiaceae offre une floraison originale à deux couleurs.

Feuillage : opposé, simple, vert franc, ovale et pointu, de 10 à 15 cm de long, porté par des rameaux assez volubiles.

Manettia luteorubra

Floraison : le bout jaune vif illumine la corolle tubulaire rouge et veloutée.

Espèces et variétés : *Manettia luteorubra* est couramment vendu sous le nom de *M. bicolor*. *Manettia inflata*, très proche, développe des fleurs moins renflées.

Comportement en pot : le manettia souffre dans un pot trop petit, où il reste chétif. Dans un bac il se porte bien.

Dimensions du pot : offrez au manettia une poterie de 30 cm en tous sens.

Exposition : le manettia recherche plus la luminosité intense que le plein soleil ardent, qui brûle le bout des feuilles.

Terre : mélangez terre de bruyère et terreau de plantation avec 15 % de fertilisant organique à base de fumiers et d'algues.

Arrosage : deux ou trois fois par semaine.

Ennemis et maladies : mouches blanches, fréquentes l'hiver dans la véranda.

Utilisations : le manettia garnit des treillages ou des colonnes. En suspension, il forme de généreuses cascades.

Conseil Truffaut : rentrez la plante à l'intérieur en hiver, dans une pièce très claire maintenue entre 12 et 15 °C.

Matteucia struthiopteris
FOUGÈRE ALLEMANDE

0,60/1 m · 30/40 cm · C · Fougère · - 12 °C

Cette fougère rhizomateuse de la famille des Onocleaceae développe des frondes fines et dentelées.

Feuillage : basal, issu du rhizome. Les larges frondes vert franc se dressent verticalement en touffes généreuses.

Floraison : les fougères ne fleurissent pas.

Espèces et variétés : *Matteucia orientalis*, de 60 cm de haut, évoque certaines fougères tropicales. Les frondes évasées et gracieuses de *Matteucia pennsylvanica*, qui atteignent 1 m, rappellent des plumes d'autruche.

Comportement en pot : les matteucias peuvent former de grosses potées très denses en quatre ou cinq ans.

Dimensions du pot : les rhizomes demandent de l'espace. Donnez à ces fougères un récipient de 30 cm de largeur et de hauteur au minimum.

Exposition : avec un arrosage au goutte-à-goutte, les matteucias supportent un soleil léger. Autrement, il est préférable de les installer à l'ombre, même dense.

Terre : un mélange de terreau d'écorce, de tourbe brune et de terre végétale, enrichi de 20 % de fertilisant à base de fumiers et d'algues. Offrez un complément nutritif aux matteucias d'avril à septembre, avec un engrais liquide pour plantes vertes donné tous les quinze jours.

Arrosage : le plus régulier possible, en bassinant longuement le feuillage chaque soir d'été après la chaleur.

Ennemis et maladies : aucun.

Utilisations : les matteucias forment de belles touffes à isoler dans des bacs carrés. Elles s'associent joliment aux azalées et à la plupart des plantes vivaces.

Conseil Truffaut : coupez les feuilles sèches. Rempotez chaque année car cette fougère est très gourmande.

Matthiola incana

Matteucia struthiopteris

Matthiola incana

VIOLIER, GIROFLÉE DE NICE

J F M A M **J J** A S O N D

30/50 cm · 15/30 cm · Vivace · - 8 °C

Cette giroflée estivale de la famille des Brassicaceae se pare d'épis aux coloris d'une intensité assez rare.

Feuillage : opposé, entier, oblong, ondulé, velouté et gris-vert.

Floraison : des fleurs denses, simples ou doubles, apparaissent à la fin de l'été, en manchons autour des rameaux. Elles exhalent un parfum suave. Dans le Midi, ces giroflées peuvent vivre deux ou trois ans.

Espèces et variétés : la race 'Dame' est une des plus cultivées en pots. Elle fleurit dans tous les tons de rose, du plus clair au violacé intense. 'Cinderella', une des plus naines (25 cm), à fleurs doubles très parfumées, convient bien en pot.

Comportement en pot : les giroflées d'été s'accommodent fort bien de la vie en pot, si vous soutenez la floraison par des arrosages hebdomadaires à l'engrais liquide (engrais pour plantes fleuries).

Dimensions du pot : les racines pivotantes des giroflées sont plus à l'aise dans des contenants profonds. Offrez-leur une jardinière d'au moins 25 cm de hauteur.

Exposition : soleil léger. Un peu d'ombre dans la journée ne leur nuit pas, surtout si la terrasse est exposée en plein midi.

Terre : une bonne terre de jardin bien drainée, même calcaire, ou un terreau universel convient aux giroflées.

Arrosage : arrosez le soir, un jour sur deux en été. Quotidiennement les jours de canicule (plus de 30 °C).

Ennemis et maladies : les pucerons peuvent envahir les jeunes pousses. Les attaques de mildiou entraînent un rabougrissement des plantes. Traitez.

Utilisations : les giroflées d'été forment de merveilleuses potées parfumées. Associez-les à des plantes au feuillage gris, qui unifient leurs coloris.

Conseil Truffaut : coupez les fleurs tout de suite après la floraison, pour assurer celle de l'année suivante.

Melissa officinalis 'Variegata'

Melissa officinalis
MÉLISSE-CITRONNELLE

J F M A M J J A S O N D

40/60 cm 50/80 cm Aromatique - 8 °C

Véritable force de la nature, cette vivace de la famille des Lamiaceae exhale un arôme de menthe/citron.

Feuillage : opposé, ovale à cordiforme, dentelé. La mélisse forme de beaux coussins arrondis, aux tiges quadrangulaires.

Floraison : des grappes de petites fleurs blanc nacré apparaissent en été. Elles donnent de nombreuses graines qui se ressèment dans tous les pots voisins !

Espèces et variétés : *Melissa officinalis* 'All Gold' offre un feuillage jaune d'or. 'Variegata' est une version très décorative, à feuilles panachées de vert et de jaune.

Comportement en pot : la mélisse réussissant à pousser, au jardin, entre deux pierres, elle ne pose aucun problème à s'adapter à la vie en jardinière, même dans un contenant assez étroit.

Melissa officinalis

Dimensions du pot : une coupe large de 30 cm et profonde de 20 cm permet le développement d'une touffe volumineuse.

Exposition : la mélisse préfère le plein soleil. Les variétés à feuillage panaché apprécient un peu d'ombre fraîche en milieu de journée, surtout durant l'été.

Terre : tout bon terreau souple et drainé.

Arrosage : pas d'excès ! Des apports d'eau deux fois par semaine sont une moyenne raisonnable. Attendez que le feuillage « pique un peu du nez » avant d'arroser.

Ennemis et maladies : aucun.

Utilisations : en pot ou en suspension, mais toujours seule. La mélisse est très vorace et aucune plante ne peut espérer bien prospérer en sa compagnie.

Conseil Truffaut : **rabattez toute la touffe lorsqu'elle devient inesthétique, au début de l'hiver. Divisez la mélisse tous les deux ou trois ans en automne, lorsque les feuilles se tachent.**

Mentha spp.
MENTHE

J F M A M J J A S O N D

25/50 cm 30/60 cm Aromatique - 10 °C

Cette vivace rhizomateuse de la famille des Lamiaceae dégage un puissant parfum rafraîchissant.

Feuillage : opposé, ovale, allongé, arrondi ou pointu, il dégage une forte odeur aromatique quand on le froisse.

Floraison : les épis de petites fleurs plumeuses accompagnées de bractées foliacées n'ont pas de réel intérêt décoratif.

Espèces et variétés : les espèces basses, comme *Mentha requienii*, la menthe de Corse, ou *Mentha pulegium*, la menthe pouliot, forment des tapis rampants. *Mentha suaveolens* 'Variegata' offre des feuilles rondes, panachées de blanc, à l'odeur sucrée qui rappelle la pomme. Il existe d'autres menthes au parfum de gingembre, de bergamote ou d'eau de Cologne, voire à la saveur piquante comme *Mentha* x *piperita*, la menthe poivrée, qui fleurit assez joliment.

Comportement en pot : la menthe aura vite fait de coloniser tout l'espace disponible. Il faut la diviser souvent pour qu'elle conserve un bel aspect bien dense.

Dimensions du pot : une jardinière allongée de 30 à 40 cm de long permettra aux tiges souterraines de la menthe de bien s'étendre et de former une belle touffe.

Exposition : plein soleil, à moduler selon la région, le feuillage pouvant griller.

Terre : tout bon terreau bien équilibré.

Arrosage : le feuillage sera plus beau et plus parfumé si les arrosages sont réguliers et la terre toujours fraîche.

Ennemis et maladies : la rouille est fréquente sur les feuilles de menthe. Elles se piquent et se décolorent. Taillez toute la partie aérienne, elle repoussera saine.

Utilisations : en potée ou en suspension, laissez la menthe seule dans son pot, car elle étouffe systématiquement tout ce qui pousse à côté d'elle.

Conseil Truffaut : **taillez le feuillage dès qu'il devient moins beau, à la fin de l'automne. Divisez chaque année au printemps, en changeant la terre, car la plante épuise très vite son substrat.**

Mentha pulegium

Metrosideros excelsa

Metrosideros spp.
PLANTE GOUPILLON

J F M A M **J J A** S O N D

Hauteur	Largeur	Exposition	Type	Rusticité
1/1,50 m	0,80/1 m	☼	P Arbuste	❄ 0 °C

Cet arbuste frileux de la famille des Myrtaceae est appelé « arbre de Noël de Nouvelle-Zélande ».

Feuillage : opposé, coriace, simple, entier, ovale, allongé, vernissé, vert-gris.

Floraison : cinq pétales étalés quasiment atrophiés, entourent un bouquet d'étamines longues et fines d'un rouge brillant.

Espèces et variétés : *Metrosideros robustus*, qui fleurit rouge et jaune, est couramment proposé. *Metrosideros carmineus* 'Ferris Wheel' est idéal en pot.

Comportement en pot : le métrosidéros pousse moins vite en pot qu'en pleine terre. Mais sous un climat doux et avec des soins adaptés, il forme un bel arbuste à la silhouette compacte.

Dimensions du pot : rempotez au printemps, en fonction de la croissance de la plante. Le pot définitif mesurera de 30 à 40 cm de large et de profondeur.

Exposition : le plein soleil, pas trop intense, mais avec une chaleur soutenue.

Terre : un mélange à parts égales de terreau d'écorce, de tourbe brune et de sable de rivière, avec 15 % de fumier sec.

Arrosage : comptez deux à trois fois par semaine. Le métrosidéros supportera quelques oublis passagers.

Ennemis et maladies : les cochenilles se logent sur les tiges et à l'aisselle des feuilles, surtout lorsque la plante a été rentrée dans la véranda en hiver.

Utilisations : le métrosidéros est un splendide petit arbuste, très décoratif par lui-même. Mariez-le à des palmiers, des phormiums ou des fougères arborescentes.

Conseil Truffaut : cet arbuste n'est pas rustique, excepté sur les zones protégées du littoral. Rentrez-le en hiver, dans un endroit frais et très lumineux. Diminuez les arrosages selon la température ambiante (8 à 15 °C).

Microbiota decussata
MICROBIOTA

Hauteur	Largeur	Exposition	Type	Rusticité
20/40 cm	1 m	☼	P Conifère	❄ - 10 °C

Ce conifère au port étalé de la famille des Cupressaceae forme un tapis vert léger, très homogène.

Feuillage : écailleux, triangulaire, pointu vert clair, évoluant vers le bronze doré ou le rougeâtre en hiver. La plante au port très rampant se marcotte naturellement.

Floraison : les conifères ne fleurissent pas, mais forment des cônes. Chez le *Microbiota*, ils sont minuscules et renferment une seule graine jaune.

Espèces et variétés : *Microbiota decussata* est la seule espèce du genre.

Comportement en pot : le microbiota apprécie surtout les grands contenants, dont il peut recouvrir le dessus, puis glisser en s'étalant sur les côtés.

Dimensions du pot : installez ce conifère dans une jarre en terre cuite de 50 cm de haut ou plus et laissez-le retomber en cascades élégantes. Il convient aussi en bordure des grands bacs paysagers.

Exposition : du soleil pas trop brûlant ou la mi-ombre conviennent au microbiota.

Terre : un mélange de terreau d'écorce pour moitié, de terre végétale pour un quart et de sable de rivière pour le quart restant, enrichi de 15 % de fumier sec.

Arrosage : le microbiota préfère une terre fraîche en permanence, mais il supportera d'être oublié épisodiquement en hiver.

Ennemis et maladies : aucun.

Utilisations : associez ce conifère couvre-sol à des bruyères, des bouleaux nains, d'autres conifères de forme colonnaire, pour une ambiance de balcon ou de terrasse « forestière ». Il convient aussi en bordure d'un groupe d'azalées japonaises.

Conseil Truffaut : le microbiota se marcotte facilement. Il suffit, au printemps, de courber une de ses branches latérales et d'enterrer une partie de la tige. L'enracinement se produit en une seule saison. Sevrez courant octobre.

Microbiota decussata

Mimulus luteus

Mimulus luteus MIMULUS

J F M A M **J J A S** O N D

20/60 cm | 15/50 cm | P Saisonnière | 0 °C

Ces vivaces frileuses de la famille des Scrophulariaceae se parent de fleurs adorables aux vives couleurs.

Feuillage: opposé, simple, vert clair, finement dentelé, à la texture un peu rugueuse.

Floraison: des corolles jaunes, à la lèvre inférieure plus large que les autres pétales, marquée de brun, s'épanouissent en été.

Espèces et variétés: *Mimulus luteus* a donné, par croisement avec d'autres espèces, de nombreux hybrides, aux spectaculaires coloris tachetés, faisant ressembler les fleurs à des orchidées tropicales. On le cultive comme une annuelle. *Mimulus aurantiacus* forme un buisson aux tiges visqueuses, rustique dans le Midi.

Comportement en pot: les mimulus aiment les terres très humides. Installez le pot dans une soucoupe et laissez l'eau d'arrosage stagner de temps en temps. Ne manquez pas de bien les fertiliser.

Dimensions du pot: pour un effet de masse, choisissez une jardinière ovale de 40 cm de long et de 20 cm de hauteur.

Exposition: le soleil direct non brûlant ou la mi-ombre légère durant l'été.

Terre: les mimulus aiment les terres riches en matière organique et qui retiennent bien l'eau. Mélangez à parts égales du terreau d'écorce avec du terreau pour rosiers ou de la terre végétale assez drainante.

Arrosage: surtout pas d'oublis. Les mimulus seront nettement plus beaux avec de l'eau en permanence à leur disposition.

Ennemis et maladies: aucun.

Utilisations: associez les mimulus aux matteucias, aux vaporeuses canches cespiteuses *(Deschampsia cespitosa)*, à des cannas nains et diverses annuelles gracieuses.

Conseil Truffaut: la durée de vie de ces vivaces étant en général assez courte, mieux vaut les cultiver comme des annuelles et renouveler la plantation chaque printemps. Semez en terrine à la maison au tout début du printemps.

Miscanthus sinensis EULALIE

J F M A M J J **A S O N D**

1/1,50 m | 50/80 cm | C Graminée | - 8 °C

Cette vivace imposante de la famille des Poaceae forme une belle touffe qui ne manque pas de à panache!

Feuillage: linéaire, vert à reflets gris ou bleutés, orné d'une nervure centrale blanche. Il prend souvent de superbes coloris d'automne bronze ou rouges.

Floraison: des panicules échevelées, brunes, virant à l'argent et devenant plumeuses, apparaissent en été. Elles durent pratiquement jusqu'à Noël.

Espèces et variétés: l'espèce type peut atteindre 2 m (en pleine terre). Sur une terrasse, 'Adagio' (80 cm), sera plus adapté. Il possède un feuillage fin, argenté et dense, animé par des inflorescences roses, devenant blanches avec l'âge. 'Yaku Jima' ne dépasse pas 1 m. 'Zebrinus' est joliment rayé d'or, mais plus vigoureux.

Miscanthus sinensis 'Zebrinus'

Comportement en pot : dans une jardinière assez grande et profonde, avec des arrosages suivis, les miscanthus arrivent à prospérer durant plusieurs années.
Dimensions du pot : en pleine terre, une plante adulte demande 1 m^2. Prévoyez une jardinière ou un bac d'au moins 50 cm de large et 40 cm de profondeur.
Exposition : soleil léger toute l'année.
Terre : un mélange de terreau de rempotage et de terre végétale fait l'affaire.
Arrosage : plus les apports d'eau seront réguliers, plus les touffes seront épanouies. Mais surtout pas d'eau stagnante.
Ennemis et maladies : aucun.
Utilisations : associez les miscanthus avec diverses graminées, asters, rudbeckias, *Sedum spectabile*, œnothères, marguerites, kniphofias et des arbustes persistants.
Conseil Truffaut : **en début d'année, rabattez les chaumes au ras du sol et fertilisez le pot.**

Molucella laevis
CLOCHETTE D'IRLANDE

J F M A M J J A S O N D

60/80 cm · 20/30 cm · Annuelle · 0 °C

Cette plante caucasienne de la famille des Lamiaceae épanouit une bien étrange floraison verte.

Feuillage : opposé, simple, arrondi, découpé, d'un vert clair luisant.
Floraison : chaque fleur blanc verdâtre est entourée d'un large calice vert, disposé en entonnoir. Les fleurs sont étagées le long d'une grande hampe bien dressée.
Espèces et variétés : sur les quatre que compte le genre, seule l'espèce *Molucella laevis* est couramment cultivée.
Comportement en pot : avec des apports réguliers d'engrais liquide pour plantes fleuries, *Molucella laevis* réussit à former de belles touffes très florifères.
Dimensions du pot : plantez la clochette d'Irlande dans une poterie d'au moins 25 cm de diamètre et de profondeur.
Exposition : un endroit ensoleillé et bien aéré, mais à l'abri des vents violents.

Molucella laevis

Terre : un terreau pour géraniums de bonne qualité, enrichi avec une petite poignée de fumier de ferme composté.
Arrosage : deux ou trois arrosages par semaine sont nécessaires l'été, en fonction de la température ambiante. Mais videz bien la soucoupe placée sous le pot.
Ennemis et maladies : aucun.
Utilisations : disposez les clochettes d'Irlande en compagnie de plantes plus colorées comme le millepertuis arbustif dont les corolles jaunes, puis les fruits rouge-orangé, font un accord parfait.
Conseil Truffaut : **semez les graines en avril, directement en place dans le pot, puis éclaircissez lorsque les jeunes plants ont développé quatre feuilles.**

Monopsis lutea
MONOPSIS

J F M A M J J A S O N D

50/70 cm · 20/40 cm · Annuelle · 5 °C

Ces plantes sud-africaines de la famille des Campanulaceae sont de superbes introductions récentes.

Feuillage : linéaire, lancéolé, très fin, prenant des reflets lie-de-vin en vieillissant.
Floraison : les fleurs, d'un jaune bouton-d'or, sont posées sur le feuillage rampant. Le pétale inférieur est profondément divisé en trois, donnant à la fleur un aspect étoilé et léger, assez original.
Espèces et variétés : parmi les dix-huit espèces que compte le genre, *Monopsis lutea* est la seule commercialisée.
Comportement en pot : les débutants auront du mal à réussir le monopsis, qui craint les courants d'air et les irrégularités dans l'arrosage et la fertilisation.
Dimensions du pot : 30 cm en tous sens.
Exposition : plein soleil, s'il ne brûle pas.
Terre : un mélange bien drainant à base de sable de rivière, de terreau d'écorce, de tourbe brune et de terre de jardin, enrichi de 15 % de fertilisant organique à base de fumiers et d'algues marines.
Arrosage : trop d'eau fait pourrir le collet. Pas assez et la plante végète ! Difficile...
Ennemis et maladies : attention à l'oïdium. Évitez de mouiller le feuillage.
Utilisations : en suspensions opulentes ou en bordure des grandes jardinières.
Conseil Truffaut : **tentez la culture du monopsis dans la véranda, cela donne souvent de meilleurs résultats.**

Monopsis lutea

Musa 'Dwarf Cavendish'

Musa spp.
BANANIER

J F M A M J J A S O N D

1/3 m · 1/2 m · Vivace · 0 °C

Cette plante herbacée arborescente de la famille des Musaceae porte des feuilles énormes, très exotiques.

Feuillage : engainant, elliptique, glauque, remarquable par sa taille qui peut atteindre 1 m de long et 30 cm de large.
Floraison : des bractées protègent des faisceaux de petites fleurs sans pétales, jaune crème, réunies en épi retombant.
Espèces et variétés : *Musa acuminata*, le bananier des Canaries, assez rustique, est surtout conseillé dans sa forme 'Dwarf Cavendish', qui fructifie si l'été est long et chaud (dans le Midi). *Musa basjoo*, le bananier japonais, est le plus résistant au froid, mais ses fruits ne sont pas comestibles.
Comportement en pot : quand le bananier fleurit, il meurt (monocarpique), non sans avoir émis des rejets sur les côtés. Séparez et rempotez les jeunes plants.
Dimensions du pot : rempotez le bananier une ou deux fois par an jusqu'à ce que la plante soit installée dans un pot de 40 cm qu'il suffira de surfacer en mars.
Exposition : les jeunes feuilles craignent le soleil brûlant et le vent fort. À partir d'août, laissez le bananier au soleil.
Terre : du terreau pour palmier, enrichi d'un bon amendement organique. Surfacez la terre avec du compost riche en éléments nutritifs.
Arrosage : arrosez beaucoup dès avril et jusqu'à août en ajoutant chaque semaine de l'engrais liquide pour agrumes. Diminuez la cadence à partir de septembre et franchement l'hiver.
Ennemis et maladies : cochenilles.
Utilisations : donnez une note tropicale à la terrasse en associant le bananier à des palmiers, bambous, et cordylines.
Conseil Truffaut : **protégez la souche du froid et de l'humidité hivernaux, en la recouvrant d'un paillis bien aéré.**

Muscari spp.
JACINTHE À GRAPPES

J F M A M J J A S O N D

15/20 cm · 5/10 cm · Bulbeuse · - 10 °C

Cette petite plante de la famille des Asparagaceae se naturalise bien, même dans un grand bac.

Feuillage : en touffe, linéaire, vert moyen.
Floraison : les épis sont formés de fleurs bleues à bords blancs, en forme de toutes petites urnes. Les fleurs du haut sont stériles et ne s'ouvrent pas.
Espèces et variétés : les quelque 30 espèces se ressemblent. Parmi les originalités : *Muscari armeniacum* 'Blue Spike', dont chaque fleur donne naissance à une inflorescence miniature. *Muscari comosum* 'Plumosum' porte une houppe plumeuse bleu-violet, très étrange.
Comportement en pot : les potées de muscaris sont faciles à réussir, même pour le débutant s'il n'arrose pas en excès.
Dimensions du pot : une potée de 20 cm de large et de 10 cm de haut suffit pour une douzaine de bulbes.
Exposition : le plein soleil, même chaud.
Terre : un mélange de 1/3 de sable de rivière et 2/3 de terreau souple et léger.

Muscari armeniacum

Arrosage : arrosez modérément en hiver, un peu plus régulièrement lorsque les feuilles pointent. Évitez tout excès d'eau qui entraîne la pourriture des bulbes.
Ennemis et maladies : un temps très pluvieux favorise la pourriture des bulbes.
Utilisations : en mini-potées, en masse au pied des arbustes, dans des auges avec des plantes de rocaille ou d'autres bulbes.
Conseil Truffaut : **pour être assuré d'une belle floraison, renouvelez la plantation chaque automne avec des bulbes frais.**

Myosotis sylvatica
MYOSOTIS

J F M A M J J A S O N D

15/30 cm · 10/20 cm · Bisannuelle · - 8 °C

Cette vivace éphémère et cultivée en bisannuelle, de la famille des Boraginaceae, fleurit d'un bleu fort.

Myosotis sylvatica

Feuillage : alterne, velu, vert moyen ou gris-vert. Feuilles ovales ou lancéolées.
Floraison : des bouquets (cymes) printaniers lâches de fleurs aux pétales arrondis, d'un bleu inimitable avec un œil blanc.
Espèces et variétés : 'Ultramarine' est un de nos préférés, pour la culture en pot. Il arbore le bleu des plumbagos et pousse en touffes compactes. 'Rosylva' se couvre de grandes fleurs d'un superbe rose mauve clair. 'Victoria Alba' s'épanouit dans un délicat blanc pur à cœur jaune. 'Nina' est un des plus nains.
Comportement en pot : le myosotis est éliminé juste après la floraison.
Dimensions du pot : l'enracinement du myosotis étant superficiel, une coupe large et peu profonde accueillera un plant tous les 15 cm.
Exposition : la mi-ombre plaît à cette plante de clairière et de sous-bois.
Terre : un terreau souple pour plantes à massifs convient bien aux myosotis.
Arrosage : évitez de laisser sécher le myosotis et arrosez à l'engrais liquide chaque semaine dès le mois de mars.
Ennemis et maladies : l'oïdium et la pourriture grise recouvrent les feuilles.
Utilisations : associez les myosotis avec des narcisses à petites fleurs comme 'Tête-à-Tête', et noyez le tout dans les fougères, pour une balconnière tout en fraîcheur. À marier aussi avec des tulipes.
Conseil Truffaut : **achetez des plants fleuris dès le début du printemps, le décor sera assuré pour deux mois.**

Myrtus communis
MYRTE

J F M A M J J A S O N D

1/1,50 m — 1/1,50 m — P Arbuste — 0 °C

Cet arbuste compact et aromatique de la famille des Myrtaceae porte des pompons blancs, exubérants.

Feuillage : opposé, simple, entier, de 2 à 3 cm de long, luisant, ovale, aromatique.
Floraison : les nombreuses étamines blanches sont posées en coussin, sur une corolle de cinq pétales blancs, dégageant un parfum subtil et agréable. Elles sont suivies de baies d'un pourpre presque noir.
Espèces et variétés : 'Flore Pleno' offre des fleurs doubles ; 'Nana' est un buisson nain, parfait pour les petits balcons ; *Myrtus communis* var. *tarentina*, qui présente des feuilles plus étroites et un port très dense, est idéal en pot.
Comportement en pot : le myrte prospère en pot de longues années si vous lui apportez de l'engrais tous les mois.
Dimensions du pot : l'arbuste adulte vit confortablement dans un pot de 30 cm de côtés. Il préfère y être installé seul.
Exposition : chaude, très ensoleillée et abritée des vents dominants.
Terre : une terre de jardin ordinaire. Remplacez tous les ans, au printemps, le dessus de la terre par du terreau pour rosiers, enrichi d'engrais organique.
Arrosage : le myrte supporte la sécheresse occasionnelle, mais il préfère un sol frais.
Ennemis et maladies : aucun.
Utilisations : le myrte est superbe en potée solitaire durant la floraison. Il forme aussi de jolis écrins de verdure à installer en arrière-plan des grandes potées fleuries.
Conseil Truffaut : **en mars, équilibrez la forme et coupez les rameaux morts.**

Myrtus communis

Nandina domestica
NANDINA, BAMBOU SACRÉ

J F M A M J J A S O N D

1/1,50 m · 0,60/1 m · Arbuste · - 8 °C

Cet arbuste original de la famille des Berberidaceae offre un vrai kaléïdoscope coloré toute l'année.

Feuillage : alterne, penné, lancéolé, dense dans la partie supérieure de la plante, porté par des tiges rigides, peu ramifiées. Les jeunes feuilles sortent rouge pourpre et virent au vert par la suite. Elles se colorent en automne d'acajou, de rose et de pourpre. Lors d'un hiver très froid, le nandina peut perdre toutes ses feuilles.

Floraison : des panicules de fleurs blanches s'ouvrent en été, suivies de fruits rouges, qui persistent très longtemps.

Espèces et variétés : *Nandina domestica* 'Fire Power' est une forme naine, se colorant dès octobre en rouge orangé. 'Richmond' se montre beaucoup plus fructifère que le type, et donc plus décoratif.

Nandina domestica 'Fire Power'

Comportement en pot : le nandina pousse lentement les premières années, mais il vit plusieurs années en pot.

Dimensions du pot : certaine formes pouvant atteindre 1,50 m de haut, prévoyez un pot de 30 cm de large. Choisissez un contenant assez lourd, pour assurer la stabilité de l'ensemble, face au vent.

Exposition : le nandina préfère la mi-ombre assez claire, mais il supporte bien le soleil doux quelques heures par jour.

Terre : mélangez du sable de rivière à de la terre de bruyère. Ajoutez une poignée d'amendement organique à base de fumier et d'algues bien composté.

Arrosage : le nandina supporte la sécheresse. Mais il est bien plus beau si l'eau ne manque pas, sans toutefois stagner.

Ennemis et maladies : virose foliaire.

Utilisations : le nandina forme une belle touffe aux coloris toujours changeants. Mariez-le à des érables japonais, des hostas, des photinias, des azalées, des bruyères, des ronces décoratives.

Conseil Truffaut : nettoyez le nandina deux fois par an, après la floraison, puis à la sortie de l'hiver. Éliminez les feuilles, le bois mort, et les pousses chétives, pour restructurer sa silhouette. Taillez les rameaux en surnombre.

Narcissus spp.
NARCISSE

J F M A M J J A S O N D

20/40 cm · 10/20 cm · Bulbeuse · - 8 °C

Ces plantes précoces de la famille des Alliaceae épanouissent des trompettes éclatantes de fraîcheur.

Feuillage : linéaire, vert moyen, assez rigide, tournant au jaune après la floraison.

Floraison : des trompettes plus ou moins évasées, simples ou doubles, jaunes, blanches ou orange, portées par des tiges creuses, apparaissent en même temps que les feuilles, durant une vingtaine de jours.

Espèces et variétés : *Narcissus cyclamineus* 'Tête-à-tête' forme de belles potées, à

Narcissus 'February Gold'

Narcissus 'Queensland'

condition de planter les bulbes assez profondément (10 cm au moins). 'February Gold' est très précoce. 'Thalia', aux fleurs plus grandes (de 7 à 8 cm), est superbe avec ses couleurs lunaires, blanc ombré de jaune. 'Ice Folies', blanc à cœur jaune, s'avère très florifère dans une potée, de même que 'Queensland', blanc à trompette courte d'un saumon orangé.

Comportement en pot : pour réussir les narcisses en pot, respectez trois règles de base : planter suffisamment tôt en saison, entre septembre et novembre, enterrer les bulbes à une profondeur égale à trois fois leur hauteur, éviter les excès d'eau.

Dimensions du pot : une coupe de 20 cm de large et de haut pour 5 ou 6 bulbes.

Exposition : soleil ou mi-ombre douce.

Terre : le drainage devant être parfait, ajoutez un quart de sable de rivière au terreau. Prévoyez une couche de 3 cm de cailloux, au fond du pot, pour bien évacuer l'eau.

Arrosage : gardez la terre à peine humide en hiver. Quand les plantes fleurissent, arrosez une à deux fois par semaine, sans laisser l'eau stagner dans la soucoupe.

Ennemis et maladies : la pourriture du

bulbe est une cause fréquente de l'échec. Elle est due à des arrosages inadéquats en hiver. Attention aux limaces au printemps.

Utilisations : les narcisses sont toujours mis en valeur par des plantes à feuillage. Installez un tapis de lierre panaché à petites feuilles à leurs pieds, de l'helxine ou tout simplement de la mousse des bois.

Conseil Truffaut : ne coupez pas les feuilles avant leur jaunissement complet. Le bulbe en a besoin pour reconstituer ses réserves énergétiques.

Nemesia spp. MIROIR-DES-ELFES

J F M A M J J A S O N D

15/30 cm | 20/40 cm | Saisonnière | 0 °C

Cette annuelle ou vivace frileuse de la famille des Scrophulariaceae offre une abondance de fleurs l'été.

Feuillage : opposé, simple, vert clair, fin, lancéolé, légèrement denté.

Floraison : les pétales soudés présentent une lèvre inférieure ventrue, d'un coloris parfois différent des pétales supérieurs.

Espèces et variétés : à partir de *Nemesia strumosa*, les sélectionneurs ont créé une multitude de variétés spectaculaires. 'Mello Red & White', à grandes fleurs contrastées rouges et blanches. 'Blue Bird', d'un joli bleu ciel qui fait ressortir la gorge blanche des fleurs. *Nemesia coerulea* et *fruticans* ont donné plusieurs générations de cultivars au port souple et à petites fleurs, parfaits pour, les jardinières et les suspensions. La série 'Sunsatia' offre de plus grandes fleurs et une palette de couleurs inédites.

Comportement en pot : les némésias supportent mal la négligence. Les jardiniers qui ne peuvent arroser régulièrement, auront du mal à obtenir de belles potées.

Dimensions du pot : un pot de 15 cm de diamètre peut accueillir un plant. L'effet est plus réussi lorsque les némésias poussent en touffe. Plantez de cinq à six plantes dans une jardinière de 40 cm de long.

Exposition : ensoleillée mais non brûlante.

Terre : un terreau de plantation traditionnel

Nemesia strumosa

enrichi d'une poignée d'engrais organique.

Arrosage : très régulier, mais sans excès (environ tous les deux jours en été).

Ennemis et maladies : divers champignons attaquent et font pourrir le collet.

Utilisations : les némésias forment de ravissantes bordures, des suspensions ou des potées. Ils peuvent être laissés solitaires.

Conseil Truffaut : semez *Nemesia strumosa* en mars, à l'intérieur, sans trop recouvrir les graines. Repiquez les plantules dès qu'elles ont développé quatre ou cinq feuilles. Les formes hybrides sont propagées par bouturage. Achetez des jeunes plants au printemps.

Nepeta x faassenii NÉPÉTA, CHATAIRE

J F M A M J J A S O N D

25/50 cm | 20/40 cm | Vivace | - 10 °C

Cette vivace, ample, généreuse, de la famille des Lamiaceae, dégage une odeur très appréciée par les chats.

Feuillage : opposé, ovale, lancéolé, entier, gris-vert argenté, crénelé, duveteux et aromatique quand on le froisse.

Floraison : les tiges portent de nombreuses petites fleurs tubulées du bleu-gris au bleu violacé, disposées en épis lâches et souples.

Espèces et variétés : *Nepeta* x *faassenii* 'Six Hills Giant' est très florifère et peut atteindre 50 cm de haut. *Nepeta sibirica* forme une touffe buissonnante dressée. Ses tiges, très raides, portent des fleurs bleu foncé, spectaculaires. *Nepeta racemosa,* à la végétation étalée et aux fleurs bleu-violet clairs, remonte jusqu'aux premières gelées.

Comportement en pot : les touffes de *Nepeta* x *faassenii* ont tendance à s'affaisser juste au moment où la floraison débute. Tuteurez discrètement les pieds les plus imposants. Après la floraison, coupez la touffe à 10 cm de hauteur, pour espérer la voir refleurir un peu à l'automne.

Dimensions du pot : cette plante vigoureuse se trouve vite à l'étroit dans un pot inférieur à 25 cm en tous sens.

Exposition : le plein soleil est sans conteste le facteur clé pour une floraison abondante et la conservation d'un feuillage sain.

Terre : toute bonne terre souple et riche convient. Ne forcez pas trop sur les engrais azotés, qui favorisent le développement du feuillage au détriment des fleurs.

Arrosage : le népéta pardonne la négligence, l'inexpérience et les oublis... Une véritable providence pour les débutants !

Ennemis et maladies : limaces.

Utilisations : les espèces basses comme *Nepeta racemosa* forment des petites potées ou garnissent le devant des grands pots. Mieux vaut laisser les autres chataires seules dans leur jardinière, car elles laissent peu d'espace vital aux autres. Le bleu de leurs fleurs se marie avec presque toutes les autres couleurs. Essayez le mélange avec des fleurs orange comme les lantanas, les pavots orientaux ou les hélianthèmes. L'association est toujours très réussie.

Conseil Truffaut : n'attendez pas la complète défloraison, au début de l'été, pour rabattre la touffe à ras du pot. Plus vous couperez tôt, plus la plante refleurira vite, avant les premiers froids.

Nepeta x faassenii

Nerine bowdenii

Nerine bowdenii LIS DE GUERNESEY

J F M A M J J A S O N D

50/60 cm 20/30 cm Bulbeuse 0 °C

Cette bulbeuse africaine de la famille des Alliaceae se pare d'une opulente floraison d'automne.

Feuillage : en touffe issue de la souche, linéaire, rubané, non persistant. Il disparaît curieusement avant la floraison.

Floraison : des petites trompettes roses, généralement groupées par sept, aux pétales incurvés et disposées en ombelles, apparaissent au sommet de hampes assez raides, de septembre à novembre.

Espèces et variétés : *Nerine bowdenii* passe l'hiver à peu près partout, avec une bonne protection contre le froid. La variété 'Pink Triumph' offre des grandes fleurs rose vif. *Nerine flexuosa* 'Alba' arbore des fleurs blanc pur, très délicatement ciselées.

Comportement en pot : les nérines forment en quelques années de belles touffes denses, si on ne les dérange pas.

Dimensions du pot : optez pour une jardinière d'au moins 30 cm de diamètre.

Exposition : bien ensoleillée en été, abritée du gel en hiver. Mi-ombre tolérée.

Terre : sable de rivière, terreau d'écorce et terre de jardin en mélange par tiers.

Arrosage : pas d'excès ! Laissez les premiers centimètres de terre sécher avant d'effectuer chaque nouvel apport d'eau.

Ennemis et maladies : les cochenilles farineuses peuvent envahir le feuillage.

Utilisations : les nérines s'accommodent mal de voisines dans le même pot. Essayez de les faire cohabiter avec des valeurs sûres comme les asters, le *Miscanthus sinensis*, le *Sedum spectabile* 'Brilliant'.

Conseil Truffaut : **en hiver, protégez les nérines autant de l'humidité que du froid par un paillage absorbant.**

Nerium oleander LAURIER-ROSE

J F M A M J J A S O N D

1/1,50 m 0,70/1 m Arbuste - 4 °C

Cet arbuste méditerranéen de la famille des Apocynaceae fleurit beaucoup et fait un bon brise-vent.

Feuillage : opposé, étroit, épais, coriace, avec une nervure centrale très nette, en fer de lance, persistant et coriace.

Floraison : des bouquets roses, blancs, rouges ou jaunes de corolles en entonnoirs à cinq lobes, parfois parfumées, se forment à l'extrémité des rameaux.

Espèces et variétés : 'Italia', rouge vif, parfumé, est à la fois précoce et assez rustique, tout comme 'Margaritha' (rose), 'Mont-Blanc' (blanc, double, très parfumé) et 'Souvenir des Canaries' (jaune).

Nerium oleander 'Album Roseum'

Nerium oleander 'Margaritha'

Pour les petits balcons, 'Petite Red', parfumé, rouge, ne dépasse pas 60 cm.

Comportement en pot : les lauriers-roses vivent plusieurs années en pot s'ils sont protégés du gel.

Dimensions du pot : pour les lauriers nains, un pot de 30 cm de haut et de large suffit. Pour les grands sujets adultes, mieux vaut choisir un contenant de 50 cm de côté.

Exposition : chaude, en plein soleil.

Terre : mélange par moitié de terreau « géraniums » et de terre de jardin riche.

Arrosage : le laurier-rose est réputé sobre. Mais il est plus florifère avec des arrosages réguliers une à deux fois par semaine.

Ennemis et maladies : les cochenilles sont les « bêtes noires » des lauriers-roses.

Utilisations : dans une caisse à orangerie, des potées italiennes, seul ou en mélange avec : plumbago, lavande, ciste.

Conseil Truffaut : **bouturez les lauriers-roses en été, pour renouveler votre collection. Les tiges s'enracinent en deux mois dans un simple verre d'eau.**

Nicotiana spp. TABAC D'ORNEMENT

J F M A M J J A S O N D

0,30/1,50 m 20/80 cm Saisonnière 0 °C

Cette annuelle ou vivace éphémère de la famille des Solanaceae se pare de fleurs colorées et parfumées.

Feuillage : alterne, oblong, spatulé, collant, tout comme les tiges.

Floraison : des bouquets lâches de fleurs tubulaires rouges, roses, crème ou blanches, apparaissent jusqu'aux gelées.

Espèces et variétés : *Nicotiana alata* se décline en une multitude d'hybrides, allant du vert acide au rouge le plus profond. *Nicotiana sylvestris* dépasse 1,50 m en pot. Très spectaculaire et décoratif, il est apprécié pour son parfum du soir.

Comportement en pot : les tabacs fleurissent plus longtemps, arrosés chaque semaine avec de l'engrais liquide. La plante est éliminée en automne.

Dimensions du pot : une jardinière de 60 cm de long et de 15 cm de large peut contenir 3 à 5 plants d'un hybride nain.

Nicotiana sylvestris

Exposition : le plein soleil est souhaitable pour une floraison maximale. Les tabacs d'ornement accepteront sans trop rechigner une demi-journée de soleil voilé.

Terre : améliorez un terreau de plantation avec une poignée d'engrais organique.

Arrosage : des arrosages irréguliers donnent des plantes chétives, à la floraison faible. Maintenez le sol frais en été.

Ennemis et maladies : pucerons, mildiou.

Utilisations : usez et abusez du tabac pour garnir les espaces vides dans les pots, au pied des arbustes. Regroupez-les en potées colorées avec des cosmos.

Conseil Truffaut : **pincez les jeunes plants dès leur plantation, pour les obliger à se ramifier et à mieux fleurir.**

Nierembergia caerulea

Nierembergia spp.
NIEREMBERGIA

J F M A M J J A S O N D

15/20 cm	20/40 cm		Saisonnière	0 °C

Cette vivace frileuse de la famille des Solanaceae se pare de milliers de fleurettes durant plusieurs mois.

Feuillage : alterne, étroit, allongé, formant des petits coussins bien ronds.

Floraison : en petites coupes ou en clochettes bleues ou blanches.

Espèces et variétés : *Nierembergia caerulea* forme une touffe arrondie assez basse. 'Mont-Blanc', nain blanc pur à grandes fleurs. 'Purple robe', bleu violacé, plus tardif. *Nierembergia repens* s'étale en un tapis ras, aux fleurs blanches à cœur jaune.

Comportement en pot : le nierembergia, qui se montre capricieux pour fleurir et ne résiste pas au gel, est cultivé en annuelle.

Dimensions du pot : une potée de 15 cm de diamètre suffit pour un seul plant.

Exposition : soleil direct léger de préférence, mais la mi-ombre est tolérée.

Terre : un terreau assez frais, bien drainé et riche pour *Nierembergia caerulea.* Ajoutez un bon tiers de sable pour *N. repens.*

Arrosage : c'est le point le plus délicat de la culture. Ni trop, ni trop peu. Une journée de sécheresse entre deux apports d'eau.

Ennemis et maladies : les pucerons attaquent les plantes nouvellement installées.

Utilisations : plantez les nierembergias en bordures, dans des auges, en suspensions.

Conseil Truffaut : **on ne réussit pas toujours les nierembergias du premier coup. Mais ils méritent une seconde chance, à cause de leur floraison spectaculaire. Persévérez en évitant les excès de tout.**

Nymphaea hybride

Nymphaea spp.
NÉNUPHAR

J F M A M J J A S O N D

5/15 cm	0,60/1 m		Aquatique	- 10 °C

Cette vivace aquatique de la famille des Nymphaeaceae porte des fleurs d'une rare perfection.

Feuillage : il existe trois types de feuilles : les immergées, rondes et minces, les flottantes, semi-coriaces et, pour certaines espèces, les aériennes, très coriaces.

Floraison : les coupes colorées, aux nombreux pétales imbriqués, semblent flotter sur l'eau lorsqu'elles sont bien ouvertes.

Espèces et variétés : 'Escarboucle', un rouge des plus rustiques. 'Helvola', nain avec des fleurs jaunes et des feuilles pourpres de 20 cm. 'Indiana', abricot.

Comportement en pot : deux saisons, rarement plus. Choisissez une variété adaptée à la taille du bac. Les feuilles ne doivent recouvrir que 50 à 60 % de la surface de l'eau, sinon la plante ne fleurit pas.

Dimensions du pot : un tonneau de 60 cm de profondeur et 40 cm de large.

Exposition : les nénuphars apprécient un emplacement ensoleillé. L'eau doit se réchauffer assez vite au printemps.

Terre : une terre de jardin un peu lourde, proche de la terre à blé, est idéale (terre aquatique du commerce).

Arrosage : les nénuphars doivent toujours baigner dans 40 à 60 cm d'eau.

Ennemis et maladies : les pucerons peuvent envahir les boutons floraux.

Utilisations : dans un bassin hors-sol.

Conseil Truffaut : **veillez à toujours compléter le niveau de l'eau, afin d'éviter une sensation de surchauffe néfaste.**

O

Ocimum basilicum BASILIC

J F M A M **J J A S** O N D

20/40 cm | 15/30 cm | P Aromatique | 0 °C

Cette plante asiatique frileuse, de la famille des Lamiaceae, est cultivée comme une annuelle.

Feuillage : opposé, entier, vert brillant, ovale, denté, lisse et très aromatique.

Floraison : des petits épis de fleurs blanches apparaissent en été. Mieux vaut les couper tout de suite pour que le feuillage reste tendre et parfumé.

Espèces et variétés : 'Balconstar', avec ses minuscules feuilles vertes, forme de jolies potées touffues. Il existe des basilics à odeur de citron, de cannelle, d'anis, de menthe et de clou de girofle. 'Rubin Rouge' et 'Dark Opal', aux feuilles lisses, et 'Purple Ruffles', frisé, portent des feuilles pourpres très décoratives.

Comportement en pot : même les débutants peuvent réussir le basilic en pot s'ils parviennent à maîtriser l'arrosage et pincent régulièrement les tiges.

Dimensions du pot : un pied prospère dans un pot de 15 à 18 cm en tous sens.

Exposition : chaude, au minimum une demi-journée de pleine lumière par jour.

Terre : un bon terreau pour plantes vertes, riche et souple, convient bien.

Arrosage : laissez la terre se dessécher légèrement entre deux arrosages.

Ennemis et maladies : les premiers gels noircissent et détruisent les feuilles.

Utilisations : le basilic forme de jolies bordures de jardinières, surtout celui à toutes petites feuilles. Associez-le à différentes plantes aromatiques qui apprécient la chaleur et l'humidité.

Conseil Truffaut : si vous disposez d'une fenêtre bien exposée dans une pièce peu chauffée, vous pouvez conserver le basilic pendant quelques mois à l'intérieur, durant l'hiver.

Ocimum basilicum 'Grand vert'

Oenothera spp. ŒNOTHÈRE, ONAGRE

J F M A M **J J A S O** N D

20/50 cm | 20/30 cm | C Vivace | - 10 °C

Cette plante robuste de la famille des Onagraceae, porte de grandes fleurs en coupe finement veinée.

Feuillage : alterne, vert olive, allongé, aux bords dentés, porté par des tiges velues souvent rampantes.

Floraison : tous les œnothères produisent une longue et belle floraison, rose, jaune ou blanche, jusqu'aux gelées.

Espèces et variétés : *Oenothera fruticosa* forme de grosses potées, aux fleurs jaune d'or largement ouvertes. *Oenothera tetragona* lui ressemble beaucoup en un peu plus grand. *Oenothera odorata* var. *sulphurea* forme en pot un petit buisson de 50 cm de hauteur, aux inflorescences ramifiées. Les grandes fleurs jaune pastel s'ouvrent le soir et virent au rose le lendemain. *Oenothera drummondii* offre des feuilles semi-persistantes gris-vert, duveteuses, et des fleurs jaune citron qui tournent au rouge en fanant. *Oenothera macrocarpa* est vigoureux, à port étalé et grandes fleurs jaune lumineux.

Oenothera tetragona

Comportement en pot : tous les œnothères vivent bien en pot, se montrant robustes, généreux et peu exigeants.

Dimensions du pot : un pot large assure une belle potée. 30 cm est un minimum.

Exposition : le plein soleil, même très chaud. La mi-ombre est bien tolérée.

Terre : un substrat plutôt pauvre, voire caillouteux et sableux, très bien drainé.

Arrosage : les œnothères supportent la sécheresse, mais des arrosages bihebdomadaires favorisent une floraison uniforme tout au long de la saison.

Ennemis et maladies : gare aux limaces.

Utilisations : *Oenothera speciosa* se glisse dans tous les vides des bacs et des potées, au pied des arbustes, en mélange avec des annuelles. Associez les œnothères avec des asters, des coréopsis, des érigérons, des liatris, des sauges.

Conseil Truffaut : les œnothères ne se reproduisant pas fidèlement par graines, achetez des jeunes plants.

Olea europaea

Olea europaea
OLIVIER

J	F	M	A	M	J	J	A	S	O	N	D

2/4 m · 1/3 m · P Arbre · -5 °C

Ce bel arbre au tronc noueux de la famille des Oleaceae vit si longtemps qu'il est devenu symbole d'éternité.

Feuillage : opposé, entier, coriace, lancéolé, cireux, gris argenté, irrégulièrement denté.
Floraison : des panicules de petites fleurs blanches, peu décoratives, se groupent à l'aisselle des feuilles, sur les rameaux de l'année. Elles sont suivies de fruits riches en huile, verts, puis noirs à maturité.
Espèces et variétés : 'Amygdalolia' et 'Verdale de l'Hérault' sont des variétés à très petit développement, qui offrent une résistance moyenne au froid. 'Aglandaou', 'Bouteillan' et 'Colombale' sont de taille moyenne et offrent une très bonne résistance au froid et viennent bien en bac.
Comportement en pot : les racines superficielles de l'olivier supportent bien les transplantations, même chez les sujets âgés. Tant qu'il bénéficie du soleil, d'hivers doux et de soins réguliers, l'olivier prospère en pot. Le rempotage ne s'impose que tous les trois ou quatre ans. Protégez le bac en hiver.
Dimensions du pot : un contenant d'un diamètre égal aux deux tiers du diamètre de la couronne de l'olivier est idéal.
Exposition : en plein soleil. À l'abri des froids vifs et des vents dominants.
Terre : l'olivier exige une terre de jardin bien drainée, neutre ou calcaire. Ajoutez une petite poignée d'engrais complet pour arbres lors de la plantation.
Arrosage : l'olivier est réputé pour pousser dans des sols arides. En pot, il demandera des arrosages modérés mais réguliers environ une fois par semaine, moins l'hiver.
Ennemis et maladies : les cochenilles qui envahissent souvent les branches provoquent de gros dégâts. Traitez en hiver.
Utilisations : isolé en bac, sur les terrasses bénéficiant d'un climat doux toute l'année.
Conseil Truffaut : conservez une forme aérée et régulière à la ramure, en taillant en priorité les branches du centre et celles qui sont trop longues.

Olearia spp.
OLÉARIA

J	F	M	A	M	J	J	A	S	O	N	D

0,60/1,50 m · 0,60/1 m · P Arbuste · -5 °C

Cet arbuste australien de la famille des Asteraceae est une excellente espèce à planter en bord de mer.

Feuillage : alterne, simple, ovale, lancéolé, luisant, coriace, souvent blanc au revers.
Floraison : des grappes denses formées de toutes petites marguerites blanches, plumeuses, apparaissent durant plusieurs mois.
Espèces et variétés : *Olearia* x *haastii* est l'un des plus rustiques. Ce buisson de 1,50 m de haut fleurit assez tardivement. *Olearia* x *scillionensis* offre un feuillage gris et se couvre de fleurs en mai. C'est une bonne plante pour les bacs, au sud d'Avignon, et dans le Sud-Ouest. *Olearia traversii*, au feuillage brillant et aux jeunes rameaux argentés pousse assez lentement.
Comportement en pot : tous les oléarias résistent bien à la pollution des villes et même aux embruns directs. Ils vivent longtemps dans un grand bac.
Dimensions du pot : un contenant de 30 à 40 cm de côté convient à un oléaria adulte. Rempotage tous les quatre ans.
Exposition : plein soleil et chaleur.
Terre : un substrat bien drainé, neutre ou légèrement acide (terre de bruyère avec de la terre de jardin riche et friable).
Arrosage : l'oléaria résiste à la sécheresse, mais il préfère des arrosages tous les cinq à sept jours en été selon la température.
Ennemis et maladies : le gel est le principal responsable des dégâts sur l'oléaria.
Utilisations : l'oléaria forme des petites haies à l'effet brise-vent, pour habiller les coins très chauds de la terrasse. Il peut, en isolé, former des potées toutes rondes, qui restent décoratives en hiver.
Conseil Truffaut : juste après la floraison, taillez les branches ayant fleuri au tiers de leur longueur.

Olearia rani

Ophiopogon jaburan 'Variegatus'

Ophiopogon japonicus HERBE AUX TURQUOISES

J F M A M J J A S O N D

15/25 cm 20/30 cm P Vivace - 6 °C

Cette herbe asiatique de la famille des Asparagaceae doit son nom à ses curieux bleutés en automne.

Feuillage : linéaire, vert sombre brillant chez le type, en touffes denses.

Floraison : de gracieuses petites tiges portent des clochettes blanches ou rose pâle, suivies par des petits fruits oblongs bleu porcelaine, qui virent ensuite au noir.

Espèces et variétés : *Ophiopogon planiscapus* 'Niger' arbore un curieux feuillage, noir brillant, sur lequel se détachent des grappes de fleurs d'un rose à peine marqué. *Ophiopogon jaburan* 'Variegatus' offre un feuillage lumineux, panaché de blanc crème. 'Minor', moins vigoureux que ses cousins, est idéal pour les petites potées.

Comportement en pot : la vigueur de l'ophiopogon est telle qu'il est conseillé de diviser les souches une fois par an, au printemps, au moment du rempotage.

Dimensions du pot : une jardinière de 25 à 35 cm de large convient tout à fait.

Exposition : soleil, ombre ou mi-ombre, mais toujours à l'abri des grands froids.

Terre : légère, riche en matière organique, plutôt acide (terreau de tourbe et terre de bruyère en mélange à parts égales).

Arrosage : l'ophiopogon a besoin d'apports d'eau modérés tous les trois à quatre jours l'été. Il accepte des oublis passagers.

Ennemis et maladies : aucun, si ce n'est la destruction par les fortes gelées.

Utilisations : l'ophiopogon est une plante couvre-sol, qui a tendance à étouffer ses voisines plus faibles que lui. Associez-le à des plantes vigoureuses comme les liriope, polygonum, valériane, carex et bambous.

Conseil Truffaut : **coupez au ras du pot le feuillage abîmé par le froid, à la sortie de l'hiver. Placez des appâts antilimaces près des potées.**

Origanum spp. ORIGAN, MARJOLAINE

J F M A M J J A S O N D

10/40 cm 20/30 cm PC Aromatique - 8 °C

Ces vivaces compactes de la famille des Lamiaceae portent de fort jolies fleurs et un feuillage odorant.

Feuillage : opposé, simple, rond à ovale, vert clair ou vert-gris, aromatique.

Floraison : la marjolaine sauvage *(Origanum vulgare)* forme de grandes hampes portant des fleurs tubulées rose violacé. Les origans hybrides sont plus décoratifs, avec leurs larges bractées colorées sur des épis retombants.

Origanum vulgare 'Compactum'

Espèces et variétés : *Origanum rotundifolium* 'Kent Beauty' porte de magnifiques bractées roses. *Origanum vulgare* 'Roseum' forme un coussin dense d'un rose intense, de juillet à août. Le cultivar doré 'Thumble's Variety' est plus bas (30 cm) et tout aussi parfumé. Sa floraison est crème. 'Compactum' se développe en une véritable carpette de fleurs violet clair, de 20 cm de hauteur. *Origanum laevigatum* 'Herrenhausen', à feuilles teintées de pourpre et fleurs roses ; 'Hopley's' est rouge pourpre avec un feuillage bleuté.

Comportement en pot : les origans hybrides forment de jolies petites potées à admirer de près. La marjolaine sauvage garnira volontiers une terrasse qui ne peut être entretenue souvent. Tous les origans en fleurs attirent les papillons.

Dimensions du pot : de 10 cm de diamètre, pour les plus petits des hybrides, à 30 cm pour les espèces, plus vigoureuses.

Exposition : tous les origans sont de grands adorateurs du soleil. Plantez-les en conséquence, face au sud, sans crainte des excès de chaleur. En revanche, abritez-les des froids vifs et de la pluie.

Terre : une terre assez pauvre et même caillouteuse, qui ne retient pas l'eau, est idéale pour la marjolaine. Les origans hybrides sont un peu plus exigeants. De la bonne terre de jardin mélangée par moitié à du terreau de tourbe leur conviendra.

Arrosage : hebdomadaire, sauf en été, où il convient d'augmenter la cadence, en fonction de la température ambiante et de la taille du pot. Ne détrempez jamais.

Ennemis et maladies : pucerons et araignées rouges apparaissent l'été par temps chaud et sec sur les plantes fragilisées.

Utilisations : pour une jardinière de style naturel, mélangez la marjolaine avec : géraniums vivaces, campanules, centaurées, népétas, thyms d'ornement, œillets.

Conseil Truffaut : **coupez les touffes au ras du pot après la floraison sinon elles s'étiolent. C'est aussi un bon moyen de faciliter leur conservation hivernale.**

Osmanthus spp.
OSMANTHE

J F M A M J J A S O N D

1/1,50 m · 1/1,50 m · Arbuste · - 7 °C

Cet arbuste qui rappelle le houx, de la famille des Oleaceae, exhale un parfum de jasmin exceptionnel.

Feuillage : opposé, lancéolé, vert foncé luisant, coriace, parfois épineux.

Floraison : en automne, ou au printemps, selon les espèces, l'osmanthe porte des petites fleurs blanches en forme de trompettes à quatre lobes. Réunies en bouquets, elles émettent un parfum perceptible à plusieurs mètres de distance.

Espèces et variétés : chez *Osmanthus heterophyllus,* certaines feuilles sont fortement dentées, à la manière du houx, d'autres présentent un ovale parfait. Sa variété 'Purpureus' développe des jeunes pousses et des tiges pourpre foncé. Les rameaux printaniers de la variété 'Tricolor' naissent rouges, tandis que le feuillage est éclaboussé de jaune crème. Les feuilles de 'Variegatus' sont marginées de blanc crème. *Osmanthus delavayi* porte des feuilles beaucoup plus petites, épaisses et fermes. Le parfum de sa floraison évoque celui du jasmin. *Osmanthus* x *fortunei* vit aussi très bien en pot où il parvient à mesurer 2 m de large et 1 m de haut. Sa floraison est une des plus parfumées, en septembre.

Osmanthus heterophyllus 'Tricolor'

Comportement en pot : l'osmanthe croît lentement, ce qui est un avantage pour les terrasses de petite taille. Un sujet de dix ans atteint rarement plus de 1,50 m en pot.

Dimensions du pot : rempotez l'arbuste tous les deux ans dans un contenant de taille supérieure, pour terminer avec un bac de 40 à 50 cm de côté.

Exposition : jamais de soleil brûlant. L'ombre partielle est même la bienvenue.

Terre : l'osmanthe n'aime pas les terres qui retiennent l'eau. Un mélange de sable, terreau, et terre de jardin est idéal.

Arrosage : modéré, une fois par semaine.

Ennemis et maladies : aucun.

Utilisations : l'osmanthe fait partie de ces plantes qui, grâce à leur feuillage persistant, structurent la terrasse. Associez-le à des *Pittosporum tobira,* pour de longs mois de floraison parfumée.

Conseil Truffaut : abritez l'osmanthe des vents froids qui le dessèchent. Vérifiez que le trou de drainage soit suffisamment large. Au besoin, agrandissez-le à la taille d'une pièce de 2 euros.

x *Osmarea burkwoodii*
OSMARÉA

J F M A M J J A S O N D

1/1,50 m · 1/1,50 m · Arbuste · - 8 °C

Cet arbuste buissonnant, compact, de la famille des Oleaceae, résiste bien aux embruns et à la pollution.

Feuillage : opposé, ovale, légèrement dentelé, vert foncé assez luisant, épais.

Floraison : les petites fleurs blanches et délicieusement parfumées s'épanouissent en grappes terminales de six ou sept.

Espèces et variétés : x *Osmarea burkwoodii* est un hybride d'*Osmanthus delavayi* et de *Phillyrea decora.* Ce dernier s'appelant aujourd'hui *Osmanthus decorus*, cela signifie que l'osmaréa est désormais rattaché au genre *Osmanthus* sous le nom *Osmanthus* x *burkwoodii.*

Comportement en pot : l'osmaréa offre un port beaucoup plus compact que la plupart des osmanthes. Il ne dépasse pas 1,50 m et convient aux petits balcons car sa croissance est lente et régulière.

Osmanthus x *burkwoodii*

Dimensions du pot : un contenant de 30 cm de diamètre et de hauteur suffit, si l'on remplace les cinq premiers centimètres de terre chaque printemps.

Exposition : quelques heures de soleil le matin ou en fin d'après-midi, suffisent.

Terre : une bonne terre bien drainée ou du terreau de plantation, allégé par quelques poignées de sable grossier, conviennent. Inutile de fertiliser.

Arrosage : ne laissez pas le volume de terre se dessécher entièrement. Arrosez dès que la surface craquelle, soit tous les cinq à huit jours selon la saison.

Utilisations : en potées isolées, en haies basses dans une grande jardinière, en écran contre la rambarde, près de la fenêtre pour le parfum. Les fleurs peuvent aromatiser le thé vert, comme le jasmin.

Conseil Truffaut : taillez légèrement après la floraison pour conserver une forme harmonieuse à l'arbuste. L'osmaréa se bouture facilement en septembre, après avoir enduit la base des rameaux dans une hormone de bouturage. La reprise s'effectue après deux mois environ. Les jeunes plants sont rempotés individuellement, puis conservés sous abri jusqu'au mois de mai.

Osteospermum ecklonis
DIMORPHOTÉCA

J F M A **M J J A S O** N D

10/40 cm	20/30 cm		Vivace	- 5 °C

Ce sous-arbrisseau frileux de la famille des Asteraceae offre une explosion fleurie en plein soleil.

Osteospermum ecklonis

Feuillage : alterne, allongé, lobé, rêche au toucher et dégageant une odeur aromatique inattendue quand on le froisse.

Floraison : de spectaculaires marguerites, aux couronnes très régulières et au cœur souvent plus foncé, s'épanouissent durant tout l'été, uniquement en plein soleil.

Espèces et variétés : les nouveaux hybrides arborent pratiquement toutes les couleurs, du blanc au bleu foncé, en passant par tous les tons de rose. Le revers des pétales est souvent d'une couleur différente, plus pâle ou plus foncée. Les formes aux fleurs finement découpées (groupe Whirlig), apportent une note d'originalité dans une jardinière.

Comportement en pot : la floraison démarre en flèche dès la fin mai, puis la plante marque un ralentissement vers le début du mois d'août avant de reprendre courant septembre et jusqu'aux gelées. Si elle devient trop dégingandée, rabattez les tiges des deux tiers, juste au-dessus d'une feuille. S'il est abrité du gel, le dimorphotéca peut vivre plusieurs années en pot. Rempotage tous les deux ans.

Dimensions du pot : le dimorphotéca est assez vigoureux. Un pot de 25 cm de côtés n'est pas trop petit en fin de saison.

Exposition : le plein soleil, sinon les fleurs ne s'épanouissent pas complètement.

Terre : un bon terreau « géraniums » fait l'affaire. Enrichissez-le au printemps avec un soupçon de sang desséché (une cuiller à café dans un pot de 20 cm).

Arrosage : quotidien en été et même deux fois par jour en cas de canicule. Deux fois par semaine, ajoutez de l'engrais liquide dilué, pour stimuler le jeune feuillage et former une plante compacte.

Ennemis et maladies : généralement aucun. Attention aux toutes premières gelées brutales qui risquent de détruire la plante si elle est trop exposée.

Utilisations : le dimorphotéca ayant tendance à perdre ses feuilles inférieures au cours de la saison, il est plus beau en mélange avec des plantes à feuillage comme le marrube, la ballote, l'hélichrysum, le sénécio, la verveine citronnelle.

Conseil Truffaut : il est plus facile d'utiliser le dimorphotéca comme une annuelle. Mais on peut parfaitement le garder d'une année sur l'autre si l'on dispose d'une serre, d'une véranda ou d'une pièce peu chauffée et bien éclairée.

Osteospermum x 'Las Vegas'

Osteospermum x 'Congo'

Osteospermum x 'Lusaka'

Osteospermum x 'Symphony'

Pachysandra terminalis
PACHYSANDRA

J F M A **M J** J A S O N D

20/25 cm · 30/50 cm · Vivace · - 10 °C

Cette vivace chinoise de la famille des Buxaceae forme un tapis dense et régulier qui pousse lentement.

Feuillage : alterne, vert foncé, coriace, avec des feuilles en rosettes dentées. Les tiges rampantes colonisent avec vigueur l'espace qui leur est imparti.

Floraison : au printemps, de minuscules grappes de fleurs unisexuées, sans pétales, blanches (mâles) ou verdâtres (femelles), sans grand intérêt décoratif.

Espèces et variétés : 'Green Carpet' est grisâtre et plus mat que l'espèce. 'Variegata', moins vigoureux, porte des feuilles vert-gris, marginées de blanc.

Comportement en pot : un seul plant de pachysandra peut former une belle potée en deux saisons. Il faudra diviser la touffe tous les trois ou quatre ans.

Dimensions du pot : le pachysandra est à l'aise dans des pots larges. Il fera merveille dans une potée de 40 à 50 cm de diamètre et de 20 cm de hauteur. Il est aussi possible de l'utiliser comme retombante en bordure dans une suspension.

Pachysandra terminalis 'Variegata'

Exposition : le pachysandra se plaît à mi-ombre et supporte l'ombre, même dense.

Terre : une bonne terre humifère permettra aux rhizomes de croître à leur aise. Un mélange par moitié de terreau d'écorce et de tourbe brune convient parfaitement.

Arrosage : une fois par semaine. Le pachysandra adore les pulvérisations d'eau sur les feuilles par temps chaud.

Ennemis et maladies : limaces.

Utilisations : le pachysandra est avant tout un couvre-sol. Associez-le à des bulbes, tels que : tulipes, jacinthes, narcisses, muscaris, dont il cachera le feuillage jaunissant. Il est aussi très valable pour conserver la fraîcheur au pied des astilbes et des anémones du Japon.

Conseil Truffaut : **au printemps, si le feuillage semble abîmé, taillez-le à ras.**

Pandorea jasminoides
PANDORÉA

J F **M A M J J** A S O N D

3/4 m · 1/2 m · Grimpante · 5 °C

Cette exubérante liane australienne de la famille des Bignoniaceae, fleurit en superbes cornets clairs.

Feuillage : opposé, composé, vert foncé, brillant, très décoratif. Les tiges, volubiles, grimpent à l'assaut de tout support. Elles atteignent 4 m de haut en pot, si les conditions de culture sont bonnes.

Floraison : des corolles tubulaires, largement ouvertes, d'un rose très tendre, à la gorge plus foncée, tirant sur l'écarlate.

Espèces et variétés : 'Lady Di', à fleurs blanches, 'Variegata', mutation panachée, à fleurs blanc rosé. 'Power of Beauty', aux fleurs rose soutenu à cœur violet.

Comportement en pot : dans la plupart des régions, le pandoréa ne séjourne à l'extérieur qu'aux mois les plus chauds de l'année. Il est à l'aise sur les terrasses abritées de la côte méditerranéenne. En raison de sa croissance rapide, un rempotage annuel s'impose.

Pandorea jasminoides

Dimensions du pot : un contenant très stable (base carrée) de 30 cm de côtés convient pour une plante adulte.

Exposition : la chaleur et le plein soleil sont deux conditions indispensables pour s'assurer d'une floraison généreuse.

Terre : mélangez à parts égales terre de bruyère, tourbe brune et sable grossier ou vermiculite. Ajoutez 15 % de fumier sec.

Arrosage : ne laissez pas la terre se dessécher en période de croissance. Un apport tous les deux jours est nécessaire. En hiver, réduisez les arrosages au minimum pour les reprendre au début du printemps.

Ennemis et maladies : les mouches blanches et les cochenilles sont fréquentes, en hiver, dans la serre ou la véranda.

Utilisations : dans les régions au climat chaud, le pandoréa est l'une des meilleures plantes grimpantes à cultiver en pot. Ailleurs, il vit mieux en véranda.

Conseil Truffaut : **rentrez le pandoréa sous un abri vitré et tempéré, dès que la température nocturne descend en dessous de 5 à 6 °C. C'est alors le moment pour tailler d'un bon tiers les tiges qui sont devenues trop longues.**

Parthenocissus quinquefolia 'Engelmanii'

Parthenocissus spp.
VIGNE VIERGE

Hauteur	Largeur	Exposition	Type	Rusticité
3/4 m	3/4 m	Soleil	C Grimpante	- 15 °C

Cette vigoureuse liane de la famille des Vitaceae s'accroche seule par des racines devenues des crampons.

Feuillage : alterne, palmé et lobé ou composé de trois à cinq folioles ovales de 5 à 10 cm de long, souvent dentées, il prend de belles couleurs automnales.

Floraison : insignifiante, mais formant des petites baies tardives, noires ou bleu foncé.

Espèces et variétés : *Parthenocissus quinquefolia* 'Engelmanii', d'un rouge automnal plus vif que l'espèce type. *Parthenocissus tricuspidata* 'Lowii', aux feuilles très découpées, et 'Minutifolia', à petites feuilles entières, qui offrent une croissance réduite, conviennent bien en pot. *Parthenocissus henryana,* aux feuilles nervurées de blanc, est moins rustique et doit être réservé aux jardins du Midi.

Comportement en pot : cette liane vigoureuse souffre à long terme dans un contenant, mais elle y vit longtemps avec des soins et des rempotages réguliers.

Dimensions du pot : un bac de 30 à 40 cm de côtés est un minimum.

Exposition : soleil direct même brûlant, à condition que les arrosages soient abondants. La vigne vierge habille sans problème un mur exposé plein sud.

Terre : riche, consistante, bien drainée, même un peu calcaire. En pot, un terreau pour rosiers, enrichi de 20 % d'un fertilisant organique à base de fumiers et d'algues convient parfaitement.

Arrosage : ne laissez pas la vigne vierge manquer d'eau durant toute la période de croissance, sinon les feuilles sèchent et ne prennent pas leurs belles teintes automnales. En revanche, réduisez quasiment à néant les arrosages dès la chute des feuilles.

Ennemis et maladies : quelques taches foliaires cryptogamiques sans gravité.

Utilisations : la vigne vierge est surtout destinée à habiller les murs. Comme elle s'accroche seule, il n'est pas utile de prévoir un support, excepté les deux ou trois premières années suivant la plantation.

Conseil Truffaut : taillez régulièrement l'extrémité des pousses de la vigne vierge, qui a tendance à devenir vite envahissante et même à coloniser les plantations voisines. À la fin de l'hiver, vous pouvez pratiquer une taille plus sévère afin de réduire les dimensions de la plante et de lui offrir une silhouette harmonieuse et bien équilibrée.

Passiflora spp.
FLEUR DE LA PASSION

J F M A M **J J A S O** N D

Hauteur	Largeur	Exposition	Type	Rusticité
2/4 m	2/3 m	Soleil	P Grimpante	0 °C

Cette liane volubile de la famille des Passifloraceae développe des corolles aux formes fascinantes.

Feuillage : alterne, parfois coriace. Le nombre très variable des lobes des feuilles caractérise l'espèce ; on en compte de deux à sept, voire même pas du tout !

Floraison : chaque fleur odorante et toujours solitaire est éphémère (une journée), mais sans cesse renouvelée. Les fleurs, comme les organes reproducteurs, présentent une disposition très particulière. Les premiers missionnaires d'Amérique du Sud, virent dans cet arrangement les instruments de la Passion du Christ. Les dix pétales représentent les apôtres : douze initialement, moins Pierre qui renia le Christ et Judas qui le trahit. La couronne de filaments ondulés, blanc, bleu et pourpre, représente la couronne d'épines. Les trois pistils, avec leurs gros stigmates, évoquent les clous de la crucifixion, et les étamines, les marteaux. Par temps chaud, les fleurs sont suivies de fruits oranges ou jaunes, de 4 à 10 cm de long. Ovoïdes, ils sont comestibles, d'excellente saveur chez *Passiflora edulis* et *Passiflora quadrangularis.*

Espèces et variétés : *Passiflora caerulea,* est la plus rustique. La variété 'Constance Elliot' se distingue par le blanc ivoire de ses sépales et de ses pétales. *Passiflora alatocaerulea* 'Impératrice Eugénie' porte des

Passiflora alatocaerulea

Passiflora coccinea

Passiflora quadrangularis

fleurs un peu plus grandes, aux pétales rose pourpré clair et des filaments violets. *Passiflora quadrangularis* arbore des tiges côtelées et des fleurs pourpres, aux longs filaments striés de violet et de blanc. *Passiflora coccinea*, rouge vif, ne peut être cultivée à l'extérieur que dans le Midi, avec une protection hivernale. *Passiflora edulis*, aux feuilles à trois lobes, porte des petites fleurs blanc et vert avec des filaments ondulés. Fruits orangés, très savoureux. *Passiflora antioquiensis*, à grandes fleurs rose foncé, à couronne violette, est frileuse.

Comportement en pot : l'Anjou est la limite nord de la passiflore, pour ce qui est de la production de fruits. Dans la région Île-de-France, laisser la plante tout l'hiver dehors, en pot, est risqué, même si on l'abrite. Rempotez tous les ans au printemps.

Dimensions du pot : un bac de 30 à 40 cm de côté est idéal, car la plante est volumineuse et de croissance rapide.

Exposition : sur la Côte d'Azur, n'importe quel endroit ensoleillé convient à la passiflore. Ailleurs, il faut lui offrir un mur bien abrité des vents, orienté plein sud.

Terre : très nourrissante. Faites un mélange par quarts, de terre de jardin, de terreau de feuilles, d'amendement organique et de sable de rivière grossier (vous en trouverez au rayon animalerie).

Arrosage : au printemps et à l'automne, la passiflore demande des arrosages suivis. Laissez juste le pot s'assécher très légèrement entre deux apports d'eau. En hiver, pour suivre le rythme naturel de la plante, un apport tous les quinze jours suffit.

Ennemis et maladies : le virus de la mosaïque du concombre attaque les feuilles de la passiflore et les déforme en les mouchetant de jaune. Il ne tue pas la plante, mais la rend peu attrayante.

Utilisations : la passiflore garnit les arceaux et les treillages. Il faut l'aider dans sa jeunesse, en attachant les tiges sur leur support. Plus tard, des vrilles se formeront et la plante grimpera seule.

Conseil Truffaut : **taillez les passiflores après la floraison, en réduisant tous les rameaux des deux tiers de leur longueur. Rentrez-les dans une véranda tempérée dès que la température descend autour de 5 °C. Protégez le pot des espèces les plus rustiques avec un épais matelas de fougères ou de paille, couvert d'un voile d'hivernage.**

Passiflora caerulea

Pelargonium x grandiflorum

Pelargonium x domesticum

Pelargonium quercifolium

Pelargonium spp.
PÉLARGONIUM D'ORNEMENT

J F M A **M J J A S** O N D

30/80 cm · 20/60 cm · Saisonnière · 0 °C

Ces vivaces africaines frileuses de la famille des Geraniaceae se parent souvent de feuilles très parfumées.

Feuillage : alterne. La forme des feuilles varie énormément d'une espèce à l'autre. Elles peuvent être glabres ou poilues, frisées ou plates, mesurer de 1 à 10 cm de large, présenter des ciselures profondes ou arborer des formes presque rondes. Dans la majorité des cas, les feuilles froissées émettent une odeur caractéristique de l'espèce. Beaucoup de pélargoniums dégagent une odeur de menthe. C'est le cas de : *Pelargonium tomentosum*, 'Chocolat', qui sent le chocolat anglais ou 'Grey Lady Plymouth', la menthe poivrée. D'autres, comme 'Joy Lucille', 'Lemon Fancy', 'Mabel Grey', 'Prince Ruppert', *Pelargonium crispum*, *Pelargonium denticulatum* ou *Pelargonium radula* exhalent une senteur de citron. Certains émettent un parfum de rose, c'est le cas du fameux « géranium rosat » *(Pelargonium graveolens)* et de 'Attar of Rose'. La collection peut se compléter de multiples autres senteurs comme la pomme *(Pelargonium odoratissimum)*, la pêche *(Pelargonium ribifolium)*, l'eucalyptus ou le pin *(Pelargonium fragrans)* ou même la carotte chez 'Scarlet Unique'.

Floraison : les pélargoniums à feuillage odorant sont guère cultivés pour leurs fleurs, souvent peu spectaculaires. On trouvera toutefois un certain charme aux fleurs blanches très ténues de *Pelargonium crispum*, ou aux petits bouquets roses rayés de pourpre de *Pelargonium radula*. Quelques-uns possèdent une floraison décorative. C'est le cas de *Pelargonium denticulatum* 'Mabel Grey', *Pelargonium capitatum* et de toute la série Unique : 'Scarlet Unique', 'Paton's Unique' ou 'Jessiel Unique' aux fleurs simples rouge vif, très décoratives. Quant à *Pelargonium regale*, on l'appelle aussi *Pelargonium* x *domesticum* ou pélargonium à grandes fleurs. C'est une plante issue de divers croisements, qui épanouit une abondance de fleurs bicolores.

Espèces et variétés : les débutants cultiveront facilement *Pelargonium tomentosum*. Ses grandes feuilles veloutées, d'un vert à peine gris, embaument la menthe au moindre frôlement. Les feuilles très décoratives de *Pelargonium quercifolium* rappellent celles du chêne. Certains l'apprécient peu, estimant qu'il sent « la pharmacie ». En mai, une écume de fleurs blanc rosé surmonte *Pelargonium odoratissimum*, au joli feuillage arrondi, vert amande, velouté comme des oreilles de souris. *Pelargonium fragrans* sent la muscade, en mélange avec la résine et l'eucalyptus. Son feuillage velouté, vert adouci de gris, s'éclaire en été d'une mousse de fleurettes rose pâle. *Pelargonium crispum*, avec son feuillage frisé comme du persil, se décline en différentes variétés comme 'Peach', aux feuilles panachées de jaune et de vert, ou 'Minor', au feuillage doublement frisé. *Pelargonium*

Pelargonium odoratissimum

Pelargonium crispum 'Variegatum'

Pelargonium 'Jessiel Unique'

x *grandiflorum*, considéré par les spécialistes comme « l'aristocrate des pélargoniums », offre une élégante floraison aux pétales de soie, allant du blanc crémeux au rose pourpré. *Pelargonium graveolens* arbore un joli feuillage rugueux, très découpé. Sa floraison aux relents de roses, se décline dans les tons pastel. Cette liste ne peut être exhaustive, tant la diversité du genre est immense. Finissons par quelques curiosités comme *Pelargonium abrotanum*, aux toutes petites aiguilles fines et bleutées, qui sentent le pin, *Pelargonium ficifolium*, au feuillage aussi fin que celui d'une fougère et aux fleurs roses, *Pelargonium fragrans* 'Variegatum', au feuillage retombant panaché jaune et vert.

Comportement en pot : les plus petites espèces forment de jolies potées basses. Il faut tuteurer les plus grandes pour éviter que les tiges ne cassent sous l'effet du vent. Les pélargoniums en pot demandent une fertilisation plus assidue que ceux qui sont cultivés en pleine terre, dans les massifs. Même si vous avez ajouté une poignée d'engrais à décomposition lente lors de la plantation, il faut tout de même arroser une fois par semaine à l'engrais liquide.

Notez que les potées deviennent instables, en cours de saison, car le feuillage se développe d'une manière importante. Le moindre coup de vent peut faire tomber la plante. Un bon truc consiste à choisir, dès le départ, un pot un peu plus grand et à le lester avec une grosse pierre. Vous pouvez aussi installer les pélargoniums dans des contenants plus larges que hauts. Ils peuvent vivre plusieurs années en pot, mais un rempotage annuel au printemps est conseillé en raison de leur forte croissance.

Dimensions du pot : au début de la saison, les plants nouvellement achetés peuvent être installés dans des pots de 15 à 25 cm de diamètre. On a peine à croire qu'ils vont décupler de volume en moins de six mois ! Si la plante est vigoureuse comme *Pelargonium tomentosum*, par exemple, prévoyez un rempotage, en cours de saison, dans un pot de 25 à 30 cm de large et de 20 à 25 cm de haut. Les pélargoniums réussissent bien dans un contenant étroit.

Pelargonium fragrans 'Variegatum'

Il est préférable de procéder à une division de touffe ou à un rajeunissement par boutures, plutôt que de conserver trop longtemps un pied mère qui devient encombrant et se dégarnit de la base.

Exposition : tous les pélargoniums odorants aiment le plein soleil, s'il n'est pas trop brûlant. Seul *Pelargonium tomentosum* est bien plus beau installé à l'ombre légère d'un arbre ou d'un arbuste.

Terre : les pélargoniums sont des plantes gourmandes, qui demandent un mélange riche. Mélangez un tiers de terreau de tourbe, un tiers de terre de jardin (terre franche), un sixième de sable de rivière grossier et autant d'amendement organique à base de fumiers et d'algues.

Le terreau pour géraniums, dont la composition est étudiée pour que le substrat ne se tasse pas sous l'effet d'arrosages répétés. L'utilisation seule de ce support de culture prêt à l'emploi, implique la nécessité d'une fertilisation régulière et contrôlée.

Arrosage : les pélargoniums peuvent supporter de courtes périodes de sécheresse, mais leur croissance sera plus belle, leur port plus compact, avec des arrosages réguliers, tous les deux jours en été. Les pélargoniums dont le feuillage est poilu ne doivent pas être arrosés par le dessus, mais directement au pied de la plante. En effet, la stagnation de l'eau sur ce type de feuillage favorise le développement de moisissures qui abîment la plante.

Ennemis et maladies : la rouille tache les feuilles qui tombent prématurément. Les mouches blanches envahissent le feuillage, surtout en hiver, lorsque les plantes sont rentrées dans une véranda chauffée.

Pelargonium graveolens

Utilisations : les pélargoniums odorants forment des potées qui gagnent à être admirées de près, car il faut frotter légèrement le feuillage pour en apprécier la subtile essence. Avec ces plantes aux aspects si variés, c'est le nombre qui fait de l'effet ! Composez des petites collections par senteur, par forme de feuilles, par couleur de feuillage. Les espèces dont l'odeur est unanimement appréciée, comme par exemple *Pelargonium tomentosum*, qui sent la menthe, ou *Pelargonium denticulatum*, qui exhale bien la citronnelle, peuvent être installées près de l'entrée, qu'ils embaumeront à chaque passage.

Conseil Truffaut : avant de rentrer vos pélargoniums à l'abri, en octobre, procédez à une toilette généralisée. Débarrassez les plantes des feuilles mortes ou malades qu'elles portent encore, décompactez la surface du substrat, coupez les branches trop longues, passez une éponge sur les pots et nettoyez les soucoupes. Si vous ne pouvez rentrer toute votre collection pour l'hiver, faites des boutures en août et septembre, elles pourront être maintenues près d'une fenêtre dans la maison. L'idéal consiste à couper, immédiatement sous un nœud (ancien emplacement d'une feuille), un rameau de 8 cm, muni de trois nœuds. Ne laissez que les feuilles supérieures, dont vous réduisez le limbe de moitié et plantez la bouture dans un pot rempli d'un mélange de tourbe et de sable. Vous pouvez favoriser l'émission des racines en trempant la base de la tige coupée dans de la poudre d'hormones de bouturage.

Pelargonium x peltatum

Pelargonium x peltatum
GÉRANIUM-LIERRE

J F M A **M J J A S O** N D

0,50/1 m | 30/60 cm | P Saisonnière | - 2 °C

Cette vivace frileuse à port souple de la famille des Geraniaceae forme des cascades de fleurs tout l'été.

Feuillage : alterne, vert franc, assez charnu, lobé comme celui du lierre, généralement glabre et souvent brillant. Les tiges peuvent atteindre 1 m de long dans des conditions de culture optimales (2 m dans la nature sud-africaine, leur terre d'origine).

Floraison : des ombelles, portées par de longs pédoncules, portent jusqu'à une dizaine de fleurs, simples ou doubles. Elles vont du blanc au rouge, en passant par tous les tons de mauve et de rose.

Espèces et variétés : les géraniums-lierres qui ne se lignifient pas forment des cascades généreuses. 'Roi des Balcons', rose saumon, est un des plus populaires, 'Ville de Paris' affiche des fleurs d'un rouge vif. Les géraniums-lierres à tiges ligneuses présentent un port plus compact. On les trouve sous l'appellation « Décora ». Les « Mini-Cascades », à la végétation fournie, en boule, bénéficient d'une floraison légère qui fait merveille dans des jardinières de taille moyenne. Il est également possible de dénicher chez les spécialistes des mini-géraniums-lierres comme 'Pink Baby', aux jolies fleurs rose tendre, ou 'Sugar Baby', le plus petit de tous. Il fleurit blanc, à peine teinté de rose. Une plante idéale lorsqu'on ne dispose que d'un rebord de fenêtre ! Les formes à feuillage coloré sont attractives, comme 'Duc d'Anjou', aux feuilles blanches et vertes, 'Flakey', un mini-lierre vert et blanc, ou 'L'élégante', une plante de petite dimension. Son surprenant feuillage vert, blanc crème et lilas, vire au rose violacé si on oublie de l'arroser régulièrement.

'Balcon impérial'

'Duc d'Anjou'

'Rouletta'

Comportement en pot : les géraniums-lierres en pot ont tendance, au cours de la saison, à devenir moins florifères. Il faut continuer à leur prodiguer des soins attentifs, tels que le nettoyage des feuilles mortes et des fleurs fanées et apporter de l'engrais liquide. Ils resteront alors décoratifs jusqu'aux premières gelées.

Dimensions du pot : plus le contenant sera grand, moins les arrosages devront être fréquents. Un géranium-lierre peut pousser dans une potée de 25 cm en tous sens. Mais vous obtiendrez des compositions bien plus généreuses, en réunissant plusieurs plantes dans une grande jardinière de 50 cm de long et de 25 cm de large, ou dans une poterie de 40 cm de diamètre.

Exposition : le plein soleil même brûlant favorise une floraison généreuse. Mais les géraniums-lierres tolèrent quelques heures d'ombre légère dans la journée, sans que cela nuise vraiment à la floraison.

Terre : il existe des terreaux prêts à l'emploi pour les géraniums. Ils contiennent souvent de la pouzzolane, un matériau léger qui empêche le tassement du substrat sous l'effet des arrosages répétés. Ces substrats sont parfois enrichis en potasse pour obtenir une plus belle floraison et une meilleure rigidité des tiges. Mais cela ne dispense pas de l'obligation de fertiliser régulièrement.

Arrosage : les géraniums-lierres supportent les oublis si la potée est importante. Deux arrosages par semaine, pas plus.

Ennemis et maladies : par temps humide ou excès d'arrosage, la pourriture grise couvre les tiges et les feuilles.

Utilisations : on emploie trop peu les géraniums-lierres comme plantes grimpantes. En palissant les branches sur un treillage, vous obtiendrez un bel éventail fleuri, surtout avec des plantes âgées de plus de deux ans. Une autre méthode spectaculaire consiste à faire pousser plusieurs tiges, attachées ensemble sur un support en forme de parapluie. Ôtez toutes les feuilles inférieures pour laisser les tiges à nu, comme un tronc, puis laissez retomber la cascade de tiges florifères sur le support en ombelle. Pour réussir cet arrangement, il faut garder les plantes plusieurs années de suite. Plus classiquement, les géraniums-lierres forment des potées, suspendues ou non. Ils se marient avec toutes les annuelles.

Conseil Truffaut: **évitez les surdosages d'engrais azotés. Ils font verdir les feuillages panachés et, chez les autres variétés, favorisent la production de feuilles au détriment des fleurs. Employez exclusivement un engrais spécifique pour les géraniums.**

Pelargonium x *hortorum*
GÉRANIUM ZONALE

J F M A M J J A S O N D

30/50 cm | 20/30 cm | P Saisonnière | 0 °C

Cette vivace africaine frileuse de la famille des Geraniaceae est la fleur reine de l'été, car elle dure.

Feuillage: alterne, palmé, arrondi, velouté, souvent orné d'une couronne brune, la plante dégage un parfum très typé, peu agréable, lorsqu'on froisse ses feuilles.

Floraison: simples ou doubles, les inflorescences se présentent à l'aisselle des feuilles supérieures, en ombelles rondes et serrées, de mai jusqu'aux gelées. Tous les coloris possibles existent entre le blanc, le rose, le mauve et le rouge. Certaines fleurs très fines rappellent de petites flammèches, on les classe dans la catégorie des « Stellar ». D'autres présentent des fleurs doubles, aux pétales disposés comme ceux d'une rose. On les a nommés « Boutons de rose ».

Espèces et variétés: il existe des centaines de formes, simples ou doubles. La sélection s'avère difficile, car les hybrideurs ont beaucoup amélioré les variétés. 'Multibloom' (littéralement « multiple floraison »), porte bien son nom, car il fleurit abondamment jusqu'aux gelées. Il existe en versions rouge, rose, blanc, mauve et saumon. Les grandes fleurs rouge-orangé de 'Jardin des Plantes' sont superbes. 'Apple blossom' porte de minuscules roses blanches délavées de rose. Les géraniums blancs ont moins la faveur des amateurs, car si la saison est pluvieuse, les fleurs se transforment en chiffon sale. Les variétés rose et blanc ne sont pas dépourvues de charme: un liseré rose borde les fleurs blanches de 'Nuit de Noce', le bord des pétales de 'Cathy' se teinte légèrement de rose. Signalons une rareté, 'Kees', le seul pélargonium zonale à fleurir jaune. Les longs pédoncules portent des fleurs simples d'un jaune citron inattendu. Le plus souvent, les géraniums zonales sont vendus en jeunes plants fleuris, sans dénomination particulière. Choisissez selon votre coup de cœur.

Comportement en pot: les pélargoniums montrent une nette tendance à devenir dégingandés avec l'âge. Il ne faut pas hésiter à les pincer plusieurs fois en saison.

Dimensions du pot: un pied de géranium zonale vit dans un pot de 20 à 25 cm de diamètre et de même profondeur.

Exposition: le plein soleil, même chaud, ou la mi-ombre très légère, à la rigueur.

Terre: un bon terreau « géraniums » convient parfaitement. Apportez obligatoirement de l'engrais liquide « géraniums » une fois par semaine, en commençant un mois après le rempotage.

Arrosage: la majorité des pélargoniums meurent par excès d'humidité ! Veillez à ce que les premiers centimètres de terre soient secs, avant d'abreuver vos plantes.

Ennemis et maladies: la rouille apparaît à la fin de l'été, au revers des feuilles. Si l'attaque est limitée, coupez les feuilles atteintes. Des virus provoquent des taches

Pelargonium x *hortorum*

pâles sur les feuilles. Pucerons et mouches blanches sont à redouter, surtout à la sortie de l'hiver, quand les plantes sont longtemps restées confinées à l'intérieur.

Utilisations: les végétaux à feuillage mettent en valeur les géraniums zonales. Usez et abusez de l'hélichrysum, du plectranthus, des lierres panachés. Associez-les à des bacopas, au feuillage menu, à des lobélias « cascade », qui se marient bien avec la couleur orange ou avec les pastel.

Conseil Truffaut: **évitez l'arrosage par aspersion sur le dessus des feuilles. Il est préférable de bien mouiller au pied, avec un arrosoir au long bec fin.**

'Gold Papa' et 'William Languth'

'Pulsar'

'Apple Blossom'

Pennisetum spp.
HERBE AUX ÉCOUVILLONS

J F M A M J J **A S O N D**

20/80 cm | 0,30/1 m | Graminée | - 7 °C

Ces herbes vivaces, très gracieuses de la famille des Poaceae se parent de superbes plumets veloutés dorés.

Feuillage : formant une touffe, étroit, linéaire, rubané, en touffes denses, vert bleuté, virant au brun en septembre.

Floraison : une multitude d'épis cylindriques plumeux rappelant des rince-bouteilles dorés ou nacrés, apparaissent en août et restent décoratifs jusqu'à Noël.

Espèces et variétés : les petits balcons adopteront *Pennisetum alopecuroides* (anciennement *P. compressum*) 'Hameln', qui ne dépasse guère 50 cm ; 'Little Bunny' est encore plus nain (20 cm), avec des épis beiges ; 'Moundry' porte des feuilles plus larges et glauques, avec des épis, brun assez foncé (60 cm). *Pennisetum orientale*, rose (60 cm).

Comportement en pot : très bon et durable si le pennisétum est rempoté tous les ans au début du printemps.

Pennisetum alopecuroides

Dimensions du pot : une touffe d'herbe aux écouvillons adulte vit à l'aise dans une jardinière de 20 à 30 cm de profondeur.

Exposition : plein soleil, sinon la plante produit des épis moins nombreux.

Terre : terreau de rempotage et terre de jardin siliceuse en mélange équilibré.

Arrosage : deux à trois fois par semaine. Il faut veiller à ce que la terre ne se dessèche pas, ce qui arrive vite lorsque la souche occupe tout le volume du pot.

Ennemis et maladies : il arrive que la rouille tache les feuilles sans gravité.

Utilisations : le pennisétum constitue une présence forte dans le décor, par la générosité de sa touffe, qui contraste avec la légèreté de la floraison. On le laisse seul dans son pot. Il fait merveille près des conifères dont il allège la silhouette. Placés à contre-jour, ses épis plumeux accrochent très joliment la lumière.

Conseil Truffaut : **la rusticité de cette graminée vivace n'est pas parfaite au nord de la Loire. Il faut donc la protéger en hiver dès que les gelées arrivent.**

Penstemon spp.
PENSTÉMON, GALANE

J F M A **M J J A S O** N D

20/80 cm | 15/40 cm | Vivace | - 5 °C

Cette vivace un peu frileuse de la famille des Scrophulariaceae offre de longues semaines de floraison.

Feuillage : opposé ou en verticille, lancéolé, étroit, plus large à la base.

Floraison : des épis lâches formés de fleurs tubulaires à deux lèvres lobées et plus foncées s'épanouissent dans les tons de rose et de rouge, de violet ou en mélange.

Espèces et variétés : les penstémons hybrides (50 à 70 cm) offrent la floraison la plus spectaculaire. 'Alice Hindley', aux fleurs lilas pâle à la gorge blanche. 'Le Phare', rouge vif à gorge blanche. 'Pen Purple', rouge violacé. 'Russian River' est peut-être le plus original avec ses fleurs violettes à reflets bleu marine. 'Souvenir d'Adrien Régnier', aux grandes fleurs campanulées, rose tendre, à gorge blanche. *Penstemon pinnifolius*, aux fleurs rouge vif, ne dépasse guère 20 cm. Son cultivar 'Mersea Yellow' est jaune.

Penstemon 'Souvenir d'Adrien Régnier'

Comportement en pot : la plupart des penstémons hybrides ne sont pas rustiques, surtout en pot. Il faut les renouveler chaque année hormis dans le Midi.

Dimensions du pot : un penstémon exige un pot de 25 à 30 cm de côtés.

Exposition : le plein soleil pour une belle floraison.

Terre : un terreau « géraniums » du commerce, dont la composition est étudiée pour ne pas trop retenir l'eau.

Arrosage : le plus régulier possible, soit tous les deux ou trois jours en moyenne.

Ennemis et maladies : oïdium fréquent.

Utilisations : la richesse et l'abondance de leur floraison désignent tout naturellement les penstémons pour de splendides potées fleuries isolées. Ils se marient bien avec des géraniums vivaces, des sauges à feuillage pourpre, des armoises grises.

Conseil Truffaut : **mieux vaut cultiver les penstémons hybrides comme des annuelles, en achetant des jeunes plants fleuris au printemps et en les éliminant après les premières gelées.**

➔ *Pernettya* voir *Gaultheria*.

Perovskia atriplicifolia

Perovskia atriplicifolia
SAUGE DE SIBÉRIE

J F M A M J J **A S O** N D

0,80/1 m — 0,60/1 m — Arbuste — - 6 °C

Ce sous-arbrisseau de la famille des Lamiaceae fleurit tardivement, d'un bleu qui évoque le ciel d'été.

Feuillage : opposé, fin, gris-vert, presque cendré, ovale, allongé, dégageant une odeur aromatique quand on le touche.

Floraison : les rameaux diffus portent des panicules de 20 à 30 cm de long, de fleurs bleu pâle à bleu violacé, donnant de loin, une impression de brouillard lavande.

Espèces et variétés : 'Blue Spire' porte des épis d'un bleu plus soutenu. 'Superba', ou 'Hybrida', est un hybride touffu, qui développe des panicules plus grandes.

Comportement en pot : la plante gagne à être renouvelée tous les 3 ou 4 ans.

Dimensions du pot : laissez un seul pied s'étaler à sa guise dans un bac de 40 cm de large et 30 cm de haut.

Exposition : le plein soleil, pour obtenir ce fameux « brouillard » bleu, si décoratif.

Terre : un mélange à parts égales de terreau d'écorces et de terre végétale.

Arrosage : laissez la terre du pot se ressuyer entre deux arrosages. Comptez en moyenne un apport d'eau par semaine.

Ennemis et maladies : aucun.

Utilisations : en arrière-plan, groupé avec des annuelles pastel ou des fleurs aux couleurs fortes, telles que ; cosmos orange, zinnias, roses d'Inde, *Tagetes tenuifolia.*

Conseil Truffaut : après l'hiver, rabattez les tiges au ras du sol. Pincez les jeunes pousses pour obtenir des touffes plus denses. Ne fertilisez pas trop.

Petroselinum crispum
PERSIL

20/30 cm — 20/30 cm — Aromatique — 0 °C

Cette bisannuelle condimentaire de la famille des Lamiaceae constitue une bonne source de vitamines.

Feuillage : vert vif, frisé ou plat, porté par des tiges creuses et bien ramifiées.

Floraison : elle intervient lors de la deuxième année de culture, mais on ne la voit en général pas, car les plants sont remplacés chaque année.

Espèces et variétés : le persil simple ou 'Commun' possède plus de saveur que le persil frisé. 'Géant d'Italie' se pare de très grandes feuilles plates.

Comportement en pot : le persil a tendance à former des touffes lâches, qui tendent à s'affaisser en fin de saison.

Dimensions du pot : de 15 à 20 cm de diamètre suffisent à un seul plant pour bien se développer durant toute la saison.

Exposition : la mi-ombre est idéale. Soleil doux et ombre légère sont tolérés.

Terre : riche, humifère et bien drainée. Par plante, joutez une poignée de vermiculite ou de sable de rivière à du terreau de rempotage pour plantes vertes.

Arrosage : tous les jours en été, surtout si le pot est petit et n'oubliez pas l'engrais.

Ennemis et maladies : certaines années, les pucerons envahissent les feuilles. Un jaunissement indique un manque d'engrais azoté, un emplacement trop chaud ou des arrosages trop importants.

Utilisations : en bordure des jardinières, en mélange dans des potées d'annuelles, en panier suspendu, dans des jarres à fraisiers, le plus souvent associé à d'autres herbes aromatiques.

Conseil Truffaut : pour activer la germination des graines, faites-les tremper, la veille, dans un verre d'eau tiède (35 °C). Semez à la volée dans du terreau pur très bien drainé, en couvrant les graines de 0,5 cm de terreau finement tamisé. La levée se produit en 15 à 30 jours. Éclaircissez les jeunes plants à 10 cm de distance lorsqu'ils ont atteint 5 cm de haut. Fertilisez seulement un mois après.

Petroselinum crispum

Petunia x hybrida
PÉTUNIA

J F M A **M J J A S O** N D

20/30 cm — 30/80 cm — Annuelle — 2 °C

Cette Sud-Américaine de la famille des Solanaceae présente mille et un visages. La générosité faite fleur.

Feuillage : alterne, simple, vert mat, collant au toucher à cause de minuscules poils sécréteurs, présents sur toutes les parties de la plante (tige, pétiole, etc.).

Floraison : de larges trompettes, qui peuvent atteindre 10 cm de largeur, s'ouvrent sans discontinuer, de mai jusqu'aux gelées. Les horticulteurs ont sélectionné une très vaste palette de couleurs allant du bleu le plus profond au blanc presque translucide, en passant par tous les coloris de rose, de lilas, de vermillon et de pourpre et même de jaune. Les fleurs sont le plus souvent simples, mais il existe des variétés doubles, aux corolles froufroutantes comme des jupes de danseuses. Les sélections bicolores ne manquent pas d'attrait, avec leurs pétales bordés de blanc ou de rose, ou bien étoilés de rayons colorés.

Espèces et variétés : on ne cultive le pétunia que sous forme hybride. Les hybrides F1 se caractérisent par une floraison généreuse, longue et régulière, et une bonne résistance à la pluie et aux maladies.

• **Pétunias à port dressé :** ils forment une touffe buissonnante. « Grandiflora » est une appellation générique pour nombre d'hybrides compacts et précoces, aux fleurs énormes. Ils font merveille dans les régions de moyenne pluviométrie. Les plantes des séries 'Bravo', 'Dreams', 'Fangio', 'Fulcon', 'Prism', 'Soie', 'Storm', 'Ultra' sont précoces, compactes, très homogènes, mais le plus souvent proposées dans les jardineries par couleurs, sans nom de variété (on compte une trentaine de variations colorées). 'Daddy' présente des fleurs veinées. 'Hulahoop' offre des fleurs bordées de blanc. Les « Grandiflora » sont à l'aise dans de grands bacs, en compagnie d'autres plantes à la floraison exubérante. Les pétunias du groupe « Milliflora », souvent proposés sous les noms de série 'Fantasy' ou 'Conchita', se caractérisent par des petites fleurs (2 à 4 cm de diamètre) d'une abondance exceptionnelle et une végétation très compacte.

Petunia (Surfinia) 'Sky Blue'

Des pétunias à fleurs doubles se retrouvent dans les deux groupes précédents, caractérisés par des fleurs de 5 à 8 cm de diamètre d'aspect frisé qui se déclinent en une dizaine de coloris différents.

• **Pétunias retombants :** dotés de longues tiges grêles, il sont parfaits pour les suspensions. Les séries « Pendula », « Jamboree » et « Fortunia » sont obtenues par semis. Dans la catégorie des pétunias retombants, il faut classer à part la série « Marco Polo », qui se caractérise par des fleurs de grosseur inégalée, très doubles, franchement juponnées, en quatre coloris.

Les « Surfinia », qui sont apparus dans les jardineries au début des années 1990, sont produits par bouturage. Nous devons ces pétunias retombants à grosses fleurs à un chercheur japonais, Ushio Sakazaki, qui a accentué le caractère rampant de certaines espèces et variétés et qui a travaillé la vigueur et l'abondance de la floraison.

Petunia x 'Million Bells Terracotta'

Petunia x 'Marco Polo Odyssey'

Les « Surfinia », qui se déclinent aujourd'hui en une quinzaine de coloris, sont des plantes parfaites pour les potées suspendues, dont les tiges, qui cascadent avec grâce, peuvent mesurer près d'un mètre de long. Après quelques déboires, notamment au niveau d'une sensibilité aux virus, les « Surfinia » ont connu de nombreuses améliorations. Ils comptent aujourd'hui parmi les plantes les plus spectaculaires pour les suspensions, avec notamment une excellente tenue aux intempéries.

Il existe aussi des « Surfinia » à fleurs doubles dans les coloris pourpre et blanc.

« Million Bells » est une nouvelle génération obtenue au Japon à la fin du XXe siècle, dont les tiges souples portent une multitude de petites fleurs en forme de cloche, groupées en grosses touffes rondes que l'on cultive de préférence en suspension.

Les « Million Bells » sont des plantes parfaites pour les suspensions, qui se caractérisent par des coloris tout à fait inédits comme 'Lemon', jaune soutenu, veiné, ou 'Terracotta', couleur brique.

Une génération intermédiaire entre « Surfinia et » « Million Bells », créée par le même obtenteur et développée aujourd'hui par de nombreuses marques, est apparue plus récemment sous le nom de *Calibrachoa* (qui est un nom synonyme de *Petunia* donné aussi parfois aux « Million Bells » pour les démarquer des pétunias classiques, dont la forme des fleurs est différente). Ses plantes sont commercialisée sous diverses appellations, dont « Superbells ». Ces plantes au port semi-retombant, compactes, opulentes, très florifères, sont résistantes aux maladies et s'épanouissent bien, même lorsque les conditions de lumière sont défavorables.

Petunia x 'Double Purple Pirouette'

Petunia x *multiflora* 'Horizon'

Petunia x *grandiflora* 'Prism'

Petunia x 'Million Bells'

Les *Calibrachoa* se déclinent dans une vingtaine de coloris variés présentant souvent le cœur jaune et des notes inédites comme le 'Chocolate', d'un rouge brun violacé, 'Sunrise', orange marbré de jaune, ou 'Lemon Yellow', blanc crème ombré de jaune, aux nuances subtiles.

Comportement en pot : au fur et à mesure que la saison avance, les pétunias ont tendance, à produire de longues tiges qui se dégarnissent et qui rendent les potées peu attrayantes. Pincez les pousses trop longues pour provoquer des ramifications qui refleuriront vite.

Dimensions du pot : un seul pétunia peut passer l'été dans un pot de 20 cm de diamètre. Mais ses fleurs sont bien plus belles en masse. Une grosse potée de 40 cm de large et de 30 cm de hauteur peut accueillir trois plants. À la plantation, si ces derniers semblent perdus dans un espace trop grand, sachez qu'ils occuperont toute la surface deux mois plus tard.

Pour réaliser une suspension fleurie, choisissez une corbeille aussi large que possible (30 cm au minimum), pour disposer d'un volume de terre suffisant qui évitera de devoir arroser deux fois par jour en été.

Exposition: les pétunias ne craignent pas le plein soleil, même dans le Midi de la France, mais ils savent se contenter d'une demi-journée d'ensoleillement. Ne les exposez pas à des courants d'air violents qui déchirent les fleurs et cassent les tiges.

Terre: un mélange riche et de bonne qualité assurera la nutrition des plantes tout au long de la saison. Choisissez du terreau « géraniums », que vous enrichirez avec une grosse poignée d'amendement organique pour 10 litres de substrat.

Arrosage: les à-coups dans les apports d'eau entraînent un ralentissement de la floraison. En été, arrosez en moyenne tous les deux jours, si la potée est de bonne taille, plus si le volume de terre est restreint. Le cas des suspensions est un peu différent. Exposées aux courants d'air, dans un volume de terre limité, les plantes se dessèchent vite. Il faut les arroser tous les soirs en été, deux fois par jour en période de canicule. Il est bon de décrocher les paniers une fois par semaine et de les faire tremper dix minutes dans une bassine d'eau, contenant de l'engrais pour plantes fleuries.

Ennemis et maladies: un redoutable champignon, le *Thielaviopsis basicola*, provoque la pourriture noire des racines et du collet. Les plantes sur le point de fleurir meurent brutalement. Il faut jeter les plantes atteintes, ainsi que la terre, et laver le pot avec de l'eau chaude, une brosse et du savon. Faites ensuite tremper le pot dix minutes dans de l'eau javellisée.

Des virus provoquent le rabougrissement des plantes, la déformation des feuilles et des fleurs. Il n'y a rien à faire, sinon jeter les plants les plus malades.

Acariens, pucerons et aleurodes sont courants par temps chaud et assez sec.

Utilisations: les formes simples, bleu foncé, au parfum inimitable seront associées à des hélichrysums panachés ou à des véroniques à feuillage crème et jaune et à quelques pieds de « Million Bells » 'Lemon', pour la note citron. Les pétunias blancs passent à peu près partout: ils vont donner de l'unité à votre terrasse. Pour un camaïeu pastel, mariez les fleurs roses à des tabacs vieux rose, des diascias et des alchémilles au vert acide. Vous pouvez également les faire voisiner avec des cosmos, aux têtes légères roses et blanches.

Si vous désirez ajouter une note de bleu, piochez dans la palette des scaévolas, des héliotropes, des lobélias (à installer du côté le moins ensoleillé de la potée).

Les pétunias font également bon ménage avec les pélargoniums à feuillage odorant.

Pétunias hybrides à fleurs doubles

Calibrochoa 'Red Devil'

Conseil Truffaut: achetez des plants au printemps lorsque les plants sont bien développés. Attendez la fin avril ou le début du mois de mai. Choisissez des plantes trapues, bien en boutons, mais pas forcément fleuries. Les spécialistes conseillent même de pincer les premières fleurs pour permettre au plant de bien s'enraciner et de forcir.

Par la suite, vous ôterez au fur et à mesure les fleurs fanées. Il ne suffit pas de tirer sur les corolles sèches, vous devez pincer, avec les ongles, le pédoncule situé sous l'ovaire de la fleur. Les surfinias étant des plantes stériles, cette opération n'a pas raison d'être. Cette stérilité explique d'ailleurs l'abondante floraison de ces plantes qui, par conséquent, ne peuvent être multipliées par semis. Elles doivent être bouturées, ce qui explique leur prix plus élevé.

Les surfinias seront fertilisés une fois tous les deux arrosages avec de l'engrais liquide « géraniums ». Ne distribuez jamais d'engrais sur une terre sèche, cela brûlerait les racines. Mouillez bien la motte le matin et arrosez avec l'engrais le soir. Gourmand, les pétunias n'en ont jamais assez!

Petunia (Surfinia) 'Pink Vein'

Phaseolus coccineus

Phaseolus spp.
HARICOT

J F M A M **J J A S** O N D

2/3 m	1/2 m		Légume	0 °C

Ces annuelles volubiles de la famille des Fabaceae montrent une vitesse de croissance époustouflante.

Feuillage : alterne, trifolié, vert mat parfois ombré de violet, aux folioles ovales.

Floraison : l'aisselle des feuilles abrite des bouquets de fleurs blanches, roses ou violettes, auxquelles succèdent des gousses vertes ou dorées, comestibles.

Espèces et variétés : le haricot d'Espagne *(Phaseolus multiflorus)* est la seule espèce vraiment intéressante à cultiver sur un balcon, avec *Phaseolus coccineus* qui forme des fleurs rouge vermillon. *Phaseolus vulgaris*, le haricot commun, n'est pas franchement décoratif et il faut un certain nombre de pieds pour obtenir une récolte digne de ce nom.

Comportement en pot : le haricot d'Espagne réussit bien dans un bac.

Dimensions du pot : un contenant de 30 cm en tous sens est suffisant.

Exposition : le plein soleil est nécessaire, avec une ambiance assez chaude.

Terre : un terreau de plantation, léger, enrichi d'un fertilisant à base de fumier et d'algues.

Arrosage : arrosez abondamment, tous les deux jours, la plante cessant de fleurir au premier signe de sécheresse.

Ennemis et maladies : araignées rouges et pucerons noirs envahissent fréquemment le feuillage. Traitez. Divers champignons font apparaître des taches noires (anthracnose), blanches (oïdium) ou brunes (graisse, rouille) sur les feuilles.

Utilisations : de croissance rapide, les haricots grimpants recouvrent les treillages, habillent les rambardes ou décorent le pourtour des fenêtres en un rien de temps.

Conseil Truffaut : **les gousses du haricot d'Espagne sont comestibles, mais pas inoubliables... Laissez-les plutôt se développer à titre décoratif.**

Philadelphus spp.
SERINGAT

J F M A **M J** J A S O N D

1/2 m	0,80/1 m		Arbuste	- 15 °C

Ce solide arbuste de la famille des Hydrangeaceae produit des fleurs immaculées au parfum enivrant.

Feuillage : opposé, simple, ovale, vert clair, de 6 à 10 cm de long, avec des nervures centrales très nettement dessinées.

Floraison : les rameaux ploient, au printemps, sous la neige généreuse de corolles ivoire, simples ou doubles, qui embaument l'air d'un parfum de jasmin entêtant.

Espèces et variétés : *Philadelphus coronarius*, le seringat des jardins, offre des fleurs blanc crème très parfumées. Sa version dorée, 'Aureus', se plaît à la mi-ombre. 'Beauclerk', est un hybride à grandes fleurs simples, blanches à cœur rouge, avec le bord des pétales crêpé. 'Bouquet blanc' se couvre de fleurs semi-doubles parfumées. Les fleurs doubles ou semi-doubles de 'Virginal' affichent un blanc immaculé. 'Silvershower' forme un buisson arrondi de un mètre de haut, parfait pour les petites terrasses. 'Burfordensis' est l'un des plus compacts, idéal pour la culture en pot.

Comportement en pot : le seringat en pot est souvent moins touffu qu'en pleine terre. Pincez fortement l'arbuste après la floraison, pour l'obliger à se ramifier. Taillez court les branches en surnombre.

Dimensions du pot : un seringat adulte peut vivre plusieurs années dans un pot carré de 30 à 40 cm de côtés.

Exposition : le plein soleil est conseillé, mais la mi-ombre n'est pas un obstacle à la floraison. Seul le feuillage sera un peu moins coloré en automne.

Terre : un mélange à parts égales de terre végétale et de terreau de plantation.

Arrosage : dès que les feuilles sortent, un arrosoir, une à deux fois par semaine, selon la température, pendant la belle saison.

Ennemis et maladies : les pucerons envahissent l'extrémité des jeunes rameaux au printemps. L'oïdium apparaît surtout en fin d'été, après les fortes chaleurs.

Philadelphus coronarius 'Aureus'

Philadelphus 'Virginal'

Utilisations : en isolé dans son bac ou en arrière-plan dans de grandes jardinières, voire en écran ou en petites haies.

Conseil Truffaut : les jeunes pousses (à écorce verte) étant plus florifères, taillez sévèrement les rameaux âgés (écorce brun-gris) après la floraison.

Phlomis fruticosa
SAUGE EN ARBRE

J F M A M J J A S O N D

0,80/1 m | 50/80 cm | P Vivace | - 8 °C

Cette plante très florifère de la famille des Lamiaceae est aussi appelée « sauge de Jérusalem ».

Feuillage : opposé, ovale, simple, gris-vert, laineux et très doux au toucher, formant des masses compactes, vert amande.

Floraison : des verticilles de fleurs tubulaires, jaunes, avec des pétales en forme de casque apparaissent en été. Certains jardiniers les suppriment pour privilégier la masse compacte du feuillage.

Espèces et variétés : *Phlomis fruticosa* est le plus courant. *Phlomis italica* fleurit rose pâle, mais il est moins rustique. La floraison jaune de *Phlomis viscosa* est mise en valeur par les tiges brunes de la plante.

Comportement en pot : les phlomis ont tendance à « dévorer » l'espace. N'hésitez pas à les tailler pour les limiter à des proportions raisonnables. Tuteurez les tiges.

Dimensions du pot : un pot de 30 cm en tous sens permet un développement harmonieux. Rempotez chaque année.

Exposition : le plein soleil est nécessaire, ainsi qu'un endroit abrité des gelées.

Terre : un terreau de plantation ou du terreau de rempotage pour plantes vertes.

Arrosage : le phlomis vous pardonnera quelques absences, car il résiste bien à la sécheresse. Ne jamais détremper.

Ennemis et maladies : les cicadelles *(Metcalfa pruinosa)* constituent un véritable fléau pour cette plante pourtant solide.

Utilisations : le feuillage velouté du phlomis est utilisé pour mettre en valeur l'éclat de la floraison des annuelles.

Phlomis fruticosa

Conseil Truffaut : portez une écharpe ou un masque lorsque vous taillez le phlomis, car les poils des feuilles sèches provoquent des irritations de la gorge.

Phlox spp.
PHLOX

J F M A M J J A S O N D

10/70 cm | 20/50 cm | C Vivace | - 10 °C

Cette plante robuste de la famille des Polemoniaceae prend des aspects différents selon les espèces.

Feuillage : opposé, parfois alterne au bout des tiges, lancéolé, vert franc, plus ou moins large et dense selon les espèces.

Floraison : les corolles sont presque toujours étalées. Les pétales (cinq en général) peuvent être découpés ou fendus. Les fleurs se regroupent en masses parfois si denses que l'on ne voit plus le feuillage (surtout les espèces printanières).

Espèces et variétés : les phlox nains forment de spectaculaires coussins compacts et colorés. *Phlox douglasii* 'Boothman's Variety' se couvre de fleurs rose mauve à cœur foncé. 'Crackerjack' affiche un rouge carminé éclatant. Les hybrides de *Phlox subulata* font de parfaits tapis fleuris au printemps ; 'Drumm' expose des fleurs blanches, maculées de lilas. Les hybrides de *Phlox paniculata* offrent une végétation vigoureuse au port dressé, et des grappes généreuses, richement colorées en fin d'été. Le choix des couleurs est vaste : bleu, rouge, mauve, saumon…

Comportement en pot : les phlox nains retrouvent souvent en pot les conditions de culture qui leur plaisent, comme celles existant dans une rocaille. Quel que soit leur contenant, les *Phlox paniculata* ont tendance à se coucher à la première bourrasque. N'oubliez pas de les tuteurer.

Dimensions du pot : de 15 cm pour les nains à 30 cm de large et de haut pour les phlox hybrides, qui forment des touffes amples, assez gourmandes.

Exposition : les phlox en pot résistent bien mieux à la sécheresse lorsqu'ils sont placés à la mi-ombre. Si vous installez un système d'arrosage au goutte-à-goutte, vous pouvez les planter au soleil non brûlant.

Terre : du terreau « géraniums » convient bien à toutes les espèces de phlox.

Arrosage : les phlox préfèrent des arrosages réguliers (tous les trois jours).

Ennemis et maladies : les nématodes, vers minuscules vivant dans le sol, déforment les jeunes pousses qui sèchent et les plantes dégénèrent. Les espèces naines et les phlox annuels sont en général indemnes.

L'oïdium est extrêmement fréquent sur les *Phlox paniculata.* Il couvre les feuilles d'une poussière grise. Une humidité trop importante fait jaunir le feuillage.

Utilisations : mariez les phlox d'été avec : tabac, gypsophile, coréopsis, cosmos, les espèces printanières avec : aubriète, thlaspi, campanule et corbeille d'or.

Conseil Truffaut : coupez les tiges fanées en octobre, à 3 cm du niveau de la terre.

Phlox subulata

Phoenix canariensis

Phoenix spp.
PALMIER, DATTIER

J F M A **M J J** A S O N D

1/3 m | 1/3 m | Palmier | 0 °C

Ce palmier au stipe étroit de la famille des Arecaceae crée une ambiance exotique sur le balcon.

Feuillage : l'extrémité du stipe porte une couronne de palmes rigides, pennées, vert franc, qui peuvent atteindre 2 m de long et même plus dans un grand bac.

Floraison : des inflorescences denses, constituées de toutes petites fleurs couleur miel, apparaissent entre les feuilles, dans les régions au climat chaud uniquement.

Espèces et variétés : *Phoenix canariensis*, le dattier des Canaries, ample, piquant, est rustique dans les régions bien protégées, de l'Ouest et du Midi. *Phoenix dactylifera*, le vrai palmier dattier, moins touffu, que le précédent, résiste mieux aux embruns, mais se montre plus frileux, surtout en pot. *Phoenix roebelenii,* au feuillage souple et gracieux, passera seulement la belle saison à l'extérieur car il est très frileux.

Comportement en pot : les phoenix ne poussent pas aussi bien en pot qu'en pleine terre. Ils végètent souvent pendant les premières années et nécessitent beaucoup de patience. Il n'est pas conseillé de les rempoter souvent (tous les trois ans).

Dimensions du pot : une caisse à oranger d'au moins 40 cm de côté est nécessaire pour un phoenix à l'âge adulte.

Exposition : en plein soleil, sauf au milieu de l'été où les palmiers préfèrent la mi-ombre légère pour ne pas jaunir.

Terre : un mélange à parts égales de terreau d'écorce, de tourbe brune de sable de rivière et de terre de jardin poreuse.

Arrosage : très peu de novembre à mars. Augmentez progressivement la fréquence des apports d'eau en avril et mai (une fois par semaine), puis arrosez généreusement tout l'été (deux à trois fois par semaine).

Phoenix roebelenii

Ennemis et maladies : les cochenilles à bouclier s'attaquent fréquemment aux palmiers en pot, surtout en hiver. Divers champignons tachent les feuilles sans gravité. Acariens et aleurodes en serre.

Utilisations : les palmiers s'utilisent isolément pour architecturer un balcon décoré d'autres plantes de climat chaud : bougainvillée, plumbago, yucca, phormium, olivier, cestrum, solanum, agrumes.

Conseil Truffaut : **ne rempotez que tous les trois ans, mais remplacez la terre de surface chaque printemps par un terreau régénérant pour plantes vertes. Hivernez les palmiers dattiers à une température comprise entre 7 et 12 °C. *Phoenix canariensis* peut supporter une petite gelée si la terre est bien sèche.**

Phormium spp.
LIN DE NOUVELLE-ZÉLANDE

J F M A M J **J A** S O N D

0,60/1 m | 0,60/1 m | Vivace | 0 °C

Cette plante frileuse de la famille des Xanthorrhoeaceae forme une touffe de feuillage joliment coloré.

Feuillage : coriace, allongé, rubané, vert, avec des stries orange, rouges, abricot, dorées ou différentes panachures.

Floraison : le phormium ne fleurit pas avant cinq ou six ans. On voit alors émerger du cœur de la plante de grandes hampes portant des fleurs en panicules ramifiées, verdâtres ou rouges, qui peuvent atteindre plusieurs mètres de haut.

Espèces et variétés : *Phormium cookianum* 'Yellow Wave', aux larges feuilles jaune d'or, bordées d'un liseré vert et *Phormium tenax* 'Atropurpureum', rouge bronze, sont les plus courants. Il existe aussi différents hybrides comme 'Sundowner', vert bronze bordé de rose foncé ; 'Rainbow Sunrise', aux feuilles corail, crème et rouge fondu. Le groupe des « Maori » offre des couleurs audacieuses, tel 'Maori Maiden', d'un rose vibrant qui se noie dans l'abricot, avec

Phormium 'Rainbow Sunrise'

Phormium cookianum 'Variegatum'

une touche de vert olive. Depuis peu, des variétés naines sont apparues. Elles ne dépassent pas 60 cm de haut et semblent nées pour vivre en pot, comme 'Thumbellina', vert finement rayé de bronze, 'Bronze Baby', tout bronze ou 'Jack Sprat', une des plus petites variétés existantes, avec des feuilles bronze émergeant du cœur de la plante, en un mouvement spiralé presque animal.

Comportement en pot : les racines des phormiums s'accommodent bien d'un espace confiné. Un rempotage tous les deux ou trois ans est suffisant. Protégez le pot en hiver, les racine étant frileuses.

Dimensions du pot : il faut un contenant d'au moins 40 cm de profondeur et de largeur pour un phormium adulte. Les espèces naines peuvent vivre sans problème dans un pot de 25 cm de diamètre.

Exposition : pleine lumière, sans excès de chaleur estivale, mais aussi à l'abri du gel.

Terre : un mélange homogène de sable, terreau et terre de jardin riche par tiers.

Arrosage : bien que le phormium s'adapte en sol sec, les variétés naines possèdent un système racinaire moins développé. Il faut donc penser à les arroser deux fois par semaine au moins. Par temps chaud, bassinez le sol de la terrasse.

Ennemis et maladies : quelques taches foliaires sans gravité. Cochenilles parfois.

Utilisations : le phormium en pot est une sculpture vivante. Mariez-le avec des yuccas, des cordylines, des graminées basses à feuillage panaché, des palmiers, un céanothe ou des fleurs vivaces à port souple.

Conseil Truffaut : **sous le climat de la région parisienne, les phormiums en pot demandent à être rentrés en serre froide en hiver (juste hors gel).**

Photinia x fraseri
PHOTINIA

J F M **A M** J J A S O N D

1/1,50 m	0,70/1 m		P Arbuste	- 10 °C

Ce bel arbuste aux jeunes pousses rouges, de la famille des Rosaceae, est un brise-vent parfait en pot.

Feuillage : alterne, vert sombre, simple, vernissé. Les jeunes pousses, produites à la fin de l'été, naissent rouge foncé. Leur couleur s'intensifie pendant l'hiver, pour virer au bronze au printemps.

Floraison : des panicules blanches s'épanouissent généreusement au printemps. Elles sont suivies par des fruits rouges en septembre, qui apparaissent seulement dans les régions les plus chaudes.

Espèces et variétés : 'Red Robin' est une amélioration aux pousses très rouges, la forme la plus cultivée. 'Robusta Compact', est une sélection plus ramifiée, plus dense, plus régulière et plus résistante au froid que la précédente, mais moins colorée.

Comportement en pot : le photinia pousse sans problème en pot. Seule sa silhouette doit être rectifiée de temps en temps, car il a tendance à former des branches mal proportionnées.

Dimensions du pot : un contenant de 40 cm en tous sens convient au photinia.

Exposition : soleil ou mi-ombre.

Terre : une bonne terre de jardin mélangée à un tiers de terreau pour rosiers.

Arrosage : une à deux fois par semaine en moyenne selon la température ambiante.

Ennemis et maladies : aucun.

Utilisations : à l'arrière-plan des jardinières, pour créer un fond coloré agissant comme une petite haie. Le feuillage cuivré du photinia fait merveille avec toutes les plantes de couleur vieux rose, ou rose pâle, comme les hellébores, les bruyères, les anémones du Japon ou les lavatères arbustives.

Conseil Truffaut : **les deux premières années, la silhouette du photinia peut paraître dégingandée. Soyez patient et pincez toutes les extrémités qui vous paraissent trop longues, de manière à bien équilibrer la forme. Taillez les pousses en position trop centrale.**

Photinia x *fraseri* 'Red Robin'

Phyllitis scolopendrium (Asplenium)

Phyllitis scolopendrium
SCOLOPENDRE

40/60 cm | 30/40 cm | P Fougère | - 10 °C

Cette vivace aux feuilles rubanées de la famille des Aspleniaceae est désormais dénommée Asplenium.

Feuillage : en touffe basale sortant du rhizome, vert moyen. Les frondes sont entières (c'est le seul genre rustique à présenter ce type de feuille) et allongées.
Floraison : les fougères ne fleurissent pas.
Espèces et variétés : *Phyllitis scolopendrium* 'Angustifolia' présente un port érigé très élégant, le bord des feuilles est finement crispé. Les extrémités des frondes de la variété 'Cristata' sont ondulées et divisées, un peu comme de la laitue frisée. 'Furcata' présente des frondes très plates, divisées comme les dents d'une fourchette, tandis que les frondes de 'Undulata' « moutonnent » joliment.
Comportement en pot : les scolopendres vivent sans problème en pot, à la seule condition que le drainage soit parfait. Rempotez en mars, tous les trois ans.
Dimensions du pot : 25 cm en tous sens pour les variétés les plus petites. Pour le type et la variété 'Angustifolia', qui peuvent atteindre 60 cm de hauteur, un contenant de 30 cm de diamètre et de profondeur convient beaucoup mieux.
Exposition : jamais de soleil direct brûlant. L'ombre dense est bien tolérée.
Terre : la scolopendre apprécie les sols acides, mais elle a impérativement besoin de calcaire. Faites un mélange par tiers de sable de rivière, de terre de jardin légère et de terreau de champignonnière.
Arrosage : durant la période de croissance, la terre doit toujours rester humide.
Ennemis et maladies : rouille en hiver.
Utilisations : la scolopendre convient aux minisjardins réalisés dans les auges. Elle décore les balcons ombragés.
Conseil Truffaut : **vaporisez les frondes et arrosez souvent le sol de la terrasse en été pour augmenter l'hygrométrie.**

Phyllostachys spp.
BAMBOU

3/4 m | 0,60/1 m | P Bambou | - 15 °C

Cette vivace rhizomateuse de la famille des Poaceae forme des cannes à la croissance très rapide.

Feuillage : verticillé ; les chaumes, aux nœuds marqués, portent des feuilles vert clair, lancéolées ou linéaires.
Floraison : elle n'intervient que très rarement. Toutes les espèces identiques fleurissent alors, en même temps, partout dans le monde. Cette floraison marque en général la mort de la plante.
Espèces et variétés : *Phyllostachys pubescens* 'Kikko' présente des entrenœuds originaux, renflés d'un côté et raccourcis de l'autre, ce qui donne aux tiges un aspect très décoratif. *Phyllostachys aureosulcata* 'Spectabilis' offre des tiges jaunes striées de vert. Au printemps, les jeunes pousses situées au soleil prennent de superbes coloris acajou. *Phyllostachys humilis* est l'une des espèces les plus petites de son genre. Il ne dépasse pas 3 m en pot. *Phyllostachys nigra,* aux cannes pourpre foncé, vient bien en pot.
Comportement en pot : en raison de leurs racines très puissantes et de leur croissance rapide, les bambous se trouvent vite à l'étroit dans leur pot. Divisez et rempotez tous les deux ans.
Dimensions du pot : prévoyez un contenant de 40 cm au moins, plus large que haut et lourd, pour stabiliser l'ensemble. Les vasques en grès sont parfaites.
Exposition : la mi-ombre claire ou le plein soleil non brûlant conviennent bien.
Terre : un terreau pour rosiers enrichi de 20 % d'un fertilisant à base de fumiers.
Arrosage : tous les deux jours en été.
Ennemis et maladies : aucun.
Utilisations : en sujet isolé ou en rideau.
Conseil Truffaut : **les bambous cultivés en pots doivent être rajeunis tous les trois ou quatre ans. Séparez un jeune rejet de la plante mère. Éliminez cette dernière et empotez la pousse dans du substrat tout neuf. Attention, il faut conserver au moins une canne bien formée avec le rejet afin d'être certain que la plante va de nouveau former un chaume important et non pas une petite touffe buissonnante, ce qui se produit par exemple lorsqu'on taille au ras du sol un bambou trop envahissant.**

Phyllostachys pubescens 'Kikko'

Physalis alkekengi var. franchetii

Physalis alkekengi var. *franchetii*
PHYSALIS, AMOUR-EN-CAGE

J F M A M J J A S O N D

0,30/1 m | 20/50 cm | Vivace | - 8 °C

Cette plante rhizomateuse de la famille des Solanaceae porte des fruits qui rappellent des lampions.

Feuillage : alterne ou verticillé, vert clair, ovale. La plante forme des touffes qui peuvent devenir assez envahissantes.

Floraison : l'aisselle des feuilles supérieures abrite en été des fleurs en étoiles blanches, suivies par des fruits entourés de spectaculaires calices orange, qui persistent bien après l'automne. La baie est comestible lorsqu'elle est bien mûre.

Espèces et variétés : *Physalis alkekengi* 'Pigmy' est une sélection à la végétation compacte (30 cm), idéale en pot.

Comportement en pot : il n'est pas conseillé d'associer, dans le même pot, le physalis avec d'autres plantes, car sa vigueur en fait un voisin quelque peu abusif. Rempotage en mars tous les deux ans.

Dimensions du pot : tout modèle de 20 à 30 cm de large convient bien.

Exposition : le plein soleil favorise la fructification. La mi-ombre est bien acceptée.

Terre : un bon terreau qui ne retienne pas l'eau en excès, enrichi de 15 % d'un fertilisant à base de fumiers et d'algues.

Arrosage : laissez la terre sécher superficiellement entre deux apports d'eau.

Ennemis et maladies : généralement aucun. En novembre, les lampions s'ajourent comme de la dentelle, probablement sous l'effet de bactéries, mais le phénomène est considéré comme normal.

Utilisations : en potées isolées ou en compagnie de petites plantes tapissantes. Plantez le physalis en arrière-plan, car les tiges sont souvent dégarnies de la base.

Conseil Truffaut : divisez la touffe chaque année au printemps et rajeunissez-la.

Physocarpus opulifolius
PHYSOCARPUS

J F M A M J J A S O N D

1/1,50 m | 0,80/1 m | Arbuste | - 15 °C

Cet arbuste globuleux et rustique de la famille des Rosaceae est apprécié pour son feuillage coloré.

Feuillage : alterne, trilobé, denté, d'aspect léger et bien réparti le long des branches.

Floraison : le bois de l'année précédente porte à son extrémité, des corymbes blancs de 5 cm de diamètre.

Espèces et variétés : 'Dart's Gold', au port compact et touffu, se pare d'un feuillage qui reste jaune d'or jusqu'au milieu de l'été, puis verdit légèrement ensuite, avant de tourner à l'orange en automne. 'Diabolo', vraiment superbe, arbore des feuilles rouge sombre, qui tournent au cuivre en octobre. Les boutons floraux sont roses, les corymbes blanc pur.

Comportement en pot : achetez le physocarpus le plus gros possible pour éviter les années de jeunesse assez « ingrates » en raison d'une forme souvent assez maigrichonne. Ensuite, pas de problème.

Dimensions du pot : à terme, le bac devra mesurer de 30 à 40 cm de côtés et autant de haut, pour assurer le développement normal de cet arbuste très poussant.

Exposition : le soleil non brûlant ou la mi-ombre, mais au minimum de 4 heures de soleil par jour pour une belle floraison.

Terre : faites un mélange à parts égales de terre végétale et de terreau de plantation.

Arrosage : régulier et modéré. À partir de juin, offrez deux apports d'eau hebdomadaires jusqu'en septembre.

Ennemis et maladies : quelques taches sur le feuillage doré par temps très chaud.

Utilisations : utilisez la couleur du feuillage du physocarpus pour colorer le balcon de jaune et mariez cet arbuste avec des fleurs bleues (céanothes, delphiniums, campanules, lavandes, agératums), et des jaunes (tabacs 'Lime Green', phlomis).

Conseil Truffaut : taillez légèrement après la floraison pour bien équilibrer l'arbuste, qui pousse assez vite.

Physocarpus opulifolius 'Dart's Gold'

Physoplexis comosa
RAIPONCE D'ORNEMENT

J F M A M J **J A S** O N D

Hauteur	Largeur	Exposition	Type	Rusticité
8/10 cm	10/15 cm		C Vivace	- 10 °C

Cette petite plante de la famille des Campanulaceae est une jolie miniature aux fleurs originales.

Feuillage : en petites touffes épaisses. Les feuilles ovales, et bien dentées, pointues, sont de couleur vert assez sombre.

Floraison : des hampes courtes, émergeant du coussin de feuillage, portent en été des petites fleurs tubulaires, réunies en têtes globuleuses, violet foncé.

Espèces et variétés : *Physoplexis comosa* est la seule espèce de ce genre, qui a été séparé des *Phyteuma* à la fin du xxe siècle.

Comportement en pot : la raiponce d'ornement est assez difficile à conserver en potée classique, car c'est plutôt une plante de rocaille calcaire et sèche.

Dimensions du pot : donnez au physoplexis un pot de 10 cm de diamètre, avec un grand trou de drainage au fond. Mais vous avez plus de chance de garder la plante en l'insinuant directement dans un des trous d'une grosse pierre calcaire.

Exposition : le plein soleil jamais brûlant ou la mi-ombre claire et légère.

Terre : un terreau de plantation, additionné d'autant de terre de jardin et d'une cuillerée à soupe de chaux éteinte.

Physoplexis comosa

Arrosage : modéré tous les 6 à 10 jours.

Ennemis et maladies : limaces. La plante dépérit plutôt à cause de conditions de culture défavorables (trop d'humidité).

Utilisations : dans une minirocaille réalisée dans une auge ou plusieurs pieds réunis dans une petite potée individuelle.

Conseil Truffaut : **divisez la plante après la floraison afin de la rajeunir en permanence et stimuler sa floraison.**

Picea spp.
ÉPICÉA

Hauteur	Largeur	Exposition	Type	Rusticité
0,50/2 m	1/1,50 m		P Conifère	- 20 °C

Ce sapin à la croissance paresseuse, de la famille des Pinaceae, forme une boule décorative et compacte.

Feuillage : les rameaux sont entourés par des aiguilles fines et courtes, souvent d'un vert très tendre au printemps.

Floraison : les conifères ne forment pas de vraies fleurs. Les cônes des épicéas sont ovales, pendants, rougeâtres.

Espèces et variétés : la forme naine et globuleuse *Picea glauca* 'Alberta Globe' ne dépasse pas 50 cm de haut ; 'Conica', peut atteindre 1,50 m de haut en pot. Son port, à la fois conique, régulier, dense et régulier, en fait un arbuste d'une exceptionnelle présence. 'Laurin' est une sélection naine de 'Conica'. 'Echiniformis' forme une sorte de coussin plumeux de 50 cm de hauteur au feuillage glauque. *Picea abies* 'Pygmea', très compact, atteint lentement 80 cm de haut. *Picea pungens* 'Glauca Globosa' est pyramidal, au feuillage bleu.

Comportement en pot : la culture de l'épicéa en pot est facile avec les espèces naines, aussi longtemps qu'on ne les expose pas à de trop fortes chaleurs. Il résiste bien à la pollution des villes.

Dimensions du pot : rempotez la plante tous les deux ans dans un contenant proportionné à sa hauteur. Un petit sujet de 25 cm de haut convient bien à un pot de 14 ou 15 cm de diamètre.

Exposition : la mi-ombre est conseillée.

Picea glauca 'Conica'

Picea abies 'Aurea', 'Nidiformis', *Picea orientalis*

Terre : terreau forestier plutôt acide, enrichi d'une cuillerée à café de sang desséché pour un pot de 15 cm.

Arrosage : tous les 3 à 4 jours en été.

Ennemis et maladies : les araignées rouges, qui font brunir les aiguilles, sont l'ennemi à traiter préventivement en été.

Utilisations : avec d'autres conifères nains et des graminées, qui apportent légèreté et souplesse, sans oublier quelques fleurs.

Conseil Truffaut : **lors des arrosages, bassinez le feuillage aussi souvent que possible, surtout le soir de canicule, les araignées rouges détestant l'humidité.**

Pieris japonica
PIÉRIS, ANDROMÈDE

J F M A M J J A S O N D

0,50/1 m | 50/80 cm | | Arbuste | - 12 °C

Cet arbuste compact et décoratif toute l'année, de la famille des Ericaceae, a bien tout pour plaire.

Feuillage: alterne ou verticillé, assez fin, elliptique, coriace, vert foncé brillant sur le dessus, rouge vif lorsqu'il est jeune.

Floraison: des grappes de clochettes se forment au début de l'hiver et commencent à s'épanouir avant le printemps. De texture cireuse, elles prennent des coloris ivoire, teinté de rose, ou rose soutenu.

Espèces et variétés: le port compact de *Pieris japonica* 'Boléro' le désigne pour la culture en pot, tout comme 'Cupido', à la croissance lente et aux jeunes pousses rose orangé. 'Dorothy Wyckoff' arbore des jeunes pousses bronze, des boutons floraux cramoisis et des fleurs roses. 'Forest Flame' porte des nouvelles feuilles franchement rouges. Certaines variétés au feuillage panaché de vert, crème et jaune, restent décoratives toute l'année. C'est le cas de 'Flaming Silver' ou de 'Variegata'. Pour les petits balcons, les miniatures 'Little Heath', dans sa forme verte ou panachée et 'Mountain Fire', sont idéales, de même que 'Christmas Cheer', à la floraison rose tendre à rose foncé, très précoce.

Comportement en pot: sans problème, car le piéris cultivé en bac s'allonge en moyenne 5 à 10 cm par an, pas plus.

Pieris japonica 'Flamingo'

Pieris formosa var. *forrestii*

Dimensions du pot: adulte, le piéris se trouvera bien à l'aise dans un pot de 25 à 30 cm de diamètre et de profondeur.

Exposition: mi-ombre, voire ombre légère.

Terre: terre de bruyère véritable et tourbe brune dans un mélange bien équilibré, enrichi de 20 % de fertilisant organique à base de fumiers et d'algues.

Arrosage: laissez sécher très légèrement la terre entre deux apports d'eau.

Ennemis et maladies: il arrive que des branches sèchent, sans cause apparente.

Utilisations: la forme compacte et l'aspect toujours décoratif des piéris, les désignent pour le premier plan des grands bacs.

Conseil Truffaut: chaque année, remplacez la terre superficielle du pot par de la terre de bruyère pure, assez fine. Veillez à ce que le drainage du pot soit toujours parfait car l'humidité stagnante entraîne le dépérissement brutal de l'arbuste qui brunit (phytophthora).

Pinus mugo
PIN DE MONTAGNE

0,50/1 m | 1/1,20 m | | Conifère | - 20 °C

Ce solide conifère à croissance lente, de la famille des Pinaceae, forme un très joli bonsaï naturel.

Feuillage: les aiguilles vert émeraude, assez longues, sont disposées par paires, sur des rameaux plutôt raides et dressés.

Floraison: les conifères ne forment pas de vraies fleurs. Les cônes brun clair, ovoïdes, s'assombrissent lorsqu'ils mûrissent.

Espèces et variétés: *Pinus mugo* 'Columnaris' atteindra lentement 1 m de haut; 'Hesse' porte des aiguilles légèrement frisées. Les petits balcons accueilleront 'Humpy', un des pins de montagne les plus petits de son espèce, 'Pumilio', buissonnant, étalé, très nain, et 'Gnom', très compact, à la croissance lente.

Comportement en pot: les pins nains poussent très lentement en pot. Un rempotage tous les trois ans suffit.

Dimensions du pot: à l'âge adulte, un contenant de 30 cm de large et de haut.

Exposition: bien ensoleillée, mais pas trop brûlante. Aucun problème en hiver.

Terre: toute bonne terre de jardin convient, même calcaire et pauvre ou du terreau universel pas trop compact.

Arrosage: une fois par semaine en moyenne, sans détremper. Presque rien l'hiver (la pluie en général suffit).

Ennemis et maladies: un champignon (la rouille vésiculeuse) fait jaunir puis brunir les aiguilles qui tombent. Les chermès forment des amas laineux à la base des aiguilles. Les cochenilles s'attaquent aux sujets affaiblis.

Utilisations: les pins de montagne supportent bien le vent. Utilisez-les pour abriter des plantes plus fragiles. Ils s'associent bien avec les graminées et les fleurs de rocaille.

Conseil Truffaut: il est important de tailler les branches qui s'écartent trop de la forme en boule, afin de conserver en permanence une silhouette homogène qui est le propre de ces petits sapins.

Pinus mugo 'Pumilio'

Pittosporum tobira 'Nana'

Pittosporum tenuifolium 'Variegatum'

Pittosporum spp. PITTOSPORE

J F M **A M J** J A S O N D

0,80/1 m — 0,80/1 m — Arbuste — - 3 °C

Cet arbuste compact et frileux de la famille des Pittosporaceae forme un buisson élégant et parfumé.

Feuillage : alterne, simple, allongé, aux bords parfois ondulés, coriace.

Floraison : les fleurs tubulaires aux pétales étalés, couleur « beurre frais » dégagent une délicieuse odeur de fleur d'oranger. Les espèces aux fleurs brun pourpré ont plutôt une odeur de vanille.

Espèces et variétés : bien que frileux, *Pittosporum tobira* réussit à vivre toute l'année dehors, dans les endroits bien abrités de l'Île-de-France. Il existe une forme naine ('Nana'), à port un peu étalé, qui convient bien pour les petits balcons. *Pittosporum tenuifolium*, au feuillage ondulé, ne résiste à l'hiver que dans les régions au climat doux. 'Silver Queen', au feuillage gris argenté à liseré blanc, est plus ornemental que le type. 'Garnettii', compact, conique, marginé de blanc, rosit en hiver. La variété naine 'Tom Thumb', à feuillage pourpre, est parfaitement adaptée aux balcons de dimensions réduites. Au printemps, les jeunes feuilles de 'Irène Patterson' sortent blanc crème, virent au vert marbré pour prendre des teintes roses en hiver.

Comportement en pot : les pittosporums font preuve d'une assez faible rusticité. En pot, le peu de protection des racines les rend encore moins rustiques. Ils doivent être abrités par des voiles d'hivernage ou mis sous abri dans une serre froide maintenue hors gel, même dans les régions favorisées par le climat, comme en Anjou.

Dimensions du pot : le pittosporum ne dépasse pas 1,50 m de haut dans un pot de 30 cm de diamètre et de profondeur.

Exposition : chaude et ensoleillée, protégée des vents du nord et de l'est.

Terre : un bon terreau de plantation bien drainé, enrichi d'un fertilisant organique.

Arrosage : une à deux fois par semaine.

Ennemis et maladies : cochenilles.

Utilisations : en arrière-plan d'un grand bac, pour ponctuer l'architecture végétale d'une terrasse ; en isolé, avec des annuelles au pied ou en petites haies semi-libres.

Conseil Truffaut : dès que la météo annonce des températures négatives pour la nuit, rapprochez la potée d'un mur de la maison et couvrez-la complètement avec un voile d'hivernage.

Pittosporum tenuifolium 'Irène Paterson'

Pittosporum 'Cap Sizun'

Plectranthus spp. PLECTRANTHE

J F M A M J **J A S** O N D

0,60/1 m — 0,60/1 m — Saisonnière — 5 °C

Cette vivace non rustique au port souple de la famille des Lamiaceae porte un feuillage très ornemental.

Feuillage : opposé, cordiforme ou presque rond, à peine denté, vert à vert bronze, avec des zones argentées le long des nervures ou sur le bord du limbe.
Floraison : des hampes dressées portent tout l'été des grappes ou des épis terminaux de fleurs tubulaires d'un blanc rosé.
Espèces et variétés : *Plectranthus oertendahlii* offre un port prostré, qui en fait une merveilleuse plante de suspension. *Plectranthus mexicana* ressemble à une variété de sauge. Ses feuilles poilues, vert foncé, au revers mauve, sont portées par des tiges de 1 m de long. Il fleurit bleu-mauve. *Plectranthus madagascariensis* 'Variegated Mintleaf' (souvent appelé *Plectranthus coleoides*) est très utilisé en jardinière pour son feuillage panaché.
Comportement en pot : les racines tapissent très vite les parois du pot, mais ceci ne signifie pas qu'il faille rempoter tout de suite. Une fois par saison est suffisant si la plante est bien fertilisée.
Dimensions du pot : 25 cm de diamètre et de 20 cm de profondeur conviennent.
Exposition : lumineuse, mais indirecte. Rentrez la plante début octobre.
Terre : un terreau pour plantes à massifs est bien adapté au plectranthe.
Arrosage : trois fois par semaine en été, réduit en hiver à une fois par semaine, pour laisser la terre à peine humide.

Plectranthus madagascariensis 'Variegated Mintleaf'

Ennemis et maladies : rien à signaler.
Utilisations : en potées individuelles, en suspensions généreuses, en association avec des annuelles, que le feuillage du plectranthe met bien en valeur.
Conseils Truffaut : on repère vite le moment où plectranthe à soif, ses tiges s'affaissent alors un peu et ses feuilles commencent à prendre un aspect moins brillant. C'est le moment optimum pour arroser.

Pleione spp.
PLÉIONE

J F M A M J J A S O N D

10/15 cm | 15/20 cm | Vivace | 0 °C

Cette adorable petite asiatique est une des rares orchidées à pouvoir être cultivée toute l'année dehors.

Feuillage : elliptique, avec des nervures très marquées, il apparaît généralement après les fleurs, directement issu des pseudobulbes, assez éphémères.
Floraison : les boutons s'ouvrent sur des fleurs de 6 à 10 cm de diamètre, aux pétales étalés, avec un labelle tubulaire, dentelé. Les coloris varient du rose au mauve, du blanc au jaune.
Espèces et variétés : *Pleione formosana*, la plus courante, n'est pas toujours la plus florifère. Les débutants commenceront avec *Pleione speciosa*, une des plus faciles à cultiver, avec ses fleurs rose pourpre, au labelle jaune tacheté de rouge sombre. Adoptez des pléiones hybrides, comme 'Versailles', la première obtention, (en 1963), qui fleurit dans les tons de rose clair et mauve. Très vigoureuse et florifère, elle porte deux fleurs par hampe. 'Piton' se distingue par des fleurs qui durent longtemps, lavande, avec un labelle marqué de rouge violacé.
Comportement en pot : les hybrides fleurissent aisément en pot. Ces petites plantes ne dépasseront jamais 15 cm de haut. Mieux vaut placer le pot en évidence, sur une tablette par exemple, pour profiter de la spectaculaire floraison.

Pleione 'Versailles'

Dimensions du pot : de 10 à 12 cm de diamètre et 10 cm de profondeur suffisent pour un sujet solitaire. Une coupe accueillant un groupe sera plus décorative.
Exposition : abritez les pléiones des rayons directs du soleil, mais offrez-leur une bonne intensité lumineuse.
Terre : faites un mélange de terreau de feuilles (2/3) et de sphaigne (1/3), ou utilisez du substrat spécial pour orchidées, additionné de 1/5 de terreau léger.
Arrosage : ne laissez pas la motte sécher au printemps. Dès que le feuillage jaunit en fin d'été, réduisez les arrosages. En hiver, tenez les pléiones presque au sec.
Ennemis et maladies : les araignées rouges provoquent, par temps chaud et sec, le jaunissement et la chute des feuilles.
Utilisations : une collection, en petits pots par variété ou dans une minirocaille réalisée dans une auge ou une coupe.
Conseil Truffaut : en hiver, conservez les pléiones dans un endroit très abrité, mais de préférence l'extérieur, par exemple sous une cloche en verre. La serre froide convient également.

Plumbago auriculata

Plumbago auriculata
DENTELAIRE DU CAP

J F M **A M J J A S O N** D

1/2 m | 1/2 m | P Saisonnière | 2 °C

Cet arbuste volubile et frileux de la famille des Plumbaginaceae fleurit dans une étonnante profusion.

Feuillage : alterne, ovale, porté par des tiges raides, qui ont tendance à s'affaisser si elles ne sont pas soutenues.

Floraison : des milliers de petites fleurs à cinq pétales, d'un bleu couleur azur en été, se succèdent en panicules irrégulières.

Espèces et variétés : *Plumbago auriculata* (ex- *P. capensis)* existe en deux versions, la bleue et la blanche. *Plumbago indica* (ex- *P. rosea)*, plus frileux, offre des fleurs écarlates à rose foncé de juin à août.

Comportement en pot : on ne prend jamais assez de temps pour tuteurer les plumbagos. À la fin de la saison, la potée a souvent piètre allure, avec des branches emmêlées ou retombantes. Palissez et attachez les tiges tout au long de la saison, en les disposant en forme d'éventail harmonieux.

Dimensions du pot : un contenant de 40 cm de large, et profond de 30 cm, permet à la vigueur du plumbago de donner sa pleine mesure. Rempotez chaque année.

Exposition : chaude, avec le plein soleil obligatoire. Forte lumière et emplacement hors gel en hiver sont impératifs.

Terre : le terreau pour géraniums convient bien, de même qu'un mélange de terre de jardin et de terreau de rempotage.

Arrosage : copieux mais espacé. Comptez environ deux à trois fois par semaine.

Ennemis et maladies : en hiver, dans la serre, mouches blanches et cochenilles.

Utilisations : le plumbago, dont les tiges peuvent atteindre plus de 2 m dans la saison, est idéal pour couvrir un mur, garnir une rambarde ajourée, cacher un pilier. Faites-en aussi de généreuses potées suspendues qui débordent de fleurs.

Conseil Truffaut : rabattez fortement la touffe au printemps, en ne laissant que 10 cm des pousses de l'année passée.

Polemonium caeruleum
VALÉRIANE GRECQUE

J F M **A M J J** A S O N D

40/60 cm | 20/30 cm | C Vivace | - 10 °C

Cette plante herbacée touffue de la famille des Polemoniaceae pousse tout en grâce et en souplesse.

Feuillage : en touffe basale, léger, gracieux, composé, penné, aux nombreuses folioles oblongues à lancéolées.

Floraison : de longues hampes souples portent des bouquets (cymes) lâches, formés de fleurs en coupes rondes, bleues ou blanches, avec des étamines d'or.

Espèces et variétés : 'Album' offre un blanc pur. 'Brise d'Anjou' est décoratif par son feuillage, bien panaché de vert et d'or et ses fleurs bleu ardoise.

Comportement en pot : 'Brise d'Anjou' forme des potées toutes rondes de 30 cm de haut avant la floraison. La culture en pot ne l'empêche pas de fleurir généreusement. Rempotage tous les deux ans.

Dimensions du pot : un contenant de 15 cm de diamètre et de profondeur suffit la première année de culture.

Exposition : la mi-ombre est conseillée.

Polemonium caeruleum 'Brise d'Anjou'

Terre : un bon terreau « géraniums », allégé par une poignée de sable de rivière grossier, pour améliorer le drainage.
Arrosage : le polémonium n'aime pas avoir les pieds dans l'eau, ne dépassez pas un à deux apports par semaine.
Ennemis et maladies : oïdium fréquent.
Utilisations : associez 'Brise d'Anjou' avec des plantes à feuillage pourpre comme l'heuchère 'Palace Purple', l'ophiopogon *Carex buchananii* et *Ajuga reptans*.
Conseil Truffaut : **rabattez la valériane grecque après la première floraison, elle refleurira à nouveau à la fin de l'été.**

Polygala myrtifolia POLYGALE

J F M A M J J A S O N D

1/1,50 m | 0,70/1 m | P Saisonnière | 5 °C

Cet arbuste sud-africain frileux de la famille des Polygalaceae se pare d'une longue et superbe floraison.

Feuillage : alterne, étroit, vert foncé. La plante présente un port dense et ramifié.
Floraison : des grappes terminales mauve pourpre s'épanouissent des premiers rayons du soleil jusqu'aux gelées.

Polygala myrtifolia var. *grandiflora*

Espèces et variétés : dans le Midi, on propose couramment *Polygala myrtifolia* var. *grandiflora*, aux fleurs plus grandes. *Polygala calcarea* est une vivace couvre-sol rustique aux belles fleurs bleues.
Comportement en pot : le polygale est idéal en bac. Il pousse de manière satisfaisante, s'il n'a pas froid. Rempotage tous les trois à quatre ans au printemps.
Dimensions du pot : le polygale adulte atteint 1,50 m et vit longtemps dans un pot de 35 cm en tous sens.
Exposition : chaude et ensoleillée. En hiver, le polygala doit être abrité des vents dominants et des gelées qu'il ne supporte pas du tout. Une véranda entre 7 et 12 °C fait un lieu de villégiature idéal.
Terre : un mélange pour moitié de terre de jardin et de terreau « géraniums ».
Arrosage : par temps chaud, le polygale demande des arrosages quotidiens.
Ennemis et maladies : mouches blanches et araignées rouges sont très fréquentes.
Utilisations : mariez le polygale à des cistes, des sauges, des armoises, des euphorbes, des hélianthèmes, des petits genêts, des fuchsias, des cuphéas.
Conseil Truffaut : **durant la période hivernale maintenez la terre à peine humide (un arrosage tous les dix jours).**

Polygonum spp. (Persicaria) RENOUÉE

J F M A M J J A S O N D

20/80 cm | 0,40/1 m | PC Vivace | - 15 °C

Ces plantes couvre-sol ou en touffe de la famille des Polygonaceae sont d'une vigueur exceptionnelle.

Feuillage : alterne, simple, linéaire, ou ovale et pointu, aux nervures marquées.
Floraison : en épis serrés, ou en inflorescences lâches, roses ou rouges.
Espèces et variétés : les botanistes ont décidé de nommer désormais *Persicaria* les *Polygonum*. *P. affinis* 'Donald Lowndes' forme, d'avril à juillet, des potées denses de 25 cm de haut, aux épis roses devenant ensuite rouges. Les

Polygonum affinis 'Donald Lowndes'

épis courts de *P. capitata*, rose clair à leur apogée entre juillet et septembre, se révèlent très décoratifs, dans une potée italienne du même ton. *P. microcephala* 'Red Dragon' forme un buisson vigoureux et décontracté, aux feuilles en forme d'ailes nuancées de pourpre.
Comportement en pot : toutes les espèces de renouées sont envahissantes. Ce défaut devient une qualité lorsqu'il s'agit de garnir rapidement des potées.
Dimensions du pot : à partir de 25 cm de large et de haut pour les espèces couvre-sol. Au moins 30 cm pour les autres.
Exposition : soleil ou mi-ombre, les renouées ne sont pas exigeantes.
Terre : un terreau universel standard.
Arrosage : la renouée supporte une légère sécheresse, mais préfère la régularité.
Ennemis et maladies : limaces.
Utilisations : en potées basses, au pied des arbustes en bacs. Veillez à ne pas les associer, dans le même pot, avec des espèces fragiles ou à croissance lente. Ces dernières n'auraient aucune chance face à la vigueur des renouées.
Conseil Truffaut : **rabattez toutes les tiges au ras du sol, à partir de novembre. N'utilisez jamais de renouée grimpante *(Fallopia)* sur le balcon, car c'est une véritable peste qui envahit tout et se contrôle difficilement, même en bac. Inutile de fertiliser.**

Polypodium vulgare

Polypodium spp.
POLYPODE

20/40 cm | 30/60 cm | Fougère | - 20 °C

Vivace et rustique, cette fougère de la famille des Polypodiaceae résiste presque à tout et vit longtemps.

Feuillage : en touffe issue du rhizome. Les frondes aux pinnules finement divisées sont réunies en touffes denses et dressées, qui persistent tout l'hiver.

Floraison : aucune chez les fougères.

Espèces et variétés : *Polypodium interjectum*, porte des pinnules effilées, légèrement dentées. *Polypodium vulgare* 'Cornubiense', aux frondes finement divisées, forme de grosses touffes élégantes.

Comportement en pot : les polypodes possèdent des rhizomes traçants, qui envahissent tout l'espace disponible. Difficile dans ces conditions de faire cohabiter dans le même pot cette fougère, avec d'autres plantes, excepté des bulbes.

Dimensions du pot : rempotez le godet nouvellement acheté, dans un pot de 20 cm de large, puis dans une jardinière de 30 cm de diamètre et de hauteur l'année suivante.

Exposition : ombre dense ou mi-ombre.

Terre : les polypodes aiment une terre caillouteuse et humifère. Mélangez une part de terreau de feuilles avec un quart de graviers fins et autant de sable grossier.

Arrosage : arrosez abondamment pendant la période de croissance, l'eau des précipitations devrait suffire en hiver.

Ennemis et maladies : aucun.

Utilisations : les polypodes mettent en valeur les plantes fleuries en été. Ils restent présents dans le décor en hiver et offrent un bel écrin aux bulbes de printemps.

Conseil Truffaut : **au printemps, dès que vous estimez que la plante se trouve trop à l'étroit dans son pot, divisez la souche en deux et rempotez.**

Polystichum spp.
POLYSTIC, FOUGÈRE DE NOËL

40/60 cm | 50/80 cm | Fougère | - 15 °C

Ces superbes plantes de la famille des Dryopteridaceae forment des frondes fines comme de la dentelle.

Feuillage : en touffe issue du rhizome, formé de frondes élégantes, finement divisées. La plante prend un port évasé et régulier qui crée une présence élégante toute l'année dans les potées et les bacs.

Floraison : les fougères ne fleurissent pas.

Espèces et variétés : *Polystichum aculeatum* forme une grande fougère, qui développe des frondes luisantes et coriaces au port dressé. 'Grandiceps' est un cultivar plus vigoureux. *Polystichum polyblepharum* forme de belles touffes étalées, aux larges frondes vert brillant. *Polystichum setiferum* 'Plumosum Densum', aux superbes frondes compactes et plumeuses ; 'Herrenhausen', plus érigé que le type.

Comportement en pot : tant que la potée reste à l'ombre légère, la fougère garde un bel aspect. Elle supporte difficilement les emplacements trop chauds durant l'été. Rempotage tous les deux ou trois ans.

Dimensions du pot : une touffe adulte a besoin d'un bac d'une trentaine de centimètres de large et de haut pour bien prospérer.

Exposition : ombre dense ou mi-ombre.

Terre : les besoins sont différents selon les espèces. Toutes ces fougères demandent un sol humifère et humide, mais *Polystichum aculeatum* préfère une terre légèrement calcaire, tandis que *Polystichum polyblepharum* exige un sol acide, tout comme *Polystichum setiferum*.

Arrosage : régulier, et plus abondant en été. Vaporisez le feuillage à l'eau fraîche pendant les journées les plus chaudes.

Ennemis et maladies : aucun.

Polystichum aculeatum 'Grandiceps'

Polystichum setiferum 'Herrenhausen'

Utilisations : en isolé, surtout pour *Polystichum setiferum*, remarquable par son feuillage. On peut aussi en faire des massifs compacts en jardinières, pour masquer la vue le long des rambardes ajourées, sur un balcon au nord. La compagnie de bruyères et d'azalées convient bien aux espèces acidophiles. N'hésitez pas à planter quelques petits bulbes printaniers au pied de ces jolies fougères.
Conseil Truffaut : faites un apport d'engrais liquide pour rhododendrons une fois par mois, pendant la croissance.

Portulaca grandiflora
POURPIER À GRANDES FLEURS

J F M A M **J J A S** O N D

10/15 cm · 10/20 cm · Annuelle · 0 °C

Cette petite couvre-sol de la famille des Portulacaceae forme un tapis de fleurs ne s'ouvrant qu'au soleil.

Feuillage : alterne, étroit, succulent, cylindrique, de 2 à 3 cm de long, vert soutenu.
Floraison : la plante se couvre en été de corolles à l'aspect soyeux et fragile, simples ou doubles, aux tons éclatants.
Espèces et variétés : on trouve des pourpiers à fleurs doubles, en mélange de toutes couleurs sauf le bleu. « Sundial F1 » est une série à fleurs doubles qui se décline en une douzaine de coloris variés. 'Margarita', très compact, ne s'étale pas. 'Caméléon' arbore des fleurs doubles aux pétales fuchsia, où se mêlent le jaune, l'orange saumoné ou le jaune-orangé. 'Bloomlong' se caractérise par une floraison de plus longue durée.
Comportement en pot : les pourpiers en pot résistent là où les autres plantes annuelles déclarent forfait à cause de la chaleur et de la sécheresse en été.
Dimensions du pot : un seul sujet vit dans un pot de 12 cm de diamètre. Mieux vaut planter les pourpiers par cinq ou six dans une potée de 30 cm x 10 cm, pour obtenir un bel effet de masse. Ils peuvent aussi être semés en bordure des grands bacs.
Exposition : cette plante sud-américaine

Portulaca grandiflora

exige une forte chaleur et le plein soleil. Les coins arides ne la rebutent pas.
Terre : un mélange de terre à cactées (2/3) et de terreau de plantation pour géraniums (1/3), garantira la réussite à condition que le drainage soit maximum.
Arrosage : arrosez uniquement quand les feuilles charnues commencent à se rider.
Ennemis et maladies : les pucerons sont friands de la sève de ces succulentes.
Utilisations : en couvre-sol ou en suspension avec d'autres succulentes ou des cactées. Les pourpiers font un bon accompagnement pour les *Pelargonium*.
Conseil Truffaut : semez en mars, en terrine, à l'intérieur. Repiquez les plantules dans des godets individuels lorsqu'elles ont formé cinq feuilles. Installez progressivement les pourpiers dehors, à partir de la mi-mai. Effectuez deux ou trois saisons de semis à un mois d'intervalle pour mieux en profiter.

Portulaca grandiflora 'Sundial'

Portulaca grandiflora 'Bloomlong'

Potentilla fruticosa 'Jackman'

Potentilla fruticosa
POTENTILLE

J F M A M J J A S O N D

0,40/1 m | 0,60/1 m | C Arbuste | - 20 °C

Cette plante buissonnante et à port étalé de la famille des Rosaceae réussit dans toutes les conditions.

Feuillage : alterne, à cinq ou sept folioles oblongues, dentées, plus ou moins recouvertes de poils, qui font paraître les feuilles vert-gris ou argentées. Le feuillage tombe très tard, juste un peu avant Noël.

Floraison : durant toute la belle saison, le buisson est couvert d'églantines miniatures, de 2 à 3 cm de diamètre. Tous les coloris, sauf le bleu, existent, du blanc au rouge, en passant par le jaune, l'orange et le rose. Les corolles roses ou rouges tendent à s'éclaircir en plein soleil.

Espèces et variétés : il existe de très nombreux cultivars : 'Abbotswood', à grandes fleurs blanc pur à cœur jaune. Le port de la plante est évasé, voire tapissant. 'Goldstar', jaune d'or à port étalé, possède les fleurs les plus grandes (6 cm de diamètre). Les petits balcons accueilleront 'Raspberry Ripple', une plante à faible développement, aux fleurs d'un orangé très chaud, ou 'Red Ace', vermillon à revers jaune, qui ne dépassera pas 50 cm de haut. 'Tangerine', en touffe arrondie, fleurit orange. 'Vilmoriniana' est intéressante pour son feuillage argent pur qui capte bien la lumière. 'Gibson's Scarlet' est une potentille hybride, plus proche de la vivace herbacée que de l'arbuste, à fleurs simples d'un rouge écarlate très vif (50 cm).

Comportement en pot : dans un contenant suffisamment large, la potentille vit de nombreuses années, sans même que l'on ait besoin de la rempoter.

Dimensions du pot : une plante adulte définitive se plaît dans une jardinière d'au moins 30 cm de large et de haut.

Exposition : le plein soleil pour les variétés à fleurs jaunes, la mi-ombre avec le soleil du matin ou de fin d'après-midi pour les hybrides à fleurs blanches, roses, rouges ou saumonées.

Terre : un terreau universel du commerce pas trop acide ou n'importe quelle terre de jardin souple et bien drainée.

Arrosage : modéré pour une floraison optimale. Les deux ou trois premiers centimètres de terre doivent sécher avant tout nouvel apport d'eau.

Ennemis et maladies : les bourgeons floraux étant formés assez tôt, le gel printanier peut les endommager.

Utilisations : la potentille forme un décor permanent tout l'été. Elle devrait figurer dans les plantes de base à adopter d'office pour toutes les terrasses qui bénéficient de plusieurs heures de soleil par jour. Cet arbuste forme une bonne association avec les annuelles, les vivaces, les graminées.

Conseil Truffaut : taillez court (environ les 2/3 des rameaux) au printemps pour maintenir un port touffu et surtout rajeunir la plante, qui ainsi fleurira mieux, et surtout ne se dégarnira pas de la base, défaut majeur de la potentille.

Potentilla 'Gibson's Scarlet'

Potentilla fruticosa 'Abbotswood'

Primula spp.
PRIMEVÈRE

J F M A M J J A S O N D

10/50 cm | 15/30 cm | PC Vivace | - 12 °C

Cette plante d'aspect très variable, de la famille des Primulaceae, est une jolie messagère du printemps.

Feuillage : en rosette, vert clair, parfois persistant ou semi-persistant, oblong, aplati, tendre ou charnu, souvent gaufré.

Floraison : du cœur des touffes émergent des hampes nombreuses, qui portent des

Primula denticulata

Primula vulgaris

Primula obconica

Primula vialii

groupes plus ou moins importants de fleurs aux formes variées, qui se déclinent dans une large palette de couleurs vives.

Espèces et variétés : il existe plus de 600 espèces et variétés de primevères. *Primula vulgaris,* la primevère des jardins, et ses nombreux cultivars aux multiples coloris sont parmi les plus faciles à cultiver. *Primula denticulata* fleurit en boules roses, blanches ou pourpres, de mars à mai. *Primula vialii* forme des touffes de feuilles lancéolées. Les hampes, dressées jusqu'à 50 cm, portent des inflorescences en fuseau, à la pointe pourpre (les boutons non ouverts) et à la base rose pâle (les fleurs épanouies). Les jardiniers qui ne possèdent qu'un rebord de fenêtre adopteront *Primula auricula,* dont la hauteur et l'étalement ne dépassent pas 15 cm. Malgré leur petite taille, ses nombreuses variétés offrent une spectaculaire floraison de mars à mai. Certaines comme 'Gem' offrent des mélanges de coloris très étonnants. 'Starling' est pourpre presque noir, poudré d'argent. 'James Arnot' est gris poudré à cœur blanc ; 'Prague', 'Serenity', 'Jupiter' sont vert mousse à centre blanc et jaune. 'Doublet' est même parfumée. Irrésistible ! *Primula obconica* manque un peu de rusticité, mais ses fleurs portées en verticilles sont gracieuses et précoces.

Primula auricula 'Gem'

Comportement en pot : on a tendance à cultiver les primevères comme des saisonnières. Ce sont pourtant des vivaces qui prospèrent en pot plusieurs années.

Dimensions du pot : à partir de 10 cm de diamètre pour les espèces naines, jusqu'à 20 cm pour les plus grandes. 15 cm de profondeur constitue un minimum.

Exposition : la mi-ombre assez douce est conseillée pour toutes les espèces.

Terre : fraîche, riche, neutre ou légèrement acide. Faites un mélange de terre de bruyère (2/3) et de terre de jardin (1/3). Un terreau souple convient aussi très bien.

Arrosage : à partir d'avril, vérifiez tous les deux jours que la motte reste humide.

Ennemis et maladies : pucerons et mouches blanches sont redoutables.

Utilisations : dans tous les types de contenants avec : bulbes, lierre panaché, conifère nain, et fleurs bisannuelles.

Conseil Truffaut : ne forcez pas sur les engrais, sinon, vous obtiendrez des rosettes de feuilles aussi larges que des salades, et une floraison moindre !

Prostanthera cuneata

Prostanthera cuneata
PROSTANTHÉRA

J F M A **M J J** A S O N D

30/40 cm | 40/60 cm | P Arbuste | - 6 °C

Cette plante aromatique à port étalé de la famille des Lamiaceae est une belle originale à découvrir.

Feuillage : opposé, simple, entier, de petite taille, arrondi, dégageant une agréable odeur quand il est froissé.

Floraison : des centaines de fleurs lilas clair portées en grappes se succèdent.

Espèces et variétés : *Prostanthera cuneata,* au port prostré et à la floraison de longue durée, est la plus cultivée. *Prostanthera rotundifolia,* frileux, plus volumineux, porte des grappes de clochettes pourpre lilacé.

Comportement en pot : le prostanthéra étant naturellement prostré, il s'adapte bien à la vie en bac. Rempotage tous les deux ou trois ans courant mars.

Dimensions du pot : 25 cm en tous sens.

Exposition : assez chaude, en plein soleil.

Terre : le prostanthéra aime un sol léger, bien drainé et non calcaire. Ajoutez du sable à un terreau pour plantes à massif.

Arrosage : même si la plante résiste au sec, arrosez tous les trois ou quatre jours.

Ennemis et maladies : si l'eau d'arrosage est très calcaire, équilibrez son pH avec un produit décalcairisant du commerce.

Utilisations : associez le prostanthéra aux cistes, potentilles, romarins, rues, népétas, lavandes, thyms, genévriers et toutes plantes qui, comme lui, aiment le soleil.

Conseil Truffaut : prévoyez une protection hivernale avec une double épaisseur de voile non tissé.

Prunus spp.
PRUNUS, PRUNIER, ABRICOTIER, PÊCHER, CERISIER, AMANDIER

J **F M A** M J J A S O N D

1/3 m | 0,50/2 m | C Arbre | - 8 °C

La grande diversité de ce genre de la famille des Rosacées en fait un des meilleurs arbres pour le balcon.

Feuillage : alterne, simple, ovale, denté, vert franc, pourpre parfois, il se pare souvent de riches coloris d'automne.

Floraison : au printemps, les branches se couvrent de bouquets de corolles, à cinq pétales, blanches, rosées ou rose soutenu. Il existe aussi des formes à fleurs doubles.

Espèces et variétés : *Prunus persica,* le pêcher, existe sous une forme génétiquement naine, adaptée à la culture en pot, 'Garden Gold', qui donne de gros fruits à chair jaune. 'Crimson' est un pêcher décoratif à feuillage pourpre, qui ne dépasse pas 1 m de haut en cinq ans. 'Diamond', après une floraison rose foncé, donne de gros fruits à chair blanche, en juillet. *Prunus armeniaca,* l'abricotier, dans sa forme naine, 'Garden Aprigold' donne de gros fruits jaune doré. *Prunus cerasus,* le cerisier, vit à l'aise sur une terrasse dans ses variétés 'Griotella', au port pleureur, ou 'Garden Bing', qui produit des bigarreaux d'excellente qualité. Parmi les cerisiers d'ornement, *Prunus* x *cistena* convient bien à la culture en bac, avec son feuillage pourpré, virant au rouge à l'automne. Il ne dépasse pas 1,50 m de haut. *Prunus glandulosa* 'Alba Plena' est un petit arbuste buissonnant, de 2 m de haut, qui se couvre de fleurs blanches et doubles à la fin du mois d'avril. *Prunus triloba,* l'amandier de Chine, porte, en mars, avant les feuilles, des fleurs doubles, roses. Il peut atteindre 3 m de hauteur. *Prunus tenella* 'Firehill', l'amandier nain de Russie, ne dépasse pas 1,50 m. Fleurs rose foncé en avril-mai. *Prunus tomentosa* 'Orient' est un prunier décoratif de 1,50 à 2 m de haut, fleurissant rose, avant les feuilles, en mars.

Comportement en pot : l'enracinement n'étant jamais bien profond en bac, méfiez-vous des bourrasques qui peuvent coucher la plante. Sur les balcons très exposés, il est bon de tuteurer les prunus qui dépassent 1,50 m de haut.

Dimensions du pot : choisissez des contenants lourds de 30 à 40 cm de largeur et de même profondeur.

Exposition : le plein soleil réussit aussi bien aux *Prunus* décoratifs qu'aux formes fruitières. Abritez des vents dominants.

Terre : mélangez à parts égales terre de jardin souple, poreuse et terreau de plantation. Ajoutez 20 % d'un mélange de fumier de ferme et d'algues compostées.

Arrosage : si les prunus décoratifs pardonnent quelques oublis au niveau de

Pêcher nain *(Prunus persica)*

Amandier de Chine (*Prunus triloba*)

l'arrosage, il n'en est pas de même pour les fruitiers nains, surtout pendant la formation et la maturation des fruits. Gardez la motte légèrement humide, mais sans excès. Veillez à ce que l'eau ne stagne surtout pas dans la soucoupe.

Ennemis et maladies : les pêchers nains ont besoin d'un traitement contre la cloque en hiver. L'abricotier exige une pulvérisation à base de cuivre, contre le monilia, à l'automne et au printemps. Les pucerons attaquent toutes les espèces.

Utilisations : en bac ou en pot, il est préférable de cultiver des arbres fruitiers nains en isolés, car ils demandent une fertilisation optimale pour bien fructifier. Inutile de planter deux variétés différentes pour une meilleure pollinisation, les formes naines étant toutes autofertiles.

Conseil Truffaut : au moment de la plantation, apportez une cuillerée à soupe d'engrais pour arbres fruitiers, riche en potasse. À l'automne, recommencez l'opération. Tous les ans, changez la terre à la surface du contenant et remplacez-la par un produit régénérant. Rempotez tous les trois ou quatre ans

Prunus persica, formes naines

Punica granatum 'Nana'

Punica granatum
GRENADIER

J F M A M **J J A S** O N D

0,50/2 m | 0,40/1,50 m | Arbuste | -2 °C

Ce buisson touffu de la famille des Lythraceae fleurit joliment et porte des fruits comestibles et décoratifs.

Feuillage : opposé, simple, oblong, étroit. Les feuilles naissent cuivrées, deviennent vert brillant en été, puis virent à l'or à l'automne.

Floraison : des tubes rouge vif, souvent doubles, de 3 à 4 cm de long. Solitaires ou réunies à l'extrémité des rameaux les fleurs, qui ne s'ouvrent pas totalement, sont suivies de gros fruits ronds, jaune-orangé, à la coque dure, qui éclatent en laissant apparaître la pulpe translucide.

Espèces et variétés : pour la culture en bac, adoptez des variétés naines, comme *Punica granatum* 'Nana', une miniature de 30 à 50 cm de hauteur aux petites fleurs simples chiffonnées, vermillon orangé, suivies de grenades miniatures non comestibles. Cette plante croît lentement. Frileuse, elle demande une protection en hiver. 'Nana Racemosa' atteint 1 m de haut. Il produit de nombreuses fleurs rouge-orangé, puis des grenades non comestibles. 'Legrelliae' est plus grand (1/2 m), avec des fleurs striées de blanc et des fruits jusqu'en novembre.

Comportement en pot : les variétés naines peuvent faire des bonsaïs.

Dimensions du pot : à partir de 15 cm de diamètre, pour un jeune plant nain, et jusqu'à 25 à 30 cm de large et de haut pour les grenadiers plus grands.

Exposition : un mur chaud, plein sud. Bien que le grenadier s'avère rustique jusqu'en Touraine, protégez les variétés naines, dès que la gelée est annoncée.

Terre : soignez le drainage. Veillez à ce que le trou au fond du pot soit large. Prévoyez une couche de gravier de 3 cm au fond du pot et ajoutez 1/5 de sable de rivière à un bon terreau de plantation.

Arrosage : les grenadiers installés dans de petits pots demandent des arrosages quotidiens dès que la température dépasse les 23 °C car leur terreau sèche vite.

Ennemis et maladies : cochenilles à bouclier, redoutables. Traitez tout de suite.

Utilisations : isolé, ou avec des plantes du Sud (cistes, lauriers-roses, lavandes).

Conseil Truffaut : **n'hésitez pas à tailler le grenadier durant l'hiver, pour lui conserver une forme harmonieuse bien dégagée au centre de la ramure.**

Pyrus communis
POIRIER

J F **M A** M J J A S O N D

2/2,50 m | 1,50/2 m | Fruitier | -15 °C

Cet arbre arrondi, de la famille des Rosaceae, associe le plaisir des yeux au ravissement des papilles.

Feuillage : alterne, simple, entier, ovale, brillant, vert mousse ou gris argenté, porté par des rameaux souvent épineux.

Floraison : de nombreuses fleurs simples, à cinq pétales, d'un blanc immaculé.

Espèces et variétés : il existe des variétés fruitières naines, idéales pour la culture sur balcon. 'Garden Pearl', produit, malgré sa taille réduite (pas plus de 2 m), de gros fruits ronds et sucrés. Les poiriers décoratifs, très différents des espèces fruitières, n'ont en commun avec ces derniers que leurs origines botaniques. *Pyrus salicifolia* 'Pendula' ressemble plus à un petit saule qu'à un poirier. Couvert d'un duvet argenté, il évoque une grosse boule de Noël. Il atteint 2,50 m de haut et 1,50 m de large dans un bac.

Comportement en pot : les arbustes fruitiers en bac se montrent aussi sensibles aux maladies, sinon plus, que les arbres de pleine terre. Il est donc important de respecter un calendrier de traitements préventifs pour obtenir de beaux fruits.

Dimensions du pot : 30 cm de large et un peu plus profond si possible.

Exposition : le plein soleil non brûlant.

Terre : un terreau de plantation riche et frais, si possible non calcaire. Ajoutez un peu de corne torréfiée dans le substrat.

Arrosage : les poiriers réagissent mal à la sécheresse. Évitez-leur ce stress, en mouillant la motte chaque jour en été.

Ennemis et maladies : les pucerons noirs attaquent fréquemment les poiriers. Ôtez-les à la main si vous n'avez qu'un seul arbre. Sinon, traitez. Un mois de mai humide favorise la tavelure, qui provoque des taches noires sur les feuilles. Pulvérisez une solution de bouillie bordelaise à l'automne.

Utilisations : en bac, en isolé, pour un balcon-verger. Les poiriers d'ornement forment un bel écran argenté ou un arrière-plan brise-vent.

Conseil Truffaut : **le poirier fleurit tôt. Attention aux gels tardifs qui peuvent endommager la fructification. Couvrez-le d'un voile d'hivernage en mars et maintenez-le en place jusqu'au complet épanouissement des fleurs. Éclaircissez les fruits en surnombre vers la fin du mois de mai.**

Pyrus 'Garden Pearl'

Quamoclit lobata

Quamoclit lobata (Ipomoea) MINA

J F M A M **J J A S O** N D

Hauteur	Largeur	Exposition	Type	Rusticité
2/3 m	1/2 m	☼	C Saisonnière	8 °C

Cette superbe vivace volubile et très exubérante de la famille des Convolvulaceae est assez frileuse.

Feuillage : les tiges souples, qui s'enroulent sur tout support, portent des feuilles alternes, vert clair, profondément lobées.

Floraison : les corolles rouge et jaune, tubulaires, recourbées, font penser à des griffes. Elles sont réunies en grappes assez serrées.

Espèces et variétés : cette plante est désormais appelée par les botanistes *Ipomoea lobata*. 'Exotic Love', aux fleurs jaune-orangé vif, 'Citronella', jaune citron.

Comportement en pot : cette plante tropicale cultivée comme une annuelle se plaît en pot et en pleine chaleur.

Dimensions du pot : de 25 à 30 cm de haut et de large, lourd pour la stabilité.

Exposition : contre un mur au sud, à l'abri des vents dominants. Un hivernage dans une véranda tempérée est possible.

Terre : un terreau pour plantes à massif enrichi avec 20 % de fertilisant organique à base de fumiers et d'algues.

Arrosage : attention, la motte sèche vite. Veillez à la réhumecter à temps (tous les deux jours). Le substrat en doit pas sécher.

Ennemis et maladies : attention aux araignées rouges, vaporisez le feuillage à l'eau claire par temps sec. Traitez tout de suite.

Utilisations : faites courir cette grimpante sur un treillage, sur la rambarde ou sur des fils transparents tendus sur les murs.

Conseil Truffaut : le mina est rarement proposé en potées. Semez en mars, à l'intérieur, repiquez un mois plus tard et transplantez en mai. Il ne doit plus y avoir de risques de gelées lorsque vous installez les jeunes plants dehors.

Ranunculus spp. RENONCULE

J F M A **M J J** A S O N D

Hauteur	Largeur	Exposition	Type	Rusticité
25/40 cm	15/30 cm	☼ ◐	C Vivace	0 °C

Cette jolie plante de la famille des Ranunculaceae, rhizomateuse ou tubéreuse, est d'une rare distinction.

Feuillage : en rosette basale, arrondi, large et profondément découpé.

Floraison : les corolles simples, semi-doubles ou doubles, se parent de coloris éclatants, jaunes, blancs, roses, rouges, orangés ou bicolores chez les hybrides horticoles.

Espèces et variétés : *Ranunculus acris* 'Multiplex', est la forme améliorée du bouton-d'or. Les pompons doubles, jaune d'or à cœur vert apparaissent en juin et juillet. *Ranunculus crenatus* offre au printemps, de belles fleurs blanches, durables. *Ranunculus asiaticus*, la renoncule des fleuristes, se décline en nombreux hybrides aux splendides corolles soyeuses très doubles. La race « Friandine », une amélioration de l'INRA, donne des fleurs pleines, élégantes.

Comportement en pot : les espèces botaniques réussissent sans trop de mal en pot. Les renoncules des fleuristes sont un peu plus éphémères car assez frileuses.

Dimensions du pot : 15 cm en tous sens.

Exposition : le plein soleil assez doux, et sur les balcons du Midi la mi-ombre légère.

Terre : un terreau à base de tourbe.

Arrosage : deux fois par semaine environ.

Ennemis et maladies : en cas d'humidité excessive, l'oïdium apparaît. Au printemps, les pucerons envahissent les jeunes tiges.

Utilisations : mélangez les renoncules avec des fleurs bleues, qui les mettront en valeur, comme des asters de printemps (aster 'Bergarten'), des aubriètes 'Clos fleuri', ou le polémonium 'Brise d'Anjou'. Belle association aussi avec des narcisses.

Conseil Truffaut : avant la plantation, installez les pattes des renoncules des fleuristes 48 h dans de la tourbe humide, pour les réhydrater. Vous les enterrerez ensuite à 4 cm de profondeur.

Ranunculus asiaticus x

Renoncule 'Friandine'

Une potée de radis.

Raphanus sativus
RADIS

15/20 cm | 5/8 cm | C Légume | 0 °C

Cette bisannuelle facile à cultiver, de la famille des Brassicaceae, forme de délicieuses racines à croquer.

Feuillage : en rosette, simple, velu, rugueux au toucher, irrégulièrement lobé, formant une touffe assez lâche.

Floraison : le radis est bisannuel, il fleurit sur une longue hampe la deuxième année, mais on le cultive comme une annuelle, sans jamais voir ses fleurs.

Espèces et variétés : les radis de printemps ont la faveur des balcons. 'Fluo', 'Bamba', 'Falco', ne piquent pas. Ces variétés modernes sont plus performantes que les traditionnels 'National' et 'Gaudry',qui conviennent aussi. Pour l'été, 'Gloriette', d'un rouge éclatant ou 'Prinz Rotin', rond écarlate à chair blanche.

Comportement en pot : on obtient facilement des radis ronds ou demi-longs à forcer dans un pot de 25 cm de profondeur.

Dimensions du pot : une jardinière de 40 cm x 15 cm de large permet de récolter entre cinquante et soixante radis.

Exposition : soleil léger ou mi-ombre. Un emplacement trop chaud donne des radis très piquants, qui creusent rapidement.

Terre : un bon terreau universel.

Arrosage : la terre doit toujours rester fraîche, sinon, vos radis se creuseront.

Ennemis et maladies : la culture est trop courte (de 3 à 5 semaines) pour craindre une attaque grave. Si la culture est trop serrée, les racines ne « tournent » pas.

Utilisations : dans un mini-potager sur balcon ce qui ravira les enfants. En semis épars au pied des arbustes.

Conseil Truffaut : **enterrez les graines d'un bon centimètre sinon les radis poussent déformés. N'oubliez pas de bien éclaircir à 3 cm en tous sens.**

Raphiolepis spp.
RAPHIOLEPIS

J F M **A M J J** A S O N D

1/1,50 m | 0,80/1 m | P Arbuste | 0 °C

Ces arbustes asiatiques plutôt frileux de la faille des Rosaceae se parent d'un nuage rose printanier.

Feuillage : alterne, brun clair à la naissance, puis devenant vert foncé. Les feuilles, ovales, lancéolées, épaisses, coriaces, mesurent de 4 à 10 cm de long.

Floraison : les grappes de fleurs en étoiles parfumées roses ou blanches, apparaissent dès février dans les régions chaudes.

Espèces et variétés : on trouve aussi la plante sous le nom *Rhaphiolepis*. *Raphiolepis* x *delacourii* 'Spring Time' est rose ; 'Enchanteress', nain et compact (80 cm en pot), convient pour les petits balcons ; 'Grandiceps' a des fleurs plus grandes, roses. *Raphiolepis umbellata* 'Ovata' porte de larges feuilles ovales et des fleurs blanches parfumées, suivies de fruits noirs, bleutés en hiver.

Comportement en pot : le raphiolepis vit longtemps en pot s'il est rempoté tous les deux ou trois ans à la sortie de l'hiver.

Dimensions du pot : installez le raphiolepis adulte dans un pot de 30 cm de large et 35 cm de profondeur.

Exposition : ensoleillée, à l'abri des vents du nord. Protégez la plante en hiver, avec du voile, à partir de -3 °C.

Terre : un bon terreau de plantation.

Arrosage : une fois tous les 5 à 8 jours.

Ennemis et maladies : aucun.

Utilisations : le feuillage vert foncé brillant du raphiolepis met en valeur les plantes panachées et les fleurs claires. Il peut aussi être planté seul pour profiter de ses fleurs.

Conseil Truffaut : **au début du printemps, offrez au raphiolepis de l'engrais pour rosiers à action lente et progressive, c'est efficace.**

Raphiolepis x *delacourii* 'Grandiceps'

Reseda odorata

Reseda odorata
RÉSÉDA, MIGNONNETTE

J F M A M J J A S O N D

Hauteur	Largeur	Exposition	Type	Rusticité
30/50 cm	20/30 cm		P Annuelle	0 °C

Cette plante assez rustique de la famille des Resedaceae forme des épis assez ternes, mais très parfumés.

Feuillage : alterne, entier ou trilobé, linéaire, denté, vert clair, spatulé et lisse.

Floraison : de longues hampes portent de minuscules fleurs jaune verdâtre, parfois teintées de rouge, dont le parfum fleuri, frais, rosé, dure très longtemps.

Espèces et variétés : *Reseda odorata* 'Grandiflora', à grosses fleurs jaune-vert, ne dépasse pas 40 cm de hauteur. 'Red Monarch' est piqueté de rouge.

Comportement en pot : le réséda pousse bien en pot, mais il n'est pas vraiment spectaculaire. Mais on lui pardonne volontiers à cause de son parfum unique.

Dimensions du pot : un contenant de 25 cm de diamètre et 20 cm de haut suffit.

Exposition : ensoleillée, même chaude.

Terre : n'utilisez pas de tourbe. Mélangez de la terre végétale et du sable de rivière.

Arrosage : assez modéré, attendez que la terre sèche un peu entre deux arrosages.

Ennemis et maladies : aucun.

Utilisations : mariez le vert-jaune des résédas à des fleurs aux coloris rouge-orangé : cosmos orange, hémérocalles rouge sombre, pavots d'Orient 'Raspberry Queen', pélargoniums, dahlias, *Tagetes*.

Conseil Truffaut : **pincez les jeunes pousses pour obliger la plante à se ramifier et à fleurir plus intensément.**

Rhamnus alaternus
NERPRUN, ALATERNE

J F M A M J J A S O N D

Hauteur	Largeur	Exposition	Type	Rusticité
1/2 m	1/1,50 m		P Arbuste	- 5 °C

Ce buisson un peu frileux de la famille des Rhamnaceae forme une haie compacte, brise-vent efficace.

Feuillage : alterne, oblong, épais, vert foncé et brillant, au parfum aromatique. Attention toute la plante est toxique !

Floraison : de discrètes petites grappes de couleur crème apparaissent en avril. Elles sont suivies, en septembre, par des fruits sphériques rouges, puis noirs.

Espèces et variétés : les tiges rouges de *Rhamnus alaternus* 'Argenteovariegata' contrastent avec son feuillage vert olive bordé de blanc. *Rhamnus frangula*, la bourdaine, est caduc, beaucoup moins frileux, avec de belles couleurs d'automne ; 'Asplenifolia' se distingue par un feuillage très léger, d'une extrême finesse.

Comportement en pot : le rhamnus supporte la forte chaleur en été et les embruns sur les balcons situés en bord de mer.

Dimensions du pot : 30 cm en tous sens.

Exposition : soleil léger ou mi-ombre.

Terre : une bonne terre de jardin, additionnée d'un tiers de terreau de tourbe.

Arrosage : modéré, une fois par semaine.

Ennemis et maladies : les cochenilles peuvent envahir les plantes affaiblies.

Utilisations : le rhamnus fait un bon brise-vent, et met en valeur des potées plus basses. Accompagnez-le d'annuelles.

Conseil Truffaut : **taillez chaque hiver pour conserver une forme équilibrée et compacte, en réduisant la ramure d'environ un tiers de son volume.**

Rhamnus alaternus 'Argenteovariegata'

Rheum palmatum RHUBARBE D'ORNEMENT

J F M A M J J A S O N D

1/1,50 m | 0,80/1 m | C Vivace | - 8 °C

Cette plante exubérante et facile de la famille des Polygonaceae est encombrante, mais spectaculaire.

Feuillage : formant une touffe opulente issue du rhizome, de larges feuilles sont portées par de gros pétioles à côtes carrées. Chez certaines espèces, les pétioles sont comestibles, avec un goût acidulé.

Floraison : la rhubarbe fleurit en grands épis majestueux, couleur crème. Mais c'est toujours au détriment de la végétation.

Espèces et variétés : 'Atrosanguineum', aux jeunes feuilles rouges, fleurs roses ; var. *tanguticum*, à feuilles aux lobes pointus, fleurs blanc crème. *Rheum rhaponticum*, la rhubarbe comestible, aux pétioles rouges ou verts selon les variétés.

Comportement en pot : un plant ne vit guère plus de deux ans dans le même pot.

Dimensions du pot : les racines de la rhubarbe aiment la profondeur. Choisissez un pot d'au moins 30 cm en tous sens.

Exposition : chaleur et soleil assurent une croissance rapide. Mi-ombre tolérée.

Terre : mélangez pour moitié de la terre végétale avec du terreau de plantation. Ajoutez 20 % d'amendement organique à base de fumiers et d'algues.

Arrosage : une terre toujours fraîche.

Ennemis et maladies : un virus marbre les feuilles de jaune sans gravité. La pourriture du collet détruit la plante en sol trop lourd.

Utilisations : en grosses potées.

Conseil Truffaut : respectez la plante et ne prélevez que quelques feuilles adultes à la fois pour la rhubarbe de consommation.

Rheum rhaponticum

Rhodochiton atrosanguineus

Rhodochiton atrosanguineus CHAPEAU CHINOIS

J F M A M J J A S O N D

1/3 m | 0,60/1 m | C Grimpante | 5 °C

Cette vivace frileuse de la famille des Scrophulariaceae sait associer l'exubérance à la fantaisie exotique.

Feuillage : alterne, simple, cordiforme, avec quelques fines dentures sur les bords.

Floraison : d'originales clochettes, d'un rose tirant sur le bordeaux, pendent au bout d'un long pétiole durant tout l'été. Elles portent un long tube, violet sombre, qui tombe après la fanaison.

Espèces et variétés : parmi les trois espèces connues, seul *Rhodochiton atrosanguineus* est couramment proposé.

Comportement en pot : les tiges volubiles atteignent leur taille adulte au cours de la saison. Le rhodochiton est cultivé en annuelle car il est trop frileux.

Dimensions du pot : prévoyez un contenant d'au moins 25 cm de large et de haut.

Exposition : plein soleil, sans être brûlant.

Terre : le terreau « géraniums » convient, additionné d'une pincée de sang séché.

Arrosage : tous les trois jours pendant la période de floraison. Très peu en hiver.

Ennemis et maladies : aucun en plein air.

Utilisations : le rhodochiton habille treillages, pergolas et rambardes. On peut aussi le conduire sur une pyramide faite avec quatre grands bambous réunis par le sommet ou même en suspension.

Conseil Truffaut : rabattez la plante après la floraison et rentrez-la pour l'hiver dans une pièce fraîche (8 à 12 °C) et bien éclairée. Maintenez presque sec.

Rhododendron spp. RHODODENDRON et AZALÉE

J F M A M J J A S O N D

0,50/2 m | 0,50/2 m | PC Arbuste | - 10 °C

Ce beau buisson touffu de la famille des Ericaceae épanouit une des floraisons les plus sensationnelles.

Feuillage : alterne, simple, ovale ou oblong, coriace, vert moyen sur le dessus, plus pâle au revers, parfois duveteux.

Floraison : le plus souvent en clochettes ou en entonnoirs. La palette des coloris est d'une grande richesse. La floraison dure environ trois semaines par beau temps.

Rhododendron 'Elizabeth'

Rhododendron yakushimanum x

Azalée 'Harvest Moon'

Espèces et variétés : il existe plus de 500 espèces de rhododendrons. Pour une culture en bac, préférez ceux à petit développement. Les hybrides de *Rhododendron yakushimanum* (60 cm), au feuillage à revers argenté, connaissent un vrai succès. Le bouton rose, rouge, blanc pur ou jaune pâle, s'épanouit en coupe plus claire. 'Morgenrot' est un des plus compacts. *Rhododendron williamsianum* offre un feuillage en forme de cœur, attractif toute l'année. L'hybride 'Elizabeth', aux trompettes rouge cardinal, ne dépasse pas 90 cm de hauteur. 'Anna Rose Whitney' porte des fleurs énormes, roses, avec une macule sombre.
• **Azalées,** qui sont botaniquement des rhododendrons à petites fleurs, forment d'imposantes touffes que l'on peut tailler. 'Palestrina', d'un blanc pur appartient au groupe des azalées japonaises, persistantes et à grandes fleurs. 'Harvest Moon', jaune pâle, convient sur les petits balcons, son feuillage est caduc.

Azalée 'Palestrina'

Comportement en pot : les rhododendrons réussissent souvent mieux en pot qu'en pleine terre, où ils craignent le calcaire. La croissance est assez lente.
Dimensions du pot : les racines des rhododendrons s'étalent plus en largeur qu'en profondeur. Une coupe de 30 cm de largeur et de 20 cm de profondeur suffira au début. Il faudra, deux ou trois ans plus tard, les rempoter dans un pot de 5 cm plus grand en tous sens.
Exposition : une ombre trop dense empêche une floraison optimale. C'est à la mi-ombre, abrités des vents, que les rhododendrons réussissent le mieux.
Terre : de la terre de bruyère pure.
Arrosage : maintenez la motte humide, sans excès d'eau toujours très néfastes.
Ennemis et maladies : le phytophthora provoque le brunissement brutal de certaines branches. Toute plante atteinte doit être éliminée. La chlorose est due à une terre ou une eau d'arrosage trop calcaire. La rouille et le tigre tachent les feuilles.
Utilisations : les rhododendrons rendent de grands services sur les balcons exposés au nord ou au nord-est, qui bénéficient de peu de lumière. Associez-les à des : hostas, pulmonaires, astilbes, épimédiums, fuchsias, fougères, etc.
Conseil Truffaut : changez le substrat de surface sur 5 cm d'épaisseur tous les deux ans au printemps et remplacez-le par de la terre de bruyère neuve assez finement tamisée. Effectuez un empotage complet tous les cinq ans.

Rhododendron yakushimanum 'Morgenrot'

Rhododendron x 'Anna Rose Whitney'

Groseillier (*Ribes rubrum* 'Red Lake')

Cassis (*Ribes nigrum* 'Royal de Naples')

Robinia pseudoacacia 'Twisty Baby'

Ribes spp.
GROSEILLIER et CASSISSIER

J F M **A M** J J A S O N D

1/1,20 m | 0,70/1 m | Fruitier | - 15 °C

Ces petits arbustes de la famille des Grossulariaceae nous ravissent par de délicieuses baies acidulées.

Feuillage : alterne, vert vif, denté, trilobé, fortement aromatique lorsqu'on le froisse.

Floraison : les groseilliers à fleurs arborent des grappes pendantes de minuscules clochettes roses. Coupés lorsqu'ils sont en boutons, les rameaux fleurissent bien à l'intérieur, dans un vase. Chez les formes fruitières, les fleurs jaune-vert sont discrètes.

Espèces et variétés : *Ribes sanguineum*, le groseillier d'ornement, se décline en de nombreuses variétés parfumées telles que 'Atrorubens', rouge vif, 'Pulborough Scarlet', rouge foncé à centre blanc. *Ribes odoratum*, à la discrète floraison jaune d'or, compte parmi les groseilliers les plus odorants : il embaume à plusieurs mètres à la ronde. *Ribes speciosum*, aux feuilles semi-persistantes, arrondies et dentées, offre une curieuse floraison, très tôt en saison. Ses petites fleurs simples, rouges, pendantes, portent des étamines et des pistils deux fois plus longs que les corolles. Les fleurs ressemblent, de loin, à celles des fuchsias.

Ribes rubrum est cultivé pour ses fruits. Parmi les variétés rouges, 'Red Lake' et 'Rolan' comptent parmi les favorites des gourmets. Chez les groseilles à fruits blancs ou roses, 'Versaillaise Blanche' et 'Gloire des Sablons' ont un goût moins acide.

Ribes nigrum, le cassissier, sera préféré dans sa variété 'Royal de Naples', à la saveur sucrée et au parfum puissant, une des plus vigoureuses et des plus intéressantes.

Comportement en pot : les *Ribes* préfèrent la pleine terre, mais ils s'accommodent de la culture en pot pendant deux ou trois ans.

Dimensions du pot : une jeune touffe peut vivre dans un pot de 20 cm de côté. Quand elle atteindra 1 m de haut, offrez-lui un contenant d'au moins 30 cm en tous sens.

Exposition : soleil ou ombre très légère.

Terre : une bonne terre de jardin très poreuse, ou du terreau universel pur.

Arrosage : les *Ribes* peuvent passer une semaine sans arrosage, mais mieux vaut mouiller environ deux fois par semaine.

Ennemis et maladies : l'anthracnose, un champignon, provoque des taches marron sur les feuilles, qui tombent prématurément. Gare aussi à l'oïdium perforant qui fait tomber le feuillage, abîme les rameaux et épuise la plante. Pucerons fréquents.

Utilisations : en haies basses, pour cacher une rambarde. Près de la porte, pour le plaisir de humer le parfum des feuilles.

Conseil Truffaut : **taillez dans le courant du mois de février, en ôtant les vieilles branches et en rabattant de la moitié de leur longueur les jeunes tiges.**

Robinia spp.
ACACIA, ROBINIER

J F M A **M J** J A S O N D

2/4 m | 1/2 m | Arbre | - 20 °C

Cet arbre à la silhouette élancée, de la famille des Fabaceae, se pare de rameaux épineux et de jolies fleurs.

Feuillage : alterne, penné, composé de nombreuses folioles ovales vert franc.

Floraison : des grappes de fleurs papilionacées, parfumées, blanches ou roses, apparaissent à l'extrémité des rameaux.

Espèces et variétés : *Robinia boytonii* (ou *hispida* var. *rosea*), aux grappes roses, est buissonnant. Greffé sur tige, il forme un petit arbre arrondi. *Robinia pseudoacacia* 'Twisty Baby' est une forme très naine aux branches tortueuses peu épineuses.

Comportement en pot : les acacias jeunes ont tendance à casser très facilement sous l'effet des bourrasques. Il faut donc les tailler régulièrement et bien les fertiliser.

Dimensions du pot : adaptez le bac à la taille de la plante. Une jeune touffe peut passer la saison dans un pot de 25 cm de diamètre et 30 cm de profondeur. L'année suivante, il faudra lui donner un contenant plus large de 5 cm et plus profond.

Exposition : soleil pas trop brûlant, à l'abri des vents dominants, ou mi-ombre douce.

Terre : une terre de jardin bien équilibrée ou un mélange à parts égales de terre végétale siliceuse et de terreau universel.

Arrosage : arrosez à fond une fois par semaine. Doublez la cadence en été. Ne laissez pas d'eau stagner dans la soucoupe.

Ennemis et maladies : il arrive que les cochenilles envahissent les branches.

Utilisations : le robinier n'est pas un bon choix pour les petits balcons, situés dans des endroits ventés. Réservez-le pour les grandes terrasses abritées. L'acacia rose peut se palisser contre un mur ensoleillé, ce qui supprime le problème de la fragilité des tiges. 'Twisty Baby' fait une potée originale, à associer avec des vivaces légères.

Conseil Truffaut : **les robiniers greffés émettent des drageons qu'il faut couper à ras dès leur apparition. Faites des beignets avec les fleurs, c'est délicieux !**

Potées de roses 'Topkapi Palace', 'Mozart', 'Prince Palace', 'Campanula persicifolia'.

'Graham Thomas'

'Emera'

'Fée des Neiges'

Rosa x hybrida
ROSIER

J F M A M J J A S O N D

0,30/2 m	0,30/1 m		C Arbuste	- 10 °C

Ces plantes aux multiples visages de la famille des Rosaceae trouvent mille et un usages sur le balcon.

Feuillage : alterne, vert plus ou moins foncé, composé de 5 ou 7 folioles souvent brillantes. Les feuilles de certaines variétés naissent pourpres ou chocolat.

Floraison : les pétales des roses prennent pratiquement toutes les couleurs, sauf le noir et le bleu. Les fleurs les plus simples possèdent cinq pétales, au milieu desquels se niche une touffe d'étamines jaune d'or. Lorsque les fleurs sont très doubles, on n'aperçoit plus le cœur.

Espèces et variétés : il existe des milliers de variétés de rosiers, des miniatures 25 cm de hauteur jusqu'aux rosiers lianes qui atteignent plusieurs mètres, parfumées ou non. La majorité des rosiers ne sont pas heureux en pot. Cela se traduit par une sensibilité accrue aux maladies et une floraison moindre. Pourtant, en sélectionnant des variétés à petit développement, et des obtentions solides, il est possible de les réussir. Les miniatures, comme les séries « Meillandina », « Palace » ou « Symphonie », ont été créées pour la culture en bac, surtout sur les rebords de fenêtre et les petits balcons. Ces mini-rosiers peuvent être considérés comme des plantes annuelles, que l'on peut mélanger à d'autres fleurs, dans une petite jardinière. Les coloris et la forme des fleurs ont été beaucoup travaillés dans les années 1990. On en trouve de splendides sélections. 'Stars'n' Stripes', un adorable nain de 30 cm de haut, qui présente des stries rouge et blanc. 'Gentle Touch', dont les délicats boutons rose pâle s'épanouissent en fleurs semi-doubles, légèrement parfumées. 'Grain de Beauté' forme un petit coussin compact de fleurs semi-doubles roses.

Rosiers en pots : 'Margareth Meryl' et 'Fée des Neiges.'

Rosier tige

'Gertrude Jekyll'

'Léonard de Vinci'

Jardinière de roses

Si vous disposez de plus de place, accueillez sur le balcon des rosiers buissons compacts. 'Emera', qui atteint 70 cm de haut, se montre d'une exceptionnelle résistance aux maladies. Il produit une multitude de fleurs rouge fuchsia, semi-doubles, de mai aux gelées. 'Fée des Neiges' (ou 'Iceberg') offre de belles coupes semi-doubles, d'un blanc qui reste pur même après la pluie. Les amateurs des rosiers grimpants adopteront 'Pierre de Ronsard', une fleur façon vieille rose, très double, rose carmin et crème. En pot, il montera environ à 2 m. Les roses anglaises, au charme rétro mais résistantes aux maladies et bien remontantes, offrent un port légèrement retombant, très gracieux. 'Graham Thomas', jaune d'or, et 'Gertrude Jekyll', rose comptent parmi les meilleurs. Parmi les rosiers anciens remontants, quelques-uns acceptent la culture en pot. C'est le cas de 'Alfred Colomb', aux grandes fleurs très doubles, de 'Ballerina', qui forme de grands bouquets de fleurettes roses, au cœur blanc et supporte une ombre partielle. 'Clementina Carboniera' porte des fleurs acidulées qui mêlent l'orange, le jaune et le saumon. 'Yvonne Rabier' forme un buisson compact de 1 m de hauteur, couvert pendant toute la belle saison de grappes de petites fleurs doubles, blanches. Il peut se contenter de trois à quatre heures de soleil par jour.

'Orange Meillandina'

'Pierre de Ronsard'

Comportement en pot : les rosiers miniatures propagés par bouturage sont plutôt cultivés comme des annuelles et éliminés en fin de floraison. Les autres s'accommodent de la vie en pot pendant plusieurs années, s'ils sont bien suivis. Un rempotage tous les trois ans est à prévoir.
Dimensions du pot : les racines pivotantes et profondes des rosiers détestent tourner en rond dans un pot trop petit. L'aspect de la plante s'en ressent vite, la floraison ralentit, les feuilles perdent leur vigueur. N'hésitez pas à offrir des contenants plus profonds que larges, de 30, 40, voire 50 cm de haut, pour les plus vigoureux. Si la potée paraît trop grande pour la plante seule, associez-lui des annuelles qui meubleront l'espace. Héliotrope, lantana, verveine, hélichrysum conviennent bien. Ceci ne s'applique pas aux rosiers miniatures, qui peuvent se contenter d'une jardinière classique de 40 cm de long sur 20 cm de hauteur.
Exposition : aucun rosier ne fleurit à l'ombre. Le besoin minimum est de 3 à 4 h de soleil par jour. En deçà, l'arbuste donnera très peu de fleurs. Si votre balcon n'est éclairé que le matin, choisissez des variétés comme 'Souvenir d'Adolphe Turc', 'Fée des Neiges', 'Charles de Mills' ou 'Rose de Rescht' qui offrent une bonne tolérance au manque de lumière.
Terre : il existe sur le marché, de bons terreaux pour rosiers, nutritifs et riches en argile, comme les aiment ces plantes. Apportez de l'engrais spécifique pour rosiers deux ou trois fois au cours de la saison. Chaque année, changez la terre de surface, en la remplaçant par un mélange à parts égales de fumier bien décomposé et de terreau pour rosiers.
Arrosage : le secret de la culture des rosiers en pot réside dans les arrosages. La racine pivotante et puissante de cette plante est faite pour aller chercher l'eau en profondeur dans le sol. Si elle ne la trouve pas, l'arbuste souffre. Veillez à ce que la motte reste toujours humide, mais sans excès. Ne laissez jamais d'eau stagner dans la soucoupe. Évitez d'arroser en pluie sur le feuillage et les feuilles, car cela favorise l'apparition de maladies.
Ennemis et maladies : l'oïdium et les taches noires des feuilles (marsonia) sont les deux maladies les plus fréquentes chez les rosiers. Une plante qui est correctement nourrie et arrosée s'avère bien plus résistante aux maladies qu'un sujet délaissé. Luttez aussi contre les pucerons au printemps et les acariens en été.
Utilisations : si le pot n'est pas très grand (inférieur à 30 cm de diamètre), il est préférable de cultiver le rosier seul dans son contenant, car la plante est gourmande et peu partageuse. En revanche, vous pouvez les rapprocher des potées de géraniums vivaces, de népétas ou de pétunias bleus, si odorants le soir venu. En fond, composez un écrin de verdure avec des plantes à feuillage vert sombre, comme le buis, le houx et les conifères.
Conseil Truffaut : supprimez soigneusement les fleurs fanées au fur et à mesure qu'elles se forment. Coupez à trois feuilles sous la corolle. Ce geste simple permet de doubler la durée et l'importance de la floraison.
Au printemps, taillez les rosiers. Le plus simple consiste à les débarrasser des branches mortes et de celles qui se croisent. Vous rabattez ensuite les tiges trop longues à 25 cm du sol, en conservant la ramure dans une forme de gobelet évasé. D'une manière générale, plus un rameau est faible, plus il doit être taillé court. Pour les grimpants, taillez toutes les pousses latérales à deux yeux de leur point de départ et supprimez les vieilles tiges.

'Opalia'

'Mandarine Symphonie'

'Charles de Mills'

Roscoea cautleoides

Roscoea spp.
FAUSSE ORCHIDÉE

J F M A M **J J** A S O N D

30/50 cm	15/20 cm		Vivace	- 3 °C

Ces plantes tubéreuses de la famille des Zingiberaceae portent des fleurs dont la forme évoque les orchidées.

Feuillage : engainant, linéaire, oblong ou ovale selon les espèces, il ressemble à des feuilles de tulipes, vert assez foncé.

Floraison : les tiges portent des fleurs crème, jaunes ou roses, de 4 à 6 cm de diamètre, qui ressemblent à des orchidées, avec le pétale supérieur dressé.

Espèces et variétés : *Roscoea humeana* porte des grappes de fleurs spectaculaires, d'un pourpre intense. *Roscoea beesiana* est blanc ou jaune pâle, parfois maculé de mauve sur le pétale inférieur. *Roscoea cautleoides*, le plus rustique, forme de gros bouquets de fleurs jaune pâle ou blanches.

Comportement en pot : le tubercule se réveille fin mai et développe rapidement sa touffe de feuillage. La difficulté vient surtout de l'hivernage, à effectuer au sec.

Dimensions du pot : un pied de *Roscoea* vit dans une potée de 12 cm de diamètre. Plantez quatre ou cinq tubercules dans une jardinière basse et ronde, de 30 cm de diamètre et 20 cm de hauteur.

Exposition : soleil atténué ou mi-ombre.

Terre : un terreau riche et bien drainé.

Arrosage : le goutte-à-goutte est idéal pour ces plantes qui détestent avoir les pieds au sec durant leur croissance.

Ennemis et maladies : limaces.

Utilisations : pour une scène tout en fraîcheur, associez les roscoéas à des liriopes, des astilbes naines, des épimédiums, des trilliums, des lamiers dorés, des fougères.

Conseil Truffaut : plantez les tubercules entre 10 et 12 cm de profondeur. En hiver, abritez les pots dans une véranda, dès que les températures deviennent négatives. Si vous ne disposez pas d'un endroit hors gel, enterrez la potée dans un grand bac rempli de tourbe.

Rosmarinus officinalis
ROMARIN

J F M **A M J** J A **S** O N D

15/80 cm	0,40/1 m		P Arbuste	- 6 °C

Ce buisson érigé ou rampant, de la famille des Lamiaceae, exhale l'arôme irrésistible des vacances.

Feuillage : opposé, fortement aromatique, linéaire, étroit ou lancéolé, coriace, gris-vert, avec un feutrage blanc au revers.

Floraison : les branches de deux ans portent des fleurettes bleu-mauve, roses ou blanches, mellifères, dont on observe parfois une faible remontée à l'automne.

Espèces et variétés : *Rosmarinus officinalis* 'Prostratus' et 'Corsican Blue', à port rampant, fleurissent longuement d'un bleu foncé. 'Saint Florent', avec son feuillage fin et son port très rampant, retombe par dessus le pot. 'Majorcan Pink', au port souple, semi-érigé, possède des petites feuilles gris-vert qui servent d'écrin à l'abondante floraison rose tendre. 'Pyramidalis' dresse fièrement ses tiges à la verticale, formant un buisson.

Comportement en pot : une nouvelle touffe de romarin pousse à toute allure la première année, mais elle ralentit le rythme par la suite. En cinq ans, elle dépassera à peine 80 cm de haut.

Dimensions du pot : les racines du romarin tapissent très vite le fond d'un pot trop petit. N'installez pas la plante dans une potée dont le diamètre et la profondeur sont inférieurs à 20 cm.

Exposition : plein soleil obligatoire.

Terre : ordinaire, sableuse, bien drainée.

Arrosage : parcimonieux, mais régulier. Une fois par semaine en été, arrosez à fond.

Ennemis et maladies : le pourridié entraîne un dépérissement brutal dans un substrat trop compact et très humide.

Utilisations : en haie, sur les balcons situés dans le Midi ou dans l'Ouest. En potée solitaire, car le romarin s'avère un compagnon trop gourmand. Sa silhouette est bien mise en valeur près des autres plantes de soleil : ciste, thym, lavande, santoline, armoise, sauge, laurier-rose, solanum, lantana, euryops, anthémis.

Conseil Truffaut : bien que certaines variétés de romarin se montrent un peu plus rustiques que d'autres, il est prudent de protéger la plante du froid et de l'humidité, dès le début du mois de novembre dans la plupart des régions.

Rosmarinus officinalis

Rubus odoratus 'Tridel'

Rubus spp.
RONCE, MÛRE, FRAMBOISIER

J F M **A M J** J A S O N D

0,30/3 m — 1/2 m — PC Fruitier — - 15 °C

Ces arbustes parfois sarmenteux de la famille des Rosaceae sont épineux, porteurs de fruits sucrés.

Feuillage : alterne, vert mat, à trois folioles grossièrement dentées, vert foncé ou doré, plus ou moins large selon les espèces.

Floraison : les ronces d'ornement ou fruitières portent de mini-églantines, roses, pourpres ou blanches, simples, parfois très doubles, aux pétales soyeux. Le cœur de la fleur est rehaussé d'un joli toupet d'étamines dorées. Fruits comestibles.

Espèces et variétés : *Rubus spectabilis* 'Olympic Double', à fleurs pourpres et odorantes, très doubles, d'avril à juin. *Rubus odoratus* 'Tridel' se couvre d'églantines blanches de 5 cm de large, aux étamines jaune soleil. 'Betty Ashburner', couvre-sol persistant, à fleurs blanches. Chez le framboisier *(Rubus idaeus)*, choisissez plutôt une variété remontante comme 'Héritage', très savoureuse, ou 'Zeva', aux fruits énormes. La mûre des jardins *(Rubus fruticosus)* couvre vite une rambarde de ses rameaux longs et souples.

Comportement en pot : les ronces se montrent très résistantes au froid, même en jardinière où elles vivent longtemps.

Dimensions du pot : drageonnant, les *Rubus* se trouvent vite à l'étroit dans leur contenant. Tous ont besoin d'un pot d'au moins 30 cm de large et autant de profondeur. Rempotage annuel conseillé.

Exposition : les ronces vivant en lisière de forêt, elles apprécient plus la mi-ombre que le plein soleil ardent de l'été.

Terre : une bonne terre de jardin associée à du terreau, pour un substrat bien filtrant.

Arrosage : une à deux fois par semaine.

Ennemis et maladies : les ronces ayant la vigueur des plantes sauvages, elles sont rarement malades. Traitez les pucerons.

Utilisations : ne mélangez pas dans le même pot un *Rubus* avec une autre plante. Le mariage est voué à l'échec, car la ronce, même d'ornement, est très envahissante et domine les autres végétaux.

Conseil Truffaut : **éliminez le vieux bois, qui ne fleurit pas. Aérez le centre de la touffe dans le courant février.**

Framboises *(Rubus idaeus 'Zeva')*

Mûres *(Rubus fruticolis)*

Rudbeckia hirta

Rudbeckia spp.
RUDBÉCKIA

J F M A M J J A S O N D

50/80 cm 30/40 cm Annuelle, Vivace -10 °C

Cette plante éphémère de la famille des Asteraceae nous regarde d'un œil noir, mais elle a un cœur d'or.

Feuillage : alterne, simple, lancéolé, denté, couvert de poils raides, les feuilles supérieures sont plus larges à la base.

Floraison : de grosses marguerites jaunes, aux pétales parfois récurvés, parées d'un cœur brun ou noir très proéminent.

Espèces et variétés : choisissez des espèces qui ne dépassent pas 80 cm de haut. Parmi les candidats possibles, chez les rudbéckias vivaces, *Rudbeckia fulgida* 'Goldsturm' (70 cm), bien touffu, aux capitules à centre brun ; var. *deamii*, au port souple, très florifère, ou *Rudbeckia laciniata* 'Goldquelle', aux capitules doubles, jaune d'or. Parmi les rudbéckias annuels *(Rudbeckia hirta)*, adoptez les yeux fermés 'Toto', 'Becky', 'Sonora', nains (35 cm), qui portent une multitude de soleils lumineux. Plus hauts (50 à 60 cm), 'Marmelade', à grandes fleurs simples jaunes, et 'Goldilocks', à fleurs doubles orange, se comportent bien en pot. 'Indian Summer' porte des fleurs jaunes de 15 à 20 cm de diamètre.

Comportement en pot : avec des engrais réguliers, les rudbéckias vivaces s'adaptent bien, en pot, pour plusieurs années. Rempotage tous les deux ans. Les annuels ne posent aucun problème particulier.

Dimensions du pot : 25 cm au moins en tous sens assurent une bonne croissance.

Exposition : un maximum de soleil est exigé pour obtenir une bonne floraison.

Terre : les rudbeckias s'accommodent d'un bon terreau universel, de préférence un peu compact, mais bien drainé.

Arrosage : les rudbéckias résistent bien à la sécheresse, arrosez au moins une fois par semaine en fonction de la température.

Ennemis et maladies : l'oïdium est assez redoutable, de même que les limaces.

Utilisations : composez de grosses potées généreuses de rudbéckias, en association avec asters, échinops, échinacéas, monardes, gaillardes, gauras, armoises.

Conseil Truffaut : coupez les tiges au ras du sol une fois la floraison terminée. Plantez des petits bulbes de crocus ou de muscaris dans les potées de rudbéckias afin de leur offrir un peu de couleur au tout début du printemps.

Rumex acetosa
OSEILLE

J F M A M J J A S O N D

20/30 cm 20/30 cm Légume - 20 °C

Cette vivace condimentaire au goût acide de la famille des Polygonaceae existe aussi en races ornementales.

Feuillage : en touffe issue de la souche. Larges feuilles ovales, vert clair et lisses.

Floraison : les petites fleurs rouge-vert sont groupées en grandes panicules étroites. Supprimez les hampes dès qu'elles apparaissent pour privilégier le feuillage.

Espèces et variétés : 'Large de Belleville' est une amélioration très productive, à grandes feuilles vert blond. *Rumex montanum* 'Rubrifolia', l'oseille vierge rouge, est remarquable pour son feuillage pourpre vif au printemps. *Rumex patienta*, appelée « patience » ou « oseille épinard », produit des grandes feuilles à saveur moins acide, souvent consommées comme celles des épinards.

Comportement en pot : la culture est facile et la croissance rapide. Renouvelez la touffe tous les trois ou quatre ans en la divisant dans le courant du printemps.

Dimensions du pot : au minimum 20 cm en tous sens pour un pied car la racine principale est pivotante et très robuste.

Exposition : mi-ombre ou soleil léger.

Terre : riche, fertile, fraîche et bien drainée. Un bon terreau pour plantes vertes.

Arrosage : régulier pour maintenir le sol légèrement humide. Dès que le substrat est trop sec, les feuilles deviennent plus coriaces et prennent une saveur très acide.

Ennemis et maladies : les escargots et les limaces raffolent du feuillage de l'oseille. Placez des appâts en granulés tout autour.

Utilisations : associée à d'autres aromatiques (persil, menthe, estragon, céleri perpétuel, etc.) pour créer une balconnière de plantes condimentaires.

Conseil Truffaut : les plants achetés en godets doivent être espacés de 30 cm au moment de la plantation. D'avril à juin, semez les graines directement en place. Éclaircissez le plant à 20 cm.

Rumex acetosa

Russelia equisitiformis

Russelia equisitiformis
PLANTE CORAIL

J F M A M J J A S O N D

50/60 cm	40/50 cm		C Saisonnière	7 °C

Ce sous-arbrisseau frileux de la famille des Scrophulariaceae fleurit sous une pluie de perles de corail.

Feuillage : les longs rameaux frêles portent des feuilles opposées, réduites à l'état d'écailles, qui les font ressembler à du jonc.

Floraison : sur les jeunes tiges arquées, des fleurs rouge-orangé à la forme tubulaire allongée sont portées en bouquets.

Espèces et variétés : des quelque cinquante espèces connues, seul *Russelia equisitiformis* est cultivé en Europe.

Comportement en pot : cette plante est presque rustique sur la Côte d'Azur. D'octobre à mai, cultivez-la partout ailleurs dans une véranda peu chauffée.

Dimensions du pot : 18 cm de diamètre et de profondeur au moins pour un pied.

Exposition : chaude et bien ensoleillée.

Terre : un bon terreau de rempotage, enrichi avec 15 % de fertilisant organique.

Arrosage : deux à trois fois par semaine l'été, en laissant sécher un peu la surface du substrat entre deux apports d'eau.

Ennemis et maladies : en général, aucun.

Utilisations : installez la plante corail dans une grande suspension seule, ou avec des monopsis et des pourpiers.

Conseil Truffaut : pendant la belle saison, faites un apport d'engrais liquide pour géraniums tous les dix jours.

Ruta graveolens
RUE

J F M A M J J A S O N D

40/60 cm	30/40 cm		P Vivace	- 20 °C

Ce sous-arbrisseau officinal de la famille des Rutaceae forme un buisson élégant, qui résiste à tout.

Feuillage : alterne, en touffe dense ramifiée, au beau reflet bleuté. Les feuilles pennées et très finement découpées dégagent une odeur plutôt désagréable.

Floraison : les petites fleurs jaune soufre à quatre pétales se forment en petits bouquets à l'extrémité des tiges.

Espèces et variétés : 'Jackman's Blue' est un cultivar plus compact et plus intensément glauque. 'Variegata', peu vigoureux, porte des feuilles panachées de crème.

Comportement en pot : la croissance est rapide, il faut bien contenir le développement par des pincements répétés.

Dimensions du pot : 20 cm en tous sens au minimum pour un seul pied.

Exposition : chaude et bien ensoleillée.

Terre : un bon terreau universel assez compact, mais jamais gorgé d'eau.

Arrosage : deux à trois fois par semaine en été selon la température ambiante.

Ennemis et maladies : le phytophthora sévit dans les bacs mal drainés.

Utilisations : très décorative, la rue est la haie basse idéale à créer dans une grande jardinière, en association avec des annuelles aux couleurs vives.

Conseil Truffaut : au printemps, rabattez la touffe à quelques centimètres du sol. Cela va permettre l'apparition de nouvelles pousses et donner un port plus harmonieux. Ôtez les fleurs fanées en automne. Portez des gants car la sève tache la peau de marques brunes.

Ruta graveolens

Salix spp.
SAULE

J F M A M J J A S O N D

1,50/3 m | 0,60/1 m | Arbre | - 18 °C

Ce genre très disparate de la famille des Salicaceae est apprécié pour ses fleurs, ses feuilles et ses tiges.

Feuillage : alterne. Les feuilles simples et étroites ont des formes très variées selon les espèces. En général, le port est buissonnant.

Floraison : à la fin de l'hiver ou au printemps. Pour obtenir de beaux chatons, plantez *Salix daphnoides*, *Salix caprea* 'Pendula' ou *Salix hastata* 'Wehrhahnii'.

Espèces et variétés : on trouve plus de 80 sortes de saules dans les pépinières. *Salix integra* 'Hakuro Nishiki' développe un jeune feuillage panaché de rose et de blanc crème. Taillé chaque année, il ne dépasse pas 1,50 m d'envergure. *Salix rosmarinifolia* forme un arbuste buissonnant caduc, d'environ 2 m de haut. Ses feuilles sont vertes sur le dessus et blanches au revers. *Salix caprea* 'Pendula' (ou 'Kilmarnock') produit une floraison spectaculaire en mars et avril. À réserver aux très grandes terrasses, car il peut atteindre 3 m en bac. *Salix purpurea* 'Nana' (1,50 m) forme un buisson touffu aux rameaux bruns et aux feuilles qui rougissent en automne.

Comportement en pot : les espèces à petit développement ou prostrées conviennent bien à la culture en bac. Les saules ont souvent une croissance très rapide. Rempotage tous les deux ans.

Dimensions du pot : au minimum 35 cm en tous sens pour un seul plant.

Exposition : en plein soleil, non brûlant.

Terre : un sol de jardin compact et du terreau universel en mélange par moitié.

Salix caprea 'Pendula'

Salix integra 'Hakuro Nishiki'

Arrosage : les saules apprécient un sol frais ou même humide. Par temps chaud et sec, mouillez tous les deux jours au moins.

Ennemis et maladies : l'anthracnose du saule provoque des chancres noirs sur les rameaux et des taches brunes sur les feuilles. Les cochenilles, les pucerons et la fumagine peuvent envahir les tiges.

Utilisations : les saules nains peuvent être installés avec des plantes vivaces dans une jardinière. Les plus grands sujets sont à cultiver dans un bac en isolé.

Conseil Truffaut : supprimez les rameaux morts. Taillez très court, après la floraison, les saules à écorce décorative ou à feuillage panaché.

Salpiglossis sinuata
SALPIGLOSSIS

J F M A M J J A S O N D

40/60 cm | 20/30 cm | Annuelle | 0 °C

Cette plante buissonnante de la famille des Solanaceae offre une exceptionnelle palette de couleurs.

Feuillage : alterne. Les feuilles étroites sont vert clair, ondulées sur les bords. Les tiges assez grêles et veloutées sont légèrement collantes au toucher.

Floraison : de juillet à septembre. Les fleurs, en forme de grand cornet évasé, à l'aspect velouté, s'épanouissent en couleurs variées, aux mélanges étonnants.

Espèces et variétés : les salpiglossis sont proposés en coloris variés où se mêlent le blanc, le jaune, l'orange, le rose, le rouge et le bleu-violet, avec des striures brunes. 'Royal' est un hybride F1 nain (40 cm).

Comportement en pot : pour obtenir un effet de masse, installez plusieurs pieds dans un grand bac. Tuteurez discrètement les jeunes plants des variétés hautes comme 'Emperor', qui atteint 80 cm.

Dimensions du pot : 18 cm de diamètre et de profondeur pour un pied solitaire.

Exposition : chaude et bien ensoleillée.

Terre : un bon terreau de rempotage.

Arrosage : maintenez le sol toujours frais (tous les deux ou trois jours en été).

Ennemis et maladies : attention aux pucerons. Le salpiglossis est aussi sensible à la pourriture du collet et des racines.

Utilisations : composez une grosse potée fleurie en associant des salpiglossis à des pétunias, des bidens, des hélichrysums, des héliotropes ou des tabacs.

Conseil Truffaut : semez dans des godets en février ou mars, sous abri chauffé (18 à 20 °C). La levée se produit en trois semaines. Éclaircissez le semis en ne conservant qu'un plant vigoureux par pot. Mettez en place en mai.

Salpiglossis sinuata 'Royal'

Salvia spp.
SAUGE

J F M A **M J J A S O** N D

0,20/1 m — 15/50 cm — PC — Annuelle/Vivace — -8 °C

Ces plantes très diversifiées de la famille des Lamiaceae sont un peu les bonnes à tout faire du balcon.

Feuillage : opposé, simple ovale, allongé, souvent rêche et aromatique.

Floraison : les fleurs tubulaires à deux lèvres sont groupées en racèmes terminaux très décoratifs. Coloris variés.

Espèces et variétés : *Salvia coccinea* est une sauge herbacée très florifère, cultivée comme une annuelle. Elle forme une touffe ramifiée de 50 à 60 cm de haut. Parmi les cultivars, choisissez 'Coral Nymph', aux fleurs roses et 'Lady in Red', à la floraison lumineuse rouge vif. *Salvia splendens* se traite aussi comme une annuelle qui fleurit rouge vif toute la belle saison. Selon les variétés, elle mesure de 20 à 50 cm de haut. *Salvia microphylla* (ou *grahamii*) forme un buisson persistant d'environ 1 m d'envergure, en climat doux. Elle est rustique jusqu'à -5 °C ; 'Devantville' s'épanouit en orange saumoné. *Salvia officinalis* est un sous-arbrisseau rustique, à feuillage persistant gris-vert et très aromatique. Sa floraison bleue apparaît en juin et juillet ; 'Purpurascens' se distingue par un feuillage pourpre ; 'Icterina' exhibe des feuilles panachées de jaune ; 'Tricolor' porte des jeunes pousses panachées de rose et de blanc crème. *Salvia patens* est une espèce vivace, souvent cultivée comme une annuelle. Elle forme un petit buisson de 60 cm d'envergure. La floraison légère, bleu azur, tardive, apparaît en août et en septembre. *Salvia farinacea* (30 à 50 cm), vivace cultivée comme annuelle, porte des épis étroits bleu soutenu ou blanc argenté. *Salvia viridis (horminum)* est une annuelle de 40 cm de haut, portant de belles bractées colorées.

Salvia coccinea

Salvia officinalis 'Tricolor'

Comportement en pot : les jeunes plants sont sensibles au froid humide et la rusticité des espèces vivaces est moins bonne en bac. Tuteurez les grandes sauges qui se développent vite en formant des tiges fragiles, elles résistent mal aux intempéries.

Dimensions du pot : au minimum 18 cm de diamètre et de profondeur pour un pied.

Exposition : chaude et bien ensoleillée.

Terre : un terreau ordinaire assez souple.

Arrosage : copieux et régulier par temps chaud et sec. Réduisez les apports d'eau en hiver. Les sauges vivaces à feuilles épaisses résistent bien à la sécheresse.

Ennemis et maladies : cicadelles et araignées rouges décolorent le feuillage.

Utilisations : les sauges constituent un décor fleuri pendant de longs mois ; elles s'associent bien avec toutes les annuelles.

Conseil Truffaut : coupez les fleurs fanées. Chaque année, taillez la sauge officinale en mars et après la floraison pour qu'elle conserve un port touffu et compact. Fertilisez à l'engrais liquide.

Salvia splendens

Salvia patens

Salvia microphylla

Sambucus racemosa 'Plumosa Aurea'

Sambucus racemosa
SUREAU À GRAPPES

J F M A M J J A S O N D

1,50/3 m | 1,20/2 m | C Arbuste | - 20 °C

Ce buisson généreux et touffu de la famille des Caprifoliaceae est très robuste et vraiment facile à cultiver.

Feuillage : opposé. Les feuilles sont pennées, avec cinq ou sept folioles ovales.

Floraison : les petites fleurs étoilées, blanches, sont réunies en grandes inflorescences terminales plates et coniques (panicules). Elles sont suivies de baies brillantes bleues, noires ou rouges.

Espèces et variétés : *Sambucus racemosa* 'Plumosa Aurea' et 'Sutherland Gold' développent un feuillage léger finement découpé, d'abord vert, puis doré ; 'Tenuifolia' (60 à 80 cm), forme un buisson parfait pour orner une petite terrasse, aux petites feuilles finement incisées qui donnent à la plante un aspect bouclé, la fructification est rouge ; 'Goldenlocks' est une forme naine à feuilles dorées. *Sambucus nigra* est vigoureux et de croissance rapide. Le feuillage grossièrement denté est vert foncé. En juin et juillet, il se couvre de larges inflorescences, qui donnent ensuite des baies pourpre noir ; 'Laciniata' est une forme à feuillage très découpé d'un bel effet décoratif ; 'Pygmy', un couvre-sol à feuillage vert clair, ne fleurit pas.

Comportement en pot : les sureaux prennent très vite un port désordonné et se dégarnissent de la base. Préférez les petites espèces, plus adaptées à la culture en bac.

Dimensions du pot : 35 cm de diamètre et de profondeur au minimum.

Exposition : ensoleillée pour les variétés à feuillage vert, mi-ombre pour les sureaux à feuilles dorées, qui grillent facilement.

Terre : une bonne terre de jardin, bien drainée, en mélange avec un terreau pour rosiers et 10 % de fertilisant organique.

Arrosage : modéré. Laissez le sol sécher en surface avant un nouvel apport d'eau.

Ennemis et maladies : les pucerons et l'oïdium envahissent tiges et feuillage.

Utilisations : en sujet isolé dans un bac élégant, avec des annuelles au pied.

Conseil Truffaut : chaque année, en fin d'hiver quand il ne gèle pas, taillez les branches très court pour conserver un port plus compact à la touffe. Cette opération empêche la floraison et la fructification, mais permet d'obtenir un feuillage plus joli et un arbuste touffu.

Santolina chamaecyparissus
SANTOLINE, PETIT CYPRÈS

J F M A M J J A S O N D

20/40 cm | 20/40 cm | P Arbuste | - 12 °C

Ce buisson compact et aromatique, de la famille des Asteraceae forme des petites haies très ornementales.

Feuillage : alterne, entier, dense, gris argenté. Les feuilles sont serrées sur les tiges, comme les écailles d'un cyprès.

Floraison : les nombreuses fleurs jaune d'or portées par des hampes dressées assez longues et rigides ont l'aspect de petits pompons, de 1 à 1,5 cm de diamètre.

Espèces et variétés : *Santolina chamaecyparissus* 'Lambrook Silver', aux petites feuilles gris argenté, forme une boule de 30 cm de hauteur ; var. *lindavica* porte un feuillage dentelé, grisâtre ; 'Viridis' est similaire à l'espèce, mais avec le feuillage vert, ses fleurs sont jaune crème. *Santolina pinnata* est compact, avec un feuillage vert argenté très fin, fleurs jaune crème ; ssp. *neapolitana*, au feuillage franchement argenté et fleurs jaunes.

Comportement en pot : peu encombrante, la santoline est rustique dans toute la France. Elle montre une bonne résistance aux embruns. Rempotage annuel.

Dimensions du pot : 18 cm de diamètre et de profondeur, au minimum.

Exposition : chaude et très ensoleillée.

Terre : un bon terreau pour rosiers, allégé avec 20 % de sable de rivière.

Santolina chamaecyparissus 'Lambrook Silver'

Arrosage : la santoline résiste bien à une période de sécheresse. Laissez le sol se ressuyer entre deux apports d'eau. Évitez surtout l'humidité stagnante en hiver.

Ennemis et maladies : en général, aucun.

Utilisations : en potée isolée ou en bordure régulière le long des très grands bacs. Belle association avec la lavande.

Conseil Truffaut : chaque année, taillez les santolines après la floraison pour éviter qu'elles ne se dégarnissent. Donnez-leur une silhouette de boule.

Sanvitalia procumbens

Sanvitalia procumbens SANVITALIA

J F M A M **J J A S O** N D

10/20 cm | 15/30 cm | Annuelle | 0 °C

Cette plante en forme de coussin, de la famille des Asteraceae, porte une nuée de soleils miniatures.

Feuillage : opposé, simple. les feuilles vert vif sont ovales et pointues. Le port général de la touffe est compact, arrondi.

Floraison : les capitules ont l'aspect de marguerites jaune d'or à cœur noir.

Espèces et variétés : 'Irish Eyes', semi-double, jaune-orangé à cœur vert. 'Mandarin', semi-double, orange intense, à cœur brun. 'Golden Carpet', au port très compact, avec une floraison éclatante jaune citron. 'Cuzco', à port semi-retombant, très foisonnant, idéal en suspension.

Comportement en pot : sans problème, avec un minimum de soins. La végétation compacte et la croissance rapide du sanvitalia conviennent aux décors de saison.

Dimensions du pot : pour un pied solitaire, 14 cm en tous sens, au minimum.

Exposition : ensoleillée et très chaude.

Terre : un terreau de tourbe bien drainé.

Arrosage : deux à trois fois par semaine et été. Bonne résistance à la sécheresse.

Ennemis et maladies : l'oïdium peut couvrir le feuillage d'un feutrage blanc-gris. Traitez pendant toute la belle saison.

Utilisations : en bordure, dans une grosse potée d'arbustes ou en suspension, avec des pétunias, des zinnias, des œillets d'Inde, des lobélias, des verveines, des pourpiers ou des brachycomes.

Conseil Truffaut : lors de l'achat, choisissez des plantes non fleuries, présentant un port compact. Elles seront plus vigoureuses et plus florifères ensuite.

Saponaria ocymoides SAPONAIRE

J F M A **M J J** A S O N D

10/15 cm | 20/40 cm | Vivace | - 10 °C

Cette petite plante couvre-sol de la famille des Caryophyllaceae forme un tapis compact de fleurs roses.

Feuillage : opposé, simple, ovale, spatulé. La plante forme une touffe tapissante.

Floraison : une abondance de petites fleurs rose tendre à carmin sont groupées en cymes denses, à l'extrémité des tiges.

Saponaria ocymoides

Espèces et variétés : 'Alba', à fleur blanches ; 'Rubra Compacta', à la belle floraison rose carmin. *Saponaria officinalis* 'Rosea Plena', à fleurs doubles, rose vif.

Comportement en pot : la croissance est rapide et la plante vit plusieurs années dans un contenant. En suspension, protégez la saponaire des vents trop violents.

Dimensions du pot : au minimum 18 cm en tous sens pour un jeune plant.

Exposition : au soleil direct, non brûlant, ou à la mi-ombre douce et légère.

Terre : un bon terreau à base d'écorces.

Arrosage : deux fois par semaine en moyenne, sans jamais détremper.

Ennemis et maladies : en général, aucun.

Utilisations : en couvre-sol au pied d'arbustes à floraison printanière dans un grand bac, en suspension ou en bordure d'une jardinière de plantes vivaces.

Conseil Truffaut : après la floraison, rabattez au ras du sol l'ensemble de la touffe pour stimuler la croissance.

Sarcococca spp. SARCOCOCCA

J F M A M J J A S O N D

0,60/1 m | 0,60/1 m | Arbuste | - 10 °C

Ce buisson discret et gracieux de la famille des Buxaceae se pare de petites fleurs au parfum inouï.

Feuillage : alterne, simple, ovale, elliptique ou oblong, vert foncé, lustré.

Floraison : au cœur de l'hiver, des petites grappes de fleurs blanches ou rosées, sans pétales, exhalent un profond parfum de jasmin, de muguet et de miel. Les fleurs mâles sont plus grandes que les femelles. Elles sont suivies de fruits ronds, noirs.

Espèces et variétés : *Sarcococca confusa*, compact et arrondi. *Sarcococca hookeriana,* au port traçant, très parfumées, fruits noir bleuté ; var. *digyna,* au port semi-retombant, fleurs mâles à anthères roses ; 'Purple Stem', un cultivar du précédent, développe des pousses pourpre foncé et des fleurs roses ; var. *humilis* est plus petit (80 cm), aux fruits rouge foncé.

Sarcococca hookeriana var. digyna 'Purple Stem'

Comportement en pot : en raison de sa croissance assez lente, le sarcococca vit très longtemps dans un grand contenant.
Dimensions du pot : au minimum 20 cm de profondeur pour un jeune sujet.
Exposition : la mi-ombre légère est idéale.
Terre : un mélange bien drainé de terreau pour rosiers et de terre de bruyère.
Arrosage : copieux et régulier ; le substrat doit être maintenu légèrement humide durant les fortes chaleurs estivales.
Ennemis et maladies : en général, aucun.
Utilisations : en accompagnement des bruyères et des azalées dans un grand bac ou en touffe avec des fougères.
Conseil Truffaut : installez un claustra près du sarcococca ou placez-le dans un endroit abrité car il craint les vents forts.

Sasa spp.
BAMBOU NAIN

0,60/1 m 0,80/1 m Graminée - 10 °C

Cette vivace aux rhizomes traçants, de la famille des Poaceae, forme une touffe compacte et gracieuse.

Feuillage : verticillé, allongé, assez léger.
Floraison : les bambous ne fleurissent presque jamais. Lorsque la floraison survient, la plante dépérit ensuite.
Espèces et variétés : *Sasa masamuneana* 'Albostriata' est idéal en pot, car il s'étend peu en largeur ; les feuilles striées de blanc jaunissent en automne. Il est très résistant au froid (-15 °C en pot). *Sasa pumila* (désormais *Pleioblastus pumilus*), à feuillage vert foncé, et 'Aurea', à feuillage panaché et strié, forment une touffe assez dense. Robustes et traçants, ces bambous touffus demandent un contenant solide. *Sasa veitchii* est marginé de blanc en hiver.
Comportement en pot : les espèces naines sont à privilégier sur un balcon, dans de larges bacs, pour leur permettre de s'étaler. Pour les plus grandes, méfiez-vous des vents trop violents, car l'enracinement de la plante est superficiel.
Dimensions du pot : plus large que profond pour que la souche s'installe et développe des nouveaux chaumes. Au minimum 35 cm de diamètre et 30 cm de profondeur pour un seul pied.
Exposition : au soleil léger ou à mi-ombre.
Terre : un terreau forestier pas trop acide.
Arrosage : deux fois par semaine, pour maintenir le sol frais, mais non détrempé.
Ennemis et maladies : rien à signaler.
Utilisations : dans de grands bacs pour former des bosquets d'aspect exotique.
Conseil Truffaut : au printemps, rabattez les tiges au ras du sol pour stimuler la nouvelle végétation. Elle sera bien plus belle, surtout chez les variétés à feuillage panaché, dont les couleurs sont nettement plus marquées sur les toutes nouvelles feuilles.

Sasa masamuneana 'Albostriata'

Satureja montana

Satureja montana
SARRIETTE VIVACE

J F M A M J J A S O N D

15/20 cm 20/30 cm Aromatique - 6 °C

Ce sous-arbrisseau prostré de la famille des Lamiaceae exhale un doux parfum de thym et de résine.

Feuillage : opposé. Les feuilles linéaires sont vert sombre et très aromatiques.
Floraison : en épis dressés, blanc rosé.
Espèces et variétés : *Satureja montana spp. illyrica* ne dépasse pas 15 cm de hauteur. Au début de l'automne, elle se couvre d'une profusion de fleurs d'un bleu presque améthyste. *Satureja hortensis*, espèce annuelle, est cultivée pour son feuillage parfumé. *Satureja alternipilosa*, forme un couvre-sol vivace à croissance rapide, qui fleurit blanc à la fin de l'été.
Comportement en pot : la sarriette vivace vivra plusieurs années si son pot est abrité de l'humidité hivernale.
Dimensions du pot : 15 cm en tous sens, avec un rempotage annuel en mars.
Exposition : chaude et très ensoleillée.
Terre : un mélange de terreau de rempotage et de sable de rivière, pas trop riche.
Arrosage : pas plus d'une fois par semaine ; la sarriette résiste à la sécheresse.
Ennemis et maladies : aucun.
Utilisations : associez la sarriette à des : thym, serpolet, marjolaine et sauge.
Conseil Truffaut : en mars, taillez légèrement pour conserver à la touffe un port compact et stimuler la croissance.

Saxifraga hypnoides 'Densa'

Saxifraga spp.
SAXIFRAGE

J F M A M J J A S O N D

5/30 cm | 15/30 cm | Vivace | - 20 °C

Ces plantes couvre-sol de la famille des Saxifragaceae adoptent une multitude de formes et de fleurs.

Feuillage : en rosette ou alterne, découpé, charnu ou doux comme de la mousse.

Floraison : solitaires ou réunies en grappes, les fleurs en coupe ou en étoile sont roses, blanches ou pourpres.

Espèces et variétés : les hybrides de *Saxifraga arendsii* comme 'Dartington Double' ou 'Ware's Crimson', forment des tapis de rosettes de 15 cm de haut. Ils fleurissent en mai, dans les tons roses. *Saxifraga hypnoides*, le gazon turc, pousse vite en petit coussin de feuillage vert clair moussu. En mai et juin, il se couvre d'une profusion de petites fleurs blanches ; 'Densa' est encore plus compact. *Saxifraga* x *urbium*, le désespoir du peintre, offre de belles rosettes vert sombre, formant un petit tapis. En mai et juin, de petites fleurs blanches, ponctuées de rouge, apparaissent au-dessus du feuillage, sur des hampes florales grêles.

Comportement en pot : très rustiques, la plupart des saxifrages vivent bien en pot.

Dimensions du pot : au minimum 14 cm en tous sens pour un seul pied.

Exposition : bien ensoleillée sans être brûlante, ou à la mi-ombre légère.

Terre : une terre de jardin sableuse en mélange par moitié avec un terreau souple.

Arrosage : laissez le sol sécher en surface. Surtout pas d'humidité stagnante.

Ennemis et maladies : la rouille peut tacher le feuillage de pustules brunes. Surveillez les attaques de pucerons et d'otiorhynques sur les racines.

Utilisations : en mini-rocaille dans une auge, avec des sédums et des sempervivums ou en bordure d'une jardinière.

Conseil Truffaut : **divisez en automne les touffes de saxifrages, lorsqu'elles commencent à se dégarnir du centre.**

Saxifraga arendsii

Scaevola aemula
SCAÉVOLA

J F M A M J J A S O N D

15/30 cm | 30/60 cm | Saisonnière | 5 °C

Cette vivace frileuse à port souple, de la famille des Goodeniaceae, forme une suspension généreuse.

Feuillage : alterne, vert brillant, assez découpé. Port très étalé ou retombant.

Floraison : jusqu'aux premiers gels, les fleurs bleu vif ont une forme étalée, en éventail. Elles apparaissent en petits groupes à l'extrémité des tiges.

Espèces et variétés : 'Saphira', bleu foncé, à port retombant et grosses fleurs. 'White Fan', à grosses fleurs blanches. 'Royal Pink', à petites fleurs rose tendre, bien étalé.

Comportement en pot : cette belle australienne est cultivée comme une plante annuelle. Sa culture est recommandée en suspension ou dans un pot assez spacieux.

Dimensions du pot : au minimum 25 cm en tous sens pour un pied.

Exposition : chaude, mais non brûlante. En été, la mi-ombre est indispensable.

Terre : un bon terreau de plantation en mélange avec de la terre de bruyère.

Arrosage : maintenez le sol toujours frais, mais non détrempé. Le scaévola réagit à la moindre erreur d'arrosage par un jaunissement puis par une chute du feuillage.

Ennemis et maladies : quand l'eau d'arrosage et le substrat sont trop calcaires, les feuilles du scaévola jaunissent. Pour remédier à ce problème, utilisez un antichlorose.

Utilisations : en couvre-sol dans un bac avec des arbustes de terre de bruyère ; en bordure de balconnière ou en suspension.

Conseil Truffaut : **pour obtenir un effet de masse, plantez deux ou trois pieds par potée. Pincez les extrémités des pousses au moment de la plantation puis une seconde fois deux semaines après.**

Scaevola 'Saphira'

Pétunia, némésia, pélargonium.

Schizanthus hybride

Schizanthus pinnatus
SCHIZANTHUS

J F M A M J J A S O N D

30/50 cm | 20/30 cm | C Annuelle | 0 °C

Ces charmantes plantes de la famille des Solanaceae se parent de fleurs qui évoquent des orchidées.

Feuillage : alterne, penné. Les feuilles vert pâle sont profondément divisées. La plante forme une touffe compacte.

Floraison : échelonnée selon la date de semis. Les fleurs simples de 3 cm de diamètre sont groupées en bouquets au-dessus du feuillage. Nombreux coloris, unis ou panachés, dans les tons de rose, de rouge, de blanc et de jaune, avec stries et panachures pour un effet superbe !

Espèces et variétés : seules des formes hybrides sont disponibles dans le commerce. *Schizanthus pinnatus* 'Dr Badger', à grandes fleurs striées, aux coloris brillants. *Schizanthus* x *wisetonensis* 'Star Parade', de 20 cm de haut, parfait en pot. 'Royal Pierrot', le premier hybride F1.

Comportement en pot : cultivez plutôt les variétés compactes, de moins de 0,50 m de hauteur. Évitez les courants d'air, tuteurez les grands sujets.

Dimensions du pot : 14 cm de diamètre et de profondeur au minimum pour un pied dans les variétés naines.

Exposition : chaude et ensoleillée, bien abritée des vents dominants.

Terre : un bon terreau souple, d'écorce et de tourbe, enrichi avec 10 % de fertilisant organique à base de fumiers et d'algues.

Arrosage : abondant, soit environ tous les deux jours par temps chaud et sec. Ne détrempez pas le sol, car les racines et le collet sont sensibles à la pourriture.

Ennemis et maladies : surveillez les attaques de pucerons qui retardent la croissance des jeunes plants.

Utilisations : en isolé, dans une potée décorative ou en association avec des *Carex*, qui apprécient un peu d'humidité.

Conseil Truffaut : de mars à fin avril, semez les graines sous abri à 16 °C. Levée en deux semaines, puis premier repiquage un mois plus tard. Mettez en place définitive courant mai.

Schizostylis coccinea
GLAÏEUL ÉCARLATE

J F M A M J J A S O N D

40/60 cm | 10/20 cm | P Vivace | - 2 °C

Cette plante rhizomateuse de la famille des Iridaceae se pare d'une gracieuse floraison tardive.

Feuillage : en touffe basale, linéaire, étroit, effilé, proche de celui des glaïeuls.

Floraison : les fleurs étoilées sont groupées par 6 à 10 sur des hampes dressées.

Espèces et variétés : il n'existe qu'une seule espèce, originaire d'Afrique du Sud, que l'on nomme aussi « lis des Cafres ». Côté variétés, 'Professor Barnard', à grandes fleurs rose-rouge, au cœur presque blanc ; 'Tambara', plus précoce, à fleurs rose vif ; 'The Bride', la variété la plus précoce, épanouit de belles corolles rose tendre ; 'Major', rose corail brillant ; 'Alba', blanc à blanc rosé ; 'November Cheer', rose clair ; 'Jennifer', rose, précoce.

Comportement en pot : cette plante au rhizome charnu est casanière. Ne dérangez pas la touffe pendant trois ou quatre ans. En hiver, conservez-la hors gel.

Dimensions du pot : 25 cm de diamètre et de profondeur pour trois rhizomes.

Exposition : bien ensoleillée, chaude et abritée des vents frais et intenses.

Terre : un terreau sableux, léger et frais.

Arrosage : tous les deux jours durant le printemps. Installez le pot dans une soucoupe remplie d'eau par temps très chaud.

Ennemis et maladies : la pourriture grise peut envahir le feuillage par temps très humide.

Utilisations : avec des *Sedum spectabile*.

Conseil Truffaut : en avril, plantez les rhizomes entre 6 et 8 cm de profondeur, en les espaçant de 15 cm.

Schizostylis coccinea

Schlumbergera truncata

Schlumbergera truncata
CACTUS DE NOËL

J F M A M J J A S O N D

25/40 cm · 20/40 cm · Cactus · 7 °C

Cette Brésilienne, vivace, épiphyte, de la famille des Cactaceae, porte une généreuse floraison hivernale.

Feuillage : épais, charnu et persistant. Les feuilles vertes, aplaties et sans épines, sont segmentées. Le port étalé est très ramifié.
Floraison : les grandes fleurs en plumet translucide évoquent un oiseau en vol.
Espèces et variétés : il existe de nombreuses variétés, différant principalement par le coloris des fleurs : blanc, jaune, orange, rose, rouge ou violet.
Comportement en pot : c'est une excellente plante, facile à cultiver en bac, mais une espèce, gélive, doit être abritée dans une véranda tempérée d'octobre à mai.
Dimensions du pot : 14 cm en tous sens pour un jeune pied (croissance lente).
Exposition : chaude, à mi-ombre légère.
Terre : un mélange de terreau de feuilles, de sable et de tourbe fibreuse par tiers.
Arrosage : une à deux fois par semaine pour maintenir la terre fraîche. Après la floraison, laissez le sol sécher nettement en surface entre deux apports d'eau.
Ennemis et maladies : les cochenilles farineuses peuvent envahir le feuillage.
Utilisations : en isolé, dans une suspension, ou en potée avec d'autres cactées.
Conseil Truffaut : la multiplication par bouture de morceaux de feuilles est une expérience amusante et facile, à pratiquer en été dans un mélange sableux.

Scilla siberica
SCILLE

J F M A M J J A S O N D

10/20 cm · 5/10 cm · Bulbeuse · - 10 °C

Cette petite plante rustique de la famille des Asparagaceae se fait la timide messagère du printemps.

Feuillage : chaque bulbe émet une touffe de quatre à six feuilles linéaires, étroites, vert vif, qui font penser à de l'herbe.
Floraison : les fleurs en clochettes sont réunies en grappes pendantes, portées bien au-dessus du feuillage.

Scilla siberica

Espèces et variétés : 'Spring Beauty' porte des fleurs bleu foncé intense ; 'Alba' se distingue par une belle floraison blanche. *Scilla peruviana* produit une impressionnante floraison bleu vif en mai-juin. Plantez-la dans un endroit chaud et abrité.
Comportement en pot : culture facile. La scille n'aime pas les étés trop chauds. Elle peut être laissée dans le pot plusieurs années, pour former une grosse touffe.
Dimensions du pot : 20 cm de diamètre et de profondeur pour huit à douze bulbes.
Exposition : au soleil léger ou à mi-ombre ; même l'ombre pas trop dense est tolérée.
Terre : un mélange bien drainé de terre de jardin, de terreau et de sable, par tiers.
Arrosage : pendant la période de végétation, maintenez le sol toujours un peu frais, mais sans jamais le détremper.
Ennemis et maladies : l'anguillule des tiges peut détruire les bulbes. La rouille couvre le feuillage de taches jaunes sans gravité.
Utilisations : en bordure des jardinières printanières avec d'autres bulbes ou en couvre-sol avec un forsythia ou une azalée.
Conseil Truffaut : à l'automne, plantez les bulbes entre 8 et 10 cm de profondeur, en les distançant de 5 cm.

Sedum spp.
SÉDUM, ORPIN

J F M A M J J A S O N D

5/40 cm · 15/30 cm · Succulente · - 10 °C

Cette jolie plante vivace d'aspect très diversifié, de la famille des Crassulaceae, aime la sécheresse.

Feuillage : alterne, opposé ou verticillé selon les espèces, charnu, parfois coriace. Les feuilles sont aplaties ou cylindriques. Port en touffe dressée ou en tapis compact.
Floraison : des étoiles à cinq branches portées en jolis bouquets terminaux.
Espèces et variétés : *Sedum aizoon* montre un beau feuillage vert clair ; en juillet, il se couvre de fleurs au parfum et à la couleur du miel. *Sedum spectabile* forme une touffe dressée, d'un beau vert bleuté, et arrondie, surmontée par des larges inflo-

Sedum spathulifolium

Sedum spectabile

rescences plates, de juillet à octobre. *Sedum spathulifolium* développe des feuilles plates, disposées en rosette. Il ne dépasse pas 5 cm de hauteur et fleurit en mai/juin, dans les tons de jaune; 'Cape Blanco' porte un feuillage blanc argenté; 'Purpureum', à la végétation vigoureuse et des feuilles pruineuses pourprées. *Sedum kamtschaticum*, à feuillage caduc, fleurit jaune en été; 'Variegatum' est panaché.

Comportement en pot: très résistants et faciles à cultiver, les sédums poussent dans très peu de terre. Plantez les espèces stolonifères dans des terrines larges et plates.

Dimensions du pot: 12 cm en tous sens pour un pied d'une espèce rampante, 20 cm pour le *Sedum spectabile*.

Exposition: ensoleillée, chaude, sèche.

Terre: une bonne terre de jardin, calcaire, allégée par 20 à 30 % de sable grossier.

Arrosage: seulement quand le sol est sec.

Ennemis et maladies: cochenilles, limaces.

Utilisations: en bordure des jardinières de vivaces, en couvre-sol dans une auge, en potée généreuse pour les grandes espèces.

Conseil Truffaut: d'avril à juillet, faites des boutures d'extrémités de tiges. Même les enfants les réussiront.

Sempervivum spp.
JOUBARBE

J F M A M **J J** A S O N D

10/20 cm · 5/20 cm · Succulente · - 10 °C

Cette vivace à l'aspect d'artichaut, de la famille des Crassulaceae, est l'amie des endroits les plus arides.

Feuillage: en rosette. Les petites feuilles charnues sont ovales à elliptiques.

Floraison: à la fin du printemps ou en été. Les fleurs roses, blanches, jaunes ou rouges sont groupées à l'extrémité de tiges épaisses, dressées au-dessus du feuillage. Les rosettes meurent après la floraison, après avoir émis de nombreux rejets.

Espèces et variétés: *Sempervivum arachnoideum* développe un feuillage vert grisâtre, couvert de petites soies argentées. La floraison rose rougeâtre est très décorative. *Sempervivum tectorum* forme des grandes rosettes vertes teintées de brun violacé; prolifique et résistante, cette plante fleurit dans les tons de blanc et de rose pâle. Parmi les multiples hybrides disponibles, choisissez 'Othello' pour ses larges rosettes rouge brunâtre; 'Rubin' au coloris rouge rubis, plus vif au printemps; 'Bettelgeuse', à feuilles pourprées et fleurs roses; 'Commander Hay', aux grandes rosettes plates, d'un beau coloris rouge-brun, avec les extrémités des feuilles vert bronze.

Comportement en pot: la culture est vraiment très facile, ne nécessitant pratiquement pas de soins. Les joubarbes se contentent de très peu de terre et montrent une résistance à toute épreuve.

Dimensions du pot: 14 cm de diamètre et seulement de 10 à 12 cm de profondeur suffisent pour une seule plante.

Exposition: en plein soleil, même très chaud dans un emplacement sec.

Terre: pauvre, légère, sableuse, filtrante.

Arrosage: lorsque le sol est bien sec.

Ennemis et maladies: la rouille peut recouvrir les feuilles de pustules orangées.

Utilisations: en terrines ou en petites potées décoratives avec des sédums ou des graminées. Un mélange de différentes espèces de joubarbes habille un décor de rocaille sèche dans une auge. Plantation dans les anfractuosités d'une roche décorative installée sur un plateau en céramique.

Conseil Truffaut: au printemps et en été, la multiplication est facile par séparation des nombreux rejets émis par la rosette principale. Repiquez chaque rosette « fille » dans un mélange de sable et de terre de jardin, sans ajouter d'engrais. Le bouturage de feuilles prélevées sur le pourtour de la rosette est aussi très facile. La reprise s'effectue en un mois.

Sempervivum x

Senecio 'Sunshine'

Senecio spp.
SÉNEÇON, CINÉRAIRE

J F M A M J J A S O N D

0,15/1 m | 0,20/1 m | P Vivace | - 5 °C

Ces sous-arbrisseaux de la famille des Asteraceae associent l'argent du feuillage et l'or des floraisons.

Senecio cineraria

Feuillage : en rosette ou alterne, irrégulièrement découpé, souvent coloré.

Floraison : des bouquets lâches de marguerites jaunes assez spectaculaires.

Espèces et variétés : le genre *Senecio*, qui compte encore plus de 1 000 espèces, a été entièrement restructuré par les botanistes. *Senecio cineraria*, la cinéraire maritime, est une espèce sous-arbustive vivace, à feuilles persistantes lobées, blanc argenté (30 cm) ; 'Candidissima', au feuillage profondément découpé ; 'Diamant', d'un blanc pur argenté. *Senecio* 'Sunshine' (appelé désormais *Brachyglottis* x 'Sunshine'), au feuillage gris à liseré argent, avec le revers des feuilles blanc feutré (hauteur 1 m), les grandes fleurs jaunes apparaissent en juin et juillet. *Senecio* 'Sunshine' forme un joli coussin vert, étalé ou retombant, de 20 à 30 cm de haut, couvert de petites fleurs jaunes tout l'été ; cultivé souvent comme une plante annuelle, il est pourtant vivace mais doit être hiverné à l'abri du gel. Très spectaculaire, *Senecio petasites* développe des grandes feuilles vert sombre, duveteuses et arrondies (hauteur 1 m) ; la souche est rustique jusqu'à -10 °C. *Senecio viravira* (60 cm) forme un buisson au feuillage gris argenté très découpé et des bouquets de fleurs jaune pâle en petits pompons.

Comportement en pot : les espèces arbustives, conviennent pour les climats doux et les régions situées en bord de mer. Les cinéraires sont peu rustiques.

Dimensions du pot : au minimum 14 cm de haut et de large pour les cinéraires herbacées. Pour les séneçons arbustifs, 25 cm en tous sens constituent un minimum.

Exposition : chaude, aérée et très ensoleillée, bien protégée des gelées.

Terre : un mélange de 2/3 de terreau de rempotage et 1/3 de sable de rivière.

Arrosage : deux fois par semaine en moyenne pendant la belle saison. En hiver, la pluie suffit le plus souvent.

Ennemis et maladies : thrips, pucerons, cochenilles farineuses, rouille. Araignées rouges en été par temps très sec.

Utilisations : dans toutes les compositions automnales, dans les jardinières de vivaces, dans les bacs avec des arbustes.

Conseil Truffaut : **supprimez régulièrement les fleurs fanées au fur et à mesure qu'elles se forment, en coupant au-dessus de la première belle feuille.**

Silene spp.
SILÈNE

J F M A M J J A S O N D

5/30 cm | 15/30 cm | CP Ann. Bis. Viv. | - 10 °C

Ces plantes variables, de la famille des Caryophyllaceae, offrent une longue floraison tout en fraîcheur.

Feuillage : opposé, entier. Les feuilles vert dense ou vert argenté sont ovales, lancéolées, oblongues ou linéaires.

Floraison : les fleurs, à cinq pétales découpés, sont aplaties ou étoilées, reconnaissables à leur calice renflé ou tubulaire.

Espèces et variétés : parmi les espèces

Silene schafta

annuelles, choisissez *Silene pendula,* au port très compact et à la floraison estivale rose pâle, en gros bouquets retombants (de 15 à 20 cm). Parmi les silènes vivaces, *Silene maritima* forme une belle touffe au port un peu lâche, avec un feuillage vert bleuté et une abondante floraison blanche (15 cm) ; 'Plena' donne des grandes fleurs doubles ressemblant à des petits œillets ; 'Druett's Variegated' se distingue par un beau feuillage en coussin, vert pâle et blanc crème, avec une floraison blanche. *Silene schafta* a l'aspect d'un petit coussin, vert foncé ; porte de juillet à septembre, des fleurs simples rose foncé aux extrémités des tiges (de 10 à 15 cm). *Silene alpestris*, au feuillage persistant, coriace, forme un tapis de fleurs blanches estivales, superbes dans une auge.

Comportement en pot : rustiques et faciles à cultiver, les silènes possèdent des racines très fragiles. Ne cassez pas la motte lors d'une transplantation.

Dimensions du pot : au minimum 15 cm en tous sens pour un seul pied.

Exposition : ensoleillée sans être brûlante.

Terre : peu exigeants, les silènes se contentent d'un sol de jardin ordinaire, léger et bien drainé, ou d'un terreau classique.

Arrosage : laissez le sol sécher légèrement en surface entre deux apports d'eau.

Ennemis et maladies : limaces au printemps et en septembre ; pucerons et aleurodes en été. Un sol trop humide en hiver provoque la pourriture des racines.

Utilisations : en bordure d'une jardinière avec des bulbes, des myosotis, des plantes vivaces variées ; dans une auge pour les petites espèces ou en panier suspendu.

Conseil Truffaut : les silènes meurent le plus souvent d'un excès d'eau. Soyez donc parcimonieux dans vos arrosages et ne laissez pas d'eau stagner sous le pot. Après la floraison, rabattez les fleurs fanées juste au-dessus du feuillage pour conserver un port touffu.

Sisyrinchium spp.
SISYRINCHIUM

J F M A **M J J A S O** N D

Hauteur	Largeur	Exposition	Type	Rusticité
15/60 cm	15/40 cm		P Vivace	- 5 °C

Ces plantes élégantes et originales de la famille des Iridaceae méritent d'être plus couramment cultivées.

Feuillage : basal, vert à vert argenté, en touffe évasée. Les feuilles élancées ont une forme d'épée, comme celles des iris.

Floraison : les petites fleurs simples, en forme de coupe ou d'étoile sont groupées sur des tiges dressées au-dessus du feuillage. Les fleurs naissent et meurent pratiquement dans la même journée, mais se succèdent au fil des mois. La plante demande à être admirée de près pour apprécier la subtilité de sa floraison.

Espèces et variétés : *Sisyrinchium striatum* (50 à 60 cm), est peu rustique, mais il se ressème très facilement ; il épanouit de nombreuses fleurs blanc crème à jaune pâle, rayées de brun, portées par des hampes dressées au début de l'été ; 'Aunt May' se distingue par un feuillage rayé de jaune crème, sa culture est beaucoup plus délicate. *Sisyrinchium californicum* ne dépasse pas 15 cm de haut ; la floraison jaune d'or, en étoiles, est superbe. *Sisyrinchium graminoides* (15 cm), au feuillage semi-persistant disposé en éventail, est bleu azur avec le cœur jaune.

Comportement en pot : de culture facile, cette plante peu encombrante n'exige qu'un entretien minimum et dure plusieurs années en pot sous un climat doux.

Dimensions du pot : au moins 15 cm de diamètre et de profondeur pour un pied. Préférez une coupe large, dans laquelle vous installerez ensemble quatre ou cinq touffes pour obtenir un effet de masse.

Exposition : abritée du froid et ensoleillée.

Terre : un mélange à parts égales de terreau, de sable de rivière et de tourbe.

Arrosage : une à deux fois par semaine.

Ennemis et maladies : en général, aucun.

Utilisations : en isolé dans une potée décorative ou en bordure d'une jardinière de vivaces. Belle association avec des fleurs à bulbes et des graminées.

Conseil Truffaut : après la floraison, coupez les hampes florales. Les sisyrinchiums apprécient la présence d'un lit de cailloux fins déposé en couche de 1 ou 2 cm, sur la terre du pot. Ils profitent ainsi de la chaleur accumulée dans la journée par ce paillis original.

Sisyrinchium graminoides

Skimmia japonica
SKIMMIA

J F **M A** M J J A S O N D

Hauteur	Largeur	Exposition	Type	Rusticité
60/80 cm	40/60 cm		P Arbuste	- 8 °C

Ce petit buisson compact, florifère, de la famille des Rutaceae, montre une croissance tout en langueur.

Feuillage : alterne, simple, aromatique. Les feuilles coriaces vert pâle sont ovales et lancéolées, parfois panachées. L'arbuste forme une touffe arrondie, assez dense.

Floraison : les fleurs mâles et femelles apparaissent sur des pieds séparés (plante dioïque). Elles sont étoilées, groupées en panicules terminales. Sur les pieds femelles, des baies rouge vif très décoratives persistent une grande partie de l'hiver.

Espèces et variétés : 'Fragrans' offre une floraison mâle blanche très parfumée ; 'Rubella' est une belle variété mâle, qui donne des boutons floraux rouges ; 'Oblata' résiste bien à la pollution urbaine. *Skimmia reevesiana* (ou *Skimmia fortunei*) présente un port compact et ne dépasse pas 90 cm de haut. C'est une espèce hermaphrodite qui porte toujours des fruits.

Comportement en pot : la culture est facile, mais le skimmia n'est pas très rustique. Les gelées abîment le feuillage. Protégez la potée des courants d'air froids, en l'abritant dans l'angle de deux murs, et en l'enveloppant intégralement dans un morceau de voile d'hivernage, dès que la température nocturne descend en dessous de - 5 °C. La plante résiste bien mieux au froid quand la terre n'est pas trop mouillée.

Dimensions du pot : au minimum 25 cm de profondeur et de largeur pour un pied.

Skimmia reevesiana

Exposition : abritée, à mi-ombre. Un ensoleillement direct provoque le jaunissement du feuillage. L'ombre est bien acceptée.

Terre : de la terre de bruyère pure.

Arrosage : tous les deux ou trois jours durant l'été, en petite quantité, pour maintenir le sol bien frais, mais non détrempé.

Ennemis et maladies : les skimmias sont sensibles à la chlorose dans un sol calcaire.

Utilisations : en isolé, dans une belle potée décorative ou en jardinière avec des rhododendrons, des azalées, des bruyères, des piéris ou des petits érables du Japon.

Conseil Truffaut : **une taille légère à la fin de l'hiver permet de conserver un port buissonnant compact et régulier.**

Solanum spp.
SOLANUM

J F M A **M J J A S O N** D

Hauteur	Largeur	Exposition	Type	Rusticité
0,30/3 m	0,20/2 m		PC Arbuste	0 °C

Buissons ou lianes, ces plantes très variées de la famille des Solanaceae sont d'adorable poisons comestibles.

Feuillage : alterne, entier, lobé ou penné, d'aspect très variable. Toutes les parties vertes de la plante sont toxiques tandis que les fruits (aubergine, piment) et les tubercules (pomme de terre) sont comestibles.

Floraison : étoilée, blanche ou violette.

Espèces et variétés : *Solanum jasminoides,* (3 m), semi-persistant, aux longs rameaux volubiles, de juillet à novembre, il produit des grappes de fleurs étoilées blanc bleuté Il est rustique jusqu'à - 5 °C ; 'Alba', à fleurs blanc pur. *Solanum crispum* 'Glasnevin' (3 m), plante grimpante à feuilles persistantes, se couvre de fleurs bleu-violet à étamines jaunes, d'avril à juin, avec parfois une remontée en automne. *Solanum rantonnetii* (1/1,5 m), buisson à feuilles caduques dont la floraison bleu-violet clair apparaît de juin à octobre. Le feuillage est détruit par le froid à - 5 °C, mais la souche résiste jusqu'à - 8 °C ; 'Variegata aurea', au feuillage panaché de jaune. *Solanum melongena*, l'aubergine, est une plante annuelle buissonnante, cultivée pour ses

Solanum melongena

fruits charnus, délicieux et décoratifs. *Solanum pseudocapsicum* (50 cm/1 m), le « pommier d'amour », forme un sous-arbrisseau très ramifié, à feuillage persistant ; les petites fleurs blanches donnent des fruits globuleux, rouges à maturité, qui persistent une partie de l'hiver. Il faut le protéger du gel en hiver, dans une véranda peu chauffée (de 5 à 10 °C).

Comportement en pot : la croissance est souvent très rapide, d'où la nécessité d'effectuer des apports d'engrais tous les dix jours en été et des rempotages fréquents. Évitez la culture des solanums épineux, trop dangereux sur un balcon.

Dimensions du pot : au minimum 15 cm de diamètre et de profondeur pour les plus petites espèces. Au moins 25 cm pour un solanum grimpant ou un pied d'aubergine.

Exposition : chaude, abritée, ensoleillée.

Terre : un terreau léger et bien drainé.

Arrosage : tous les deux jours, voire quotidiennement par temps chaud et sec. Pas plus d'une fois par semaine en hiver.

Ennemis et maladies : araignées rouges, aleurodes et pucerons provoquent souvent des dégâts très importants sur le feuillage.

Solanum jasminoides

Solanum pseudocapsicum

Utilisations : en potées isolées, à associer avec des plantes méditerranéennes variées : laurier-rose, anisodontéa, cestrum, lantana. Palissez les solanums grimpants sur un treillage, une rambarde ou un claustra.

Conseil Truffaut : en avril, taillez les pousses gelées et les tiges les plus faibles des espèces grimpantes. Rabattez les pousses du pommier d'amour en supprimant le tiers de leur longueur.

Soleirolia soleirolii HELXINE

J F M **A M J** J A S O N D

Hauteur	Largeur	Exposition	Type	Rusticité
3/5 cm	15/50 cm		P Vivace	- 8 °C

Cette minuscule plante couvre-sol de la famille des Urticaceae est idéale pour remplacer la mousse.

Feuillage : alterne, simple, brillant. Les petites feuilles vertes et rondes sont portées par des tiges fines, prostrées et radicantes. De loin, l'helxine ressemble à un tapis de mousse vert frais et très compact.

Floraison : blanc rosé, insignifiante.

Soleirolia soleirolii

Espèces et variétés : 'Aurea', à feuillage panaché doré ; 'Variegata', à feuilles vert-gris, finement marginées de crème, sont deux cultivars très décoratifs, mais plus délicats et frileux, plutôt cultivés comme plantes saisonnières ou d'intérieur.

Comportement en pot : la culture est très facile, mais cette petite plante frileuse noircit dès le premier gel. Si la température ne descend pas trop bas pendant l'hiver, la plante repartira vigoureusement de la souche au printemps, surtout si vous l'avez protégée par un paillis ou une couche de tourbe. Mais pour la conserver intacte, mieux vaut la rentrer dans une véranda ou dans une serre froide pendant tout l'hiver.

Dimensions du pot : une terrine plate, large et peu profonde, permet à l'helxine de former un joli tapis dense et régulier.

Exposition : abritée des froids vifs, à mi-ombre ou à l'ombre dans le Midi.

Terre : un terreau riche et bien drainé à base de tourbes et d'écorce.

Arrosage : deux fois par semaine en moyenne tout l'été, pour maintenir le sol bien frais mais non détrempé. Vaporisez de l'eau fraîche les soirs de canicule.

Ennemis et maladies : un excès d'arrosage ou un mauvais drainage peut provoquer la pourriture des racines et des tiges.

Utilisations : en tapis, au pied d'arbustes ou de plantes herbacées plus grandes. En suspension avec des bégonias 'Pendula'.

Conseil Truffaut : l'helxine se multiplie facilement par fractionnement des tiges enracinées pendant toute la belle saison.

Sparmannia africana TILLEUL D'APPARTEMENT

J F M **A M J** J A S O N D

Hauteur	Largeur	Exposition	Type	Rusticité
1,50/2 m	1/1,50 m		P Arbuste	0 °C

Ce petit arbre d'aspect velouté de la famille des Tiliaceae compose un décor d'inspiration exotique.

Feuillage : alterne, simple, vert vif. Les larges feuilles, en forme de cœur et légèrement lobées, sont souples et duveteuses, portées par de longs pétioles.

Sparmannia africana

Floraison : les fleurs, blanches, de 3 à 4 cm de diamètre, avec au cœur un gros bouquet d'étamines jaune et pourpre, sont groupées en ombelles terminales.

Espèces et variétés : *Sparmannia africana* est la seule espèce couramment cultivée.

Comportement en pot : la croissance est vigoureuse et importante. Abritez la potée des vents violents. En hiver, rentrez le sparmannia dans une véranda (entre 7 et 12 °C). De mai à septembre, faites un apport d'engrais liquide tous les dix jours.

Dimensions du pot : au minimum 25 cm de diamètre et de profondeur pour un jeune pied de 1 m de hauteur. Un contenant carré, bien stable, est préférable.

Exposition : chaude et ensoleillée, à l'abri des vents violents qui cassent les branches.

Terre : un terreau pour rosiers, enrichi avec 20 % d'un bon fertilisant organique.

Arrosage : copieux, tous les deux à trois jours par temps chaud et sec. Très réduit en hiver, laissez le sol sécher en surface entre deux apports d'eau. Ne mouillez pas les feuilles car cela provoque des taches.

Ennemis et maladies : aleurodes, araignées rouges et pucerons envahissent le feuillage, surtout en période hivernale.

Utilisations : en isolé, dans une belle potée, la plante étant conduite sur tige.

Conseil Truffaut : rempotez chaque année au début du printemps et profitez-en pour rabattre les tiges entre la moitié et les deux tiers de leur longueur afin de provoquer des ramifications qui porteront ensuite les fleurs.

Sphaeralcea capensis
ANISODONTÉA

J F M A **M J J A S O** N D

0,70/1 m · 60/80 cm · Saisonnière · 0 °C

Cet arbuste sud-africain, frileux, de la famille des Malvaceae, est très généreux sur un balcon au soleil.

Feuillage: alterne, denté, lobé, vert clair.

Floraison: une abondance de petites fleurs simples en forme de coupe à cinq pétales, rose pâle, pourpré au cœur.

Espèces et variétés: *Sphaeralcea capensis* est désormais intégré dans le genre *Anisodontea,* qui comprend 19 espèces. *Anisodontea* x *hypomadarum* est une sélection horticole florifère et la plus cultivée.

Comportement en pot: l'anisodontéa ne pose aucun problème dans les régions au climat doux (zone de l'oranger, bord de mer) où il se comporte comme un arbuste quasiment rustique. Ailleurs, on le cultive comme une annuelle ou abrité en hiver.

Dimensions du pot: de 18 à 25 cm de diamètre et de profondeur pour un pied.

Exposition: abritée, chaude et ensoleillée.

Terre: un mélange bien drainé de terre de jardin et de terreau de feuilles, par moitié.

Arrosage: deux fois par semaine en été. Très réduit pendant le repos hivernal.

Ennemis et maladies: aleurodes en hiver araignées rouges en été. Traitez au besoin.

Utilisations: la plante sur tige, en isolé.

Conseil Truffaut: **à la fin de l'hiver, rabattez sévèrement les tiges. Au fur et à mesure de la croissance, pincez souvent les nouvelles pousses pour garder un port esthétique, touffu et compact.**

Anisodontea capensis

Spiraea japonica 'Anthony Waterer'

Spiraea spp.
SPIRÉE

J F M A **M J J A S** O N D

0,40/1 m · 30/80 cm · C Arbuste · - 15 °C

Ce petit buisson très florifère de la famille des Rosaceae est une plante facile, qui réussit vraiment partout.

Feuillage: alterne, simple, entier, denté. Les feuilles sont ovales ou oblongues, vertes ou colorées selon les variétés.

Floraison: les spirées de printemps développent une belle floraison blanche. Celles d'été donnent des fleurs roses ou rouges.

Espèces et variétés: *Spiraea japonica* 'Anthony Waterer' (1 m), à fleurs roses, et jeunes feuilles bordées de rouge; 'Candelight' (60 à 70 cm), au jeune feuillage rouge orangé qui devient peu à peu orange vif puis jaune verdâtre en cours de végétation; 'Goldflame' (60 cm), aux jeunes feuilles cuivre, puis jaune vif; 'Golden Princess' (50 cm), d'un beau jaune lumineux; 'Goldmound' et 'Golden Dome' lui ressemblent beaucoup, mais avec une végétation plus naine (40 cm). 'Shirobana' présente des fleurs rouges et blanches sur le même pied. *Spiraea* x *vanhouttei* porte de longues branches arquées qui se couvrent de petites fleurs blanc pur groupées en bouquets en mai. La mutation 'Pink Ice' se distingue par un feuillage vert clair, éclaboussé de crème; les jeunes pousses sont teintées de rose.

Comportement en pot: conseillées aux débutants, les spirées sont rustiques, peu encombrantes et durent plusieurs années en bac, sans nécessiter de rempotage.

Spiraea japonica 'Goldflame'

Dimensions du pot: au minimum 25 cm en tous sens pour un seul pied.

Exposition: ensoleillée. Mi-ombre pour les spirées à feuillage jaune ou panaché.

Terre: un terreau pour rosiers allégé de 10 à 15 % de sable de rivière grossier.

Arrosage: tous les deux ou trois jours en été. Une fois par semaine en hiver.

Ennemis et maladies: l'oïdium parasite le feuillage des spirées à feuillage jaune. Traitez dès les premiers symptômes.

Utilisations: en isolé ou avec des vivaces dans une grosse potée décorative ou en haie basse dans une jardinière, pour mettre en avant des fleurs retombantes.

Conseil Truffaut: **à la fin de l'hiver, rabattez les spirées à feuillage doré ou panaché pour favoriser la croissance de nouvelles pousses bien colorées. Toutes les espèces fleurissant sur le bois de l'année (donc en été) peuvent être taillées très court en mars.**

Sprekelia formosissima

Sprekelia formosissima
LIS DE SAINT-JACQUES

J F M A M **J J** A S O N D

30/40 cm — 15/20 cm — C Bulbeuse — 5 °C

Cette plante mexicaine originale, de la famille des Alliaceae, se pare d'une bien somptueuse floraison.

Feuillage : en touffe basale. Les feuilles rubanées et très allongées sont vert vif.
Floraison : les grandes fleurs ressemblant à des orchidées sont d'un rouge vif lumineux. Elles apparaissent avant le feuillage.
Espèces et variétés : *Sprekelia formosissima* est la seule espèce du genre.
Comportement en pot : seuls les bulbes ayant une circonférence d'au moins 18 à 20 cm fleurissent. Évitez les bacs à réserve d'eau. Ne pas exposer au gel.
Dimensions du pot : utilisez un contenant en terre cuite plus large que haut. Pour un bulbe, prévoyez un pot de 14 cm de diamètre pour 12 cm de profondeur.
Exposition : chaude, abritée et ensoleillée.
Terre : un mélange par tiers de terre de jardin, de terreau de tourbe et de sable de rivière, avec un bon drainage au fond.
Arrosage : tous les trois jours en période de végétation, quotidien par temps chaud et sec. Réduisez les apports d'eau dès la fin de la floraison, pour que la plante entre en repos dans une ambiance sèche.
Ennemis et maladies : les cochenilles farineuses colonisent parfois le bas du feuillage.
Utilisations : en groupe de trois à cinq bulbes, dans une potée décorative.
Conseil Truffaut : **les bulbes sont rempotés en février ou en mars et conservés au sec et à l'abri du gel jusqu'en mai. Laissez la partie supérieure de l'oignon émerger à la surface du substrat.**

Stachys spp.
ÉPIAIRE, BÉTOINE

J F M A M **J J** A S O N D

15/50 cm — 30/40 cm — PC Vivace — - 15 °C

Ces plantes touffues ou couvre-sol de la famille des Lamiaceae sont réputées pour leur feuillage soyeux.

Feuillage : opposé, entier, denté, ovale ou lancéolé, souvent aromatique et velouté ou plissé, vert franc ou gris argenté.
Floraison : en été sur des épis verticaux.
Espèces et variétés : *Stachys byzantina* (ou *Stachys lanata*) (15 à 40 cm), appelé communément « oreille-d'ours », est une vivace tapissante, cultivée pour son feuillage duveteux, couvert de poils blanc argenté ; les fleurs roses sont portées par des hampes florales argentées, dressées au-dessus du feuillage ; 'Big Ears' est une sélection à grandes feuilles grises ; 'Cotton Ball' (40 cm) forme des touffes étalées de feuilles laineuses argentées, fleurs roses ; 'Silver Carpet' ne fleurit presque pas ; il forme un tapis très dense, de 15 cm de haut. *Stachys macrantha* (50 cm) forme une touffe globuleuse qui se couvre de fleurs rose pourpré groupées en gros épis courts ; 'Superba' est une forme à fleurs plus grandes, très spectaculaire.
Comportement en pot : très rustiques, les stachys sont des plantes faciles à vivre et belles toute l'année. Un rempotage tous les deux ou trois ans est suffisant.
Dimensions du pot : 16 cm de diamètre et de profondeur pour les espèces couvre-sol, 20 cm pour les formes érigées.
Exposition : ensoleillée, mais non brûlante.
Terre : plutôt calcaire et bien drainée.
Arrosage : tous les trois jours par temps chaud et sec. Le sol peut sécher en surface.
Ennemis et maladies : en général, aucun.
Utilisations : en bordure des grandes jardinières ou en compagnie de fleurs vivaces.
Conseil Truffaut : **après la floraison, rabattez toutes les hampes florales au niveau du feuillage. En mars, supprimez les vieilles feuilles abîmées.**

Stachys lanata 'Silver Carpet'

Strelitzia reginae

Strelitzia reginae
OISEAU DE PARADIS

J F M A M J J A S O N D

0,50/1 m — 0,70/1 m — Vivace — 5 °C

Cette plante rhizomateuse tropicale de la famille des Strelitziaceae fleurit en oiseaux extraordinaires.

Feuillage : en touffe issue du rhizome. Longuement pétiolées, les grandes feuilles vert bleuté sont dressées et coriaces.

Floraison : les spathes en forme de tête d'oiseau mélangent les couleurs.

Espèces et variétés : le genre ne comprend que cinq espèces, toutes tropicales. Seul *Strelitzia reginae* peut être cultivé toute l'année à l'extérieur dans les régions du bord de mer. Ailleurs, il doit être abrité dans une véranda en hiver. *Strelitzia nicolai,* qui forme une touffe majestueuse de 2 à 3 m de haut en pot, avec des fleurs blanc et pourpre, tient dans les zones abritées de la Côte d'Azur.

Comportement en pot : bien nourrie, la plante devient vite volumineuse. Hivernez la potée en serre froide ou dans une véranda, de fin septembre à mai.

Dimensions du pot : au minimum 40 cm en tous sens pour un seul pied.

Exposition : chaude, abritée des vents frais et secs, et très ensoleillée.

Terre : un mélange à parts égales de terreau de rempotage, de terre de jardin et de sable de rivière, enrichi par 20 % de fertilisant organique à base de fumier.

Arrosage : au moins 5 l chaque jour par temps chaud et sec. Très réduit en hiver.

Ennemis et maladies : attaques de cochenilles sur le feuillage, surtout redoutables en hiver dans la véranda.

Utilisations : en isolé, dans un grand bac.

Conseil Truffaut : donnez un engrais liquide pour rosiers tous les dix jours de mai à septembre. Tous les deux ou trois ans, rempotez dans un substrat neuf, après la floraison ou en mars.

Streptosolen jamesonii
TROMPETTE DU PÉROU

J F M A M J J A S O N D

0,60/1 m — 30/80 cm — Saisonnière — 5 °C

Cet arbuste florifère mais frileux de la famille des Solanaceae offre une profusion de fleurs éclatantes.

Feuillage : alterne, simple. Les petites feuilles ovales et velues sont vertes et brillantes. Port souple et buissonnant.

Floraison : les fleurs simples et tubulaires en forme de trompette, orange vif, apparaissent groupées en bouquets semi-retombants, à l'extrémité des tiges.

Espèces et variétés : le genre ne comprend qu'une seule espèce. 'Yellow' est une jolie forme à fleurs jaune vif.

Comportement en pot : le streptosolen se cultive comme un datura arborescent ou un laurier-rose. De mi-octobre à début mai, rentrez la potée dans une véranda, maintenue entre 7 et 12 °C.

Dimensions du pot : au minimum 20 cm en tous sens pour un plant de 50 à 60 cm de haut. 30 cm ensuite.

Exposition : chaude, abritée des vents dominants et bien ensoleillée.

Terre : un bon terreau de rempotage, enrichi par 15 % de fertilisant organique à base de fumiers et d'algues.

Arrosage : tous les deux ou trois jours par temps chaud et sec. En hiver, laissez le sol sécher en surface avant d'arroser.

Ennemis et maladies : aleurodes et pucerons sont à redouter, surtout en hiver. Les araignées rouges sévissent en été.

Utilisations : en isolé dans une belle poterie décorative. Le port souple du streptosolen permet de le cultiver aussi dans un grand panier suspendu.

Conseil Truffaut : les jeunes tiges flexibles gagnent à être palissées contre un mur abrité.

Streptosolen jamesonii

Sutera diffusa

Sutera diffusa BACOPA

J F M A M J J A S O N D

15/20 cm · 40/80 cm · P Saisonnière · 0 °C

Cette vivace frileuse de la famille des Scrophulariaceae forme un joli coussin tout rond et bien fleuri.

Feuillage : opposé, simple, arrondi, gaufré. Les longues tiges fines au port étalé ou retombant, recouvrent vite le pot.

Floraison : les petites fleurs blanches, roses ou mauves, à la corolle tubulaire qui s'ouvre en cornet à cinq lobes, apparaissent en grand nombre aux extrémités des tiges et se succèdent en permanence.

Espèces et variétés : 'Cabana', à fleurs beaucoup plus grosses que le type. La série « Showers », très vigoureuse, à port retombant, blanc, bleu, mauve. 'Candy Floss', lavande, qui résiste bien au froid, est un hybride de *Sutera cordata*. La série « Suteranova » offre un port compact.

Comportement en pot : le bacopa est facile à cultiver comme une annuelle.

Dimensions du pot : au minimum 14 cm en tous sens pour un seul pied.

Exposition : à mi-ombre, à l'abri des vents dominants et des trop fortes chaleurs.

Terre : un bon terreau « géraniums » convient s'il est souple et drainant.

Arrosage : en moyenne tous les deux jours en été, sans jamais détremper.

Ennemis et maladies : pucerons en été.

Utilisations : en couvre-sol ou en bordure dans les jardinières ou en suspension.

Conseil Truffaut : apportez un engrais liquide pour plantes fleuries, tous les huit jours, de mai à septembre.

Syringa vulgaris LILAS

J F M A M J J A S O N D

1,50/2 m · 1/1,50 m · C Arbuste · - 15 °C

Cet opulent buisson de la famille des Oleaceae porte des fleurs très spectaculaires, au parfum unique.

Feuillage : opposé, entier, en forme de cœur ou ovale, d'un beau vert franc.

Floraison : les petites fleurs tubulaires, mais largement ouvertes, sont groupées en généreuses panicules terminales.

Espèces et variétés : parmi les lilas à fleurs simples, choisissez 'Etna', rouge bordeaux, 'Jan van Tool', blanc pur, 'Massena', pourpre foncé et très parfumé, ou 'Vestale', blanc pur, très florifère et au port compact. Parmi les doubles ou semi-doubles, retenez 'Belle de Nancy', presque rose, 'Jeanne d'Arc', blanc pur, 'Katherine Havemeyer', lavande pourpré et très parfumé, ou 'Président Grevy', mauve clair. *Syringa microphylla* 'Superba' ne dépasse pas 2 m de haut. Il se couvre de petits bouquets de fleurs légères au parfum agréable en mai. Il refleurit parfois de la fin août à la fin septembre. *Syringa* x *prestoniae* 'Moskova' (1 m) forme un buisson arrondi aux petites fleurs pourpres en mai-juin.

Comportement en pot : le lilas demande deux ou trois ans et des tailles régulières pour bien s'établir dans son pot.

Dimensions du pot : au minimum 40 cm en tous sens pour un plant de belle taille.

Exposition : ensoleillée mais non brûlante, à l'abri des vents forts et desséchants.

Terre : un peu calcaire. Le lilas apprécie un apport d'engrais au printemps.

Arrosage : ne détrempez pas le sol. Deux apports par semaine en moyenne l'été.

Ennemis et maladies : le feuillage est parfois abîmé par la mineuse du lilas et par les otiorhynques qui rongent les bords.

Utilisations : en isolé pour ombrager ou en arrière-plan dans les grands bacs.

Conseil Truffaut : coupez de moitié toutes les branches ayant fleuri pour conserver un aspect compact au lilas et stimuler la floraison prochaine.

Syringa vulgaris 'Katherine Havemeyer'

Tagetes spp.
ŒILLET D'INDE, ROSE D'INDE

J F M A M J J A S O N D

15/60 cm 10/20 cm Annuelle 0 °C

Ces plantes un peu raides de la famille des Asteraceae assurent des mois des grosses têtes couleur d'or.

Feuillage : opposé, composé, penné, formant une touffe compacte, vert foncé brillant et très découpé, ce qui lui donne beaucoup d'élégance. Froissées, les feuilles dégagent une odeur caractéristique très forte, plutôt désagréable.

Floraison : jusqu'aux premières gelées, sans interruption. Les fleurs simples ressemblent à des petites marguerites assez fines. Les fleurs doubles, parfois énormes, ont l'aspect de pompons plus ou moins compacts. Les coloris se déclinent dans toutes les gammes de jaunes et d'orange, jusqu'au feu et l'acajou. Il existe aussi des formes bicolores panachées ou maculées.

Tagetes erecta 'F1 Lady'

Espèces et variétés : *Tagetes patula*, l'œillet d'Inde, est originaire... du Mexique ! C'est une plante robuste et très florifère à la végétation assez basse. Parmi les nombreux cultivars, choisissez : la série « Aurore » (20 à 25 cm), la plus précoce des fleurs plates ; 'Bonanza' (20 cm), pour ses fleurs précoces très doubles et son port compact ; 'Disco' (20 à 25 cm), simple, aux riches coloris très lumineux. 'Disco Flame' aux fleurs simples, acajou bordé de jaune est très lumineux ; 'Honeycomb' (25 cm), ses fleurs doubles ressemblent à celles des scabieuses, mais dans un brun bordé d'orangé ; 'Red Marietta' (20 cm), à grandes fleurs rouge acajou bordées d'or ; 'Monsieur Majestic' ressemble au précédent, mais il est un peu plus grand (20 cm), une variété primée par Fleuroselect.

Tagetes erecta, la rose d'Inde, présente une végétation plus vigoureuse que l'œillet d'Inde. Elle peut former une grosse touffe de 70 cm de haut, avec des fleurs souvent énormes, en têtes arrondies et compactes. Dans ce groupe, 'Schneewalzer' épanouit des fleurs d'un blanc vanille ; 'F1 Gold Sovereign', aux fleurs énormes, très doubles, de 12 cm de diamètre et d'un beau jaune d'or ; 'F1 Golden Jubilée', à grandes fleurs jaune d'or brillant ; 'F1 Orange Jubilée', identique, mais orange vif. Parmi les variétés de roses d'Inde à petite végétation, retenez 'Eskimo' (30 cm) pour ses fleurs blanc ivoire, 'F1 Lady' (35 cm) dont les fleurs très doubles de 8 cm de diamètre, s'épanouissent en coloris brillants ; 'Cupidon' (25 cm), aux larges fleurs doubles et globuleuses jaunes ou orange ; 'F1 Inca' (30 cm), jaune d'or, avec des fleurs de 8 cm de diamètre.

Tagetes tenuifolia forme un coussin très dense d'environ 25 cm de hauteur, toujours couvert de petites fleurs simples. Cette espèce est aussi appelée *Tagetes signata.* 'Gnom' porte des fleurs jaunes. 'Tangerine Gem' est d'un bel orange lumineux. 'Ornament' se distingue par une floraison brun-rouge à cœur jaune.

Comportement en pot : la croissance est rapide et la culture facile. Ces plantes n'ont pratiquement pas besoin d'entretien une fois établies. Elles montrent une bonne résistance aux intempéries et poussent aussi bien en pot qu'en pleine terre.

Tagetes patula 'Aurore'

Tagetes tenuifolia 'Gnom'

Dimensions du pot : au minimum 14 cm en tous sens pour un pied d'œillet d'Inde. Pour une rose d'Inde, au moins 18 cm.

Exposition : très ensoleillée, pas trop ventée.

Terre : un bon terreau pour géraniums.

Arrosage : tous les trois ou quatre jours, sans excès, en laissant le sol sécher légèrement en surface entre deux apports d'eau.

Ennemis et maladies : pourriture grise par temps très humide, limaces.

Utilisations : en bordure des jardinières ou en groupes, associés à des : pélargoniums, verveines, pétunias, sauges, hélichrysums, gauras, tabacs d'ornement.

Conseil Truffaut : installez les jeunes plants en mai, lorsque les gelées ne sont plus à craindre. Supprimez régulièrement les fleurs fanées. Ne plantez pas les œillets d'Inde en rang d'oignons, mais en petits groupes pour éviter un aspect rigide et trop banal.

Tanacetum haradjanii

Tanacetum spp.
TANAISIE, PYRÈTHRE

J F M A **M J J A S** O N D

20/80 cm · 30/40 cm · PC Vivace · - 10 °C

Cette plante passe-partout de la famille des Asteraceae réunit de belles espèces très diversifiées.

Feuillage : opposé, très découpé, vert ou gris, argenté, parfois velu, porté en touffe, par des tiges étalées ou dressées.

Floraison : les pyrèthres portent de grandes marguerites simples, doubles ou ébouriffées, roses, blanches ou pourpres. Les tanaisies fleurissent, majoritairement, jaune ou blanc, en pompons serrés.

Espèces et variétés : *Tanacetum haradjanii* (20 cm), ce couvre-sol aux rameaux ligneux, porte un feuillage persistant de velours argenté et délicatement ciselé. Il offre une certaine ressemblance avec les armoises de rocaille. *Tanacetum coccineum*, le pyrèthre, donné de nombreux cultivars à la floraison chatoyante. *Tanacetum balsamita*, la menthe coq, est aromatique, couvre-sol à feuillage gris et capitules blanc à cœur crème. *Tanacetum parthenium*, la camomille, forme de nombreux capitules blanc à cœur jaune que l'on fait infuser pour mieux digérer.

Comportement en pot : *Tanacetum haradjanii* est à l'aise dans une auge large et peu profonde. Les autres tanaisies poussent sans problème en pot classique.

Dimensions du pot : un jeune plant acheté en godet de 9 à 10 cm doit être transplanté dans un pot de 4 litres.

Exposition : du soleil et encore du soleil...

Terre : mélange de terreau et de sable.

Arrosage : la plante résiste à la sécheresse. Mais en pot, en plein été, elle ne peut passer plus d'une semaine sans eau.

Ennemis et maladies : pucerons l'été.

Utilisations : mélangez les tanaisies avec : campanule, centaurée, lavatère, népéta.

Conseil Truffaut : attendez que la souche remplisse tout l'espace du pot avant de la diviser au printemps.

Taxus baccata
IF

0,50/3 m · 1/2 m · P Conifère · - 20 °C

Ce beau conifère au feuillage plat de la famille des Taxodiaceae est la plante idéale pour les topiaires.

Feuillage : en spirale autour du rameau, fin, linéaire, vert foncé, dense, parfois marginé ou entièrement doré.

Floraison : les conifères ne forment pas de fleurs. Les plantes femelles produisent des graines toxiques dont chacune est entourées d'une pulpe rouge (arille) comestible et appréciée des oiseaux.

Espèces et variétés : *Taxus baccata* 'Elegantissima' porte des branches ascendantes, aux feuilles vertes, marginées d'or, qui font ressortir les fruits rouges ; 'Fastigiata Aurea' arbore des feuilles vert foncé à large bordure dorée, dont la couleur s'accentue en hiver ; 'Repandens' ne dépasse pas 60 cm de haut, mais peut mesurer jusqu'à 2 m de large, il existe en version dorée, 'Aurea' ; 'Standishii' forme une colonne dorée de 30 cm de large, qui peut atteindre 3 m de haut ; 'Summergold', de moins de 1 m de haut, étale ses rameaux garnis de feuilles dorées. *Taxus* x *media* 'Hicksii' forme un cône de 1 à 1,50 m de haut d'un vert très foncé ; 'Strait Hedge' est plus érigé.

Comportement en pot : l'if croît encore plus lentement en pot qu'en pleine terre. N'achetez pas des sujets trop petits. Il vit très longtemps s'il ne manque pas d'eau.

Dimensions du pot : une jeune touffe de 40 cm de haut demande un pot de 10 l. Dix ans après la première plantation, l'if vivra dans un bac de 40 cm de côtés.

Exposition : soleil léger, mi-ombre ou même ombre dense. Le manque de lumière conduit la plante à développer des branches étiolées et un port plus lâche.

Terre : l'if se plaît partout, même en terre calcaire. Un terreau pour rosiers convient.

Arrosage : les ifs sont réputés supporter la sécheresse. Mais, en pleine terre, leurs racines pénètrent profondément dans le sol, ce qui n'est pas possible en pot. Arrosez une fois par semaine en moyenne.

Ennemis et maladies : les cochenilles envahissent souvent les ifs en pot. Traitez en hiver avec un produit huileux.

Utilisations : en haie pour les terrasses assez larges ; en fond, pour mettre en valeur les autres plantes. Les formes érigées structurent l'espace.

Conseil Truffaut : l'if se taille bien. N'hésitez pas à lui donner la forme qui convient à votre terrasse.

Taxus baccata 'Summergold'

Teucrium fruticans

Teucrium fruticans
GERMANDRÉE ARBUSTIVE

J F M A M J J A S O N D

0,60/1 m | 40/80 cm | PC Arbuste | - 5 °C

Ce buisson gracieux de la famille des Lamiaceae est apprécié pour le contraste entre fleurs et feuilles.

Feuillage : opposé, petit, ovale, vert glauque au revers argenté, porté par des tiges d'un blanc soyeux, qui parviennent à former, en quatre à cinq ans, un buisson touffu et bien ramifié, à port assez dense.

Floraison : des petites fleurs bleu lavande, portant un pétale inférieur très long, sont disséminées sur toute la plante, en petites grappes terminales.

Espèces et variétés : *Teucrium* x *lucidrys*, (30 cm) forme une boule de feuilles vert sombre, couverte de fleurs roses, odorantes, tout l'été. *Teucrium ackermanii* (10 cm), un couvre-sol en tapis gris bleuté et fleurs roses. *Teucrium subspinosum* (20 cm), une boule vert grisâtre épineuse, aromatique.

Comportement en pot : offrez une protection hivernale à la germandrée. Un rempotage tous les trois ans est suffisant.

Dimensions du pot : choisissez une potée large (30 cm) et peu profonde (15 cm).

Exposition : chaude et bien ensoleillée, même aride, abritée des vents froids.

Terre : une bonne terre de jardin souple.

Arrosage : toutes les germandrées sont résistantes à la sécheresse. Un arrosage par semaine, en été, est le bienvenu.

Ennemis et maladies : le froid et la pluie représentent les deux principaux ennemis.

Utilisations : palissez *Teucrium fruticans* contre un mur au sud, et associez-le à des plantes argentées (lavandes, *Convolvulus cneorum*, séneçon, potentille, épiaire) et des fleurs légères (gaura, cosmos).

Conseil Truffaut : taillez en avril en ôtant les trois quarts de la longueur des rameaux de la saison précédente.

Thuja spp.
THUYA

0,50/2 m | 30/60 cm | P Conifère | - 15 °C

Les formes naines de ce conifère de la famille des Cupressaceae sont élégantes et bien structurées.

Feuillage : des écailles plates imbriquées, vertes ou jaunes, recouvrent les rameaux.

Floraison : les conifères ne forment pas de vraies fleurs. Chez les thuyas ce sont des petits cônes dressés sans valeur ornementale.

Espèces et variétés : *Thuja occidentalis* 'Brabant', de forme conique étroite, atteint 2 m en dix ans. 'Globosa' forme très lentement une belle boule de 1 m de large. *Thuja orientalis* 'Aurea Nana', au feuillage dense, jaune doré toute l'année, s'arrondit en un buisson tout rond de 1,50 m de large ; 'Minima' forme un cône compact de 2 m de haut et 1 m de large ; 'Pyramidalis Aurea', en cône étroit, doré.

Comportement en pot : sélectionnez uniquement des cultivars nains qui seuls vivront de nombreuses années dans un pot. Les thuyas de haies acceptent la culture en bac, mais ne s'y épanouissent pas.

Dimensions du pot : 25 cm de diamètre, pour un thuya nain. Un bac d'au moins 40 cm de côtés pour un sujet de haie.

Exposition : soleil ou mi-ombre légère.

Terre : un bon terreau riche et frais.

Arrosage : une fois par semaine. Ne laissez pas le thuya se dessécher, sa vigueur et croissance s'en ressentiraient.

Thuya orientalis 'Pyramidalis Aurea'

Ennemis et maladies : le phytophthora est redoutable en bac mal drainé, il provoque le brunissement des rameaux, de même que les larves de buprestes qui minent les tiges.

Utilisations : les formes érigées en fond de décor, pour faire ressortir les autres plantes. En jardinière avec des vivaces pour les variétés naines.

Conseil Truffaut : utilisez uniquement de l'engrais « conifères » pour que la silhouette reste bien compacte.

Thuya orientalis 'Aurea Nana'

Thunbergia alata

Thunbergia alata
SUZANNE-AUX-YEUX-NOIRS

J F M A M J J A S O N D

1,50/2 m | 60/80 cm | Saisonnière | P | 0 °C

Cette mignonne petite liane vivace mais frileuse de la famille des Acanthaceae est très florifère l'été.

Feuillage : opposé, triangulaire, cordiforme, denté, vert vif, porté par des tiges volubiles qui s'enroulent partout.

Floraison : des corolles tubulaires s'évasent pour former cinq lobes. Le cœur de la fleur, plus foncé, contraste joliment avec les pétales orange, jaunes ou blancs.

Espèces et variétés : *Thunbergia alata*, parfois appelé « sourire de Zanzibar », se cultive en annuelle. *Thunbergia erecta* forme un arbuste buissonnant à fleurs pourpres. *Thunbergia grandiflora* est une grande liane aux cornets bleu azur. Ces deux espèces peuvent réussir en plein air toute l'année sur la Côte d'Azur.

Comportement en pot : la croissance du thunbergia est facile à maîtriser par des pincements réguliers. Hivernez ces plantes dans une véranda entre 8 et 12 °C pour qu'elles se comportent comme des vivaces.

Dimensions du pot : 25 cm de large et 30 cm de profondeur conviennent bien.

Exposition : prévoyez un emplacement aussi chaud et ensoleillé que possible.

Terre : ajoutez 20 % d'amendement organique dans un terreau pour géraniums.

Arrosage : arrosez tous les trois jours en période de croissance. Ne pas détremper.

Ennemis et maladies : en général, aucun.

Utilisations : le *Thunbergia* court le long des rambardes, autour des fenêtres, ou grimpe à l'assaut des piliers, sur des fils.

Conseil Truffaut : soutenez la floraison par des apports hebdomadaires d'engrais pour géraniums.

Thymophylla tenuiloba
THYMOPHYLLA

J F M A M J J A S O N D

15/25 cm | 20/40 cm | Saisonnière | C | 0 °C

Cette vivace éphémère de la famille des Asteraceae produit en été une myriade d'adorables petits soleils.

Feuillage : opposé, très finement découpé, aromatique, d'un beau vert franc.

Floraison : d'innombrables petites marguerites, d'un jaune éclatant, recouvrent presque entièrement le feuillage. Elles mesurent 2 cm de diamètre environ.

Espèces et variétés : 'Tapis d'Or' (25 cm) est le seul cultivar couramment proposé.

Comportement en pot : pour obtenir de belles potées, fertilisez régulièrement à l'engrais liquide et pincez les jeunes pousses avant le début de la floraison.

Dimensions du pot : 20 cm en tous sens.

Exposition : le plein soleil entre 12 et 15 h risque de provoquer des brûlures.

Terre : un bon terreau de plantation souple, riche, friable et bien drainé.

Arrosage : tous les deux jours en petites quantités pour ne pas détremper.

Ennemis et maladies : oïdium et pucerons doivent être traités préventivement.

Utilisations : suspensions et potées, en mélange avec : héliotrope, félicia, calcéolaire, mimulus, muflier, schizanthus.

Conseil Truffaut : éliminez régulièrement les fleurs fanées et bassinez le feuillage à l'eau fraîche le soir après une forte chaleur (plus de 25 °C).

Thymophylla tenuiloba 'Tapis d'Or'

Thymus spp.
THYM

J F M A M **J J A** S O N D

5/20 cm | 15/40 cm | Vivace | - 10 °C

Ces sous-arbrisseaux rampants de la famille des Lamiaceae sont très florifères et finement aromatiques.

Feuillage : opposé, simple, entier. Les feuilles minuscules, grises, ovales, aromatiques, sont portées par des tiges ligneuses, rampantes ou dressées.

Floraison : ce robuste petit couvre-sol disparaît sous un tapis de fleurettes roses ou lilas, réunies en épis denses.

Espèces et variétés : *Thymus praecox* 'Minor' (3 à 5 cm) à forme une véritable moquette vert sombre à fleurs lilas. *Thymus citriodorus*, le thym citron (20 cm), s'arrondit en un joli coussin qui embaume le citron lorsqu'on le caresse ; 'Golden Dwarf' (10 cm), reste doré toute l'année. *Thymus lanuginosus* (5 cm), déroule un tapis de velours argenté, semé de fleurs roses. *Thymus richardii* ssp. *nitidus* 'Peter Davis' (15 cm), en coussin très serré. *Thymus vulgaris*, le thym commun, surtout utilisé comme aromatique, de même que *Thymus serpyllum*, le serpolet, à fleurs roses.

Comportement en pot : le thym en pot a tendance à pousser de manière moins serrée qu'en pleine terre. N'hésitez pas à pincer les touffes régulièrement.

Dimensions du pot : 15 cm de large et de haut pour un jeune plant. Les thyms rampants apprécient une potée large et basse (30 cm de diamètre et 10 cm de hauteur).

Thymus vulgaris

Thymus richardii ssp. *nitidus* 'Peter Davis'

Exposition : sèche et ensoleillée, même très chaude. Protégez de la pluie en hiver.

Terre : pauvre, filtrante, même caillouteuse. Sable et terreau en mélange équilibré.

Arrosage : le thym se contente, même en pot, d'arrosages tous les 8 à 10 jours.

Ennemis et maladies : seule l'humidité est vraiment redoutable (pourriture).

Utilisations : pour un balcon peu arrosé, composez une scène avec du thym, un amandier nain, un ou deux pieds de lavande, de l'hysope, des sédums, des joubarbes et un teucrium argenté.

Conseil Truffaut : **ne taillez jamais le thym à ras, en ne laissant que le bois nu. Gardez toujours suffisamment de feuilles pour ne pas dénuder la plante.**

Tiarella spp.
TIARELLE

J F M **A M** J J A S O N D

15/30 cm | 20/40 cm | Vivace | - 10 °C

Cette plante touffue, couvre-sol, de la famille des Saxifragaceae, porte des fleurs d'une infinie légèreté.

Feuillage : basal, caduc ou semi-persistant selon les espèces et les régions, cordiforme, découpé, vert émeraude aux nervures brun pourpré, trilobé. Les feuilles forment un tapis qui vire au marron cuivré en automne.

Floraison : des plumets duveteux, blancs à blanc rosé, forment une sorte de brouillard flottant au-dessus du feuillage.

Espèces et variétés : *Tiarella wherryi* pousse en petites touffes légères, aux épis floraux blancs, avec le bout du nez rose. *Tiarella cordifolia*, plus vigoureuse, donne une solide plante qui envahit rapidement tout l'espace du pot ; 'Palace Purple' porte des feuilles pourpre très sombre ; 'Tiger Stripe', au feuillage vert maculé de brun, offre une floraison vaporeuse blanc crème.

Comportement en pot : *Tiarella wherryi* s'avère une plante de bonne compagnie, à la différence de *Tiarella cordifolia*, qui a tendance à disposer de tout l'espace disponible, au détriment de ses voisines.

Dimensions du pot : plantez une jeune touffe dans un pot de 18 cm de profondeur. L'année suivante, il faut prévoir 25 cm en tous sens au moins.

Exposition : la tiarelle se contente d'une heure ou deux de soleil, le matin ou en fin d'après-midi. L'ombre dense est tolérée.

Terre : un bon terreau de rempotage riche, souple, frais et bien drainé.

Arrosage : ne laissez jamais la motte se dessécher complètement, sinon la plante meurt très rapidement. Ne détrempez pas.

Ennemis et maladies : les limaces sont très friandes des jeunes feuilles.

Utilisations : mélangez les tiarelles à des : lamiers, pachysandras, astilbes, hostas, anémones, trilliums, épimédiums et des fougères pour une ambiance de sous-bois.

Conseil Truffaut : **coupez les feuilles âgées dès qu'elles se tachent ou flétrissent. Divisez la touffe tous les deux ans.**

Tiarella cordifolia

Tibouchina organensis

Tibouchina urvilleana
TIBOUCHINA

J F M A M J J A S O N D

1/2 m	0,70/1 m		P Saisonnière	0 °C

Cet arbuste tropical de la famille des Melastomaceae se couvre d'un doux velours et de fleurs bleues.

Feuillage : opposé, ovale, lancéolé, vert tendre, très velouté, avec des nervures bien marquées, plutôt semi-persistant.

Floraison : l'extrémité des rameaux, quadrangulaires, porte tout l'été de larges coupes plates, de 5 à 10 cm de diamètre, en satin bleu-violet très lumineux.

Espèces et variétés : *Tibouchina organensis*, à feuilles plus grandes et port plus compact, souvent considéré comme une sous-espèce de *Tibouchina urvilleana*.

Comportement en pot : le tibouchina se montre très sensible aux engrais azotés. Il a vite tendance, en pot, à produire de longs rameaux portant plus de feuilles que de fleurs. Taillez-le assez fermement.

Dimensions du pot : un contenant profond d'au moins 30 cm (et 25 cm de diamètre), pour une plante de 1 m de haut.

Exposition : le tibouchina ne fleurit qu'avec une grande luminosité (le soleil direct n'est pas nécessaire) et une température d'au moins 18 à 20 °C. Il hiverne dans une pièce lumineuse, à 7 ou 8 °C.

Terre : riche, mais sans excès d'azote. Préparez un mélange de 3/4 de terreau pour géraniums et 1/4 d'amendement organique à base de fumier composté. Ajoutez deux pincées d'engrais à décomposition lente pour plantes fleuries.

Arrosage : de mars à septembre, arrosez copieusement la plante, sans laisser la terre se dessécher. Ne mouillez jamais le feuillage et humidifiez le sol de la terrasse pendant les jours de canicule. En automne, réduisez progressivement les apports d'eau, pour maintenir la plante dans une relative sécheresse en hiver.

Ennemis et maladies : aleurodes sous les feuilles en hiver, oïdium en été.

Utilisations : le tibouchina peut se palisser contre un mur ou occuper le centre d'une potée, en mélange avec des annuelles aux couleurs pastel ou bien orangées. Il est idéal dans les décorations exotiques.

Conseil Truffaut : en mars, réduisez la longueur de la tige principale de moitié et les pousses latérales des trois quarts.

Tolmiea menziesii
LA POULE ET LES POUSSINS

J F M A M J J A S O N D

20/30 cm	30/50 cm		P Saisonnière	- 5 °C

Cette vivace assez frileuse de la famille des Saxifragaceae forme une adorable suspension veloutée.

Feuillage : basal, duveteux, triangulaire, lobé et denté. Des plantules naissent à la jonction du pétiole des feuilles adultes.

Floraison : des hampes ramifiées portent des inflorescences crème, d'aspect plumeux, légèrement odorantes.

Espèces et variétés : 'Taff's Gold', aussi étiqueté 'Variegata', présente un feuillage vert clair, marbré et piqueté de jaune crème, très lumineux à l'ombre.

Comportement en pot : le tolmiéa forme des touffes qui doivent être rempotées et divisées tous les deux ans. On l'utilise aussi comme une bonne plante d'intérieur.

Dimensions du pot : 10 cm de profondeur et 20 cm de diamètre en moyenne.

Exposition : le tolmiéa apprécie quelques heures de soleil direct par jour, tôt le matin ou en fin d'après-midi. Il réussit mieux sous un éclairage bien voilé.

Terre : un bon terreau de rempotage, léger, souple, fertile, bien drainé.

Arrosage : copieux, tous les trois jours en moyenne durant l'été ; en revanche, vous maintiendrez le tolmiéa plus au sec à partir d'octobre et jusqu'en mars.

Ennemis et maladies : aucun.

Utilisations : en suspension ou en jardinières, la variété mouchetée de jaune avec des lobélias bleus ou des bacopas mauves.

Conseil Truffaut : rabattez le feuillage en mars ; de nouvelles feuilles, plus décoratives, apparaîtront. Pour multiplier le tolmiéa, placez les feuilles qui portent des plantules, à plat sur du terreau humide. Les jeunes plantes s'enracinent en quatre à cinq semaines.

Tolmiea menziezii

Torenia fournieri

Torenia fournieri
TORÉNIA

J F M A M J J A S O N D

15/30 cm | 20/30 cm | Annuelle | 5 °C

Cette plante trapue et touffue de la famille des Scrophulariaceae porte des fleurs bicolores étranges.

Feuillage : opposé, simple, entier. Feuilles de 4 à 5 cm de long, ovales, étroites, pointues, finement dentées, vert grisâtre.
Floraison : le torénia se couvre de fleurs tubulaires portant deux lèvres évasées pourpres, rose magenta ou violettes, avec la gorge plus claire et les joues foncées.
Espèces et variétés : série «'Clown'», assez compactes (20 cm), en mélange de couleurs ; 'Panda', variété naine (10 cm) ; « Kiss », une série trapue (20 cm), en quatre couleurs, qui résiste mieux à la chaleur.
Comportement en pot : sans problème, si à partir d'avril, vous apportez une fois par semaine un engrais liquide pour plantes fleuries, dilué à la moitié de la concentration conseillée sur l'emballage.
Dimensions du pot : un pot de 12 ou 15 cm de diamètre suffit pour un plant.
Exposition : jamais de soleil direct.
Terre : un bon terreau pour géraniums.
Arrosage : tous les deux ou trois jours. Ne laissez pas le terreau se dessécher sur plus de 1 ou 2 cm en surface durant l'été.
Ennemis et maladies : aucun.
Utilisations : en petite bordure originale avec des plantes d'aspect léger comme les graminées, gauras, nigelles, cosmos, etc.
Conseil Truffaut : semez en mars, en terrine, à la maison ; la levée se produit en 10 jours à 20 °C. Repiquez les plantules lorsqu'elles ont formé quatre feuilles (cinq semaines plus tard). Pincez l'extrémité des jeunes pousses pour conserver à la plante un port trapu. Floraison quatre mois après le semis.

Trachelospermum spp.
FAUX JASMIN

J F M A M J J A S O N D

1,50/3 m | 1/2 m | Grimpante | - 5 °C

Cette liane ligneuse et volubile de la famille des Apocynaceae se pare d'une pluie d'étoiles parfumées.

Feuillage : opposé simple, entier. Les feuilles ovales, lancéolées, vert foncé brillant, sont portées par les tiges volubiles.
Floraison : la plante se couvre d'une myriade d'étoiles blanc crème, portées en bouquets généreux au parfum de jasmin.
Espèces et variétés : les abondantes grappes de fleurs de *Trachelospermum asiaticum*, blanc crème, embaument à plusieurs mètres d'avril à juin. Le parfum de *Trachelospermum jasminoides,* à la floraison plus tardive, s'avère encore plus prononcé ; 'Variegatus', panaché de blanc, prend de subtiles teintes rosées en hiver.
Comportement en pot : le faux jasmin fleurit abondamment s'il est rempoté chaque année et fertilisé généreusement sans excès d'azote. Dans les régions au climat plus froid que la Touraine, un hivernage en véranda est recommandé (10 °C).
Dimensions du pot : 30 cm conviennent aux racines vigoureuses du faux jasmin.
Exposition : le plein soleil au nord de la Loire, la mi-ombre légère dans le Midi. Gare aux vents froids et desséchants.
Terre : mélangez par moitié de la terre de bruyère et de la terre de jardin souple, mais riche, assez humifère si possible.
Arrosage : le trachélospermum supporte, en été, une semaine sans arrosage, mais il est plus raisonnable de tabler sur deux apports d'eau hebdomadaires.
Ennemis et maladies : pucerons.
Utilisations : le trachélopermum garnit avec élégance tous les supports autour desquels il peut s'enrouler : treillage, rambarde, pilier, tuteurs, arceaux.
Conseil Truffaut : il est important de bien palisser la plante au départ, pour constituer une bonne charpente. Sinon, elle offre un port un peu désordonné.

Trachelospermum jasminoides

Trachycarpus fortunei
PALMIER CHANVRE

J F M **A M J** J A S O N D

1,50/3 m	1/1,50 m		Palmier	- 10 °C

Ce très solide Chinois, de la famille des Arecaceae, est le plus résistant au froid de tous les palmiers.

Feuillage : en bouquet terminal. Les feuilles coriaces, forment de larges éventails plissés, vert franc. Les pétioles sont épineux. Le stipe (tronc) non ramifié, est caractéristique, avec ses enveloppes fibreuses.

Floraison : des panicules denses et décoratives, couleur crème, se nichent au cœur de la touffe, à la base des feuilles.

Espèces et variétés : les feuilles de l'espèce type peuvent mesurer 1 m de large. Celles des variétés 'Wagnerianus' et 'Nanus' ne dépassent pas 40 cm de long.

Comportement en pot : le palmier chanvre pousse plus vite lorsqu'on l'arrose souvent. Il réclame un rempotage tous les deux ou trois ans et une bonne fertilisation.

Dimensions du pot : ce palmier a besoin d'un pot lourd et stable, aussi large que haut, pour résister à l'emprise du vent. Une caisse à oranger de 40 cm de côtés offre un volume de terre suffisant pour assurer la croissance d'une plante de 2 m de hauteur.

Exposition : ensoleillée et abritée des vents du nord. Les jeunes sujets préfèrent la mi-ombre dans le Midi et le Sud-Ouest.

Terre : bien drainée. Mélangez 1 l de sable de rivière à 10 l de terreau universel.

Arrosage : laissez le substrat sécher superficiellement entre deux apports d'eau.

Ennemis et maladies : mouches blanches et araignées rouges si la plante hiverne dans une pièce trop chauffée.

Utilisations : en isolé ou avec d'autres palmiers, des lauriers-roses, des bougainvillées, des plumbagos, des agrumes.

Conseil Truffaut : coupez les feuilles inférieures sèches. Habillez le tronc avec un paillasson pour le protéger en hiver.

Trachycarpus fortunei

Tradescantia fluminensis
MISÈRE

J F M A **M J J A S** O N D

15/20 cm	40/70 cm		Saisonnière	5 °C

Cette jolie plante retombante de la famille des Commelinaceae est une valeur sûre, de culture très facile.

Feuillage : alterne, simple, entier. Les feuilles ovales, pointues, engainantes, sont le plus souvent zébrées de crème.

Floraison : sans intérêt chez la misère. En revanche, l'éphémère de Virginie produit en été de grandes fleurs colorées qui naissent et meurent dans la journée. Les trois pétales s'ouvrent d'autant plus que la chaleur (18-20 °C) et l'humidité sont fortes.

Espèces et variétés : *Tradescantia fluminensis* (ou *albiflora*), espèce gélive, porte des feuilles aux panachures crème, sur des tiges charnues et cassantes, au port retombant ; 'Albovittata' est panachée de blanc ; 'Variegata' mélange toutes les couleurs ; 'Rosa' a des marques bien roses. *Tradescantia virginiana*, l'éphémère de Virginie, rustique, est une vivace rustique d'aspect fort différent, qui a donné naissance à de nombreuses variétés ; 'Innocence' porte des fleurs blanc pur à étamines d'or, 'Osprey' offre une ravissante floraison bleu pâle.

Tradescantia fluminensis 'Rosa'

Comportement en pot : les misères couvrent vite toute la potée, mais leurs tiges cassent comme du verre, ce qui nécessite de les placer dans un emplacement abrité. L'éphémère de Virginie manque souvent de compacité. Rempotage annuel.

Dimensions du pot : 15 à 25 cm en tous sens pour les misères. 25 à 30 cm pour l'éphémère de Virginie.

Exposition : la mi-ombre légère ou le soleil filtré. Les fleurs de l'éphémère de Virginie ne s'ouvrent pas sous un soleil ardent.

Terre : le terreau pour plantes vertes convient aux misères. Pour l'éphémère de Virginie, préférez un terreau « géraniums ».

Arrosage : les misères apprécient des arrosages espacés de 4 à 8 jours selon la température ambiante. L'éphémère de Virginie, au contraire, réagit très mal à la sécheresse.

Ennemis et maladies : en général, aucun.

Utilisations : les misères sont idéales pour créer des suspensions ou faire disparaître les contours des grandes jardinières. Leur feuillage panaché se marie bien avec les impatiens, les pétunias et les fuchsias. Associez l'éphémère de Virginie avec des : hostas, épimédiums, gaillardes et fougères.

Conseil Truffaut : renouvelez les misères très régulièrement en effectuant des boutures de jeunes tiges dans l'eau. C'est très facile et la reprise est assurée en cinq à six semaines environ.

Tropaeolum 'Alaska'

Tropaeolum majus

Tropaeolum peregrinum

Tropaeolum spp.

CAPUCINE

J F M A M **J J A** S O N D

0,20/3 m	0,30/2 m		Grimpante	0 °C

Ces plantes annuelles ou vivaces de la famille des Tropaeolaceae sont l'exubérance et la générosité mêmes.

Feuillage : alterne, simple, vert bleuté. Les feuilles sont arrondies ou peltées, lobées, voire palmées, et découpées en folioles ovales chez certaines espèces vivaces.

Floraison : les larges corolles à cinq pétales, munies d'un éperon à l'arrière, arborent des tons vifs et chauds.

Espèces et variétés : la grande capucine *(Tropaeolum majus)*, annuelle, a donné naissance à de nombreuses variétés. Les formes naines, qui ne dépassent pas 25 cm de haut, se déclinent en grenat, saumon, jaune poussin, rose abricot. Les variétés à feuillage panaché sont souvent appelées 'Alaska'. Les capucines à grand développement forment des guirlandes fantastiques ; 'Golden Gleam', aux grandes fleurs doubles d'un jaune éclatant, à la gorge grenat, est remarquable. La capucine des canaris *(Tropaeolum peregrinum)*, annuelle, avec ses deux grands pétales supérieurs finement découpés, d'un jaune éclatant, semble couverte de flammèches de juillet à octobre. *Tropaeolum tuberosum*, vivace à tubercule frileuse, grimpe vigoureusement jusqu'à 3 m de haut. Il vaut mieux choisir des variétés hâtives, comme 'Ken Aslet', pour profiter plus longuement de ses fleurs.

Comportement en pot : très bon en général. Si les feuilles inférieures se dessèchent, ôtez-les pour que la potée reste nette.

Dimensions du pot : 15 cm en tous sens pour les capucines naines. 25 cm au minimum pour les espèces grimpantes.

Exposition : bien ensoleillée, abritée des vents froids pour les capucine vivaces.

Terre : *Tropaeolum peregrinum* et *Tropaeolum tuberosum* préfèrent un terreau enrichi de fumier décomposé. Les autres capucines fleurissent mieux dans une terre pauvre à dominante sableuse.

Arrosage : les grandes capucines acceptent un peu de sécheresse entre deux arrosages. La capucine tubéreuse et celle des canaris demandent un apport d'eau régulier tous les trois à quatre jours en été.

Ennemis et maladies : il est presque impossible d'échapper aux pucerons noirs.

Utilisations : les capucines naines décorent potées et suspensions, seules ou en mélange avec des annuelles d'aspect décontracté. Les grimpantes habillent claustras treillage et balustrade.

Conseil Truffaut : semez en octobre ou en avril, directement dans le pot, la grande capucine et celle des canaris.

Tulipa spp.

TULIPE

J F **M A M** J J A S O N D

20/50 cm	10/15 cm		Bulbeuse	- 10 °C

Cette plante élégante de la famille des Liliaceae, aux innombrables variétés, est la reine du printemps.

Feuillage : en touffe basale issue du bulbe, épais, linéaire, lancéolé, vert bleuté.

Tulipe perroquet 'Estella Rijnveld'

Tulipe triomphe 'Charles'

Floraison : des tiges semi-rigides portent des corolles en forme de gobelet, aux pétales arrondis, pointus ou frangés. Tous les coloris existent, sauf le bleu.
Espèces et variétés : les tulipes botaniques sont idéales en pot. *Tulipa violacea* var. *pallida* (15 cm), petit bijou blanc au cœur couleur ciel d'orage, dès mars. *Tulipa humilis* (25 cm), miniature aux fleurs en étoile rose-mauve à cœur jaune. *Tulipa bakeri* 'Lilac Wonder' (25 cm), ronde, aux pétales rose violacé à cœur jaune soleil. Parmi les innombrables formes horticoles: 'Angélique' (30 cm), une double tardive, aux corolles doubles, rose pâle, à associer avec la simple tardive 'Queen of the Night', la tulipe la plus noire (acajou foncé). Les tulipes triomphe offrent l'avantage de très grandes fleurs. 'Charles' (50 cm), rouge écarlate, réussit en pot. Tardives et originales avec leurs pétales frangés, les tulipes perroquet font des potées somptueuses. 'Estella Rijnveld', rouge et blanche est lumineuse ; 'Flaming Parrot' rouge et jaune, très tonique ; 'Green Wave', rose et vert.

Tulipa bakeri 'Lilac Wonder'

Comportement en pot : les variétés horticoles ont une durée de vie plus courte qu'en pleine terre. Plantez-les de façon échelonnée. Les bulbes doivent être retirés des contenants après la floraison.
Dimensions du pot : une potée de 30 cm de diamètre et 10 cm de hauteur permet d'accueillir une dizaine de bulbes.
Exposition : le plein soleil de préférence.
Terre : un mélange à parts égales de terre à cactées et de terreau pour géraniums.
Arrosage : inutile si la saison est normalement pluvieuse. Sinon, tous les dix jours.
Ennemis et maladies : différents virus tachent les feuilles et déforment les fleurs. Un hiver très humide peut entraîner la pourriture des bulbes avant la floraison.
Utilisations : une grosse touffe d'une même variété ou un mélange avec des : euphorbe, myosotis, oreille-d'ours, ancolie et divers autres bulbes de saison.
Conseil Truffaut : **les espèces botaniques peuvent être laissées en place dans les grands pots. Pour conserver les tulipes horticoles après la floraison, plantez-les dans un coin inutilisé du jardin et attendez que le feuillage jaunisse (début juillet). Il est temps alors de stocker les oignons au sec.**

Ulmus spp.
ORME

1/2 m | 0,80/1,50 m | Arbre | -20 °C

Les formes naturellement naines de ce petit arbre de la famille des Ulmaceae font un bonsaï naturel.

Feuillage : alterne, ovale, dentelé, pointu, la végétation est dense, le port compact.
Floraison : discrète sans effet décoratif, suivie par des fructifications ailées (samares).
Espèces et variétés : *Ulmus hollandica* 'Jacqueline Hillier' forme un arbuste très touffu, ramifié, atteignant en bac 2 m de haut en 20 ans. *Ulmus parvifolia* 'Geisha' ne dépasse pas 1 m de haut et 80 cm de large. Ses feuilles vert clair, mouchetées de blanc au printemps, virent ensuite au vert.
Comportement en pot : seules les espèces naines sont adaptées à la vie en bac. Elles poussent lentement, ne gagnant que quelques centimètres par an.
Dimensions du pot : un contenant de 25 cm en tous sens pour une plante de 50 cm. Rempotez tous les deux ans. Adulte, un bac de 40 cm de côtés.
Exposition : soleil ou mi-ombre légère.
Terre : toute bonne terre de jardin.
Arrosage : l'orme supporte quelques absences, si la motte ne sèche pas trop. Arrosez en moyenne une fois par semaine.
Ennemis et maladies : les variétés naines ne semblent pas atteintes par la graphiose, maladie due à un champignon qui décime les grands ormes. En revanche, les pucerons attaquent parfois les jeunes rameaux.
Utilisations : associez l'orme arbustif à des conifères nains. Plantez au pied des vivaces couvre-sol et des bulbes printaniers.
Conseil Truffaut : **apportez chaque année au printemps, une dose d'engrais pour arbres d'ornement. N'hésitez pas à couper une branche qui se mettrait à pousser de façon inconsidérée.**

Ulmus hollandica 'Jacqueline Hillier'

Vaccinium corymbosum
MYRTILLE DES JARDINS

J F M A **M** J J A S O N D

1/1,50 m | 0,70/1 m | Fruitier | - 10 °C

Ce solide arbuste américain de la famille des Ericaceae fait le délice du gourmand avec ses baies bleues.

Feuillage : alterne, ovale, lancéolé, se parant de teintes cuivrées à l'automne.

Floraison : des grappes de petites fleurs blanches, à peine rosées, opalescentes, en forme d'urnes, sont suivies par des fruits bleu violacé, ronds, couverts d'une pruine gris-bleu. Comestibles, sucrés et parfumés, ils sont mûrs en plein été.

Espèces et variétés : 'Grover' forme un buisson de moyenne vigueur et donne des fruits en août ; 'Rancocas', plus vigoureux, porte des fruits plus petits mais délicieux, parvenant à maturité de la fin juin à la fin septembre ; 'Atlantic' et 'Jersey' donnent une belle récolte de gros fruits.

Comportement en pot : la myrtille vit à l'aise en pot, formant des buissons ronds et touffus. Rempotez tous les trois ans.

Dimensions du pot : de 30 cm de haut et de large pour une plante adulte.

Exposition : le soleil direct jusqu'à 11 h ou en fin d'après-midi. Une chaleur trop forte est nuisible. L'ombre est bien acceptée.

Vaccinium corymbosum

Terre : un mélange à part égales de tourbe blonde et de terreau pour géraniums. Ou, terre de bruyère, terre de jardin sableuse et terreau de tourbe.

Arrosage : il est préférable de conserver la motte un peu humide en permanence, surtout à l'approche de la floraison. Utilisez de l'eau non calcaire si possible.

Ennemis et maladies : le phytophthora sévit en sol compact (dépérissement).

Utilisations : en pot, isolé, avec des mini-arbres fruitiers. Ou avec des rhododendrons, des azalées et des bruyères, qui partagent les mêmes besoins.

Conseil Truffaut : **pour une bonne fécondation des fleurs, il est recommandé de planter deux variétés différentes côte à côte, excepté pour les myrtilles d'origine américaine (à gros fruits), qui sont autofertiles.**

Vallota speciosa (Cyrtanthus)
AMARYLLIS POURPRE

J F M A M J J **A S** O N D

30/40 cm | 10/20 cm | Bulbeuse | - 2 °C

Cette plante sud-africaine de la famille des Alliaceae offre une floraison magnifique et tardive.

Feuillage : en touffe issue du bulbe, vert, rubané, linéaire, épais mais arqué.

Floraison : les tiges florales, aplaties et rigides, portent à la fin de l'été jusqu'à une dizaine de grosses fleurs à six pétales, régulières et ouvertes en entonnoir.

Espèces et variétés : appelée désormais *Cyrtanthus elatus*, l'espèce type porte des fleurs cerise, très lumineuses. 'Delicata' est une ancienne variété, rose saumoné, ravissante mais rare ; 'Snow White' offre des larges corolles blanches, ponctuées d'étamines dorées, tandis que 'Pink Diamond' affiche un rose franc assez frais.

Comportement en pot : les amaryllis pourpres semblent préférer la vie en pot à tout autre mode de culture, du moins sous nos latitudes. Hivernés à l'abri du gel et au sec, puis sortis aux beaux jours, ils refleurissent fidèlement chaque année.

Vallota (Cyrtanthus elatus)

Dimensions du pot : une coupe de 40 cm de large et de 20 cm de profondeur accueillera cinq de ces gros bulbes ovoïdes, disposés en quinconce.

Exposition : plein soleil et chaleur en été.

Terre : mélangez à parts égales terre à cactées et terreau pour géraniums.

Arrosage : deux fois par semaine en été.

Ennemis et maladies : les cochenilles farineuses se logent entre deux feuilles, juste à la base, quasiment impossibles à déloger.

Utilisations : en potée d'une seule variété, pour un effet de masse saisissant sur un fond de feuillages vert tendre ou bleutés.

Conseil Truffaut : **apportez un engrais pour fleurs à bulbes, vers le mois de mai, dès la sortie de la potée à l'extérieur. Rentrez la plante en octobre.**

Verbena spp.
VERVEINE

J F M A M **J J A S O** N D

15/80 cm | 30/60 cm | PC | Saisonnière | - 3 °C

Ces vivaces cultivées en annuelles, de la famille des Verbenaceae, ont une longue et généreuse floraison.

Feuillage : opposé, découpé, parfois gaufré, persistant sous un climat doux.

Floraison : en bouquets arrondis portés à l'extrémité des tiges, dans une large palette de coloris (sauf jaune et bleu pur).

Espèces et variétés : *Verbena bonariensis* (80 cm), est une grande vivace à crois-

Verbena x *hybrida* Babylon 'Pink'

Verbena x *hybrida* Temari 'Turmalin'

Verbena x *hybrida* Temari 'Violett Star'

Verbena x *hybrida* Tapien 'Pink'

sance rapide et au port diffus. Elle ne vit pas longtemps mais se ressème au point de devenir envahissante. On la cultive comme une annuelle. Les grandes tiges dressées et ramifiées portent de rares feuilles étroites et rugueuses. Les fleurs lavande sont groupées en petits corymbes. *Verbena* x *hybrida* regroupe un grand nombre de cultivars à la généreuse floraison estivale. 'Peaches and Cream' (30 cm), à la superbe floraison abricot et crème; la série « Obsession », précoce et compacte, peu sensible à l'oïdium, se décline en treize coloris; « Tukana » au port étalé, semi-retombant, quatre couleurs; « Babylon », au feuillage très découpé, port étalé, bien ramifié, six coloris; « Temari » très ramifié, convient en suspension, cinq coloris; « Tapien », à port retombant et traçant, très florifère, cinq coloris; « Aztec », à port dressé, aux douze coloris très vifs.

Comportement en pot: faciles à cultiver, les verveines ne parviennent à leur apogée qu'en fin d'été. Achetez des plants déjà bien poussés pour un décor immédiat.

Dimensions du pot: au minimum 15 cm en tous sens pour un seul pied.

Exposition: chaude et bien ensoleillée.

Terre: un bon terreau d'écorces enrichi par 20 % de fumier bien décomposé et une pincée d'engrais organique par pot.

Arrosage: tous les deux jours en été. Une sécheresse passagère est tolérée.

Ennemis et maladies: pucerons sur les jeunes plants. Traitez tout de suite. L'oïdium est un fléau omniprésent.

Utilisations: en pot, en balconnière ou en suspension, associez la verveine à des: pélargoniums, bidens, hélichrysums, œillets d'Inde ou pétunias.

Conseil Truffaut: de mai à septembre, faites un apport hebdomadaire, sur la motte humide, d'engrais liquide pour plantes fleuries ou pour géraniums.

V. x *hybrida* 'Peaches and Cream'

Veronica longifolia 'Pink Damask'

Veronica austriaca ssp. *teucrium*

Veronica spp.
VÉRONIQUE

J F M A M J J A S O N D

10/80 cm · 20/40 cm · PC Vivace · - 7 °C

Ce plantes à l'aspect très varié de la famille des Scrophulariaceae se rapprochent par leurs épis bleutés.

Feuillage : opposé, entier. Les feuilles oblongues ou linéaires sont dentées.

Floraison : en épis compacts bleus.

Espèces et variétés : *Veronica austriaca* ssp. *teucrium* forme une touffe lâche qui ne dépasse pas 30 cm de haut. Les fleurs bleu foncé sont réunies en grappes dressées au-dessus du feuillage vert. *Veronica longifolia* (80 cm), développe une grande touffe dressée, avec des feuilles lancéolées, vertes et lustrées. Les fleurs bleues sont groupées sur de longs épis érigés ; 'Pink Damask' est rose. *Veronica spicata* (30 à 40 cm), forme un coussin dense, aux feuilles étroites, lancéolées vertes ; les fleurs bleues réunies en épis apparaissent en été ; 'Alba', à fleurs blanches ; 'Barcarolle', à fleurs roses ; 'Blue Fox', bleu foncé, très florifère ; 'Nana', nain (15 cm). *Veronica cinerea* (20 cm), en forme de coussin à feuillage gris, fleurs bleues. *Veronica gentianoides* (40 cm), en tapis couvre-sol, vert foncé brillant à fleurs bleu clair ; 'Variegata', à feuilles panachées. *Veronica pedunculata* 'Georgia Blue' (15 cm), feuillage persistant vert à reflets cuivrés, fleurs bleues à œil blanc.

Comportement en pot : abritez les variétés hautes des vents violents. Quand la souche devient moins florifère, divisez la touffe en automne et rempotez.

Dimensions du pot : au minimum 14 cm en tous sens pour un seul pied.

Exposition : chaude, en plein soleil.

Terre : une bonne terre de jardin, enrichie avec 20 % de fumier bien décomposé.

Arrosage : tous les deux jours en été. Ne laissez jamais sécher le substrat.

Ennemis et maladies : l'oïdium forme un feutrage blanchâtre sur le feuillage.

Utilisations : en bordure ou en rocaille dans une auge pour les petites espèces.

Conseil Truffaut : **tuteurez les grandes véroniques. Coupez les inflorescences fanées juste après la floraison. Rabattez les tiges près du sol en novembre.**

Viburnum spp.
VIORNE

J F M A M J J A S O N D

1/2 m · 0,60/2 m · PC Arbuste · - 10 °C

Ces buissons d'aspect très variable, de la famille des Caprifoliaceae, ont mille et une qualités précieuses.

Feuillage : opposé ou verticillé, simple, entier ou lobé, denté, vert. Les feuilles ovales se colorent joliment en automne.

Floraison : surtout blanche, tout au long de l'année, selon les espèces et les variétés.

Espèces et variétés : *Viburnum tinus,* le laurier-tin, à feuillage persistant, fleurit de novembre à avril. Il produit ensuite une abondante fructification bleue puis noire à maturité ; 'Bewley's Variegated' montre un magnifique feuillage panaché de crème ; 'Eve Price' est très compact, avec des boutons floraux rose foncé. Robuste et facile, *Viburnum sargentii* 'Onondaga' est idéal pour les petits espaces avec son port étroit. Son feuillage ressemble à celui de la boule de neige *(Viburnum opulus).* Chaque tige développe une large ombelle terminale, composée de petites fleurs roses au centre, roses puis crème à la périphérie.

Viburnum tinus

Viburnum x 'Eskimo' forme un buisson régulier de 1,20 m de haut et de large. Sa floraison en grosses boules blanches est parfumée. *Viburnum plicatum* au port étalé apprécie la compagnie des rhododendrons; 'Lanarth', aux branches horizontales bien étagées, fleurit très abondamment en mai.

Comportement en pot : les viornes sont souvent lentes à s'installer dans leur pot. Il ne faut pas les transplanter trop souvent.

Dimensions du pot : au minimum 30 cm de haut et de large pour un seul pied.

Exposition : en plein soleil pour les espèces à fleurs. Les viornes à feuillage persistant prospèrent mieux à mi-ombre. *Viburnum opulus, lantana* et *sargentii* préfèrent une situation franchement ombragée.

Terre : un mélange de terre de jardin et de terreau de tourbe. *Viburnum opulus, lantana* et *sargentii* acceptent un sol calcaire.

Arrosage : tous les trois à quatre jours par temps chaud et sec, sans détremper le sol.

Ennemis et maladies : les pucerons attaquent les nouvelles pousses au printemps.

Utilisations : un plant isolé dans un grand bac avec des vivaces tapissantes et des bulbes « sauvages » au pied.

Conseil Truffaut : **protégez les espèces à floraison précoce des vents du nord ou de l'est avec des panneaux de treillage.**

Viburnum plicatum 'Lanarth'

Vinca major 'Variegata'

Vinca spp.
PERVENCHE

J F M **A M J** J A S O N D

10/40 cm — 30/70 cm — P Vivace — - 15 °C

Ces solides plantes couvre-sol de la famille des Apocynaceae sont les amies de l'ombre et poussent vite.

Feuillage : opposé, simple, entier. Les feuilles brillantes, vert foncé ou panaché, sont ovales à lancéolées, elliptiques.

Floraison : portées par un long pédoncule, les fleurs à cinq pétales, bleu profond, s'épanouissent à l'aisselle des feuilles.

Espèces et variétés : *Vinca minor*, la petite pervenche, est naine et tapissante (10 à 15 cm); 'Alba', vigoureuse, à fleurs blanches; 'Azurea flore pleno', aux fleurs très doubles, bleu clair; 'Argenteovariegata', à feuilles panachées de crème; 'Atropurpurea', au feuillage vert et fleurs bleu pourpré; 'Aureovariegata' montre un joli feuillage vert marginé de jaune d'or et des fleurs bleues; 'La Grave', à fleurs bleu lavande. *Vinca major*, la grande pervenche, développe de longs rameaux flexibles, d'abord érigés puis retombants (40 cm); 'Oxford', aux feuilles tachées d'or au centre; 'Variegata', panaché de crème.

Comportement en pot : les rameaux flexibles ont tendance à s'étaler dans tous les sens de façon anarchique. Taillez sans crainte. Rempotez tous les deux ans.

Dimensions du pot : 16 cm de diamètre et 14 cm de profondeur pour un pied.

Exposition : à l'ombre, même dense.

Terre : un terreau de rempotage léger.

Arrosage : maintenez une fraîcheur permanente par temps chaud et sec. Pas d'arrosage en hiver, la pluie suffit.

Ennemis et maladies : la rouille couvre le feuillage de pustules brunes sans gravité.

Utilisations : en couvre-sol pour habiller le bord des grands bacs ou en suspension.

Conseil Truffaut : **au printemps ou à l'automne, multipliez la pervenche en bouturant des fragments de tiges.**

Viola tricolor

Viola odorata

Pensées 'Ailes bleues'

Pensées en suspension

Viola spp.
VIOLETTE, PENSÉE

J F M A M J J A S O N D

10/25 cm 15/30 cm PC Viv./Bisan. - 10 °C

Ces petites plantes ravissantes de la famille des Violaceae offrent une floraison charmante et très gaie.

Feuillage : opposé ou verticillé, entier, d'aspect variable, arrondi, ondulé.

Floraison : les fleurs à cinq pétales arrondis se déclinent dans une infinie diversité de coloris unis ou à macules noires.

Espèces et variétés : *Viola odorata* (10 cm), la violette odorante, est une vivace tapissante aux fleurs bleu violacé, parfumées, en mars-avril ; 'de Toulouse', à fleurs doubles bleu lavande ; 'Freckles' à fleurs blanches, mouchetées de violet. *Viola* x *wittrockiana*, (15 à 25 cm), la pensée des jardins, est une vivace éphémère qui se cultive en bisannuelle. Fleurs géantes et colorées d'octobre à juin. Les cultivars sont innombrables. Parmi les meilleures séries, « Colossus », à fleurs énormes, très homogènes, en cinq coloris ; « Delta F1 » fleurit tout l'hiver en vingt et un coloris ; « Skyline F1 », très florifère, idéale pour les plantations d'automne, existe en vingt couleurs ; « Impériale F1 » se caractérise par des couleurs originales aux nuances pastel ; « Ultima » propose des tonalités inédites, notamment dans la gamme « Beacon », à fleurs bicolores aux pétales supérieurs plus clairs ; 'Frou-Frou' possède des pétales ondulés dans les tons jaunes ; 'Ailes bleues' est amusante avec ses macules qui donnent l'impression d'un visage. *Viola cornuta* (15 à 20 cm), la violette cornue, vivace, ressemble à la pensée mais ses fleurs sont plus petites et délicates. Il en existe de nombreuses séries : « Velours », à toutes petites fleurs rondes, existe en douze couleurs ; « Sorbet F1 », compact et très florifère, existe en trente nuances.

Comportement en pot : excellent. Les pensées fleurissent au moindre redoux, elles flétrissent lorsqu'il fait froid, puis repartent. Ne risquant pas de concurrence, les petites espèces de violettes poussent mieux en pot qu'en pleine terre.

Dimensions du pot : 14 cm de diamètre et de profondeur pour un pied.

Exposition : au soleil ou à mi-ombre.

Terre : un bon terreau pour géraniums.

Arrosage : inutile si la saison est pluvieuse.

Ennemis et maladies : les larves de cécidomyies enroulent le limbe. L'oïdium couvre les feuilles d'un feutrage blanchâtre.

Utilisations : bordure, couvre-sol, suspension, associées à des bulbeuses à floraison printanière, des myosotis, des pâquerettes.

Conseil Truffaut : installez les pensées en septembre ou en octobre. Supprimez les fleurs fanées au fur et à mesure.

Vitis coignetiae

Vitis vinifera VIGNE

2/4 m | 2/3 m | Fruitier | - 10 °C

Cette plante ligneuse volubile de la famille des Vitaceae montre une vigueur exceptionnelle dans un pot.

Feuillage : alterne, simple. Les feuilles palmées, avec trois ou cinq lobes découpés, sont joliment colorées en automne.

Floraison : insignifiante, mais suivie de baies, dorées, rosées ou noires à maturité.

Espèces et variétés : parmi les très nombreuses variétés de vigne de table, 'Chasselas Doré de Fontainebleau' donne une récolte précoce et savoureuse, en septembre, avec des raisins blancs très sucrés. Il réussit bien en bac. *Vitis vinifera* 'Purpurea', la vigne des teinturiers, porte un joli feuillage rouge clair en été, qui devient pourpre vif à l'automne. *Vitis coignetiae* est une espèce ornementale rustique d'une vigueur phénoménale, à grandes feuilles caduques vertes, rondes et velues au revers. En automne, le feuillage prend une splendide coloration jaune, puis orangé et pourpre.

Comportement en pot : la vigne doit être réservée pour les grands bacs. La croissance est importante et rapide. En quelques mois, le pied peut émettre des pousses de 2 ou 3 m, qui s'accrochent toutes seules par des vrilles au moindre support. Protégez la plante des vents froids et des gelées tardives du printemps.

Dimensions du pot : au minimum 45 cm de diamètre et de profondeur.

Exposition : chaude et ensoleillée, plutôt au sud ou à l'ouest pour favoriser les variétés à fruits comestibles.

Terre : une bonne terre de jardin pas trop acide, allégée par 10 % de sable de rivière et enrichie de fumier en granulés.

Arrosage : hebdomadaire par temps chaud. La pluie suffit en hiver.

Ennemis et maladies : l'oïdium peut recouvrir le feuillage d'un feutrage grisâtre. Le mildiou provoque le dessèchement des feuilles et la chute des grappes. Les araignées rouges sont redoutables par temps chaud et sec (feuilles plombées).

Utilisations : pour garnir une pergola, une tonnelle, un treillage ou une rambarde.

Conseil Truffaut : **palissez régulièrement les nouvelles pousses, en les maintenant à l'horizontale. Pincez celles qui poussent trop rapidement.**

Waldsteinia ternata FAUX FRAISIER DORÉ

J F M **A M J** J A S O N D

10/20 cm | 30/50 cm | Vivace | PC | -12 °C

Cette petite plante tapissante de la famille des Rosaceae constitue un très bon couvre-sol pour l'ombre.

Feuillage : la souche émet des stolons traçants, portant des feuilles alternes, vert doré, découpées en trois folioles dentées.

Floraison : les fleurs jaune vif, en coupe, ressemblent à celles des fraisiers.

Espèces et variétés : 'Variegata' porte un beau feuillage panaché de crème. *Waldsteinia geoides*, plus rare, forme une touffe non stolonifère, dont le feuillage se teinte de brun en automne.

Comportement en pot : après la première plantation, le waldsteinia montre un arrêt de croissance, mais après deux ans, il peut se montrer envahissant. Rempotez et divisez les touffes pour les rajeunir, tous les trois à quatre ans au printemps.

Dimensions du pot : au minimum 20 cm de diamètre et 18 cm de profondeur pour un seul pied. En jardinière, plantez un waldsteinia tous les 20 à 30 cm.

Exposition : mi-ombre ou ombre légère, avec un été assez frais de préférence.

Terre : un terreau de plantation bien drainé, enrichi de 20 % de fertilisant organique à base de fumiers et d'algues.

Arrosage : par temps chaud et sec, arrosez tous les jours pour maintenir la fraîcheur du sol. Durant l'hiver, il n'est pas utile d'arroser s'il pleut suffisamment.

Ennemis et maladies : en général, aucun.

Utilisations : en bordure des jardinières ou en couvre-sol dans les grands bacs, au pied d'arbustes ou de grandes plantes vivaces.

Conseil Truffaut : **le waldsteinia supporte une exposition partiellement ensoleillée, seulement si l'humidité du sol est entretenue en permanence.**

Waldsteinia ternata

Washingtonia filifera
PALMIER JUPON

J F M A M **J J A** S O N D

2/3 m | 1/2 m | P Palmier | - 5 °C

Ce robuste palmier américain de la famille des Arecaceae porte des éventails à l'opulence exotique.

Feuillage : le stipe (tronc) très épais et fortement renflé à la base est surmonté par une couronne de grandes feuilles en éventails vert clair ou glauques, munies de longs filaments blanchâtres bouclés. Les anciennes feuilles séchées restent sur la plante et forment une masse compacte qui entoure le stipe à la base du bouquet de feuilles, et que l'on nomme « jupon ».

Floraison : des inflorescences en panicules ramifiées apparaissent au sommet de la plante. Elles dépassent le feuillage. Elles portent des fruits noirs ovoïdes.

Espèces et variétés : il n'existe que deux espèces. *Washingtonia robusta* développe un stipe plus gracile et les feuilles, peu nombreuses, forment une couronne lâche. Cette espèce est un peu moins rustique que *Washingtonia filifera*, mais convient bien en pot (minimum 5 à 7 °C).

Washingtonia filifera

Comportement en pot : ce palmier à croissance rapide nécessite des rempotages annuels. Il faut prévoir une protection hivernale du stipe avec un paillon durant les premières années de croissance. Ailleurs qu'au bord de mer, les *Washingtonia* doivent être hivernés dans une véranda.

Dimensions du pot : au minimum 30 cm en tous sens pour un plant d'environ 1 m.

Exposition : chaude, abritée et ensoleillée.

Terre : un mélange léger de terre végétale, de sable de rivière et de terreau d'écorce, par tiers, avec un bon drainage. Faites un apport d'engrais liquide pour agrumes une fois par mois dès avril.

Arrosage : par temps est chaud et sec, maintenez le sol frais mais non détrempé.

Ennemis et maladies : cochenilles et araignées rouges sont difficiles à éliminer. Mieux vaut traiter préventivement.

Utilisations : en isolé, dans un bac d'orangerie en bois, sur une grande terrasse.

Conseil Truffaut : **il est recommandé de ne pas ôter le jupon de feuilles séchées, qui protège efficacement le palmier contre le gel et les courants d'air froids.**

Weigela spp.
WEIGÉLIA

J F M A **M J** J A S O N D

0,80/1,50 m | 0,70/1 m | C Arbuste | - 12 °C

Ce buisson souple, élégant, de la famille des Caprifoliaceae, est une valeur sûre, idéale pour débuter.

Feuillage : opposé, entier, ovale légèrement dentelé. Les feuilles de 5 à 10 cm de long sont vert foncé ou bronze.

Floraison : les fleurs réunies en bouquets présentent une corolle en forme de trompette qui laisse voir les étamines.

Espèces et variétés : on cultive essentiellement des formes horticoles. 'Evita' forme un petit buisson de 40 cm de hauteur sur 1 m de largeur. Sa floraison est rouge vif ; 'Victoria' se distingue par un feuillage bronze rouge et une abondante floraison rose ; 'Minuet', 'Samba' et 'Rumba' sont des hybrides canadiens très résistants au froid et au port compact. Leur feuillage vert pourpré se couvre de bouquets denses de fleurs roses ; 'Bristol Ruby' est une touffe compacte aux fleurs rouge cramoisi ; 'Carnaval Courtalor' atteint 1 m de hauteur en pot. Il porte des fleurs rose saumoné ou blanc bordé de rose sur le même bouquet ; 'Kosteriana Variegata' dépasse à peine 1 m en bac. Ses feuilles sont panachées de jaune, et ses fleurs roses. *Weigela florida* 'Nana Variegata' présente un port compact et porte des feuilles marginées de blanc, ses fleurs sont rose tendre ; 'Nain rouge Courtanin' ne dépasse pas 80 cm de haut, ses fleurs rouges sont nuancées de blanc ; 'Red Prince', compact, érigé, porte des fleurs rouges jusqu'en juillet.

Weigela 'Bristol Ruby'

Comportement en pot : robuste et rustique, le weigélia prospère bien en bac et supporte sans problème les rempotages, à condition de ne pas briser la motte. Opérez au printemps, tous les trois ans environ, la croissance étant assez lente.

Dimensions du pot : au minimum 30 cm de profondeur et de diamètre pour un pied adulte d'une variété compacte.

Exposition : bien ensoleillée, mais pas trop torride durant l'été, surtout pour les variétés à feuillage panaché ou coloré, qui acceptent bien la mi-ombre douce.

Terre : un mélange de terre de jardin et de terreau pour rosiers à parts égales, en ajoutant 20 % de fumier décomposé. Assurez un bon drainage au fond du pot.

Arrosage : régulier tous les trois jours par temps chaud et sec. Il est inutile d'apporter de l'eau durant l'hiver.

Ennemis et maladies : attention au pourridié (armillaire) dans un bac mal drainé.

Utilisations : dans une grande jardinière, en association avec des : kolkwitzia, deutzia, spirée, seringat et des hémérocalles.

Conseil Truffaut : **chaque année, taillez après la floraison. Éliminez les plus vieux rameaux pour stimuler l'apparition de pousses nouvelles. Équilibrez la silhouette en lui donnant un port arrondi, et dégagez le centre de l'arbuste.**

Wisteria 'Amethyst Falls'

Wisteria spp. GLYCINE

J F M A M J J A S O N D

1,50/3 m | 1/3 m | Grimpante | - 15 °C

Cet arbuste volubile à la croissance très puissante, de la famille des Fabaceae, fleurit à merveille en pot.

Feuillage : alterne, composé, penné. Les folioles ovales, lancéolées sont nombreuses et en nombre impair.

Floraison : au printemps, de longues grappes pendantes bleues ou blanches, parfumées, sont composées de fleurs papilionacées qui s'ouvrent progressivement à partir de la base de l'inflorescence.

Espèces et variétés : il existe une dizaine d'espèces. *Wisteria floribunda*, la glycine du Japon, forme des grappes étroites pouvant atteindre 50 cm. Elle se distingue à ses pousses volubiles qui s'enroulent de droite à gauche autour de leur support ; 'Alba', à fleurs blanches ; 'Rosea', d'un vieux rose assez pâle ; 'Violacea Plena', à fleurs doubles, bleu violacé. *Wisteria sinensis*, la glycine de Chine, porte des grappes assez courtes et développe des rameaux souples qui s'enroulent de gauche à droite ; 'Alba', à fleurs blanches. *Wisteria brachybotrys*, aux inflorescences courtes, formées de larges corolles agréablement parfumées, fleurit dès son jeune âge en grappes bleu violacé. *Wisteria* x *formosa* 'Issaï' pousse plus lentement, ce qui convient bien à la culture en pot. Fleurs bleues dès la seconde année de plantation.

Comportement en pot : les glycines poussent avec moins de vigueur en pot qu'en pleine terre, ce qui favorise souvent une bonne floraison. Les sujets formés sur tronc (glycines en arbre) sont particulièrement conseillés dans un grand bac. La longévité de ces plantes est excellente.

Dimensions du pot : de 40 à 50 cm de profondeur et de diamètre pour un pied adulte. Un bac carré est conseillé.

Exposition : le plein soleil non brûlant est idéal pour la formation des boutons floraux. La mi-ombre légère est tolérée.

Terre : un bon terreau de plantation renforcé par un tiers de terre végétale non calcaire. Inutile de fertiliser ou d'ajouter un fertilisant organique pour éviter de favoriser une pousse trop rapide.

Arrosage : en moyenne une fois par semaine d'avril à octobre. Vous pouvez doubler la fréquence au moment de la floraison si le temps est orienté au sec.

Ennemis et maladies : la chlorose, qui fait jaunir les feuilles, est fréquente si l'eau d'arrosage est très calcaire. Les petites taches foliaires sont sans gravité. Les pucerons seront éliminés rapidement, en taillant les pousses qu'ils parasitent.

Utilisations : seule dans son bac ou agrémentée de quelques couvre-sol, la glycine habille treillage, balustrade, claustra et pergola sur le balcon. Les sujets conduits en arbre peuvent servir d'ombrage.

Conseil Truffaut : **achetez toujours une glycine greffée, ce qui vous garantit d'obtenir une floraison entre deux et quatre ans maximum après la plantation. Un pincement répété toute l'année des pousses volubiles ainsi qu'une taille assez courte des rameaux latéraux en hiver sont des moyens efficaces pour stimuler une floraison récalcitrante.**

Yucca spp.
YUCCA

J F M A M J J A S O N D

0,50/2 m | 0,50/1 m | Succulente | 0/- 8 °C

Ces vivaces souvent frileuses de la famille des Asparagaceae portent un feuillage décoratif, mais redoutable.

Feuillage : en rosette ou formant une touffe basale, vert glauque. Les grandes feuilles linéaires, rigides et coriaces, sont terminées par une pointe acérée qui représente un danger sur les terrasses fréquentées par le enfants. Coupez-les.

Floraison : les corolles blanc crème, parfois ombrées de pourpre, en forme de clochette pendante, sont groupées en une immense et superbe panicule érigée.

Espèces et variétés : *Yucca aloifolia* forme une rosette de longues feuilles très acérées, ses fleurs sont blanc crème en été, ne pas exposer au gel. *Yucca filamentosa* porte des feuilles en forme de lames pointues, bordées de filaments pendants bleutés. Rustique, il ne dépasse pas 50 à 60 cm de hauteur en bac. La floraison est estivale. *Yucca gloriosa* est rustique et très proche du précédent, mais il fleurit plus tardivement, blanc nuancé de rouge.

Comportement en pot : la croissance est assez lente. Un jeune plant fleurit après cinq à huit ans seulement. S'il n'est pas exposé à l'humidité, surtout en hiver, le yucca vit très longtemps en pot.

Dimensions du pot : au minimum 30 cm de diamètre et de profondeur.

Exposition : abritée, chaude et ensoleillée.

Terre : une bonne terre de jardin, bien drainée allégée par 25 % de sable fin.

Arrosage : laissez le sol sécher en surface entre deux apports d'eau. Le yucca redoute avant tout l'humidité stagnante, assurez-vous de l'efficacité du drainage.

Ennemis et maladies : les pucerons sont fréquents sur les hampes florales. Traitez.

Utilisations : en isolé, loin du passage pour éviter le contact avec la pointe des feuilles. Idéal dans un décor de style exotique avec palmiers et agrumes.

Conseil Truffaut : **il est prudent de rentrer les pots au sec et à l'abri du gel dès les premiers jours de l'automne.**

Yucca aloifolia

Zantedeschia aethiopica
ARUM D'ÉTHIOPIE

J F M A M J J A S O N D

0,60/1 m | 40/60 cm | Vivace | - 5 °C

Cette plante aux rhizomes épais de la famille des Araceae forme une touffe à l'ampleur toute exotique.

Feuillage : en grande touffe évasée, directement issue du rhizome, vert foncé brillant, en forme de fer de lance.

Floraison : les fleurs de longue durée forment un spadice enveloppé d'une grande spathe, le plus souvent blanche.

Espèces et variétés : 'Childsiana' (40 cm) est une forme naine très florifère ; 'Green Goddess' (50 cm), épanouit de grandes fleurs vert clair ombrées de blanc ; 'Crowborough' (80 cm), aux grands cornets blancs à spadice jaune.

Comportement en pot : le développement est rapide, la touffe prenant très vite de l'envergure. Rempotez chaque année.

Dimensions du pot : au moins 30 cm de diamètre et de hauteur pour un rhizome.

Exposition : chaude et ensoleillée, mais bien aérée, dans une atmosphère humide.

Terre : un bon terreau assez consistant, enrichi de 15 % de fumier composté.

Arrosage : tous les trois à cinq jours pendant la croissance. En hiver, maintenez le rhizome quasiment au sec.

Ennemis et maladies : dans un sol lourd et humide, la pourriture bactérienne peut détruire la plante en quelques jours.

Utilisations : en isolé, dans une belle poterie colorée. Près d'un point d'eau, en compagnie de papyrus et de graminées.

Conseil Truffaut : **attention, les *Zantedeschia* à feuillage piqueté de blanc et spathes colorées (jaune, orange, pourpre) ne sont pas du tout rustiques et doivent être abrités l'hiver.**

Zantedeschia aethiopica

Zea mays

Zea mays
MAÏS

J F M A M J J **A S O** N D

1/2 m | 30/40 cm | Graminée | 0 °C

Cette annuelle mexicaine frileuse, de la famille des Poaceae, forme des épis colorés très étonnants.

Feuillage : engainant, érigé, vert moyen, long et rubané, à port semi-retombant.
Floraison : en juin-juillet, en épis plumeux sans grand intérêt ornemental, suivis par une fructification aux couleurs variées.
Espèces et variétés : 'Sucré Hâtif Jaune d'Or' et 'F1 Blizzard Super Sweet' sont consommés lorsque les grains sont encore laiteux, très sucrés. Il existe des maïs décoratif à épis multicolores ; 'Japonica', au feuillage panaché ; 'Fraise', aux épis rouge foncé qui évoquent de grosses fraises.
Comportement en pot : la croissance est très rapide et l'enracinement assez superficiel, prévoyez des tuteurs discrets.
Dimensions du pot : au moins 25 cm de diamètre et de profondeur pour un pied.
Exposition : chaude, abritée et ensoleillée.
Terre : un bon terreau de rempotage assez consistant, mais bien drainé.
Arrosage : au minimum tous les deux jours par temps chaud (plus de 25 °C).
Ennemis et maladies : les chenilles de la pyrale du maïs rongent feuilles et épis.
Utilisations : sur un balcon potager, pour constituer un rideau saisonnier à vocation d'ombrage et récolter des épis qui sont soit consommés, soit utilisés en bouquet.
Conseil Truffaut : semez en poquet de trois graines en mai. Éliminez les plants les plus faibles pour n'en garder qu'un.

Zinnia elegans
ZINNIA

J F M A M **J J A S O** N D

20/50 cm | 10/25 cm | Annuelle | 4 °C

Cette plante dressée, buissonnante, de la famille des Asteraceae, forme une fleur rayonnée, quasi parfaite.

Feuillage : opposé, simple, sans pétiole (sessile), vert clair. Les feuilles sont ovales et pointues, légèrement velues.
Floraison : jusqu'aux gelées, de gros capitules doubles aux couleurs chaleureuses.
Espèces et variétés : *Zinnia elegans* est à l'origine d'un grand nombre d'hybrides, qui se déclinent en séries aux coloris très riches. « Rambo F1 » (25 cm), précoce, compact, à très grosses fleurs doubles de 10 cm de diamètre, sept teintes ; « Zinnita » (40 cm), à petits pompons de 3 à 5 cm de diamètre, en cinq couleurs ; « Swizzle » (30 cm), très original avec de grosses fleurs bicolores rouge et blanc ou rouge et jaune ; « Peter Pan » (25 cm), aux fleurs semi-doubles en huit coloris. *Zinnia haagena*, le zinnia du Mexique, aux longues feuilles et fleurs panachées. 'Tapis persan' (30 cm), orange, jaune et bronze ; 'Old Mexico' (35 cm), un peu échevelé, brun et or.
Comportement en pot : les variétés naines résistent mieux aux intempéries et conviennent très bien à la culture en bac.
Dimensions du pot : plantez trois pieds dans une potée de 25 cm de diamètre.
Exposition : chaude et ensoleillée.
Terre : un bon terreau « géraniums », enrichi avec 10 % de fertilisant à base de fumiers et d'algues. Assurez un bon drainage au fond du pot avec des gravillons.
Arrosage : par temps chaud et sec, maintenez la motte toujours un peu fraîche.
Ennemis et maladies : oïdium et pourriture grise fréquents par temps humide.
Utilisations : les zinnias nains en bordure, les plus hauts dans une grande jardinière, associés à des cosmos, centaurée, roses d'Inde, verveine et sauges diverses.
Conseil Truffaut : ôtez bien les fleurs fanées pour prolonger la floraison.

Zinnia elegans

Glossaire des balcons et terrasses

Le langage du jardinier comporte bien souvent des mots ou des expressions qui rebutent le débutant, lui enlevant toute envie de se consacrer pleinement à son loisir, par peur de ne pas faire le bon geste. Voici, pour comprendre et entreprendre, la traduction de ce vocabulaire un peu singulier.

Acaricide : produit de traitement spécifique contre les acariens (araignées rouges, aoûtats, érinoses, tétranyques). Le dicofol est la seule matière active disponible pour le jardinier amateur.

• **Acidité** : état d'un sol pauvre en calcaire, dont la réaction chimique révèle un pH inférieur à 6,5. C'est le cas, par exemple, de la tourbe ou de la terre de bruyère. L'inverse d'acidité est alcalinité. En pot, les substrats sont souvent légèrement acides.

• **Alcalin** : on dit aussi basique. Ce terme désigne un sol dont le pH est supérieur à 7,5. C'est souvent l'indication d'une terre calcaire. À l'opposé, on parle de sol acide.

• **Ameublir** : action de travailler un sol pour faciliter la pénétration de l'air et de l'eau. L'ameublissement dans un bac s'effectue superficiellement avec une petite griffe à trois dents.

• **Annuel** : caractérise les plantes dont le cycle végétatif complet se déroule sur une même année. Les annuelles sont semées au printemps et meurent à l'automne, comme les cosmos, les pétunias, les soucis, les némophiles, etc. On cultive beaucoup d'annuelles pour la décoration estivale des balcons et des terrasses.

• **Anthère** : partie renflée de l'étamine d'une fleur où se trouve le pollen.

• **Aoûté** : se dit d'une jeune pousse d'arbre ou d'arbuste qui passe de l'état herbacé qu'elle avait en naissant à l'état ligneux (bois dur). Cette période coïncide avec la fin du mois d'août.

• **Asperseur** : arroseur rotatif fonctionnant à basse pression et qui diffuse un jet fin et léger. L'asperseur est souvent couplé avec une installation d'arrosage au goutte-à-goutte.

Bassinage : synonyme de brumisation, c'est l'action de pulvériser de l'eau, en pluie fine ou en brouillard, sur le feuillage des plantes pour les rafraîchir.

• **Bisannuelle** : se dit d'une plante dont le cycle végétatif s'effectue sur deux années. C'est le cas des pensées, des pâquerettes, des myosotis, etc., qui sont semés en juillet et ne fleurissent qu'à partir de l'automne ou du printemps suivant.

• **Bois** : nom de la partie constituant un tronc. Par extension, on nomme « œil à bois », un bourgeon qui produira un rameau lignifié ou « aoûté ».

• **Bourgeon** : en arboriculture, c'est une jeune pousse de l'année. En langage jardinier, on désigne plutôt sous le nom « d'œil », l'organe couvert d'écailles qui pousse au printemps.

• **Brande** : c'est une clôture fabriquée en bruyères séchées et liées par des fils de fer. Les brandes sont d'excellents brise-vent.

• **Brise-vent** : accessoire permettant de limiter l'action destructrice du vent. Sur les balcons et les terrasses, on utilise des haies d'arbustes à feuillage persistant ou des conifères, des palissades en bambou, en brande, en osier, et des claustras, etc.

• **Brumisation** : action de pulvériser de l'eau en fin brouillard sur une plante pour la revigorer après de fortes chaleurs.

• **Buissonnant** : se dit d'un végétal très ramifié, au port trapu et touffu, dont la forme rappelle celle d'un buisson.

Caduc : se dit d'un végétal qui perd ses feuilles en automne. Par extension on nomme « caducs » tous les arbres dont le feuillage tombe à cette époque de l'année. L'antonyme est : persistant.

• **Capillarité** : phénomène physique permettant aux liquides de s'élever dans des tubes très fins. La sève remonte par capillarité dans les vaisseaux des tissus d'une plante. Les bacs à réserve d'eau s'alimentent grâce à ce phénomène.

• **Chevelu** : définit l'ensemble des racines fines et ramifiées d'une plante, formant une sorte de chevelure.

• **Contenant** : terme générique utilisé pour désigner les pots, les bacs, les jardinières et tous les récipients servant à la culture des végétaux.

• **Conteneur** : contenant en plastique dans lequel une plante est élevée, subissant des rempotages successifs au fur et à mesure de sa croissance. Les plantes vendues en conteneurs peuvent être plantées à n'importe quelle période de l'année.

• **Cryptogamique** : terme utilisé pour désigner les maladies transmises par un champignon. On les combat avec un traitement « fongicide » appelé aussi produit « anticryptogamique ».

• **Cultivar** : nom donné à une plante issue d'une sélection horticole et non d'origine naturelle. Dans le langage courant, les cultivars sont la plupart du temps appelés « variétés ».

Diviser : opération de multiplication des plantes à souche vivace qui consiste à couper l'ensemble de la touffe en plusieurs morceaux, chacun d'eux étant pourvu de racines et de bourgeons, et à les replanter ensuite.

• **Drainage** : action d'assainir un terrain en permettant l'évacuation des eaux du sous-sol, au moyen de canalisations enterrées qui rejoignent un collecteur.

Ébourgeonner : action qui consiste à éliminer une jeune pousse inutile ou mal placée.

• **Éboutonner :** opération visant à supprimer des boutons floraux pour obtenir des fleurs plus grosses (sur les rosiers et les chrysanthèmes).

• **Éclaircir :** éliminer les plants en surnombre d'un semis.

• **Éclat :** morceau de plante obtenu lors de la division d'une souche de vivace.

• **Espèce :** terme botanique définissant une plante particulière que l'on trouve naturellement. Le nom d'espèce suit toujours le nom de genre et précède le nom de la variété ou du cultivar.

• **Étêter :** opération qui consiste à couper la tige principale d'une plante pour réduire sa croissance ou la faire ramifier. Avec les plantes herbacées, on utilise plutôt le terme « pincer ».

F1 : symbole désignant la première génération de plantes issues d'une hybridation. Les hybrides F1 sont tous semblables et montrent une croissance homogène et vigoureuse.

• **Fastigié :** port d'une plante en forme de pyramide étroite et élancée.

• **Fongicide :** produit de traitement utilisé pour la lutte contre les maladies dues aux champignons.

• **Forçage :** opération qui consiste à produire des plantes en avance sur leur période de végétation normale.

Gélif : qualifie un végétal ou un pot qui ne résiste pas au gel et qui doit être protégé.

• **Genre :** terme botanique pour désigner un ensemble d'espèces présentant des caractères communs.

• **Godet :** contenant de petites dimensions utilisé pour la culture de jeunes plantes pendant un temps très court, le plus souvent après le repiquage ou lors d'un semis.

• **Grimpant :** désigne une plante qui monte le long d'un support quelconque par ses propres moyens. Les plantes qui demandent à être attachées sont dites « sarmenteuses ».

Habiller : intervention qui consiste à supprimer une partie du feuillage et des racines d'une plante lors de la plantation.

• **Hâtif :** qualifie un végétal qui se développe ou produit tôt en saison. Le synonyme est « précoce ».

• **Herbacé :** désigne une plante dont les tissus souples offrent la texture de l'herbe. C'est le cas de la plupart des espèces florales et des légumes.

• **Hivernage :** opération qui consiste à rentrer des plantes ou des objets fragiles dans un local, pour les protéger du froid pendant la mauvaise saison.

• **Humidification :** action de rendre un substrat humide, par arrosage, pulvérisation, ou imbibition.

• **Humus :** produit résultant de la décomposition dans le sol des matières organiques. Le terreau est généralement riche en humus.

• **Hybridation :** action de croiser deux plantes pour obtenir une nouvelle variété possédant les caractères des deux parents.

• **Hybride :** désigne une plante issue du croisement de deux espèces ou variétés de caractères différents du point de vue génétique. Son nom est toujours précédé d'un « x ».

Marcescent : se dit d'un feuillage qui fane en automne, pour ne se détacher des branches qu'au printemps suivant, avec l'apparition des nouvelles feuilles (chez le charme et le hêtre, par exemple).

• **Marsonia :** c'est le nom savant de la maladie des taches noires du rosier.

• **Matière organique :** ce sont les produits issus de la décomposition des êtres vivants, en particulier des végétaux. Le terreau contient un proportion importante de matière organique, toujours bénéfique à la croissance des plantes.

• **Microclimat :** conditions atmosphériques particulières à une zone de superficie restreinte. Les balcons constituent des microclimats bien spécifiques.

• **Mulching :** opération qui consiste à maintenir en permanence de la paille, des écorces de pin, du compost ou de la tourbe au pied des végétaux. On pratique le mulching en hiver sur les très gros bacs de terrasses.

• **Mycose :** maladie provoquée par des champignons. On parle plus souvent de maladie cryptogamique.

Nain : qualifie une plante de petite taille. Les arbres fruitiers et les conifères nains sont très appréciés sur les balcons.

• **Nœud :** renflement naturel d'une tige au point d'articulation d'une feuille.

Oeil : bourgeon qui va former une branche ou une fleur. Dans ce dernier cas, on parle plutôt de « bouton ».

• **Oignon :** autre nom donné à un « bulbe ».

• **Ombelle :** inflorescence en forme de parasol dont les constituants sont tous attachés en un même point et s'alignent ensuite à la même hauteur. C'est le cas de la carotte ou de la berce.

Paillage : pratique culturale qui consiste à placer au pied des végétaux une couverture faite de paille, d'écorces de pin, de tourbe, de feuilles mortes, etc., en vue de les protéger temporairement du froid ou de la sécheresse. On appelle cette couverture un paillis.

• **Paillon :** assemblage de paille ou de roseaux constituant un rempart souple et homogène pour protéger les plantes ou les contenants du froid.

• **Palissade :** clôture en bois, plus ou moins ajourée, que l'on utilise comme séparation sur les balcons et les terrasses.

• **Palisser :** action d'attacher une plante sur un support.

• **Panicule** : inflorescence de forme triangulaire dont les ramifications se raccourcissent vers le sommet (yucca).

• **Parer** : couper finement les tissus d'une plaie de coupe hachée par la scie, pour les lisser, ce qui favorise la cicatrisation.

• **Patio** : petit jardin constituant une cour intérieure à ciel ouvert.

• **Pédicelle** : nom donné au support d'une fleur sur la hampe florale, dans les inflorescences composées.

• **Pédoncule** : nom donné au support d'une fleur ou d'un fruit, lorsqu'il est solitaire. On parle aussi de « hampe » pour la fleur et de « queue » pour le fruit.

• **Penné** : qualificatif qui s'applique aux feuilles composées dont les folioles sont bien réparties autour de l'axe.

• **Pépinière** : qualifie un semis destiné à la production de plants à repiquer.

• **Persistant** : qualifie un végétal qui conserve son feuillage en toute saison.

• **Pesticide** : produit destiné à combattre les ennemis et les maladies du jardin.

• **Pétiole** : nom donné au support d'une feuille. On dit aussi « queue ».

• **pH** : signifie « potentiel Hydrogène ». Il s'agit d'une échelle de notation pour indiquer le taux d'acidité ou d'alcalinité d'un sol. Elle va de 0 (le plus acide) à 14 (le plus alcalin). La valeur 7 correspond à une terre neutre.

• **Phytosanitaire** : qui est destiné à la protection des plantes (traitement).

• **Pied** : indique la partie de la plante située juste au-dessus du collet. Par extension, on applique ce nom à toute jeune plante à repiquer.

• **Pied mère** : c'est une plante âgée qui est destinée à la multiplication (prélèvement des boutures, division).

• **Pincement** : action qui consiste à supprimer la partie terminale d'une tige ou d'un rameau pour les faire ramifier.

• **Pistil** : organe femelle des plantes situé le plus souvent au centre de la fleur.

• **Plant** : jeune végétal issu d'un semis et destiné à être repiqué ou replanté.

• **Plantule** : qualifie une jeune plante issue de la germination d'une graine.

• **Plante grasse** : végétal dont les tissus sont gorgés de suc et que l'on cultive dans le jardin ou la maison

• **Poil absorbant** : fibre unicellulaire située à l'extrémité des racines, qui sert à pomper l'eau et les sels minéraux.

• **Pollen** : grains minuscules produits par les anthères des étamines et contenant la partie reproductrice mâle de la fleur (gamète).

• **Pollinisation** : action par laquelle le pollen d'une étamine est porté sur le pistil d'une fleur pour la féconder.

• **Pommé** : qualifie un végétal dont les feuilles constituant le cœur sont très serrées les unes contre les autres et forment une masse arrondie comme une pomme (laitue ou chou, par exemple).

• **Poquet** : qualifie un semis par lequel on dépose trois à cinq grosses graines dans un même trou ou dans un même pot.

• **Port** : indique la silhouette générale d'un végétal. Il peut être étalé, rampant, fastigié, pleureur, retombant, grimpant, buissonnant, ramifié, etc.

• **Pot** : récipient plus haut que large dans lequel on cultive les plantes. Les pots sont désignés par un nombre qui indique leur diamètre en centimètres. Un pot de 18 mesure donc 18 cm de diamètre intérieur.

• **Potasse** : oxyde de potassium, il entre dans la composition des engrais. Il est désigné par la lettre K. La potasse est importante pour la fructification.

• **Potée** : terminologie fréquente pour désigner une plante fleurie en pot.

• **Potence** : armature métallique que l'on fixe solidement sur le mur dans le but d'y accrocher un panier fleuri.

• **Pousse** : jeune rameau en cours d'évolution. Ce terme désigne plus généralement tous ceux nés dans la même année.

• **Pralinage** : opération qui consiste, au moment de la plantation, à tremper les racines nues d'un végétal dans une bouillie riche en matières organiques pour favoriser sa reprise.

• **Préventif** : qualifie un traitement réalisé dans le but d'empêcher l'invasion des plantes par les insectes et les maladies.

• **Programmateur** : appareil servant à déterminer le temps précis d'un arrosage ou d'un éclairage et à en commander le déclenchement à distance.

• **Pulvérisation** : méthode traditionnelle adoptée pour le traitement des plantes et consistant à répartir un produit sur les cultures, sous forme de fines gouttelettes, à l'aide d'un pulvérisateur.

Rabattre : opération qui consiste à couper une branche ou un rameau sur son point de départ, pour provoquer la formation de nouvelles pousses.

• **Race** : ensemble de cultivars présentant les mêmes caractères végétatifs.

• **Rachis** : nom donné à l'axe qui porte, de chaque côté, des ramifications courtes ou les folioles d'une feuille composée.

• **Raciner** : déformation du verbe s'enraciner. On l'utilise pour tout ce qui concerne la multiplication végétative des plantes (bouturage et marcottage).

• **Radiculaire** : qui se rapporte aux racines (système radiculaire).

• **Rafraîchir** : opération consistant à effectuer une coupe très superficielle, par exemple dans le cas d'une blessure.

• **Rajeunir** : intervention de taille consistant à éliminer les vieilles pousses afin de privilégier la croissance des plus jeunes.

• **Rameau** : pousse secondaire située sur une branche principale. Il est « à bois » lorsqu'il porte des feuilles, « à fruit » lorsqu'il est couvert de fleurs et de fruits.

• **Raphia** : fibre extraite d'un palmier et que l'on utilise pour attacher des jeunes tiges sur un support.

• **Ravageur** : désigne tout animal commettant des dégâts dans les cultures, qu'il s'agisse d'insectes, d'acariens, de limaces, d'oiseaux ou de rongeurs.

• **Remontant** : qualifie un végétal dont la production de fleurs ou de fruits est étalée dans la saison. À ne pas confondre avec le terme grimpant.

• **Rempotage** : action consistant à transférer une plante d'un récipient à un autre, souvent parce qu'elle se trouve à l'étroit. Le rempotage s'avère aussi nécessaire quand le terreau est épuisé.

• **Repiquage** : opération qui consiste à transplanter une jeune plante issue d'un semis dans un pot ou une terrine.
• **Repos** : période d'arrêt de la végétation qui correspond le plus souvent à l'hiver et pendant laquelle les plantes ne se développent plus. Les espèces cultivées en pots ne sont presque plus arrosées pendant le repos.
• **Reprise** : indique le moment où une plante manifeste une croissance après avoir été transplantée, bouturée, repiquée, greffée ou rempotée.
• **Répulsif** : produit utilisé pour éloigner les animaux de certaines cultures.
• **Réserve d'eau** : partie étanche d'un bac ou d'un pot dans laquelle est conservée de l'eau qui alimente la plante par un système de mèches ou de toiles.
• **Résistivité** : mesure obligatoire de la teneur des éléments minéraux contenus dans un terreau du commerce.
• **Réticulé** : qualifie un organe végétal couvert de lignes entrecroisées comme les mailles d'un filet.
• **Retombant** : qualifie le port descendant d'une plante aux rameaux souples. Synonyme de pleureur.
• **Rhizome** : tige horizontale située au ras du sol ou souterraine, ressemblant à une racine et qui sert à la propagation de la plante (iris, par exemple).
• **Rustique** : qualifie une plante qui s'adapte aux conditions climatiques sous lesquelles elle est cultivée. On a tendance à considérer comme « rustiques » les plantes résistantes au gel.

Sable : composant naturel des sols siliceux constitué de fines particules qui n'adhèrent pas entre elles. On l'utilise beaucoup pour alléger et drainer les substrats.
• **Sagitté** : qualifie des feuilles en forme de fer de lance ou de flèche.
• **Sang** : utilisé sous forme desséchée, le sang est un engrais contenant 10 % d'azote organique.
• **Sarmenteux** : désigne le port grêle et souple des tiges longues et flexibles de certaines plantes qui, une fois palissées prennent l'aspect de grimpantes.
• **Semi-aoûté** : qualifie un rameau qui se trouve à un stade intermédiaire entre l'état herbacé et l'état ligneux (bois).
• **Sépale** : organe végétatif ressemblant souvent à une petite feuille et qui entoure le bouton floral.
• **Spp.** : abréviation de *species plurima*, signifiant qu'il y a plusieurs espèces dans un même genre.
• **Substance active** : agent efficace à la base des produits phytosanitaires, utilisé pour lutter contre les maladies virales ou cryptogamiques, et les insectes. Anciennement appelée matière active.
• **Substrat** : mélange de matériaux aux propriétés complémentaires, dans lequel on cultive les plantes en pots.
• **Succulente** : végétal gorgé de suc. Synonyme de plante grasse.
• **Support de culture** : appellation officielle des amendements, terreaux et substrats divers vendus dans le commerce.
• **Surfacer** : opération qui consiste à remplacer la terre de surface dans un contenant, lorsqu'il est impossible ou difficile de dépoter la plante.
• **Suspension** : terme souvent utilisé pour désigner un panier fleuri que l'on accroche à une potence.
• **Systémique** : qualifie un produit qui est absorbé par une plante et véhiculé ensuite par la sève. Très utile contre les insectes piqueurs ou suceurs et certaines maladies cryptogamiques.

Taille : opération consistant à couper diverses parties d'un végétal pour lui donner une forme, faciliter sa floraison ou sa mise à fruits.
• **Tardif** : se dit des plantes qui fleurissent ou fructifient en retard par rapport à la date moyenne de leur espèce.
• **Terreau** : produit provenant de la décomposition de diverses matières organiques. Les terreaux du commerce proposent des compositions adaptées à différentes cultures. Un bon terreau doit mélanger au moins trois matières différentes.
• **Terrine** : récipient rectangulaire peu profond en terre cuite ou en plastique, utilisé pour les semis ou le repiquage.
• **Tête** : extrémité de la pousse terminale d'une plante ou de la cime d'un arbre.
• **Topiaire** : art de tailler des végétaux selon des formes définies.
• **Touffe** : plante en rosette émettant plusieurs rejets pour former une masse compacte et homogène.
• **Tourbe** : produit obtenu après la décomposition de mousses (sphaignes) et de joncs dans un milieu non aérien. On l'utilise dans la fabrication des terreaux.
• **Toxicité** : degré d'action d'un produit, d'une substance, destinés à empoisonner.
• **Tubéreux** : qualifie un organe végétal renflé comme un tubercule.
• **Tuteur** : pièce de bois, de métal ou de plastique destinée à servir de soutien aux tiges aériennes d'une plante haute.
• **Type** : nom donné à une plante qui réunit l'ensemble des caractères qui ont servi à définir une espèce particulière.

Variété : nom donné à une plante qui diffère légèrement de l'espèce type. Lorsqu'elle est obtenue artificiellement, on parle de cultivar. Si elle ne peut être multipliée que par un mode végétatif, on l'appelle clone.
• **Végétatif** : se dit de tout ce qui a rapport avec la vie des plantes. Le système végétatif est l'ensemble des organes servant à la croissance du végétal. La multiplication végétative désigne les méthodes ne faisant pas intervenir les sexes, comme dans le bouturage, le marcottage, la division, etc.
• **Vernaculaire** : qualifie les appellations locales de certaines plantes. On parle de nom vernaculaire.
• **Virose** : se dit d'une maladie provoquée par un virus.
• **Vivace** : plante qui vit plusieurs années, refleurissant et fructifiant plusieurs fois.
• **Vrille** : feuille transformée en spirale qui permet à une plante sarmenteuse de s'accrocher sur son support.

Index général

Les chiffres en romain renvoient aux noms des principales plantes et aux principaux thèmes et techniques traités dans l'ouvrage ; les chiffres en gras renvoient aux thèmes qui font l'objet d'un développement important. Les parenthèses concernent les rubriques suivantes : (G), *« LES BONS GESTES » ;* (T), *« ASTUCE TRUFFAUT » ;* (E), *« LES ENCADRÉS ».*

A

B

C

D

E

F

G

H I

J

K

L

M

N

O

P

QR

S

T

UV

WY

Z

Quelques idées de jardinières et de décors de fleurs ou feuillages à réaliser selon vos goûts

Crédits photographiques

Toutes les photos illustrant ce livre ont été fournies par l'agence MAP/Mise au Point (10, boulevard Louise Michel 91030 Evry Cedex) avec la participation des photographes suivants :

De haut en bas et de gauche à droite : h = haut, b = bas, c = centre, g = gauche, d = droite.

P. Aversenq : 105 (hd), 106 (bg), 107 (hd). **A. Breuil :** 105 (cd), 109 (n°5). **A. Chopin :** 162 (b), 326 (b), 442 (b). **A. Delavie :** 39 (1re h). **A. Descat :** 13 (h), 15 (bg, bc), 19 (1re b), 23 (h), 25 (1re h), (1re b), 31 (2e, 3e h), 34 (b), 38 (b), 39 (2e h), 41 (h), 44 (2e b), 46 (bd), 47 (hd, b), 68 (h, c), 69 (4), 73 (c), 75 (h, c), 78 (2e b), 105 (cg), 107 (hg), 120 (b), 124 (b), 128 (b), 130 (b), 132 (b), 134, 137 (b), 146 (b), 150 (b), 152 (bd), 155 (h), 156 (h), 157, 158 (h), 159, 160, 161 (2), 162 (h), 163 (h), 164 (h), 167, 168 (h), 169, 171 (b), 172 (h), 174 (h), 176 (h), 177, 178 (b), 179 (h), 180 (bg), 181 (c, b), 185 (h), 190 (b), 191 (b), 192 (b), 195 (b), 196 (2), 198 (b), 200 (g), 201 (d), 205 (bd), 224 (h), 225, (h, c), 226 (3), 228 (h), 229 (b), 230 (hd), 232 (h), 233 (c), 234 (h), 235 (h, bg), 237 (b), 238 (h, bg), 239 (h), 240 (bg), 241 (h), 243 (h), 244 (h), 245 (b), 246 (h), 248 (c), 251 (hd), 252 (bd), 253 (2), 255 (hd), 256 (h), 257 (b), 259 (h), 262 (h), 265 (hg), 268 (bd), 270 (b), 271 (b), 274 (h), 275 (b), 276 (b), 277 (2b), 279 (2e h, 3e h, 4e h, b), 280 (b), 281 (h, c), 282 (h), 286 (c, b), 287 (b), 294 (2h), 299 (hd), 300 (bd), 301 (1er b, 3e b), 303 (h, c), 304, 305 (bg), 308 (2), 311 (b), 312 (2h), 313 (h), 314 (h), 316 (b), 318 (h), 319 (b), 320 (hd), 323 (c, b), 324 (bd), 325 (5), 326 (hg), 329 (bg), 330 (2b), 331 (3b), 332 (1re h, 3e h), 338 (4), 339 (3), 341 (b), 343 (2), 344 (c, b), 345 (3e b), 346 (h), 347 (b), 348 (1er h, 3e b), 350 (2), 351 (h), 352 (h, c), 353 (h), 355 (c), 359 (h), 362 (h), 363 (b), 366 (b), 367 (h), 369 (c), 370 (h), 372 (b), 375 (b), 376 (bd), 379 (h), 380 (hg), 382 (c), 383 (h), 384 (bd), 387 (b), 388 (h), 389 (h), 390 (1re b), 393 (hd), 394 (2e b), 395 (hg), 397 (bg), 399 (h), 405 (b), 407 (h), 408 (b), 410 (b), 411 (h), 418 (bd), 419 (hd, 2b), 425 (b), 428 (2e h), 430 (2e h, 3e h), 432 (h, 3e b), 433 (h), 434 (2h), 437 (h, b), 438, (3e b), 439 (h), 440 (2), 445 (h), 446 (b), 447 (h), 450 (bg), 451 (hd, b), 452 (h, b), 453 (b), 455 (b), 460 (h), 461 (b), 463 (b), 468 (c, b), 470 (cg), 471 (h), 472 (h), 475 (c). **F. Didillon :** 8, 32 (2e b), 75 (b), 84 (bg), 116 (g), 129 (h), 147 (b), 153 (hg), 171 (h), 176 (b), 193, 227 (2), 230 (h), 240 (bd), 244 (b), 273 (b), 284 (h), 285 (b), 290 (b), 291 (b), 292 (2h), 293 (b), 293 (h), 299 (hg), 314 (b), 320 (hg), 334 (h, c), 342 (b), 345 (1re b), 346 (b), 347 (h), 348 (4e b), 369 (h), 370 (c), 373 (h), 386 (b), 394 (3e b), 403 (hg), 412 (hg), 413 (h), 419 (c), 426 (c), 427 (h), 448 (b), 449 (h), 454 (h), 457 (b), 459 (b), 467 (b), 469 (2). **M. Duyck :** 104 (h). **P. Fauchere :** 355 (hg). **Globe Planter :** 401 (2b). **J.-Y. Grospas :** 153 (c). **A. Guerrier :** 123 (b), 161 (b), 180 (c), 231 (hg), 262 (bd), 266 (b), 306 (bd), 354 (bg), 396 (bg), 438 (c). **A. Kubacsi :** 155 (b), 270 (h). **F. Lamarque :** 18 (c), 21 (3c), 36 (c), 45 (b), 47 (c), 50 (h, b), 51 (c), 54 (2b), 55 (7), 56 (2b), 57 (6), 65 (2 h, 1re b, 2e b), 66 (1re b), 75 (6b), 76 (bg), 77 (hd), 78 (h), 79 (6b), 80 (bg), 82 (b), 83 (1re h, b), 85 (n°4), 86 (b), 87 (h, cg), 89 (2h, b), 91 (bd), 92 (c), 93 (hd, 2c, bd), 95 (c), 109 (n°2), 112 (b), 211 (bg, bd), 217 (hd), 329 (h), 363 (hg), 391 (b), 412 (hd), 416 (hg, b), 426 (bg). **R. Mage :** 107 (bg), 171 (h). **F. Marre :** 51 (h), 248 (2e h), 442 (h). **N. et P. Mioulane :** 7 (d), 10 (h), 11 (2), 12 (h, c), 13 (b), 15 (h, bd), 16 (3), 17 (5), 19 (2e b), 20 (h), 21 (2e, 3e h), 23 (b), 25 (3e h, 2 c), 26 (h), 27 (2e b), 29 (h, c), 30 (h, b), 31 (1re b), 32 (h, 1re b), 33 (h), 34 (c), 35 (1re h), 37 (1re, 3e h, c, b), 38 (h), 40 (h), 41 (2 b), 43 (h, c), 50 (b), 51 (b), 52 (2), 53 (2), 56 (h), 58 (2), 59 (2e b), 60 (h, 2e b), 61 (2), 62 (h, 2e b), 63 (1re h, 4b), 64 (3), 65 (2h, 3e b, 4e b), 68 (bd), 72 (h), 73 (b), 76 (h, bd), 77 (hg, b), 78 (1re b, 3e b), 79 (h), 80 (h, bd), 81 (b), 82 (h), 83 (3e h, b), 84 (h, bd), 85 (n°1, 2, 3 et b), 87 (b), 88 (3), 90 (h), 91 (1re h, 2e h, c, bg), 92 (h, b), 93 (hg, bg), 94 (3), 95 (b), 96 (3), 97 (h), 98 (2b), 99 (6), 100 (6), 101 (4), 102 (cd, b), 103 (h, 1re b), 104 (2 b), 105 (hg), 106 (bd), 107 (bd), 109 (n°1, 3, 4 et b), 110 (3), 111 (4), 113 (b), 115 (b), 117 (c, d), 121, 122 (c), 123 (h), 125 (h), 126 (2), 127, 128 (h), 138 (b), 142 (b), 144 (b), 145 (b), 148 (2), 153 (c), 154 (2), 156 (b), 164 (b), 165 (2), 166 (h), 172 (b), 173, 175, 179 (b), 182 (h), 183, 184 (b), 185 (b), 186 (b), 188 (2), 189, 190 (h), 191 (h), 192 (h), 194 (2), 199, 203 (bg), 204 (c), 205 (3h, bg), 207 (hc, hd, bc), 208 (c, b), 209 (5), 211 (3h), 212 (b), 213 (3b), 214 (b), 215 (c, 3b), 217 (hd, 3b), 219 (cd), 224 (b), 225 (bg), 228 (b), 235 (bd), 236 (h), 237 (h), 238 (bd), 239 (b), 241 (h), 243 (bd), 244 (c), 247 (c), 248, 251 (b), 254 (h), 257 (b), 258 (h, bd), 263, 272 (h), 273 (h), 275 (h), 276 (b), 277 (h), 278 (b), 279 (1re, h), 280 (h), 282 (h, c), 284 (b), 285 (h), 288 (b), 290 (h), 291 (h, c), 292 (b), 295 (c), 297 (b), 298 (2), 301 (2e b), 303 (b), 305 (h, bd), 307 (b), 309 (hd), 311 (h), 313 (b), 316 (hd), 321 (h), 322 (h), 323 (h) 328 (b), 329 (bd), 332 (2e h), 335 (b), 336 (2), 340 (hg), 342 (hg), 344 (h), 345 (h, 4e b), 348 (3e h, 4e h, 1re b, 2e b,), 249 (b), 353 (c, b), 354 (b), 355 (hd, b), 357 (3), 360 (h, c), 362 (b), 363 (hd), 364 (h), 365 (h), 367 (b), 368 (h), 369 (b), 373 (b), 374 (h), 375 (h), 376 (h), 377 (b), 381 (b), 382 (b), 385 (hd), 386 (h), 389 (b), 392 (b), 393 (hg, b), 394 (3h, 1re b), 395 (hd, b), 396 (h, 2c), 397 (5), 402 (hd, c), 404 (b), 405 (h), 407 (b), 409 (b), 410 (h), 411 (h, bg), 412 (2b), 414 (2), 415 (h), 417 (h), 418 (c, b), 418 (hg, bg), 420 (2), 421 (h), 422 (b), 423 (2b), 424 (2), 425 (h), 428 (3e h), 460 (1re h, b), 431 (b), 432 (1re b), 433 (b), 435 (b), 436 (2), 437 (c), 438 (1re , 2e b), 441 (h), 446 (h), 448 (h), 449 (b), 450 (h), 452 (c), 454 (b), 456 (h), 458 (3), 460 (bd), 461 (h), 462 (b), 464 (hd, b), 465 (bd), 466 (b), 467 (h), 471 (b), 473 (h), 475 (b). **Y. Monel :** 19 (3e b), 27 (3e b), 33 (1re b), 40 (b), 54 (h), 72 (2e b), 73 (h), 91 (3e h), 106 (h), 108 (b), 116 (c), 117 (g), 136 (b), 143 (h), 158 (b), 174 (b), 181 (hd), 195 (h), 216 (bg), 220 (g), 245 (h), 205 (h), 251 (hc), 262 (bc), 268 (bg), 295 (b), 335 (h), 345 (2e b), 385 (c), 457 (h). **C. Nichols :** 4 (c), 27 (h), 33 (2e b), 35 (b), 102 (cg), 15 (bg), 131, 153 (hd), 166 (b), 170 (b), 181 (hg), 184 (h), 186 (h), 187, 197, 198 (h), 201 (c), 202 (bd), 307 (h), 310 (h), 318 (b), 319 (h), 354 (h), 390 (2e b, 3e b, 4e b), 404 (c), 406 (h), 407 (c), 412 (bg), 441 (hg), 450 (bg), 466 (h), 470 (cd). **P. Nief :** 254 (hg), 260 (bg), 372 (h), 408 (h), 409 (h), 443, 471 (hd). **Noun :** 39 (c), 201 (g), 260 (bd), 400 (b), 416 (hd), 427 (bg). **É. Ossart :** 34 (h), 143 (b), 378 (b). **N. Pasquel :** 14 (c), 56 (c), 72 (h), 401 (h). **S. Schall :** 20 (c), 274 (b). **F. Strauss :** 5 (3), 6 (3), 7 (g, c), 12 (b), 18 (b), 19 (c), 21 (1re h), 22 (2), 24 (3), 25 (2e h, b), 26 (b), 28 (3), 29 (b), 30 (c), 31 (3e h, 2e b), 35 (2e h), 36 (h, b), 37 (2e h), 38 (c), 39 (b), 40 (c), 42 (2), 43 (b), 44 (h, 1re b), 45 (h), 46 (h, c, bg), 47 (h), 48, 54 (c), 59 (h, 1re b, 3e b), 60 (1re b), 62 (1re b), 66 (h, 2e b), 67 (3), 68 (bg), 70, 74 (h), 81 (h), 83 (2e h), 86 (h), 87 (cd), 89 (c), 95 (h), 97 (b), 98 (h), 102 (h,) 103 (2e b, 3e b), 108 (h), 112 (h), 113 (h), 114 (2), 115 (h), 116 (d), 118, 120 (h), 122 (h, b), 124 (h), 129 (b), 130 (h), 132 (h), 133, 134 (h), 135, 136 (h), 137 (h), 138 (h), 139 (2), 140 (2), 141, 142 (h), 144 (h), 145 (h), 146 (h), 147 (h), 149, 150 (h), 151, 152 (h, c), 163 (b), 168 (b), 178 (h), 180 (h, bd), 182 (b), 200 (c), 202 (h, bg), 203 (h, bd), 204 (h), 206 (2), 207 (cd), 208 (h), 210 (2), 211 (bc), 212 (h), 213 (hg, cd), 214 (h), 215 (h), 216 (h, cd), 218 (2), 219 (h, b), 220 (g, c), 221 (3), 225 (bd), 229 (h), 230 (b), 231 (c), 232 (b), 233 (h, b), 234 (b), 236 (b), 242 (hd, b) 243 (bg), 246 (b), 247 (h), 248 (h, b), 250, (b), 251 (hg), 252 (h, bg), 254 (b), 255 (b), 256 (b), 258 (bg), 259 (b), 260 (h), 261 (2), 262 (bg), 264 (2), 265 (hd, b), 266 (h), 267 (2), 268 (h), 269 (3), 271 (2h), 272 (c, b), 278 (h), 281 (b), 282 (b), 283 (b), 286 (h), 287 (h), 288 (h, c), 289, 294 (c, b), 295 (h), 296, 297 (h, c), 300 (h, bg), 301 (h), 302, 306 (bg), 307 (h), 309 (hg, b), 310 (b), 312 (b), 315 (h, b), 316 (h), 317, 320 (b), 321 (b), 322 (2b), 324 (h, c, bg), 326 (hd), 327, 328 (h), 330 (2h), 331 (h), 332 (b), 333 (2), 334 (b), 337, 340 (hd, b), 341 (h), 342 (hd), 249 (h), 351 (2b), 354 (c), 356 (2), 358 (2), 359 (b), 360 (2b), 361 (3), 364 (b), 365 (h, c), 366 (h), 368 (b), 370 (b), 371, 374 (b), 376 (h), 377 (h), 378 (h), 379 (b), 380 (hd, b), 382 (h), 283 (b), 384 (h, bg), 385 (hg), 357 (h), 388 (b), 390 (h), 391 (h), 392 (h), 398, 399 (b), 400 (h), 402 (hg, b), 403 (hd, b), 404 (h), 406 (b), 410 (c), 413 (b), 415 (b), 417 (h), 419 (hg), 421 (b), 422 (h), 423 (h), 426 (h, bd), 427 (c, bd), 428 (1re h), 429, 431 (2h, 2c), 432 (2e b), 434 (b), 435 (h), 438 (h), 439 (c), 441 (2), 442 (2b), 444, 447 (c, b), 450 (bd), 451 (hg), 453 (h), 455 (h), 456 (c, b), 459 (h), 460 (bg), 462 (h), 463 (h), 464 (hg, c), 465 (h, bg), 467 (3c), 468 (h), 470 (hg), 472 (b), 474 (2b), 475 (h). **Truffaut :** 315 (c).

Bien utiliser le dictionnaire

*Dans la partie 4 du **Dictionnaire des plantes** (pages 224 à 475) figurent des symboles qui vous permettent de connaître les exigences principale du genre présenté.*

J F M A M J J A S O N D — Le(s) mois de la floraison

- Hauteur de la plante.
- Largeur de la plante.
- Toutes expositions possibles.
- Exposition ensoleillée.
- Exposition ensoleillée ou mi-ombragée.
- Exposition mi-ombragée.
- Exposition ombragée ou mi-ombragée.
- Exposition ombragée.
- C — Plante caduque. Les feuilles tombent en fin de végétation.
- PC — Plante persistante ou caduque en fonction des conditions.
- P — Plante persistante.
- Résistance au gel.

Remerciements

Nous tenons tout particulièrement à remercier les paysagistes, les propriétaires de jardins et les sociétés suivantes qui nous ont permis de réaliser certaines illustrations de cet ouvrage. Les numéros renvoient aux pages où se trouvent leurs réalisations :

M. Besson: 159, 160, 161. – **Jill Billington**: 184 (h), 186 (h), 187. – **Jean Bishop**: 187. – **Alain-Frédéric Bisson**: 75 (hd), 75 (cd), 157, 160 (h), 161. – **Butchart gardens (Canada)**: 43 (h). – **M. Bursens**: 34 (b). – **Alain Charles**: 156, 158. – **C. Caplin (G. B)**: 32, 33. – **Château de Beervelde (Belgique)** : 343. - **Chenies Manor** : 320. - **Chelsea Flower Show** : 121, 123, 125, 126, 127, 128, 129, 183, 184, 190 (h). – **Mme de Chauwer (Belgique)** : 23 (h). – **Clos de la Meslerie** : 31 (1re h), 72. – **Clos du Peyronnet** : 171. – **Guy Dainé**: 17 (h), – **Marie-José Degas** : 175. – **Fermob** : 10 (h), 12 (c), 19 (3e b), 148 (h). – **Festival des jardins de Chaumont sur Loire**: 302. – **Fiskars** : 89. – **Gardena** : 85 (5), 88 (b), 89. – **Hampton Court Flower Show** : 257, 430. – **E. Le Hardy** : 179. – **Jardin d'Anne-Marie (Lardy 91)** : 199. – **Jardin de Bagatelle** : 27 (3e b), 308, 382. – **Journée des plantes de Courson** : 51 (b). – **Jardin botanique de Dublin**: 309. – **Jardin MAP** : 11, 12 (h), 16 (bd), 21, 14 (h), 30, 32 (h), 33 (h), 61, 73 (c), 80, 86 (h), 189, 204 (b), 442, 475, 209, 211, 212, 213, 214, 215, 217.– **Jardin exotique de Monaco** : 154. – **Jardin d'ombre et lumière** : 408 (b), – **Jardin privé de St Peter (Jersey)** : 15 (2e b), - **Jardin de Ste Brelade (Jersey)** : 169, 174 (h). – **Jardin de Sardy**: 15 (h, 3e b), 173. – **Jardin de Turn End** : 170, 193 (h). – **Jenkyn Place**: 35. – **Lady Prudence Buchanan**: 35, 450. – **La Florentaise**: 52, 53, 54, 55, 56, 57. – **L'art du Jardin**: 26 (h), 27, 335, 336. – **J. Messin**: 358. – **M. et Mme Morne Vanhalle**: 13 (b). – **Musée de l'outil de Wy-Dit-Joli-Village**: 195. – **Nortène**: 17 (4b), 29 (c), 203. – **Origines (Houdan)** : 148, 211. – **Outils Wolf**: 93. – **Mme Sandy Ovenstone (Afrique du Sud)** : 41 (bd). – **Riviera**: 45 (b). – **M. et Mme Renouf**: 182. – **Sicatec**: 73, 74, 75, 342. – **Sofradécor**: 37, 82, 83, 44, 45. – **Balcon F. Strauss**: 42 (2). – **Structures en bois Hillhout**: 11, 12, 21, 14, 30, 73 (b), 80, 83, 73, 254, 284, 285, 364. – **Laurent Sustrac**: 15 (1re b), 44 (bg), 75, 155 (h), 162 (h), 163, 164 (h), 222, 223, 225, 422. – **M. et Mme Van Den Boaegert Kalken**: 34 (b), 39 (hd). – **Timothy Vaughan**: 182 (h), 194, 192 (h). - **The Old Rectory**: 198 (h). – **Truffaut Herblay**: 50. – **Truffaut La Ville-du-Bois** : 37. – **Mme Walda Pairon (Belgique)**: 166, 176.

Les jardineries Truffaut

Truffaut **Amiens**, Pôle Jules Verne, 80330 Longueau
Truffaut **Angoulême (*)**, C. Cial Auchan, 16400 La Couronne
Truffaut **Arcueil**, C. Cial la Vache Noire, Place de la Vache Noire, 94748 Arcueil cedex
Truffaut **Aubagne**, Jardinerie la Grognarde, Z.I. Les Paluds, Route de Gémenos, 13400 Aubagne
Truffaut **Baillet en France**, RN 1 - direction « La Croix Verte », 95570 Baillet en France
Truffaut **Blois Sud**, ZAC des Perrières, 41350 Saint Gervais la Forêt
Truffaut **Buchelay**, 12, rue du Lot – A 13 sortie 13, ZA Les Closeaux, 78200 Buchelay
Truffaut **Cabriès**, Route de la grande campagne, Zone Ciale Plan de campagne, 13480 Cabriès
Truffaut **Cergy**, A 15 (Sortie 13), 95650 Puiseux Pontoise
Truffaut **Châtenay-Malabry**, 72, avenue Roger-Salengro, 92290 Chatenay-Malabry
Truffaut **Colmar**, RN 83 – 2 route de Strasbourg, Zone Ciale de Houssen, 68125 Houssen
Truffaut **Colomiers**, RN 126 Sortie n°6, ZAC du Perget, Route d'Auch, 31770 Colomiers
Truffaut **Coutevroult**, La Mare aux Poissons, D406, (direction Bailly-Romainvillers), 77580 Coutevroult
Truffaut **Deauville**, Route de Paris, 14800 Deauville
Truffaut **Gisors (*)**, Route de Paris, 27140 Gisors
Truffaut **Gournay (*)**, Jardinerie Jullien, 200, route de Paris, 76220 Gournay en Bray
Truffaut **Grigny**, La Plaine Basse, RN 7, 91350 Grigny
Truffaut **Herblay**, RN 14, La Patte d'Oie, 95480 Pierrelaye
Truffaut **Isneauville (*)**, Jardinerie d'Isneauville, 100, route de Neufchâtel, 76230 Isneauville
Truffaut **Ivry-sur-Seine**, 5, rue François-Mitterrand, 94200 Ivry-sur-Seine
Truffaut **La Rochelle (*)**, Rue du 11 novembre, C. Cial Beaulieu, 17285 Puilboreau Beaulieu cedex
Truffaut **La Ville-du-Bois**, RN 20, 91620 La Ville-du-Bois
Truffaut **Le Chesnay**, C. Cial Parly 2, Local Poste 633, 78158 Le Chesnay cedex
Truffaut **Le Mans**, C. Cial Carrefour, Rue Robert Collet, 72100 Le Mans
Truffaut **Les Ulis**, ZI de Courtabœuf, 22, avenue des Andes, 91940 Les Ulis
Truffaut **Lorient (*)**, C. Cial Keryado K2, à proximité de Carrefour, 56100 Lorient
Truffaut **Mauguio**, Espace C. Cial Fréjorgues Ouest, Rond point de l'aéroport , 77, rue H. Boucher, 34130 Mauguio
Truffaut **Mérignac**, Avenue de l'Argonne, Domaine de Pelus, 33700 Merignac
Truffaut **Mulhouse**, Pôle 430, à côté de Cora, Rue de la Forêt, 68270 Wittenheim
Truffaut **Nantes**, 258, route de Vannes, 44700 Orvault
Truffaut **Nîmes**, ZAC du Mas des Abeilles, 30900 Nîmes
Truffaut **Orléans**, Route de Sandillon, 45650 St-Jean-le-Blanc
Truffaut **Pacé**, C. Cial Cora Opéra, ZAC de la Giraudais, 35740 Pacé
Truffaut **Paris Grand Stade**, Quartier Stade de France, 2, rue Jesse Owens, 93200 La Plaine Saint-Denis
Truffaut **Paris 13e**, 85, Quai de la Gare, 75013 Paris
Truffaut **Pau**, ZAC du Mail, Route de Bordeaux, 64140 Lons
Truffaut **Plaisir**, RN 12 - ZA Sainte Apolline, 78370 Plaisir
Truffaut **Ponthierry**, RN 7, 77310 St Fargeau-Ponthierry
Truffaut **Quimper (*)**, 7, Rond point de Gutenberg, Lieu dit de Kervillier, 29000 Quimper
Truffaut **Rennes**, Centre Alma - Allée d'Ukraine, 35048 Rennes cedex
Truffaut **Rosny**, C. Cial Domus, 16 rue de Lisbonne, 93562 Rosny sous bois cedex
Truffaut **Saint-Malo**, C. Cial Cora, Le Moulin du Domaine, 35430 St-Jouan-Des-Guerets
Truffaut **Saint-Maximin**, C. Cial Cora, RN 16, 60740 Saint-Maximin
Truffaut **Saint-Quentin**, Zone commerciale Cora, 02100 Saint-Quentin
Truffaut **Servon**, RN 19 Ferme de Servon, 3, rue Georges Truffaut, 77170 Servon
Truffaut **Toulouse**, Les Jardins de Balma, Route de Lavaur, 31130 Balma
Truffaut **Tours**, C. Cial Auchan, 5, rue du Professeur Maupas, 37170 Chambray-les-Tours
Truffaut **Trégueux (*)**, ZAC du Rond Point de Brezillet, à côté de Cineland, 22950 Trégueux
Truffaut **Vélizy 2**, face C. Cial Vélizy 2, 41 bis, av. de l'Europe, 78140 Vélizy-Villacoublay
Truffaut **Villeparisis**, RN 3 - Route de Villevaudé, 77270 Villeparisis
(*Partenaires indépendants) Plan d'accès et horaires d'ouverture sur Internet : www.truffaut.com